上海市重點學科漢語言文字學（S30402）
上海市教委085工程項目
上海師範大學重點學科中國古典文獻學

佛經音義研究

——第二届佛經音義研究國際學術研討會論文集

徐時儀　陳五雲　梁曉虹　編

鳳凰出版社

圖書在版編目（C I P）數據

佛經音義研究 ：第二届佛經音義研究國際學術研討會論文集 / 徐時儀，陳五雲，梁曉虹編. -- 南京 ：鳳凰出版社，2011.9
ISBN 978-7-5506-0865-8

I. ①佛… II. ①徐… ②陳… ③梁… III. ①佛經－訓詁－國際學術會議－文集 IV. ①H131.6-53

中國版本圖書館CIP數據核字(2011)第192883號

書　　名	佛經音義研究——第二届佛經音義研究國際學術研討會論文集
編　　者	徐時儀　陳五雲　梁曉虹
責任編輯	王華寶　李艷麗
出版發行	鳳凰出版傳媒集團 鳳凰出版傳媒股份有限公司 鳳凰出版社(原江蘇古籍出版社) 發行部電話 025—83223462
集團地址	南京市湖南路 1 號 A 樓，郵編：210009
集團網址	http://www.ppm.cn
出版社地址	南京市中央路 165 號，郵編：210009
經　　銷	鳳凰出版傳媒股份有限公司
照　　排	南京凱建圖文製作有限公司
印　　刷	南京大衆新科技印刷有限公司 南京浦口大橋北路京新村 546 號，郵編：210031
開　　本	880×1230 毫米　1/32
印　　張	18.5
字　　數	497 千字
版　　次	2011 年 9 月第 1 版　2011 年 9 月第 1 次印刷
標準書號	ISBN 978-7-5506-0865-8
定　　價	65.00 圓

(本書凡印裝錯誤可向承印廠調换，電話：025-58849828)

目　録

佛經傳入對漢語漢字的兩大影響

——第二屆佛經音義研究國際學術研討會致辭(代前言)

2005年9月舉行首屆佛經音義研究國際學術研討會,2010年9月舉行第二屆佛經音義研究國際學術研討會,這都表明佛經研究正積極開展,成績顯著。在首屆會議上,我主要談到語言信息系統、語詞音義關係八大特性和現代詞彙學上詞義的三大類型等等在佛經中的展示。這屆大會責成我再說幾句話,我便借這個機會向諸位先生繼續討教問學。佛經傳入的影響是多方面的,這次只着重談談與音義有關的兩個認識和一個期待。

一、佛典翻譯加快了白話取代文言的步伐——漢語發展史上的豐碑

呂叔湘早就說到過:"佛經的文字也包含較多的口語成份。""白話的興起跟佛教大有關係。"(呂著《語文常談》第六章)事實確是這樣。

我們知道,漢語最早是古白話,漢人祖先基於對古白話的研究,創造了語素漢字,進而突破了漢語的時空局限。漢語從時代上可分古代漢語和現代漢語。古代漢語發展演變中形成兩個支流:文言文和古白話。周代和周代以前所遺留下來的書面語,秦代至漢初的某些書面語,大致是和當時的口語相近或相一致的,漢初以後,各時代文人的書面語仿照此前文人慣用的辭彙語法成分和行文格調,成為一種脫離當時口語的"特殊書面語"。這種"特殊書面語"被稱為文言文。從漢末魏晉以後到"五四"前(權作這樣區分),還有一種與口語基本一致的書面語,這就稱為古白話。這樣一來,

文言文和古白話就成為古漢語兩個支流。有人稱“東漢以後則開始出現文言、白話二元化的語言並存的局面”,就是指這一情況。不過必須指出,“文言、白話二元化的語言並存”,畢竟只屬一種語言。文言和白話各有特點,而又相互滲透交錯,“你中有我,我中有你”。大多數佛經、變文俗講、各種語錄以及後來的話本、小說、雜劇和南戲劇本等等都屬白話系統。以佛經為例,正如梁啟超所指出:“之乎也者矣焉哉一概不用;既不用駢文家之綺詞麗句,亦不采古文家之繩墨格調。”(梁氏《飲冰室文集》,凡十條,僅轉引兩端)佛典為使民間平民易懂,力求用口語或接近口語的語言成分翻譯外來詞語,這正是明證。要而言之,古白話語體,始自漢魏,漸成熟于晚唐五代。文言文一面仿古,具有人為性;一面不由自主地或不知不覺地把當時口語某些成分用到人們所寫的文章裏去,這就使文言綜合了各個時代語言成分,具有綜合性。這人為性和綜合性都基於語言的社會性自不待言。越到後來,綜合性越大。就連“非三代兩漢之書不敢觀”的韓愈《南山》詩“團辭試提挈,掛一念漏萬”的“團”字也無法從先前的常用義去理解,它屬於當時的方俗詞義,作估量、推敲、猜度解釋。這種方俗詞義常見於眾多文人筆下,如晁元禮《少年游》“眼來眼去又無言,教我怎生團(怎麼去猜)”;《董西廂》“我團著(猜著)這妮子做破大手腳”;韓愈寫的祭文中出現“阿爹”,“爹”是漢末口語詞(從北方少數部族傳入的語詞)。但是,由於語言的發展,有許多詞當時的婦孺皆通曉的,現代人卻不能理解了,於是《詩詞曲語詞匯釋》(張相著)等便得作專門訓釋了。佛經裏這種情況就多了,如“阿姨”表示對比丘尼的敬稱(對人敬則對己謙,敬謙互表),“分別”表示懂得、瞭解。佛典譯詞不僅在原有語素基礎上賦予新義,如把“理”蒙上“佛性義”,而且還大量利用梵漢音義來湊合,如“魔”的構成,並由此出現“魔境、魔掌、魔術、惡魔、妖魔”等為數甚多的複詞。無論是從佛經中汲取大量借詞,還是通過一定方式造新詞,都大大豐富了漢語辭彙群,加速了古白話的發展。漢語白話的發展基於漢語自身的因素,佛經的影響則是重要外因之一。徐時儀著的《漢語白話發展史》(北京大學出版社 2007

年版)已道其詳,很富有創發性,自可另行參閱,這兒暫且從略。

佛典加速古白話的發展也表現在句法方面(徐著雖未明顯全面立目,但深寓其實)。其中較突出表現是判斷句用判斷詞(係詞)"是",擺脫了句末語氣詞"也"。如"弟子是嶺南人,新州百姓"(《六祖壇經》);"我婦已死,汝是阿誰?"(《百喻經》)。判斷句不用判斷詞"是"的漢語自身因素:先秦主語後面常用指示代詞"是"(此)複指,然後接上判斷語,如"千里而見王,是(指示代詞"此")予所欲也","是"(此)經常處在主語和謂語中間,漸形成判斷詞性質而發展成為判斷詞了(認同王力此說)。判斷詞"是"先秦還沒有,西漢末年東漢初年才產生(王充《論衡》便有用例)。到了魏晉,判斷句進而擺脫了語氣詞"也","是"便成為判斷句所不可缺少的了。南朝劉宋時期"半文不白"的《世說新語》進一步用開,佛典翻譯判斷詞益加大量使用。其他如"被字句"結構趨於複雜化,"把字句"頻頻出現,"著、了"的虛化分別表示動詞的時態(進行、完成)等成為漢語語法日益精密化的標誌,而這些新的語法形式和要素隨著佛經翻譯而廣為流行,新詞的增多也幾乎全方位地由語音造詞轉向語法造詞而呈現,盡皆進一步加快了白話取代文言的步伐。有大量佛典和民間文學在,這兒也毋庸一一例說。

二、佛典翻譯促進了漢語文字學領域俗文字學的新開掘和新研究

"自從一百多年前英國湯姆斯創造民俗學這個學術用語以來,民俗學在國際學術界長勢日益旺盛。"民俗學範圍很寬泛。"語言學與民俗學的關係很深。""很多國家把方言的研究納入民俗學範圍之內。"(日本·大藤時彦)漢字是語素文字,漢字學的組成部分包括俗文字學。佛教傳入,佛典翻譯早期多用漢字音譯,後來多用意譯,而意譯仍免不了有音譯成分,如首屆會議我提到過的華旉(fū 古敷字)醫術高明,民間視為醫聖,就取梵語稱藥神"阿加佗"的"佗"音來比照,尊為藥神,敬稱"華佗"。佛典音譯除了用現行漢字記音外,還另創方塊字記音,如前面提到的"魔"聲符用梵語諧音"麻",形符則沿襲漢民族幻覺中的習俗所謂的"鬼",起"注釋性的

區别作用”,另造成了方塊漢字——俗文字。

俗文字起源很早,它是漢字的地方變體,“所謂籀文,所謂古文,其實也是篆系文字中的俗文字”(陳五雲著《從新視角看漢字:俗文字學》,河南人民出版社 2000 年版)。為了適應翻譯佛典的需要而創製的俗文字,它既脱胎于傳統漢字而並没有與傳統漢字異軌,卻又另具殊别性。如用“菩薩”、“菩提”(還縮寫為“𦬇”)來翻譯梵語詞,這“菩、薩、𦬇”就都屬於俗字範疇,它們都從漢字構形中變異出來。這樣看來,佛經的訓釋便很有必要就已成事實對漢字俗文字的認知進行研究。

大家都知道,漢字不是線型(形—音—義)的表音制文字,而是混合型(形 音義)的表意制文字。具體説開來,即“漢字是以象形為基礎、表意為主導而又兼有表音因素的表意制文字”。對這一表意制文字作定義式的陳述,是本人早在《語文論叢》1981 年第 6 期《談漢字的發展演變》一文提出而深得當時中央文字改革委員會諸先生的認同(此文後來收入拙著《許威漢語文研究文存》,中華書局 2008 年版),我多年來有關漢字的説解全都基於這一識見。綜觀這一表意制度(體系)文字,構形有繁簡和異體、體態有篆隸真草,體態之異又與使用工具與色料(刀、竹杆、毛筆、漆、墨、帛、紙)及製作(刻板、模鑄、印刷)相關連。遠在佛經傳世之前(先秦)用刀、竹杆和漆,刀刻成線條易而圓轉難,竹杆點漆書寫,竹硬漆膩寫不成行,必形成蝌蚪狀(世稱“蝌蚪文”),用毛筆蘸墨書寫,或帛或紙,真草方有可能,文字的實用性與書法的藝術性也達到了完美的統一。至於文人筆下增益點畫,以異炫博,當不可取,而民間為應施用,造新字,寫别體,自是不應漠視,它不入傳世之“正途”,卻常出現在佛典行間,與佛經音義訓釋相涉。這從新的視角看,佛經訓釋也促進了俗文字學研究。陳五雲、徐時儀、梁曉虹(日本)三位教授針對上述歷史的客觀實際,合力撰寫了《佛經音義與漢字研究》新作出版,正大有益於學界佛林。它填補了空白,開啟了眼界。

方俗字的認知和研究難度很大,《中華大字典》收字四五萬,有很多是方俗字,有些字目下注明“音未詳”,没法解讀,章太炎的老師俞樾在《春在堂隨筆》中記載廟宇旁邊的碑文上的字不認識時,說"'𦐇'字不可識,殆當時俗字",只好作罷。俗文字的地區性很強,好多年前浙江人民出版社收集了浙江各地常用方俗字80多個附在《漢語常用字典》後頭,其他各省同樣會有很多,它們出現在佛典中,就使人為難了。由此看來,俗文字研究對佛典音義研究也相當重要,而且是任重道遠的。

以上談的佛經傳入對漢語、漢字兩大影響,粗看起來似乎是很平常的事,其實佛典傳入加快白話取代文言步伐是漢語發展史上頭等大事,吕叔湘深有感觸地說要好好"總結發展規律"。語言研究重在歸納,歸納離不開對語言現象的描寫。一般的"描寫不是理論,理論必須描寫",通過大量的對佛經音義的描寫,駕馭思維方法論和思維工具方法論全面深入探究,增多理性認知,才能有利於發展規律的認識和總結。漢語俗文字與佛經音義關係也至關重要,可是從事這方面研究才起步,還有大量工作在後頭。想同道者眾,必將有新躍進。

三、佛典研究佳作紛呈,建樹卓越,敬致賀忱,並寄予新期待

佛教的傳入,對漢語音韻學、邏輯學、詞彙學以及漢字、文化等方面都有影響,人們歷來紛紛開展研究,現在正把研究引向深入;而佛經訓釋研究的核心是詞義,由詞義又展向語法,修辭等諸多領域,折射出一道道光芒。佛典研究力作迭出,面對前賢長篇巨制及零珠碎玉,浮想聯翩,不由得回想起一代語言學宗師羅常培前輩的切身感言。他博通文史和語言學,行文語語中的,畫龍點睛,即便為王力、周祖謨專著寫序言,會同吕叔湘寫應時之論,亦皆一絲不苟,言簡意賅,自著《魏晉六朝專家文研究》僅三萬字,同道學人三十萬字未必能盡其意。其間建議以章太炎的老師俞樾《古書疑義舉例》一書為垂范施用於新的研究領域。他說:"若能應用俞樾《古書疑義舉例》之法,推之于漢魏六朝文學,即於當時用字造句之例,必有創獲,亦巨業也。"(羅著《魏晉六朝專家文研究》4頁,獨立出版社1945年版)愚以為,若能取法俞樾《古書疑義舉例》施用於中

古以來佛典的訓釋研究,亦乃偉業。俞著明辨正誤,不泥陳説,多有新見。如《尚書·多方篇》"爾曷不夾介乂我周王",俞氏加按語:夾、介,一義也。《一切經音義》引《倉頡》曰:"夾,輔也。"《爾雅·釋詁》曰:"介,助也。"夾介,猶言輔助。《枚傳》以爲"近大見治於我周王",則不辭矣。概述之後,點明可從《一切經音義》等之釋,指出《枚傳》之"不辭",務實切要。筆者順按,《十三經注疏》謂:"夾,近也,汝何不近大見治於我周王。""夾"訓"近",連同句解,仍爲"不辭"。俞氏之釋,自顯文義通達,郢介獨運。其他發現發明,所在皆是,均可爲雅範。因感悟于此,徑陳所以,祈得同道者照鑒。

俞樾《古書疑義舉例》目前似尚少有人問津,未受重視,甚而有人僅僅憑書名"舉例"兩字猜度比附。有本介紹漢語學習書目的書,把它列為漢語學習初級入門書,另有本《中國學術名著提要》的書,説它舉了 88 個例子並浮光掠影地介紹一番。還有本評論王氏父子治學貢獻的專著(書名與作者恕從略)居然也説俞氏全書共舉過 88 例,可見俞著學界尚少認知,俞著之研究還路静人稀。其實俞著剖析了幾百個古書疑義的例子,歸屬為 88 類。它是極可貴的瑰寶,百餘年來有識之士都為之傾倒。張之洞在《書目答問》中説"此書甚有益於學者";梁啟超《清代學術概論》中評為"模範名著";劉師培"歎為絶作",謂"發千古未有之奇";馬敘倫稱"發蒙百代,梯梁來學,固懸之日月而不刊者也";《清代朴學大師列傳》直言較王引之《經傳釋詞》變而俞上。用姚維鋭一句話來概括,就是:"昭然發千古未有之蒙。"我深感羅常培建議可貴,也深感佛典訓釋必要時可取法俞著,深會名著"釋疑解惑,勝似良師"。我也由此真誠期待不久將來有若俞著的佛典訓釋的極品問世,嘉惠佛林,梯梁來學。

這兒順便還想説明的是,我個人正在不斷問學。因俞樾《古書疑義舉例》名著原為幫助讀者閲讀古籍而作,可是百年來一般讀者甚至業有專攻的學者往往難以通讀,我現在正為俞書加注評,力求排除閲讀障礙,同時糾正出版過程中若干弊病和俞著自身的若干疏失。這項注評工作頗具難度,可它卻為我自己問學也提供良好機會,力求做好。玆謹以之與諸位先生共勉。

最後,祝願盛會完滿成功,並祝與會先生們健康愉快!

許威漢　2010年9月19日於上海師范大學

梵漢對音與“借詞音系學”的一些問題

施向東

最近二十年,“借詞音系學”(Loanword Phonology)在西方蓬勃發展,成爲音系學的一個重要研究領域。音系學使用以規則爲基礎的推導模式或以制約條件爲基礎的生成模式這樣的研究範式,比較容易表達借用過程中目的語言對源語言音系結構所作的調整;反過來,借詞也可以檢驗音系規則或制約條件的合理性究竟如何。西方學者認爲,借詞和借詞音系的研究能夠爲本族語的語言研究中棘手問題的分析提供重要的證據。

梵漢對音其實就是梵語借詞的梵漢語音形式的對比。這種對比必須建立在音系學的對比研究的基礎上,而不能僅僅孤立地進行語音學的比附或類推。舉一個例子説,比如,我們不能因爲有“bhūta”譯爲“浮多”、“vibhāṣā”譯作“鞞婆沙”、“buddha”“dharma”譯作“佛陀”“達摩”、“ghanaṣ”“ghoṣa”譯作“伽那”“瞿沙”等等譯例就輕易斷言漢語中古音有送氣濁塞音聲母。漢語究竟有沒有送氣濁塞音聲母,必須從音系結構的層面來判斷。

本文從漢譯佛典中梵漢對音的實踐出發,討論中古漢語的聲母系統、韻母系統、聲調系統、連讀音變等若干問題,對“借詞音系學”的若干理論問題進行探討,以求方家的指正。

一、音系結構差異與音系成分差異

佛教經典傳入東土,翻譯時有些詞語不用意譯,而用音譯,即玄奘所總結的“五不翻”,主張在五種情況下(一秘密故,二含多義故，三此無故，四順古故，五生善故）必須用音譯而不用義譯。[1] 音譯詞就是借詞。借詞是一種語言或方言通過接觸和/或模仿引進另一種語言或方言的詞，有時候借詞準確反映原語的音素，有時候借詞經過改造，使之適合於借語的音素模式和詞素模式。[2] 漢語與梵語在音系結構和音系成分上都存在較大的差異，因此在借入梵語詞彙時往往要經過改造，方能適合漢語的音系。如果我們拿梵語形式簡單地跟漢語譯詞類比，往往就會抹殺了這種音系間的差別，使語言的真相掩埋在歷史的塵埃之下。我們必須細緻分析漢語和梵語在音系結構和音系成分之間的差別，尋繹歷代譯家在音譯梵詞時的良苦用心，進而認識漢語的歷史音韻。

1. 梵漢語言輔音系統的差異與漢語譯例

梵漢語言輔音系統的結構差異最顯著的表現有兩點。第一，梵語 25 比聲，即 5 個發音部位，每個部位 5 個塞音，包括不送氣清音、送氣清音、不送氣濁音、送氣濁音和鼻音。而漢語每個發音部位的塞音只有 4 個，即不送氣清音、送氣清音、濁音和鼻音。每個發音部位只有一個全濁塞音。因此，梵語的不送氣濁音和送氣濁音跟漢語的對音就混而爲一，如：

bhūta 浮多	buddha 浮屠
vibhāṣā 鞞婆沙	bimbara 頻婆羅
buddha 佛陀	veda 吠陀
dharma 達摩	darada 達羅陀

這樣，漢語的濁塞音到底是送氣的還是不送氣的，就成了問題。高本漢構擬的漢語中古音，並、定、群等全濁聲母構擬爲送氣音 b‘、d‘、g‘，[3]而邵榮芬、李方桂、李榮等學者構擬的漢語中古音這幾個

① 見《翻譯名義集序》，《大正藏》第 54 冊，No. 2131。

② R. R. K. 哈特曼、F. C. 斯托克，《語言與語言學詞典》，上海辭書出版社，1981 年，44 頁。

③ 高本漢《中上古漢語音韻綱要》，齊魯書社，1987 年，濟南。（聶鴻音譯）

全濁聲母則爲不送氣音 b、d、g。① 不管哪一種構擬正確,總之是以漢語的一個濁音音位去對梵語的兩個濁音音位,其中必有一個對音存在誤差。我們認爲,在借詞時,譯者總是要以最小的誤差去實現音譯。我們試以玄奘譯音爲例。在玄奘譯例中,存在若干濁塞音的誤譯,若以漢語濁塞音不送氣來解釋,可以達到“最小誤差”:

	梵音		唐音		誤譯舉例	總例數	特點
	送氣	清濁	送氣	清濁			
1	送	濁	送	清	māgha 磨祛(祛 kh)	2	都送氣
2	送	濁	不	清	無	0	無共同點
3	不	濁	不	清	badakṣana 鉢鐸創那(鉢 p)	2	都不送氣
4	不	濁	送	清	無	0	無共同點
5	送	清	不	清	jyeṣṭha 逝瑟吒(吒 ṭ)	1	都是清音
6	送	清	不	濁	無	0	無共同點
7	不	清	送	清	kothari 朅他羅(朅 kh)	6	都是清音
8	不	清	不	濁	nīlapiṭa 尼祿蔽荼(荼 ḍ)	9	都不送氣

若假設漢語濁塞音送氣,則上面的第六類 6 爲什麼一個譯例也沒有,而第 8 類爲什麼那麼多譯例,就根本無法解釋。② 因此,從梵漢對音的立場,我們支持漢語濁塞音不送氣的構擬。

梵漢語言輔音系統的結構差異顯著表現的第二點是,梵語幾乎沒有塞擦音,③而漢語中古音有多達 3 組 9 個塞擦音:精清從/莊初

① 邵榮芬《切韻研究》,中國社會科學出版社,1982 年,北京;李方桂《上古音研究》,商務印書館,1980 年,北京;李榮《切韻音系》,科學出版社,1956 年,北京。

② 施向東《玄奘譯著中的梵漢對音和唐初中原方音》,《語言研究》1983 年第一期。

③ 梵語字母表 33 輔音,25 比聲爲塞音,8 超聲爲通音和擦音,沒有塞擦音。佛教文獻中“圓明字輪四十二字”則有 tsa、kṣa(> tṣa)二字,僅此而已。

崇/章昌禪。[1] 圓明字輪四十二字中有 tsa、kṣa(> tṣa)二字，這種由本來兩個輔音合成的音，不空譯爲"哆娑二合、乞灑二合"，[2]它們與漢語中單純的塞擦音不同，它的兩個成分之間的結合不是很緊密的，因此聽起來好像是一個送氣的塞擦音，玄奘譯爲"蹉(清紐)、羼(初紐)"。[3] 基於語音的系統性，既然有了清紐、初紐，我們相信玄奘時代的漢語中應該有了"精清從/莊初崇"這兩組塞擦音聲母。梵語的 c 組輔音本來是舌面塞音而不是塞擦音，但是，從發音機理説，舌面音後面最容易衍生[j]介音，所以這一組音跟漢語中古的章組聲母最近。後漢三國時代譯經中梵語 c 組音的對音很混亂，所以俞敏先生認定彼時漢語中章組聲母還沒有形成。[4] 兩晉南北朝時期，梵語 c 組音與漢語章組的對應漸趨整齊。[5] 到唐初玄奘譯經中兩者的對應已經是系統的、整齊的，如：

campaka 瞻博迦	cīnāni 至那儞
cunda 准陀	colya 珠利耶(瞻、至、准、珠，章紐)
cheka 掣迦	chandas 闡陀(掣、闡，昌紐)
jambu 贍部	jayasena 闍耶犀那
jīvaka 時縛迦	jeta 逝多

梵漢對音中用章組聲母對譯梵語 c 組輔音，是借語使用最接近的

① 禪母視爲塞擦音，是依據陸志韋《古音説略》(見《陸志韋語言學著作集》(一)，中華書局，1985，北京)的説法，亦見上述注③。

② 見不空譯《大方廣佛華嚴經·入法界品·四十二字觀門》，《大正藏》第 19 册，No. 1019。

③ 见玄奘译《大般若波罗蜜多经》第五十三卷及四百一十五卷，《大正藏》第 5—7 册，No. 220。

④ 俞敏《後漢三國梵漢對音譜》，見《俞敏語言學論文集》，商務印書館，1999 年，北京。

⑤ 見劉廣和《音韻比較研究》，中國廣播電視出版社，2002 年，北京；施向東《音史尋幽》，南開大學出版社，2009，天津。

音素去表達原語語音的一個絕佳例證。

2. 梵漢語言元音系統的差異與漢語譯例

梵漢語言元音系統有諸多的不同點，元音的數量、音值都存在差異，但是最顯著的差異也有兩點，其一是梵語元音有長短的區別，而漢語元音沒有這種區別。① 爲了表現梵語原詞中元音的長短，譯家在翻譯時煞費苦心，運用了各種手段來儘量準確地將梵音表達出來。手段之一利用聲調。漢語入聲是短促的，上聲也是短調，故常常來翻譯梵語短元音，而平聲、去聲是長調，去聲尤長，故常常來翻譯梵語長元音。② 如玄奘譯《阿毗達磨順正理論》卷十四：“字，謂哀、阿、壹、伊等字”。梵文元音字母排列的順序是 a ā i ī。玄奘用平聲字阿、伊對 ā ī，用上聲字哀對 a，入聲字壹對 i。又玄奘在《大唐西域記》中對舊譯每有改正，可以看出不同聲調長短與梵語長短元音的對應，如kapilavastu 劫比羅伐窣堵舊曰迦羅衛國，訛也。兩個 a 都是短音，迦改爲劫，衛改爲伐，平去聲改爲入聲；upadeśa 鄔波第鑠論舊曰優波提舍論，訛也。u 短音，優改爲鄔，平聲改爲上聲；śa 短音，舍改爲鑠，去聲改爲入聲；e 長音，提改爲第，兩字聲韻全同，只是平聲改爲去聲，可見去聲比平聲還要長一些；ghoṣila 具史羅舊曰瞿師羅，訛也。o 長音，瞿改爲具，平聲改去聲；i 短音，師改爲史，平聲改爲上聲。

手段之二是逢長元音音節加注“引”字，逢短元音則不加，如不空譯《大日經略攝念誦隨行法》，mahā 作摩賀(引)，svāhā 作“娑嚩(二合引)訶(引)”。

手段之三是將上述兩者結合起來，如慧琳《一切經音義》卷二十五注《大般涅槃經》，講梵文元音，a 裓(阿可反)，ā 啊(阿箇反，阿字去聲兼引)，i 賢(伊以反，伊字上聲)，ī 縊(伊異反，伊字去聲兼引)，ū 塢(烏

① 除鄭張尚芳、潘悟雲之外，諸家構擬的漢語上古音都沒有長短元音的區別。而漢語中古音的元音，所有研究者都不認爲存在長短的區別。

② 施向東《玄奘譯著中的梵漢對音和唐初中原方音》，《語言研究》1983年第一期。

古反),ū汙(塢固反引)。凡是短元音,他都用上聲,凡是長元音,他都用去聲,兼注"引"。

梵漢語言元音系統顯著的不同點之二是,梵語所有元音都可以跟所有輔音結合,這在悉曇章中表現得十分明顯。[①] 而漢語的元音跟聲母的結合是有條件的,某些元音只能跟某些聲母結合,這在中古等韻圖上可以看得很清楚,如 i 元音只能出現在三等位置,而端組聲母只能出現在一、四等位置,因此漢語裏不會有 ti、thi、di 之類的音節。而梵語中此類音節是常有的。遇到這種音節,漢語的譯音就很困難。照顧了聲母的準確性,韻母就失真,照顧了韻母,聲母就走樣。因此譯家往往會在譯音上做特别的說明。如:梵語 tiṅanta,《大慈恩寺三藏法師傳》譯作"底丁履反彥多"。[②] "底"是端母薺韻四等字,按反切應該讀 te,跟"ti"的讀音聲母相同而韻母有差距,所以要用"丁履反"這樣的反切(四等聲母,三等韻母)來標示 ti 的讀音。大體上説,譯家的譯音在不能兩全其美的情況下往往只好顧全一頭,從梵漢對音的實踐來看,譯家對聲母輔音準確性的關注會更多一些。[③]

二、音節結構與音節劃分的同異和漢譯梵音的增音、減音問題

漢語的音節與漢字形式基本統一,一個漢字就是一個音節。漢語的音節結構,儘管研究者對其上古形式的認識還有分歧,但是自有梵漢對音以來,也就是自漢末以下,漢語音節的結構,研究者的看法是基本一致的,大體上説,一個漢語音節,最多有"頭頸腹尾

---

① 見智廣《悉曇字記》,《大正藏》第 54 冊,No. 2132。按:實際上梵語的輔音跟元音結合還是有一定限制的,如 jh 只出現在 a 之前,ṛ不出現在ṭṭhḍḍhṇ之後等等。但這只是爲數很少的現象,而不像在漢語中有很普遍整齊的規律。參見 B. Иванов, Н. Топоров《Санскрит》, Таблица 5.

② 慧立、彥悰《大慈恩寺三藏法師傳》,中華書局,1983 年,北京。

③ 施向東《玄奘譯著中的梵漢對音研究》,見《音史尋幽》,南開大學出版社,2009,天津。

神"五個部分即聲母、介音、韻腹、韻尾、聲調構成,其中聲母、韻腹和韻尾都不能超過一個音位,只有介音最多可能有兩個音位;而且聲母、介音、韻尾可以缺位。基於這種音節結構,漢語音節的劃分,就有如下規則:

1. 一個音節可以由輔音聲母起首,也可以由介音(半元音)起首;

2. 一個音節可以由韻腹元音結尾,也可以由元音韻尾(高元音 i/u)結尾,也可以由輔音韻尾(m/n/ŋ/p/t/k/s[①])結尾;

3. 一個音節的輔音聲母可以和一個或兩個介音共現,但是不允許和另一個輔音聲母共現,也就是説不允許複輔音聲母出現;

4. 一個音節如果有韻尾,一定是唯一的,不允許同時出現元音韻尾和輔音韻尾,也不允許同時出現兩個元音韻尾或兩個輔音韻尾。

梵語不是單音節語言,它的音節劃分,按照古印度的傳統(如《悉曇藏》所示[②]),全部都是元音結尾的,所有的輔音都在音節的前部。只有當一個詞是輔音結尾時,最後一個音節才是閉音節。梵語的一個音節可以元音起首,也可以單輔音起首,也可以複輔音起首。不管有幾個輔音連綴,它們跟後邊的元音一起只算一個音節,如悉曇章的第十七章有 ska, dga, ŋktra, vca, jña, ṣṇa, sta, bdha, rtsna, spa, rkṣma, rkṣvya, rkṣvrya 等複雜的音節。

正因爲梵漢兩種語言的音節結構和劃分音節的原則、習慣有很大的不同,音譯梵詞時就會遇到各種問題,如何處理梵語的音節、如何處理複輔音,譯家在翻譯實踐中是有一定的對音規則的。下面略揭幾端:

1. 梵語元音起首的音節,對音用影母字。漢語影母,高本漢

① 梵漢對音表明,漢語-s 韻尾在北朝時代已經漸趨消失。見施向東《北朝譯經反映的北方共同漢語音系》,載《音韻論叢》,齊魯書社,2004 年,濟南;亦見施向東《音史尋幽》,南開大學出版社,2009,天津。

② 安然《悉曇藏》,《大正藏》第 84 冊,No. 2702。

等構擬爲喉塞音 ?,王力等構擬爲零聲母∅。我們贊成高本漢等的構擬,因爲影母的地位是清聲母,與零聲母的喻母(爲濁聲母)在音類上是對立的音位。如果影母爲零聲母,則三等影母字與喻母字就沒有區别,那就不能解釋在韻書中和等韻圖中三等影母字與喻母字的對立,也不能解釋後世清濁對立消失後三等影母與喻母平聲字的陰陽調的對立:

影母字	醫於其切	腰於霄切	邕於容切	優於求切	威於非切	淤央居切	因於真切	煙烏前切
喻母字	飴與之切	搖餘昭切	容餘封切	由以周切	違雨非切	餘以諸切	寅翼真切	延以然切
影母字	鴛於袁切	煴於雲切	央於良切	汪烏光切	嬰於盈切	音於金切	膺於陵切	淹央炎切
喻母字	袁雨元切	雲王分切	羊與章切	王雨方切	盈以成切	淫餘針切	蠅餘陵切	炎于廉切

但是譯梵語元音起首的音節,不能用喻母字,因爲喻母字都是三等字,都帶顎介音,漢語顎介音[j]相當於梵語的超聲 y,所以喻母四等開口字(都不帶合口介音)都用來譯梵語 y 起首的音節。於是,梵語元音起首的音節便一律用影母字來對譯:

anuttara 阿耨多羅　　andhra 案達羅
ambāṣṭa 菴婆瑟吒　　aṅgulimāla 鴦窶利魔羅
upāsaka 鄔波索迦　　uttarāsaṅga 鬱多羅僧
ucca 嗢遮　　ujjanta 鬱鄯多
elāpattra 醫羅缽呾羅　　airāvati 藹羅筏底①

漢語影母字雖然有喉塞音聲母,但是因直出喉中,與純元音起首最爲接近。所以,在梵漢對音中,梵語元音起首的音節,用影母字對譯,既自然,又不失準確。

2. 將梵語複輔音的頭一個輔音移作前一音節的韻尾。如上述,漢語的音節允許有一個輔音作韻尾,因此當一個梵語詞的非首

① 施向東《玄奘譯著中的梵漢對音和唐初中原方音》,《語言研究》1983年第一期。

音節有複輔音時，將頭一個輔音作爲前一音節的韻尾，在音譯時對漢語而言沒有結構上的困難，並且可以減少這個音節因爲起首複輔音帶來的漢譯上的困難。比如，梵語詞aṭṭaṭṭa（八寒地獄之一），玄奘譯爲“頞哳吒”。按：《廣韻》“頞，烏葛切”，音 ʔat，“哳，陟鎋切”，音 ṭat。可見，譯音將原來 a-ṭṭa-ṭṭa 的音節劃分改變爲 aṭ-ṭaṭ-ṭa，便適合了漢語的音節結構類型。此類譯例甚多，如：

adbhuta 遏部多（a-dbhu°→ad-bhu°）
āmra 菴羅（ā-mra→ām-ra）
ucca 嗢遮（u-cca→uc-ca）
uttarā 鬱多羅（u-tta°→ut-ta°）
karpūra 羯布羅（ka-rpū°→kar-pū°）
kunda 軍陀（ku-nda→kun-da）
caṇḍāla 旃荼羅（ca-ṇḍā°→caṇ-ḍā°）
campā 瞻波（ca-mpā→cam-pā）
jambu 贍部（ja-mbu→jam-bu）
dharma 達磨（dha-rma→dhar-ma）
mañjuśrī 曼殊室利（ma-ñju°→mañ-ju°）
sattva 薩埵（sa-ttva→sat-tva）
gandharva 健達縛（ga-ndha-rva→gan-dhar-va）①

3. 梵語兩個音節中間的一個輔音，漢譯時既把它作爲前一音節的韻尾，又把它作爲後一音節的聲母，一音兩用。日本僧人明覺《悉曇要訣》中稱之爲“連聲之法”，即“以下字之頭音爲上字終響也。”①如梵語詞 ghana（體聲 ghanam），玄奘譯作“鍵南”：ghan＋nam，n 音前後兼用。特別是當前一音節的元音爲短元音時，更注意和下一音節的頭音連聲，如梵語人名 nadi-kāśyapa，舊譯“那地迦葉”，玄奘改譯爲“捺地迦葉波”，捺地：nad＋di，葉波：śyap＋pa，

① 明覺《悉曇要訣》卷一，《大正藏》第 84 冊，No. 2706。

d 和 p 都是前後兩音節兼用。此類譯音又如：

akṣa 惡叉(akṣa→ak＋kṣa)
īraṇa 伊爛拏(īraṇa→īraṇ＋ṇa)
utkaṭa 嗢羯吒(°kaṭa→°kaṭ＋ṭa)
udaka 烏鐸迦(°daka→°dak＋ka)
kaṭasi 羯吒斯(kaṭa°→kaṭ＋ṭa°)
kamaka 迦莫迦(°maka→°mak＋ka)
gati 揭底(gati→gat＋ti)
campaka 瞻博迦(°paka→°pak＋ka)
dāsaka 馱索迦(°saka→°sak＋ka)
nadī 捺地(nadī→nad＋dī)
pāramitā 波羅蜜多(°mitā→°mit＋tā)
magadha 摩揭陀(°gadha→°gad＋dha)
tathāgata 呾他揭多(tathāgata→tat＋thā＋gat＋ta)①

4. 增音。在兩個輔音中插入元音，化一音節爲兩音節。這是解決漢語音節没有複輔音之困難的常見辦法。插入的元音，多與後面緊跟的元音相同。如梵語詞 indra，玄奘譯作“因陀羅”：indra→indara；後面的輔音如果是 y，則多插入元音 i，如 alaya 譯作“阿賴耶”(°laya→°laiya)；也可以和“連聲之法”兼用，如 skandha 譯作“塞建陀”：skan°→sak＋kan°。此類譯例又如：

arhan(〈arhat)阿羅漢(arhan→arahan)
asaṁkhya 阿僧企耶(°khya→°khiya)
ahicchattra 垩醯掣呾邏(°tra→°tar＋ra)
ācārya 阿遮利耶(°rya→°riya)
ugra 鄔揭羅(°gra→°gar＋ra)
elāpattra 醫羅鉢呾羅(°tra→°tar＋ra)
kaniṣka 迦膩色迦(°ṣka→°ṣak＋ka)

kārttika 迦栗底迦(kārtti°→kāritti°)
kustana 瞿薩旦那(°stana→°sat+tana)
krośa 俱盧舍(kro°→koro°)[1]

增音使漢譯形式增加了一個音節,因此,漢譯增加的音節常常用短促的入聲字,而且插入的元音多數與後面緊跟的元音相同,以使譯音儘量靠近梵語原音。但是因爲梵語原先沒有這樣一個音節,所以增加的音節主要反映梵語的那個輔音,是以所插入的元音有時也不嚴格與後面緊跟的元音一致。如:

瑟:kharoṣṭha 佉盧瑟吒　　koṣṭhila 拘瑟祉羅
濕:īśvara 伊濕伐邏　　kaśmīra 迦濕彌羅
śvetapura 濕吠多補羅
室:śravaṇa 室羅伐拏　　śrīgupta 室利毱多
śloka 室路迦　　śrutaviṁśatikoṭi 室縷多頻設底拘胝[1]

還有一種情況造成增音。因爲梵漢語音系統成員不是一一對應的,梵語有些音位爲漢語所無,爲了表現這些漢語所無的特殊讀音,譯經時也採取了增音的辦法。梵語捲舌顫音 r,在中古漢語中是不存在的音位,譯家在描述這個輔音時多用“彈舌”來形容之,梵語 rājāgṛhi 玄奘譯作“曷羅闍姞利呬”、rājapura 譯作“曷邏闍補羅”、rājavardhana 譯作“曷邏闍伐彈那”、rāhu-asura 譯作“曷邏呼阿素洛”、revata 譯作“褐麗筏多”。這種增音,分明是在對不會發顫音的華人教授怎麼學會發出這個特別的音。

5. 減音。減音是早期譯經常常採用的辦法,特別是梵語詞尾元音常常被忽略,如佛號 buddha,譯爲“佛”;佛的名字 gautama,玄奘在

① 施向東《玄奘譯著中的梵漢對音和唐初中原方音》,《語言研究》1983年第一期。

《大唐西域記》中譯作"喬答摩",並加注曰:"舊曰'瞿曇',訛略也";[①] vṛhatphala,《一切經音義》卷九作"惟於頗羅(天)",[①]而支婁迦讖譯《道行般若經》卷二作"惟於潘(天)",[②]皆減省最後的元音 a。parinirvāṇa 譯作"般涅槃",除了減省最後的元音 a 還減省了 r 後的 i。但是在後來的譯經中,由於梵漢音節結構的差異,即使嚴謹如玄奘,減音有時也不可避免。如梵語人名 kauṇḍinya,舊譯"憍陳如",玄奘、慧琳都譯作"憍陳那"。[②]漢語沒有 kauṇ這樣的音節(漢語音節結構排斥雙韻尾),於是輔音ṇ被刪除;nya 舊譯"如",至唐代聲母韻母都已經不合,於是新譯爲"那",y 被刪除。梵語人名śīlāditya,玄奘譯作"尸羅阿迭多",[③]"多"對 tya,y 被刪除。

三、語流音變問題

語流音變在借詞時具有很大的影響。梵語本身有系統的語流音變規則,稱爲 sandhi。如 a/ā ＋ i/ī → e:avalokita＋īśvara→avalokiteśvara 玄奘譯作"阿嚩盧枳低濕伐羅"[④](觀自在,按即觀世音);又 as ＋ 濁輔音、鼻音或元音 a → o:namas＋ratnatrayāya→namoratnatrayāya 玄奘譯作"那慕曷喇怛那怛喇夜耶"。[⑤] 如此等等。

梵語的元音ṛ在語流中常常讀成 ri,因此悉曇家多數把ṛ注解成"音哩上聲彈舌呼",把ṝ注解成"音哩去聲彈舌"。[⑥] 梵語山名 gṛdhrakūṭa 玄奘譯作"姞栗陀羅矩吒"[⑦],反映了 gṛd→grid→gir＋rid;kṛtvā,

---

① 慧琳《一切經音義》,《大正藏》第 54 冊,No. 2128。

② 支婁迦讖《道行般若經》,《大正藏》第 8 冊,No. 224。

③ śīlāditya 〈 sila(戒)＋aditya(日). 玄奘《大唐西域記》卷五,《大藏經》第 51 冊,No. 2087。

④ 玄奘《大唐西域記》卷三,《大藏經》第 51 冊,No. 2087。

⑤ 玄奘《咒五首經》,《大藏經》第 20 冊,No. 1034。

⑥ 空海《梵字悉曇字母並釋義》,《大正藏》第 84 冊,No. 2701。

⑦ 玄奘《大唐西域記》卷九,《大藏經》第 51 冊,No. 2087。

玄奘譯作"訖埵"[①]：kṛtvā→krit＋tvā；vṛji，玄奘譯作"佛栗氏"[②]：vṛji→vriji→vur＋rij＋ji；rājagṛhi 玄奘譯作"曷羅闍姞利呬"[②]：gṛ→gri→gir＋ri。

梵語元音 12 音中的 anusvāra"大空點"，是附加在元音上的符號，拉丁轉寫作ṁ，實際就是使前邊的元音鼻化。在語流中，常常依照後接輔音的發音部位讀作相應的鼻音，如：

saṁgha 僧伽，實際讀 saŋgha

saṁtuṣita 珊覩史多，實際讀 santuṣita

saṁjaya 珊闍耶，實際讀 sanjaya

kiṁnara 緊那羅，實際讀 kinnara

śūraṁgama 首楞伽摩，實際讀śūraŋgama[③]

譯家在譯經時遵守梵語的 sandhi 規則，故不同時代不同譯者，雖有異譯，而大體條貫不紊。

不僅梵語有 sandhi 的規則，漢語也有語流音變現象。雖然譯家並沒有明確指出其條例，但是我們分析譯例，還是可以看到這種語流音變的現象確實是存在的。現亦略揭數端如下：

1. 同化

anavatapta 龍王名，舊譯作"阿耨達"，表明-p-受到後邊-t-的同化，

kalpa 譯作"劫"或"劫波"，"劫"字收-p，可見-l-受到後邊-p 的逆同化，

parṇotsa 北印度國名，譯作"半笯蹉國"，-r-受後面-ṇ的同化，故用"半"來譯 par；

---

① 玄奘《攝大乘論無性釋》卷二，《大藏經》第 31 冊，No. 1598。

② 玄奘《阿毘達磨大毘婆沙論》卷四十六，《大藏經》第 27 冊，No. 1545。

③ 施向東《玄奘譯著中的梵漢對音和唐初中原方音》，《語言研究》1983 年第一期。

bhikṣu 舊譯根據巴利文 bhikkhu 譯作“比丘”，玄奘新譯作“苾蒭、苾芻”，“苾”字收-t，可見-k-受了後面-ṣ的同化變爲舌尖音；

mucilinda 龍王名，譯作“目真鄰陀”，cil 譯成鼻音“真”，-l-受了後面-n 的遠同化；

śyāmaka 菩薩名，玄奘譯作“商莫迦菩薩”，“商”字收-ŋ，受到後面-k 的遠同化。也有順同化的例子：

koṅgoda 東印度國名，譯作“恭御陀國”，go 受前面ṅ(ŋ)同化。譯疑母字“御”；順同化和逆同化有時同時存在：

suraṁgama，舊譯作“首楞嚴”，“楞”字收-ŋ，顯然是ṁ受了 g 的逆同化，而 g 也受到ṁ的順同化，變爲鼻音 ŋ，所以用疑母字“嚴”來對譯。

2. 異化

bimbisāra 摩揭陀國王，舊譯作“瓶沙”、“萍沙”，玄奘譯作“頻毗娑羅”。“瓶、萍”都收-ŋ，“頻”字收-n，是-m 受下一音節開頭的 b 異化所致；

anuttara，譯作“阿耨多羅”。耨是入聲沃韻字，收-k，前 t 爲後 t 異化所致；

ujjanta 山名，譯作“鬱鄯多山”，“鬱”是入聲屋韻字，收- k，前 j 受後 j 異化所致；

kukkuṭapāda 山名，譯作“屈屈吒播陀山”，“屈”字收-t，後 k 使前 k 異化所致；

kammasa 地名，譯作“劫磨沙”，“劫”字收-p，是前 m 爲後 m 異化所致；

kumbhīra 蛟龍，漢作“宮毗羅”，“宮”收-ŋ，是 m 受 bh 異化所致；

pippala 樹名，譯作“必缽羅、畢缽羅”等，“必、畢”都收-t，前 p 爲後 p 異化。①

---

① 施向東《梵漢對音與古漢語的語流音變問題》，《南開語言學刊》2002 年 1 期，天津：南開大學出版社，2002。

四、結語

西方的"借詞音系學"是現代音系學在借詞領域的具體運用，而古代譯經師在梵漢對音中早就在實踐着借詞過程中不同音系對接的操作規則。吾土先賢重視踐行而不尚空談，故發凡起例，有待後昆。本文不揣冒昧，將我們在譯經梵漢對音過程中發現的一些規律性的東西揭示如上，難免挂一漏萬，尚希方家不吝指正。

參考文獻

[1] В. Иванов, Н. Топоров《Санскрит》, Москва. 1960.

[2] R. R. K. 哈特曼、F. C. 斯托克.《語言與語言學詞典》[M]. 上海：上海辭書出版社，1981.

[3] 安然《悉曇藏》，《大正藏》第 84 冊，No. 2702.

[4] 不空《大方廣佛華嚴經·入法界品·四十二字觀門》，《大正藏》第 19 冊，No. 1019.

[5] 法雲《翻譯名義集》，《大正藏》第 54 冊，No. 2131.

[6] 高本漢、聶鴻音譯.《中上古漢語音韻綱要》[M]. 濟南：齊魯書社，1987.

[7] 慧立、彥悰《大慈恩寺三藏法師傳》[M]. 北京：中華書局，1983.

[8] 慧琳《一切經音義》，《大正藏》第 54 冊，No. 2128.

[9] 空海《梵字悉曇字母並釋義》，《大正藏》第 84 冊，No. 2701.

[10] 李方桂《上古音研究》[M]. 北京：商務印書館，1980.

[11] 李榮《切韻音系》[M]. 北京：科學出版社，1956.

[12] 劉廣和《音韻比較研究》[M]. 北京：中國廣播電視出版社，2002 年.

[13] 陸志韋《古音説略》，見《陸志韋語言學著作集》(一)[M]. 北京：中華書局，1985.

[14] 明覺《悉曇要訣》卷一，《大正藏》第 84 冊，No. 2706.

[15] 邵榮芬《切韻研究》[M]. 北京：中國社會科學出版社，1982.

[16] 施向東《北朝譯經反映的北方共同漢語音系》，載《音韻論叢》[M]. 濟南：齊魯書社，2004.

[17] 施向東《梵漢對音與古漢語的語流音變問題》，《南開語言學刊》2002 年第 1 期，南開大學出版社，2002.

[18] 施向東《玄奘譯著中的梵漢對音和唐初中原方音》,《語言研究》1983 年第 1 期.

[19] 施向東《玄奘譯著中的梵漢對音研究》,見《音史尋幽》[M]. 天津:南開大學出版社,2009.

[20] 施向東《音史尋幽》[M]. 天津:南開大學出版社,2009.

[21] 玄奘《阿毘達磨大毘婆沙論》卷四十六,《大藏經》第 27 冊,No. 1545.

[22] 玄奘《大般若波羅蜜多經》,《大正藏》第 5—7 冊,No. 220.

[23] 玄奘《大唐西域記》,《大藏經》第 51 冊,No. 2087.

[24] 玄奘《攝大乘論無性釋》,《大藏經》第 31 冊,No. 1598.

[25] 玄奘《咒五首經》,《大藏經》第 20 冊,No. 1034.

[26] 俞敏《後漢三國梵漢對音譜》,見《俞敏語言學論文集》,北京:商務印書館,1999.

[27] 鄭張尚芳《上古音系》[M]. 上海:上海教育出版社,2003.

[28] 支婁迦讖《道行般若經》,《大正藏》第 8 冊,No. 224.

[29] 智廣《悉曇字記》,《大正藏》第 54 冊,No. 2132.

(作者單位:南開大學)

入聲韻尾的梵漢對音研究

——以兩種地藏菩薩陀羅尼爲例

林光明

一、前言

梵漢對音，是利用漢譯佛經中專有名詞和咒語等音譯文獻，通過梵文的讀音來了解漢字的讀音。[①] 漢學家利用咒語對音材料，目的爲推求古代漢語語音；而本文利用聲韻學知識方法，試圖將漢譯咒語還原梵文。二者目的有所不同，前者以漢語爲目的，後者以梵語爲目的；所以雖然選取的素材、使用的知識方法是相同的，卻因方向與目的不同，關注的焦點不同，獲得的成果也不相同。

入聲是漢語聲調的一種，聲韻學上探討聲調的梵漢對音，着眼於梵文的長短音及重讀，對應漢語聲調的情形，或者從對音情形考察入聲韻尾的消變。本文着重於入聲韻尾-p,-t,-k 在對音過程中發揮的功用，例如-p,-t,-k 對音梵文時有沒有實際的字母？如果有，對音規律如何？如果沒有，入聲韻尾在梵漢對音的作用是什麼？

本文以玄奘及慧琳翻譯的“地藏菩薩陀羅尼”爲例，探討入聲的梵漢對音。選擇玄奘與慧琳翻譯的“地藏菩薩陀羅尼”，原因是：1. 玄奘與慧琳的翻譯，以嚴謹著稱，《慧琳音義》中特別提到古譯本“地藏菩薩陀羅尼經”的咒語譯音不夠正確，他依梵本重新再譯。2. 玄奘與慧琳兩位都對漢文及梵語，學有專精。3. 玄奘代表隋

---

① 參閱劉廣和《音韻比較研究》第 289 頁。

代至唐代中期,慧琳則代表中唐至唐末。此期間爲梵漢對音材料密咒譯出的重要時期。4. 玄奘與慧琳翻譯的咒語都不太多,但兩人都譯有《地藏十輪經》的"地藏菩薩陀羅尼"與"護國咒",其中"地藏菩薩陀羅尼"的長度適中,可供作爲研究入聲韻尾的資料亦較爲齊全。基於以上四點,故本文選材以玄奘與慧琳翻譯的"地藏菩薩陀羅尼"爲範圍。

由於兩種譯本的咒語分句有所不同,分析討論時依兩位譯師各自標分的句次進行。

二、兩種"地藏菩薩陀羅尼"入聲字的梵漢對音

漢語入聲韻尾有三,-p, -t, -k,入聲韻尾的特性是一種短促的收音,類似日語"促音",也與梵文止聲(visarga)頗相似。考察入聲對音梵文情形,除了主要元音的長短之外,還須留意該入聲字的後隨字母,它與後隨字母有很大的關係。

接著將玄奘譯本與慧琳譯本"地藏菩薩陀羅尼"的入聲字對音情形列出,爲方便考察,入聲字的後隨字也一併寫出,如下表:

玄奘譯"地藏菩薩陀羅尼"的入聲字對音情形:(句數編號依大正藏 411 經)

句數	譯音用字	音　值①	梵文對音
5	縛羯洛—讖蒱	bǐwak-kiɐt-lak-tʃhǐěm-bu	vakara-kṣimbhu
6	跋洛—讖蒱	buɑt-lak-tʃhǐěm-bu	bara-kṣimbhu
7	筏羅	bǐwɐt-la	vara
8	伐折洛—讖蒱	bǐwɐt-ʑiɛt-lak-tʃhǐěm-bu	vajra-kṣimbhu
11	薩帝	sɑt-tiei	sati
12	薩帝昵訶	sɑt-tiei-ȵǐět-ha	satinirha

① 本文中古音值採王力先生的擬音系統。

续表

句數	譯音用字	音　值①	梵文對音
13	插婆	tʃhɐp-bua	kṣava
16	鉢剌惹	puɑt-lɑt-ɽɣa	prajba
17	剎拏	tʃhat-ɳa	ksaṇa
18	毘濕婆	bi-ɕĭĕp-bua	viśava
19	薩多臘婆	sɑt-tɑ-lap-bua	stalava
21	莫醯	mak-hiei	mahe
24	斫羯洛細	tɕĭak-kĭɐt-lak-siei	cakrase
25	斫羯洛沫呬隸	tɕĭak-kĭɐt-lak-muat-hi-liei	cakramahire
28	揭剌婆跋羅伐剌帝	kĭɐt-lɑt-bua-buɑt-la-bĭwɐt-lɑt-tiei	karavabaravarati
30	鉢臘薜	puɑt-lap-biei	prabhe
31	怛泥	tat-niei	tane
32	曷剌怛泥	ɣat-lɑt-tat-niei	~ ratani②
37,38	黳羯他 託契	iei-kĭɐt-tha-thak-khiei	ekatha-thakhe
39,40	託齲盧 闥隸	thak-khĭu-lu-that-liei	thakhulu-thare
48	遏唎	ɑt-li	ari
51	沫隸	muat-liei	mare
58	窣都	suət-tu	stu
62	喝羅	hat-la	hara

① 本文中古音值採王力先生的擬音系統。

② ~ ratani，~ 符號表示對音少了一個音節。

慧琳譯"地藏菩薩陀羅尼"的入聲字對音情形:(句數編號依大正藏 2128 經)

<table>
<tr><th>句數</th><th>譯音用字</th><th>音　值</th><th>梵文對音</th></tr>
<tr><td rowspan="2">1</td><td>怛曩(二合)</td><td>tat-naŋ</td><td>tna</td></tr>
<tr><td>怛囉(二合)</td><td>tat-la</td><td>tra</td></tr>
<tr><td rowspan="2">2</td><td>娜莫阿(去引)</td><td>na-mak-a. . .</td><td>namaḥā. . .</td></tr>
<tr><td>哩野(二合,上哩字轉舌)</td><td>lǐəi-jyə</td><td>rya</td></tr>
<tr><td rowspan="2">3</td><td>乞史(二合)</td><td>khǐət-ʃǐə</td><td>kṣi</td></tr>
<tr><td>蘖婆(去引)</td><td>ŋjɛt-bua</td><td>garbhā</td></tr>
<tr><td>4</td><td>薩怛嚩(三合引)野</td><td>sɑt-tat-bvǐuak-jya</td><td>sattvāya</td></tr>
<tr><td>7</td><td>怛儞也(二合)</td><td>tat-nǐə-jya</td><td>tadya</td></tr>
<tr><td>8</td><td>乞墋(二合 楚錦反)</td><td>khiət-tʃhǐěm</td><td>kṣim</td></tr>
<tr><td>11</td><td>嚩迦</td><td>vak-ka</td><td>vaka</td></tr>
<tr><td>14</td><td>嚩日囉(二合)</td><td>vak-ɽǐět-lɑ</td><td>vajra</td></tr>
<tr><td>17</td><td>薩底野(二合)</td><td>sat-tǐə-jya</td><td>satya</td></tr>
<tr><td>18</td><td>儞逸(二合)賀(引)</td><td>nǐə-jiět-ɣɑ</td><td>nirhā</td></tr>
<tr><td rowspan="2">21</td><td>弭野(二合)</td><td>mǐe-jya</td><td>bya(應爲 vya)</td></tr>
<tr><td>縛路(引)</td><td>bǐwak-lu</td><td>valo</td></tr>
<tr><td rowspan="2">25</td><td>鉢囉(二合)</td><td>puat-la</td><td>pra</td></tr>
<tr><td>枳孃(二合引)</td><td>tɕ(k)ǐe-ȵǐaŋ</td><td>jñā</td></tr>
<tr><td>26</td><td>乞灑(二合)</td><td>khǐət-ʃa</td><td>kṣa</td></tr>
<tr><td>27</td><td>尾室(引)哩野(二合)</td><td>mǐwəi-ɕiět-lǐəi-jya</td><td>viśārya</td></tr>
<tr><td rowspan="2">28</td><td>娑跢(二合)</td><td>sa-ta(此處奘第一字用入聲)</td><td>sta</td></tr>
<tr><td>嚩乞墋(二合)</td><td>bua(bvǐuak)-khiət-tʃhǐěm</td><td>va-kṣim</td></tr>
<tr><td>32</td><td>作訖囉(二合)</td><td>tsɑk-kǐat-lɑ</td><td>cakra</td></tr>
<tr><td>35</td><td>伽囉(二合)</td><td>gǐɑ-la</td><td>ghra</td></tr>
</table>

续表

句數	譯音用字	音值	梵文對音
37	拶（贊辣反）囉 韈（轉舌）多（上）	tsɑt-la-ŋǐuɐt-ta	caravarta
40	翳羯他託契	iei-kǐɐt-tha-thak-khiei	ekatha-thakhe
41	託 齲 （驅字反） 盧 闥 㘓（轉舌）	thak-khĭu-lu-thɑt-liei	thakhulu-thare
51	窣覩（二合）	suət-tu	stu
57	薩嚩（引）囉他（二合）	sɑt-bvĭuak-la-tha	sarvārtha
	顊娑嚩（二合引）賀（引）	nĭet-sa-bvĭuak-ɣɑ	ni-svāhā
59	諾尾	nak-mĭwəi	da-vi
60	納步（二合引）	nɒp-bu	dbhū
65	薩嚩薩寫	sɑt-bvĭuak(bua)-sɑt-sĭa	sarva-sasya
67	怛他（去引）誐多	tat-tha-ŋa-ta	tathāgata
68	地瑟耻（二合）	di-ʃĭet-ȶhĭə	dhiṣṭhi

三、分析

從上面的對音資料，我們發現入聲韻尾-p，-t，-k 對音梵文時，有時候有實際梵文字母，有時候不對音任何梵文字母，討論如下：

（一）入聲韻尾對音實際梵文字母

這樣的情形有：玄奘本句 12“昵訶”［ȵĭe̱t-ha］對梵文 niṟha。慧琳本句 2“娜莫阿（去引）”［na-maḵ-a］對梵文 namaẖā，“蘖婆（去引）”［ŋjɛṯ-bua］對梵文 gaṟbhā，句 18“儞逸（二合）賀（引）”［nĭə-jĭěṯ-ɣɑ］對梵文 niṟhā，句 37“韈（轉舌）多（上）”［ŋĭuɐṯ-ta］對梵文 vaṟta，句 65“薩嚩”［sɑṯ-bvĭuak］對梵文 saṟva。

上面情形有個共同現象，就是入聲韻尾與後隨字母的發音部位不同，這時入聲韻尾保留或轉爲另一音，與下一字的聲母形成梵文複輔音。例如“蘖婆(去引)”,“蘖”入聲韻尾 t,與下一字“婆”聲母 b 發音部位不同,將“蘖”入聲韻尾 t 改 r,故“蘖婆(去引)”[ŋjɛ t-bua] 對音梵文 garbhā。又如“昵訶”,“昵”入聲韻尾 t,與下一字“訶”聲母 h 發音部位不同,將“昵”入聲韻尾 t 改 r,故“昵訶”[ȵĭět-ha] 對音梵文 nirha。

有一個例外是,慧琳本句 37“韈(轉舌)多(上)”[ɱĭuɐt-ta] 對梵文 varta,“韈”入聲收 t 與後隨字母相同,但是入聲 t 卻轉爲 r,對音出現實際梵文字母。這裡要留意的是,“韈”微母,小注“轉舌”;一般的情況“轉舌”是用來標注“來母”對音梵文 r 非 l,這裡“韈(轉舌)”提示入聲韻尾 t 要轉爲 r,是咒語對音中很少見的現象。

(二) 入聲韻尾不對音任何梵文字母

除了上述幾個入聲韻尾對音實際梵文字母,其他更多的情形是不對音任何梵文字母。衆多的例子有個共同特徵,就是入聲韻尾與後隨聲母的發音部位相同,該入聲韻尾不起對音作用。這裡所謂“不起對音作用”是指梵漢對音時,入聲韻尾對音梵文沒有任何字母。例如句“窣覩(二合)”,“窣”入聲韻尾 t,與下個字“覩”的聲母相同,“窣覩(二合)”[suət-tu] 對音梵文 stu。又如“怛曩(二合)”,“怛”入聲韻尾 t 與下一字“曩”的聲母 n 發音部位相同,都是舌頭音,“怛曩(二合)”[tat-naŋ]對音梵文 tna。

對於這個現象,有必要進一步探討。我們知道《廣韻》依平上去入分爲五卷,平聲占了二卷,平聲字最多,入聲字最少。當初譯經師大可選擇平聲、上聲字對音梵文,不必特別找些爲數較少的入聲字,而不理會其韻尾對音功能。因此入聲韻尾在不對音任何梵文字母的情況下,應該還有其他的作用。

兹將入聲韻尾不起對音作用的情形,分爲幾項討論:

1. 入聲韻尾後隨梵文複輔音

這樣的情形玄奘本有:句 24“斫羯洛”[tɕĭak-kĭɐt-lak]對音梵文 cakra。慧琳本有:句 4“薩怛嚩(三合引)”[sɑt-tat-bvĭuak]對音梵文 sattvā,句 7“怛儞也(二合)”[tat-nĭə-jya]對音梵文 tadya,句 14“嚩日囉(二合)”[vak-ʈĭět-lɑ]對音梵文 vajra,句 17“薩底野(二

合)"[sat̠-tĭə-jya]對音梵文 satya,句 28"嚩乞摻(二合)"[bvĭuak̠-khiət-tʃhĭĕm]對音梵文 va-kṣim,句 32"作訖囉(二合)"[tsɑk̠-kĭat-lɑ]對音梵文 cakra,句 57"寧娑嚩(二合引)賀(引)"[nĭet̠-sa-bvĭuak-ɣɑ]對音梵文 ni-svāhā。

舉例説明,"怛儞也(二合)"[tat̠-nĭə-jya] 對音梵文 tadya,"怛"入聲韻尾 t 在對音梵文時沒有任何字母,它的作用是顯示後隨複輔音。又如"作訖囉(二合)",其中"作"入聲,後隨"訖囉(二合)"是複輔音,"作訖囉(二合)"[tsɑk̠-kĭat-lɑ] 對音梵文 cakra;"作"的入聲韻尾 k 在對音梵文時沒有任何字母,它的作用是顯示後隨複輔音。

2. 入聲韻尾提示後隨的 l 對音梵文 r

這樣的情形在玄奘本很多,慧琳本較少。玄奘本有:句 5"羯洛"[kĭɐt̠-lak],對音梵文 kara;句 6"跋洛"[buɑt̠-lak],對音梵文 bara;句 7"筏羅"[bĭwɐt̠-la],對音梵文 vara;句 32"曷剌"[ɣɑt̠-lɑt],對音梵文 ra;句 40"闥𠼪"[that̠-liei],對音梵文 thare;句 48"遏唎"[ɑt̠-li],對音梵文 ari;句 51"沫隸"[muat̠-liei],對音梵文 mare;句 62"喝羅"[hat̠-la],對音梵文 hara。慧琳本有:句 37"拶(贊辣反)囉韈(轉舌)多(上)"[tsɑt̠-la-mĭuɐt-ta],對音梵文 caravarta;句 41"闥𠼪(轉舌)"[thɑt̠-liei],對音梵文 thare。

玄奘譯咒,在音譯梵文 r 時,前面用入聲字。例如"筏羅"的"筏",入聲收音 t,在對音梵文時沒有任何字母,但提示後隨的 l 是 r,故"筏羅"[bĭwɐt-la]對音梵文 vara。又如"遏唎"的"遏",入聲收音 t,在對音梵文時沒有任何字母,但提示後隨的 l 是 r,故"遏唎"[ɑt-li] 對音梵文 ari。

上面例子大多是 r 在字中的情形,如果 r 在字首時玄奘譯音有特殊的方式,"曷剌怛泥"[ɣɑt-lɑt-tat-niei] 對音梵文 ratane,其中"曷剌"[ɣɑt-lɑt]對音梵文 ra,爲什麼漢字"曷"沒有對應的梵文字母呢?這要從梵文邊説,梵文 ra 字讀起來帶有 h 音,在西藏聲明也是這樣的認知[1],所以"曷剌"對音梵文 ra。從這裡也可以明

---

① 參閱拙著《藏語讀咒入門》第 140—141 頁。

白爲什麼 r 在字中時,漢字譯音的前一字是入聲字,應該是以入聲韻尾協助翻譯梵文 r 字所帶的 h 音。但是慧琳音譯 r 在字首時,不同於玄奘,沒有用“曷剌”兩字對音梵文 r。

這種以入聲韻尾幫助抉擇 r, l 的方法,適用於玄奘譯音,不適用於慧琳。慧琳音譯 r 和 l 的區别方法是,以漢字偏口旁表示,或是小注“轉舌”表示是 r 非 l。

3. 入聲提示後隨並母要對音梵文 v

這樣的情形玄奘本有:句 13“插婆”[tʃhɐp-bua],對音梵文 kṣava;句 18“濕婆”[ɕĭĕp-bua],對音梵文 sava。慧琳本幾乎沒有這個情形,個别有一例,句 59“諾尾”[nak-mĭwəi],對音梵文 da-vi。

依玄奘譯音規則,梵文 b, bh, v 都對應並母,因此將漢譯咒語還原梵文時,如何抉擇是個問題,依施向東教授的研究發現:玄奘譯 v,並母奉母都用,差别在於凡 v 後面是前元音的,用並母三等字對譯;v 後面是後元音的,用奉母字對譯。①

現在從入聲的角度可以提供另一方法,玄奘音譯梵文 v 或 bh 時,前一個漢字會用入聲,該入聲韻尾在對音梵文時沒有任何字母,後隨的並母 b, bh, v 三選可先去掉 b,例如“插婆”[tʃhɐp-bua],“插”入聲韻尾收 p,對音梵文時沒有任何字母,後隨的並母是 v,故“插婆”對音梵文 kṣava。又如“濕婆”[ɕĭĕp-bua],“濕”入聲韻尾收 p,對音梵文時沒有任何字母,後隨的並母是 v,故“濕婆”對音梵文 sava。

4. 梵文送氣輔音之前常用入聲字

這樣的情形玄奘和慧琳都很多見,玄奘本有:句 6“跋洛-讖蒱”[buɑt-lak-tʃhĭĕm-bu],對音梵文 bara-kṣimbhu;句 21“莫醯”[mak-hiei],對音梵文 mahe;句 24“洛細”[lak-siei],對音梵文 rase;句 25“沫呬”[muat-hi],對音梵文 mahi;句 30“臘薜”[lap-biei],對音梵文 rabhe;句 37,38“羯他託契”[kĭɐt-tha-thak-khiei],對音梵文 katha-thakhe。

① 參閱施向東《玄奘譯著中的梵漢對音研究》,收於《音史尋幽》第23頁。

慧琳本有:句 2"乞史(二合)"[khĭɐt̠-ʃĭə],對音梵文 kṣi;句 8"乞墋(二合)"[khiət̠-tʃhĭĕm],對音梵文 kṣim;句 26"乞灑(二合)"[khĭət̠-ʃa],對音梵文 kṣa;句 41"託齲(驅宇反)"[thak̠-khĭu],對音梵文 thakhu;句 57"顊娑嚩(二合引)賀(引)"[nĭet̠-sa-bvĭuak̠(bua)-ɣɑ],對音梵文 ni-svāhā;句 60"納步(二合引)"[nɒ p̠-bu],對音梵文 dbhū;句 65"薩寫"[sɑt̠-sĭa],對音梵文 sasya;句 67"怛他(去引)"[tat̠-tha],對音梵文 tathā。

梵文送氣輔音(如上面 kh, gh, th, kṣ, h, s 等等)之前用入聲字,該入聲韻尾在對音梵文時,沒有任何字母。例如"羯他託契"[kĭɐt-tha-thak-khiei],其中"羯"和"託"都是入聲,韻尾分別收 t 和 k,對音梵文時沒有任何字母,故"羯他託契"對音梵文 katha-thakhe。

5. 入聲對音梵文止聲(visarga)

本咒中僅有一例,慧琳本句 2"娜莫阿(去引)"[na-mak-a],對音梵文 namaḥa...。

6. 其他

"地藏菩薩陀羅尼"的梵漢對音,入聲韻尾不對音任何梵文字母的情形,除了上述五種典型,個別情形還有:

(1) 入聲韻尾後隨 n,有二例,玄奘本句 17"刹拏"[tʃhat-ȵa],對音梵文 ksaṇa;句 31"怛泥"[tat-niei],對音梵文 tane。

(2) 入聲韻尾後隨 k,有一例,慧琳本句 11"嚩迦"[vak-ka],對音梵文 vaka。

(3) 入聲韻尾後隨 t,有三例,玄奘本句 11"薩帝"[sɑt-tiei],對音梵文 sate;句 19"薩多"[sɑt-tɑ],對音梵文 sta;句 58"窣都"[suət-tu],對音梵文 stu。

上面舉的個別情形,或許可解釋爲入聲韻尾-t 和-k 的弱化有關。

四、討論

從上面的分析,可以發現入聲韻尾在咒語梵漢對音扮演有好幾種角色，主要特徵是與後隨字母的發音部位有關。當入聲韻尾與後隨字母的發音部位不同，入聲韻尾保留或轉爲另一音，與後隨字母形成複輔音。當入聲韻尾與後隨字母的發音部位相同，該入聲韻尾不起對音作用，但作爲與後隨字母的發音緩衝，這樣情形的後隨字有梵文複輔音 r、v 及送氣輔音等等。

爲什麼梵文複輔音 r、v 及送氣輔音等，在漢譯時前面需要有個不起對音作用的入聲韻尾呢？筆者認爲原因可能是：(1) v 是唇齒音，發音過程稍緩，故前一字的入聲韻尾有輔助翻譯的作用。(2) 而 r 和送氣輔音頗有相似之處，梵文 ra 字讀起來有 h 音，所以 ra 也可説是送氣音的一種，梵漢對音時用入聲韻尾作爲送氣音與前一字的輔助發音。

（一）入聲與梵文複輔音

入聲韻尾的梵漢對音，無論有沒有對音實際梵文字母，我們發現一個現象，就是用入聲字音譯梵文複輔音。按，慧琳音譯梵文複輔音時，會小注“二合”、“三合”；“二合”的取音公式是，第一個字取聲母，第二個字聲韻全取，而形成梵文複輔音。“二合”表示二個子音相連接，如“囉怛曩(二合)”對梵文 ratna。“三合”表三個子音相連接，如“薩怛嚩(三合引)野”對梵文 sattvāya。上例中“怛”、“薩”是入聲字，也就是説“二合”第一字是入聲，第二字不是。“三合”第一、第二字是入聲，第三字不是。

但如果反過來看，梵文複輔音對音漢字時是否都是入聲字？不一定！也有以陰聲韻音譯梵文複輔音的情形。如慧琳本的第 2 句“哩野(二合)”、第 7 句“儞也(二合)”、第 17，19 句“底野(二合)”、第 21，27，29 句“弭野(二合)”、第 25 句“枳孃(二合)”，這些二合字的第一字，都是開口三等（只有“底”是四等），對音梵文分别是 rya、dya、tya、bya、jña，可見得慧琳譯梵語母音 i 及半母音 y 時，是用三等或四等的漢字，而且絕大多數是三等字，因爲三等 [ĭ] 是半元音，方便與隨後的子音連接爲複合輔音。

若是從漢語聲韻學的角度觀察 rya、dya、tya 等是“輔音＋半元音 y”，不能算複輔音。但是我們從梵漢對音的立場看，“二合”、

“三合”指的就是梵文複輔音，故將 rya、dya、tya 等歸類爲複輔音。

(二) 玄奘與慧琳入聲對音的比較分析

上面統計分析玄奘與慧琳翻譯的“地藏菩薩陀羅尼”入聲對音情形，是否二人通篇都循此規律呢？我們發現玄奘的規律性較高，慧琳則有些出入。主要原因是玄奘譯音不用“二合”表示複輔音，也不加“轉舌”這種小注提示來母字是 r 非 l，這些原因使得玄奘譯音必須藉助入聲韻尾幫助譯音。而慧琳譯音以“二合”等表示複輔音，以小注“轉舌”表示 r，所以不須完全仰賴入聲韻尾的功能，因此慧琳譯音在入聲韻尾的對音情形與本文所歸納的法則常有出入。茲將玄奘與慧琳入聲韻尾對音有出入之處羅列如下：

(1) ambara

慧琳本句 12“暗麼囉”不用入聲韻尾提示後隨的 l 爲 r，而用口邊字。

玄奘本句 6“菴跋洛”　用入聲韻尾提示後隨的 l 爲 r，不用口邊字。

(2) vele

慧琳本句 13“吠羅”，慧琳沒用口邊字。

玄奘本句 7“筏羅”，應爲 vere，非 l。

(3) prajña

慧琳本句 25“鉢囉(二合)枳孃(二合引)”[puat-la-tɕ(k)ĭe-nʑĭaŋ]

玄奘本句 16“鉢刺惹”[puɑt-lɑt-ɽʏa]。

(4) cakrase

慧琳本句 32“作訖囉(二合)”：不用入聲韻尾引隨後的 s。

玄奘本句 24“斫羯洛”：　用入聲韻尾引隨後的 s。

(5) cakrama

慧琳本句 33“作訖囉(二合)麼(鼻)”：不用入聲韻尾引隨後的 m。

玄奘本句 25“斫羯洛沫”：　用入聲韻尾引隨後的 m。

(6) prabhe

慧琳本句 36“鉢囉(二合)陛”：不用入聲韻尾引隨後的 bh。

玄奘本句 30“鉢臘薜”：　　用入聲韻尾引隨後的 bh。

(7) tan̠e

慧琳本句 37“多(上)寧”：不用入聲韻尾引隨後的 n。

玄奘本句 31“怛泥”：　　用入聲韻尾引隨後的 n。

(8) ar̠i

慧琳本句 45“阿(上)哩”：不用入聲韻尾引隨後的 r。

玄奘本句 48“遏㗚”：　　用入聲韻尾引隨後的 r。

(9) mar̠e

慧琳本句 47“麼黎”：不用入聲韻尾，無法抉擇 r, l。

玄奘本句 51“洙隸”：用入聲韻尾，可抉擇 r, l。

(10) har̠a

慧琳本句 55“賀囉”：用口邊字表示 r。

玄奘本句 62“喝羅”：用入聲韻尾抉擇後隨爲 r。

由此可見二位譯師因爲音譯的輔助工具的不同，地域的差異，譯音規則也有出入。

五、結論

本文藉玄奘和慧琳翻譯的“地藏菩薩陀羅尼”譯音，考察入聲韻尾在梵漢對音發揮的功能。入聲是漢語聲調的一種，聲調附屬於韻母中。入聲韻尾有-p，-t，-k 三種，是輔音，在梵漢對音過程中發揮的功能也是輔音的範疇。-p，-t，-k 有時對音實際梵文字母，有時不對音任何梵文字母，視入聲韻尾與後隨字母的發音部位相同與否而決定。

透過比對和分析，本文得到的結果是：

1. 當入聲韻尾與後隨字母的發音部位不同時，入聲韻尾是梵文複輔音第一字母。

2. 當入聲韻尾與後隨字母的發音部位相同時，有幾種情況：

(1) 入聲韻尾不對音任何梵文字母，作爲與後隨複輔音之間的輔助發音。

(2) 入聲韻尾不對音任何梵文字母，作爲與後隨送氣輔音(如

th、kh、bh、kṣ、s 以及 h，r 等等）間的輔助發音。

（3）入聲韻尾不對音任何梵文字母，作爲與後隨唇齒音（梵文 v）之間的輔助發音。

（4）入聲對音梵文止聲（visarga）。

（5）入聲韻尾不對音任何梵文字母，可能因爲-t、-k 有些弱化。

上面的結果提供漢譯咒語還原梵文的幫助是：

1. 有些譯師（如玄奘）音譯咒語的複輔音時，不用"二合"等小注，則有賴於入聲韻尾的功能表達複輔音。

2. 漢語聲母沒有 r 音，梵文的 r，l 都對來母，造成漢譯咒語還原梵文時 r，l 抉擇的困難，透過入聲韻尾可以幫助解決這個課題。這個方法適用於玄奘的譯音，不適用於慧琳，慧琳以漢語口邊字或小注"轉舌"提示該來母字是 r 非 l，但是要留意傳抄過程中口旁或小注很容易掉落。

3. 玄奘譯咒，關於梵文輔音和漢語聲母的對音規律，梵文第三行字母和第四行字母（如 g，gh、d，dh 等等）對漢文同一聲母，透過"入聲韻尾不對音任何梵文字母，作爲與後隨送氣輔音間的輔助"這個認識，我們就能決定 g，gh 等究竟該還原那一個。

另外要注意的是，譯師的對音規律互有出入，使用這個結論作爲漢譯咒語還原梵文，應留意譯師的對音規律。最後要説明的是，向來梵漢對音研究的目的，是爲考察古漢語語音；本篇關注的焦點是如何漢譯咒語還原梵文，從而發現入聲韻尾的幾種特殊對音功能，提出來作爲參考，或許我們可以不只從弱化或消變的角度看待它。

（作者單位：臺灣嘉豐出版社）

日寫本《新譯華嚴經音義私記》注音研究

苗　昱

《新譯華嚴經音義私記》(下簡稱《私記》)一書,爲日人所作,中古時期寫本,原藏於日本小川簡齋先生處,全部用漢字寫成,被認爲是日本現存最古老的寫本佛經音義。書中記載了 18 個武周新字[①]和大量的日語古代訓讀,字迹遒勁古健且全書保存完整,在日本被視爲國寶。二十世紀初,羅振玉先生憑其與小川簡齋先生的私交,在日本得以見到該書,經其不懈努力,將此書借回國内,1940 年由墨緣堂影印出版,題名爲《古寫本〈華嚴音義〉》,並爲之作序。

該書是爲實叉難陀譯《新譯大方廣佛華嚴經》所作的音義,成於 730 年之後,983 年之前[②]。其作者是精通漢語,且對新、舊譯《華嚴經》[③]均有研究的日本人。一般認爲此書是以慧苑《新譯大方廣佛華嚴經音義》(下簡稱《慧苑音義》)爲主要底本,參以大治本《新華嚴音義》(下簡稱《大治本》)及其它《華嚴音義》而成。《大治本》日人所撰,然作者不詳,是附在大治三年(1128 年)書寫的《一切經音義》卷一之後,行文簡略。

---

① 書中保存的 18 個武周新字是:初、君、人、證、地、月、皇、國、年、正、万、臣、授、載、月、天、初、聖。

② 關於《私記》版本、作者等方面的具體情況請参見拙文《〈華嚴音義〉版本考》。

③ 新譯《華嚴經》指唐武周時實叉難陀譯八十卷本《華嚴經》,舊譯《華嚴經》指晉佛陀跋陀羅譯六十卷本《華嚴經》。

鑒於《私記》重要的學術價值，日本學者岡田希雄（1939）、三保忠夫（1974）、池田証寿（1986、1988）和小林芳規（1988）等人都對它的作者、成書時代和成書原因及過程等進行過考證和論述，岡田希雄（1941）對該書的古代訓讀也做過較爲細致的研究，但對書中的注音部分尚未涉及。吉田金彦（1957）將《私記》與《慧苑音義》作比勘，將《私記》的反切與《廣韻》的音韻地位進行對比，分類排列，但是缺乏更進一步的分析。白藤禮幸（1972）將《私記》中的反切按其來源分成六大類①，並指出注音特殊的地方，但未深入分析其原因。小倉肇（1978）則是以直音爲基礎繫聯了它的聲韻系統。但諸家均忽略了直音的複雜性和注音來源的多樣性，這就使得這個聲韻系統在多大程度上反映當時的語音實際還有待商榷。本文在全面校勘《私記》的基礎上，對其注音的形式、來源及其反映的語音情況重新做一較爲深入的探討。

一、注音的形式和來源

《私記》共保存了 1203 個注音，有直音 198 個、反切 995 個，还有 10 個描寫型注音。

描寫型注音指的是不用反切或直音注音，而是直接用“上聲”或“某之上聲”標明字的讀音，這種注音的方式總共出現 10 次，前兩次是用於音譯詞的注音，後八次是用於華嚴字母唱誦的描寫。例如：

弥伽：伽之上聲。下毗伽亦同此土。（經第四十五）

荼：上聲（經第七十六）

前一例是用於音譯詞的注音，後一例的“荼”是華嚴字母。《私記》中的這 10 個描寫都來源於《慧苑音義》，這種描寫記音的方法是用於音譯詞和華嚴字母的注音，所以本文不討論這種注音形式，主要討論直音和反切部分。

---

① 按白藤禮幸（1972）的研究，反切的六大來源分別是：《慧苑音義》、《篆隸萬象名義》、《切韻》、大治本《新華嚴經音義》、假名音 5 個及未詳。

筆者將書中所有注音與其主要底本《慧苑音義》、《大治本》以及在《私記》成書以前就在日本廣爲流傳的《玄應音義》和《玉篇》中的注音進行了比對①,結果如下②:

表1 《私記》注音來源對比表

	《慧苑音義》	《玄應音義》	《玉篇》	《大治本》	其它
相同音切之個數	542	118	72	97	374
占總音切之比例	45%	10%	6%	8%	31%

从上面的表格可以看出,《私記》中的注音大部分來自於中土文獻,但是仍有39%的注音與中土文獻的注音有所不同,這些來自於《大治本》和不明來源的注音所反映的語音系統和今天已知的漢語中古音大不相同,具體情況如下:

二、直音和反切的複雜性

(一)直音本是一種以同音字來注音的一種注音方法,但是,《私記》的直音中有少數注音字和被注音字在字音上完全不同,而是以意義相解釋共有5例,詳如下:

1. 肇〈硌〉[啓]③:上,超繞反。始也。下,開也。音白。(經序)

"啓"與"白"聲韻不通,此"音白",是講"啓"有"白"意。"白",有告訴、禀告的意思,如《玉篇·白部》:"白,告語也。"《三國志·蜀志·董和傳》:"事有不至,至于十反,來相啓告。"可知"白"、"啓"均

① 《慧苑音義》取趙城廣勝寺本,《玄應音義》用徐時儀先生校定的电子版、《玉篇》用《四庫全書》本电子檢索版。

② 注音不重复記,如一反切既與《慧苑音義》中的反切相同,又與《玄應音義》中的相同,記入《慧》不記入《玄》,优先次序爲《慧》、《玄》、《玉》。

③ 筆者對《私記》進行了全面校勘,凡涉及筆者校改的,用"〈〉"表示書中原字,"[]"表示校改後的字,如:"〈硌〉[啓]",《私記》寫作"硌",但此字於上下文不合,《華嚴經》經文作"啓",故當爲"啓"字之形訛,故改作"啓"。

有禀告意,此處以"白"釋"啓"。

2. 奉迎:上,受也,進也。下,音向。訓向也,合云亦進,向將來皃也。(經序)

"迎"與"向"聲韻不通,此處乃以"向"釋"迎"。"迎"本義爲迎接,引申有面向、朝向之意,如銀雀山漢墓竹簡《孫臏兵法·地葆》:"絶水、迎陵、逆流、居殺地、迎衆樹者,鈞舉也,五者皆不勝。""向"本義爲朝北的窗户,引申爲面向義,如:《莊子·秋水》:"〔河伯〕望洋向若而歎曰:'野語有之曰:聞道百以爲莫己若者,我之謂也。'"此以"向"釋"迎",下文云"訓向也"正與此合。

3. 筆削:下,音刪。去也。刪音讃。訓波夫久[①]。筆,謂增益也。(經序)

"削"與"刪"聲韻不通,此以"刪"釋"削",二者均有除去意。如:《莊子·胠篋》:"削曾史之行,鉗楊墨之口,攘棄仁義,而天下之德始玄同矣。"郭象注:"削,除也。"《廣韻·刪韻》:"刪,除削也。"

4. 技藝:上,渠綺反。藝也,又巧技也。藝,六藝也。音技。伎,之豉反。忮也。(經卷十一)

"藝"與"技"聲韻不通,二者均有技能意。如《廣韻·祭韻》:"藝,才能也。"《玉篇·手部》:"技,技藝也。"

5. 臨馭:上,望也。下,進也。音〈加〉[駕]。(經卷二十八)

"馭"與"加"音義均不通,"加"當爲"駕"字之訛。"馭"與"駕"均有駕車行進意。

《私記》里出現的這種以注音釋義的特殊形式,在《慧苑音義》裏沒有出現。仔細考察這種形式,可以發現它並非始從《私記》,在陸德明的《經典釋文》中已有這種形式。沈建民先生在《〈經典釋文〉音切研究》一書的"音切的内容"一節中詳細分析了《經典釋文》中出現的直音的特殊用法,其中一類爲"以音注來釋義的",並舉了三個例子,現轉引如下:

玄端,音冕。《禮記一》175 二十八 a

---

① "波夫久"是"刪"字在古日語中的訓讀。

敦弓,音彫,畫弓也。注及下同。徐又都雷反。《詩經下》94 九 a

有菀,音鬱,茂也。徐又於阮反。《詩經中》80 二十 a

可見《私記》的這種形式不是自造,而是前有所承。這種表現形式雖爲直音,但是注音字與被注音字却没有聲韻上的聯係,因此它只算是一種釋義的方式。

(二) 用直音來表示日語的訓讀。《私記》中有大量的訓讀,但是絕大多數的訓讀都有明顯的標誌,如"某,訓某",但是也有個别的訓讀,是用直音的形式表現出來的。

如:(以下凡"音讀"是指日語吴音和漢音相同的,如不同,則分講"吴音""漢音")

蚊,音可。(經卷四十八)

蚊的吴音是"モン"(/mon/),漢音是"ブン"(/bun/),訓讀是"カ"(/k'a/),訓讀正與"可"的音讀相同,所以"可"在這裏表示的是"蚊"這個字的日語訓讀。

(三) 有相當一部分形聲字是以該形聲字的聲旁爲直音的,總共有 34 個,其中注音與被注音字讀音相同的有 18 個[①],例如:

淤,音於。(經卷二十三,"淤泥"條)

肝,音干。(經卷二十五,"心腎肝脯"條)

另外 16 例,注音字與被注音字中古時的讀音均不相同,例如:

符,音付。(經序,"符澤"條)

罕,音干。(經序,"罕"條)

此外,還有以形聲字注該形聲字聲旁讀音的,僅有 3 處:

占,音點。(經卷三十五,"占卜"條)

央,音映。(經卷八,"無央數"條)

央,音映。(經卷三十八,"無央"條)

這三個直音的注音字與被注音字的讀音均不相同。

---

① "讀音相同",是指《集韻》中有相同的讀音;下文"讀音不同",是指《集韻》中没有相同的讀音。

在《慧苑音義》中也有以形聲字的聲旁與該形聲字互音的例子，但總數只有7個，詳如下：

薆，音愛。（經卷三，“癡翳常蒙惑”條）

瀨，音賴（經卷十三，“湍流競奔逝”條）

洄，音回（經卷六十，“湍激洄澓”條）

泗，音四（經卷六十三，“涕泗悲泣”條）

沚，音止（經卷六十五，“於河渚中”條）

咨，音諮（經卷六十三，“咨嗟戀慕”條）

回，音迴（經卷四十七，“信樂不回”條）

這7個直音的注音字與被注音字在中古時的讀音是完全相同的，没有例外。對比之下，《私記》中的直音就不像是來源於中土的直音，而像是作者跟據形聲字的讀音和它聲旁的讀音基本相同這一規律自製的直音。形聲字産生時，形聲字的讀音與其聲旁的讀音是一致的，但隨着時間的推移、語音的變化，上古産生的形聲字到了中古時期已與其聲旁的讀音已不盡相同了。《私記》中，注音字與被注音字讀音不同的16個直音，其被注音字都是《説文》收録的形聲字。這種情況説明這些直音是日人自製的，而非源自中土。

三、注音體現出的特殊語音現象

還有很多的注音，它們既非釋義亦非日語訓讀，而且直音字和反切與被注音字的漢語中古音相去甚遠，現分述如下：

（一）聲類

聲類的情況複雜，下面分别從同組聲類和不同組聲類互相注音的兩個方面來看：

1. 同組聲類的字互相注音

（1）清音與濁音：

塹$_{\text{清}}$，音漸$_{\text{從}}$。（經卷十一，“壍”條）

滴$_{\text{端}}$，音敵$_{\text{定}}$。（經卷十三，“雨滴”條）

擢$_{\text{澄}}$，貞$_{\text{知}}$角反。（經卷五，“爭聳擢”條）

肇$_{\text{澄}}$，超$_{\text{徹}}$繞反。（經序，“肇啟”條）

（2）全清與次清互音：

麤清，音祖精（經卷三十五，“麤獷”條）

涕透，音帝端（經卷六十三，“涕泗悲泣”條）

矌溪，古見謗反。（經卷三，“矌劫”條）

廁初，側莊冀反。（經卷三十九，“鈿廁”條）

同組聲類的字互相注音主要表現爲清濁互相注音，全清與次清聲母互音，多次重復出現的是端母、定母互音，見母、溪母互音和帮母、並母互音。

2. 不同組聲類的字互相注音

不同組聲類的字互相注音主要表現爲章組與精組聲母互音 17 例；見、曉組聲母互音 15 例，帮、非組 7 例；端、知組互音 5 例，章、莊組 4 例，精、章組互切 4 例。此外，還有知母與章母互音 1 例，知章、章溪、章透、泥疑母等互音各 1 例。

（1）帮組與非組：

肺敷，音辨並。（經卷二十一，“心肺”條）

肥奉，音被滂。（經卷二十三，“肥”條）

僻滂，孚敷赤反。（經卷十八，“僻見”條）

豹帮，方非效反。（經卷六十，“犲狼”條）

（2）端組與知組：

滴端，音宅澄（經卷十五，“數其滴”條）

霑知，音點端。（經卷十八，“霑麗”條）

潮澄，達定驕反。（經卷一，“海潮”條）

墜澄，豆定伊反。（經卷三，“淪墜”條）

（3）章組與精組：

震章，音信心。（經卷十五，“震振”條）

侵心，音甚禪。（經卷二十七，“不侵”條）

竄清，出昌玩反。（經卷十五，“竄匿”條）

笑心，世書鳥反。（經卷四十八，“熙怡微笑”條）

（4）章組與莊組：

牀崇，音常禪。（經卷二十八，“牀蓐”條）

式生,音色書。(經序,"式"條)

暑書,音所生。(經卷四,"清炎暑"條)

(5) 見組與曉組:

暉曉,音貴見。(經卷五,"騰暉綺"條)

渾匣,音坤溪。(經卷十七,"渾濁"條)

遺以,胡群葵反。(經卷七,"遺"條)

痼匣,椓見閑反。(經卷六十五,"風痼消瘦"條)

(6) 其它:

酌知,音著章。(經序,"挹"條)

窺溪,音枝章。(經序,"窺覦"條)

偷透,音注章。(經卷三十五,"偷盜"條)

鬧泥,音堯疑。(經卷五十八,"憒鬧"條)

在《廣韻》聲系中,有重唇音和輕唇音互切的情況,也有舌頭音和舌上音互切的情況,但是,精組與章組、見組與曉組的分別是明顯的。然而《私記》中出現了大量的精、章組互音的例子,這只能説明《私記》中的這些注音反映的不是我國中古音的情況。

(二) 韻部

《私記》的注音在韻部上與中古韻部系統不同的地方主要表現在:

1. 不同聲調的各韻可以相互注音,如:平上互音/切,共28例,平去互音/切,共26例,上去互音/切,19例,例如:

雷平,音類去(經卷六,"雷"條)

暉平,音貴上(經卷五,"騰暉綺"條)

志去,音子上(經卷三十八,"志民"條)

岸去,魚韓平反。(經卷八,"岸"條)

樐上,力都平反。(經卷八,"樓觀閣"條)

傘上,先岸去反。(經卷十七,"傘盖"條)

2. 有時不僅聲調不同,且不在《廣韻》相互匹配的一個韻組裏,也用來互音/切,如:

蕭蕭,音照笑。(經卷十五,"蕭笛"條)

《廣韻》中，宵小笑爲一韻組，蕭篠嘯爲一韻組，此直音用去聲“照”給平聲“蕭”注音。

擔闞，都檻檻反。（經卷十二，“擔”條）

《廣韻》中，銜檻鑑狎爲一韻組，談敢闞盍爲一韻組，此反切用上聲“檻”作去聲“擔”的反切下字。

韻部的互相音切也非常的複雜，但大體上遵循着陽聲韻和陽聲韻、陰聲韻和陰聲韻、入聲韻和入聲韻互音/切的規律，但反切中偶有陰聲韻和入聲韻、陰聲韻和陽聲韻互爲反切下字的情況，如：

徹山薛，天智止寘反（經卷八，“徹”條）

螺果戈，流良宕陽反（經卷六十七，“螺貝”條）

從上面這些特殊的反切中，可以看出一些規律，即：聲母方面，不僅帮非組相近，端知組相近，而且見曉組、精章組相近，清音與濁音相混，全清音與次清音相混。韻部方面，平上去三聲相混，陰聲韻、陽聲韻和入聲韻分别明顯，但有少量相混的現象。

四、對特殊語音現象的分析

以上《私記》這些較爲特殊的直音和反切所體現出來的語音特點，並不完全能够用漢語語音的發展規律來作解釋，比如：聲母方面，精組和章組相混，見組和曉組相混；韻部方面，不同韻攝的字相互注音；聲調方面，平上去三聲相混。而且，這些都不是个别現象，它當是反映某一語言的語音特點。

當我們抛開漢語中古音的束縛，用日語的音讀[①]結合反切的原理來作分析，這些矛盾就迎刃而解了。

《古寫本》來源於《大治本》和不明來源的直音有 189 個，注音字和被注音字的中古音相同的有 38 個，以直音方式釋義的 6 個（包括一個日語訓讀）。這中間“叵”“罥”“獷”“憒”“瞖”“歃”六字的日語音讀未查到，除去相關直音 7 個和 2 個注音字辨識不清的直

① 日語中使用大量的漢字，音讀是模仿漢字本來的讀音。訓讀是按照日本固有語言中同義語匯的讀音來認識漢字的方法。

音,餘137個。這137個直音中,注音字和被注音字日語音讀相同的有120個,占88%,不同的僅17個。

我們把這些不合漢語中古音,卻合乎日語音讀的直音舉例列表(表2),也將日語音讀不同的直音列表(表3)

表2 《私記》日語音讀相同直音表

直 音	吳音/漢音[①]	直 音	吳音/漢音
徐,音序	ジョ/ショ	式,音色	シキ/ショク
蕭,音照	ショウ	霑,音點	テン
塹,音漸	セン	蒙,音牟	ム/ボウ
涕,音帝	タイ/テイ	震,音信	シン
工,音孔	ク/コウ	暉,音貴	キ
苗,音妙	ミョウ/ビョウ	肥,音被	ビ/ヒ

表3 《私記》日語音讀不同直音表

直 音	被注音字音读	注音字音读	簡 析
耕,音常	キョウ/コウ	ジョウ/ショウ	吳音近
滴,音宅	チャク /テキ	ジャク/タク	吳音近
酌,音著	シャク	ジャク/チャク	吳音近
閙,音堯	ニョウ/ドウ	ギョウ	吳音近
刧,音忽	コウ/キョウ	コチ/コツ	吳音近

---

① 吳音是日本漢字音讀的一種,一般認爲吳音在西元五至六世紀的南北朝時代從南朝直接或者經朝鮮半島(百濟)傳入日本。漢音是奈良時代後期(715—805)至平安時代初期(806—889)由遣隋使、遣唐使和留學僧從中原習得帶回日本的漢字音,主要反映唐朝中葉長安附近地域的音韻體系。吳音與漢音一樣主要傳承了中古漢語的特徵。吳音與漢音相同的,只標一個日語音讀,如有不同,則前列吳音,後列漢音。本文的吳音和漢音取自藤堂明保編的《學研漢和大字典》。

续表

直　音	被注音字音读	注音字音读	簡　析
硬,音經	ギョウ/ゴウ	キョウ/ケイ	吳音近
酬,音須	ジュ/シュウ	ス/シュ	汉音近
肺,音辨	ホ/ハイ	ベン/ヘン	汉音近
避,音百	ビ/ヒ	ヒャク/ハク	
點,音占	テン	セン	
占,音點	セン	テン	
澤,音商	ジャク/タク	ショウ	
墻,音成	ゾウ/シヤウ	ジョウ/セイ	
膺,音雄	オウ/ヨウ	ウ, ユ/ユウ	
翳,音亞	アイ/エイ	エ/ア	
崇,音宗	ズウ/シュウ	ソ/ソウ	
沸,音發	ヒ	ホチ・ホツ/ハツ	

在日語音讀不同的直音表中我們可以看到有些直音雖然不同,但是其中的一些音讀是相近的,有的表現爲元音的長短不同或輔音的清濁不同。如:酬,音須。酬的漢音是シュウ/ʃiuː/,是長元音,須的漢音是シュ/ʃiu/,是短元音。再如:酌,音著。酌的吳音是シャク/ʃiaku/,第一個音節的輔音是清音,著的吳音是ジャク/dʒiaku/,第一個音節的輔音是濁音。

有的差别較遠,如"點,音占"和"占,音點",這是根據形聲造字法的原理作出的直音(前已詳説),與漢語中古音和日語音讀均不相合。

再有個别差别較遠的,如"避,音百",它們是音節數不一樣。就需要更進一步的研究了。

《私記》中的來源於《大治本》及不明來源的反切共 283 個,其中反切與被切字中古音韻地位相同的有 226 個,對音譯詞的注音

2個,辨識不清的反切3個,餘52個。絕大多數也可以根據日語的音讀結合反切的方法得到合理的解釋,詳如表4:

表4 《私記》反切與日語音讀對照表

漢語中古音的特殊性	注音	漢字	音讀	現代日語國際音標	注音	漢字	音讀	現代日語國際音標
見組和曉組互切	遺,胡葵反	遺	イ	/i/	癇,稼閑反	癇	カン	/kan/
		胡	ウ	/u/		稼	カ	/ka/
		葵	キ	/ki/		閑	カン	/kan/
精組和章組互切	竄,出玩反	竄	サン	/san/	笑,世鳥反	笑	ショウ	/ʃioː/
		出	シュツ	/ʃiuʦu/		世	セ	/se/
		玩	ガン	/gan/		鳥	チョウ	/ʧioː/
清音和濁音互切	擢,貞角反	擢	タク	/taku/	肇,超繞反	肇	チョウ	/ʧioː/
		貞	テイ	/tei/		超	チョウ	/ʧioː/
		角	カク	/kaku/		繞	ジョウ	/ʤioː/
全清音與次清音互切	曠,古謗反	曠	コウ	/koː/	廁,側冀反	廁	シ	/ʃi/
		古	コ	/ko/		側	ソク	/sokʻu/
		謗	ホウ	/hoː/		冀	キ	/kʻi/
不同聲調的各韻互切	岸,魚韓反	岸	ガン	/gan/	櫓,力都反	櫓	ロ	/lo/
		魚	ギョ	/gio/		力	リョク	/lioku/
		韓	カン	/kan/		都	ト	/to/
	傘,先岸反	傘	サン	/san/	擔,都檻反	担	タン	/tan/
		先	セン	/sen/		都	ト	/to/
		岸	ガン	/gan/		檻	カン	/kan/

從這裏我們可以看出,大部分用漢語難以解釋的反切,用日語的音讀結合反切的原理就可以解决。這裏有三個例子需要説明,就是"竄,出玩反"、"笑,世鳥反"和"廁,側冀反"。如果按現代日語

讀音來看,這三個反切都是有問題的,因爲它們的反切上字和被切字日語音讀的起始輔音不一樣,"竄"日語音讀的起始輔音是/s/,"出"是/ʃ/,"笑"是/ʃ/,"世"是/s/,"廁"是/ʃ/,"側"是/s/。這三個反切中,/s/這個音來自於サ(竄:サン)、セ(世:セ)和ソ(側:ソク),/ʃ/這個音來自於シ。按照五十音圖的最初排列規則①,將同一子音(輔音)的置於同一行,同一母音(元音)的置於同一段,而サ、シ、セ、ソ在五十音圖中排在同一行(サ行),所以可以推斷サ、シ、セ和ソ在古日語中的輔音是相同的,這樣就可以切出被切字的讀音了。

有少數反切不能用上述的方法解讀,它們反映了日語反切的早期形式,如:

瞻,世牟反(經卷十五,"令瞻"條)

"瞻"的音讀是セン或セム,"世"的吴音是セ,"牟"的吴音是ム,用它們的吴音連讀起來,就是瞻的音讀。

徹,天智反(經卷八,"徹"條)

"徹"的吴音是テチ,"天"的吴音是テン,"智"的吴音是チ,取"天"字吴音的第一個音節,和"智"的吴音,拼合在一起,就是"徹"的吴音。

還有個别的日語反切不能用以上的方法來解讀,還有待進一步研究,如:螺,流浪反。

"流"的吴音是ル(/lu/),漢音是"リュウ(/liuː/)",良的吴音是ロウ(/loː/),漢音是"リョウ(/lioː/)",按反切規則,怎麽也拼不出來"螺"的音讀"ウ(/u/)"。

五、結語

從上面的特殊注音中可以看出《私記》形成時,是日人學習漢

---

① 按一般的説法,天臺宗的僧侣明覺在他的著作《反音作法》首次提出五十音圖的排列方法,他利用反切的規則,將同一子音(輔音)的置於同一行,同一母音(元音)的置於同一段。

語反切並利用漢語反切規則生成日語反切注音方法的時期。這些特殊的注音反映日語當時的語音現象,如聲調上,平上去三聲不分,舒聲和促聲有明顯的區別,聲類上看,漢語的齒音(精組、莊組和章組)在日語中不分。

直音和反切是注音的常用形式,但也偶有用來釋義,在遇到具體問題時需要具體分析。

由於《私記》注音來源的多樣性決定了我們無法將其作爲一個單純的音系進行繫聯,由此可以推斷,日本現存的諸多用漢文寫成的音義書可能也有着類似的情況,我們在對這些材料進行分析研究的時候需要仔細地加以分辨。

参考文獻

[1]《古寫本華嚴音義》. 墨緣堂影小川簡齋本 1940.

[2] 藤堂明保編.《學研漢和大字典》日本:學習研究社,1978. 4.

[3] 築島裕主編.《古辭書音義集成》第七卷,大治本《一切經音義》第一卷末,《新華嚴經音義》,汲古書院 1979.

[4] 岡田希雄.《新譯華嚴經音義私記解説》(1939)[OL]. http://mpcp.hp.infoseek.co.jp/okada_kegonongishiki/

[5] 岡田希雄.《新譯華嚴經音義私記倭訓考》(1941)[OL]. http://d.hatena.ne.jp/Okdky/20071008

[6] 三保忠夫.《大治本新華嚴經音義の撰述と背景》[A].《南都佛教》[J]. 第 33 號。(1974).

[7] 池田証寿.《新譯華嚴經音義私記の性格》[A].《國語國文研究》[J]. 第 75 號(北海道大學國文學會).

[8] 池田証寿.《〈新譯華嚴經音義私記〉について——先行音義との關係》[A].《北大國語學講座二十周年記念—論緝・辭書・音義》[M]. 汲古書院,昭和 63(1988)年.

[9] 小林芳規.《新譯華嚴經音義私記解題》[A].《古辭書音義集成・新譯華嚴經音義私記》. 日本:汲古書院,1988. 3.

[10] 白藤禮幸.《上代文献に見える字音注について(四)》[A].《文学科論集》[J]. 通號 5,1972. 02. :63 頁—94 頁.

[11] 吉田金彥.《新訳華厳経音義私記の反切について》[A].《静岡女子

短期大学紀要》[M]. 通號 3，1957. 01：29 頁—44 頁 日本：静岡女子短期大学.

[12] 小倉肇.《新訳華厳経音義私記の同音字注——上——声母について》[A].《弘前大学教育学部紀要》[M]. （通号 38）[1977. 09] 23 頁—38 頁 日本：弘前大学教育学部.

[13] 小倉肇.《新訳華厳経音義私記の同音字注——下——韻母・聲調について》[A].《弘前大学教育学部紀要》[M]. （通号 39）[1978. 02] 1 頁—15 頁 日本：弘前大学教育学部.

[14] 沈建民.《〈經典釋文〉音切研究》[M]. 北京：中華書局，2007. 5.

[15] 丁聲樹編録，李榮參訂.《古今字音對照手册》[M]. 北京：科學出版社，1958. 8.

[16] 苗昱.《〈華嚴音義〉版本考》[A].《佛經音義研究論文集》[C]. 上海：上海古籍出版社，2006 年. 第 244 頁—255 頁.

[17]《日本大百科全书》(にほんだいひゃっかぜんしょ)(电子版). 小学馆：1989.

（作者單位：南京晓庄学院）

在本文寫作中，筆者得到了日本拓殖大學言語教育研究科馬韻蘭博士的大力支持和幫助，謹致謝忱。

希麟《續一切經音義》重紐研究

王艷紅[1]　畢謙琦[2]

一、概述

《續一切經音義》是遼代僧人希麟所撰寫的一部佛經音義，完成于宋雍熙四年(公元 987 年)。該書記載了近三千條反切，這是研究遼代語音非常珍貴的語料。

該書的反切，有直接錄用前代韻書的，如"志，職吏反"、"股，公戶反"，同於《切韻》(王三)。也有自造的。以重紐字爲例(重紐字的確定下文將有交待)，《續一切經音義》共有 158 個重紐字，其中切語和《廣韻》完全一致的占 54 條。由此看來其切語大部分應該出於希麟自造。不管是因襲還是自造，這些切語都是經過作者之口切讀的，因而能反映當時的語音，至少是當時的讀書音。另外，該書許多字有兩三個不同的切語，如"擲"，有"直炙"、"直隻"、"他曆"三反，有的甚至更多，而且反切上下字的音韻地位一致，這很難想象作者是從某本韻書上摘錄的。還有，它的許多字反切後都明白無誤地告訴讀者這些音是來自口語的，如"蜂，敷容反，俗音薄紅反"，表明當時蜂字口語中仍讀重脣音，而在讀書音中已經輕脣化了。這樣的例子還有很多。基於以上理解，我們認爲《續一切經音義》的反切能夠反映當時讀書音。

本文將《續一切經音義》的反切和直音輸入電腦，得到 2961 條記錄[①],並利用《廣韻》數據庫進行關聯。

二、重紐的確定

《續一切經音義》,隨文注音釋義,不像韻書那樣能比較直觀地反映出一套完整的語音系統。對這樣的材料進行研究,首先碰到的問題就是如何判斷它是否有重紐對立的存在,其次是判斷哪些字是重紐字。重紐也稱爲“重出脣牙喉音”,指中古韻系中某些韻的喉牙唇音有對立的兩套小韻。本文的研究範圍是傳統的支、脂、祭、真(諄)、仙、宵、侵、鹽八個韻,聲母具體包括幫、滂、並、明、見、溪、群、疑、影、曉十個聲母。本文將重紐反切上字區分爲重紐四等(重四、A 類)、重紐三等(重三、B 類)、普通三等(普三、C 類),以及一、二、四等。反切下字除了重紐三等、重紐四等外,還區別了知組、莊組、精組、章組、日母、來母、以母、云母。

對於音義書,無法直接觀察其音系來確認重紐的有無,也無法用反切繫聯法來確認重紐,這基本是學界的共識。我們的做法是,以《廣韻》爲參照對象,把《續一切經音義》的直音條目裏被注字或注音字在《廣韻》中是重紐的直音條目取出來,觀察被注字和直音字是否同類。因爲有的字可能在《廣韻》裏有多讀,不同的讀音可能有不同的意義,因此,本文在確定《續一切經音義》裏重紐字時逐條做了排查,通過考證其音義,確定其和《廣韻》的字的關係,以保證結果的可靠性。下面是直音條目:

被注字	辩	乾	饉	劓	羆	晷	簑	耆	驃	鞞	孑	箄
重紐類型	仙 B	仙 B	真 B	支 B	支 B	脂 B	脂 B	脂 B	宵 A	支 A	薛 A	支 A
直音	弁	虔	覲	皮	悲	軌	備	祇	標	毘	結	牌
重紐類型	仙 B	仙 B	真 B	支 B	脂 B	脂 B	脂 B	支 A	宵 A	脂 A	屑	佳

① 本文采用的是日本獅谷白蓮社本的《續一切經音義》。

剫字《廣韻》未收,《集韻》皮小韻(蒲糜切)有剫,刀析也。此處從《集韻》。

從直音看,共十一條直音,只有兩條重紐三四等混用("耆"和"孑"),所以,可以確定《續一切經音義》是嚴格區分重紐的。

在確定了《續一切經音義》存在重紐現象之後,接下來要確定《續一切經音義》中具體哪些字是重紐字。本文使用"反切比較法"來完成這步工作。"反切比較法"是邵榮芬先生創立的。就是把反切材料逐一與《廣韻》加以比較,以考求該反切資料的音系,並找出其音系特點。特別是在音義書和反切資料較少的情況下,反切比較法具有其他方法不可替代的優越性。

本文的具體做法是,先將《廣韻》裏的重紐字全部提取出來。再將《續一切經音義》的被切字和《廣韻》的重紐字用 Excel 進行關聯,得到《續一切經音義》中可能的"重紐字",這裏可能的"重紐字"是指對應於《廣韻》重紐字,它在《續一切經音義》中是否具有重紐性質還需要下面運用反切比較法逐條檢驗。

《廣韻》重紐字的反切上字或者下字一定包含了重紐信息,所以如果《續一切經音義》的重紐反切上下字的音類和《廣韻》重紐上下字的音類一致,那麼《續一切經音義》的這個字應該還區分重紐。本文通過"反切比較法"確定的重紐字字頭有 158 個。

三、《續一切經音義》重紐反切的結構特點

我們通過分析《續一切經音義》重紐字反切的上下字的聲母、韻母和被切字的聲母、韻母之間的關係,來觀察《續一切經音義》重紐字反切結構的特點。

(一) 切上字與重紐被切字的關係

《續一切經音義》所用的切上字韻母共有五類,即重紐三等、重紐四等、普通三等、一等、四等。下表是被切字與切上字的關係統計表。

	重三上字	重四上字	普三上字	一等上字	四等上字	總計
重三被切字	29	1	61	2	0	93
重四被切字	1	31	27	3	3	65
總　　計	30	32	88	5	3	158

從上表可以看出：

1）反切上字爲重紐三等字的時候，被切字一般是重紐三等字，只有一條例外：庳$_{支A}$，皮$_{支B}$媚切。

2）反切上字爲重紐四等字的時候，被切字一般是重紐四等字，只有一條例外：皷$_{支B}$，疋$_{質A}$靡切。在重紐反切上字中，匹（疋）是一個很特殊的字。在《廣韻》中重紐A、B兩類字不互作反切上下字，但匹（疋）字是個例外。周法高最先指出這一現象。辻本春彥認爲匹（疋）是丕的誤字，平田昌司從漢語方言多地匹字有兩讀，認爲匹字可能有兩個讀音，或者匹字是出於避諱造成的語音例外。

3）反切上字是三等字的時候，被切字可以是重紐三等字，也可以是重紐四等字，不過從比例上看，傾向於重紐三等字：重紐三等被切字有61條，重紐四等被切字有27條。

4）反切上字是一等字的條目不多，只有5條，2條被切字是重紐三等字，3條被切字是重紐四等字，看不出趨勢。

5）反切上字是四等字的時候，被切字都是重紐四等。但是數目太少，無法遽下結論。

綜上，反切上字是重紐字的時候，被切字的重紐性質是可以確定的，即反切上字是重紐三等字的時候，被切字就是重紐三等字；反切上字是重紐四等字的時候，被切字就是重紐四等字。但是當反切上字是三等、一等字的時候，被切字的重紐性質就不能由反切上字來確定。

（二）切下字與重紐被切字的關係

先分析切下字的韻等和被切字韻等的關係。依據傳統分類方法，將《續一切經音義》重紐字的切下字分爲重紐三等、重紐四等普通三等。統計如下

	重三下字	重四下字	普通三等下字	總　計
重三被切字	53	2	37	92
重四被切字	2	14	49	65
總　　計	55	16	86	158

從上表可以看出：

1）當切下字是重紐三等字的時候，被切字一般是重紐三等字，有兩條例外：庳$_{支A}$，皮媚$_{脂B}$切。避$_{支A}$，毘義$_{支B}$切。

2）當切下字是重紐四等字的時候，被切字一般是重紐四等字，有一條例外：弼$_{質B}$，貧蜜$_{質A}$切。

3）當切下字是普通三等字的時候，被切字可以是重紐三等字，也可以是重紐四等字，不能決定被切字是重紐三等或重紐四等。

綜上，當反切下字是重紐字的時候，被切字的重紐性質是可以確定的，即切下字是重紐三等字的時候，被切字就是重紐三等字，切下字是重紐四等字的時候，被切字就是重紐四等字。當反切下字是普通三等字的時候，被切字的性質不能通過反切下字確定。同時，也不能通過反切上字是否是重紐字來確定，因爲當反切下字是普通三等字的時候，反切上字也有很多是普通三等字。

再分析切下字聲母和被切字的關係。我們首先統計了反切下字是幫系、見組、曉母、匣母、影母的被切字，總共有 83 條，其中切上字或者切下字是重紐字的，總共 76 條，切上字和切下字都不是重紐字的 7 條。

可見，當切下字聲母是上述所舉的聲母的時候，被切字的性質基本可以通過切上字或切下字的重紐性質來確定。以下是統計切下字爲其他聲母時候的情況。

按照類相關學説，精組、章組和以母一般做重紐四等的反切下字，知組、來母、云母和一般做重紐三等字的反切下字。我們統計了希麟總共有 75 條被切字是用以上所舉的聲母做反切下字，這些字總共有 20 條反切上字或者反切下字同時是重紐字，55 條被切字的反切上字和反切下字都是普通三等字，這些字能否通過類相關的學説辨別其是否是重紐呢？以下是統計：

	知　組	來　母	云　母	精　組	章　組	日　母	以　母	總　計
重三被切字	2	10	12	0	2	0	0	26
重四被切字	1	5	0	6	8	9	20	49
總　計	3	15	12	6	10	9	20	75

從上表可以看出：

1）當切下字聲母是云母的時候，被切字都是重紐三等字。

2）當切下字聲母是來母的時候，被切字傾向於重紐三等。

3）當切下字聲母是知組的時候，字數太少，難以看出傾向。

4）當切下字聲母是精組、日母和以母的時候，被切字是重紐四等字。

5）當切下字聲母是章組的時候，被切字傾向於重紐四等。

綜上，基本可以通過反切下字的聲母來確定被切字屬於重紐幾等。

四、結語

經過上述的考察，可以確定，希麟是區分重紐的。重紐反切結構具有如下特點：反切上字或反切下字是重紐三等字或者重紐四等字，被切字就是重紐三等字或者重紐四等字；當反切上下字都不是重紐字的時候，可以通過反切下字的聲母類型來判斷其屬於重紐三等還是四等。

從重紐信息是反映在反切上字看還是反切下字看，希麟既可以反映在反切上字，也可以反映在反切下字，大部分時候反映在反切下字，説明重紐應該是介音的區別，只有介音的信息既可以反映在反切上字裏面，也可以反映在反切下字裏面。

參考文獻

[1] 希麟.《續一切經音義》[M]. 上海：上海古籍出版社，1986.

[2] 黄笑山.《〈經典釋文〉重紐反切統計及結構特點》[J].《浙江大學學報》,2007(5).

[3] 沈建民.《〈經典釋文〉音切研究》[M]. 北京:中華書局,2007.

[4] 楊建橋.《陸德明音切中的重紐》《中西學術》第一輯[M]. 上海:學林出版社,1995.

[5] 馮蒸.《〈廣韻〉反切上字分等分類並説明》載《馮蒸音韻論集》[M]. 北京:學苑出版社,2006.

[6] 辻本春彦.《所謂三等重紐的問題》載《馮蒸音韻論集》[M]. 北京:學苑出版社,2006.

[7] 松尾良樹.《論〈廣韻〉反切的類相關》載《馮蒸音韻論集》[M]. 北京:學苑出版社,2006.

[8] 平田昌司.《反切上字"匹"的一種解釋》載《馮蒸音韻論集》[M]. 北京:學苑出版社,2006.

(作者單位:[1]復旦大學,[2]上海師範大學)

《玄應音義》中"非"類字研究

毛遠明

本文討論的《玄應音義》"非"類字，是指該書具體詞條下"正形"這一部分裹所涉及的字形。原書所使用的術語主要有"某非經義也"、"某非也"、"某誤也"、"某訛也"、"某非體也"、"某非經旨也"、"某傳寫誤也"、"某非字體也"、"某非正體也"、"某僞字耳"等。這些"非"類字有五種情況：一是異體字，二是同形字，三是通假字，四是區別字，五是借音記録外來詞。其中前三類是主要的，而異體字又最複雜。下面分類闡述，並舉例説明。

一、異體字

異體字是文字系統中形體不同而所記録的詞音義完全相同的一組字。異體字與它所記録的詞存在多個形體記録一詞的關係。

異體字問題是《玄應音義》中最突出的問題。該書所涉異體字有更换形旁、更换聲旁、形聲皆换、增加形旁、部件訛混、類化、改變造字方式、隸古定等多種。我們這樣分類是有交叉的，如類化會導致更换形旁或增加形旁，增加形旁可能導致改變造字方式等。觀察問題的角度不同，得出的結論自然不同。在没找到更好的分類方法之前，我們暫且這麼處理。

1. 更换形旁

《玄應音義》所設異體字中，更换形旁的異體字最多。

齚楊　又作齰，同。仕白反。齚，齧也。經文作咋。莊白反。咋咋，聲也。咋非此用。（卷四）

按:《説文·齒部》:“齚,齧也,从齒,筲聲。齰,或从乍。”《説文》以“齚”爲“齰”的異體。偏旁“齒”和“口”可以换用,“齚”又作“咋”。這是更换形旁的異體關係。這種用法一直沿用下來,如《漢書·東方朔傳》:“(朔《答客難》曰)孤豚之咋虎,至則靡耳。”宋洪邁《夷堅丙志·長溪民》:“(民)果見羣蛇蟠結,一最大者昂首出,徑咋其喉即死。”清東軒主人《述異記·義狗塚》:“狗乘人稍懈,突入陳室,上床,咋陳,立死。”又《玉篇·口部》:“咋,聲大也。”可見,表“齧”義的“咋”與表“聲大”義的“咋”是同形字關係。玄應認爲“咋非此用”,不確。

要注意的是,“齚”和“咋”之類的字,我們不視爲通假關係。因爲漢字是表意的,主要體現爲構件本身是表意的,而且還可以組合成新字。衹有當幾個同音字之間説不出任何理據的時候,我們纔認爲它們是通假字的關係。

曲僂 力矩反。《通俗文》:“曲脊謂之傴僂。”《春秋·宋鼎銘》曰:“一命而僂,再命而傴,三命而俯。”杜預曰:俯恭於傴,傴恭於僂,身俞曲,恭益加也。論文作軁,或作瘻,並非也。(卷十七)

按:《玉篇·身部》:“軁,屈己也。”《集韻·噳韻》:“僂,《説文》:‘尪也。周公韈僂,或言背僂。’亦从身。”《龍龕手鏡·身部》:“軁”,“僂”的俗字。以上字書證明,“軁”是“僂”的俗字。“僂”是人的身體彎曲,故可以把形旁改爲“身”。又,《廣韻·虞韻》:“瘻,瘻痀,曲脊。”《集韻·虞韻》:“瘻,瘻痀,傴脊也。”《素问·生氣通天論》:“陷脈爲瘻,流連肉腠。”張景岳注:“瘻,痀瘻也。”“瘻”也是“僂”更换形旁的形聲字,從“疒”,因爲“陷脈”是一種病,反映出造字者的着眼點不同。

2. 更换聲旁

焰明 《字詁》“古文燄”,今作爓。《三蒼》作焰,同。餘贍反。《説文》:“火行微燄然也。”經文作爁,許凡反。《埤蒼》:“爁,味辛也。”《字苑》:“爁,菻也。”爁非此義。菻音力割反也。(卷七)

按:焰,《廣韻》“以贍切”;爁,《集韻》“虚嚴切”,二字讀音不同,但音相近。在“火焰”義上,“爁”是“焰”更换聲旁的異體字。《玉篇》最早收“爁”字，釋爲“火嚴切。火皃”。“爁”的“味辛”義則是它記録的另一個詞。由此，記録了“火皃”、“火行微燄然”與“味辛”兩個不同的詞，屬於同形字。形體相同，但記録的詞處在不同的層面。

咄咤 都骨反。經文從口作嚉，非也。（卷二十）

按：《集韻・没韻》：“咄，或从對。”“嚉”是“咄”更换聲旁的異體字。玄應以爲“非也”，評價并不恰當。

3. 形旁、聲旁皆换

庭燎 力弔反。鄭玄注《周禮》云：“樹於門外曰大燭，於門内曰庭燎。”經文作錠鐐二形，又作烶，並非也。（卷一）

按：“經文作錠鐐二形，又作烶”，確實變化比較大，幾個字之間的關係如何？爲什麽會發生這樣的變化？一般視爲假借，似乎也解釋得通，而且關係也簡單，但是容易掩蓋文字的内部變化過程及其内部規律。

《説文・广部》：“庭，宫中也。从广，廷聲。”段玉裁注：“宫者，室也，室之中曰庭。”“庭”是義爲“宫室之中”的形聲字。經文改爲“烶”，這也是一個形聲字，從構形結果看，從“庭”到“烶”，形旁和聲旁都改變了。如果從動因上看，由於“庭燎”連用，“烶”是受“燎”字影響産生的類化字。

由於“火”與“金”意義相通，“燎”與“鐐”相混。受“燎”變“鐐”的影響，産生思維類推，“烶”又類化作“錠”。

文字變化的結果，“庭燎”出現了“烶燎”、“錠鐐”等不同文字記録形式，反映出漢語雙音詞對文字形體的深刻影響。其中“庭”字的變化最大，或换形，或换聲，或形聲都换，於是出現“庭”、“錠”、“烶”三個不同的形體。文字形體之間相互影響、彼此類化是其變化的動因，而助成這種動因的條件，則是雙音詞兩個語素的共現。隨着漢語詞彙雙音化的發展，記録兩個語素的文字趨同現象也更加普遍。

關於文字之間的互動，文字同它記録的詞語之間的相互影響，玄應並没有意識到，因此以“非也”來評價這種文字現象是可以理解的。

髂髀 古文踋，同。蒲米反。《説文》：“股外曰髀。江南音必爾反。”經文作胜，非也。（卷十九）

按：《字彙補 · 肉部》：“胜，與髀同，股也。”“胜”是“髀”的異體字。“胜”不僅改换了形旁，而且改换了聲旁。因爲形旁“骨”和“肉”是相通的；聲旁“卑”爲幫纽、支韻，“坒”是並纽、至韻。幫、並二紐發音部位同屬於雙唇音；同是塞音，衹是清濁的不同，二纽是雙聲。支、至二韻屬於止攝，排除聲調，韻母相同，爲疊韻。“卑”、“坒”雙聲疊韻，可以作爲聲旁互换使用。

4. 增加形旁

盥掌 公緩反。《説文》：“盥，澡手也。《春秋傳》曰：奉匜沃盥。”案：凡澡洒物皆曰盥，字體從手臼水臨皿上也。日（臼）音居六反。經文有更從水作灥，非也。匜，餘支反。似杓柄中有道，所以注水也。（卷一）

按：“盥”，甲骨文作，金文作，小篆作，表示雙手臨水而洗，或者在盛水的器皿裏洗滌，是個會意字。隸變後，會意之形已不彰顯，於是，佛經文獻中給它加上“氵”而成爲形聲字，原來的整個會意字作爲聲符使用。“灥”成了加形的累增字。《龍龕手鏡 · 水部》：“灥，浄也，亦澡手，灥洒。”

城郭 《世本》：“舷作城郭。”《公羊傳》曰：“郭者，何恢郭也。”經文有從土作墎，非也。舷，音古本反也。（卷六）

按：《集韻 · 鐸部》：“𩫏，或作墎。”段玉裁《说文解字注 · 𩫏部》：“城𩫏字今作郭。”“墎”是“郭”的加形異體字。因爲城是土建成的，所以加“土”。“郭”，金文作，小篆作，字形左边的𩫏（𩫏）即“郭”之初文。後來“𩫏”表意不顯，加上“邑”以突出語義。《説文 · 邑部》：“邑，國也。”

5. 構件訛混

在漢字系統中，本來文字形體並不相同，可是或因書體變化，或因人爲錯誤，若干形體的某些部分甚至整字變得相同了，這便是文字的訛混。訛混的過程也是一種文字變異，變異的結果使本來不同的形體趨同,因此與變異、趨同都有關係,衹是造成這種變異的原因屬於非理性的,是錯誤的混用。訛混的結果是讓漢字形體失去構形理據,字形與其所記録的詞的音、義之間關係模糊,甚至喪失,因此與變異、趨同有一定差别。

《玄應音義》裏的構件訛混主要是形聲字形旁的訛混。

所往 羽罔反。《廣雅》:"往,至也。"經文有作住,非也。(卷六)

按:《説文·彳部》:"往,之也。从彳,㞷聲。迬,古文从辵。"《廣韻·遇韻》:"住,止也。""往"、"住"音義皆異。"往"寫作"住",是因爲構件"彳"與"亻"的訛混。六朝碑刻中用例甚多。

開拓 古文㡯、柘二形,今作拆,同。他各反。《廣雅》:"拓,大也。亦開也。"經文作柘,字與摭同。之石反。柘,拾也。柘非字義。(卷十九)

按:《小爾雅·廣詁》:"拓,開也。"《説文·木部》:"柘,桑也。""拓"與"柘"音義皆異,"拓"寫作"柘",是因爲構件"扌"與"木"的訛混。

類似的構件訛混還有"⺮"和"艹","阝"和"卩","衤"和"礻"等。這種情況從簡帛裏就存在了。漢魏六朝碑刻文獻和敦煌文獻裏更是大量存在。

6. 類化

文字受自身形體或者相鄰文字結構的影響,以及受使用環境中相關詞彙語義的沾染,在思維類推作用下,産生的非理性形體類推,增加或者改變其中一個字的構件或偏旁,這種現象稱文字類化,由類化産生的文字稱類化字。

前文分析形聲字形符的改變已涉及類化,這裡集中討論。

滋蔓 古文孖、嗞,二形同。子夷反。下无願反。《左傳》:"無使滋蔓。"服虔曰:"滋,益也。蔓,延也。謂無使其惡益延長也。"經文作漫,謨唤反。《方言》:"漫,販(敗)也。"漫非經義。(卷二)

按:"漫"本應作"蔓",由"蔓"改變形旁而成"漫"。改换的原因不是文字使用的通假,而是文字形體的類化。由於"蔓"與"滋"連用，在"滋"的同化作用下，向"滋"看齊，改形旁"艹"爲"氵"，就成了受"滋"影響的類化字。記録"延"義的"漫"和原來記録"敗"義的"漫"恰好同形，成爲同形字。

眉毛　美飢反。《説文》："目上毛也。"經文作毴、毷，二形非也。（卷五）

按：因爲"眉"是"目上毛"，本身就是人體毛髮的一種，當"眉"、"毛"二字連用時，受"毛"的影響，"眉"也加上了"毛"作爲形旁，成爲類化字"毴"。加形是手段，連用是動因，類化是結果。

《龍龕手鏡·草部》："毷，或作芼，菜也。""芼"，明紐、号韻；"毛"，明紐、豪韻。同屬於明紐，号、豪二韻同屬效攝，韻母同爲[au]，二字雙聲疊韻。

文字類化現象在碑刻文獻中大量存在，敦煌文獻中也有很多，這裡不贅述。

7. 改變造字方式

蠱毒　公户反。《説文》："蠱，腹中蟲也。謂行蠱毒也。"經文從蟲作蛄，音古胡反。螻蛄、螻蛄也。蛄非此義。（卷一）

按："蠱"，甲骨文作，小篆作，是個會意字。"蛄"是個形聲字。《説文·虫部》："蛄，螻蛄也。从虫，古聲。""蠱"屬見紐、姥韻，"蛄"屬見纽、模韻，聲紐相同，姥韻、模韻同屬遇攝，韻母爲[io]，"蠱"、"蛄"爲雙聲疊韻字，視爲通假也是可以的。但是，"蛄"字兩個構字部件"虫"和"古"一個表意，一個表音，也可以記録"腹中蟲"這個詞。故視爲改變造字方式，由會意字"蠱"變成形聲字"蛄"，也是可能的。而且，由"蠱"改變造字方式而形成的"蛄"，恰與"螻蛄、螻蛄"的"蛄"成爲同形字。或許就是由於没有考慮到"蛄"是同形字，以"蛄"爲"蠱"，認爲二字屬於借字記詞，是通假字的原因。

以斤　居銀反。《説文》："斤，斫木也。"《國語》："惡金以鑄鉏、夷、斤、斸。"贾逵曰："斤，钁也。"《釋名》："斤，詳也。廣不可得削，又有節，則用此。斤之所以詳謹，令平滅斧跡也。"鉏，仕居反。斸，智録反。律文作釿，魚斤反。《蒼頡篇》："釿，�也。"剽，音牛各反。《説文》："釿，劑也。"劑，音子隨反。翦刀也。釿非字義也。（卷十

四）

按:“詳也”當爲“謹也”,原刻字誤。

《集韻·欣韻》:“斤,《説文》:‘斫木也。’或从金。”“釿”是“斤”的加形異體字。“斤”,甲骨文作，金文作、，小篆作，是個象形字,像斧斤之形。“釿”是個左形右聲的形聲字。從“斤”到“釿”,從字形構件上看是加形字;而從象形變成了形聲,則是造字方法的改變。

得尊 字書作樽。《説文》:“酒器也。從酋,廾以奉之。尊以奉之。”《律》文作樽,音在困反。矛戟下銅鐏也。鐏非此義。(卷十四)

按:“《律》文作樽”當爲“《律》文作鐏”。

“尊”,甲骨文作、、、、、、等,金文作、,小篆作。爲雙手捧酒杯之形,爲象形字。“鐏”,爲加形的形聲字,因古之杯爵之類多爲金屬製作,故加“金”旁以示類。從“尊”到“鐏”,由象形字變成了形聲字。至於“樽”,則杯爵以木製之者,故加“木”,亦是加形字。

又,《説文·金部》:“鐏,柲下銅也。从金,尊聲。”“尊”的加形形聲字“鐏”,與原來記録“柲下銅”義的“鐏”成爲同形字。

8. 隸古定

我們在《玄應音義》中衹發現一例:

薩陁 徒加反。經文作詑,非也。(卷一)

按:《龍龕手鏡·彐部》:“詑,絁、陁二音,在咒中。”《字彙補·彐部》:“詑,同多切,音陁。見佛經咒中。”“詑”爲“陁”的異體字。

“詑”爲“陁”的異體,主要是構件“阝”發生了變化。“阝”在左爲“阜”。“阜”,甲骨文作、、,小篆作，隸古定作，漢印有形體。碑刻中有用例,《元暉墓誌》作,《元寶建墓誌》作,明顯是上承小篆阜而來。，再形體訛變,變爲“彐”。

二、同形字

同形字是一個字形記録兩個或者兩個以上音義不同的詞。同形字與異體字是性質不同的兩類字,但二者之間又有聯繫。如果所記録的幾個詞本身已有相應的文字,則這個因類化而産生的同形字,便分别與不同的字構成異體關係。在不同層面上反映出既是異體字,更是同形字。换言之,是一字記録數詞的關係。

刖其 魚厥、五骨二反。刖,割也。經作刓,五桓反。齊也,剸也。刓,非字義。(卷五)

按:就形旁上看,“刖”、“刓”二字都從“刂”;從聲旁上看,“月”、“元”的中古音分别是疑紐、月韻和疑紐、元韻,聲母相同,月、元二韻主要元音相同,衹是韻尾不同,“月”、“元”聲同韻近,可以作聲旁互换。“刓”是“刖”更换聲旁的異體字。又,《説文·刀部》:“刓,剸也。从刀,元聲。一曰齊也。”也就是説,“刓”字記録“割也”義的詞的同時,還記録另一個“剸也”義的詞,“刓”是個同形字。

舌犳 又作齡,同。其蔭反。牛舌病也。或作痒,非也。(卷二十一)

按:“齡”,當爲“齡”之誤刻。

《説文·牛部》:“犳,牛舌病也。从牛,今聲。”段玉裁注:“《廣韻》作‘牛舌下病’。舌病則噤閉不成聲。”《大廣益會玉篇·疒部》:“痒,渠吟切。寒也。”“犳”本是個从牛的形聲字,佛經中改爲從疒的形聲字“痒”,屬於更换形旁,這又恰恰和記録“寒也”意義的字成为同形字。玄應法師認爲作“痒”是錯誤的。其實,由於漢字的形音文字的性質,導致字詞關係錯綜複雜:如果是多個字形對應於一詞,那么,這些字的關係是異體字關係;如果一字記録多詞,這又是同形字關係,都統一於漢字符號系統中。

三、通假字

假借字有兩種類型,一種是“本無其字,依聲托事”的假借,一種是“本有其字,同音頂替”的假借。學界把前者稱爲“假借”,後者稱爲“通假”。我們這裡討論的是後者。漢字通假現象是文字的上古階段的産物,劉又辛先生認爲,這是漢字發展經歷的一個階段。魏晉南北朝時期,上古階段的部分通假字被沿用下來,同時,這個階段又產生了一批新的通假字。

七仞 如振反。《説文》:"仞謂申臂一尋也。"故《論語》:"夫子之牆數仞。"包咸曰:"七尺曰仞。"今皆作刃,非也。(卷一)

按:"刃"、"仞"均爲日紐諄韻,二字雙聲疊韻,"刃"可通"仞"。漢桓寬《鹽鐵論·詔聖》:"嚴牆三刃,樓季難之。"《隋書·禮儀志五》:"旌杠,皇帝六刃,諸侯五刃,大夫四刃,士三刃。"北魏永平年間(508—512)《東堪石室銘》:"峻極霞亭,懸崖万刃。"北魏神龜三年(520)《元暉墓誌》:"澄瀾万頃,抽峰千刃。"東魏天平四年(537)《崔鷁墓誌》:"若彼層墉,窺墻累刃。"佛經中亦承用了上古的這一通假字。

土梟 古堯反。《毛詩·草木疏》云:"流離梟也。自關西而謂梟爲流離,其子適大,還食其母。"郭璞注《爾雅》以爲土梟。經文作鵁,非也。(卷二十)

按:《爾雅·釋鳥》:"梟,鴟。"《説文·鳥部》:"梟,不孝鳥也。"《爾雅·釋鳥》:"鵁頭,鵁。"郭璞注:"似鳧,脚近尾,略不能行,江東謂之魚鵁。""梟"、"鵁"爲兩種不同的鳥。

"梟"屬見紐、蕭韻,"鵁"屬見紐、肴韻,蕭[eu]、肴[au]二韻同屬效攝,"梟"、"鵁"二字聲相同,韻相近,二字可以通假。

玄應從《説文》的正統的文字觀念出發,不承認這一部分字的合法性。書中所收通假字是佛經中的同音別字,也是玄應規範的對象。而且,這些通假字,有秉承上古的,也有中古時期産生的,從數量上看,要遠遠少於異體字,從性質上看,這時的通假字的性質已經發生了變化,已從上古時期的借音表義反映漢字的表音化傾向,變成了中古時期及其以後純粹的寫别字①。

四、区别字

古書中記録語言中的某個詞,本來衹寫成一個漢字,後來由於

① 毛遠明《漢字假借性質之歷時考察》,西南大學學報(社科版)2010 年 4 期。

詞的孳乳,一詞變多詞,或文字假借,一形記多詞,隨後文字分化,寫作幾個不同的漢字,實現字詞的分別對應,這些後來增加或者改换了偏旁的字,叫做“區别字”。例如:

兩闢 脾亦反。《説文》:“闢,開也。”經文有作僻,疋亦反。避也。又作辟,卑亦反。辟,法也,理也。辟非此義。(卷一)

“辟”,《廣韻》房益切,《集韻》毗亦切,“開”、“打開”義。這個意義後來作“闢”。《國語·晉語五》:“晨往,則寢門辟矣。”韋昭注:“辟,開也。”《左傳·宣公二年》作“闢”。《荀子·議兵》:“故闢門除涂以迎吾入。”“辟”和“闢”是區别字的關係。

“辟”字表示“開”義,是借表“法也,理也”的“辟”字來記録的;其記録“開”義的“辟”字,是文字假借,“闢”是因文字假借而造的專字。經文作“辟”,用的是古字,玄應認爲“辟非此義”,缺乏文字的歷史觀。

五、借音記録音譯外來詞

玄應所釋的外來詞,有的來自西域,有的來自印度梵語的音譯,主要是後者。反映借音記録音譯外來詞,以“鬘”和“塔”兩個字較爲突出。

華鬘 梵言俱蘇摩,此譯云華;摩羅,此譯云鬘,音蠻。案:西國結鬘師多用蘇摩那華行列結之,以爲條貫,無問男女貴賤,皆此莊嚴,或首或身,以爲飾好。則諸經中有“華鬘”、“市天鬘”、“寶鬘”等同其事也。字體從髟,音所銜反,㒼聲。㒼音彌然反。經文作鬘,非體也。(卷一)

按:《集韻》:“鬘,髮美貌。”但是佛經中的“鬘”,則是梵語sumanā譯音的縮略,指瓔珞之類的裝飾物。這説明,“華鬘”的“鬘”與《集韻》所收的“鬘”的意義没有任何關係。也就是説,自佛經用“鬘”,表示梵語 sumanā,“鬘”便記録了兩個詞:一個詞是“髮美貌”,一個詞是音譯外來詞“瓔珞之類的裝飾物”。

這種借字音記詞的現象,在節譯梵語詞時還有一些,如“佛”(Buddha)、“釋”(Ṣ ākyamuni)、“劫”(kalpa)等。玄應認爲“經文作鬘，非體也”，應作“鬘”。錢坫又認爲通於“鬗”，其實不然。《説文·髟部》：“鬗，髪長也。”意義不同於“華鬘”的“鬘”。當然，這種借字記詞的現象也不同於古代的文字通假。

玄應的“非體”觀念，在這裡衹是説明佛經中的“鬘”所表示的意義，與以《説文》爲代表，强調字詞嚴格對應關係的正規文字字體，在形義上没有關係，反映了他以《説文》爲正統的文字學觀念。至於到底“非體”是什麽，如何解釋這種“非體”，以當時的語言學研究水平，玄應也不可能真正地説清，而且，爲佛經作注釋也没有必要去闡釋。

佛塔　他盍反。或云塔婆，或作偷婆，此云方墳，亦言廟，一義也。經文從革作鞈，公市反。橐也，亦防捍也。鞈非此義。星衍曰：《説文》無塔字，經借鞳爲之，是也。塔字當由後人造作，玄應反以鞳爲非，謬矣。（卷五）

按：“塔”是梵語 stūpa，音譯爲“塔婆”、“偷婆”等，後節譯爲“塔”，意譯爲“方墳”，是葬佛教徒骨殖的地方。玄應《一切經音義》卷六“寶塔”條：“按：塔字諸書所無，唯葛洪《字苑》云：塔，佛堂也。音他合反。”《玉篇》：“他盍切。字書塔物聲。”《説文新附》：“西域浮屠也。”

從玄應的釋語“鞈非此義”裏可以看出，他知道“鞳”是記録讀音爲[t‘A]，義爲“橐”的詞的本字；而記録 stūpa 這個詞，“鞳”只是借來表示其音義的。後來，又造出一個“塔”字，這樣，“鞳”和“塔”就各司其職，實現了字詞對應。於此，莊炘認爲“古無塔字，始實借鞳爲之，後造塔字耳”（卷六“寶塔”條）。莊炘之言是也。

言薩　桑曷反。正言娑度，此譯云善哉。經文作嗏，非也。（卷二十）

按：“娑度”是梵語外來詞 Sa^dhu 的音譯形式，“薩”則是其節譯形式，義爲“善”。《篇海類編·身體類·口部》：“嗏，舊本音茶。可以爲飲。”“嗏”是“茶”的加形異體字，義爲一種飲料。“茶”屬澄紐、麻韻，“薩”屬心紐、曷韻，澄、心二紐舌齒相鄰，麻[a]、曷[at]二韻主要元音相同，“茶”、“薩”二字語音相近，故可以用“嗏”來記録

"薩"這個節譯的音節。因爲音譯外來詞的實質是借漢字的音來記録外來詞,該漢字在借詞中不再表意。當然,和"嗏"相比,"薩"更爲中性,更適合於做音譯詞用字。玄應認爲"非也",有規範音譯詞用字的一面,但也顯出太過拘泥。又,《大正新脩大藏經第四册No. 206 舊雜譬喻經》:"三千國土爲大震動。山林樹木皆讚言嚓。文殊師利善度如是。"《大正藏》作"嚓",同"嗏"。

根據材料判斷,玄應是知道借用漢字的音來記録音譯外來詞,而不考慮漢字原來的意義這種現象的,但他衹作了"非體也"或"非此義"或"非也"的按斷,而未作進一步的闡釋,在理論上是欠缺的,在表意上是模糊的。

由於漢字意音文字的性質,導致漢字的數量在發展過程中不斷出現一張一弛現象。"張"就是異體字和通假字的氾濫;"弛"就是恢復本位,也就是漢字回歸表意、一字一詞對應的規範。在歷經了魏晉南北朝時期異體字的大氾濫之後,社會上的有識之士强烈地要求漢字規範化,玄應就是其中的一員。玄應雖然没有給當時的異體字、俗訛字以完全而恰當的評價,但是保留了這些字形;指出文字通假、訛變,爲佛經的校讀提供了工具,爲研究漢字的性質,研究漢字史提供了重要的材料。玄應的思想核心仍然是以《说文》爲正統的漢字學觀念,反映了當時的知識分子爲唐代字樣學的發展作了理論和材料準備工作。唐太宗時的《正名要録》以及後來顔元孫的《干禄字書》(774 刻)、張參的《五經文字》(766—780)、唐玄度的《新加九經字樣》(833)等字樣書都是當時漢字的規範化的直接反映。

參考文獻

[1] 裘錫圭.《文字學概要》[M]. 北京:商務印書館,1988.
[2] 張涌泉.《漢語俗字研究》[M]. 北京:商務印書館,2010.
[3] 毛遠明.《漢魏六朝碑刻異體字研究》[M]. 北京:中華書局待刊.
[4] 徐時儀.《玄應〈衆經音義〉研究》[M]. 北京:中華書局,2005.
[5] 梁 · 顧野王.《玉篇》[M]. 北京:中華書局,1985.

[6] 遼·釋行均.《龍龕手鏡》[M]. 北京:中華書局,1985.

[7] 黄征.《敦煌俗字典》[M]. 上海:上海教育出版社,2005.

[8] 唐·唐玄度.《新加九經字樣》[M]. 北京:中華書局 1985 年北京新一版.

[9] 唐·顔元孫.《干禄字書》,《四庫全書》224 册[M]. 臺北:臺灣商務印書館 1986 年.

[10] 張新朋.《玄應〈一切經音義〉之異體字研究》[D]. 河北大學碩士學位論文(2005).

[11] 慈怡.《佛光大辭典》[M]. 北京:北京圖書館出版社,2004.

(作者單位:西南大學)

現象與本質

——由佛經音義文字看俗文字學

陳五雲

爲方便討論問題，我們先對有關正字、異體字、俗字三個概念劃一下邊界。這邊界爲：官方承認和傳世文獻常用、字書收錄。前一條作爲"正字"與"非正字"的劃分界限；後一條則作爲俗字與非俗字的劃分界限。這都是傳統意義的區分。

傳統意義的"正字"就是以儒家經典爲主的以歷代官方字書收錄爲基本條件。《說文》恰好符合這兩個條件：既是儒學，又是古字，且編纂有條理，故成爲"正字"之祖。以後歷代字書也無法越出它的框架。

異體字則是以文字記錄語詞作爲分別的界限的。同一語詞，用不同字形記錄，該組字形便互爲異體字，但傳統所說"異體字"又不盡如此。傳統所說異體字，多數是在字書收錄的範圍內所見的記錄相同詞而所使用的不同字形。如《康熙字典》收錄 47035 字，其中有很大數量都可歸入異體字，但是以皇帝名義編纂的，當然有着官方的權威，其字形又採自歷代字書和經典傳承，所以不少人還認爲《康熙字典》收錄的字可以認作"正字"。按這樣的說法，其實是與被字書收錄的那部分文字而言，而未被字書收錄的，就可以視爲"俗字"了。

大多數俗字所記錄的詞，在官方字書中可以找到其"正字"，但同是《康熙字典》也有注明"俗"的文字，那末，其實"俗字"也有被收錄進官方字書的。

在記錄同一語詞的角度看俗字，俗字也就可以看成是異體字。如《高麗大藏經異體字典》即採此說。而以記錄一個語詞只需一個字形作標準的角度看,標準字爲正字,那末餘下的字,就可以視爲"俗字"。因而廣義地説,所有的漢字都屬於"俗文字",而"正字(規範字)"是從中選擇出來,因時代而定的。正字有時代性,而俗字亦隨時代而變化着。

正因爲文字與語言都是發展着的,所以我們在談論"正字""異體字""俗字"這些概念時也應有歷史的觀念。"正字"不是一成不變的,正字是選出來的,是一種約定,更是一種規定。

就"異體字"來説,這個名稱至少得有兩個不同的字形,即在同一時期記録同一語詞(現代可以是記録同一語素)的不同字形,便是異體字,其中一個會被選作"正字"。

而以記録一個語詞只需一個字形作標準的角度看,標準字爲正字,那末餘下的字,就可以視爲"俗字"。

循此,可以劃分出若干層級:

正字可分廣義和狹義——廣義的是以某一時代的字書爲標準,如《康熙字典》所收録字曾都是正字(臺灣以《康熙字典》收録的字爲法定文字,可以取名用。其外的字則視爲不規範字)。狹義的正字是以某一具體時代作標準的官方承認的文字,如中國大陸目前所説"正字"包括簡化字和一部分傳承字(以記録現代漢語爲標準)。

異體字亦分廣義和狹義:狹義的指字書收録的字,如《康熙字典》中的那些異體字。廣義的指所有用於記録同一語詞的字形,包括各種變形和臨時用字。

俗字亦可分廣義和狹義兩類:狹義指字書未收録的字形,多見於手書的或版本所見訛體、方字等;廣義則包括所有文字,其中一部分有歷史的被廣泛認同的文字則被選用作爲正字。

一、俗字與異體字的關係

章瓊在其《漢字異體字論》[①]一文中,對"異體字"的歷史名稱

① 来源:中国國學网(http://www.confucianism.com.cn/html/hanyu/1267385.html)

及其含義作了相當全面的介紹和分析。這裏,我們不再重複他的內容。只談我們對異體字的認識。

《漢書·藝文志》:"史籀篇者,周時史官教學童書也,與孔氏壁中古文異體。"這裏所説的"異體"當指籀文與古文書體不同,這與我們今天一般所説的"異體"概念有所不同。所謂"書體",粗粗數來,甲骨文、金文、籀文、石鼓文、小篆、秦隸書、漢隸書、八分、草書、行書、楷書、印刷體等等都應該視爲"書體",然而上述這些書體名稱所指的內容還有着一部分的交叉,因而書體的名稱只能説明文字的書寫風格的不同。同樣被稱爲書體的還有因書寫者本人風格得名的"歐體""顔體""柳體""趙體"之類。這自然無法以我們熟知的"異體"加以歸類。現代傳播中有所謂"字體設計",這些被設計出來的字體,或可以"美術字"概括言之,但顯然不應當作"異體字"的一部分。

我們談論"異體字"其實是在同一種書體的基礎上才能有所區别,《彈歌》"斷竹續竹,飛土逐宍。""宍"字注爲"古文",其實是由古文"隸定"的寫法,並非孔氏壁中書那樣的書體。在這一條件下,我們可以説"宍"是"肉"的古文,也可以説是"肉"的異體字。那麽,"宍"可以算作"俗字"或"俗文字"嗎?《干祿字書》入聲:"宍肉……並上俗下正。"視"宍"爲俗字。而《正名要録》却將"宍肉"歸入"字形雖别音義是同,古而典者居上,今而要者居下"一類。以"宍"爲"古而典者",以"肉"爲"今而要者"。漢史晨後碑作肉,漢武梁祠畫像題字作肉,"宍"字號稱古文,却似由隸變中形成之字。《漢代簡帛草字编》有作肉(曹附7),肉當傳承自草書之勢。《龍龕手鏡·肉部》作肉,與《干祿字書》正字同。《手鏡》於此字下釋曰:"如六反,骨也,肉也。或俗作害,亦通。隸書變體作月,故與月部相濫耳。"害字不見於各種字書,甚至不是《龍龕手鏡》的字頭,却明確稱其爲"俗作",並且"亦通"。則害亦當視爲"肉"之俗字。在《可洪音義》中,"肉"字有多種寫法:

宍(腐宍:上音父。下音肉。《大乘經音義·大般若經》第四十二帙)

宍(而宍：上音血。下音肉。下又音救。並悮。《賢聖集音義·經律異相》第十八卷)

冃(宍美：上而六反。亦作宍、肉、冃。《賢聖集音義·玄應音義》第十四卷)

囟(從囟，而六反。正作冃、月、肉三形。《賢聖集音義·慧苑音義》下卷)

肉(嗜肉：上神利反。愛食也。《大乘經音義·大方等大集經》第一卷)

宍(身宍：而六反。《大乘經音義·大般若經》第三十八帙)

宍(宍眼：上如六反。《大乘經音義·大智度論》第八十一卷)

肉(截肉：而六反。正作肉。《小乘經音義·四願經》)

宍(淨宍：音肉。《小乘律音義·善現律毗婆沙》第十五卷)

以上各种"肉"的俗字，在《可洪音義》中出現的情況統計如下：

肉	肉	囟	冃	肉	宭	宍	宍	宍	宍	宍	宍
88	64	1	1	1	2	1	1	1	2	35	27

其中肉作詞頭 64 次，用於釋語 88 次，字形亦作肉。"肉"字在《可洪音義》中作肉，顯然是由於《可洪音義》是刻本，其字跡是與刻本的書手習慣相一致的，與後世活字印刷用字要規範條件不同。宍字 1 次用於詞頭，1 次見於釋語。宍字在詞頭 27 次，宍作詞頭 35 次，宍作詞頭 2 次。其餘或見詞頭或見釋語，均屬偶見。我們基本可以把它們視爲兩個系列："肉(正作肉)"系列(肉、肉、冃、囟四形)；"宍"系列(宍、宍、宍、宍、宍、宭、宍七形)。此外，《龍龕手鏡》的"害"形當即"宭"形之譌。因其字形太小，書刻中當有模糊。值得説明的是，《可洪音義》中"宭"形亦爲"害"之俗字，而《龍龕手鏡》之"害"似更近於"害"。可知其演變之跡相同。以"宍""肉"二字在《可洪音義》中的使用情況看，《干祿字書》和《正名要録》都將二字收録，實在是由於二字都是當時的常用字，司空見慣。而在使用頻度上，"肉"字使用更多一些，在習慣上也容易將它視爲正字，《正名要録》將"宍"歸入"古而典者居上"一類，不同於《干祿字書》歸之

“俗字”,也是有一定理由的。

另一個值得注意的是,傳承是一種堆砌。正是由于傳承的堆砌,造成漢字字形的複雜情況。

堆砌有幾種情況:一、書體轉换造成字形的增多,如“礼”是《説文》古文,“禮”是《説文》小篆①;“秊”得自古文字的隸定,“年”得自隸變;“書”得自隸變,“书”得自草書楷化。二、書寫的訛變。如顔氏所舉南北朝時流行的那些“鄙俗”之字。三、爲記録新出現語詞而造新字。同時,因爲堆砌,勢必造成異體字的出現和膨脹。

同時,由於假借的應用,使漢字在記録新詞、外來語、方言詞以及在“倉卒亡其字”的情况下臨時借代提供了方便。這既是在字形上抑制了字形的無限增多,又在記録語詞這一層面上造成了事實上的異體字。

如可洪音義《大乘經音義·大般若經》第一卷:“湏臾:音逾。”“湏臾”是“須臾”之俗書。“湏”字原爲《説文》沬字古文。《説文》:“沬,洒面也。从水未聲。湏(湏),古文沬从頁。”音荒内切。段玉裁注:“洒面也。《律歷志》引《顧命》曰:‘王乃洮沬水。’師古曰:‘沬、洗面也。’《禮樂志》:‘霑赤汗,沬流赭。’晉灼曰:‘沬、古靧字。’《檀弓》:‘瓦不成味。’鄭云:‘味當作沬。沬、靧也。’按此沬謂瓦器之釉、如洗面之光澤也。”則用作“須臾”爲字形相近之譌,然佛經中往往用之。《五經文字》彡部:“須,音需。面毛也。今借爲須待字。本作頿。今不行已久。或須從水訛。湏火外反。物湏爛之湏。”以“湏”爲“須”顯然是因書寫時“彡”旁不如“氵”順手,這當與書寫速度和運筆筆勢相關。

而記録語言,却常常因語言的不同而因地制宜(這兒的“地”泛指時、地、人、物、事)。也就是説,記録語言的手段是在變化着的。

簡言之,漢字在其創造之初,因文字與語言之間的聯繫尚不很嚴格地一一有所對應,每個字形攜带着較多的内容,這種現象隨著各種條件的變化(主要是字形的增多)而得到了在記録語言時的相

① “古文”得自孔氏“壁中書”,“小篆”得自秦代規範。

對精準。然而這種相對精準是以仿古的"文言"爲對象的。文言的語言特質是單音節、同音詞極多,如非採用字形的區别,所書内容便易産生歧疑。故在文言階段,僅就記錄語言的技術手段説,文字的逐漸增多是必要的。它在書面上起到了修補語音符號不足的作用。

現代漢語以口語爲書寫對象。現代漢語因其語音的區别功能而在相當高的程度上消除了理解上的歧義。(這主要是因为文言中的單音節詞在現代漢語中往往由複合詞替代,從而受複音詞的限制而可以通過語音比較容易地理解意義。)

這樣,記錄口語爲特點的現代漢字在記寫現代漢語時,便可利用複音詞的特點而減少漢字的用量(減少漢字的字數)。簡化字的運用,正是基於這一客觀事實而進行的。近幾十年實踐證明,簡化字適用於現代漢語的記錄,但在閱讀古漢語作品時,繁體字仍有着相當的優勢,因爲它與古代文言相適應。

二、俗字與正字(規範字)的關係

另一問題是"正體字"。"正體字"又可以叫做"正字",用現在的術語説,便是"規範字"。其實原先並沒有"正字"的概念,稱爲正字,無非是官方承認。而官方承認,則是以字書收錄與否爲准。字書如《爾雅》、《方言》、《説文》或是傳説中的《史籀篇》和曾經有過的《蒼頡篇》。其中《史籀篇》《倉頡篇》出於先秦,書體顯然與後人不同,《爾雅》《方言》是釋詞之書。《説文》則以小篆立字頭,以隸書説解。以小篆立條,是爲以小篆來爲流行的隸書作規範。漢代以後又以儒家經典作用字規範,《説文》既是儒學,又是古字,故成爲"正字"之祖。以後歷代字書也無法越出它的框架。但字書隨時而編,收錄字形歷代不同。顔之推説:"隨代損益,亐有同異。西晉已往字書,何可全非?"可見當時講究正字的人,也有否定西晉以往字書的,否定的理由無非是這些字書所收之字與《説文》有所不同。

一個明顯的事實是,所謂"正體字",都是帶上明顯的時代標記的。比如臺灣師範大學退休教授李鍌在題爲《從學術觀點看"正體字”與“簡化字”》的演講中一開始便說：

中國文字的字體，自魏晉演進成爲楷書以來，就稱之爲“正體字”。舉凡正體字，其字構大體皆符合六書構字的原則。至於正體字以外的，包括字書裡的重文、古字以及民間的俗字、別字、訛字、省筆字、行草書等，則統稱之謂異體字，正體字應是相對於異體字而言。

其後又說：

民國以來，由於日本進口印刷鉛字不一，加上書法家的率性揮毫，以及民間新增的俗體字、大陸簡化字等的影響，文字形體又見紊亂。……同時提供資訊界作爲輸入。編碼及字型(Pattern)的規範，於是而有國字標準字體的研訂。其具體的標準擬爲：

1. 字形有數體而音義無別的，取一字爲正體，其他爲異體。其選取原則：

(1) 取最通用的。如取“慷”不取“忼”。

(2) 取最合於初形本義的，如取“腳”不取“脚”。

(3) 數體皆合於初形本義的：

a. 取筆畫最簡的，如取“舉”不取“擧”。

b. 取使用最廣的，如取“炮”不取“砲”。

2. 字有多體，其義古通今異的，皆予收錄，如：“間”與“閒”，“景”與“影”。古別今同的，亦予並收，如：“証”與“證”。

3. 字的寫法，無關筆畫繁簡的，力求合於造字原理，如：作“呑”不作“吞”，作“闊”不作“濶”。

4. 凡字的偏旁古今混的，則予以區別，如：從“月”之字偏旁皆作“月”(朔、朗、朦)，從“肉”之字偏旁皆作“⺼”(肋、肓、胞)。

5. 凡字偏旁筆畫近似而易混的，亦予以區別：如：“舌”、(甜、舔)、“舌”(話、括)、“壬”(任 、妊)、“壬”(呈、廷)。

李教授説："至於正體字以外的，包括字書裡的重文、古字以及民間的俗字、别字、訛字、省筆字、行草書等，則統稱之謂異體字，正體字應是相對於異體字而言。"將"行草書"歸入"異體字"，則是將不同書體混在一起討論，在我看來，這裏是並不很合適的。

值得注意的是，上引觀點中的正字或正體字，其實都有一個"傳承"在起着作用。"傳承"是甚麽意思呢？一般以爲，傳承是不變，但不變是不需要傳承的，如至今我們説到小篆，還是以《説文》小篆爲標準，説到小篆的樣版或鼻祖，人們也公認以始皇刻石（一般都臨摹繹山刻石），爲甚麽呢，因爲我們能見到的秦代篆文，就只有這麽一點容易找到的東西了。而隸書楷書的文字，儘管字形的分析可以上溯到秦篆，但字體已經變了。我們以"傳承"視之。這就是李鎏教授所云"合於造字原理"。"造字原理"得自傳承。

"傳承"並非簡單的對應，傳承本身是一個過程。由書體 A 至書體 C 之間，一定會有一個書體 B 作爲過渡。這個"書體 B"一般就是所謂"廣義的草書"了（就像裘錫圭謂"甲骨文是商代金文的草書"）。在没有看到歷史上的各時代文獻作品的真跡之前，僅看我們熟悉的楷書和印刷體，將來與篆書、隸書進行比較，容易産生"突變"的感覺，從而將一些傳承字看成是簡單的對應。然而，通過對各時代出土文獻的具體比較，我們便會明白這個"傳承"的鎖鏈是如何一環扣着一環而發生變化的。這中間，"譌"或"俗"便成爲十分重要的演變因素。

三、佛經俗字在傳播佛經中的作用

《六朝别字記》序："蓋嘗綜覽歷代碑版，知文字之變，多由隸書。南北朝漸趨今體，更變化尤甚。"佛經文字恰恰就是自南北朝至趙宋這麽一個長時期中常用字的集合。而《可洪音義》則集中了這一時期佛經中疑難字和書寫變體。

佛經翻譯，是中國歷史上最大的一次與異文化交流的實踐，在這一過程中，除了將佛經的内容通過翻譯使之成爲漢語外，也令漢字接受了一次重要的考驗——即漢字系統是否能勝任承載異文化傳播的重責。同時,由於佛經翻譯的成功,也在事實上擴大了漢字記錄語言的功能,在很大程度上使漢字從造字以來一直突出的表意功能向更方便靈活的表音功能實現了轉換。例如:

唐玄奘法師曾定下規矩,作爲翻譯佛經的條例,謂之"五種不翻":"一祕密故,如陀羅尼。二含多義故,如薄伽梵具六義。三此無故,如閻浮樹,中夏實無此木。四順古故,如阿耨菩提,非不可翻,而摩騰以來常顧梵音。五生善故,如般若尊重智慧輕淺。"①

如此,在翻譯佛經時,所謂的"不翻",並不是直錄梵文,而是以"音譯"的形式,用漢字轉寫梵音。其中大量的音譯詞是以傳承字記錄的。衹是在記錄梵音時,這些傳承漢字本身衹是記音符,已經失落了字形表義的作用。即如玄奘所提到的"陀羅尼""薄伽梵""閻浮樹""阿耨""菩提""般若"等,都是用漢字轉寫的梵語,我們無法從字面得到這些詞的意義。但在學習佛經時,通過講解和誦讀,便能掌握這些詞的真實涵義。

音譯字絶大多數是漢字中固有之字。如"喬荅摩"有"瞿曇"、"句潭"、"憍曇彌"、"喬答彌"、"憍答摩"、"譚俱"、"具譚"諸多翻譯的書寫形式。"喬荅摩"即梵語 Gotama,今一般譯作"喬達摩·悉达多(Siddhartha Gotama)",即釋迦。慧琳在解釋"喬荅摩"時說:

1) **喬荅摩**　借音。渠高反。姓也。喬猶瞿之轉也。此有三義:一云日種,二云牛糞種,三塗土種也。舊云瞿曇,略也。(卷七十釋《阿毘達磨俱舍論》第十二卷)

明言"喬荅摩"三字皆爲借音,即"本無其字,依聲託事"之假借。同樣,"瞿曇"二字亦皆假借,只是記音而已。"瞿曇"是"略"音,這在翻譯中常見,這種現象與漢語詞的雙音節强勢有關。又慧琳釋"憍曇彌"云:

2) **憍曇彌**　正言喬答彌。古云憍曇彌,又言瞿曇,皆訛略。正云憍答摩……摩是男聲,佛之氏望。毀云喬答摩。彌者,女聲呼佛姨母,故曰喬答彌也。(卷二十七釋《妙法蓮花經》第四卷勸持品

---

① 《翻譯名義序》,宋周敦義。

音義)

譯音“憍曇彌”即“喬答彌”,“憍”“喬”相同,只是寫法略異。“曇”與“答”,是因 Gotama 第二音節 ta(譯作“答”)受後一音節 ma 之鼻輔音 m 影響,從而發 tam 音(譯作“曇”)。“彌”與“摩”,“彌”爲女聲,即以 ma(譯作“摩”男聲),mi(譯作“彌”,女聲),是梵文以詞尾元音區分性别。又釋

3) **句潭** 下徒南反。或言瞿曇彌。梵言輕重也。(卷三十四釋《獨證自誓三昧經》)

4) **具譚** 徒南反。經中多作瞿曇。正言喬荅摩。此因仙人名爲姓也。(卷五十四釋《雜阿含經》)

案:譚字作譚。譯音瞿曇、句潭、具譚盡管字形不同,但皆爲 Gotama 的略音。又譚俱徒含反。或作具譚。經中多云瞿曇,皆是梵言輕重也。(卷五十七釋《五百弟子自説本起經》)案:譚字作譚。“譚具”是“具譚”的顛倒,譚譚二字同字,但在刻本中所從之“覃”旁,一作“襾”頭,一作“西”頭。略有小異,此與刻本書寫者對該字的理解相關。又釋

5) **喬答彌** 舊言喬曇彌。或作瞿夷,訛也。此云女。《十二遊經》云:“明女。”(卷七十一釋《阿毘達磨順正理論》第三十八卷)

6) **瞿曇氏** 具云瞿答摩。言瞿者,此云地也。答摩,最勝也。謂除天以外,在地人類,此族最勝,故云地最勝也。或曰瞿曇彌。或曰憍曇彌。或曰瞿夷,皆女聲呼。(卷二十一釋《新譯大方廣佛花嚴經音義》卷上經卷第十二釋《如來名號品》)

二條中又有“喬曇彌”“瞿夷”“瞿答摩”諸譯。所用譯音字均爲傳承字的借音。

梵文 Anavatapta,音譯作“阿耨達”、“阿那婆達多”。新稱“阿那婆答多”,意譯“無熱”、“無熱惱”。(丁福保《佛學大詞典》)

1) **阿耨達** 奴祿反。正梵音云阿那婆達多。唐云無熱惱池。……此方言無熱惱者,龍王福德之稱也。一切諸龍皆受熱砂等苦,此池龍王獨無此苦,故以爲名也。(卷一釋《高宗皇帝在春宫述三藏記》)

2）**阿那婆達多龍王** 阿，無也。那婆達多，熱惱也。諸龍皆受熱沙之苦，此龍獨無，故立其名耳。（卷二十二釋《新譯大方廣佛花嚴經音義》卷中經卷第四十二十地定品之三）

3）**阿那婆達多** 阿那婆踏多。唐云無熱惱池名。（卷二十七釋《妙法蓮花經序品》第一）

據丁福保《佛學大字典》尚有"阿那陀答多"，"阿那阿達多"兩種音義，然《慧琳音義》未見，蓋音義所取藏本不同故也。無論"阿耨達"、"阿那婆達多"還是"阿那婆答多"，其所用音譯的單字皆爲傳承字的記音用法，並非爲譯音專造。

梵文 dangā，即恒河。又譯"殑伽"、"強伽"、"弶伽"、"恒伽"、"恒架"等。

1）**恒伽河** 準經，香山頂上有阿耨達池。其池四面，各流出一河。……南面恒伽河，從銀象口流出，其沙白銀，流入南印度，便入南海。……（卷二十二釋《新譯大方廣佛花嚴經音義》卷中經卷第四十二十地定品之三）

2）**弶伽** 梵語。西國河名也。此借唐言以響梵字，猶未全切。若准梵音，上弶應音爲凝等反。亦凝之上聲也。下魚迦反爲正也。古經或云恒伽河，或云恒邊沙，或云兢伽，皆一也。不切當也。（卷十釋《能斷金剛般若波羅蜜經》）

3）**殑伽河** 其昇反。諸經論中或作恒河。或言恒伽河，亦云恒迦河，或作強伽河，皆訛也。此河從無熱惱池東向象口而出流入東海。舊譯云天堂來。以彼外書云："木人磨醯首羅天頂耳中出，流在地上。以此天化身在雪山頂，故作是說。見從高處而來，故云天堂來也。"（釋《阿毘達磨俱舍論》第十一卷）

譯作"恒河"是遵從漢語的習慣，省 dangā 爲"恒"，加上"河"成梵漢合璧詞。dangā 得名於高處流下的水，意謂"天堂來"。譯"恒河"簡潔而易記誦，勝於義譯。"殑伽"、"強伽"、"弶伽"、"恒伽"、"恒架"等均爲傳承用以音譯。字書中最先見"殑"字爲《玉篇》。《玉篇・歹部》："殑，巨升切。殑殑，掣縮也。""殑，色兢切。殑殑，欲死皃。""弶"字亦最先見於《玉篇》。《弓部》："弶，巨尚切。施置於道也。"由"殑伽"、"強伽"、"弶伽"變爲"恒伽"、"恒架",譯經者是有所思考的。"殑"从"歺(歺)",《説文》以來,從"歺"之字被釋爲與死相關意義,又顯然生僻,故逐步改譯成其他字,"恒"字除滿足了音譯的需求外,還在字面上給人以美好的聯想。所以"恒河"成了最後固定的形式。"伽""迦"等字是爲譯佛經而專造的音譯用字。

梵語 Yamārāja 音譯爲"琰摩"、"閻摩羅"、"閻摩羅社"、"夜磨盧迦"、"縛閻摩"、"雙羅社",意譯爲"縛",或譯"雙世"。Yama 音譯即閻魔,rāja 有王者之意。"閻魔王"是音譯加意譯的合璧詞。"縛閻摩"亦爲合璧詞。又梵語 Yama-ālaya 音譯"閻羅",爲閻魔王的居所。

1) **琰摩** 以冉反。或作閻摩羅,或言閻羅,亦作閻摩羅社,又言夜磨盧迦,皆是梵音。楚夏聲訛轉也。此譯云縛,或言雙世。竊謂苦樂並受,故以名焉。又云縛閻摩。此云雙羅社。此言王兄及妹,皆作地獄王,兄治男事,妹治女事,故曰雙王也。(卷七十釋《阿毘達磨俱舍論》第八卷)

2) **剡魔** 有作琰魔,同。以冉反。舊名閻磨羅,亦作閻羅,皆一也。此云雙世,竊謂苦樂並受,号之爲雙也。(玄應音義卷二十一釋《大乘十輪經》第一卷)

此中,"琰摩"、"閻摩羅"、"閻摩羅社"、"夜磨盧迦"、"縛閻摩"、"雙羅社"、"閻磨羅"等所用文字俱爲傳承字。"摩"、"磨"字梁代爲之專造"魔"字成爲一個音義用兼的專造字。

上舉各例,皆爲佛經中音譯字的漢字形式,即音譯字的多數是以傳承漢字用作記音符號,在音譯字中,這些傳承字往往只表示音節,其意義則由整個的音譯詞決定。這是佛經音義中傳承字的一個重要用途。或可説是"假借"之用。又如:

1) **跏趺** 上音加。下音夫。皆俗字也。正體作加跗。鄭注《儀禮》云:"跗,足上也。"顧野王云:"足面上也。"(卷八釋《大般若波羅蜜多經》第五百七十七卷)

案:"跏趺"是佛祖坐法,蓋本無定字。慧琳以爲"正體作加跗"。並引鄭玄注和顧野王語以證之。説明在《説文》之外,儒家經典相承及《玉篇》都是慧琳差别正體與否的重要標準。依此二書之訓,則“跏趺”意爲佛祖坐時以一足加於另一足面之上。稱“加跗”似乎更有理據。“趺”“跗”是聲符替换;“跏”則爲“加”之連類而及形成的新形聲字。猶“鳳皇”之變爲“鳳凰”。

“跏”是新形聲字,佛經翻譯中出現的這種新形聲字更多是在音譯字的基礎上加“口”以示譯音專用,如“吼”/“嘚”/“嚩”/“哞”/“吽”/“嘛”之類,以及爲表明經中特殊名詞意義而造的“菩薩”之類。凡此,都有强調漢字表意特點的一面。

因而,漢字在翻譯佛經的過程中,一方面堅持了自己固有表意特徵,一方面又擴充了自己原有的表音功能,從而有效地解決了異文化在中國的傳播,甚至於因佛教發源地印度的歷史變化,而令漢文佛經成爲佛經最重要的寶藏。同時,也使佛教成爲中華民族文化遺産的一個重要組成部分。

回顧漢語研究的歷史,大概可以這樣認爲:先秦及西漢前期學者主要是在對語詞的應用和定義進行整理,如《爾雅》《方言》,其特點是着眼於詞義與詞義之間的關係,遂稱爲“義書”之作。東漢許慎著《説文解字》,專事於解析字形以追溯造字之意,以此揭示漢字與語義之聯系,遂稱爲“形訓”之書。劉熙《釋名》開“聲訓”之風氣,但直到清代乾嘉諸賢古音學大昌,才將漢語音義關係真正得到揭示。義訓、形訓、聲訓,這是傳統中國語言學走過的三個不同的階段,也是前人對漢語文獻語言研究的主要方法。由于漢語文獻語言是由漢字記錄的書面語,這就規定了對漢語文獻語言研究必然繞不開文字的研究。由漢字文獻看漢語的書面語發展,大致也可以分爲三段:先秦和西漢前期,漢字文獻相對説來比較自由,也就是説,比較接近於當時的口語。這决定了漢語書面語文言的規範,後世的文言文是以先秦和兩漢著作爲規範的,所謂“規範”,即是模仿。文言文是模仿的文字語言,並不是口頭語言的實錄。這種模仿成爲漢語書面語的傳統,至今我們對漢語文言文的研究,除了在詞彙上可以看到逐漸融入的後出新詞外,甚或還能見到一點語法上的悄然變化,據信是口語變化而影響了書面語。然而,這種變化極其緩慢,歷史上不斷出現的"時文"與"古文"的鬥爭,正是這種書面語形式與内容表達上衝突的表現[①]。這種衝突還表現在文言與白話的關係上。張中行把白話分爲三期,第一期的下限是在隋唐之際,第二期是由唐宋到明清,第三期是現代白話。[②] 徐時儀把隋唐至元,稱爲"白話的發展期"。[③] 所謂"白話",其實是以口語爲主的一種書面語,因文言文的存在而呈現出逐漸獨立的傾向。因而白話更接近於下層人士,與漢語口語的發展具有相當的一致性。

值得注意的是,白話文獻的發展跟漢語韻書時代相一致。韻書誕生於魏晉,其後得到了長足的發展,隋唐時期成爲科舉的標準工具。而第一期的白話主要表現在民歌的記錄或詩的創作上。這是韻書時代與白話的第一個一致性。韻書的産生是受了佛教東來的影響的,漢譯佛經中存在大量白話形式,因而佛經的傳佈爲白話的擴散起到了十分關鍵的作用。這是韻書時與白話的第二個一致性。由於反切和韻書的運用,對漢字音讀有了相對完善的注音方法,方便了由音探義的解釋途徑。因而這一時期出現了大量音義著作,並由對儒家經典的注釋擴散到對佛道經典的注釋。而佛經中大量的白話亦由此而得到了人們的關注被融入漢語文獻的釋義係統中。這是韻書時代與白話的第三個一致性。

同樣值得注意的是,在佛經的傳佈和整理中,漢語文獻呈現出這樣一種態勢:一、佛經翻譯中有大量的借字和專造字出現,專造字多爲記音字加上類化偏旁;二、佛經傳抄中出現大量俗字(包括

① "時文"的概念,分別指駢文和八股文之類,爲一時風氣之所尚。其特點是追求形式上的華美而脱離實際的内容表達,在很大程度上也脱離了口語。"古文"以唐代韓愈柳宗元及宋代歐陽修等人爲代表,他們以"古文"爲旗幟,在語言形式上模仿先秦兩漢,但其堅持語言的質樸和散文的表達方式,却與漢語白话相一致。只是這些士大夫以追求"古樸雅正"爲尚,這是漢語書面語具有"超方言"性造成的。

② 張中行《文言與白話》,見《張中行作品集》第一卷,中國社會科學出版社 1995 年版,第 166 頁。

③ 徐時儀《漢語白話發展史》,北京大學出版社,2007 年版,第 103 頁。

错字、訛字);三、對佛經文字的詮釋主要通過因聲求義,即音義書的方式進行。因此,佛經音義的俗字現象表明,在音義書大量産生並傳播的時代,漢字已在極大的程度上成爲記音文字,通過對字音的研究,已經成爲破解漢文典籍的重要方法。清代訓詁學家極力主張的“因聲求義”方法,正是在這樣的條件下得以成熟,並爲人們理解和接受的。

(作者單位:上海師范大學)

玄應《一切經音義》的“非體”

[韓]鄭蓮實

高麗藏本唐釋玄應《一切經音義》(以下簡稱《玄應音義》)中注明“非體”的約有180條。陳定民曾經在《慧林〈一切經音義〉中之異體字》一文中指出:慧林所謂“非體”“略體”“誤體”的文字,爲我們所從來沒有看見過的也很多。這些異體的文字,都是值得我們去注意與研究的①。陳定民把非體看作異體,但是《玄應音義》中的非體跟慧林《一切經音義》中的非體不完全一樣。其實《玄應音義》中的非體不僅屬於異體俗字還屬於假借字。本文對《玄應音義》中的非體進行分析與歸類,探討一下《玄應音義》非體的性質。

一、《玄應音義》中的非體

非體一般以“經文作某,非體也”的形式出現,比如:“[偉]經文作㣲,胡憒反。非體也。”還有“[胆]經文作蛆、疽二形,並非體也。”“[噢]經文作喅、郁、嘟三形,並非體也。”或者是對經文所使用的一個非體的,或者是兩個或三個非體來説的。使用“或作”也同样表示兩個以上的非體,比如:“[豌]經文作宛,或作䝉,並非體也。”“[泉]經中作湶,或作洤,非體也。”此外還有對雙音節詞來説的。比如:“[蘆菔]經文作萊茯,或作蘿蔔,並非體也。”此外還有解釋非體的偏旁的,如:“[輨]經文從竹作管,非體也。”還有注明用例的,

---

① 梁曉虹、徐時儀、陳五雲,《佛經音義與漢語詞匯研究》,商務印書館,2005。

如:"[寥]經文作遼遠之遼,非體也。"除了"經文"之外還對"論文"和"律文"中出現的非體也進行辨析。比如:

[浹]論文作浻,非體也。

[癮疹]論文作隱軫,非體也。

[殭]論文從土作疆,非體也。

[盾]論文作闌楯之楯,非體也。

[噢]論文作嘟、郁二形,非體也。

[晴]論文作上雨下星①,非體也。

[邏]律文作儸,非體也。

也有沒有注明出處的。比如:

[肋]字從肉。或作勒,非體也。

[撟]字從手,今皆作矯,非體也。

二、正體與非體的形音義關係

按照正體與非體的形音義關係把非體可分爲以下三類:非體是正體的假借字;非體是正體的異體字;其他不屬於前兩類。

1. 非體是正體的假借字

正體與非體字音相同或相近,在意義上沒有聯繫,本文把這些歸納爲非體是正體的假借字。假借字可再分爲兩類:正體與非體的聲符相同;正體與非體的聲符相異。先看正體與非體的聲符相同的假借字。

煒爗與瑋曄②(K1063V32P0007a09L)

---

① 只説明字形結構。

② 前者是正體,後者是非體。以下均同此例。

煒爗　於匪反。下爲獵反。《説文》:煒,盛明皃也。《方言》:爗,盛也。經文作瑋曄,非體也。

按:《集韻》"瑋,美玉。"煒跟瑋聲符相同,在意義上沒有聯繫。爗的聲符就是曄,在意義上沒有聯繫。

輨與管(K1063V32P0007c20L)

輨轄　古緩反。下又作牽、鎋二形,同。胡瞎反。《方言》關之東西曰輨,亦曰轄,謂軸頭鐵也。鎋,鍵也。經文從竹作管,非體也。

按:《説文》"管,如篪,六孔。……從竹官聲。"《説文》"輨,轂端沓也。從車官聲。"輨與管聲符相同,在意義上沒有聯繫。

歗與檣、嗇(K1063V32P0065a19L)

歗歗　所力反。《通俗文》:小怖曰歗。《埤蒼》歗,恐懼也。字從欠。經文作檣、嗇,二形非體也。

按:《説文》"歗,悲意。從欠嗇聲。"《廣韻》"檣,……恨也。"《説文》"嗇,愛濇也。從來從㐭。"歗、檣、嗇聲符相同,在意義上沒有聯繫。

訾與貲(K1063V32P0073a08L)

何訾　又作𧫴,同。子移反。訾,量也,思也。經文作貲財之貲,非體也。

按:《説文》"訾,不思稱意也。從言此聲。"《説文》"貲,小罰以財自贖也。從貝此聲。"《康熙字典》"貲……又《玉篇》財也,貨也。"訾與貲聲符相同,但在意義上沒有聯繫。

玩與翫(K1063V32P0081c09L)

珎玩　古文貦,同。五喚反。《字林》:玩,弄也。《廣雅》:玩,好也。《尚書》:玩人喪德,玩物喪志。孔安國曰:以人爲戲弄,則喪其德;以物爲戲弄,則喪其志也。經文作翫習之翫,非體也。

按:《説文》"玩,弄也。從玉元聲。貦,玩或從貝。五換切。"《康熙字典》"玩,《唐韻》《集韻》《韻會》《正韻》并五換切,音翫。……《玉篇》戲也。……又習也。"《説文》"翫,習猒也。從習元聲。五換切。"《康熙字典》"翫,《廣韻》《集韻》并五換切,音玩。"玩與翫聲符相同,但在意義上没有聯繫。

傎與顛(K1063V32P0227b22L)

傎伏　又作𩕢、趚,二形同。丁堅反。《廣雅》:傎,倒也。謂反倒也。下古文踣,今作仆,同。蒲北反。《説文》:仆,頓也。謂前覆也。論文作顛伏,非體也。

按:《説文》"顛,頂也。"《康熙字典》" 顛,《釋名》倒也。"《正字通》"傎,同顛。"傎與顛聲符相同,以前可能借顛字表示倒義。雖然《説文》没有收錄傎,但《玄應音義》把傎當成倒義的正字。

屬於此類的還有:

敞與棠(K1063V32P0040a08L)瘢與槃(K1063V32P0044a07L)
佻與挑(K1063V32P0067a11L)燼與藎(K1063V32P0093b10L)
寮與遼(K1063V32P0098b14L)請與倩(K1063V32P0100c02L)
眇與妙(K1063V32P0103b05L)踞與倨(K1063V32P0104c06L)
縷與屢(K1063V32P0115c03L)鑱與欃(K1063V32P0133c22L)
礓與疆(K1063V32P0139b13L)楝與練(K1063V32P0142c22L)
晏與闄(K1063V32P0143b04L)櫨與鑪(K1063V32P0145c06L)
綺與諦(K1063V32P0151c11L)騷與搔(K1063V32P0158b03L)
鑰與蘥(K1063V32P0160a21L)構與媾(K1063V32P0160b11L)
偉與觑(K1063V32P0166b10L)刎與吻(K1063V32P0167b12L)
斂與撿(K1063V32P0170c22L)邏與儸(K1063V32P0184a08L)
漚與膒(K1063V32P0202c22L)餞與踐(K1063V32P0210b04L)
艻與勒(K1063V32P0220c10L)閟與秘(K1063V32P0241c01L)
髖與寬(K1063V32P0244c08L)礶與擢(K1063V32P0249a08L)
茫與恾(K1063V32P0262c12L)房與雅(K1063V32P0265b04L)

痳與淋(K1063V32P0265c20L)肕與靭(K1063V32P0296b20L)

撟與矯(K1063V32P0309a06L)餱與糇(K1063V32P0100a23L)

燎與燎(K1063V32P0093b13L)

癮疹與隱軫(K1063V32P0129c15L)

欬瘷與咳欶(K1063V32P0144c16L)[①]

以下幾條情況較特殊。

偉與颹(K1063V32P0166b10L)

偉風　于匪反。《説文》:偉,奇也。經文作颹,胡憒反。非體也。

按:颹是颵的異體字(《龍龕手鑑》),《龍龕手鏡》"颵,大風皃也。"颹的聲符是偉,字音相同,但没有意義上的聯繫。

蚩與嗤(K1063V32P0008a08L)

蚩笑　充之反。《蒼頡篇》:蚩,輕侮也。經文從口作嗤,非體也。

按:《説文》"蚩,蟲也。從虫之聲。"《玉篇》"嗤,笑貌。"《廣韻》"嗤,俗作欪。"《説文》解釋"蚩"的造字本義,《蒼頡篇》解釋"蚩"的假借義。通過增加表意偏旁的方法另造嗤(俗作欪)表示輕侮之義。這樣蚩成爲嗤的聲符,蚩與嗤還成了本字與分化字。諸如此類的還有以下幾條,比如:

毵與參(K1063V32P0153b10L)摒與屛(K1063V32P0169a20L)

粲與璨(K1063V32P0211a03L)弓與杛(K1063V32P0215b06L)

雷與留(K1063V32P0216b10L)盾與楯(K1063V32P0229a17L)

杙與弋(K1063V32P0248a24L)霍與爗(K1063V32P0092a18L)

① 癮疹與隱軫(K1063V32P0129c15L)的疹與軫、欬瘷與咳欶(K1063V32P0144c16L)的欬與咳屬於聲符相同的假借字。癮與隱、瘷與欶是聲符和聲符加意符構成的字。在本文中分別歸類。

呈與程侱(K1063V32P0250b05L)監與鑒(K1063V32P0007c18L)

鏇與旋(K1063V32P0034a15L)(K1063V32P0128c14L)

癮疹與隱軫(K1063V32P0129c15L)

欬瘷與咳欶(K1063V32P0144c16L)

熤爚與昱鑠(K1063V32P0092a22L)

毾與闟(K1063V32P0045a15L)

毾壁　他盍反。毛席也。施之於壁,因以名焉。經文作闟,非體也。

按:《説文》“毾,毾㲪也。”《康熙字典》“《玉篇》闟,戟名。”根據《龍龕手鑑》⿰翕毛是毾的異體字,⿰翕毛與闟聲符相同。毾與⿰翕毛是異體關係,⿰翕毛與闟是聲符相同的假借關係。毾與闟的聲符雖然相異,可是通過⿰翕毛可以類推毾與闟的關係。

此外,還有正體與非體的聲符相異的假借字,比如:

黿鼉與魭⿰魚㐌 (K1063V32P0163a23L)

黿鼉　魚袁反,下徒何反。經文作魭⿰魚㐌二形,非體也。

按:《集韻》“魭,愚袁切,音元。與黿同。大鼈也。”魭是黿的異體字,是改換表意偏旁的異體字。《説文》“鼉,水蟲。似蜥易。”⿰魚㐌是鮀的異體字(《玉篇》《集韻》《字彙》)。《説文》“鮀,鮎也。”鼉與⿰魚㐌沒有意義上的聯繫,但同屬定母歌韻平聲字,是聲符相異的假借字。

淅與錫 (K1063V32P0167a12L)

淅米　思歷反。江南言淅,中國言洮。經文作錫,非體也。

按:《説文》“淅,汏米也。”《説文》“錫,銀鉛之閒也。”淅與錫同屬心母錫韻入聲字,但沒有意義上的聯繫,是聲符相異的假借字。

犛與猫(K1063V32P0202b11L)

犛牛　亡包反。西南夷長尾牛也。律文作猫,非體也按:犛是犛的異體字,亡是亡的異體字。《説文》"犛,西南夷長髦牛也。"《康熙字典》"犛……《集韻》或作氂㹊髦,通作貓。"《説文·新附》"猫,貍屬。"犛與猫分别屬於明母宵韻平聲字和明母肴韻平聲字,字音相近,但没有意義上的聯繫,是聲符相異的假借字。

穳與爨(K1063V32P0010b13L)

矛穳　又作鉾、戎,二形同。莫侯反。《説文》:矛長二丈,建於兵車。下千乱反。《廣雅》:穳謂之鋋。鋋,矛也。今江湘巳南傒人工用穳。鋋音蟬,傒音口奚反。經文作爨,非體也。

穳矛與鋑擬、牟(K1063V32P0140a09L)

穳矛　《字詁》:古文錄、穳二形,今作:穳,同。麤亂反。穳,小矛也。矛或作鉾,同,莫侯反。《説文》:矛長二丈也。經文作鋑、擬二形,又作牟,並非體也。

穳矛與竄牟(K1063V32P0230a23L)

穳矛　麁鸞反。穳,擲也。下又作戎、鉾二形同。莫侯反。論文作竄牟,二形非體也。

按:《博雅》"穳,謂之鋋。"《説文》"爨,齊謂之炊爨。"《廣韻》"鋑,古文鐫字。"《集韻》"擬,擊也。"《説文》"竄,墜也。"穳(精母緩韻上聲字)與爨(清母換韻去聲字)、鋑(清母桓韻平聲字)、竄(清母換韻去聲字)字音相近,但没有意義上的聯繫,是聲符相異的假借字。

噢與哊、郁、嘟(K1063V32P0072c15L)

噢咿　於六反,下於衹反。《埤蒼》:内悲也。又痛念之聲也。經文作哊、郁、嘟,三形並非體也。

噢與嘟、郁(K1063V32P0120b18L)

噢咿　乙六、於祁反。《埤蒼》:噢咿,内悲也。謂痛念之聲也。論文:作嘟、郁二形,非體也。

按:《玉篇》"噢咿,内悲也。"《玉篇》"哊,吐也。"《説文》"郁,右扶風郁夷也。"噢(云母月韻入聲字)與哊(云母屋韻入聲字)、郁(影母屋韻入聲字)字音相近,但没有意義上的聯繫,是聲符相異的假借字。《異體字字典》没有收錄嘟,嘟可能是噢或郁的異體字,改换聲符或增加意符的異體字。

晴與𩃤(K1063V32P0116a13L)

天晴　又作暒、殅,二形同。徐盈反。《聲類》:雨止也。經文作𩃤,非體也。

晴與上雨下星(K1063V32P0133a12L)

陰晴　又作日暒、殅,二形同。自盈反。《聲類》:雨止也。論文作上雨下星,非體也

按:"上雨下星"就是𩃤。𩃤是醒的異體字(《龍龕手鑑》)。《玉篇》"晴,雨止也,晴明也,無雲也。"《説文》"醒,醉解也。"晴與𩃤(醒)同屬清韻平聲字,但没有意義上的聯繫,是聲符相異的假借字。

胡與壷(K1063V32P0131b09L)

垂胡　又作頶、咽,二形同。戶孤反。《説文》:胡謂牛頷垂下者也。論文作壷,非體也

按:據《金石文字辨異》,壷是壺的異體字,《説文》"壺,昆吾圜器也。"胡跟壷同屬匣母模韻平聲字,是聲符相異的假借字。

牚與棖(K1063V32P0009b12L)

牚柱　勅庚、恥孟二反。今謂邪柱爲牚也。經文作棖,非體也。

按:《康熙字典》"牚,《廣韻》邪柱也。《集韻》支柱也。又《集韻》抽庚切,音瞠。義同。本作樘。或作橕橖。"《説文》"棖,杖也。"牚(澄母庚韻平聲字)與棖(徹母映韻去聲字)字音相近,但没有意義上的聯繫,是聲符相異的假借字。

訓狐與勳胡(K1063V32P0010c15L)

訓狐　關西呼訓侯，山東謂之訓狐，卽鳩鵖也。一名鵂鶹。經文作勳胡，非體也。

訓狐與薰胡(K1063V32P0166c19L)

訓狐　関西呼爲訓侯，山東謂之訓狐。經文作熏胡，非體也。

訓狐與薰胡(K1063V32P0264c06L)

訓狐　亦名訓侯。經文作薰胡，非體也。

按:《康熙字典》"訓……又鳥名。《唐書·五行志》鵂鶹，一名訓狐。……"訓狐是音譯詞，鳩鵖和鵂鶹是意譯詞。訓(曉母問韻去聲字)與勳(曉母文韻平聲字)、薰(曉母文韻平聲字)字音相近，狐與胡同屬匣母模韻平聲字，但没有意義上的聯繫，是聲符相異的假借字。

蘆菔與萊茯、蘿蔔(K1063V32P0060c23L)

蘆菔　《三蒼》音羅，音稍隱，來都反。下浦北反。經文作萊茯，或作蘿蔔，並非體也。

按:《説文》"蘆，蘆菔也。一曰薺根。"《説文》"菔，蘆菔。似蕪菁，實如小尗者。"蘆(來母模韻平聲字)與萊(來母咍韻平聲字)、蘿(來母家韻平聲字)字音相近，菔(奉母屋韻入聲字)與茯(奉母屋韻入聲字)、蔔(並母德韻入聲字)字音相近 ，但没有意義上的聯繫，是聲符相異的假借字。

嫈嫇與瞾䀮(K1063V32P0162b05L)

嫈嫇　乙莖、莫莖反。《字林》:心態也。亦細視也。經文作瞾䀮，非體也

按:《説文》"嫈，小心態也。从女，熒省聲。烏莖切""嫇，嫈嫇也。"嫈嫇指嬌羞貌。《龍龕手鑑》"瞾䀮，上烏耕反，下莫耕反，眼作媚也。"䀮還是盲的異體字(《正字通》)。嫈與瞾，嫇與䀮字音相近，没有意義上的聯繫，是聲符相異的假借字。

眚與省(K1063V32P0113a13L)

眚瘦　又作瘠，同。所景反。眚，瘦也，病也。《釋名》云：眚，瘠也，病者瘠瘦也。經文作省非體也。

按：眚是瘦的意思。《說文》“眚，目病生翳也。”《康熙字典》“眚……《周禮·夏官·大司馬》馮弱犯寡則眚之。《註》眚，損也。四面削其地，猶人眚瘦也。……”《廣韻》“瘠，瘦。”《說文》“省，視也。所景切。”字音相同，没有意義上的聯繫，是聲符相異的假借字。

屬於此類的還有：
寥與遼(K1063V32P0014a10L)壓與押(K1063V32P0022a17L)
宛與惋(K1063V32P0055c10L)砧與碪、鈂(K1063V32P0056a23L)
噢與郁(K1063V32P0058a05L)宛與宛、惋(K1063V32P0058b14L)
蝗與蟥(K1063V32P0061c15L)慴與疊(K1063V32P0064c10L)
垛與墮(K1063V32P0068a12L)濼與泊(K1063V32P0068c04L)
歧與奇(K1063V32P0069b13L)凸與昳(K1063V32P0072b22L)
煜爚與昱爍(K1063V32P0092a22L)蒚與萬(K1063V32P0098a11L)
固與顧(K1063V32P0105a19L)(K1063V32P0107c06L)
浝澒與蒙空(K1063V32P0113c04L)享與嚮(K1063V32P0114a07L)
粹與刺(K1063V32P0117a05L)蹙與踧(K1063V32P0118c18L)
浹與浹(K1063V32P0126a01L)蟺與蟬(K1063V32P0141b14L)
爚與爍(K1063V32P0145c04L)蹴與掀(K1063V32P0152c03L)
沛與狽(K1063V32P0152c05L)拘紖與倨靷(K1063V32P0156c09L)
計與係(K1063V32P0170b20L)揮與麾(K1063V32P0173c18L)
狎與洽(K1063V32P0185a04L)腈與藉(K1063V32P0204c23L)
警與景(K1063V32P0205b22L)撥與跋(K1063V32P0207a21L)
藪與棟(K1063V32P0208a23L)坼與卓(K1063V32P0208c15L)
系與縩、奚(K1063V32P0209b09L)㶿與燓(K1063V32P0212a21L)
股與皷(K1063V32P0215b01L)赶與揵(K1063V32P0218a20L)
魯與鹵(K1063V32P0237c12L)槍與鏘(K1063V32P0239b01L)
飤與飴(K1063V32P0245c16L)斗藪與抖揀(K1063V32P0250c07L)

楂與查(查)(K1063V32P0252a02L)弗與刜(K1063V32P0257a15L)
撈與牢(K1063V32P0264a12L)蠡與顧(K1063V32P0266a11L)
詎與據(K1063V32P0273b13L)隙與郄(K1063V32P0154c05L)

2. 非體是正體的異體字

正體與非體的字音和字義相同,字形相異,本文把這些歸納爲非體是正體的異體字。

鬘與鬕(K1063V32P0001c04L,K1063V32P0185b14L)

華鬘　梵言俱蘇摩,此譯云華摩羅,此譯云鬘,音蠻。案:西國結鬘師多用蘇摩那華行列結之,以爲條貫,无問男女貴賤,皆此莊嚴,或首或身,以爲飾好。則諸經中有華鬘、市天鬘、寶鬘等同其事也。字體從髟音所銜反,㒼聲,㒼音弥然反。經文作鬕,非體也。

按:鬕是鬘的異體字(《四聲篇海》)。

藏與臧(K1063V32P0067a01L,K1063V32P0162c22L)

去藏　才浪反。積蓄也,如庫藏也。經文作臧,非體也。

按:據《龍龕手鑑》臧和臧都是臧的異體字,臧和臧字形相近,肉是肉的異體字,因此臧是藏的異體字。

筏與栰(K1063V32P0029a23L)

船筏　扶月反。桴,編竹木也。大者曰筏,小者曰桴,音疋于反。江南名箄,音父住反。經文從木作栰,非體也。

按:栰、橃、舩是筏的異體字(《龍龕手鏡》),栰與舩是改换表意偏旁的異體字,橃是改换表聲偏旁的異體字。

齶與腭、腭(K1063V32P0144c14L)

齶痛　五各反。齗齶也。經文作腭腭,二形非體也

按:腭是齶的異體字(《重訂直音篇》),是改换表意偏旁和表聲偏旁的異體字。腭是齶的異體字(《龍龕手鑑》《字彙》),是改换表

意偏旁的異體字。

矜與𢟪(K1063V32P0178a08L)

冰矜　居陵反。《詩》傳曰:矜,慎也,危也。矜矜,懼也。經文從心作𢟪,非體也。

按:𢟪是矜的異體字(《龍龕手鏡》),是增加表意偏旁的異體字。

棬與𣐐 K1063V32P0196b23L

作棬　去權反。鄭玄注《禮》云:屈木爲之謂之捲。律文作𣐐,非體也。

按:《説文》"券,勞也。從力,卷省聲。"卷和券是字音相同,字義相異,字形相近。𣐐是形近換用的異體字。

鼾與哻、吁、嚊(K1063V32P0199b13L)

鼾眠　下旦反。《説文》:臥息聲也。《字菀》呼于反,江南行此音也。律文作哻、吁、嚊三形,非體也。

按:哻、吁、嚊是鼾的異體字(《龍龕手鑑》),哻和吁是改換表聲偏旁的異體字,嚊是把表聲偏旁改換成表意偏旁的異體字。嚊另兼正字,是表示喘息聲的本字。

糒與麴(K1063V32P0199c16L)

麨糒　蒲秘反。《説文》:乾飯也。一曰熬大豆與米者也。律文從麦作麴,非體也。

按:《異體字字典》没有收錄糒和麴,形近的異體字有𥼺(《玉篇》)和麱(《龍龕手鑑》),右邊偏旁相異。糒麴與俻右邊的偏旁相同,俻是備的異體字(《金石文字辨異》)。因此麴是糒的異體字,是改換表意偏旁的異體字。

蜥與蜥(K1063V32P0143a12L)

蜥蜴　斯歷反，下音亦。山東名蝀螅，陝以西名辟宫，在草者曰蜴蜥也。經文作蜥非體也。蝀音七賜反。螅音覓。

按：蜥是蜥的異體字(《龍龕手鑑》)。

澀與𣵀𪉃(K1063V32P0241c21L)

澀滑　又作澁，同。所立反。謂不滑也。字從四止。四止卽不通字意也。論文作𣵀、𪉃二形，非體也。

按：𣵀是澀的異體字(《龍龕手鑑》)，𪉃也是澀的異體字《隸辨》。

䞉與𪵊(K1063V32P0128a14L)

溝䞉　古文𦳝、䞉二形，今作塍，同。余陵反。《説文》：塍，稻田畦也。《史記》：大曰隄，小曰塍。論文作𪵊，非體也。

按：䞉是塍的異體字(《重訂直音篇》)，𪵊是改换聲旁和形旁的異體字(《重訂直音篇》)。

胆與蛆、疽(K1063V32P0013a07L)

胆戶　且餘反。《通俗文》：肉中虫謂之胆。經文作蛆、疽二形，並非體也。

按：《説文》"胆，蠅乳肉中也。從肉且聲。"蛆是胆的異體字(《正字通》)。胆與疽同屬清母魚韻平聲字，疽是胆的假借字。

泉與㵎、湶(K1063V32P0156a08L)

按：湶是泉的異體字(《隸辨》)，是增加表意偏旁的異體字。㵎也是增加表意偏旁的異體字，但没有收錄在《異體字字典》。

𢸃與𤸇、瘲(K1063V32P0141c11L)

攣縮　力泉反。《爾雅》：攣，病也。亦拘攣也。經文作𤸇、瘲二形，並非體也。

按：攣縮的攣指手足曲病。據《説文》攣的本義是"係也"。據

《集韻》《韻會》《正韻》攣還表示手足曲病的意思。據《異體字字典》，𤺋𤹪𢫬𢫬是𤸇的異體字。據《集韻》“𤺋，病體拘曲也。或作𤸇，通作攣。”𤸇還表示瘦之意。瘛是𤹪的異體字(《龍龕手鏡》)，是簡省偏旁的異體字。據《正字通》臠是臠的異體字，臠另兼正字，表示臚腸胃的意思(《廣韻》)。臠和瘛是𢫬的異體俗字。

跖與䟡(K1063V32P0268c16L)

足跖　之石反。跖，足下也。今亦作蹠。經文作䟡，非體也。

按:《説文》“跖，足下也。”《説文》“蹠，楚人謂跳躍曰蹠。”跖在表示足下的时候是正字，在表示跳跃的时候是蹠的異體字(《龍龕手鑑》《字彙》)。䟡是蹠的異體字(《字彙》)，是改换表聲的偏旁。䟡是跖的異體字。

誘訹與㖸恤(K1063V32P0216b17L)

誘訹　古文羑𧈡、䛻、𧩀，三形同。餘手反。《説文》:誘，導也。引也，教也，亦相勸也。訹，私律反。《説文》:訹，誘也。《廣疋》:訹，𧩀也。律文作㖸，非也。下作恤，非體也

按:㖸是誘的異體字(《重訂直音篇》)。訹與恤同屬心母術韻入聲字，是假借字。

3. 其他:不屬於前兩類

对形音義来说，假借字是字音相同或相近而形義相异的字;异体字是音義相同而字形相异的字。不过以下几条不属于前两类，既不是假借字，也不是异体字。

1) 字音相近，字義有联系

毱與毬(K1063V32P0012b18L)

毱豆留　渠掬反。經文作毬，非體也。

按:在《大威德陀羅尼經》(K0389V12P0982c11L)中有毬豆留。《説文》“毬，鞠丸也。從毛求聲。”《説文》“鞠，蹋鞠也。從革匊聲。”《説文》没有收錄毱。《康熙字典》“毱，《玉篇》巨六切，《廣韻》《集

韻》渠竹切,與鞠同。皮毛丸也。"。《集韻》"鞠,或作毱。"毱(羣母屋韻入聲字)與毬(羣母尤韻平聲字)的字音和字義相近。《説文》只收錄毬和鞠,沒有收錄毱。毱是鞠的後起字,表示鞠的本義。毬豆留出現在《大威德陀羅尼經》(K0389V12P0982c11L),毬豆留是音譯詞。

蓋與蜇(K1063V32P0261b04L)

蛆蓋　知列反,下火各反。《字林》:皆虫行毒也。《通俗文》:毒傷人曰蛆。經文作蜇,非體也。

按:《康熙字典》"蓋,《類篇》蟲毒。《廣韻》螫也。""蜇,《玉篇》蟲螫也。"蓋(鐸韻入聲字)與蜇(薛韻入聲字)字音相近,在字義上有聯繫。

2）字義有聯繫

脆與膎、饌(K1063V32P0157b21L)

肥脆　清歲反。《説文》:少血易斷也。亦耎也。經文作膎、饌二形,非體也。

按:肥脆是肥嫩酥脆的意思,饌是飯食的意思(《玉篇》)。膎是饌的異體字(《廣韵》)。脆與饌兩個字在形音上沒有什麼聯繫,在字義上有些共同之處,都跟食有關。肥饌是好吃的飯食。

梓與樺(K1063V32P0177c12L)

梓薪　又作榟,同。資里反。《字林》:梓,楸也。經文作樺,非體也。

按:梓與樺都屬於落叶乔木,字義相近,字形和字音没有聯繫。

3）因字形相近而换用

胡與𦙶(K1063V32P0013b14L)

垂胡　又作䩴、咽,二形同。戶孤反。《説文》:牛頷垂下也。《釋名》:胡在咽下垂者也。經文作𦙶,非體也。

按:據《字彙》,蛊是蠱的異體字,胡(模韻)跟蠱(暮韻)字音相近,但没有形義上的聯繫。蛊跟壺字形相近,可能是把壺寫成蛊,就是形近换用。

洟與哋、涕(K1063V32P0227c17L)

洟唾　古文𪖙,同。勑計反。《三蒼》:洟,鼻液也。《周易》:齎咨涕洟。自目曰涕,自鼻曰洟。論文從口作哋,又作涕,並非體也

按:《説文》"洟,鼻液也。從水夷聲。他計切。"《説文》"涕,泣也。從水弟聲。他禮切。"哋是啼的異體字(《龍龕手鑑》)洟與哋、涕在形音義上有相近之處,因此换用。

疌與𨔣(K1063V32P0025a15L)

𨔣子　姊葉反。案:《字詁》:古文疌今作接,謂接木之子也。經律中疌種子是也。……字體從又從止巾聲。經文從聿作𨔣,非體也。又音才妾反。《説文》云:疌,疾也。非今所取,今有經本改作遰子,音都計反,取《尔雅》棗李曰疐之削瓜者疐之爲證。……

按:高麗藏《玄應音義》寫成"𨔣子□姊葉反",𨔣可能是誤字,根據"案"可以擬定爲疌。《説文》"疌,疾也。從止從又。又,手也。屮聲。疾葉切。"根據《説文》可以知道上所述的"從又從止巾聲"的巾可能是屮的誤字。《説文》"肀(聿/帇),手之疌巧也。尼輒切。"《正字通》"帇,同疌。"因此"經文從聿作𨔣"的聿可能就是帇,《玉篇》"𨓍,疾走。"𨔣與疌聲符相同,𨔣是疌的假借字。

4) 字際關係不明

正體與非體之間没有形音義的聯繫,兩個字之間的字際關係不明確。

肥與𦟝(K1063V32P0147a02L)

地肥　扶非反。刼初地脂也。經文作𦟝,非體也。

按:𦟝是皰的異體字(《玄應音義》,增一阿含經)。《説文》

“皰,面生气也。”《説文》“肥,多肉也。”肥(奉母微韻平聲字)與皰(滂母效韻去聲字)的聲母相近,但是形義上沒有聯繫。

穳矛與鋑摋、牟(K1063V32P0140a09L)

穳矛　《字詁》:古文𦈢、穳二形,今作𥟖,同。麤亂反。穳,小矛也。矛或作鉾,同,莫侯反。《説文》:矛長二丈也。經文作鋑、摋二形,又作牟,並非體也。

按:穳(精母緩韻上聲字)與摋(崇母宥韻去聲字),《集韻》“摋,擊也。”穳跟摋沒有形音義上的聯繫。

臼與鍜(K1063V32P0135b18L)

鐵臼　渠九反。《易》云:黄帝斷木爲杵,穿地爲臼。論文作鍜,非體也。

按:臼(群母有韻上聲字)與鍜(匣母麻韻平聲字)聲母相近,沒有形義上的聯繫。

𥈞與狽(K1063V32P0211b06L)

狼𥈞　又作茫,同。莫剛反。𥈞,遽也。《通俗文》:時務曰茫。律文作狽,非體也。

按:《说文》“𥈞,翌也。从明亡聲。”《康熙字典》“狽,《玉篇》狼狽也。”狼𥈞與狼狽在意義上沒有聯繫。狼𥈞是匆忙的意思。𥈞與狽没有形音義的聯繫。《彌沙塞部和醯五分律》(K0895/T1421)“爾時,阿難常受王供養,晨朝著衣持鉢,入於後宮。時,王與末利夫人,同寢未起,夫人見阿難來,卽便狼狽,被衣下牀,所被之衣,極細而滑,不覺墮落,慚羞蹲地。”根據上下文這裏的“狼狽”應該解釋爲匆忙,這樣狼狽的狽很可能是𥈞的誤字。

駝從馬作他(K1063V32P0220c02L)

駝毛　大何反。卽馲駝也。律文從馬作他,非體也。

按:高麗藏本《玄應音義》寫爲駝從馬作他,他没有從馬,可能寫錯。《慧林音義》"律文從馬作駝,非體也。"把他改爲駝,這樣正體與非體一樣,這也不合適。據《異體字字典》佗肔驼驝駞都是駝的異體字。

(K1063V32P0052c05L)

邪忤　吾故反。《通俗文》:得忤曰痾,音苦駕反,非體也。①

按:《玄應音義》没有注明哪個字是非体。

根據以上的分析與歸類,我們得出以下結論:第一,《玄應音義》中的非體是對正體相對而言的,玄應對經律論出現的異文進行辨析以後,對一些字詞注明非體,他説的非體就是非正體的意思;第二,按照正體與非體的形音義關係把非體分爲三類:非體是正體的假借字;非體是正體的異體字;其他(不屬於前兩類)。屬於假借字的非體最多(約 140 條,80%),就是説《玄應音義》的非體大部分是假借字;第三,一些異體字没有收錄到《異體字字典》,比如:嘟犄趙康廧。這些異體字和假借字反映當時用字實際。

参考文献

[1] 梁曉虹、徐時儀、陳五雲.《佛經音義與漢語詞匯研究》[M]. 北京:商務印書館,2005.

[2] 黄仁瑄. 玄應《一切經音義》中的"假借"、"借字" [J]. 南陽師範學院學報(社會科學版),2003(7).

[3] CBETA 中華電子佛典協會 (http://www. cbeta. org)

[4] Tripitaka Koreana Knowledgebase (http://kb. sutra. re. kr/ritk)

[5] 教育部《異體字字典》(http://140. 111. 1. 40/main. htm)

(作者單位:韓國高麗大藏經研究所)

① 《慧林音義》邪忤(下五故反聲類云忤逆也考聲云犯也古今正字從心午聲或作仵)。

佛經音義避諱現象分析

張　鉉[1]　曹小雲[2]

唐釋玄應《衆經音義》(下簡稱《玄應音義》)、唐釋慧琳《一切經音義》(下簡稱《慧琳音義》)及遼釋希麟《續一切經音義》(下簡稱《希麟音義》)是唐五代時期三部集大成的佛經音義巨製。前輩學者對此三書進行了多方面的研究,取得了諸多成果。本文擬就三書中的若干避諱現象進行探討,一孔之見,望海內外方家批評指正。

我國古代有嚴格的避諱制度,故人們在説話及作文時,不能説、寫皇帝(及其親屬)或尊長的名字(亦包括以此爲偏旁的字),以及與其名字同音或音近的字。諸多避諱充斥於口語與書面語,勢必影響人們的日常交流,而最常用的應對措施就是缺筆與改字。比如唐代避諱"民"字,但如何既達到避諱目的又不妨礙交流呢?人們在説話時以"人"代替"民",在書寫時"民"字可缺末筆作"巳"形,或改寫作形近的"氏"字,或直接寫作"人"字。但發音時"巳"或"氏"應該是要發"人"字之音的。①

玄應、慧琳皆爲唐代人,其所撰音義書不免受唐代避諱制度影響。且二人所據之典籍皆爲唐代或唐前寫本,他們在引用這些典籍時往往會把原書的避諱痕跡帶到《玄應音義》、《慧琳音義》中來。

據學者研究,《希麟音義》約成書于遼聖宗統和五年(987),此

---

① 《慧琳音義》卷八八《集沙門不拜俗議》第六卷"淵壑"條:"廟諱,呼取泉音。"(册 59,頁 9)這説明"淵"字在讀的時候要呼"泉"字之音。

年距宋代開國之年宋太祖建隆元年(960)只有二十幾年。希麟應生於五代之時,故其所見之書應爲唐、五代之本。五代時多避唐諱[①],所以《希麟音義》亦有避唐諱的現象。

高麗藏有初刻、續刻、再刻之別,初刻高麗藏是以開寶藏的初刻本作爲底本刊刻的[②]。今存本爲再刻高麗藏,是以初刻高麗藏爲底本,校補以契丹藏和續刻高麗藏而成[③]。高麗藏的底本既然是宋代官刻開寶藏,就可能照錄後者避宋諱的現象。高麗藏本《玄應音義》中屢有此例。

下面我們按照時間先後,舉例分析這些避諱現象。

1. 避唐太祖諱例

唐高祖李淵之祖名虎,李淵建立唐朝之後,被追尊爲太祖。唐人於"虎"字及"虎"旁或缺末筆作"虍",或以"武"、"彪"、"熊"、"獸"等字代替之[④]。

(1)"虎"旁缺末筆之例

《慧琳音義》卷二《大般若波羅蜜多經》第一百八十一卷"癰疽"條:"司馬彪注云:'浮熱爲瘭,不通爲癰。'"(冊 57,頁 437)[⑤]

該條"彪"字作"彪"形,其"虎"旁缺末筆。

《慧琳音義》卷九六《弘明集》第十卷"淲泉"條:"上皮彪反。"(冊 59,頁 264)

該條"淲"字作"淲"形,其"虎"旁缺末筆。

---

① 參《容齋隨筆》卷四"孟蜀避唐諱"條。(《容齋隨筆》,宋洪邁,《四部叢刊》影印宋刊本,上海書店 1989,卷四,頁 5。)

② 據竺沙雅章的研究,高麗藏的可洪《新集藏經音義隨函錄》不單有避唐諱的地方,更見到避宋初諱的情況,如"敬、弘、殷、鏡、竟"等都經常缺筆,此本《隨函錄》可能在宋代以後才傳往遼國,或者由宋代直接傳入高麗。(參黃耀堃《磧砂藏隨函音義初探》,《音韻論叢》,齊魯書社 2004,頁 255。)竺沙氏的研究亦可證明高麗藏的底本與宋代藏經有關。

③ 參徐時儀《玄應〈眾經音義〉研究》頁 77。

④ 參《歷代避諱字彙典》,王彥坤,中州古籍出版社 1997,頁 167—182。

⑤ 指在《中華大藏經》的冊數與頁碼,下同。

《慧琳音義》卷九六《弘明集》第十二卷"怒唬"條:"號刀反。……《説文》從口虍聲。"(册59,頁267—268)

該條"唬"字"虎"旁及"虎"字缺末筆。

(2) 改字代替"虎"之例

① 以"獸"代"虎"之例

《玄應音義》卷一五《十誦律》第十四卷"牙旗"條:"《釋名》云:'熊虎爲旗,軍將所建,象其猛如獸與衆期其下也。'"[①](卷15,頁3)

按:該條之"獸"字即爲"虎"之避諱字。《釋名》原文作"虎"。《釋名·釋兵》:"熊虎爲旗,軍將所建,象其猛如虎,與衆期其下也。"又《隋書·禮儀志》引《釋名》:"熊獸爲旗。"其避諱情況與《玄應音義》此條類似。

② 以"彪"代"虎"之例

《玄應音義》卷一七《阿毗曇毗婆沙論》第九卷"駮色"條:"獸名,距(倨)牙,食彪豹者也。"[②](卷17,頁2)

按:該條實暗引《爾雅》,《爾雅·釋畜》:"駮如馬,倨牙,食虎豹。"《爾雅》原文作"虎",該條之"彪"爲"虎"之避諱字。

《慧琳音義》卷四四引玄應撰《央掘魔羅經音義》第二卷"虓闞"條:"《詩》云'闞如虓彪[③]'是也。"(册58,頁284)

考《毛詩·大雅·常武》,該條所引《詩經》原文實作"闞如虓虎。"故此條"彪"字實即"虎"之避諱字。

《慧琳音義》卷八六《辯正論》第六卷"彪嘯"條:"上筆休反,虎嘯也。"(册59,頁108)

按:"彪"不可能訓"虎嘯",此字應爲"虎"的避諱字。該條所釋

---

① 此爲磧砂本,慧琳《音義》卷五八(册58,頁614)引同,高麗本"獸"字作"狩"(册56,頁1041)。

② 此爲磧砂本,"彪"字高麗本(册57,頁14)及慧琳《音義》卷六七(册58,頁812)所引皆作"虎",大治本、金剛寺本、七寺本等皆作"彪"。

③ 《玄應音義》卷五對應條目金藏、磧砂等本皆作"虎"。

應爲《辯正論》第六卷“未見虎嘯而風不生,龍騰而雲不起”中的“虎嘯”。《廣弘明集》第十三卷有與《辯正論》相同的文字,其文即作“彪嘯”,“彪”亦爲“虎”的避諱字。

其他唐代佛教文獻以“彪”代“虎”之例亦復不少,爲省篇幅,在此僅舉一例。

唐釋道宣《續高僧傳·慧旻傳》:“兩兔一彪,相親同止。”按:此處“彪”爲“虎”之避諱字。唐釋慧詳《弘贊法華傳·慧旻傳》正作“兩兔一虎”。

2. 避唐高祖諱例

唐高祖名淵,唐人多以“泉”字代“淵”字,《慧琳音義》引文亦有此例。

《慧琳音義》卷四一《大乘理趣六波羅蜜多經》第一卷“月蝕”條:“李淳風云:‘月虧於天,魚腦減(減)於泉。’”(冊 58,頁 211)

按:該條之“泉”字即爲“淵”之避諱字。

3. 避唐太宗諱例

(1) 避“世”字之例

《慧琳音義》卷九〇《高僧傳》第十三卷“訛廢”條:“郭注《爾雅》:‘代以妖言爲訛言。’”(冊 59,頁 179)

按:《爾雅·釋詁》:“話、猷、載、行、訛,言也。”郭注:“世以妖言爲訛。”《爾雅》郭注原文作“世”。雖不能確定《慧琳音義》卷九〇“訛廢”條的“代”字是慧琳本人所改還是其所引之書本已作此,然從下例或可窺其端倪。《慧琳音義》卷四九《攝大乘論》序“忼慨”條:“論本從康作慷,俗字,久行於代也。”(冊 58,頁 411)“久行於代”非引文,爲慧琳本人之語,這説明慧琳是認可並遵循避諱制度的①。

(2) 避“民”字之例

《慧琳音義》卷四《大般若波羅蜜多經》第三百六十六卷“忻求”條:“《説文》云:‘善者忻人之善。’”(冊 57,頁 460)

---

① 其他佛典諱“世”字之例如《法苑珠林》卷一四“出於亡秦之代”,又《法苑珠林》卷三九“顯宗已後,和、安、桓、靈之代”。

《慧琳音義》卷五《大般若波羅蜜多經》第四百一十卷“忻樂”條:“《司馬法》曰:‘善者善之[①]忻人之善。’”(冊 57,頁 477)

《希麟音義》卷四《大乘瑜伽千鉢文殊大教王經》第一卷“漁捕”條:“《尸子》曰:‘燧人之世,天下多水,故教人漁。’”(冊 59,頁 380)

考《説文·心部》:“忻,闓也。從心,斤聲。《司馬法》曰:‘善者忻民之善,閉民之惡。”《廣韻·魚韻》語居切小韻:“漁,《説文》云:‘捕魚也。’《尸子》曰:‘燧人之世,天下多水,故教民以漁也。’”據此,上舉各條所引《司馬法》“忻人之善”與《尸子》“故教人漁”中的“人”字皆爲避唐太宗諱而改。

希麟爲遼代人,本無須避唐諱,希麟《音義》中的避諱現象應該是所引之書原來就有的。

4. 避唐睿宗諱例

唐睿宗名李旦,唐代文獻如《唐月令》有以“曉”代“旦”之例[②]。《慧琳音義》亦有此例。

《慧琳音義》卷五四《佛説箭喻經》“鶬鶴”條:“《淮南子》云:‘雞知將曉,鶴知夜半。’”(冊 58,頁 512)

按:今本《淮南子》“曉”字作“旦”,與慧琳所引不同。《淮南子·説山訓》:“雞知將旦,鶴知夜半,而不免於鼎俎。”又《抱朴子外篇·博喻》:“雞知將旦,不能究陰陽之歷數;鶴識夜半,不能極晷景之道度。”《抱朴子》亦以“旦”、“半”對舉。“旦”、“半”上古音皆屬元部,又同爲去聲,可押韻,應以作“旦”爲佳。慧琳引作“曉”者,即屬避唐諱之例。

5. 避唐玄宗諱例

唐玄宗名隆基,唐代要避偏諱“隆”字。唐人改“隆”爲“興”、“安”、“崇”[③]等字。《希麟音義》亦有兩處避“隆”字的例子。

《希麟音義》卷四《大乘本生心地觀經》第一卷“盲龜”條:“《説

① “善之”二字爲衍文。

② 參王彦坤《歷代避諱字彙典》,頁 77—78。

③ 參王彦坤《歷代避諱字彙典》,頁 292—295。

苑》曰:‘靈龜五色,似金似玉,背陰向陽,上高像天,下平法地。’”(冊 59,頁 375)

《希麟音義》卷一〇《續開元釋教錄》卷上“蓍龜”條:“《説苑》云:‘靈龜五彩,似玉似金,背陰向陽,上高像天,下平法地。’”(冊 59,頁 422)

按:此二例之“高”字應爲避“隆”字而改。《説苑·辨物》:“靈龜文五色,似玉似金,背陰向陽,上隆象天,下平法地。”今本《説苑》即作“隆”。又《蘇氏演義》卷上引《説苑》亦作“上高象天”。據《四庫全書總目提要》可知,該書作者蘇鶚于光啟年間(885—888)登進士第。光啟爲唐僖宗年號,蘇鶚既爲玄宗之後的人,應避玄宗諱。《經史避名匯考》及《歷代避諱字彙典》都沒有舉以“高”代“隆”之例,《希麟音義》的材料可填補這個空白。

6. 避宋翼祖諱例

宋太祖趙匡胤追尊其祖父趙敬爲翼祖。宋人於“敬”字或缺筆作“茍”形,筆者在高麗藏本《玄應音義》中即發現了兩處“敬”字缺筆字形。

《玄應音義》卷一七《俱舍論》第十三卷“和穆”條:“穆,和也,茍也。”(冊 57,頁 21)

《玄應音義》卷二一《大菩薩藏經》第七卷“祇仰”條:“《字林》:祇,茍也。”(冊 57,頁 67)

此處高麗藏本《玄應音義》避宋諱的現象應是高麗藏承襲宋代開寶藏的結果。

最後需要指出兩點。1. 上述諸避諱現象只占三家《音義》篇幅不大的一部分。這是因爲現存三家《音義》之直接底本皆爲宋或遼所刻之大藏經,宋人、遼人無須再避唐諱,高麗人亦無須再避宋諱,故對音義中的唐代、宋代避諱應有回改之舉①。我們看到的避

① 《廣弘明集》卷一三:“彪嘯而風不生,龍騰而雲不起。”《大正藏》校勘記:明本作“虎”。(《廣弘明集》,唐·釋道宣,《大正新修大藏經》第 52 冊,頁 181。)此爲後代回改避諱字之實例。

諱現象實爲改而未盡的剩餘部分。2. 除去所引典籍舊有的避諱因素,僧人避帝王諱或許是出於自發的行爲。唐釋彦悰《佛頂最勝陀羅尼經》序:"此經以儀鳳四年(679)正月五日,朝散郎行鴻臚寺典客令杜行顗與寧遠將軍度婆等奉詔譯進。時有廟諱、國諱皆隱而避之。即'世尊'爲'聖尊','世界'爲'生界','大勢'爲'大趣','救治'爲'救除'之類是也。上讀訖謂行顗曰:'既是聖言,不須避諱。'杜時奉詔以正,屬有故而寢焉。"唐高宗曾明言佛經可不避諱,佛經中的避諱現象或許是僧人出於對皇帝的崇敬自發爲之。

(作者單位:[1]滁州學院,[2]合肥師範學院)

基金項目:安徽省教育廳 2010 年度人文社會科學研究項目"佛經音義三種引書考證"(2010sk474)。

高麗藏刻本《一切經音義》俗用字類型論略

王華權

《一切經音義》是中古時期一部重要字書，在漢語言文字學研究中具有極高的學術價值。隨着俗字研究越來越受到重視，《一切經音義》在俗字研究上的價值受到不少俗字研究者的關注。本文以高麗藏刻本爲底本，對其俗用字類型作一梳理，歸納爲以下八種主要類型。

一、增減部件

作爲漢字表意功能的具體體現者，部件的增減是影響字形變化的最直接因素，但部件的增減並不是随心所慾的增減，其變化又要時時受漢字構形理據的製約。通過對《一切經音義》的整理，我們發現增加"相關的義符"和删减"非必要義符"是其變化主要途径。

字形的省形显然破坏了原字形的結構，因此，爲了保持漢字字形結構上的平衡，省形一般遵循以下幾條原則：一、對字形繁雜的字進行省形處理。二、一般對字形中的内部包含部件進行省形。三、對表意不明顯的部件進行簡省。

1. 增加部件

如：⿰口祁

【⿰口祁輈】陟流反。一事十名，《⿰口祁輈婆論》文句字論也。（《玄應音義》卷十九釋《佛本行集經》卷三十七）

案：對應《大正藏》經文爲："或如盛夏牛王唱吼，或復作聲。如尸婆獸,或復空中,作如是聲:呵呵啝啝,咻咻嘶嘶(許岐反),唏(居祁反)嘄唏嘄。"(03/ 787)《龍龕手鏡·口部》:"唏,居祁反。"《四聲篇海·口部》引《龍龕手鏡》:"唏,居祁切。"《漢語大字典》、《中華字海》未收。

據文意,"唏"當爲增旁拟聲字。借原字"祁"音,再加"口"形旁,構成一新的形聲字。其句中"啝"、"嘄"構形同。

2. 減少部件

如:魑魅

【魑魅】上敕知反。《説文》作离。《三蒼》諸字書作螭。《玉篇》、《切韻》作魑。下莫祕反。《説文》、《玉篇》:老物精。《通俗文》:山澤怪謂之魑魅。《正法花》:媄魅。古文魅作鬽,今作彪也。(《慧琳音義》卷二十七釋《妙法蓮花經》)

案:"魑魅"二字省部件"厶"作"魑 魅"。爲書寫便利,俗書中"鬼"部件與其它部件組字,並作爲"左邊構件"時,均省"厶"部件。又如:"魍"、"魎"(《慧琳音義》卷二十六)

檢《龍龕手鏡》收字,其鬼部字亦多省,可比。如《龍龕手鏡·鬼部》:"䰫、𩲡,俗。"又《龍龕手鏡·鬼部》:"魎,俗;魎,正。"

因此,此類字形的省形遵循着其内在的構形空間佈局原則。隨着字形構件在整個字形佈局中的位置變化,某些非主要的構件也相應地發生變化。如"䰫(龍龕)"字,當其"矢"部件位於"鬼"部件右邊時,其原有非主要部件"厶"就會讓位於"矢"而省。一旦"矢"部件位於"鬼"部件左邊或其它部位時,其非主要部件"厶"又會重新出現,作"𩲡(龍龕)"形。

二、部件改換

1. 俗件替換

此處所講俗件,實際上指漢字某些部件爲適應或方便書寫,而形成的相對較爲固定的部件"變體"。漢字造字遵循其自身的原則和方法,具有其自身的發展規律,但漢字又是在書寫中得以傳承和發展的,特别是在民間社會用字中,一些部件往往會産生純粹爲適應書寫方便而發生變異,進而產生獨立於"正字"之外的各種俗變體構件。

根據我們對《一切經音義》的整理,其俗件替换與當時及之前俗用字多有相同之處,

如:扶

【洄澓】胡瓌反,下扶福反。《三蒼》:洄水轉也。澓亦迴水深也。(《玄應音義》卷二十五釋《阿毗達磨順正理論》)

案:"扌"俗或作"礻"形。如秦公《碑别字新編》:"扶(隋張壽墓誌),扶(隋故元公墓誌),扶(唐李輔光墓誌)。"可比。

另,"丬"亦俗或作"礻"形。如"將"或俗作"将"形。秦公《碑别字新編》:"将(魏元子永墓誌),将(魏寇演墓誌)。"現今簡化字總表把"将"作爲"將"的簡化字恐遵此規則。

另,"彳"亦俗作"礻"形。如:"屣"作"屣"(《慧琳音義》卷九十六)、"履"作"履"(《慧琳音義》卷二十三)。

2. 相通、相混部件替換

如:冈

【冈沙】上撓交反。白色石藥也。鍍金,作用似白礬而耎也。(《慧琳音義》卷一百釋《惠超往五天竺國傳》)

案:《一切經音義》中"乂"與"又"二部件相混用。此類字還如:"凶"作"凶"(《玄應音義》卷一),"匈"作"匈"(《玄應音義》卷四),"殉"作"殉"(《玄應音義》卷三),"囟"作"囟"(《玄應音義》卷四),"纲"作"纲"(《玄應音義》卷五),"肴"作"肴"(《玄應音義》卷六),"刹"作"刹"(《玄應音義》卷六),"希"作"希"(《玄應音義》卷八),"唏"作"唏"(《玄應音義》卷八),"絺"作"絺"(《玄應音義》卷十三),"晞"作"晞"(《玄應音義》卷十八),"欷"作"欷"(《慧琳音義》卷七十九),"駁"作"駁"(《玄應音義》卷十七),"刈"作"刈"(《玄應音義》卷一),"艾"作"艾"(《玄應音義》卷二)等。

三、部件易位

如:晅

【伏恆】緪鄧反。人名也。緪音古登反。(《慧琳音義》卷九十六釋《弘明集》卷十)

案:"㮓",許慎《説文》未收。《集韻》:"暅,日氣也,或作晅、㮓。"由於字形無定體,書寫中受某種條件的影響,把"忄"從中部移至左部作"恆"。

四、筆劃變異

如:卵

【轂卵】下洛管反。《説文》云:凡物無乳者卵生也。古文作卝,或作𠨚,象形字也。(《慧琳音義》卷三釋《大般若波羅蜜多經》卷三百一十四)【卵生】上樂管反。《説文》:凡物無乳而生者卵生也。象形。古文作兆,小篆作兆,隸書作夘。(《慧琳音義》卷三釋《大般若波羅蜜多經》卷三百三十一)

案:"卵"俗作"夘"形。《一切經音義》中,"夘"字"夕"部件變異爲"夕"形,"夘"字作"夘"形。"夕"部件又變異爲"月"形(隸變中,月多隸變爲夕,二部件通。),"夘"字又進一步變異爲"卵"形。

如:壑

【淵壑】下呵各反。《山海經》云:壑,谿也。《爾雅》云:虚也。《説文》云:溝也。從𣦼從谷。集文從土作壑,亦通也。(《慧琳音義》卷八十八釋《集沙門不拜俗義》卷六)

案:作爲表意文字,漢字在長期的演變過程中,自然而然形成了一種方方正正的文字結構,通過各文字部件的堆砌組合,凝固成既能表意,外形上又具有審美功能結構形式的符號系統。在結構上,或上下,或在右。除通過對某些部件進行移位外,爲達到視覺上更合理的平衡感,亦可通過改變某些筆劃來實現。可能爲保持字左右結構上的平衡和佈局的需要,"壑"把左上部"冖"部件中的"、"延長變異爲"丿"形。從筆劃角度來説是某一筆劃的擴张放大。此部件作類似變異的還有"枕"、"歛"等字。如:"枕"作"枕"(《慧琳音義》卷四十九)、"歛"作"歛"(《慧琳音義》卷五十一)。此外,"轂"字中"冖"部件亦會發生此類變異。如:"轂"(《玄應音義》

卷十八)、"彅"(《慧琳音義》卷十一)、"彅"(《慧琳音義》卷十五)。亦可比。

另,在《一切經音義》中還有一類字其筆劃朝着另外一個方向發展,即某一筆劃的縮小和虛化。如:"蔽"作"蔽"(《慧琳音義》卷九十八)、"東"作"東"(《慧琳音義》卷第一百)、"棘"作"棘"(《慧琳音義》卷一百)。

其中,"蔽"、"東"、"棘"原共同部件"冂"筆劃不斷縮小虛化,近作"冖"形。而在"敝"字中,又虛化訛變爲"一"形。這同樣是受空間佈局支配下的一種變異。

如:"匚"部字

【匾𠤗】補顯反,下他奚反。《纂文》云:匾𠤗,薄也。不圓也。(《玄應音義》卷十九釋《佛本行集經》卷二十六)

案:"匚"形下部"乚"形變異爲"辶"形,上部"一"形與下部"乚"形相分離,并與其内部構件相融合。如上"匾"、"𠤗"二字。在《一切經音義》中"乚"部件與"辶"常相互換。又如:"廼"作"廼"(《慧琳音義》卷五十四)。

另,"匚"形下部"乚"形變異爲"辶"形的同時,其上部"一"形又或變異爲"丶"。

如:"匡"作"迋"。(《玄應音義》卷十九)秦公《碑别字新編》:"匡(隋寇奉叔墓誌),迋(唐真化寺如願律師墓誌)。"亦可比。

考俗字形"乚"多俗作"辶"。如《干禄字書》:"近、匠,上俗下正。"又:"迊、匝,上俗下正。"又:"逦、匣,上通下正。"其作"辶"形,恐爲"乚"草書之訛變,行草中二部件不别。張湧泉在《漢語俗字叢考》中考《四聲篇海》"辽"、"迊"、"迈"三字並爲"匹"字,亦同此俗變規律。

五、合成新造

佛經音義中的部分新造合成字,恐源於譯音的需要。在翻譯佛經過程中,因找不到相對等的漢字,故采用類似於漢語反切的注音法來合成造字。因此,此類合成字實爲反切字的組合字。

如:𩐋

【摩那𩐋】下卑野反。梵語也。唐云'好'。(《慧琳音義》卷六三釋《根本説一切有部百一羯磨》卷六)

案:對應《大正藏》經文爲:"眾應與作六夜摩那𩐋,行摩那𩐋竟。"(23/710)

"𩐋"是譯音字,以"卑"、"也"二反切用字合成新字。還如:𩐋(L3)。《龍龕手鏡》亦收此類合成字。如"亭"旁字:"𠅰,亭匠反。䑶,亭音反。𠆂,亭夜反。𠆃,亭單反。"與此同,可比。

六、類化

歷經數次字形的變革,漢字的筆劃逐漸向綫條化發展,使得形符的表意功能受到弱化。爲適應文字實際應用的需要,在具體的用字語境中,出於強化文字的表形,進而強化其表意功能目的,用字者往往會對原字的一些表形部件進行調整。從具體的運用實踐看,主要有二大類影響源:一是受其内部字義的影響,二是受其它相近字字形的影響。主要有二大類化結果表現:一是構形表形部件趨同,二是文字整體結構趨同。

1. 受上下文影響而同化

如:墼

【甎甓】上拙緣反。《埤蒼》云:甎,瓻也。案,甎即燒成土甓也。下經亦反。顧野王云:甎未燒曰甓。《古今正字》:從土從毄聲也。(《慧琳音義》卷六十釋《根本説一切有部毗奈耶律》卷二十九)

案:"甓",據文意當作"墼"。許慎《説文》:"墼,瓴適也。一曰未燒也。從土毄聲。"《龍龕手鏡·土部》:"墼,正;墼,今;墩、墼,二或作。"該字右部件原當作"殳"形,恐受"磚(甎)"意的影響而類化爲"瓦"部件。

如:屎

【屎𡰪】(前略)下溺吊反。顧野王云:𡰪即溺也。溺,《説文》:小便也。從尾從水。(《慧琳音義》卷六十八釋《阿毗達磨大毗婆沙論》卷四十)

案:"㞙",據文意當爲"屎"訛變字。許慎《説文》篆體作"尿"。《龍龕手鏡·尸部》:"𡲾,古;㞙、𡱢、𡲁,三俗;𡳎,今;𡲚,正。"恐因受前字"屎"的影響,其"氵"類化爲"米"。

2. 受俗構件影響而類推

如:售

【不𠍶】時咒反。《考聲》:賣物了𠍶。《古今正字》:𠍶,行也。顧野王云:賣物得𠍶,人買持去曰𠍶。經文從厶作𠍶,非也。《古今正字》從隹從口。(《慧琳音義》卷四釋《大般若波羅蜜多經》卷三百九十八)

案:"𠍶"字卽"售"俗訛字。《龍龕手鏡·隹部》:"雔,古;𠍶,今;𠍶,正。"《四聲篇海·隹部》:"𠍶,時況切,與售義同"。許慎《説文》:"售(售),從口雔省聲。"《龍龕手鏡》作"售(古)",從"灬",恐保留了古字象形。俗書中"灬"或作"一"形,故"售"又可作"𠍶"形。俗書中"口"或作"厶"形,故"𠍶"又俗作"𠍶"。

3. 受古構件影響而類推

如:更

【毛𥓈】額更反。亦作𥓈。(《慧琳音義》卷六十二釋《根本毗奈耶雜事律》卷二十八)

案:"硬"爲後出字。許慎《説文》無"硬",收"更"字。許慎《説文》:"更(㪅),改也,從攴丙聲。"《一切經音義》中把"石"與篆體"更(㪅)"組合成新的字形,是"㪅"部件類推字。檢諸古字書未見收録。《漢語大字典》、《中華字海》未收。

七、簡約

《一切經音義》中字形的簡約形式主要有:連筆、簡筆代替繁筆、同筆省畧、重文符號等。

1. 連筆

爲了書寫、刊刻的方便,對文字中一些構形部件進行處理,變多筆爲一筆,使本不該相連的筆劃相粘連。

如:"臼"部件字

《一切經音義》中“臼”字“一一”二筆劃相連爲“一”，整字訛變作“曰”形。“臼”部件字多作此形，二字不別。檢《龍龕手鏡》、《四聲篇海》等字書“臼”多作“E∃”形，二字有別。《一切經音義》中恐限於當時刊刻條件限制而未能區分。如“畝”作“畒”（《慧琳音義》卷八十五）、“鍤”作“鍤”（《慧琳音義》卷九十三）、“毀”作“毀”（《慧琳音義》卷二十七）、“腴”作“腴”（《慧琳音義》卷四十九）、“申”作“申”（《慧琳音義》卷六十二）。

2. 用簡筆代替繁筆

如：寡

【鰥寡】古頑反。《釋名》云：无妻曰鰥，無子曰獨。言鰥人愁悒不寐，目常鰥鰥然如魚眼不閉，故字從魚。（《玄應音義》卷二十一釋《佛説無垢稱經》卷四）

案：據文意“寡”即“寡”字。秦公《碑別字新編》：“寡（漢魯峻碑），寡（漢武梁祠畫象題字）。”《龍龕手鏡·宀部》：“寡，俗；寡，俗通；寡，正。”《一切經音義》中把“⺌”（小）簡化爲“一”。

3. 同筆省畧

《一切經音義》中因字筆劃相隣且相近，在俗寫中往往二筆合並，變二筆爲一筆。

如：扉

【扉户】《通俗文》作扉，門扉也。《蒼頡篇》作撣，音簞，持也。（《玄應音義》卷十四釋《四分律》卷三十三）

案：《龍龕手鏡·雜部》：“扉、扉，徒點反。門扉。二同。”從字形上看，“扉”實爲“扉”字的省筆俗訛字。因二竪筆“丿丨”相鄰且相近，所以二筆合並，變“丿丨”爲“丨”形。

4. 用重文符號代替

“人”形符號。如：“光”作“光”（《慧琳音義》卷二十六）、“光”作“光”（《慧琳音義》卷二十八）。《一切經音義》中“兕”俗訛字形上部從二“口”，故第二“口”省作“人”形。

“マ”形符號。如：“䔧（《玄應音義》卷十七）”。“䔧”，正當作“蒟”。“匋”部件俗作“彐”形。其一用重文符號“マ”代替。

八、繁冗

《一切經音義》中字形增筆現象較爲普遍，且以增添“丶”爲多。這種增筆行爲對整個字形構意來説是一種無意義的“纍加”，它既不表意也不表音，但並不全部是一種無意義的行爲，而是具有某種構形上的特徵和目的。個中原由較複雜，大概主要有幾種：書寫習慣性動作，構形佈局需要等。如《一切經音義》中“几”部件字俗書中多加“點”作“凡”形，具有彌補原有字形空白的目的。同時，恐因較少受到空間佈局的影響，此處“丶”又多趨嚮變異爲“一”筆。如“亢”（《慧琳音義》卷三）或作“亢”（《玄應音義》卷四），“坑”（《慧琳音義》卷三）或作“坑”（《玄應音義》卷三），“秔”（《慧琳音義》卷三十七）或作“秔”（《玄應音義》卷四）。

參考文獻

［1］遼·行均.《龍龕手鏡》[M]. 北京：中華書局，1985.

［2］秦公.《碑別字新編》[M]. 北京：文物出版社，1985.

［3］《中華大藏經（漢文部分）》[M]. 北京：中華書局，1993.

［4］《大正新修大藏經》[M]. 臺灣：新文豐出版有限公司印行，1983.

［5］徐時儀.《一切經音義三種校本合刊》[M]. 上海：上海古籍出版社，2008.

［6］張湧泉.《敦煌俗字研究》[M]. 上海：上海教育出版社，1996.

［7］黃徵.《敦煌俗字典》[M]. 上海：上海教育出版社，2005.

（作者單位：上海師范大學）

利用大型字書考證《龍龕手鏡》未識字舉隅

魏現軍

考證《龍龕手鏡》難字可以有多種途徑。今利用《古俗字略》、《五侯鯖字海》考證《龍龕手鏡》未識俗字 42 例，以抛磚引玉，期待精彩考證的出現。

一、利用《古俗字略》考證《龍龕手鏡》難字 29 例

明人陳士元耗時三十餘載編就的《古俗字略》是我國第一部異體字字典。全書收字25465個，歸併爲9000多個異體字字組。然而由於長期以來人們對俗字的漠視，“它没有在後來的《正字通》、《字彙補》、《康熙字典》、《中華大字典》、《漢語大字典》等辭書編纂中發揮應有的作用”①。楊正業老師經過對照，認爲“《漢語大字典》中的音義未詳字十分之一《古俗字略》都認識”②。“《古俗字略》無疑對大型字書的疑難字考證工作提供了便利，對疑難字的考證工作具有重要意義。可是當前的疑難字考證工作都未參考該書，不免缺憾。③”本文利用《四庫全書存目叢書》經部第 190 册所收《古俗

① 《簡論〈古俗字略〉——兼及〈漢語大字典〉疑難字》，楊正業，《辭書研究》2003 年第 5 期。

② 《簡論〈古俗字略〉——兼及〈漢語大字典〉疑難字》，楊正業，《辭書研究》2003 年第 5 期。

③ 參見周志波《古俗字略研究》，河北大學 2008 年碩士學位論文。其實，楊正業老師的《漢語大字典難字考》（四川辭書出版社，2004）已經大量應用《古俗字略》和《五侯鯖字海》來考證難字。

字略》考證《龍龕手鏡》難字 29 例，臚列如下，以就教于方家。

1.［敗］

《龍龕·貝部》：敗敗，二俗，音敗。

按：俗"敗"字。

朝鮮本《龍龕·貝部》："敗，薄邁切，自破曰敗。又毁也。敗，俗。"《古俗字略·卦韻》："～，同敗"。俗書"攵"與"欠"形近易混，"～"乃"敗"的換旁俗字。

2.［鋗］

《龍龕·金部》：～，相居反。

按：鎖鍬也。

"胥""胥"二字通用，"～"即"鍣"字。《龍龕·肉部》："胥胥，二今，相居反，相也。又姓。"《古俗字略補·魚韻》："胥，古胥。"《五侯鯖字海·金部》："鍣，音須，鎖鍬也。"

3.［䠶］

《龍龕·身部》：～，俗，竹主反。

按：身直貌。

月(肉)與身相關，而且"月"與"身"字形相近，"～"爲"脏"的換旁俗字。《直音篇·身部》："～，音柱，身直貌。"《海篇·身部》："脏，音住，身直貌，本從身。"《古俗字略·虞韻》："䠶，身直，脏，同上。"

4.［弃弃］

《龍龕·去部》：～～，音棄。

按：二者均同"棄"字。

朝鮮本《龍龕·去部》："弃，音棄，遺也。弃，同上。"《古俗字略·寘韻》："棄，詰利切，損也，捨也，弃，弃，並古。"《五侯鯖字海·去部》："弃，音奔，弃，同上。"《五侯鯖字海》不僅不認識此二字，而且連讀音也傳抄錯誤，當據改。

5.［啣］

《龍龕·口部》：～，俗，音銜。

按："銜"俗字。

《俗書刊誤》:“銜,今啣。”《古俗字略·鹽韻》:“銜,馬勒口,啣,㘅,啣,並俗。”《俗書刊誤》爲隋朝顏愍楚所著。據此,至遲在隋代“～”就已出現,並且音義明確。

6. [佰]

《龍龕·人部》:古文,音宿。

按:古“宿”字。

朝鮮本《龍龕·人部》:“佰,古文,音宿,㑉(今增),㑊,並同。”《古俗字略·屋韻》:“宿,素也,舍也,止也。佰,㑊,並古。”

7. [㚊][㚋]

《龍龕·人部》:～～,二古文,音盜。

按:二者皆爲古“盜”字。

朝鮮本《龍龕·人部》:“㚊,古文,音盜。㚋,同。”《古俗字略·號韻》:“盜,賊也。㚊,㚋,並古。”

8. [㐀]

《龍龕·人部》:～,俗,音去。

按:俗“去”字。

《古俗字略·禦韻》:“去,丘禦切,又卻呂切,離也。㐀,同上。”“～”與“㐀”音同,形近,乃一字之小變,應爲“去”的俗字。

9. [覽]

《龍龕·見部》:～,俗,音曉。

按:俗“曉”字。

《直音篇·見部》:“～同覽。”《古俗字略補·篠韻》:“～,古曉。”

10. [䞡]

《龍龕·貝部》:䞡,音得。

按:同“得”字。

俗書“貝”“見”容易相混,“～”乃“䞡”之訛,二者都爲“得”字。《龍龕·見部》:“䙷㝵,音得,取也,與㝵同。”朝鮮本《龍龕·貝部》:“䞡,都勒切,今作得。”《古俗字略·職韻》:“得,獲也,䙷㝵,並同上。”

11. [叓]

《龍龕·又部》:～,音虔。

按:同"虔"字。

《古俗字略·先韻》:"虔,恭敬也,虔,俗。"《龍龕》中"叓"乃"虔"字之小變,二者形近,手書容易相混。

12. [㬥]

《龍龕·白部》:～,音絡。

按:同"終"字。

《龍龕》本有"日"部,但却將"～"置於"白"部下,顯然屬誤置字頭。這裹有兩種可能,一是"㬥"屬日部,誤入"白"部,但遍查諸書並無"～"字。另一種可能是"～"確屬"白"部,則"～"當爲"皋"所誤,四部叢刊本《龍龕·白部》有"皋,音絡",第二種可能要大一些。《古文四聲韻·東韻》中崔希裕纂古有"皋",乃"終"字異體。《古俗字略·東韻》:"終,織戎切,極也,竟也,皋,古。""～"音"絡"和"終",讀音相去甚遠。筆者認爲"絡"乃"終"字之誤,草書"冬"與"各"相近。《龍龕》既把"終"錄成了"絡",因而就把平聲"皋"置入入聲。《龍龕·自部》:"臯,古文終字。""臯"、"皋"形體相近,應爲一字。由此可見,《龍龕·白部》應爲"皋,音終"。其爲"終"字古文。由於讀音字形二者皆誤,造成本字考證起來困難重重。

13. [賟]

《龍龕·貝部》:～,俗,徒兼反。

按:俗"甜"字。

《龍龕·舌部》:"胡胡,俗,甜,正,徒兼反,甘也,美也。"《古俗字略·鹽韻》:"甜,徒兼切,甘也。腍,同上。"從"甜"字的俗體"腍"來看,其和"～"形體相近,且俗書屢有"月"、"貝"相濫的情況。如《龍龕·貝部》:"賌,正,香業反,肚兩傍也。"(實際上就是"脅"字)此外,"～"和"腍"其音切也完全相同。推斷起來,其演變順序爲,甜→胡→腍→～。

14. [鋘]

《龍龕·金部》:～,音矢。

按:同"矢",箭頭。

朝鮮本《龍龕·金部》:"鉃,音矢,鉃,同(今增)。又音市。又入聲,音鏃。"《古俗字略·屋韻》:"鏃,作木切,箭鏃。鉃,古。"《五侯鯖字海·金部》:"鉠,音矢,箭頭也。"朝鮮本所言與《古俗字略》和《五侯鯖字海》基本一致,"鉃"爲"鏃"的非全同異體字。"矢",《碑別字新編》中魏皇帝東巡碑作"𠂇",隋王弘墓誌作"𠂇"。由此可知,"鉠"、"鉃"皆爲"鉃"之變體,也即"矢"的增旁俗字,義爲"箭頭"。

15. [鏾]

《龍龕·金部》:～,音散。

按:疑同"鏾"字。

慧琳《一切經音義》卷35"傘蓋":"上音散,俗字也,正作繖蓋。"《龍龕·金部》:"鏾,音散,弩牙緩也。"(即弩機鬆弛也,依《廣韻》說)《古俗字略·旱韻》:"繖,蓋也,覆也,傘,古。""散""繖"讀音相同,疑"～"乃"鏾"之換旁俗字。

16. [𣉥]

《龍龕·日部》:～,五葛反。

按:同"嚹"。

《龍龕·口部》:"㖸,嚹,今,才葛反,嘈～,鼓聲也。又五葛反。"疑"～"乃"嚹"字之訛,爲"嚹"的非全同異體字。二者在"五葛反"一音上構成異體關係。《古俗字略·曷韻》:"㖸,毀誣也,嚹,同上。""日""口"相濫,"～"當爲"嚹"的換旁俗字。

17. [璃]

《龍龕·玉部》～,俗,音的。

按:疑同"玓"。

"～"當寫作"璃"。《龍龕》中"商""啇"俗書相濫。《龍龕·金部》:"鏑,俗,鏑,今。都曆反,箭鏃也。"《龍龕·石部》:"矴,今,磓,正。～磓也。"(磓字)。疑"～"即"玓"。俗書"勺""啇"多換用。《龍龕·玉部》:"玓瓅,上音的,下音曆。《説文》云:'～～,明珠色也。'"《古俗字略·錫韻》:"穪,禾不成,杓,同上。"二者讀音相同,義類相符,"～"乃"玓"的聲旁變換字。

18. [伸]

《龍龕·人部》:～,俗,音狎。

按:俗"狎"字。

《古俗字略·洽韻》:"狎,近習也,～同。""狎"在"習慣、親近"等義上與人有關,俗書從人,換旁俗字也。

19. [侴]

《龍龕·人部》:～,古文,音厚。

按:古"厚"字。

厚有上、去二音,"～"在《龍龕》中屬去聲部分,應爲去聲。《古俗字略·宥韻》:厚,厚薄,侴,古。"侴"與"～",形體微異,當屬一字的變體,加之,《龍龕》有"A,古文,音 B,B 爲 A 的正體"的通式,則"～",乃"厚"的古文。

20. [侑]

《龍龕·人部》:～,徒臥反。

又,《龍龕·人部》:侑,音又,勸食。

按:"徒臥反"的"侑"乃"惰"的俗字。雖然字形完全一樣,但因讀音不同,行均沒將其放到一個條目下。《古俗字略·箇韻》:"惰,徒臥切,不恭也。倩,俗。""倩"與"侑"音同,形體小變,應爲一字。且作爲部件的"育"可省作"有"。唐郎知本《正名要錄》:"惰,楷,惰,稍訛。"

21. [晃]

《龍龕·日部》:～,音光。

按:疑爲"光"字。

《古俗字略·陽韻》:"光,古黄切,明也。灮,同上。""日"、"火"義近,"灮"乃"晃"之形體小變。

22. [傪]

《龍龕·人部》:～,式車反。

按:俗"奢"字。

"奢""侈"二字連用,奢受後面"侈"字影響增加"亻"。"奢"也受“侈”影響同化爲“奓”。“奢”也受“侈”影響變成“𠋷”,《大字典》把其處理成“用同啥”不全面。《古俗字略・麻韻》:“奢,式車切,侈也,泰也。奓,古。”《漢語大字典・人部》:“～,用同啥(shà)。《兒女英雄傳》第九回:‘鬼可怕他作～。’”

23.［俩］

《龍龕・人部》:～,或作,分兩反。又音丙。

按:一、“音丙”之“～”乃“放”也。

《集韻・養韻》:“放,俩,方,倣,學也,或從人,亦作方。”(甫丙切)。《古俗字略・養韻》:“倣,學也,俩同上。”“甫丙切”與“丙”同音,屬非母養韻。

二、“分兩切”之～乃“仿”字。

《集韻・養韻》:“仿,俩,分兩切,《説文》“‘相似也,籀文,從丙。’”

24.［沓］

《龍龕・日部》:～,音赴。

按:古“福”字也。

《龍龕》中有以正字爲古字注音的通例,“福”應爲“～”正字。朝鮮本《龍龕・日部》:“～,音福。”《五侯鯖字海・日部》:“～,音福。”《古俗字略・屋韻》:“福,祐也。畐,古。”“沓”與“畐”形體相近,乃一字小變,同爲“福”的古字。

25.［㑝］

《龍龕・人部》:～,俗,音弄。

按:俗“弄”字。

按《龍龕》有“A,俗,音B,B爲正體”的通式,“～”乃俗“弄”字。《古俗字略・送韻》:“弄,玩也。㺷,同上。㺯,俗。”“～”與“㺷”形體微異,且“弄”有俗體“㺯”,這些構件雜揉在一起便成了“～”。

26.［㓛］

《龍龕・人部》:～,俗,音初。

按:俗“初”字。

按《龍龕》“A,俗,音B的模式,B爲A的正字”的體例,“～”乃

“初”字形體小變,應爲“俗”字。《古俗字略·魚韻》:“初,楚居切,始也。仞,古。”(疑標注爲“古”誤)

27.[衔]

《龍龕·人部》:～,俗,音皆。

按:“街”字。

“彳”“人”二部形近易混,俗書相濫。《古俗字略·陌韻》:“役,正,佊,古。”是其比。《直音篇·人部》:“～,街同。”乃其確證。《龍龕·彳部》:街,音皆。都邑中大道也。又音佳。

28.[仡]

《龍龕·人部》:～,俗,音支。

按:俗“巵”字。

《古俗字略·支韻》:“巵,酒器也,卮,古。”“～”乃“卮”的變形。“厂”訛爲“亻”部,進入“人”部。以致其與其正字“巵”距離越來越大。

29.[㐬灬]

《龍龕·人部》:～～,古文,上音乃,下音災。

按:“乃”“災”二字。

《古俗字略·賄韻》:“乃,奴亥切,語助辭,又汝也。㐬,古。”《古俗字略·灰韻》:“災,祖才切,禍也,烖,灬,並古。”“灬”下部的四點即爲“火”,與“烖”義通,二者讀音相同,應爲一字之變體。

二、利用《五侯鯖字海》考證《龍龕手鏡》難字 13 例

《五侯鯖字海》,全稱《精鐫海若湯先生校訂音釋五侯鯖字海二十卷四書五經難字一卷首一卷》,不著撰人,收入《四庫全書存目叢書》經部第 192 冊。據楊正業老師統計,該書收字達70073字,是目前我們已知的收字最多的字典。但是長期以來,該書無人介紹,無人評論,《四庫全書提要》說其“其注釋極爲簡略,體例亦頗蕪雜,每字皆用直音,尤多訛謬”。

“對於這樣一部皇皇巨著,我們要提出批評是很容易的,而且四庫館臣們提出的有些問題確實也是存在的”,“但它作爲一部巨

型字典,比所有的大型字典都能滿足讀者多一些的需要,却也是不爭的事實"。[①] 我們利用《五侯鯖字海》考證《龍龕手鏡》難字 13 例,臚列如下。

1. [琔]

《龍龕·玉部》:~,俗,音倫。

按:玉名。

《五侯鯖字海·玉部》:"~,音倫,玉名。"

2. [瓕]

《龍龕·金部》:~,俗,音淺。

按:玉器。

《五侯鯖字海·玉部》:"~,音淺,玉器。"

3. [鍱鏩]

《龍龕·金部·平聲》:鍱,鏩,上音摸,下音謹。

按:"鍱",利刃也。"鏩",精金也。"摸"爲入聲,"謹"爲上聲,但該條高麗本《龍龕》却放入平聲,"摸"當爲"模"之誤。四部叢刊本即作"上音模"。《五侯鯖字海·金部》:"鍱,音模,利刃也。鏩,音謹,精金也。"

4. [豘]

《龍龕·豆部》:~,俗,音來。

按:野生豆也。

《引證群籍玉篇·豆部》:"~,音豆,于金、於淫二切,豋豆。"《五侯鯖字海·豆部》:"豋,音侵,野生豆也。"此字的讀音比較混亂,俟再考[②]。其義則可能不誤,即"野生豆也"。

5. [鍨]

《龍龕·金部》:~,音床。

按:金聲。

---

① 《語文辭書編纂史》,楊正業,中國文聯出版社 2006 年版。

② 鄭賢章認爲"'豘'疑同'唻'字"。參見《龍龕手鏡研究》,鄭賢章,湖南師範大學出版社 2004 年版。

"～" 應爲"鉌"字之訛字。《龍龕》中常有多加一點的字，如"銶，音休"。從其條目來看，應爲從休得聲，但字頭卻寫成了"銶"。又如《龍龕·車部》"軧"作"軧"。《五侯鯖字海·金部》："鉌，音床，金聲也。"

6.［鋮］

《龍龕·金部》：～，俗，音成。

按：姿金也。

《五侯鯖字海·金部》："～，音成，姿金也"。《漢語大字典·金部》："～，人名用字。《明史·奸臣傳·馬士英附阮大鋮》：'馬士英，貴陽人。萬曆四十四年，與懷甯阮大鋮同中會試。'"

又按：《大字典》將"～"字解釋爲"人名用字"，失之簡單。"～"字從金"音成"。它在眾多"成"音字中成爲人名在當時應是可識的。

7.［鎍］

《龍龕·金部》：～，音素。

按：鐵索也。

《五侯鯖字海·金部》："～，音素，鐵索也。"

8.［錡］

《龍龕·金部》：～，步項反。

按：鐵錘也。

《五侯鯖字海·金部》："～，音棒，鐵錘也。"

9.［瓃］

《龍龕·玉部》：～，俗，力合反。

按：疑乃"玉光"也。

《五侯鯖字海·玉部》："～，音臘，玉光。"《集韻》："臘或作臈。""臈"爲來母盍韻。《龍龕》中"力合反"爲來母合韻，二者音近。"玉光"義正與"～"從"玉"義類相合。

10.［覘］

《龍龕·見部》：～，直裹反。

按：疑乃"時"訛字。

遍查諸書,唯有《五侯鯖字海·見部》載此字,"音至,義未詳"。此字當爲行均據寫本錄得,手書"貝"與"見"易相混,加之與"時"音切同爲"直裹反","～"當爲"時"字之訛。上"賍"條可以比勘。

11.［鋄鋷］

《龍龕·金部》:～～,音罔。

按:二者皆同"鋼"字,"取魚具也"。

朝鮮本《龍龕·金部》:"鋼,正,音罔,又無敢切,出《真言》。鋄,鋷,並或作。"《五侯鯖字海·金部》:"鋷,音罔,取魚具也。"

12.［瓃］

《龍龕·玉部》:～,力主反。

按:玉也。

《直音篇·玉部》:"～,音呂。"《五侯鯖字海·玉部》:"～,音樓,又音呂,玉也。"《集韻》中"樓"與"主"屬虞韻,呂屬語韻,"樓""呂"讀音相近,且"力"、"樓"同屬來母字,"力主反"與"音樓"讀音相同,故"～"義應爲"玉也"。

13.［鈥］

《龍龕·金部》:～,於計反。又音烏。

按:疑"於計反"之"～"乃"田器也"。四庫本《龍龕·金部》:鈥,于許反。又音烏。《五侯鯖字海·金部》:"～,義、烏二音,田器也。"《龍龕》中"～"音"於計反"爲疑母霽韻,《五侯鯖字海》音"義"爲疑母寘韻。

《五侯鯖字海·金部》又載:"鈥,音誤,田器也。"張涌泉認爲音"誤"之"～"爲"鋘"字俗體,可參考①。

也許有人會提出疑問,《龍龕手鏡》成書於997年,爲什麼有些字行均不識,600年後這些問題反倒迎刃而解。其中可能是《古俗字略》等"對難字的識別,唯據字書直音,全然不顧字形,說字言中

---

① 《漢語俗字叢考》,張涌泉,中華書局2000年版。

者少而謬誤者多"①。這種情況也許是存在的,但古籍的流傳情況非常複雜,明人看到的有些材料也許我們今天看不到了。退一步説,對於音義皆合的難字,在沒有更好材料的情況下,我們其實不妨採用這寶貴的書證,讓其接受更充分的論據的檢驗。

参考文獻

[1] 遼·行均.《龍龕手鏡》[M].北京:中華書局,1985.

[2] 徐時儀.《玄應和慧琳〈一切經音義〉研究》[M].上海:上海世紀出版集團,2009.

[3] 楊正業.《漢語大字典難字考》[M].成都:四川辭書出版社,2004.

[4] 楊正業.《〈龍龕手鏡〉古俗字考辨》[J].《西華師範大學學報》2004 年第 5 期.

[5] 魏現軍.《龍龕手鏡研究》[D].西華師範大學 2005 年碩士論文.

(作者單位:河南理工大學)

① 《疑難字考釋與研究》,楊寶忠,中華書局 2005 年版。

《妙法蓮華經釋文》[①]與俗字研究

陳源源

據《法華釋文序》的題記"時景子年建酉月朔五日,興福寺釋中算聊自敍之云爾"[②],《法華釋文》成書于日本平安時期貞元元年,即公元976年。它是一部"法華經音義"的集大成之作,文中引用較多關於《妙法蓮華經》的注疏以及其他的"佛典音義"著作,且不少材料涉及到俗字,這在俗字研究方面具有一定價值。

一、用來指明俗字的術語

《法華釋文》常以"非"、"俗"、"俗作"、"有作"、"有本作"等來稱引俗字,如:

最,祖外反。《玉篇》云:極也。釋氏云:俗作冣矣。

逃,徒刀反。慈恩云:逃,避也。俗作迯也。

樓馱,唐佐反。慈恩云:正云阿泥律陁,唐云無滅,天台云無貧,亦云如意也。馱俗,駄非。

累,慈恩云:力委、力僞二反,累謂委讬也,謂以事相屬累也。

---

① 下簡稱《法華釋文》。另外,文中所引慧琳《一切經音義》簡稱《慧琳音義》,希麟《續一切經音義》簡稱《希麟音義》,可洪《新集藏經音義隨函錄》簡稱《可洪音義》。

② "景子年"即"丙子年",當是避諱而改。陳垣在《史諱舉例》"避諱改干支名例"條下有關於干支中"丙"改爲"景"的説明,"唐高祖之父名昞,故唐人兼諱丙,凡丙多改爲景。"參該書第16頁。至於日本的作者中算爲何也這樣避諱,疑是作者受中國典籍的影響。

又累謂重疊也,再三付託令護持。故有作嘿,俗字耳。

捶,之累反。慈恩云:擊也。有作棰,非也。

懃,巨斤反。麻杲云:慇懃,丁寧也。孫愐云:慇懃,再三也。懃,或作勤。王仁煦云:懃、勤字同,從心者俗也。

貌,莫教反。慈恩云:貌,儀也。有本作狠、貌,皆非也。

以上幾例中,"冣"、"逃"、"馱"、"嘿"、"棰"、"懃"分別是"最"、"逃"、"馱"、"累"、"捶"、"勤"的俗字,"狠"、"貌"是"貌"的俗寫①。

有時作者並不直接指明其爲俗字,但通過作者案語及我們的分析可以發現這些字在手抄本經文中是常見俗字。如:

《法華釋文》卷上:"膳,時戰反。慈恩云:'《説文》:膳具食,鄭玄云:善也。'吉藏云:'餚饍,肉食也。'湛然破之,具見彼《記》也。玄應云:'有從食作餚饍二字,撿無所出。'慈恩、信行並同之。曇捷二字從食。今案:《新唐韻》餚饍與肴膳同,唯加趺應知之。"

其中,作者案語所説的"餚饍"即是"肴膳"的俗字,下文將詳細考證,此不贅述。

二、《法華釋文》俗字舉例

下面我們通過若干實例窺探《法華釋文》在俗字研究方面的價值。

1.《法華釋文》卷上:"貌,莫教反。慈恩云:'貌,儀也。有本作狠、貌,皆非也。'"

此條引用了慈恩《法華音訓》的内容,《慧琳音義》卷二七轉録《法花音訓》:"相貌,莫教反,儀也。有本作貌及狠,皆非也。"據此,"狠"乃"貌"之俗字。這在手抄本文獻中常能見到,如《原本玉篇殘卷·黹部》:"黼,初旅反。《毛詩》:'蜉蝣之羽,衣裳黼黼。'傳曰:'鮮狠也。'"依据上下文意,其中"鮮狠"的"狠"字即是"貌"字,乃"貌"之俗寫。又佛經各抄本中也經常可見將"貌"寫作"狠"的現

① 下文對此有詳細分析。

象，如：

《賢劫經》卷五："形柔軟好，常以和悅，顏貌光澤，是曰一心。"

《四分律》卷十六："遙見世尊顏貌端政，諸根寂定。"

《鞞婆沙論》卷九："遙見一處有菩薩，顏貌端正猶如日月，照于山林在彼而住。"

以上三例中"顏貌"之"貌"字聖本正作"狠"。

又《四分律》卷五一："爾時有比丘爪長至一白衣家，此比丘顏貌端正，白衣婦女見已便系意於彼比丘。"

聖乙本"貌"作"狼"，"狼"乃是"狠"字增筆之訛。

由上可知，"狠"作爲"貌"的俗寫在手抄本文獻，特別是佛經中十分常見。

另外，"貌"俗作"狠"在佛經音義中也有記載。如《慧琳音義》卷十四《大寶積經》卷八八："顏皃，下茅豹反。《考聲》云：'容儀也，見也。'或作須。今經中從犬作狠，非也。"又《可洪音義》卷八《佛説善法方便陁羅尼經》："威狠，音皃。"又卷十二《三先性品》卷上："相狠，莫孝反，又似貇，苦很反，非。"卷十三《正法念處經》卷十六："狀狠，音皃。"卷二一《僧伽羅刹所集經》卷三："像狠，音皃。"

《可洪音義》還記載"藐"俗寫作"貇"的現象，如卷二四《出三藏記》第九卷："貇貇，妳[弥]沼反，遠也。又音邈，經中呼爲彌藥反。"

"貌"演變爲"狠"的過程大致如下：貌→猊→犯→犯→狠。

《漢語大字典》（縮印本 566）"狠"字頭下收 4 音：yán、hěn、kěn、hǎng，唯獨没有 mào 音，當補。《故訓匯纂》（1418）僅收 yán、hěn 二音，亦當補上 kěn、hǎng、mào 三音。

2.《法華釋文》卷上："默，莫北反。麻杲云：靜不言也。或作嘿，俗也。"

"嘿"與現代漢語中的嘆詞不同，乃"默"之俗字。《干禄字書》："嘿、默，並上俗下正。"韻書、字書也記載了這種寫法，如：《宋本玉篇·口部》："嘿，莫北切，與默同。"《類篇·口部》："嘿……又密北切,靜也。”《龍龕手鏡·口部》:“嘿,莫比[①]反,靜無言也。”《集韻·德韻》:“嘿,密比切,靜也,或從欠。通作默。”又《墨子·貴義》:“嘿則思,言則誨,動則事,使者三代禦,必爲聖人。”孫詒讓《墨子閒詁》引畢沅云:“默字俗寫從口。”將“默”寫爲從口旁的“嘿”字更能體現其“靜無言”這一意義,表現出漢字具有表義功能這一特點。

佛經音義中多有“嘿”字的記載,《慧琳音義》卷二七轉録大乘基《法花音訓》:“默,莫比反,靜也。俗作嘿,非也。”又《可洪音義》卷十《優婆塞戒經》卷六:“嘿然,上莫北反。”這個讀爲“莫北反”的“嘿”字即是“默”的俗寫。“嘿”又可進一步訛寫爲“哩”,如《可洪音義》卷二七《續高僧傳》卷九:“哩徃,上音墨,正嘿。”

“嘿”還有寫作“㣐”者,如《可洪音義》卷二三《經律異相》卷三:“佛㣐,木得反,靜也,不言也。正作默、嘿二形也。郭氏作扵焰反,非也。”“㣐”是“嘿”的另一俗寫,是個從心的形聲字。

3.《法華釋文》卷上:“膳,時戰反。慈恩云:‘《説文》:膳具食,鄭玄云:善也。’吉藏云:‘餚饍,肉食也。’湛然破之,具見彼《記》也。玄應云:‘有從食作餚饍二字,撿無所出。’慈恩、信行並同之。曇捷二字從食。今案:《新唐韻》餚饍與肴膳同,唯加趺應知之。”

根據中算的案語,“餚饍”是“肴膳”的俗字,從“加趺”二字可知。考《法華釋文》卷上有“加”條:“加,古遐反。慈恩云:加,重也,則交足坐。《除災橫經》等云‘結交趺坐’是也。有作跏,不知所從。玄應同之。曇捷云:‘跏,字書所無,跏猶結交。’今案:‘跏字古書無之,《新切韻》有之。蔣魴、武玄之云:“跏趺坐也。”是後人拾經文以加也。《大般若新華嚴經》皆作加矣。’”可見,從足之“跏”乃“加”之俗字。考《慧琳音義》卷八《大般若波羅蜜多經》卷五七七音義:“跏

① 原文作“比”,當是“北”字的形近而訛。下文所引《集韻》、《慧琳音義》中的“比”字均當爲“北”。

趺,上音加,下音夫,皆俗字也,正體作加跗。鄭注《儀禮》云:‘跗,足上也。’顧野王云:‘足面上也。’”又卷二七轉録《法花音訓》:“加趺,古遐反。《爾雅》:‘加,重也。’則交坐。《除災横經》等云‘結交趺坐’是也。有趺,不知所從,俗字也。”又卷七一《阿毘達磨順正理論》卷十二音義:“加趺,古遐反。《爾疋》:‘加,重也。’今取其義,謂交足坐也。經中或作‘結交趺坐’是也。……有從足作跏,文字所無者也。”

“餚饍”乃“肴膳”之俗字。考《慧琳音義》卷十九《大方廣十輪經》卷三:“餚饍,上效交反,俗也,正作肴。……下音善,亦俗字也,正作膳。顧野王云:‘今之美物曰珍膳。’《韻英》云:‘羞牲肉也。’《説文》:‘具食也,從肉、善聲也。’”又卷二七轉録《法花音訓》:“肴膳,上胡交反。……《説文》:‘膳,具食也。’《周禮》‘膳夫’鄭玄曰:‘膳言善也,今時美物亦云珍膳。’《廣雅》:‘肴膳,肉也。’皆從肉、善聲也。又有作餚饍二字,撿無所從,近代出俗字也。”又卷三二《順權方便經》卷上:“肴膳,上効交反。……下禪戰反。……經並從食作餚饍,俗字也。”卷三六《大毘盧遮那經》卷五:“餚饍,上効交反,俗字也,正體單作肴。……下音善。……經文從食作饍,俗字,非也。”《希麟音義》卷四《守護國界主陀羅尼經》卷四:“珍膳……下時戰反……或作饍,俗字,非。”又卷六《一切如來寶篋印陀羅尼經》卷一:“肴膳,上効交反。……下時戰反。《玉篇》:‘膳,美食也。’從肉、善聲。經文二字並從食作餚饍,俗用字,非。”據以上文獻,“餚”乃“肴”之增旁俗字,“饍”乃“膳”之换旁俗寫。

4.《法華釋文》卷上:“旃,諸延反,或作栴字。順憬云:‘經中從木,非也。’”

據《法華釋文》所引順憬的説法,經文中從木的“栴”字是個俗字。“栴”是由“旃”訛變而來的俗字。“方”草書作“[illegible]”,楷化爲

“扌”,故從“方”之字常訛爲從“扌”之字,如“於”作“扵”、“旋”作“㧢”①、“旅”作“挔”②等。《可洪音義》就記載有“旃”的方旁作“扌”旁的現象,如卷三《大方等大集經》卷二二:“㧗提,上之然反,《寶星經》作‘旃涕’。”《大方等大集經》卷二五:“㧗陁,上之然反,正作旃、栴二形。”卷五《維摩詰經》卷上:“迦㧗先,上古牙反,中之然反,下蘇千反。中正作旃,新經云‘迦旃延’是也。”

又由於“扌”旁常與“木”旁相混,故從“扌”之“㧗”又訛作從木之“栴”字。但“栴”在經文中頻繁出現,於是也被認爲是正體。如《可洪音義》卷五《大悲分陁利經》卷一:“失㮁,之連反,正作栴、旃二形。《悲花經》作‘沙旃’。”卷八《華聚陁羅尼經》:“旃題,上之然反,下徒兮反,上正作栴。”

而《可洪音義》中所收録的“杭”則由“栴”進一步訛變而來。《可洪音義》卷六《六度集經》卷二:“杭遮,上之然反,調達妻名也。正作旃、栴、旜三形。”卷六《佛説太子須大拏經》:“旃遮,上之然反,《六度集》作杭,彼悮也。”

另據《可洪音義》的記載,“旃”有作“𥙊”、“施”、“秡”、“稱”者。先看“𥙊”,如卷二《小品般若經》第一卷:“𥙊延,上之然反,下以然反。”卷三《大方等大集經》卷二三:“𥙊陁,上之然反,《寶星經》作‘氈陁’。”卷五《大悲分陁利經》卷一:“𥙊地,上之然反,《悲花經》

① 《龍龕手鏡·手部》:“㧢,俗。㨨,正。似泉、以戀二反,揎也,轉也。”《可洪音義》卷二《慧上菩薩問大善權經》卷上:“周㧢,音旋。”卷二一《僧伽羅刹所集經》卷三:“右㧢,序全反。”“㧢”、“㨨”即“旋”字。另外,《可洪音義》還記載“旋”有“揎”、“楦”等寫法,如卷二一《僧伽羅刹所集經》卷三:“右㧢,序全反,正作旋。”卷四《等目菩薩所問經》卷下:“迴揎,音旋,亦作楦。”卷一二《長阿含經》卷一八:“右楦,序緣反,正作旋也,悮。”“揎”是由“㧢”進一步訛變造成的,“㧢”可作“㨨”,如卷一二《中阿含經》卷二四:“㨨桯,上序緣反,正作旋。”而“㨨”與“揎”形近,故訛變爲“揎”。但偏旁“扌”、“木”常常相混,“揎”則繼續訛作“楦”。

② 《龍龕手鏡·手部》:“㧌、挔,二俗,挔,正,音呂。師挔也,與旅字同。”

作‘戰提’。”“礻”旁當是由“方”旁訛變而來，如“族”作“祑”[①]、“旋”作“拞”，卷二《决定毗尼經》：“迴拞，序全反，正作旋也。又豎、豆二音，並非。”卷三《寶女所問經》第卷：“周拞，序全反，正作旋。又豎、豆二音，悮。”卷二一《贤愚经》卷十：“拞嵐，上似全反，正作旋也。下洛南反，此云迅猛风也。上又树、豆二音，非。”其中，“旋”的左旁“方”訛變爲“礻”，“礻”乃“礻”之增筆；右邊則訛爲“豆”。

再來看“施”、“秲”、“稱”，《可洪音義》卷八《佛説呪六字神王經》：“施陁羅，上之然反，正作旃。”卷五《大悲分陁利經》卷一：“秲陁，上之連反，正作旃、旜二形。《悲花經》作‘戰提’。”《悲華經》第一卷：“稱阤，上之然反，下徒何反，正作旃陁。”其中，“施”由“㫋”訛變而來，“旃”作“秲”、“稱”是“禘”進一步訛變的結果，“礻”、“禾”形近，故“礻”旁訛爲“禾”。

除記録佛經中常見俗字以外，作者還對一些新出現的俗字有所記載，如：

5.《法華釋文》卷上：“銅拔，蒲撥反。曹憲云：擢也。慈恩云：‘亦爲跋，今關東多作兩扇相擊出聲。或作鈸，無所從也。’今案：鈸字，古書無之，《新切韻》有之。孫伷云：‘鈸，樂器，形如瓶口，對而擊之。’《律書樂圖》云：‘銅鈸，出自西域也。’行瑫從金矣，故知鈸字亦得。《文句》云：‘長安人呼露盤爲銅鈸，在彼翻經故用彼名耳。’湛然云：‘長安亦無此音，或聲轉耳，或是當時有人傳之，章安隨便書耳。’順憬云：‘銅拔，猶鈴盤也。’”

查《唐五代韻書集存》[②]，未見“鈸”字。《廣韻·末韻》：“鈸，鈴

① 《可洪音義》卷二二《阿育王息壞目因緣經》：“豪祑，自木反。”

② 周祖謨編《唐五代韻書集存》，北京：中華書局，1983年。下文引用的《箋一》（《箋注本切韻一》斯2071），《箋二》（《箋注本切韻二》斯2055），《箋三》（《箋注本切韻三》包括伯3693、3694、3696、斯6176，引用時會具體指明），《王二》（《王仁昫刊謬補缺切韻二》北京故宫博物院藏），《裴韻》（《裴務齊正字本刊謬補缺切韻》北京故宫博物院舊藏），《唐韻殘卷》（蔣斧印本），《五代本切韵》（包括伯2014、2015、2016、4747、5531，引用時會具體指明）均来源于此书。文中所引《唐五代韻書集存》漫漶不清無法辨認的用“□”表示。

鈹。"音"蒲撥切"。考《慧琳音義》卷十七《大乘顯識經》卷上音義:"銅鈸,盤沫反。古字書無鈦[①]字,近代出也。《字統》云:'樂器名也,形如小瓶,口對而擊之。'《考聲》云:'形如小疊子,背上有鼻,以二口相擊爲聲,以和眾樂也。'形聲字。犮音同上。"據此,"鈹"乃是當時新出現的俗字。

6.《法華釋文》卷中:"衣裓。慈恩云:'孤得反。相傳從衣戒聲,襟也,今時女人衣前裓是也。天衣類同,未詳字所出。《說文》:"宗廟戒樂,從示戒聲。"《玉篇》:"古來反,戒也。"'玄應、憬興同之。吉藏云:'衣裓者,衣衿也。'劉虬、玄範同之。真諦三藏云:'衣裓者,是衣箱也。'天台云:'外國盛花之器,一足也,貢上貴人用此貯之。'《掌記》云:'衣裓,緇裸也。'今案:古書只有祴字,無裓字,《新切韻》有之。麻杲云:裓,各則反。《內典》云:以衣裓盛天花也。清徹云:盛香具也。"

由作者案語可知,"裓"字是新產生的字,《新切韻》有記載。查《唐五代韻書集存》有"裓"字。《唐韻殘卷·德韻》:"祴,□□云:□衣祴,古得反。"[②]《五代本切韻·德韻》(伯 2014):"裓,古得反,□□□□。"考《慧琳音義》卷三十《道神足無極變化經》卷一音義:"裓上,上剛得反,《考聲》云:'裓,衣襟也。'又作𧞔,音兢憶反,《字書》云:'亦衣襟也。'《說文》云:'衣領也。從衣戒聲也。'"又《伅真陀羅所問經》上卷音義:"衣裓,罡得反。顧野王云:'衣襟也。'經作祴,非也。"

此外,《法華釋文》中還有一條用"近字"來指明新出的俗字,如下:

7.《法華釋文》卷下:㔜,土稽反。慈恩云:《纂文》:匾㔜,薄也。今俗呼廣薄爲匾㔜。或作膈胼[③],近字耳。

"近字"應是近出之字,相當於現代所説的新字。"近字"在《玄

① 此字當爲"鈸"的訛字。

② 依據釋義,此引文中的兩"祴"字均當作"裓"字。

③ "牑"之訛字。

應音義》和《慧琳音義》中屢見。如：

《玄應音義》卷十一《正法念經》卷八音義："耎枘，而兗反，下乃困反，《字苑》作枘，柔脆也。《通俗文》作枘，再生也。又作嫩，近字也。"又《中阿含經》卷四音義："雜穬，舌[1]猛反。《説文》：'芒穀也。'經中從麥作麷，近字耳。"

《玄應音義》卷十一《正法念經》卷十六音義："妖蠥，五竭反。《説文》：'衣服歌謠草木之怪謂之妖，禽獸蟲蝗之怪謂之蠥。'經文作孽，庶子也。又作孼，近字也。"

《玄應音義》卷十三《明度無極經》卷二音義："佞孼，下五竭反，《説文》：'禽獸蟲蝗之怪謂之孼。'經文作孽，鹿[2]子也。又作蠥，近出字也。"

《玄應音義》卷十二《賢愚經》卷四音義："如掊，蒲交反。《通俗文》：'手把曰掊。'經文作刨，近字也。"又卷十音義："麽小，莫可反，細麽。經文作尛，近字也。"

《玄應音義》卷十六《善見律》卷十七音義："下矴，都定反，謂柱下石也。經文作碇，近字也。"

《玄應音義》卷二二《瑜伽師地論》卷三十音義："學様，翼尚反，規摸曰様，近字也。舊皆作像，式像也。今不復行也。"

《慧琳音義》卷十七轉録《毗耶娑問經》卷下玄應音義："弓把，補嫁、百雅二反，謂弓可把之處也。《説文》：'把，握也。'持也，單手曰把。經文作弝，近字也。"

《慧琳音義》卷二七轉録《法花音訓》："匾匬，《集韻》、《切韻》上鞭沔反，下體奚反。《纂文》：'薄也。'今俗呼廣薄爲匾匬，關中呼云㯝遞。㯝，補迷反。有作牑牑，近字耳。"

《慧琳音義》卷五八《十誦律》卷三七音義："掊刮，蒲交反。《通俗文》：'手把曰掊。'律文作刨，近字耳。"

其中，在"字様"條下説到"様"作"近字"時，後面接着説"舊皆

① 當作"古"。

② "鹿"爲"庶"字之訛。

作像也……今不復行也”,可知“近”是相對於“舊”而言的。再者,“孽”字一作“近字”,一作“近出字”,也可證“近字”應爲近出之字,即新字。

參考文獻

[1] 大藏經刊行會編.《大正新修大藏經》[M]. 臺北:新文豐出版公司,1983.

[2] 顧野王.《原本玉篇殘卷》[M]. 北京:中華書局,1985.

[3] 可洪.《新集藏經音義隨函録》,《中華大藏經》第 59—60 册[M]. 北京:中華書局,1993.

[4] 徐中舒主編.《漢語大字典》(縮印本)[M]. 武漢:湖北辭書出版社 成都:四川辭書出版社,1992.

[5] 釋慧琳,釋希麟撰.《正續一切經音義》[M]. 上海:上海古籍出版社,1986.

[6] 釋行均撰.《龍龕手鏡》[M]. 北京:中華書局,1984.

[7] 釋玄應.《一切經音義》(《古辭書音義集成》第七—九卷)[M]. 東京:汲古書院,1980.

[8] [日]釋中算.《妙法蓮華經釋文》(《古辭書音義集成》第四卷)[M]. 東京:汲古書院,1979.

[9] 孫詒讓.《墨子閒詁》(孫啟治點校,《新編諸子集成》本)[M]. 北京:中華書局,2001.

[10] 姚永銘.《慧琳〈一切經音義〉研究》[M]. 南京:江蘇古籍出版社,2003.

[11] 顔元孫.《干禄字書》(施安昌編《顔真卿書〈干禄字書〉》)[M]. 北京:紫禁城出版社,1990.

[12] 周祖謨.《唐五代韻書集存》[M]. 北京:中華書局,1983.

[13] 宗福邦等主編.《故訓匯纂》[M]. 北京:商務印書館,2003.

(作者單位:溫州大學)

本文曾承蒙業師姚永銘、方一新先生賜教,謹此致謝!

佛經音義對歷時語義探討的利用

曾　良

在佛經文獻的流傳過程中,爲了便於佛經文字的讀音和義解,留下了爲數不少的佛經音義。這些佛經音義對於漢語史的研究也是一筆非常寶貴的財富,值得我們很好地利用。這裏主要想重點談一談佛經音義材料對漢語詞義探討方面的利用價值。

一、佛經音義是非常有價值的古訓資料,透露了當時重要的語義信息,我們可以通過音義建立古籍文獻中字詞之間的有機聯繫。

战掇

慧琳《一切經音義》卷四十九“鼻揣”條:“初委反。《通俗文》:捫摸曰揣。論文作揣,初委反,又都果反。揣,量也。战揣也。战音丁兼反。揣非此用也。”同前卷七十“揣觸”條:“古文敱,同,初委反。謂測度前人也,江南行此音。又音都果反,揣,量也,試也,北人行此音。案論意字宜作揣,初委反,揣摸也。《通俗文》:‘捫摸曰揣’,是也。”《説文》:“揣,量也。”段注:“初委切。十四、十五部。按方言常絹反,是此字古音也。木部有椯字,箠也。一曰度也。一曰剟也。聲義皆與此篆同,而讀兜果切。又今人語言用‘故敠’字,上丁兼切,下丁括切,知輕重也。亦揣之或體,其音爲耑之雙聲。”“揣”可表示称量义,《集韵·果韵》:“揣,掇也。”隨着語音的變化,或寫“埵”、“錘”、“砣”、“鉈”等,當然,這些字一般用作名詞爲多。如秤砣就是起權衡、稱量的作用。

伯3906《字寶碎金一卷》:“拈掇:乃兼反。又战量。”依據《敦煌音義匯考》謂“拑”是“拈”之誤，是。并云：“斯2609《俗務要名林·手部》：‘拈揬：稱量也。上乃兼反’，正同。‘拈’又作‘敁’，詳後。案：‘敁揬’本雙聲謰語，《切韻》系韻書皆讀端紐，《字寶》注音，端、泥二紐多混。”案：“敁揬”是同義并舉，“敁量”即今之“掂量”。“揬”字或作“托”，義同。《廣雅》：“揬，量也。”王念孫《廣雅疏證》曰：“揬、䠀、揣、捶，竝字異而義同。玷捶，或作故揬，《集韻》：敁揬，以手稱物也。轉之則爲故掇，《玉篇》：故(敁)掇，稱量也。今俗語猶謂稱量輕重曰故揬，或曰敁掇矣。”我疑心今天的“故揬”當是“敁揬”之訛，段玉裁謂“故敠”字“上音丁兼切”，蓋後來音隨字轉，按字本音讀“故揬”之後，或寫“估倒”，如《西遊記》第三十一回：“你果是誰？從那裡來的？你把我渾家估倒在何處，却來我家詐誘我的寶貝？”“估倒”本是衡量、掂量的意思，因反復地掂量，自然引申出擺弄的意思。北京話或寫“鼓搗”，義同。或異序爲“搗估”，義同。當然，也有人會認爲“估”是本字，因“估”有估量義。但我認爲由“敁揬”訛爲“故揬”的可能性大，因在中古漢語中“敁揬”常用，這也是音隨字轉的一個實例，寫作“估倒”、“鼓搗”是很晚的事情。如上文《廣雅疏證》引《玉篇》的文字，今本《宋本玉篇·攴部》作：“敁：多兼切，敁掇，稱量也。”則可知“敁”《廣雅疏證》誤刻爲“故”。

拯

磧砂藏本《經律異相》卷十《現爲國王身化濟危厄十二》：“納妻不男，王重憂矣。因募國女，化之令男。後遂泆蕩，不從貞道。王磔著四衢，命行人曰：‘以指拯首，苟辱之矣。’”[2]p55 同前：“九十九人拯其首，遂至喪身，故殺前怨，而斬其指。後人欲拯，見其已喪；又覩沙門，更有慈心。”卷末《音义》曰：“指拯：下音卓。”慧琳《一切經音義》卷七十八釋《經律異相》“磔著”條云：“上張革反。準經意即合是罰磔字也，遷於四衢道中令眾人指琢辱之，古云罰磔罪也。”慧琳將“拯”寫作“琢”，義同。這裏“拯”就是敲擊義，或寫作“确”、“搉”、“卓”等。上文《經律異相》文字出自《六度集經》，《大正藏》第3冊《六度集經》卷四《普明王經》：“王重憂之，因募國女化之令男。後遂妷蕩，不從真道。王恚之焉，磔著四衢。命行人曰：‘以指确首,苟辱之矣。'”校勘記曰:“确”字,宋本作“榷”,元本、明本作“摧”。按:“榷”是“搉”的異寫,也是敲擊義,“摧”是“搉”的形訛。由此可見,“琢”、“卓”音義同,有關“卓”有敲擊義的語例,可詳參袁賓先生《禪宗著作詞語匯釋》“卓”字條。

漈

磧砂藏本《經律異相》卷十八《沙門小便不彈指尿漈鬼面三十》:“有一沙門,不彈指來小便,漈圊中鬼面。厲鬼大恚,欲殺沙門。”卷末《音義》:“漈:節例反。水濺也。”“漈”有濺義,今大型字書失收。慧琳《一切經音義》卷七十八對《經律異相》“濺圊”條音義:“上煎線反,《考聲》云:濺不淨也。《史記》以至見(頸)血濺也。《古今正字》:從水賤聲,或作濽也。下請精反,《字書》云:圊,溷也。《考聲》云:溷,廁也。或作清,《古今正字》從囗青聲,囗音韋。”説明慧琳所見的《經律異相》本子寫作“濺圊”。蓋“漈”即“濺”的語音對轉,甚爲明顯。或作“濽”,義同。《法苑珠林》卷九十八:“又《雜譬喻經》云:有一比丘,不彈指來大小便,濽污中鬼面上。魔鬼大恚欲殺沙門。”方言中或稱瀑布爲“漈”,蓋取義流水噴濺而下也。明弘治刻本陳道《八閩通志》卷十二《地理》:“龍岡漈:上有二潭,水出潭底,下流爲漈,其勢甚高,下有石洞。”明董應舉《崇相集》卷二《開溪議》:“水利開通,下田變爲膏壤。吾鄉九聚田僅百頃,水利非乏也,有孟溪,有漈坑瀦,爲塘緯爲圳,血脉周注,宜無旱憂。”

擩、搦

慧琳《一切經音義》卷五十八:“并擩”條:“而注反,謂擩莖、擩箭、擩物等,皆作此字。”同前“擩箭”條:“而注反,亦言捻箭也,今言擩莖、擩物皆作此字也。”《大正藏》本《六度集經》卷五:“明日猴與舅戰,王乃彎弓擩矢,股肱勢張,舅遥悚懼,播徊迸馳,猴王衆反。”《十誦律》卷五十七:“即起著杖捉弓擩箭。是二人皆善知射,俱相求便。”《大比丘三千威儀》卷上:“浣法衣有五事:一者不得持足蹋;二者不得兩手著擩;三者不得兩手捉提;四者不得持衣披戲人;五者不得襞著席下居。”“擩”字,《大正藏》校勘記曰:宋本、元本、明本、宮本作“挼”。《後汉书·臧洪传》:“撫弦搦矢,不觉涕流之覆面也。"李贤注:"搦,捉也。"

慧琳《一切經音義》卷七四對《出曜經》"搦箭"條釋云:"又作豰,同,女卓、女革二反。搦,捉也。《説文》:搦,按也。"《出曜經》卷二十八:"'智者能自正,猶匠搦箭直'者,夫人習行先正其形,恒知苦空非身無我之法,六思念行以自誡身使不邪曲,猶若巧匠善能治箭端直無節,堪任御敵,亦無所難,是故説曰:'智者能自正,猶匠搦箭直'也。"(28/759/c)從上可以看出,"擩"、"搦"是同詞異寫。

撢

《經律異相》卷二十二《沙彌護戒捨所愛身九》:"女即閉門,沙彌入房,關撢門戶。"《大正藏》本《十誦律》卷一:"屋上處者,謂門間處、向處、門關處、戶橝處、牛頭象牙衣架梁椽重閣梯桯處。"(23/5/b)"橝"字,校勘記曰:宋本、元本、明本、宮本作"扂"。同前卷七:"佛作是念已,閉戶下橝,還自房坐本處。"(23/49/b)慧琳《一切經音義》卷五十九"扂戶"條:"《通俗文》作串,門串也。《蒼頡篇》作橝,音簟,持也。"卷六十"扂閉門"條:"上恬玷反,門之小關也,礙門扇令不開也。古文作扊,形聲字也。"通過音義可知,"撢"、"橝"、"扂"、"扊"是同出一源的,有的作名詞,有的活用作動詞,語義是相通的。

二、利用佛經音義解決語義通假問題

誼、議

磧砂藏本《經律異相》卷十一《先給四仙人後世爲國王一》:"唯求二願,一曰:飲食進止,衣服臥起,與王一等。二曰:參誼國事,所決同意,莫自專也。""參誼"即參議。卷末《音義》曰:"誼:音義,理也。"古籍中"義"與"誼"義通,《説文解字敘》云:"會意者,比類合誼,以見指撝,武信是也。""合誼"即"合義",合成一個意思。古人的所謂"義",就是"宜",行爲不適宜即是"不義"。我們可以找到古籍印證,十三經本《左傳·成公二年》:"仲尼聞之,曰:惜也!不如多與之邑。唯器與名,不可以假人。君之所司也,名以出信,信以守器,器以藏禮,禮以行義,義以生利,利以平民,政之大節也。若以假人,與人政也。政亡,則國家從之,弗可止也已。”其中“禮以行義”,杜預注:“尊卑有禮,各得其宜。”可見,“義”就是“宜”。《説文》“議”字條段注:“議者,誼也。誼者,人所宜也。言得其宜之謂議。”

卷

磧砂藏本《經律異相》卷九《入海採珠以濟貧苦十》:“勑邊侍人:‘捉持器來。吾卷海水,令至底泥。不得珠者,終不休懈。’即便卷水,不惜壽命。”“卷”字費解,依據佛經音義,知是“𣃘”的音借。慧琳《一切經音義》卷七十八對此經“𣃘水”條云:“上厥願反,《廣雅》:𣃘,抒也。《説文》:𣃘,量也,從斗、䜌聲也。䜌音力專反,經作‘卷’,非也。”《大正藏》本《五分律》卷二十七:“若用水時,應先看水有虫無虫,不得多用水。然要使周事,以器捲水,極令安徐;不得使器相撐,以致破損。”(22/177/b)《大正藏》校勘記曰:“捲”字,聖本作“率”。按:“率”是“𣃘”之形訛。《永樂北藏》本《五分律》亦作“捲水”。玄應《一切經音義》卷十五對此律“𣃘水”條云:“居万反,《通俗文》:汲取曰𣃘。《説文》:抒漏也。”

叵我

《大正藏》第3冊《悲華經》卷一:“爾時,世尊釋迦牟尼説是解了一切陀羅尼法門時,三千大千世界六種震動,叵我踊沒。”(3/170/c)慧琳《一切经音義》卷三十“叵我”條:“普我反,如醉人據(倨)傲侮慢不敬之皃。經文有作山叵峨,或作頗峨,皆不正也,盖亦涉俗之言。”伯2295《諸經要集卷第四略抄》:“是琴音聲及妙歌聲,隱蔽欲界諸天音樂。所有諸山藥草叢林,悉皆遍動,如人極醉,前却顛倒,須弥頗峨,涌沒不定。”“頗峨”,《大正藏》本《諸經要集》作“破硪”(54/33/b)校勘記曰:宋本、元本、明本、宮本作“嶓峨”。按:“頗峨”、“嶓峨”義同,謂偏歪、傾側義。此段文字出自《大樹緊那羅王所問經》,《大正藏》本《大樹緊那羅王所問經》卷一作:“是琴音聲及妙歌聲,隱蔽欲界諸天音樂。爾時欲界所有諸天,皆捨音樂來詣佛所。是大樹緊那羅王當鼓琴時,三千大千世界所有叢林諸山,謂須彌山王、雪山、目真隣陀山、摩訶目真隣陀山、黑山及眾藥草樹木叢林,悉皆涌沒。涌漸遍涌等遍涌,動漸遍動等遍動,震漸遍振等遍震。猶如有人極爲醉酒，前却頗倒，不能自持。諸山須彌頗峨涌沒，亦復如是。"(15/370/c)，《大正藏》校勘記曰："頗"字，宋、元、明、宮本作"山叵"。按："山叵"與"頗"義同，因古籍中"頗"、"叵"相通，慧琳《一切經音義》卷十八："頗，《字書》云：'頗，或云不可也。'亦作叵也。"故"𡾊"或作"岥"。《永樂北藏》本《諸經要集》作"𡾊峨"，卷末《音釋》曰："𡾊峨：𡾊，普火切，峨，五何切，並傾側也。"上文《大正藏》本的"破硪"即"頗峨"，此"破"蓋從石、"頗"省聲，"破硪"、"𡾊峨"，或從石，或從山，其義則一也；"破"字不能按一般常規來理解，與"破壞"的"破"沒有語義聯係。"頗峨"爲同義并列，《説文》："頗，頭偏也。"段注："引伸爲凡偏之偁，《洪範》曰：'無偏無頗，遵王之義。'《人部》曰：'偏者，頗也。'以頗引伸之義釋偏也。"《説文》："俄，行頃也。从人、我聲。《詩》曰：'仄弁之俄。'"段注："各本作'行頃'，乃妄加'行'耳。……尋今義之所由，以俄頃皆偏側之意，小有偏側爲時幾何，故因倏忽爲俄頃。許説其本義，以晐今義。凡讀許書當心知其意矣。《匕部》曰：'頃，頭不正也。'《小雅·賓之初筵》箋云：'俄，頃皃。'《廣雅》：'俄，衺也。'皆本義也。""頗峨"、"頗俄"義同，或作"駊騀"，《大正藏》第 53 册《法苑珠林》卷九十七："如來躬欲擔於父王之棺，即時三千大千世界六種震動，一切眾山，駊騀涌沒，如水上船。"(53/999/c)"駊騀"二字，磧砂藏本《法苑珠林》作"頗峨"。

三、利用音義，細察詞義的核心語義

棚、閣

慧琳《一切經音義》卷六十一"棚上"條："白盲反。樑上鋪板爲地曰棚，亦樓也。"佛經音義爲我們理解"棚"的核心語義提供了線索。"棚"字的"朋"旁實爲聲符兼會意，"朋"有比并義，蓋比列鋪板則爲"棚"，即"連閣曰棚"，此"閣"即今擱義。《説文》："棚，棧也。"段注："《通俗文》曰：板閣曰棧，連閣曰棚。析言之也。許云：'棚，棧也。'渾言之也。今人謂架上以蔽下者皆曰棚。"《説文》"閣"字條段注："閣本訓直橜所以扞格者。引申之，橫者可以庋物亦曰閣，如

《內則》所云天子諸侯大夫士之閣，漢時天祿石渠閣，皆所以閣書籍皆是也。閣字之義如此，故凡止而不行皆得謂之閣。"《漢書・高帝紀上》："因説漢王燒絶棧道，以備諸侯盜兵，亦視項羽無東意。"顔師古注："棧即閣也，今謂之閣道。"必須注意的是，這裏所説的"閣道"，"閣"不能按今天理解爲是一個亭閣的形狀，"閣道"是指擱上木板而成的道路。

《説文》："棧，棚也。竹木之車曰棧。"段注："不言一曰者，其義同也。小雅傳曰：棧車，役車。箋云：棧車，輦者。許云竹木之車者，謂以竹若木散材編之爲箱，如柵然，是曰棧車。棧者上下四旁皆偁焉。《公羊傳》云：亡國之社，掩其上而柴其下。《周禮・喪祝》注作'奄其上而棧其下'。棧其下，謂以竹木布於地也。"朱駿聲《説文通訓定聲》："柵者竪編之，棚者横編之。"《古本小説集成》清刊本《大清全傳》第三十二回："院墻有壕溝，上棚蘆席，內有臟水，人若落下去，不能上來。""棚"即并列排着。

正因"棚"的核心語義是并列編排，故可表示拼湊、合并的意思，近代漢語中可寫"掤"、"拼"、"棚"、"捹"等諸形，很難説誰是本字，誰不是本字。我們關鍵要知道在這個詞的義位上有什麼樣的寫法，閲讀和研究時不至於迷惑。《拍案驚奇》卷十五《程元玉店肆代償錢　十一娘雲岡縱譚俠》："馬氏每每苦勸，只是舊性不改，今日三，明日四，雖不比日前的鬆快容易，手頭也還掤湊得來。""掤湊"即今拼湊義。或寫作"棚"，《古本小説集成》清刊本《躋雲樓》第一回："山上伐了幾顆大樹，截成橋樑，擱在空上；又雇木匠解了些板片，棚在橋上，兩旁修上欄杆，從此你往我來，個個便宜。"這是描寫修木橋的場面，"棚在橋上"即拼在橋上。《躋雲樓》第八回："（前殘）剔，不覺自己滅熄，室中甚是黑暗，那床下地棚板內，藏一□□□□□□□，見新人房中有些香氣，就從穴內鑽出，爬上床來。"同前："那蛇吃了個大飽，仍舊鑽入地棚板內臥下。"《躋雲樓》第八回："柳毅又問道：'房內是土地可是磚地呢？'貞娘回道：'當門地系磚鋪，兩斷間內俱系板棚。'柳毅又問道：'板是新棚的？可是原舊的？'貞娘回道：'當門磚系新鋪，里間板系舊棚。'"同前："柳毅仍把貞娘寄監,著差人多拿火把,來到隋家新人房內,把床抬出,點上火把,把地棚板一掀,下邊有個大穴,穴內蟠一大蛇。”這些“棚”不能按辭書一般的意義來解釋,顯然是拼湊、拼合的意思。《古本小説集成》明刊本《關帝歷代顯聖誌傳》卷三《酒樓顯聖捉柯三怨》:“衆人抵敵不住,個個都被三怨打倒。大步正要下樓,樓門邊撞着關大王,將三怨對胸攩住,三怨大呼:‘關爺救命!’便蹲倒樓棚上,只見三怨口角流涎,手足如病瘋的一般,憑他們綑縛去見趙學思。”“樓棚”即樓板。“棚”與“拼”是同源的。

《古本小説集成》清刊本《醒世姻緣傳》第七十回:“他是個做貂鼠的匠人,連年貂鼠甚貴,他凡做帽套,揀那貂鼠的脊樑至美的所在,偷大指闊的一條,積的多了,拵成帽套。”“拵”即拼湊,今中華書局標點本改作“拼”。“拼”字由-ŋ音變化爲-n,另外可以從“殯”字俗寫或從“兵”聲看出語音上的混同。殯,中古音屬震韻;兵,中古音屬庚韻。《古本小説集成》清刊本《躋雲樓》第二回:“殡葬之事,任從親家便宜,如有半句閑言,並非人類。”“殡”即“殯”的俗字。

以上我們闡述了“棚”、“閣”的基本含義,明白了它們的核心語義,則這些詞的各個義項就很容易理解了。

跑

磧砂藏本《經律異相》卷三《精舍二》:“復作一牛,身體高大,肥壯多力,麁脚利角,跑地大吼,奔突來前。”磧砂藏本卷末《音釋》:“跑地:上步交反。”慧琳《音義》卷七十八“捊地”條:“白茅反,或作抱、掊二〔形〕,同。以手指捊也。經從足作跑,非也,音雹也。”《齊民要術·種瓜》:“先臥鋤,耬却燥土,然後掊坑,大如斗口。”或作“掊”、“抱”等,《大正藏》本宋涼州沙門釋寶雲譯《佛本行經》卷六:“後脚跑地土,揚塵坌辱之。”(4/99/a)“跑”,《大正藏》校勘記曰:宋本、元本、明本作“掊”。

磧砂藏本《經律異相》卷三十一《須闡提太子割肉供父母命六》:“六欲諸天皆悉怯怖,下閻浮提,化作師子虎狼之屬,張目摑眥,跑地大吼,震跳騰躑,來欲搏齧。”慧琳所見此經作“爮地”,慧琳《一切經音義》卷七十九“爮地”條:“鮑包反,俗字也。或作捊,以前脚包地,牛虎猫犬之怒也。或作抱。《韻英》云:引取也。亦無定體。"《大正藏》本《經律異相》卷三十一作"咆地"(53/164/b)。《大正藏》本《佛本行集經》卷十八:"車匿入時,其馬乾陟,在淨飯王宫門之外,欲入門内觀瞻太子,左右行動坐臥之處,不見太子,淚下如流,爮地大鳴,譬如有人於大衆中説苦惱事。"(3/739/a)《大正藏》校勘記曰:"爮"字,宋本、元本、明本作"跑",聖本作"掊"。玄應對此經音義作"掊地",《玄應音義》卷十九"掊地"條:"蒲交反,《通俗文》:手把曰掊。《説文》作捊,或作抱,引取也。"

《四部叢刊》景明嘉靖本葛洪《西京雜記》卷四:"滕公駕至東都門,馬鳴跼不肯前,以足跑地久之。滕公使士卒掘馬所跑地,入三尺所,得石椁。"

《大正藏》本《根本説一切有部毗奈耶律》卷二十六:"牛亦出窟,搖動身體,出聲吼叫,以脚爮地,向師子前。"(23/768/c)《慧琳音義》卷六十對此經"爮地"條音義:"上音庖,俗字也,正體從手作捊,時人多呼爲孚字,非也。言爮地者,是牛王吼嗥之時,以前脚捊地。從爪包聲也。"

從上語例可知,"跑"、"掊"、"捊"、"抱"、"爮"等同源,都是爬或薄薄除去表皮的動作,因漢字是表意文字,脚爬地往往寫"跑",爪子爬或作"爮",以手則或寫"抱"、"捊"、"掊",以金屬工具、刀則或作"鉋"、"刨",它們的核心語義是一樣的。

參考文獻

[1] 王力.《漢語語音史》[M]. 北京:中國社會科學出版社,1985.
[2] 徐時儀.《一切經音義三種校本合刊》[M]. 上海:上海古籍出版社,2008.
[3] 袁賓.《禪宗著作詞語匯釋》[M]. 南京:江蘇古籍出版社,1990.
[4] 曾良.《明清通俗小説語彙研究》[M]. 南昌:江西教育出版社,2009.
[5] 張金泉、許建平.《敦煌音義匯考》[M]. 杭州:杭州大學出版社,1996.

(作者單位:廈門大學)

唐五代佛經音義書同源詞例考

蕭　旭

章太炎自謂“作《文始》以明語原，次《小學答問》以見本字，述《新方言》以一萌俗”①，徐復指出“求本字，探語源，爲語言研究之極致”②，蔣禮鴻曾提出過“解疑、通文、證俗、探源”的研究方向③。“探語源”是語言研究的一項重要而艱難的工作。唐五代佛經音義書《慧苑音義》、《玄應音義》、《慧琳音義》、《可洪音義》、《希麟音義》甚有助於上探語源，下尋語流，旁通同源，兹舉數例以見之。

一、“頗我”考

敦煌寫卷 S. 2073《爐山遠公話》：“汝也莫生頗我之心，吾也不見汝過。”又“卻道莫生頗我之心。”“頗我”共 2 見，舊有三種解釋：

(a) 閻崇璩曰：“‘頗’是‘傾’的訛字。‘傾’的含義之一是傾軋、排擠。”④

(b) 蔣禮鴻曰：“‘頗我’同‘彼我’，是己非人，較量爭勝的意思……《變文》的‘頗我’，似也可以用慧琳説的‘頗峨’來解釋，當作

---

① 章太炎《國故論衡・小學略説》。

② 徐復《〈廣雅詁林〉前言》，徐復主編《廣雅詁林》，江蘇古籍出版社 1998 年版，第 8 頁。

③ 蔣禮鴻《蔣禮鴻自傳》，《文獻》1980 年第 3 期，收入《蔣禮鴻集》第 6 卷，浙江教育出版社 2001 年版，第 615 頁。

④ 閻崇璩《敦煌變文詞語彙釋》，大東文化大學中國語大辭典編纂室資料單刊 VI，1983 年版，第 226 頁。

侮慢不敬講。但據上面所引,則仍以解作'彼我'爲較確切。這裏姑且附錄慧琳義以另備一解。"[1]潘重規曰:"'頗'當爲'彼'。"[2]項楚從潘校,釋云:"彼我之心,爭勝之心。"[3]

(c) 黄征、張涌泉曰:"(蔣禮鴻)二説不能並是,'彼我'即佛教所謂'分别相',與'頗我'當爲二詞,故慧琳説爲長。"[4]

要判斷三説是非,須系統考察"頗我"之異形同源詞。

《可洪音義》卷 13:"頗我:上普跛反,下正作䫶,五可反。"《正統道藏·太平部·道典論》卷之三《耽酒》:"醉便坐不自安,頗我低昂。"

或作"叵我"、"跛䟢"、"岥峨"、"砈硪"、"跛䟢"、"佊俄"、"跛哦"、"陂峨"、"陂哦"、"頗峨"、"巔峨"、"駊騀"、"破硪",《玄應音義》卷 3:"叵我:謂傾側搖動不安也。經文作跛䟢,或作岥峨,並未見字出處。"海山仙館叢書本、磧砂大藏經本、永樂南藏本"岥峨"並作"砈硪"。《玄應音義》卷 8、12"叵我"條並訓搖動不安,謂經文作"跛䟢"、"岥峨"並非也。《玄應音義》卷 8 海山仙館叢書本、磧砂大藏經本、永樂南藏本並作"砈硪"[5]。《慧琳音義》卷 9、30、33、74"叵我"條亦並訓搖動不安,謂經文作"跛䟢"、"跛哦"、"陂峨"、"陂哦"、"頗峨"並非也。《玄應》卷 3、《慧琳》卷 9 爲《放光般若經》卷 1《音義》,檢經文作"皆柔軟跛䟢踊沒",宋、元、明、宫本作"跛䟢"。《玄應》卷 8、《慧琳》卷 33 爲《月光童子經》卷 1《音義》,檢經文作"睥睨跛䟢,低仰如人跪禮之形",宋本作"佊俄",元、明本作"巔峨",宫本

① 蔣禮鴻《敦煌變文字義通釋》,收入《蔣禮鴻集》卷 1,浙江教育出版社 2001 年版,第 321—323 頁。

② 潘重規《敦煌變文新書》,文津出版社有限公司 1994 年初版,第 1076 頁。

③ 項楚《敦煌變文選注》,中華書局 2006 年版,第 1927 頁。

④ 黄征、張涌泉《敦煌變文校注》,中華書局 1997 年版,第 292 頁。

⑤ 《玄應音義》海山仙館叢書本收入《續修四庫全書》第 198 册,上海古籍出版社 2002 年影印。磧砂大藏經本收入《大藏經》第 97 冊,上海古籍出版社 1991 年影印。永樂南藏本收入《中華大藏經》(漢文部分)第 57 册,中華書局 1993 年版。

作“叵我”。《慧琳》卷 30 爲《大樹緊那羅王所問經》卷 1《音義》，檢經文作“諸山須彌頗峨涌沒，亦復如是”，宋、元、明、宫本作“岠峨”，“岠”爲“岥”形誤。《法苑珠林》卷 36 引《大樹緊那羅王所問經》作“駊騀”，宋、宫本“駊”作“頗”，元本“駊”作“巔”，明本“駊”作“陂”；宋、元、明、宫本“騀”作“峨”。《諸經要集》卷 4 引《大樹緊那羅王所問經》作“破硪”，宋、元、明、宫本誤作“嚬峨”。《玄應》卷 12、《慧琳》卷 74 爲《賢愚經》卷 3《音義》，檢經文作“六種震動，諸山大海，踞踧踊沒”。《正法華經》卷 3：“時大澍雨潤澤普洽，隨其種類各各茂盛，叵我低仰莫不得所，雨水一品周遍佛土，各各生長地等無二。”《伅真陀羅所問如來三昧經》卷 1：“其在會者，諸天龍鬼神一切，自於坐皆踊躍，陂峨其身，而欲起舞。”《菩薩本行經》卷 1：“作是願已，應時三千大千世界爲大震動，諸天宫殿陂峨踊沒，時諸天人馳動惶懅。”[①]《大乘悲分陀利經》卷 5：“時三千大千耐提蘭佛刹，六種震動，極大震動。悉極傾搖，陂峨踊沒。”又“令此娑訶佛土六種震動，岠峨涌沒，乃至金輪際。”又卷 6：“十方佛刹微塵數佛土普極震動，岠峨踊沒悉極傾搖。”“岠”爲“岥”形誤。《淨飯王般涅槃經》卷 1：“即時三千大千世界，六種震動。一切衆山，駊騀涌沒。”宋、元、明、宫本作“岠峨”，“岠”爲“岥”形誤。《類聚》卷 19 晉孫楚《笑賦》：“或中路背叛，更相毁賤，傾倚叵我，彫聲迄乎日晏，信天下之笑林，調謔之巨觀也。”此例“傾倚叵我”四字同義連文。明盧柟《滑令張侯碑》：“興伏頗峨，發劘殊肬。”《可洪音義》卷 5：“叵我：上古經作‘踞踧’，傾貌。”又“頗峨：山高動貌，側也，正作巔峨。”又“岥峨：上普可反，下五可反。”又卷 9：“岥峨：傾侹貌也，俗。”又卷 23：“頗峨：傾側貌也。”鄭賢章曰：“巔峨、岥峨，聯緜詞，與‘頗峨’、‘叵我’同。”[②]

字或作“岥峨”，《可洪音義》卷 5：“岥峨：上普果反，下五可

① 宋、元、明、宫本“馳”作“騷”，是也。

② 鄭賢章《〈新集藏經音義隨函錄〉研究》，湖南師範大學出版社 2007 年版，第 606 頁。

反。"《釋迦氏譜》卷 1:"大千世界岥峨踊沒。"明本作"巔峨"。《四分律刪繁補闕行事鈔》卷 3:"山林岥峨踊沒。"《四分律行事鈔資持記》卷 3:"岥音頗,峨音我。謂傾動也。"

字或作"叵俄"、"叵峨"、"頗䫀"、"頗俄"、"頗硪"、"呾峨",《可洪音義》卷 5:"叵峨:上普可反,下五可反。"又卷 9:"叵俄:上普火反,下五可反。"又"呾峨:倾俹皃也。俗。"《悲華經》卷 1:"爾時世尊釋迦牟尼說是解了一切陀羅尼法門時,三千大千世界六種震動,叵我踴沒。"宋本作"叵俄",元、明本作"陂峨"。《樹提伽經》卷 1:"一時俱倒,手脚繚戾,尻髖婀娑,狀似醉容,捶頭頗䫀,臥地不起。"又"人馬俱倒,手脚繚戾,腰髖婀娑,狀似醉容,頭腳跛跋,不復得起。"《諸經要集》卷 6 引《樹提伽經》作"狀似醉容,頭腦叵我,不復得起。"元、明本作"頗䫀"。《法苑珠林》卷 56 引《樹提伽經》作"陂峨",宋、元、明、宮本作"巨我","巨"爲"叵"形誤。《諸經要集》卷 19 引《淨飯王泥洹經》:"即時三千大千世界六種震動,一切眾山頗俄涌沒,如水上船。"宋本作"岠峨",元、明本作"陂峨",宮本作"頗硪"。《法苑珠林》卷 97 引《淨飯王泥洹經》作"駊騀",宋本作"頗峨",元、明本作"巔峨",宮本作"頗俄"。《佛說方等般泥洹經》卷 1:"佛告阿難:'寧見此童子從西方來者不乎?舞其兩足,叵俄其身。地爲二反大震動,見者肅然衣毛爲竪。'"宋、元、明、宮本作"駊騀"。《七佛八菩薩所說大陀羅尼神咒經》卷 1:"此陀羅尼神力,能使三千大千世界六種震動,山河石壁頗峨涌沒。"宋、甲本作"叵峨",元、明本作"巔峨"。《釋迦譜》卷 2:"即時三千大千世界,六種震動,一切眾生巔峨踊沒。"宋本作"頗俄",宮本作"頗硪"。《阿育王息壞目因緣經》卷 1:"爾時天地,六變震動,山河石壁,巔峨踊沒。"宋、宮本作"頗硪",元、明本作"砸硪"。

字或作"叵硪",《陀羅尼雜集》卷 1:"山河石壁破硪踊沒。"宋本作"叵硪",元、明本作"跛跋"。諸例皆爲搖動之義。

字或作"駊騀"、"駆騀"、"叵哦",《說文》:"駊,駊騀也。"敦煌寫卷 P. 3906《碎金》:"駊騀:頗我。"P. 2717《碎金》作"駊騀:博我反,下我。"朱鳳玉曰:"《玉篇》:'駊,駊騀,馬搖頭。騀,駊騀。'《切韻》:

‘駊,駊騀,馬行惡之貌。’”[①]《廣韻》:“駊,駊騀,馬惡行也。又音叵。”《慧琳音義》卷74:“駊騀:《説文》:‘駊騀,搖頭皃也。’傳作�也。”《集韻》、《類篇》:“駊,馬行皃。《説文》:‘駊,騀也。’或作駆。”《六書故》:“駊騀,馬行疾若頗俄也。當單作‘頗俄’。”“駊騀”狀馬行疾速而馬頭搖動傾側也。《可洪音義》卷10:“叵哦:正作頗䫯,下亦作俄也。頗䫯,醉貌。”唐韓偓《入内廷後詩》:“酒蕩襟懷微叵我,春牽情緒更融怡。”一本作“駊騀”。宋劉子翬《周元仲将出山》:“叵我三杯真性適,哈臺一枕萬緣休。”[②]

字或作“嶓峩”、“嶓峨”、“岂我”,《漢書·揚雄傳》《甘泉賦》:“崇丘陵之駊騀兮,深溝嶔巖而爲谷。”蘇林曰:“駊騀音叵我。”顔師古曰:“駊騀,高大狀也。”《文選》李善注:“駊騀,高大貌也。”《廣韻》:“嶓,嶓峩,山皃。”《可洪音義》卷5:“頗峨:山高動貌,側也。正作‘嶓峨’。”《龍龕手鑑》:“岂、岠、巓,三或作。嶓,今。岂我,山皃。”

字或作“髲鬟”,唐李商隱《日高》:“水精眠夢是何人,欄藥日高紅髲鬟。”清朱鶴齡《集注》:“駊騀,高大貌。髲鬟亦此意。”

今按本字爲“頗俄”,其餘字形並爲借字。“頗”、“俄”同義連文,傾側、傾衺之義。《説文》:“頗,頭偏也。”又“俄,行頃也。”《廣雅》:“佊、陂、傾、俄、頗、䫯,衺也。”“頃”、“傾”同,“俄”、“䫯”同,《玉篇》:“䫯,或爲俄。”《集韻》:“俄、䫯,行頃也,或从頁。”王念孫曰:“佊、彼、陂,並字異而義同。俄、䫯一字也。”[③]《可洪音義》卷10即指出:“叵我:正作‘頗䫯’。”元周伯琦《六書正譌》卷2:“頗俄,山高皃。俗作‘駊騀’,竝非。”以“駊騀”爲非,則拘矣。

---

① 朱鳳玉《敦煌寫本〈碎金〉研究》,臺北文津出版社1997年印行,第258頁。

② “哈臺”同“哈嚐”、“噏嚐”,睡息聲。參見蕭旭《〈世説新語〉吴方言例釋》,收入《群書校補》,廣陵書社2010年版。

③ 王念孫《廣雅疏證》,收入徐復主編《廣雅詁林》,江蘇古籍出版社1998年版,第181頁。

由本義傾側引申則爲搖動不安,“傾側”、“搖動”二義相因。《玄應》、《慧琳》所釋是也。《可洪音義》卷 22:“頗俄:山高搖動皃也。傾側皃也。”復引申爲山高大貌,蓋以傾搖欲墜也。又特指馬搖頭,專字作“駊騀”。復引申爲醉倒貌,蓋以醉者傾側搖動也。又引申爲倨傲侮慢不敬之皃。《慧琳音義》卷 30:“叵我:如醉人倨傲侮慢不敬之皃。經文有作‘岠峨’,或作‘頗峨’,皆不正也。蓋亦涉俗之言。”徐時儀謂“叵我”、“跙跢”、“岠峨”“似爲佛經所用的一個記音連緜詞”[①],未晰。

《嶋山遠公話》的“頗我”,當從《慧琳》卷 30 作倨傲侮慢不敬講。《漢語大詞典》:“[頗我]猶彼我。謂我是彼非。頗,通‘彼’。”[②]取蔣氏説,郭在貽等亦同[③]。並失之。閻崇璩改字説之,尤爲未允。

二、“蠠沒”考

《爾雅》:“蠠沒,勉也。”郭璞注:“蠠沒,猶黽勉。”邢昺疏:“蠠沒猶黽勉者,以其聲相近,方俗語有輕重耳。”

又聲轉爲“黽勉”、“僶勉”、“僶俛”、“黽俛”、“密勿”[④],敦煌寫卷 P. 2011 王仁昫《刊謬補缺切韻》:“僶,僶俛。通俗作僶。”唐張參《五經文字》卷上:“僶,僶勉之僶。”《可洪音義》卷 10:“僶俛:上彌忍反,下明辯反。”“俛”同“勉”。《詩·雲漢》:“旱既大甚,黽勉畏去。”《詩·谷風》:“黽勉同心,不宜有怒。”《釋文》:

---

① 徐時儀《玄應〈眾經音義〉研究》,中華書局 2005 年版,第 411 頁。

② 《漢語大詞典》(縮印本),漢語大詞典出版社 1997 年版,第 7268 頁。

③ 郭在貽《敦煌變文集校議》,收入《郭在貽文集》卷 2,中華書局 2002 年版,第 159 頁。

④ 《禮記·檀弓下》:“不沒其身。”《國語·晉語八》“沒”作“免”。此“沒”、“免(勉)”相通之證。《老子》第 13 章:“其上不皦,其下不昧。”昧,遂州龍興觀碑作“忽”,馬王堆帛書《老子》甲、乙本作“物”。《史記·孝武本紀》:“十一月辛巳朔旦冬至昧爽。”《漢書·郊祀志》作“昒爽”,顔師古注:“昒音忽。”此“未”、“勿”相通之證。

"黽,本亦作僶。黽勉,猶勉勉也。"《白帖》卷 24 引作"黽俛";《文選·爲宋公求加贈劉前軍表》李善註引《韓詩》作"密勿",又云:"密勿,僶俛也。"《詩·十月之交》:"黽勉從事,不敢告勞。"《漢書·劉向傳》、《漢書·楚元王傳》、《後漢書·皇甫規傳》李賢注引作"密勿",《漢紀》卷 22 引作"黽俛",《文選·悼亡詩》、《贈五官中郎將》李善註、《白帖》卷 41 引作"僶俛"。考《漢書·劉向傳》向上封事諫曰:"勉彊以從王事,則反見憎毒讒愬,故其詩曰:'密勿從事,不敢告勞。'"顏師古注:"密勿,猶黽勉。"是劉向據《韓詩》作"密勿",而解爲勉彊也。《賈子·勸學》:"然則舜僶俛而加志,我儃僈而弗省耳。"宋范處義《詩補傳》卷 18:"黽勉、猶豫,皆取諸物。黽,鼃屬也。鼃黽之行,勉強自力,故曰黽勉。猶,犬子也。犬子之行,往復不果,故曰猶豫。"宋孫奕《示兒編》卷 3:"黽,鼃屬也。……蛙黽之行,勉強自力,故曰黽勉。如猶之爲獸,其行趦趄,故曰猶豫。"此宋儒腐説,極盡穿鑿之能事,絕不可信。明朱朝瑛《讀詩略記》卷 3:"人之勉力,如鼃之奮躍,故曰黽勉。"此明人無學,崇尚新異之過也。

又聲轉爲"僶未"、"勉勿"、"僁未"、"僶僈"[①],《玄應音義》卷 4:"僶未:又作黽,同。僶俛,強爲之也。"《慧琳音義》卷 43"未"誤作"末"[②]。此條爲《華手經》卷 9《音義》,檢經文作"命促難保信,僶未生厭心"。元、明本作"勉勿",宮本作"僁未"。《玄應音義》卷 15:"僶俛:謂自强爲之也。律文作僈,非也。"

又聲轉爲"閔免"、"閔勉"、"侔莫"、"劺莫",《方言》卷 7:"侔莫,强也。北燕之外郊,凡勞而相勉若言努力者,謂之侔莫。"《廣雅》:"劺莫,强也。"《漢書·谷永傳》:"流湎媟嫚,溷殽無别,閔免遁樂,晝夜在路。"《漢書·五行志》作"閔勉",顏師古注:"閔勉,猶黽勉,言不息也。"明朱謀㙔《駢雅》卷 2:"閔免、侔莫、文莫、密勿、

① 《戰國策·趙策四》:"沒死以聞。"《戰國縱横家書》、《史記·趙世家》"沒"作"昧"。此"未"、"沒"相通之證。

② 《可洪音義》卷 8:"僶未:上彌忍反,俛強作也。"亦誤作"末"。

𪓰沒，勸勉也。”[①]明方以智《通雅》卷 7：“閔勉、閔免、僶勉，一也。轉爲‘密勿’、‘𪓰沒’，又轉爲‘侔莫’、‘文莫’。……蓋古讀勿如末如昧如沒。”又卷 36：“漢人用閔免、密勿，即僶勉，即《爾雅》之𪓰沒，《方言》之侔莫。”[②]段玉裁曰：“按《毛詩》‘黽勉’亦作‘僶俛’，《韓詩》作‘密勿’，《爾雅》作‘𪓰沒’。𪓰本或作蠠，蠠即蜜，然則《韓詩》正作‘蜜勿’，轉寫誤作密耳。《爾雅》《釋文》云：‘劻本作僶，又作黽。’是則《説文》之愐爲正字，而作劻，作𪓰，作蠠，作蜜，作密，作黽，作僶，皆其别字也。今則不知有愐字，而愐字廢矣。”[③]

又聲轉“文莫”、“文農”，朱駿聲曰：“《論語》：‘文莫，吾猶人也。’《廣雅》：‘𢾉莫，強也。’猶《毛詩》之‘黽勉’，《韓詩》之‘密勿’，《爾雅·釋詁》之‘𪓰沒’，《釋訓》之‘懋懊’，《封禪文》之‘旼穆’，《大戴·五帝德》之‘亹穆’，《漢書·谷永傳》之‘閔免’，《方言》二篇之‘紛毋’、七篇之‘侔莫’也。”[④]孫德宣曰：“‘文莫’即《爾雅》之‘𪓰沒’、《説文》之‘忞慔’、《方言》之‘侔莫’、《毛詩》之‘黽勉’、《韓詩》

① 朱謀㙔《駢雅》，收入《叢書集成新編》第 38 冊，新文豐出版公司 1985 年版，第 338 頁。

② 方以智《通雅》，收入《方以智全書》第 1 冊，上海古籍出版社 1988 年版，第 274、1091 頁。又參見姜亮夫《詩騷聯綿字考》，收入《姜亮夫全集》第 17 卷，雲南人民出版社 2002 年版，第 337—338 頁。

③ 段玉裁《説文解字注》，上海古籍出版社 1981 年版，第 506 頁。

④ 朱駿聲《説文通訓定聲》，武漢市古籍書店 1983 年版，第 416 頁。《論語·述而》之“文莫”，明楊慎《丹鉛總録》卷 15 引晉·欒肇《論語駁》曰：“燕、齊謂勉強爲文莫。”又引陳騤《雜識》：“《方言》：‘侔莫，强也。凡勞而勉，若云努力者，謂之侔莫。’”劉台拱、劉寶楠申證之。劉台拱《論語駢枝》、劉寶楠《論語正義》，轉引自程樹德《論語集釋》，中華書局 1990 年版，第 499 頁。朱駿聲曰：“文莫，按：猶忞慔。”朱駿聲《説文通訓定聲》，第 777 頁。阮元曰：“《方言》：‘侔莫，强也。’‘侔莫’即‘黽勉’之轉音。《方言》之‘侔莫’，即《論語》之‘文莫’（‘文莫’二字爲句，與‘聽訟，吾猶人也’‘聽訟’二字爲句同。）劉端臨曰：‘文莫吾猶人也，猶曰黽勉吾猶人也。’後人不解孔子之語，讀‘文’爲句，誤矣。”阮元《揅經室一集》卷 1《釋門》，收入《四部叢刊集部初編》。諸説並是也。何晏《集解》：“莫，無也。文無者，猶俗言文不也。”皇侃疏：“文，（转下见）

之‘密勿’、《洛誥》之‘民農’，皆一聲之轉，強力任事之謂也。”①《廣雅》：“文農，勉也。”王念孫曰：“農猶努也，語之轉耳。”②姜亮夫曰：“‘文莫’一聲之轉則爲‘文農’。”③

又聲轉爲“務輓”，《史記・貨殖傳》：“必用此爲務輓近世，塗民耳目，則幾無行矣。”《索隱》：“輓，音晚，古字通用。”王叔岷曰：“此當讀‘必用此爲務輓近世’爲句，必猶如也，輓借爲晚，《索隱》説是。‘輓近’複語，輓亦近也。此猶言‘如用此爲近世之務’耳。”④姜亮夫曰：“《索隱》輓字屬下讀，因以‘近’連文，遂誤爲晚耳。其實‘務輓’乃連文，輓即勉之借字，務讀亡無切，古無輕唇音，則當讀如懋，是‘務輓’即‘黽勉’矣。”⑤兹從姜説。

(接上页注文④)文章也。莫，無也，無猶不也。”朱熹注：“莫，疑詞。”以“莫”屬下句。裴學海從朱注，謂“莫猶或也”，以訓“黽勉”未允，徐仁甫説同。裴學海《古書虚字集釋》，中華書局 1954 年版，第 865 頁。徐仁甫《廣釋詞》，四川人民出版社 1981 年版，第 545 頁。吳承仕謂“莫”猶言“大約”，亦從朱注。楊伯峻采吳説，楊伯峻《論語譯注》，中華書局 1980 年版，第 76 頁。俞正燮謂“莫”爲語詞，屬上句。俞正燮《癸巳存稿》卷 3，收入《丛书集成新编》第 14 册，新文豐出版公司 1985 年版，第 18 頁。胡紹勳謂“莫”訓定，屬下句。胡紹勳《四書拾義》，轉引自程樹德《論語集釋》，中華書局 1990 年版，第 499 頁。諸説皆非。王引之曰：“‘莫’蓋‘其’之誤。”王引之《經義述聞》卷 32，江蘇古籍出版社 1985 年版，第 779 頁。王氏改字，尤爲失之。定州漢簡本作“幕”，即“莫”借字，可證“莫”字不誤。

① 孫德宣《聯綿字淺説》，《輔仁學志》11 卷 1、2 期合刊，1942 年。《説文》無“忞慔”連文之例，孫説蓋據朱駿聲“文莫猶忞慔”之説。

② 王念孫《廣雅疏證》，收入徐復主編《廣雅詁林》，江蘇古籍出版社 1998 年版，第 217 頁。

③ 姜亮夫《詩騷聯綿字考》，收入《姜亮夫全集》第 17 卷，雲南人民出版社 2002 年版，第 338 頁。

④ 王叔岷《史記斠證》，歷史語言研究所專刊之七十八，1983 年版，第 3426 頁。

⑤ 姜亮夫《詩騷聯綿字考》，收入《姜亮夫全集》第 17 卷，雲南人民出版社 2002 年版，第 338 頁。

又聲轉爲“亹穆”、“懋慔”、“旼睦”、“旼穆”、“紛毋”、“明農”,《書·洛誥》:“兹予其明農哉!”周秉鈞曰:“明,勉也。農亦勉也。”[①]《大戴禮記·五帝德》:“亹亹穆穆,爲綱爲紀。”《史記·司馬相如傳》《封禪文》:“旼旼睦睦,君子之能。”《漢書》作“旼旼穆穆,君子之態”。

又聲轉爲“謀面”、“侔免”,《尚書·立政》:“謀面用丕訓德。”于省吾曰:“按‘謀’,金文作‘誨’或‘每’或‘某’。英倫隸古定本‘謀’作‘悬’。‘面’即‘勔’。‘謀面’即《爾雅》之‘蠠沒’,《詩·十月之交》之‘黽勉’,《漢書·劉向傳》之‘密勿’,皆同聲叚字也。”[②]顧頡剛、劉起釪從之[③]。《管子·宙合》:“知道之不可行,則沈抑以辟罰,静默以侔免。”舊注:“侔,取也。”失之。

又聲轉爲“薄努”,《方言》卷 1:“釗、薄,勉也。秦晉曰釗,或曰薄,故其鄙語曰薄努,猶勉努也。南楚之外曰薄努。”《廣雅》:“薄努,勉也。”姜亮夫曰:“‘文農’雙聲之轉則爲‘薄努’。”[④]

又聲轉爲“黽敏”,敏、勉一聲之轉。宋黄裳《題楊氏聚義軒》:“黽敏慎所交,高攀古人風。”宋周必大《湯中丞啓》:“黽敏歲周,摧頽人後。”

西周中期彝銘習語“蔑曆”。阮元謂“蔑曆”當爲“蔑曆”,阮氏云:“按其文皆勉力之義,是‘蔑曆’即《爾雅》所謂‘蠠沒’,後轉爲‘密勿’,又轉爲‘黽勉’。”[⑤]《陝西新出土古代璽印》著錄“槁麋

---

① 周秉鈞《尚書易解》,岳麓書社 1984 年版,第 215 頁。

② 于省吾《尚書新證》卷 4,《雙劍誃群經新證》,上海書店 1999 年版,第 119 頁。

③ 顧頡剛、劉起釪《尚書校釋譯論》,中華書局 2005 年版,第 1668 頁。

④ 姜亮夫《詩騷聯綿字考》,收入《姜亮夫全集》第 17 卷,雲南人民出版社 2002 年版,第 338 頁。

⑤ 阮元《積古齋鐘鼎彝器款識》卷 5,阮元嘉慶九年自刊本。关于“蔑曆”的討論,還可參看以下文獻:于省吾《釋“蔑曆”》,《吉林大學學報》1956 年第 2 期。趙光賢《釋“蔑曆”》,《歷史研究》1956 年第 11 期。唐蘭《“蔑曆”新詁》,《文物》1979 年第 5 期。邱德修《商周金文“蔑曆”初探》,五南(转下页)

無”[①],《古璽彙編》著錄“麋亡”[②],皆爲成語印。蕭毅指出“‘麋無’當是‘麋亡’這個聯綿字的又一種寫法”[③]。

倒言則作“悗密”,《韓子·忠孝》:“古者黔首悗密蠢愚。”舊注:“悗,忘情貌。”失之。姜亮夫曰:“‘悗密’即‘黽勉’之倒言。”[④]日本學者物雙松曰:“‘悗密’、‘黽勉’、‘密勿’、‘文莫’,皆同。”[⑤]朱起鳳以“悗密”與“黽勉”、“僶俛”、“侔莫”、“釛莫”、“文莫”、“旼穆”、“密勿”、“蠠沒”等詞同[⑥]。陳奇猷曰:“‘悗密’是雙聲謰語,亦作‘密密’、‘密勿’、‘黽勉’等。”[⑦]

倒言又作“茂明”,《漢書·董仲舒傳》:“子大夫其茂明之。”顔注:“茂,勉也。”朱起鳳曰:“‘茂明’乃‘黽勉’之倒文。”[⑧]

倒言又作“俛僶”,唐白居易《即事詩》:“從容就中道,俛僶來保鳌。”《文苑英華》卷362唐陳黯《代河湟父老奏》:“時未可謀,則俛僶偷生。”

(接上页注文⑤)書出版公司,1987年版。張光裕:《新見曶鼎銘文對金文研究的意義》,《文物》2000年第6期。晁福林《金文“蔑曆”與西周勉勵制度》,《歷史研究》2008年1期。

① 伏海翔《陝西新出土古代璽印》,上海書店出版社2005年版,第151頁1130號。

② 羅福頤《古璽彙編》,文物出版社1981年版,第62頁0360號。

③ 蕭毅《“麋亡”印釋》,《中國文字》新26期,2002年。

④姜亮夫《詩騷聯綿字考》,收入《姜亮夫全集》第17卷,雲南人民出版社2002年版,第338頁。

⑤ 物雙松《讀韓非子》,轉引自張覺《韓非子全譯》,貴州人民出版社1992年版,第1097頁。

⑥ 朱起鳳《辭通》,上海古籍出版社1982年版,第1407—1408頁。朱氏又謂《抱朴子外篇·勗學》:“是以聖賢罔莫孜孜而勤之,夙夜以勉之”之“罔莫”亦同,云:“‘罔莫’亦即‘文莫’,文、罔聲之轉。”蕭毅從之。蕭毅《“麋亡”印釋》,《中國文字》新26期,2002年。此説未是。盧本“罔莫”作“罔不”,義同。

⑦ 陳奇猷《韓非子新校注》,上海古籍出版社2000年版,第1160頁。

⑧ 朱起鳳《辭通》,上海古籍出版社1982年版,第1408頁。

重言則作“勉勉”、“莫莫”、“亹亹”、“旼旼”、“穆穆”、“勿勿”、“懋懋”、“慔慔”①。

附記:(1) 佛經中有“俛仰”一詞,爲勉強之義。《維摩詰所説經》卷 1:“魔以畏故,俛仰而與。”《佛説維摩詰經》卷 1 作“魔以畏故,強與玉女”。此爲顯證。《玄應音義》卷 5、12:“俛仰:無辯反。俛,低頭也,言閔默不已也。”又卷 8:“俛仰:無辯反。謂自強爲之也。《説文》:‘俛,此俗頫字,謂低頭也。’仰謂舉首也。”玄應注音是,釋義非也。“俛”音無辯反,即《廣韻》之亡辨切(miǎn)也,當與“勉”同。《賢愚經》卷 2:“更無力能,俛仰而坐。”宋、元本“俛”作“勉”,此亦爲顯證。玄應謂俛爲頫俗字,訓低頭;仰訓舉首,則失之。“仰”疑當爲“僶”缺誤。訓勉強義的“俛仰”,當作“俛僶”。“俛僶”爲“僶俛”之倒文。《大智度論》卷 11:“不知我今能與論不,僶俛而來。”《法苑珠林》卷 53 引作“俛仰而來”。《高僧傳》卷 3:“商人相視失色,僶俛而止。”《出三藏記集》卷 15、《開元釋教録》卷 3、《貞元新定釋教目録》卷 5 並同。《法苑珠林》卷 25 作“俛仰而止”。此“僶俛”誤作“俛仰”之證。《玄應音義》卷 9、13、15“僶俛”條訓自強爲之也,並指出“俛”音無辯反。唐窺基《説無垢稱經疏》卷 4:“俛者俯也,仰者仰也。厄不得已,故言俛仰。魔怖惱亂,俯仰與之,非其本心,故言俛仰。”唐道掖《淨名經關中釋抄》卷 2:“俛仰者,低頭也。仰者,舉首也。言閔默不已,強自與之。”宋智圓《維摩經略疏垂裕記》卷 7:“俛仰者,謂低頭。仰,舉首也,謂自強爲之也。”則唐代已不知“仰”爲“僶”之誤矣。耿銘採取玄應、窺基之説,從而爲之辭,曰:“根據‘低頭、抬頭’動作所隱含的內在的心理特徵進行,引申出……‘勉強、只好’,同時也在詞性和語法方面發生了變化。”殊爲牽強。耿君也承認:“關於‘俛仰’,還有許多問題需要討論,如‘俛’爲什麼玄應兩次讀爲‘無辯反’,‘俛’、‘俯’、‘頫’三個

① 參見姜亮夫《詩騷聯綿字考》,收入《姜亮夫全集》第 17 卷,雲南人民出版社 2002 年版,第 338 頁。

字的聯繫與區别,等等。"[①]其實如果認爲"俛仰"爲"俛僶"之誤,一切問題皆迎刃而解矣。

訓低頭抬頭之"俛仰","俛"音匪父切(fǔ),别爲一詞。

(2)《禮記·曲禮上》:"國中以策彗卹勿驅,塵不出軌。"鄭注:"卹勿,搔摩也。"吴澄曰:"彗卹,謂埽拂之。勿驅,謂勿以策策馬令疾行也。"[②]馬瑞辰曰:"'黽勉'、'密勿'、'蠠沒'、'閔免',並字異而音義同也。'閔免'又轉爲'文莫'。'卹勿'亦'蠠沒'之轉。"[③]朱起鳳曰:"滅拂即埽除之義。卹、滅音近古通。《淮南子·道應訓》:'相天下之馬者,若滅若失。'《莊子·徐無鬼篇》作'若卹若失',是其證也。勿、拂同音通用。"[④]按:鄭注是也。《莊子釋文》:"卹,音恤。"《白帖》卷96引《莊子》"卹"作"恤",成疏訓"憂虞",失之。卹,朱氏得其義,未得其字,卹、恤當讀爲戌。《釋名》:"戌,恤也,物當收斂,矜恤之也。"《史記·司馬相如傳》《子虚賦》:"揚袘卹削。"《漢書》、《文選》、《事類賦注》卷12作"戌削"。《史記·司馬相如傳》《上林賦》:"眇閻易以戌削。"《漢書》作"恤削",《文選》作"卹削"。此卹、恤讀爲戌之證。《説文》:"戌,滅也。"《淮南子·天文篇》、《白虎通義·五行》並云:"戌者,滅也。"《史記·律書》:"戌者,言萬物盡滅,故曰戌。"字或作洫,《莊子·則陽》:"與世偕行而不替,所行之備而不洫。"《釋文》:"洫,濫也。王云:'壞敗也。'"林希逸注:"洫者泥着而滔溺之意也。"又《齊物論》:"其厭也如緘,以言其老洫也。"林希逸注:"洫者,謂其如墜於溝壑也。"此洫字亦當讀爲戌,林注並非。劉師培曰:"卹、恤二誼,並由侐義引申,《詩·魯頌》:'閟

① 耿銘《佛經中"俛仰"一詞音義考》,收入徐時儀、陳五雲、梁曉虹編《佛經音義研究論文集——首屆佛經音義研究國際學術研討會論文集》,上海古籍出版社2006年版,第129、130頁。

② 轉引自孫希旦《禮記集解》,中華書局1989年版,第102頁。

③ 馬瑞辰《毛詩傳箋通釋》,中華書局1989年版,第130—131頁。

④ 朱起鳳《辭通》,上海古籍出版社1982年版,第2360頁。

宮有侐。’毛傳云：‘清靜也。’《説文》訓侐爲靜。”[①]錢穆從劉説[②]。劉文典曰：“卹字無義，疑滅之誤。”[③]馬敘倫曰：“卹、滅並借爲忽，聲同脂類。”[④]鍾泰曰：“卹，憂也。”[⑤]楊柳橋曰：“卹，當借爲颮，疊韻通借字。”[⑥]諸説並未得。

三、“團欒”考

《玄應音義》卷 4：“團欒：團圓也。圓匝也。”《慧琳音義》卷 43 作“團圓周匝也”。《玄應音義》卷 19、《慧琳》卷 56：“團欒：猶團圓也，圓帀也。”《慧琳音義》卷 35：“團欒：俗語也，即團圓也。”

本作“團圝”，《玉篇》：“圝，團圝也。”《廣韻》：“圝，團圝，圓也。”《可洪音義》卷 8：“團欒：圓也，正作圝。”又卷 14、22：“團欒：正作圝。”“團圝”當爲同義連文，《説文》：“團，圜也。”《類篇》：“圝，圜也。”《希麟音義》卷 5：“團圝：上徒官反，《切韻》：‘團圓也。’下落官反，《切韻》：‘團圝也。’《字書》：‘圝亦團也。’”《龍龕手鑑》：“圝，團圓也。”《集古今佛道論衡》卷 4：“解義亦團欒。”宋、元、明、宮本作“團圝”。《菩提場所説一字頂輪王經》卷 1：“身相圓滿，不太肥，不太瘦，亦不乾悴，爪如赤銅，踝骨平滿，身形長大，肌膚潔白，不太團圝，齒不踈黑，眼目不睞，亦不黄緑。”宋、元、明、乙本作“團欒”。

或作“團圞”，唐杜荀鶴《亂後山中作》：“兄弟團圞樂，羇孤遠近歸。”《太平廣記》卷 255 引《御史臺記》：“飄風忽起團圞旋，倒地還

---

① 劉師培《莊子斠補》，收入《劉申叔遺書》，江蘇古籍出版社 1997 年版，第 889 頁。

② 錢穆《莊子纂箋》，臺灣東大圖書股份有限公司 1985 年第 5 版，第 200 頁。

③ 劉文典《莊子補正》，收入《劉文典全集(2)》，安徽大學出版社、雲南大學出版社 1999 年版，第 658 頁。

④ 馬敘倫《莊子義證》卷 24，收入《民國叢書》第 5 編，據商務印書館民國 19 年版影印，第 2 頁。

⑤ 鍾泰《莊子發微》，上海古籍出版社 2002 年版，第 553 頁。

⑥ 楊柳橋《莊子譯詁》，上海古籍出版社 1991 年版，第 488 頁。

如著腳𨈬。"宋釋覺範《石門文字禪》卷4:"心如旋磨驢,日夜團圞轉。"

或作"團巒",宋周必大《文忠集》卷166《閒居録》:"北行望一山,團巒與衆峰不同,土人謂之聖嶺。"明李賢《明一統志》卷35:"團巒山,在兩當縣境,山峰聳秀。"

或作"團變",明劉麟《與喬白巖》:"夫以凡下細人,如此而歸,將與西溪南原東橋藥物團變,丘園順適,死則同情,生無愧也。"

或作"團亂",宋郭茂倩《樂府詩集》卷53《舞曲歌辭》解題云:"開元中,又有涼州緑腰、蘇合香、屈柘枝、團亂旋,甘州回波樂,蘭陵王春鶯囀,半社渠借席烏夜啼之屬,謂之軟舞。"明·胡震亨《唐音癸籤》卷14:"舞曲:團亂旋。"自注:"一作團圓旋。"

或作"團攣",《何典》第2回:"自然生副搓得團攣捏得扁的糯米心腸。"

或謂"團欒"合音爲"團",此説失之。《六書故》:"欒,又借爲團欒,俗語。團欒、突欒,皆合之爲團也。""突欒"、"㓷欒"則爲"團"之分音,《六書故》:"團,今人謂之突欒,突欒之合爲團。"宋宋祁《宋景文筆記》卷上《釋俗》:"孫炎作反切語,本出於俚俗,常言尚數百種,故謂……團曰突欒……不可勝舉……國朝林逋詩云:'團欒空遶百千回',是不曉俚人反語,逋雖變突爲團,亦其謬也。"明焦竑《俗書刊誤》卷5《略記字義》:"古語有二聲合爲一字者,此切字之始也。如……㓷欒爲團,皆里巷常談,不可勝舉。林和靖詩云'團欒空繞百千回',是不知反切,改㓷爲團,失其旨矣。"①

或作"突圞",音衍爲"踢突圞"、"㓷突圝",《禪宗頌古聯珠通集》卷36:"巨靈擡手擘不破,始信從前踢突圞。"考《續古尊宿語要》卷3:"以兩手,畫一圓相,擘開,捺膝云:'渾崙擘不破。'""踢突

① 宋胡仔《漁隱叢話》前集卷27、宋吳箕《常談》、宋孫奕《示兒編》卷22、宋朱輔《溪蠻叢笑》、宋洪邁《容齋三筆》卷16、宋魏了翁《經外雜抄》卷2、明李詡《戒菴老人漫筆》卷5《今古方言大略》、明田汝成《西湖遊覽志餘》卷25《委巷叢談》並謂"突欒爲團"。

圞”即狀渾崙之相也。《雪峰義存禪師語錄》卷 2:“冬瓜長儱侗,葫蘆𠜾突圝。”清范寅《越諺》卷下:“所謂‘梁上梁下’、‘柏上柏下’、‘埋上埋下’者,形如摺扇張面,接塘之沙猶窄,濱海之漲,突圞轉也。”①清翟灝《通俗編》卷 34:“今之俚俗有所謂‘突圞轉’,猶循于古。”②

四、“俾倪”考

1.“俾倪”有四義,一爲傾側不正、邪視;二爲女牆;三爲側擊聲;四爲車名或車具名。

1.1 義爲傾側不正、邪視。

《史記·信陵君傳》:“俾倪,故久立。”《正義》:“俾倪,不正視也。”《集韻》:“俾、睥:俾倪,邪視,或从目。”

字或作“睥睨”,《廣韻》:“睨,睥睨。”《增韻》:“睥睨,邪視。”上引《史記》例,《白帖》卷 44、《通鑑》卷 5、《通志》卷 94 作“睥睨”,胡三省註:“睥睨,不正視也。”

字或作“辟倪”、“辟睨”、“僻倪”、“辟晲”,《史記·魏其武安侯傳》:“辟倪兩宮間。”《索隱》引《埤倉》:“睥睨,邪視也。”《漢書·灌夫傳》作“辟睨”,顏師古注:“辟睨,傍視也。本作‘睤睨’。”宋婁機《班馬字類》卷 4 引作“僻倪”。宋吕祖謙《大事記解題》卷 12 引作“辟晲”,《記纂淵海》卷 50 引作“睥睨”。“辟”、“僻”爲“睥”借音字。“晲”爲“睨”借音字③。

字或作“睤睨”、“俾睨”、“睥晲”,《集韻》:“睥,睥睨,視也,或作俾、睤、辟。”《宋書·劉湛傳》:“睤睨兩宮。”又《周朗傳》:“尚方今造一物,小民明已睥睨;宮中朝制一衣,庶家晚已裁學。”《通鑑》卷 127、《通鑑總類》卷 9 並作“睤睨”,胡三省注:“睤與睥同。”

---

① 范寅《越諺》(侯友蘭等點注),人民出版社 2006 年版,第 333 頁。

② 翟灝《通俗編》,影印清乾隆十六年翟氏無不宜齋刻本,收入《續修四庫全書》第 194 册,上海古籍出版社 1995 年版,第 615 頁。

③ 魏嵇康《琴賦》:“邪晲崑崙,俯闞海湄。”《文選》作“睨”。

字或作“睤眄”,《類聚》卷 9 宋謝惠連《汎南湖至石帆詩》:“登陟苦跋涉,睤眄樂心耳。”①《廣韻》“眄”、“睨”並讀五計切,同音通假②。

字或作“睥䀣”,唐李德裕《幽州紀聖功碑銘》:“其来也,瀰漫陰山,睥睨高闕。”《文苑英華》卷 871 作“睤睨”,注:“二本作‘俾睨’。”《唐文粹》卷 59 作“睥䀣”。唐張彦遠《法書要録》卷 9:“曾不睥䀣競巧。”明梁寅《公莫舞》:“使一夫睥䀣而相攻。”

字或作“聛䀣”,《周禮·龜人》鄭注:“左倪靁,右倪若。”唐賈公彦疏:“……故不能長前後而頭向左相聛䀣然……故亦不長前後而頭向右聛䀣然。”明王介之《春秋四傳質》卷下:“聛䀣中國,欲剪滅之。”“聛”爲“睥”借音字。

字或作“聛睨”,宋李心傳《建炎以來繫年要録》卷 146:“前此獨無敢聛睨者。”宋蒲宗孟《老蘇先生祭文》:“談笑聛睨兮,若無巧匠。”《古今合璧事類備要》別集卷 79 引王延壽《王孫賦》:“時遼落以蕭索,乍聛睨以容與。”《初學記》卷 29、《古文苑》卷 6 引並作“睥睨”。明李先芳《宜春臺》:“春臺獨上俯千家,聛睨風高起曙鴉。”明黄道周《緇衣集傳》卷 4:“有太廟齋郎方軫者,上書言蔡京聛睨社稷,内懷不道。”

字或作“卑耳”、“辟耳”、“辟咡”,《國語·齊語》:“縣車束馬,踰大行與辟耳之谿。”《管子·封禪》、《史記·封禪書》、《漢書·郊祀志》並作“卑耳之山”。《集解》引韋昭曰:“卑耳即《齊語》所謂辟耳。”《索隱》:“辟音僻。”宋宋庠《國語補音》:“卑、辟聲近,二音並通。”《禮記·曲禮上》:“負劍辟咡詔之。”鄭注:“辟咡詔之,謂傾頭與語。口旁曰咡。”又《少儀》:“有問焉,則辟咡而對。”朱駿聲曰:

① 《會稽志》卷 20、《古詩紀》卷 59 誤作“睤盼”,《漢魏六朝百三家集》卷 71 誤作“睤眄”。

② 《戰國策·韓策二》:“韓挾齊魏以眄楚。”鮑彪注:“眄,睥睨也。”吳師道《補正》:“眄,恨視也。”鮑説是,眄讀爲睨。吳以本字説之,未得。《史記·韓世家》“眄”作“圍”,别一義。

"按：猶俾倪，近視也。"[①]辟睨猶言傾側也。

明方以智《通雅》卷 7："辟倪，通作'俾倪'、'陴辭'、'睥睨'、'壀堄'。"[②]明朱謀㙔《駢雅》卷 2："辟倪、睥睨、睤睍，側目也。"[③]

1.2 義爲女牆。

《墨子·備城門》："俾倪廣三尺，高二尺五寸。"

字或作"埤院"，《墨子·號令》："其兩旁高丈爲埤院。"畢沅曰："院當爲倪。"[④]岑仲勉曰："'埤院'同'俾倪'。"[⑤]

字或作"僻倪"、"睥睨"，《左傳·宣公十二年》："陴者皆哭。"杜注："陴，城上僻倪。"孔疏："僻倪者，看視之名。"《御覽》卷 317 引作"陴，城上睥睨"。

字或作"埤堄"，《廣雅》："埤堄，女牆也。"王念孫曰："埤堄，字或作俾倪，或作睥睨，或作僻倪。"[⑥]《玄應音義》卷 2、3、17 三引《廣雅》並作"俾倪"。《尊勝菩薩所問一切諸法入無量門陀羅尼經》卷 1："因集多舍巷陌樓閣埤堄却敵，園林池塹，名之爲城。"宋本作"俾倪"。《阿毘達磨大毘婆沙論》卷 188："其牆堅厚，却敵樓櫓，埤堄寮窓，並皆嚴備。"宋、元、明、宮本作"睥睨"。《大方廣佛華嚴經》卷 13："閻浮檀金種種眾寶，而爲埤堄。"和本作"睥睨"。

字或作"陴倪"，《左傳·宣公十二年》孔疏引《廣雅》："陴倪，女墻也。"

字或作"壀堄"、"顊頣"、"臎睨"，獅谷本《慧苑音義》卷上：

① 朱駿聲《説文通訓定聲》，武漢市古籍書店 1983 年版，第 536 頁。

② 方以智《通雅》，收入《方以智全書》第 1 冊，上海古籍出版社 1988 年版，第 279 頁。"陴辭"疑當作"陴院"、"壀院"。

③ 朱謀㙔《駢雅》，收入《叢書集成新編》第 38 冊，新文豐出版公司 1985 年版，第 338 頁。

④ 轉引自孫詒讓《墨子間詁》，中華書局 1986 年版，第 570 頁。

⑤ 岑仲勉《墨子城守各篇簡注》，中華書局 1958 年版，第 136 頁。

⑥ 王念孫《廣雅疏證》，收入徐復主編《廣雅詁林》，江蘇古籍出版社 1998 年版，第 537 頁。

"僻垙:《廣雅》:'僻垙,女墻也。'按賈注《國語》僻字作埤,杜注《左傳》作陴,《廣雅》作僻,籀文作䠙。今經本作俾倪字者。又有頩頣及睤睨之字,並是左右傾首邪視也。或云車中傾視於外也,謂蓋竿也。"《麗》、《金》本"睤睨"作"腗脫"[①]。《龍龕手鑑》:"僻,僻垙,女墻也。與埤、陴、䠙四同。"《可洪音義》卷25:"俾倪:上步米反,下五禮反。僻垙,同上。""頣"、"脫"當爲"睨(覞)"或體,《可洪音義》卷27"魚脫",亦作此形。"腗"涉"脫"類化。

字或作"頩倪"、"鞞垙"、"頩兒"、"僻睨"、"䠙垙",《玄應音義》卷2、18"俾倪"條並云:"《三蒼》作頩倪,又作鞞垙二形,同。"[②]又卷8:"俾倪"云:"或作頩倪兩字,又作鞞垙二形,《字林》同。俾倪,傾側不正也。"頩倪,《永》、《海》、《磧》、《慧琳音義》卷33作"頩兒"[③];鞞垙,《慧琳》作"䠙垙"。又卷17:"俾倪:又作鞞垙,二形同。"《玄應》卷8爲《月光童子經》卷1《音義》,檢經文作"睥睨距跋,低仰如人跪禮之形",宮本作"俾倪",明本"僻睨"。《慧琳音義》卷73:"俾倪:又作䠙垙二形,《三蒼》作頩倪二形,同。""鞞"、"䠙"爲"睥"借音字,"垙"爲"睨"借音字。

字或作"壀垙",《慧琳音義》卷38:"俾倪:《考聲》云:'俾倪,城上女牆也。'正從土作'壀垙',或從目作'睥睨',音義並同也。"《集韻》:"壀,壀垙,陴也。"又"壀,壀垙,城上垣,或作埤。"

字或作"陴院",《説文》:"陴,城上女牆俾倪也。"俾倪,《繫傳》

---

① 慧苑《大方廣佛華嚴經音義》高麗藏本、金藏廣勝寺本並收入《中華大藏經》(漢文部分)第59冊,中華書局1993年版。簡稱爲《麗》、《金》。《慧琳音義》卷21同,所據《慧琳音義》爲高麗藏本,收入《中華大藏經》(漢文部分)第57—59冊,中華書局1993年版。下同。

② 所據《玄應音義》爲高麗藏本,收入《中華大藏經》(漢文部分)第57冊,中華書局1993年版。下同。

③ 《玄應音義》永樂南藏本收入《中華大藏經》(漢文部分)第57冊,中華書局1993年版。海山仙館叢書本收入《續修四庫全書》第198冊,上海古籍出版社1995年影印。磧砂大藏經本收入《大藏經》第97冊,上海古籍出版社1991年影印。分別簡稱爲《永》、《海》、《磧》。

作“睥睨”,《六書故》引作“陴院”,又云“别作埤”。《阿毘曇毘婆沙論》卷 46:“所有樓觀却敵睥睨,種種窓牖皆悉毁壞。”元、明、宫本作“埤堄”。《阿毘達磨大毘婆沙論》卷 105 作“埤堄”,宋、宫本作“陴院”,元、明本作“睥睨”。《頂生王故事經》卷 1:“爾時大王頂生遥見城郭樓櫓埤堄。”宋本作“陴院”。《放光般若經》卷 20:“譬如天錦城上臺觀樓閣陴院皆七寶作。”宋、元、明本作“埤堄”,宫、聖本作“俾倪”。《續高僧傳》卷 4:“上如陴堄皆甎爲之。”宋本作“埤堄”。

字或作“𨻶院”、“脾脫”,《希麟音義》卷 2:“俾倪:《説文》作‘壀堄’又作‘𨻶院’,經本或作‘脾脫’,非也。”《大般涅槃經》卷 2:“具足種種功德珍寶戒定智慧以爲牆塹埤堄。”宫本作“脾脫”。《佛説立世阿毘曇論》卷 4、5:“埤堄高半由旬。”宫本作“陴院”。《法苑珠林》卷 3 引同,宋、宫本作“脾脫”。

字或作“壀蜺”,《六書故》:“睥睨,斜目詹相也。古通作‘俾倪’,亦作‘辟倪’。城上女牆可蔽以貼敵者,因名睥睨。别作壀蜺。”

1.3 義爲側擊聲。

字或作“敕敓”、“敳敓”,《玉篇》:“敕,敕敓。敓,敕敓。”《廣韻》:“敓,敕敓,擊聲。”又“敓,敳敓皃。”[①]又“敕,敕敓,毁也。”《集韻》:“敓,敕敓,毁也。”《龍龕手鑑》:“敓,敕敓,擊聲也。”清薛傳均曰:“在人部爲俾倪,在支部爲敕敓,皆與睥睨義同。[②]”“敕敓”、“俾倪”同源,則當爲側擊聲。

1.4 義爲車名或車具名。

《急就篇》卷 3:“蓋轑俾倪枙縛棠。”顔師古注:“俾倪,持蓋之杠,在軾中央,環爲之,所以止蓋弓之前卻也。”《慧苑音義》卷上:

---

① 余迺永《校勘記》:“元本、明本皃字作‘毁’。楝亭本作‘毁也’。”余迺永《新校互注宋本廣韻》,上海辭書出版社 2000 年版,第 604 頁。

② 薛傳均《説文答問疏證》,收入丁福保《説文解字詁林》,中華書局 1988 年版,第 8661 頁。

"今經本作俾倪字者,按《聲類》乃是軾中環持蓋杠者也。"車中之杠可以持以左右邪視,故指持蓋之杠。

字或作"轉輗"、"轔輗"、"睥睨",《釋名》:"轉輗,猶祕齧也,在車軸上,正輪之祕齒前却也。"孫詒讓校曰:"'軸'当作'軾','輪'当作'轑','轑'与'橑'同。"①《集韻》:"轉,轉輗,車名。"《宋書·五行志》:"桓玄出遊大航南,飄風飛其轉輗蓋。"②晉崔豹《古今注》卷上:"曲蓋,太公所作也。武王伐紂,大風折蓋,太公因折蓋之形而制曲蓋焉。戰國常以賜將帥,自漢朝乘輿用四,謂爲轔輗蓋,有軍號者賜其一也。"《玉海》卷 91 引之,有注:"唐大駕鹵簿有俾倪十二,今作睥睨。"《御覽》卷 702、《天中記》卷 49 引《古今注》並作"睥睨"。《新唐書·儀衛志》:"大駕鹵簿……睥睨十二。"《大唐開元禮》卷 2、《通典》卷 107:"大駕鹵簿……俾倪十二。"《宋史·儀衛志》:"睥睨,如華蓋而小。"諸名蓋皆取義於邪視也。專字從車作"轉輗"、"轔輗"。朱起鳳曰:"'轉輗'作'俾倪',同音通假也。"③關於其形制,汪少華指出:"'轉輗(俾倪)'與'傾斜'有關……因而就用'轉輗(俾倪)'來指稱處於被環持括約狀態表現爲略微曲斜的蓋杠,也指稱這種在車軾中央或車輿某處用以括約固定蓋杠的環或環形構件。"④

考《説文》:"頼,傾首也。睨,衺視也。覞,旁視也。"⑤《玄應音義》卷 8:"頼面:《説文》:'傾頭也。'《蒼頡篇》:'不正也。'《廣雅》:'頼,衺也。'"段玉裁曰:"(覞、睨)二字音義皆同。"⑥朱駿聲曰:"按

① 孫詒讓《札迻》,齊魯書社 1989 年版,第 66 頁。又見孫詒讓《周禮正義》,中華書局 1987 年版,第 3180 頁。

② 《晉書·五行志》同。

③ 朱起鳳《辭通》,上海古籍出版社 1982 年版,第 1860 頁。

④ 汪少華《"轉輗"考》,《語言研究》2002 年第 4 期;收入《中國古車輿名物考辨》,商務印書館 2005 年版,第 41 頁。

⑤ 《繫傳》作"覞,内視也",誤。《集韻》、《類篇》引《説文》及《玉篇》並作"旁視"。

⑥ 段玉裁《説文解字注》,上海古籍出版社 1981 年版,第 407 頁。

(覞)當爲睨之或體。"[①]二説並是。《楚辭·離騷》朱子《集註》:"睨,旁視也。"《莊子·天下》《釋文》:"李云:'晲,側視也。'"今閩語猶謂斜視爲睨[②]。朱珔曰:"覞可爲睨之通假。"[③]猶隔一間。

"俾倪"本字當作"頼睨(覞)",謂傾首衺視也。專字從目作"睥睨",《廣雅》:"睥睨,視也。"《淮南子·修務篇》:"則布衣韋帶之人過者,莫不左右睥睨而掩鼻。"《玄應音義》卷8"俾倪"條、"頼面"條二引《淮南子》並作"左頼右倪",《慧琳音義》卷53"睥睨"條引《淮南子》作"左睥右睨也"。《玉篇》:"睥,左睥右睨。"亦當爲暗引《淮南子》。宋賈昌朝《羣經音辨》卷3:"倪,顧視也。"可證字從目、從人、從頁一也。

段玉裁曰:"俾倪疊韵字,或作'睥睨',或作'埤堄',皆俗字。城上爲小牆,作孔穴可以窺外,謂之俾倪。"[④]城上小牆可依以候望、窺視,故謂女墻爲"俾倪",專字從土,或從𨸏。《釋名》:"城上垣曰睥睨,言於其孔中睥睨非常也。亦曰陴。陴,裨也,言裨助城之高也。"《左傳·宣公十二年》孔疏引上句作"城上垣曰陴,言於其孔中俾倪非常也"。上説"睥睨非常"是也,下説"裨助城高"則失之。《慧琳音義》卷25:"俾倪:《玉篇》又作'𨇚堄'……今詳此字有其二種,一者伺候,二者垣墻。垣墻不合從人,伺候豈宜從土。若是垣墻,應爲'埤堄';若取伺候,應作'俾倪'。兩文二義,不失諸宗故也。"又卷74:"睥睨:經從人作'俾倪',非之也。"慧琳知有二義,而不知二義之間的聯繫,必以"俾倪"爲非,則未達一間也。

考《説文》:"倪,俾也。俾,益也。""倪俾"之俾當假借爲頼,"俾益"之俾當假借爲朇,《説文》:"朇,益也。""倪"本義當訓傾側,特指衺視。《廣雅》:"頼、倪,衺也。"《篆隸萬象名義》:"倪,倪也,衺

① 朱駿聲《説文通訓定聲》,武漢市古籍書店1983年版,第522頁。

② 參見許寶華、宮田一郎《漢語方言大詞典》,中華書局1999年版,第6533頁。

③ 朱珔《説文假借義證》,黄山書社1997年版,第488頁。

④ 段玉裁《説文解字注》,上海古籍出版社1981年版,第736頁。

也。”[①]《爾雅》:“龜左倪不類,右倪不若。”《釋文》:“倪,本作睨。”郭注:“左倪,行頭左庳,今江東所謂左食者。右倪,行頭右庳,爲右食。”邢昺疏:“案賈公彦説《周禮》以倪爲睥睨,則左倪右倪是左顧右顧也。郭氏以庳解倪,及云今江東所謂左食者,皆以時驗而言也。”段玉裁曰:“俾亦作庳,皆非是。其字正當作頼。”[②]庳假借爲頼,郭氏倪訓庳,正可印證《説文》“倪,俾也”之訓。《莊子·馬蹄》:“馬知介倪。”《釋文》:“李云:‘介倪,猶睥睨也。’”王念孫曰:“是凡言頼、倪者,皆衺之義也。”又曰:“俾之言庳也,倪亦庳也。”[③]桂馥曰:“俾也者,謂俾倪也。本書:‘陴,城上女牆俾倪也。’”[④]錢坫曰:“應是俾倪也。”[⑤]黄侃曰:“倪同睨、覞。”又曰:“睨同倪、覞。覞同倪、睨。”[⑥]斯爲得之。

《集韻》:“倪,俾益也。”段玉裁曰:“然則倪亦訓益也。”[⑦]《集韻》、段氏以爲“倪、俾”二字互訓,誤矣。段氏“頼”字條知“俾”、“庳”當作“頼”,而于“倪”字條則昧而不知。信矣!古書之難讀也。遍稽群書,“倪”無“俾益”之訓。徐灝曰:“段訓倪爲益,大繆。《孟子》之‘旄倪’即此字,本字與‘嫛婗’之婗字異義同。”[⑧]吴楚曰:“段注謂倪亦訓益,此大不然。倪字從人兒,猶俾從人卑,與僮字意並

① 呂浩曰:“‘倪也’與字頭同,疑爲‘俾也’之誤。”呂浩《篆隸萬象名義校釋》,學林出版社 2007 年版,第 736 頁。“倪也”也可能是“睨也”之誤。

② 段玉裁《説文解字注》,上海古籍出版社 1981 年版,第 421 頁。

③ 王念孙《廣雅疏證》,收入徐復主編《廣雅詁林》,江蘇古籍出版社 1998 年版,第 181、536 頁。

④ 桂馥《説文解字義證》,齊魯書社 1987 年版,第 696 頁。

⑤ 錢坫《説文解字斠詮》,收入丁福保《説文解字詁林》,中華書局 1988 年版,第 8109 頁。

⑥ 黄侃《説文同文》,收入《説文箋識》,中華書局 2006 年版,第 21、52、57 頁。

⑦ 段玉裁《説文解字注》,上海古籍出版社 1981 年版,第 376 頁。

⑧ 徐灝《説文解字注箋》,收入丁福保《説文解字詁林》,中華書局 1988 年版,第 8108 頁。

同，是倪亦訓使也，故俾、倪二字互訓。”[①]二氏謂段注誤，得之；而謂即“婗”字，“小僮”之義，則亦未是。王筠曰：“小徐本俾、倪二篆不連，《玉篇》亦遠隔。其説倪字曰：‘《莊子》云：“和之以天倪。”倪，自然之分也。’《廣韻》同。恐本注‘俾也’是傳譌，當闕之。”[②]王氏知“倪”無“俾益”之訓，因疑《説文》字誤，故闕之。朱駿聲曰：“按：‘俾’下云：‘益也。一曰門侍人。’《莊子·齊物論》：‘和之以天倪。’李注：‘分也。’似與益義爲近。按：俾倪者疊韻連語。猶衺視之爲睥睨，女墻之爲埤垝，本無正字。未審許意何屬也。疑頤指氣使之意。”[③]朱氏謂《莊子》“天倪”與“益”義爲近，未得；又疑頤指氣使之意，亦爲無據。

（作者單位：靖江市廣播電視臺）

① 吳楚《説文染指》，收入丁福保《説文解字詁林》，中華書局 1988 年版，第 17211 頁。

② 王筠《説文解字句讀》，中華書局 1988 年版，第 299 頁。

③ 朱駿聲《説文通訓定聲》，武漢市古籍書店 1983 年版，第 522 頁。

《大唐西域記》之漢語詞彙史價值試論

周阿根

玄奘是我國歷史上著名的佛學家、翻譯家、哲學家和旅行家，他爲我國歷史文化的發展做出了巨大的貢獻。玄奘位列中國四大譯經師之首[①]，是佛經“新譯”的創始人，他的譯經對中國乃至世界的歷史和文化影響是多方面的，談及玄奘的研究，就無法回避《大唐西域記》[②]，該書爲玄奘口述，辯機筆錄的一部交通史、佛教史巨著，全書共十二卷，採取地方誌的編寫形式，介紹了玄奘親眼目睹的一百一十個國家與地區，以及傳聞中的二十八個國家與地區的地理位置、疆域概況、歷史沿革、都城規模、山川地理、氣候物產、風俗文化、宗教情況，等等。前人對《大唐西域記》的研究主要集中于佛教、地理、文學、史學等[③]，《大唐西域記》語言研究之成果并不多見[④]。文章運用漢語史、詞彙學、辭書學等相關理論，以《大唐西域記》爲研究語料，以《漢語大詞典》[⑤]（以下簡稱《大詞典》）爲參照

① 其他三位分別是後秦鳩摩羅什、南朝陳真諦和唐義淨。

② [唐]玄奘、辯機著，季羨林等校注.《大唐西域記》校注[M]. 北京：中華書局，2000。

③ 白楊.《玄奘研究綜述（1994—2007）》（下）[J]. 新疆師範大學學報，2008(2)：第 28—33 頁。

④ 論文主要有李維琦，從《大唐西域記》漢譯梵音看作者的語音（聲母部分），古漢語研究 1989 第 1 期。

⑤ 羅竹風主編.《漢語大詞典》[Z]. 上海：漢語大詞典出版社，1986—1993。

系，首次全面系統研究《大唐西域記》的詞彙，試圖闡釋《大唐西域記》的詞語研究在漢語詞彙史上的價值，經過研究，發現其價值大約有如下數端：

一、提前詞語例證

我們在研讀《大唐西域記》時發現其中包含着大量的口語詞和俗語詞，語料價值十分豐富。加强對《大唐西域記》的詞語研究，便于追溯古代漢語語詞的源頭，同時也有助於《大詞典》的編纂和修訂。

逋課

《大詞典》"逋課"條義項 2 釋作"指拖欠賦稅"。舉例爲清陸繼輅《建陽知縣陸費君墓誌銘》："(某生)逋課積年，糧胥雖屢受杖，相戒不以聞。"例證晚出且爲孤證，可補。《大唐西域記・烏仗那國》："居人衆庶感恩懷德，家稅斗穀以餽遺焉。既積歲時，或有逋課。"

傾圮

《慧琳音義》："傾圮，上缺營反，下皮美反。"[①]《大詞典》"傾圮"條釋作"倒塌"。首例爲《水滸傳》第一〇八回："軍士爭先上橋，登時把橋擠踏得傾圮下來。"甚晚，《大唐西域記・毗羅刪拿國》："大城中故伽藍內，有窣堵波，基雖傾圮，尚百餘尺，無憂王之所建也，如來在昔於此七日說《蘊界處經》之所。"又《室羅伐悉底國》："東門左右各建石柱，高七十餘尺，左柱鏤輪相於其端，右柱刻牛形於其上，並無憂王之所建也。室宇傾圮，唯餘故基，獨一磚室巋然獨在，中有佛像。"

贍美

《大詞典》"贍美"條釋作"富麗優美"。首例爲明朱國禎《湧幢小品・處士和韻》："令門人唱韻，倚席趣成，還報，詞又贍美，兩人大驚。"甚晚，《大唐西域記・印度總述》："其有商榷微言，抑揚妙

① 《慧琳音義》、《玄應音義》引文均據徐時儀.《一切經音義三種校本合刊》[M].上海：上海古籍出版社，2008。

理,雅辭贍美,妙辯敏捷,於是馭乘寶象,導從如林。"

漱口

《慧琳音義》:"漱口,霜救反,又音桑奏反,並通。《韻英》云:以水洗蕩口也。從水欶聲。欶音蘇侯反。"《玄應音義》:"漱口,所溜反。《説文》:漱,盪口也。經文有作嗽。《漢書》、《通俗文》皆所角反。嗽,吮也。嗽非此用。吮音似兖反。"《大詞典》"漱口"條釋作"亦作'潄口'。含清水或其他液體洗蕩口腔"。首例爲《紅樓夢》第二八回:"一時吃過飯,寶玉一則怕賈母惦記,二則也想着黛玉,忙忙的要茶漱口。"甚晚,《大唐西域記·迦畢試國》:"象堅窣堵波北山岩下有一龍泉,是如來受神飯已,及阿羅漢于中漱口嚼楊枝,因即種根,今爲茂林。"

執見

《大詞典》"執見"條義項2釋作"固執己見"。首例爲《醒世恒言·大樹坡義虎送親》:"媽媽道:'孩兒休如此執見!爹媽單生你一人,並無兄弟。你嫁得人時,爹媽也得半子之靠。'"甚晚,《大唐西域記·秣底補羅國》:"惜哉!苦哉!今此論師任情執見,毀惡大乘,墮無間獄。"

二、補充詞語例證

《大唐西域記》不僅可以提供原始材料作爲研究佛教、交通、地理等文獻典籍的佐證,更重要的是其本身就是一座語言寶庫,藴含着豐富的語言資源,其中的很多詞語用例可以用來豐富大型辭書的例證。

寒烈

《大詞典》"寒烈"條釋作"極其寒冷"。舉例爲《後漢書·馮異傳》:"時天寒烈,衆皆飢疲,異上豆粥。"孤證。《大唐西域記·揭職國》:"氣序寒烈,風俗剛猛。伽藍十余所,僧徒三百餘人,並學小乘教説一切有部。"又《梵衍那國》:"有宿麥,少花果,宜畜牧,多羊馬。氣序寒烈,風俗剛獷,多衣皮褐,亦其所宜。"又《印度總述》:"其北印度風土寒烈,短制褊衣,頗同胡服。"又《鉢露羅國》:"鉢露羅國周四千餘里,在大雪山間,東西長,南北狹。多麥、豆,出金、銀,資金之利,國用富饒。時唯寒烈,人性獷暴,薄于仁義,無聞禮節。”

歷問

《大詞典》“歷問”條釋作“遍問”。舉例爲唐韓愈《平淮西碑》:“皇帝歷問于朝,一二臣外,皆曰:‘蔡帥之不廷授,於今五十年。’”孤證,《大唐西域記・羯若鞠闍國》:“王乃歷問諸女,無肯應娉。”又《伊爛拏鉢伐多國》:“時頻毗娑羅王駭其異馥,命使歷問,乃竹林精舍沒特伽羅子自長者家持來。”又《僧伽羅國》:“於是國輔、老臣、群官、宿將,歷問明德,推據崇高,咸仰僧伽羅之福智也,”又《瞿薩旦那國》:“時王夜在重閣,遙見林中光明照曜,於是歷問,僉曰:‘有一沙門自遠而至,宴坐林中,示現神通。’”

溫暑

《大詞典》“溫暑”條釋作“炎熱”。舉例爲《後漢書・南蠻傳序》:“南州水土溫暑,加有瘴氣,致死亡者十必四五。”孤證。《大唐西域記・那揭羅曷國》:“那揭羅曷國東西六百餘里,南北二百五六十里。山周四境,懸隔危險。國大都城周二十餘里。無大君長主令,役屬迦畢試國。豐穀稼,多花果,氣序溫暑,風俗淳質。”又《健馱邏國》:“邑里空荒,居人稀少,宮城一隅有千餘戶。穀稼殷盛,花果繁茂,多甘蔗,出石蜜。氣序溫暑,略無霜雪。”又《至那僕底國》:“國大都城周十四五里。稼穡滋茂,果木稀疏。編戶安業,國用豐贍。氣序溫暑,風俗怯弱。”

巖隒

《慧琳音義》:“巖隒,下嚴檢反。郭注《爾雅》云:隒,山形如累兩甑也。《説文》云:厓也。從阜兼聲。兼,正兼字。傳文作隒,俗字也。”《大詞典》“巖隒”條釋作“山崖”。無例證,可補。《大唐西域記・瞿薩旦那國》:“王城西南二十餘里,有瞿室餧伽山。山峰兩起,岩隒四絶。”

三、增補詞語義項

資料是詞語研究的基礎。《大詞典》由於資料搜集的不完備,對《大唐西域記》利用不充分，因此，每每存在義項漏收的情況。"辭典收詞是否合適，對一個詞語的定義是否準確，義項的建立是否妥帖……所有這些問題，固然與辭典編纂者水準有關，但也許更與資料的收集是否充分以及準確有關。"①

殘伐

《大詞典》："殘伐"條釋作"殘殺攻伐"。"殘伐"一詞，《大唐西域記》習見，《大唐西域記・大城附近諸遺跡》："説法側有奇樹，高六七尺，春秋遞代，常無增減。是如來昔嘗淨齒，棄其遺枝，因植根柢，繁茂至今。諸邪見人及外道眾競來殘伐，尋生如故。其側不遠，有過去四佛座及經行遺跡之所。"又《菩提樹垣》："金剛座上菩提樹者，即畢鉢羅之樹也。昔佛在世，高數百尺，屢經殘伐，猶高四五丈。佛坐其下成等正覺，因而謂之菩提樹焉。"《大唐西域記》中"殘伐"的對象是樹，顯然是"殘害砍伐"之義，《大詞典》當增補這一義項。

減少

《大詞典》"減少"條釋作"亦作'減少'。去掉一部分"。"減少"一詞，《大唐西域記》習見，《大唐西域記・健馱邏國》："大窣堵波西有故伽藍，迦膩色迦王之所基也。重閣累榭，層台洞戶，旌召高僧，式昭景福。雖則圮毀，尚曰奇工。僧徒減少，並學小乘。自建伽藍，異人間出，諸作論師及證聖果，清風尚扇，至德無泯。"又《呾叉始羅國》："舍頭窣堵波側有僧伽藍，庭宇荒涼，僧徒減少。昔經部拘摩羅邏多。論師于此製述諸論。"中古漢語中"減"有"不足""少"之義，北魏酈道元《水經注・河水一》："從此北行二里，佛於一大樹下石上東向坐，食糜處，樹石悉在，廣長六尺，高減二尺。"南朝宋劉義慶《世説新語・假譎》："王右軍年減十歲時，大將軍甚愛之，恒置帳中眠。"《大唐西域記》中也多有用例，《梵衍那國》："有僧伽藍，中有佛齒及劫初時獨覺齒，長餘五寸，廣減四寸。"又《劫比他國》："從

① 李爾鋼.《現代辭典學導論》[M]. 上海：漢語大詞典出版社，2002：第149頁。

此東南行減二百里,至羯若鞠闍國。"《大唐西域記》中"減少"乃同義連用,即"稀少"之義,《大唐西域記》相同語境還有"僧徒寡少""僧徒鮮少""僧徒稀少"等語,可作異文内證,《大詞典》當補"減少"之形容詞"稀少"義項。

傾陷

《大詞典》"傾陷"條釋作"陷害"。首例爲宋蘇轍《潁濱遺老傳上》:"呂惠卿始諂事介甫……其後勢鈞力抗,則傾陷介甫,甚于仇讎。""傾陷"一詞,《大唐西域記》習見,《大唐西域記·健馱邏國》:"捨眼東不遠有二石窣堵波,各高百餘尺。右則梵王所立,左乃天帝所建,以妙珍寶而瑩飾之。如來寂滅,寶變爲石。基雖傾陷,尚曰崇高。"又《羯若鞠闍國》:"伽藍前二百余步,有窣堵波,無憂王之所建也,基雖傾陷,尚高百餘尺,是如來昔於此處七日説法。"又《缽邏耶伽國》:"大城西南瞻博迦花林中,有窣堵波,無憂王之所建也。基雖傾陷,尚百餘尺。在昔如來於此處降伏外道。其側則有髮爪窣堵波、經行遺跡。"又《阿夆荼國》:"城東北不遠,大竹林中伽藍餘趾,是如來昔于此處聽諸苾芻著亟縛屣。傍有窣堵波,無憂王所建也,基雖傾陷,尚高百餘尺。""傾陷"一詞在《大唐西域記》中乃"傾倒陷沒"義,《大詞典》所釋爲引申義,當據《大唐西域記》補收"傾倒陷沒"義。

珍異

《大詞典》"珍異"條收列兩個義項"1. 珍貴奇特的食物或用品。2. 珍貴而奇異"。這兩個義項一個是名詞,一個是形容詞,揆諸《大唐西域記》均未安。《大唐西域記·健馱邏國》:"王甚珍異,下令國中,普使傳習,有誦通利,賞千斤錢。所以師資傳授,盛行當世。故此邑中諸婆羅門碩學高才,博物強識。"又《瞿薩旦那國》:"瞿薩旦那王感鼠厚恩,建祠設祭,奕世遵敬,特深珍異。故上自君王,下至黎庶,咸修祀祭,以求福佑。行次其穴,下乘而趨,拜以致敬,祭以祈福。"《大唐西域記》兩例"珍異"均用在副詞的後面,顯然爲動詞。《大詞典》當補收動詞義。

四、補充詞典漏收詞目

詞目指的是詞典中要加以詮釋藉以建立詞條的任何語言單位。語文詞典的詞目可以是詞,也可以是詞素,也可以是片語,甚至可以是句子,但主要是詞①。《大詞典》編纂時已經注意到了《大唐西域記》的語料價值,收錄了不少其中的詞語②。但是,和整部書豐富的新詞相比,仍然有不少的遺漏,《大唐西域記》的諸多詞語往往爲大型辭書所失載。

並皆

"並皆"一詞,《大唐西域記》習見,《大唐西域記·縛喝國》:"伽藍百有餘所,僧徒三千余人,並皆習學小乘法教。"又《烏剌尸國》:"大城西南四五里有窣堵波,高二百餘尺,無憂王所建也。傍有迦藍,僧徒寡少,並皆學大乘法教。"又《磔迦國》:"於是宣令五印度國,繼是佛法並皆毀滅,僧徒斥逐,無復孑遺。"又《戰主國》:"伏鬼側不遠,有數伽藍,雖多傾毀,尚有僧徒,並皆遵習大乘教法。""並皆"乃同義連用,《大詞典》未收"並皆",卻收了同樣結構的"一皆""咸皆""悉皆""盡皆"等。因此,當補收"並皆"。

洞谷

"洞谷"一詞乃"深谷"之義,《大唐西域記》習見,《大唐西域記·闍爛達羅國》:"從此東北,逾峻嶺,越洞谷,經危途,涉險路,行七百餘里,至屈露多國。"又《秣羅矩吒國》:"國南濱海有秣剌耶山,崇崖峻嶺,洞谷深澗。"又《曷邏胡國》"從瞢健國東逾峻嶺,越洞谷,歷數川城,行三百餘里,至訖栗瑟摩國。"又《朅盤陁國》:"從此東下蔥嶺東岡,登危嶺,越洞谷,溪徑險阻,風雪相繼,行八百餘里,出蔥嶺,至烏鎩國。"《大詞典》未收"洞谷"一詞,卻收了同樣結構的"玄

---

① 胡明揚.《詞典學概論》[M]. 北京:中國人民大學出版社,1982:第93頁。

② 如"齒歲""肩比""傑異""津膩""明導""善順""豎議""諠諍""貞質""逐棄"等均引《大唐西域記》爲例,很多皆爲孤証。

谷”“峻谷”“幽谷”“淵谷”“浚谷”等,因此,當補收“洞谷”。

斷食

《慧琳音義》:“斷食,團亂反。案《考聲》:正作此斷。斷,絶也。傳作叚,人姓也,本義殊乖也。”“斷食”一詞《大詞典》未收,《大唐西域記》習見,《大唐西域記·迦濕彌羅國》:“伽藍南十四五里,有小伽藍,中有觀自在菩薩立像。其有斷食誓死爲期願見菩薩者,即從像中出妙色身。”又《羯若鞠闍國》:“即至菩薩像前,斷食祈請。菩薩感其誠心,現形問曰:‘爾何所求,若此勤懇?’”又《鉢邏耶伽國》:“是以異國遠方,相趨萃止,七日斷食,然後絶命。”又《摩揭陁國》:“常有數人,斷食要心,求見菩薩,七日、二七日乃至一月,其有感者,見觀自在菩薩妙相莊嚴,威光赫奕,從像中出,慰諭其人。”“斷食”乃“自斷飲食”之義,《大詞典》當補收“斷食”。

荒圮

“荒圮”一詞《大詞典》未收,《大唐西域記》習見,《大唐西域記·半笯嗟國》:“人性質直,淳信三寳。伽藍五所,並多荒圮。無大君長,役屬迦濕彌羅國。”又《室羅伐悉底國》:“宮城故基週二十餘里,雖多荒圮,尚有居人。”又《伐剌拏國》:“伽藍數十,荒圮已多,僧徒三百余人,並學大乘法教。”又《瞿薩旦那國》:“河水遂流,至今利月。歲月浸遠,龍鼓久無。舊懸之處,今仍有鼓。池側伽藍,荒圮無僧。”“荒圮”一詞乃“荒蕪坍塌”之義,《大詞典》當補收“荒圮”。

珍敬

“珍敬”一詞《大詞典》未收,《大唐西域記》習見,《大唐西域記·劫比羅伐窣堵國》:“淨飯王見太子坐樹陰,入寂定,日光回照,樹影不移,心知靈聖,更深珍敬。”又《摩揭陁國》:“初,此山中有外道摩遝婆者,祖僧佉之法而習道焉。學窮内外,言極空有,名高前列,德重當時,君王珍敬,謂之國寳,臣庶宗仰,咸曰家師。”又《憍薩羅國》:“昔者,如來曾於此處現大神通,摧伏外道。後龍猛菩薩止此伽藍。時此國王號娑多婆訶,珍敬龍猛,周衛門廬。”又《摩臘婆國》:“昔者大慢婆羅門生身陷入地獄之處。昔此邑中,有婆羅門,生知博物,學冠時彥,内外典籍,究極幽微,歷數玄文,若視諸掌,風範清高,令聞遐被。王甚珍敬,國人宗重。""珍敬"乃"珍異敬重"之義《大詞典》當補收。

五、糾正辭書釋義不確

《大詞典》以考核精當,釋義準確,向來爲學界所稱道。但是,其編纂者由於主客觀條件的制約,沒有能够重視《大唐西域記》這一寶貴的語料,也造成了一些釋義的疏誤。

哀慕

《大詞典》"哀慕"條釋作"謂因父母、君上之死而哀傷思慕"。將"哀慕"解釋爲"哀傷思慕",非是,"哀慕"乃同義連用,王雲路、方一新已發之①,所論甚是,可參,此不贅言,另"哀慕"的對象也不僅僅是父母、君上。《大唐西域記·吠舍釐國》:"大城西北行五六十里,至大窣堵波,栗呫婆子別如來處。如來自吠舍釐城趣拘屍那國,諸栗呫婆子聞佛將入寂滅,相從號送。世尊既見哀慕,非言可諭,即以神力化作大河,崖岸深絶,波流迅急,諸栗呫婆子悲慟以止,如來留鉢,作爲追念。"

役屬

《大詞典》"役屬"釋作"謂使隸屬於己而役使之"。"役屬"一詞,《大唐西域記》習見,《大唐西域記·素葉水城》:"素葉以西數十孤城,城皆立長,雖不相稟命,然皆役屬突厥。"又《那揭羅曷國》:"那揭羅曷國東西六百餘里,南北二百五六十里。山周四境,懸隔危險。國大都城周二十餘里。無大君長主令,役屬迦畢試國。"又《曷邏闍補羅國》:"風俗猛烈,人性驍勇。國無君長,役屬迦濕彌羅國。伽藍十所,僧徒寡少。"從以上用例來看,動詞"役屬"之賓語"突厥""迦畢試國""迦濕彌羅國"等均爲當時大國,如果揆之《大詞典》的義項,則這些大國皆爲小國役使,于常理不符。《大唐西域記》中"役屬"當釋作"隸屬於",《大詞典》所解釋的是詞語的語法意

① 王雲路、方一新.《中古漢語語詞例釋》[M]. 長春:吉林教育出版社,1992:第283頁。

義,即使動用法的意義,不確。

六、填補漢語史發展的中間環節

"由于時代的局限性,中國歷代學者沒有能從歷史發展的全過程上來看漢語的歷史"①。也正因爲中古近代漢語研究的不充分,許多詞語的演變綫索被割裂了。加强《大唐西域記》的詞彙研究,能爲完整呈現詞語的歷時演變過程提供必要的中間環節。

寶貨

《大詞典》"寶貨"條義項 4 釋作"猶寶物。亦泛指金銀財寶"。舉漢桓寬《鹽鐵論·本議》、明方孝孺《靜齋記》、清唐甄《潛書·仁師》和沈從文《從文自傳·我的家庭》爲例,缺乏唐代用例,未能完整體現漢語史發展環節,可補《大唐西域記·颯秣建國》:"颯秣建國周千六七百里,東西長,南北狹。國大都城週二十餘里,極險固,多居人。異方寶貨,多聚此國。"又《健馱邏國》:"毗摩天祠東南行百五十里,至烏鐸迦漢荼城。週二十余里,南臨信度河。居人富樂,寶貨盈積,諸方珍異,多集於此。"又《迦濕彌羅國》:"聞訖利多毀滅佛法,招集國中敢勇之士,得三千人,詐爲商旅,多齎寶貨,挾隱軍器,來入此國。"又《僧伽羅國》:"我是某國王女,僧伽娶我爲妻,生一子矣,齎持寶貨,來還鄉國。泛海遭風,舟楫漂沒,惟我子母及僧伽羅,僅而獲濟。"

暑熱

《大詞典》"暑熱"條義項 1 釋作"盛夏時期的炎熱"。舉例爲《淮南子·齊俗》、《水滸傳》和郭小川《秋歌》,缺乏唐代用例,未能完整體現漢語史發展環節,可補《大唐西域記·印度總述》:"五印度之境,周九萬餘里。三垂大海,北背雪山。北廣南狹,形如半月。畫野區分,七十余國。時特暑熱,地多泉濕。"又《磔迦國》:"磔迦國周萬餘里,東據毗播奢河,西臨信度河。國大都城週二十餘里。宜粳稻,多宿麥,出金、銀、鍮石、銅、鐵。時候暑熱,土多風飆。"又《設

① 王力.《漢語史稿》[M]. 北京:中華書局,1980:第 10 頁。

多圖盧國》:"設多圖盧國週二千餘里,西臨大河。國大都城周十七八里。穀稼殷盛,果實繁茂,多金、銀,出珠珍。服用鮮素,裳衣綺靡。氣序暑熱,風俗淳和,人性善順,上下有序。敦信佛法,誠心質敬。"

澡浴

《慧琳音義》:"澡浴,子老反。《廣雅》:澡,治(今傳本《廣雅》作'浴')也。《蒼頡篇》:澡,盥也。顧野王云:澡猶洗,令潔也。下音欲。《説文》云:浴,洗身也。從水從谷省(衍)聲。"(《説文》云:浴,洗身也。從水從谷省聲。今傳本《説文》:浴,洒身也。从水谷聲。)《玄應音義》:"澡浴,祖老反。《説文》:澡,洒手也。浴,洒身也。"《大詞典》"澡浴"條釋作"洗澡"。舉例爲《三國志·魏志·倭人傳》和《剪燈新話·聯芳樓記》,缺乏唐代用例,未能完整體現漢語史發展環節,可補《大唐西域記·大伽藍三寶階及其傳説》:"寶階側不遠有窣堵波,是過去四佛坐及經行遺跡之所。其側窣堵波,如來在昔於此澡浴。"

宅居

《大詞典》"宅居"條義項1釋作"居住"。舉《國語·周語下》和《雲笈七簽》爲例,缺乏唐代用例,未能完整體現漢語史發展環節,可補《大唐西域記·小孤城》:"南行十餘里有小孤城,三百餘戶,本中國人也,昔爲突厥所掠,後遂鳩集同國,共保此城,于中宅居。"又《劫比他國》:"城東二十餘里有大伽藍,經制輪奐,工窮剞劂。聖形尊像,務極莊嚴。僧徒數百人,學正量部法。數萬淨人,宅居其側。"又《信度國》:"信度河側千餘里陂澤間,有數百千戶,于此宅居,其性剛烈,唯殺是務。牧牛自活,無所系命。"

(作者單位:阜陽師範學院)

基金項目:本文爲國家社科基金項目(08BYY044)階段性成果之一。

佛經音譯詞單音節縮略現象研究

吳爲民

自東漢以來的佛經翻譯,音譯現象比較突出,部分音譯詞進入漢語後逐漸發生縮略現象。縮略方式有多音節縮略,如"abhidharma"(阿毗達磨)縮爲"阿毗曇","paramita"(波羅密多)縮爲"波羅密";有雙音節縮略,如"yamaraja"(閻摩廬迦)縮爲"閻羅","yaksā"(夜乞叉)縮爲"夜叉";有單音節縮略,如"Sakya"(釋迦)縮爲"釋","Dhyāna"(禪那)縮爲"禪"。本文擬探討佛經音譯詞單音節縮略現象。

一般認爲,縮略指表意固定的詞、詞組,在整體意義不變的前提下,出於表達上的需要,截取其中部分形式湊合成一個結構殘損的新形式來代表原來的全形式。(俞理明,2002)但本文認定的縮略稍有不同,需要説明兩點。

第一,由於目標語和源語言語音系統的不同,音譯過程中,譯者普遍採用了换音、增音、删音等手段,以求得語音上的大體一致。這種做法直接導致文字書寫上的嚴重異名現象,如梵語 Kalpa 音譯作"羯臘波"、"劫簸"、"劫波"、"劫"等。本文關注的是音譯詞單音節縮略現象中的音節減少,文字異寫現象暫不考慮,因此,"劫"雖與"羯"異,但仍然可以看作是"羯臘波"之單音節縮略。

第二,佛經某詞的眾多不同音譯中,單音節音譯的産生一般晚於多音節音譯和雙音節音譯,但也有例外,單音節音譯有可能是最早産生的,如"佛"早於"佛陀"。在單音節音譯形式與其他形式産生的先後關係難以斷定的情況下,我們直接把它視爲某多音節音譯或雙音節音譯之單音節縮略。因爲我們認定的單音節縮略是在某詞衆多音譯形式内部相對而言的,而且從理論上講,在這個單音節音譯形式産生的時候,也存在多音節或雙音節音譯的可能。

一、佛經音譯詞的單音節縮略

我們以《佛光大辭典》爲依據,基本可以認定爲進行了單音節縮略的佛經音譯詞有如下類别。

由四音節縮略而成:波多蜜多——彼;婆羅賀摩——梵。

由三音節縮略而成:鉢多羅——鉢;羯臘波——劫;衲伽梨——衲;刹多羅——刹;比丘尼——尼;頻婆羅——蘋(果);貝多羅——貝;窣堵波(塔婆)——塔。

由雙音節縮略而成:僧伽——僧;浮屠——佛;禪那——禪;唄匿——唄;魔羅——魔;釋迦——釋;天竺——竺;曇摩——曇;偈陀——偈;懺摩——懺;檀那——檀;衹陀——衹;比丘——毗;般若——波;毗嵐——嵐;達嚫——嚫/𧢈。

可見通過雙音節縮略而成的有 16 例,占大多數,通過三音節和四音節縮略而成的較少。由多音節縮略爲單音節的佛經音譯詞,其縮略過程往往不是一步完成,通常是逐步縮略而成。如"婆羅賀摩"(Brahmā)先縮略爲"梵摩",再縮爲"梵"。"鉢多羅"(patra)先縮爲"鉢多",再進一步縮爲"鉢"。(顔洽茂,1997)"窣堵坡"(stūpa)先縮爲"塔婆",再進一步縮爲"塔"。

再如"蘋果"一詞,最初音譯爲"頻婆羅",簡作"頻婆",後來再簡爲"頻"。進入漢語詞彙系統,加"果"表示屬於水果類,受文字所記録的詞的影響,並給"頻"加"艹"頭,就成爲"蘋"。(梁曉虹,2001)

當然,也有少數例外。如"比丘尼"縮略爲"尼",就是一步到位。

有的音譯詞單音節縮略後,和一個表義相同或相近的漢語語素組合構成同義複合詞。如"鉢盂",《釋氏要覽·道具》"鉢"條下云:"梵云鉢多羅,此云器也,今略云鉢也。又呼鉢盂,華梵兼名也。”“鉢”爲新造字,指僧人食器,“盂”爲飯器,《説文·皿部》:“盂,飯器也。”“鉢盂”同義連文構成並列式複合詞,表義更加精確。又如“尼姑”,“尼”爲“比丘尼”之縮略,指已受具足戒的女性,“姑”爲女性義,“尼姑”近義並列複合。此類詞即爲“梵漢合璧詞”,也有人稱爲“混合詞”、“半音半意詞”、“梵漢合成詞”等。需要説明的是,“梵漢合璧詞”並非初次翻譯某一源詞時就產生了。以“鉢盂”爲例。檢東漢安世高、支讖、康孟詳等人的譯經,就文獻用例看,“鉢”多次出現,或單獨成詞,或出現在“飯鉢、食鉢、衣鉢”等詞中,尚未見“鉢盂”。“鉢盂”並非初次音譯對應的源詞“patra”而產生的詞。

二、佛經音譯詞的單音節縮略動因

由於語音系統之間的差異,任何一種語言在吸收音譯詞的時候,都會受到該民族語言本身所具有的特點的制約。漢語也不例外,在吸收音譯詞時,總是遵循着自己的語言類型特徵。音譯詞進入漢語中,其書寫形式和聲音形式都會受到漢語自身特點的制約。從根本上説,佛經音譯詞之所以進行單音節縮略,是由漢語自身結構特點決定的。

從詞的音節特徵看,漢語詞彙最早以單音節爲主,東漢以後,雙音化的步伐加快。所謂雙音化,一方面表現爲單音詞演變成雙音詞,另一方面表現爲某些多音詞、詞組縮略爲雙音詞語。梵語屬於印歐語系,詞以多音節爲主。佛經音譯詞的全譯形式通常爲多音節。爲了適應並服從漢語詞彙以雙音爲主的發展規律,音譯詞通常採取了略音的辦法,即一般只取源詞的兩個音節,使它在音節形式上得以漢化。這種情況很多,如“菩薩”是梵文“Bodhisattva”(菩提薩埵)的音譯縮略,“羅漢”是“arhan”(阿羅漢)的縮略。可以説,對佛經音譯詞進行縮略是必然現象。

從語素的音節特徵看,漢語語素尤其是構詞能力較強的語素多以單音節爲主,雙音節或多音節語素是較少的,特别是古代漢語,表現很突出。單音節語素的構詞能力明顯強於雙音或多音節語素,這是不爭的事實。正因爲如此,外來音譯詞如果縮略爲單音節,有利於它與其他漢語語素組合參與構詞,以提高構詞能力,也有利於增強表義的精確性。另一方面,佛經音譯詞進入漢語後,隨着使用頻率的增加,要參與構詞,也必然需要進行單音節縮略。就我們收集到的材料看,部分使用頻率高的佛經音譯詞都進行了單音節縮略。這種由多音節或雙音節縮略爲單音節的現象,從表面上看,似乎同漢語詞彙雙音化的主流相逆,其實並不是向原來單音詞的回歸,而是出於構詞的需要。當然,從數量上看,在佛經音譯詞中進行了單音節縮略並最終流傳下來的還是比較少,流傳下來的主要是一些構詞能力比較強、使用頻率高的詞。

三、佛經音譯詞單音節縮略的語音選擇機制

梁曉虹(2001)指出,音譯詞單音節縮略時通常選取首音節作爲代表音節,這種觀察是符合語言事實的。從我們收集到的 26 例單音節縮略詞的情況看,有 22 例都是選取首音節作爲代表音節,只有 4 例例外。爲什麼要選取首音節作爲代表音節,梁先生沒有進一步説明。我們認爲,佛經音譯詞之所以在進行單音節縮略時選取首音節作爲代表音節,是存在着認知根據的。

認知語言學認爲沒有自主的、獨立於認知以外的語言,語言依賴於人的一般的認知和經驗處理機制。這種經驗處理機製表現在兩個方面:一是會將有關聯的經驗組成意象圖式(image schema),並擴展運用於其他的認知活動;二是往往會對視覺或知覺上較凸顯的事物更加關注。

在人們心目中,位置靠前的事物,往往更重要一些。如漢語裏反映倫理關係的詞語"君臣、父子、夫妻"等,靠前的語素所代表的事物都重要一些。書籍篇名通常取自首句靠前的某些字,如《詩經》中的篇名《氓》取自首句"氓之蚩蚩"的首字。語言表達的專名(如人名、單位名)排序中,默認的通常是靠前的一般更重要,這是人們的共同心理。有時爲了消除這種思維定勢,會專門加上"排名不分先後"之類的説明,這更加説明一般靠前的總是更重要一些。這種現象,王希杰(1996)將其概括爲修辭學上的首位原則,意思是

最前面的就是最重要的。語言符號是一種在時間流中展開的線性組合物,是一維的,只有一個前或後的次序。首位——在其他符號之前的地位,是一種優勢地位,強勢地位,而後位則相對是弱勢劣勢地位,處於符號序列前部的符號優先處理。佛經音譯詞全譯形式的多個音節單位中,首音節因爲位置上居於首位,因而容易被首先注意,並加以強調,從而更能代表整個音譯詞。正是基於首位優先的認知經驗,音譯詞縮略爲單音節時往往選取首音節作爲代表音節。

人們在觀察和感知周圍的事物時,往往會將視覺或知覺上較凸顯的事物作爲圖形予以關注,而把不太引起關注的那部分環境作爲背景,這就是著名的圖形/背景理論。丹麦心理學家 Rubin 著名的"人臉/花瓶圖"(face/vase illusion,如圖)向我們揭示出一個實體在認知過程中被分爲優勢和次優勢,即圖形和背景(figure and ground)。優勢部分和次優勢部分不能被同時感知和理解。也就是說,一個人不可能同時既看見花瓶又看見臉。

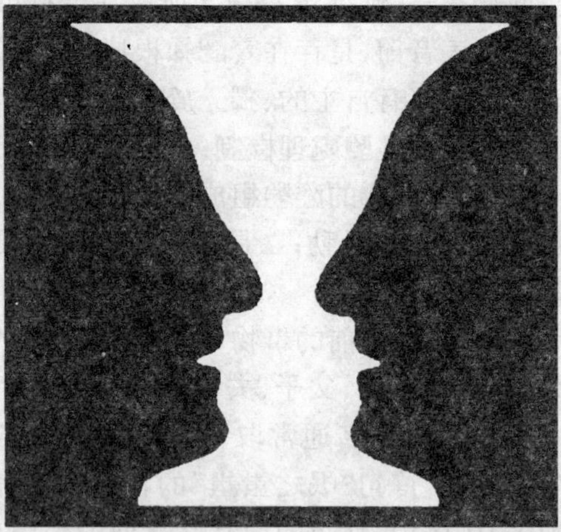

人臉/花瓶圖

凸顯的事物是容易吸引人注意的事物,是容易識别、處理和記憶的事物。一個音譯詞,作爲一個整體,它的首音節在人們認知的時間和空間上處於首要位置,最先出現並且處於首位。首音節較容易引起人們的注意而被感知爲圖形,在認知上被加以凸顯,其餘部分被感知爲背景。首音節的凸顯性從言語交際的實踐中也可以得到印證。言語理解中,有時某個詞的聲音形式裏詞尾音節還未説出,聽話者往往就已獲得理解該詞的關鍵部分,所以詞尾音節的價值相對於首音節要小得多,或被截短,或被略去,而首音節容易得到凸顯。正因爲佛經音譯詞的首音節被人們在認知上凸顯了,所以它才獨立出來作爲音譯詞單音節縮略的代表音節。

正是基於人們的認知經驗處理機制,音譯詞單音節縮略時往往選取首音節。當然,並不是任何時候佛經音譯詞縮略時都選用首音節,事實上也有選用其他音節的。原因有多種,有的是出於表意精確、避免歧義的需要,如"比丘尼"縮略爲"尼"而非"比",就屬於這種情況。從理論上説,如果縮略爲"比",就可能造成歧義,因爲"比丘"也可能縮略爲"比"。當然,"比丘"實際上是縮略爲單音節的"比",在文字上寫作"毗",只是這個"毗"最終並没有爲人們所接受而流傳下來。這説明佛經音譯詞縮略時選用首音節與否,還得考慮表意的精確性和避免歧義。

漢字是意音文字,有時因爲某個音節的文字書寫形式在表意上優於首音節,導致單音節縮略時未採取首音節。如"達嚫"(daksinā,義爲施捨)縮略爲"嚫",後字形又改爲從貝的"䞋"。(何亞南,2003)施捨自然與錢財有關,從表意上看,文獻語言中,從貝的"䞋",優於潛在的"達",在"䞋利、䞋錢、䞋物、䞋資、䞋施"等複合詞裏,"䞋"起到了很好的示義作用。

四、佛經音譯詞單音節縮略現象對漢語詞彙系統的影響

音譯詞單音節縮略的過程實際上是一個不表義的音節語素化的過程。如"魔"是梵語"魔羅"(Māra)的縮略,"Māra"音譯到漢語之初,"魔羅"整體作爲一個語素,單獨的"魔"只是一個無意義的記

音符號，記錄"mā"這個音節。可是當"魔羅"縮略爲"魔"之後，"魔"便取得了代表"Māra"的資格，變成一個有意義的語素，並廣泛參與構詞。以"魔"爲詞根造的詞就有"魔鬼、魔網、魔掌、魔術、魔方、魔教、魔力、魔女、魔王、魔心、魔杖、魔咒、魔爪、妖魔、病魔、心魔、惡魔、瘋魔、降魔、入魔、邪魔、着魔"等。

音譯詞的單音節縮略，實現了不表義音節的語素化過程。這便爲漢語增加了新的語素，豐富了漢語詞彙的構詞材料。除了上面提到的"魔"以外，還有源自"Buddha"的"佛"，語素化後也構成了很多詞，如"佛光、佛骨、佛像、佛門、佛法、佛性、佛語、佛藏、佛場、佛祠、佛道、佛燈、佛典、佛殿、佛珠、佛海、佛畫、佛號、佛偈、佛家、佛教、佛界、佛經、佛龕、佛窟、佛老、佛曆、佛律、佛剎、佛舍、活佛、成佛、神佛"等。

佛經音譯詞的單音節縮略，也爲後世外來詞的語音選擇、音譯詞的處理提供了一種範式。佛經翻譯時代，是漢語音譯詞大量產生時期，此後漢語吸收外來詞在音譯的時候也通常截取源詞的首音節作爲代表音節。如表計量單位的音譯詞單音節縮略：安培(ampere)——安，伏特(volt)——伏，米突(meter)——米。

由粵語借自英語的"的士"(taxi)後縮略爲"的"，語素化後又參與構詞，組成"面的、摩的"等詞，意義進一步虛化。源自法語的"模特"(modèle)縮爲"模"，語素化後，構成了"名模、男模、女模、車模、手模"等一批詞。"巴士"(bus)縮略爲"巴"(如大巴、中巴)，"迪斯科"(disco)縮爲"迪"(如迪廳、迪吧、蹦迪)，"愛滋病"(AIDS)縮爲"艾"(如防艾)，"奧林匹克"(Olympic)縮爲"奧"(如奧運會、申奧)等，都是選用源詞的首音節進行縮略。

某些音譯加意譯的外來詞，其音譯部分也通常截取源詞的首音節，如"費城"(Philadelphia)之"費"截自"phi"，"麻省"(Massachusetts)、"莎翁"(Shakespeare)、"德先生"(democracy)、"賽先生"(science)等都屬於這種情況。

音譯外來詞的單音節縮略並且語素化的結果，使之進一步漢語化，以至於人們在構詞時，忘記了它外來的身份。

參考文獻

[1] 蔡鏡浩.論漢魏六朝詞語的節略現象[J],語言研究,1988(2).

[2] 陳偉武.出土戰國秦漢文獻中的縮略語[J],中國語言學報,1999(9).

[3] 何亞南.從佛經看早期外來音譯詞的漢化[J],南京師大學報,2003(3).

[4] 梁曉虹.佛教與漢語詞彙[M],臺灣佛光文化事業有限公司,2001.

[5] 梁曉虹.佛經翻譯對現代漢語吸收外來詞的啓迪[J],語文建設,1992(3).

[6] 劉正埮、高名凱等編.漢語外來詞詞典[K],上海辭書出版社,1984.

[7] 馬慶株.縮略語的性質、語法功能和運用[J],語言教學與研究,1987(3).

[8] 史有爲.漢語外來詞[M],商務印書館,2000.

[9] 田賨宗、肖九根.漢語縮略語的構成方式及縮略機制[J],江西師範大學學報,2006(6).

[10] 王希杰.修辭學通論[M],南京大學出版社,1996.。

[11] 顔洽茂.佛教語言闡釋——中古佛經詞彙研究[M],杭州大學出版社,1997.

[12] 殷志平.構造縮略語的方法和原則[J],語言教學與研究,1999(2).

[13] 俞理明.漢語縮略研究——縮略:語言符號的再符號化[D],四川大學博士學位論文,2002.

[14] 趙豔芳.認知語言學概論[M],上海外語教育出版社,2001.

(作者單位:西南大學)

《磧砂藏》隨函音義與漢文佛典整理

譚　翠

衆所周知,漢文佛經在歷代傳抄和刊刻過程中,由於字體演變、字形訛誤、刊刻臆改等原因,產生了衆多的版本和大量的異文。這些版本和異文對於漢文佛經的整理和研究有着重要的意義和價值,而《大正新修大藏經》作爲現今最通行的佛經版本,最爲學界稱道的貢獻就在於它以高麗藏爲底本,廣搜異本、勘出異同,形成了十分詳細的校勘記,爲漢文佛經的整理研究提供了一份十分珍貴的資料。可惜由於該校勘記的異文數量極其龐大,迄今爲止學界還未對其進行大規模的整理和研究。

又《磧砂藏》作爲現今流傳較廣的宋元刊刻佛經,經卷的函末或卷末普遍附有隨函音義,而此類散見於經律論三藏中的隨函音義不僅對佛經中的字詞進行注音、釋義,而且還每每分辨佛經異文,因此我們正好可以利用《磧砂藏》隨函音義來考察《大正藏》的異文。下面本文就以《大正藏》爲例,從確定是非、匡正訛誤、解釋成因三方面談談《磧砂藏》隨函音義對漢文佛典整理的意義和作用。

一、確定是非

《磧砂藏》隨函音義的作者常常對當時所見的異文進行了揭示和判斷,可爲我們正確選擇佛經異文提供很大的幫助。如:

例(1)　唐道宣撰《續高僧傳》卷七:"昔夢寺内有幡花天伎側

塞殿堂,緇素法衆充仞筵席。洎朗來儀創會公私齋講,又盛符焉。"[T50,p0477b]①

按:上揭經文中"充仞"一詞,與上文"側塞"對文,二字當同義連文表示"充滿"之義,而"仞"於此經義不甚契合。又《大正藏》校勘記曰:"宋、元、明本作牣。"《磧砂藏》本《續高僧傳》卷七隨函音義亦云:"充牣,下音刃,益也,作仞,誤。"[内七][468/88]② 據此,竊以爲隨函音義可從,此處作"牣"爲宜。"牣",《玉篇·牛部》:"而振切,滿也,益也。"(109頁)《廣韻·震韻》而振切:"滿也。"(372頁)可證。推其互混之由,蓋因二者在使用時常常互爲通假字。如《史記·殷本紀》:"厚賦稅以實鹿臺之錢,而盈鉅橋之粟。益收狗馬奇物,充仞宫室。"(105頁)可資比勘。

例(2) 唐道世集《諸經要集》卷六:"故經言'欲知過去因,當觀現在果;欲知未來果,當觀現在因",所以原憲之家、黔婁之室,繩樞瓮牖無掩風塵,席户蓬扉不遮霜露,或舒稻蒿以爲薦,或裁荷葉以充衣。"[T54,p0053c]③

按:上揭經文中"蒿"字,《大正藏》校勘記稱"宋、元、明、宫本作藁",又《法苑珠林》相關文字作:"故經言'欲知過去因,當觀現在果;欲知未來果,當觀現在因',所以原憲之家、黔婁之室,繩樞甕牖無掩風塵,席户蓬扉不遮霜露,或編稻稿以爲薦,或裁荷葉以充衣。"[T53,p0713a] 此處《大正藏》校勘記則稱"稿,宋、元、明、宫本皆作蒿"。究竟何者爲宜呢?隨函音義謂"作蒿,誤",作"藁"字爲宜,可從。從上下文經義看,此處上下文皆形容貧賤之家的寒酸景象,其中"或舒稻藁以爲薦"此句指用稻草的莖幹編織坐褥、墊席。今查

---

① 本文所引《大正藏》經文,"T"表示卷號,"p"表示頁碼,"a、b、c"表示上中下三栏,以下皆同。

② 本文所引用的是上海宋版藏經會《影印宋磧砂藏經》,所引隨函音義和經文後的第一個括號内爲《影印宋磧砂藏經》的千字文號,第二個括號内"/"前的數字爲《影印宋磧砂藏經》的册數,"/"後爲頁數,以下皆同。

③ 郭在貽《訓詁學》,湖南人民出版社1986年版,第36頁。

《玉篇·艸部》:"蒿,呼豪切,蒿,菣也。"(66 頁)《廣韻·豪韻》呼毛切:"蒿,蓬蒿。又姓,出《姓苑》。"(135 頁)《玉篇·禾部》:"稾,公道切,禾稈也,又稾草。"(74 頁)《廣韻·皓韻》古老切:"稾,禾稈,又稾,本草搠之本。藁,俗。"(282—283 頁)據此,"藁"爲"稾"之俗體,表示"禾稈"之義與經義正合。又"稿"同"稾","蒿"當爲"稾"之换旁俗字,在此處與"蓬蒿"之"蒿"爲同形字。

例(3) 宋佛陀什共竺道生等譯《彌沙塞部和醯五分律》卷九:"爾時阿難常受王供養,晨朝著衣持鉢入於後宫。時王與末利夫人同寢未起,夫人見阿難來,即便狼狽被衣下床,所被之衣極細而滑,不覺墮落慚羞蹲地。"[T22,p0063a]

按:上揭經文中"狽"字,《大正藏》校勘記云:"宋、元、明、宫本作忙。"《磧砂藏》本《彌沙塞部和醯五分律》卷九隨函音義:"狼忙,舊狼狽,非。"[卑九][328/100] 且《磧砂藏》本經文原文正作"狼忙"[卑九][328/91]。"狼狽"與"狼忙"究竟孰是孰非呢?竊以爲當從隨函音義作"狼忙"爲長。從上下文經義看,"狼忙"表示"急忙、匆忙"在此處與經義契合;又從其他佛經音義專書的情況來看,玄應《一切經音義》對應經卷亦有"狼萠"條,説解云:"又作茫同,莫剛反……律文作狽,非體。"(211 頁)據此,因"狼忙"爲連綿詞,字無定形,"狼萠"、"狼茫"應皆爲其不同的書寫形式。又玄應云"律文作狽,非體",蓋玄應當時所見的佛經中即有作"狽"者,但他亦认爲應作"狼萠"或"狼茫"爲是。

二、匡正訛誤

現今漢文佛典中有很多是在歷代的傳抄和刊刻過程中形成的訛誤字,通過《磧砂藏》隨函音義,我們可以發現並減少其中的一些疏失。如:

例(4) 東晉瞿曇僧伽提婆譯《增壹阿含經》卷三十五:"世尊告曰:'此亦如是,賢聖弟子諸苦已盡,永無復有,餘存在者如一渧水耳,如我衆中最下道者,不過七死七生而盡苦際。若復勇猛精進,便爲家家,即得道迹。"[T02,p0744b]

按:上揭經文中"便爲家家"殊爲費解,但一查異文,就給我們提示:《大正藏》校勘記稱"宋、明本作寂滅",又《磧砂藏》本對應經文亦作"便爲家家"[如五][269/38],且卷末隨函音義云:"便爲寂滅,竺本云'便爲家家'。"[如五][269/41]丁福保《佛學大辭典》:"寂滅,爲梵名涅槃nirvāṇa之譯語,其體寂靜,離一切之相,故云寂滅。"(953頁)可證"寂滅"於此與經義契合。然"寂滅"與"家家"形音差别甚大,何以會形成異文呢?竊疑"家"應爲"㝐"字之訛,此處殆原作"寂寂",由於"寂"誤作"㝐",遂誤爲"家家"。《鬼穀子·符言篇》:"家于其無常也。"俞樾謂"家于"乃"寂乎"之訛,隸書寂字每作㝐,故誤作家。可資比勘。那麼"寂寂"又是什麽意思呢?今考"寂寂"亦有"涅槃"之義,新羅元曉撰《涅槃宗要》卷一:"所以足者盡理而言四種功德皆總皆别,皆别義者:涅槃是寂寂義,法身是積集義,般若是照達義,解脱是離縛義,故知四種無非别也,皆總義者。"[T38,p0244b]可證。據此,"寂滅"、"寂寂"均有"涅槃"之義,在此處均與經義契合,又由於"寂"手書常寫作"㝐",進而又訛作"家",從而使"家家"與"寂滅"形成異文。

例(5) 失譯人名譯《佛滅度後棺斂葬送經》:"王曰:'首戒云何?'答曰:'第一當遵慈仁,普惠恩及群生,視天下群生身命,若己身命,慈濟悲愍,恕己安彼,道喜開化,護彼若身,潤逮草木,無虚杌絶也。'王曰:'善哉!佛之仁化。懷天裹地,何生不賴焉?二當遵清,無積穢寶;尊榮國土,非有無篡;草芥之屬,非惠不取。'"[T12,p1114b]

按:上揭經文中"杌"字,《大正藏》校勘記稱"明本作機"。然而,我們更傾向於另外一種可能,即"杌"乃"抈"之訛字。又《磧砂藏》本對應經文正作"机"[學五][305/28],疑明本"機"乃"机"之繁體轉寫。可喜的是,《磧砂藏》隨函音義證實了我們的推測。《磧砂藏》本《佛滅度後棺斂葬送經》隨函音義:"机,音月,正作抈。"[學五][305/31]就字義而言,"抈",《玉篇·手部》:"午厥切,折也。"(30頁)《廣韻·月韻》魚厥切:"折也。"(457頁)而"絶"亦有與之近似的意義,《廣韻·薛韻》情雪切:"絶,斷也。"(478頁)故"抈絶"同義連文,於經義甚合;又從字形而論,如上文所言,“瓦”、“几”、“兀”每多相亂,“瓦”旁常俗寫作“凡”,易與“兀”旁混同,且俗書“木”旁、“扌”旁亦常互混,又因“扤”、“抈”古爲通假字,《説文·手部》:“抈,折也。”(256 頁)段注:“按依韋注,是謂此抈爲扤之假借字也,其本義則訓折。”(608 頁)可證。故竊疑上揭經文乃先寫作“扤”,又進而訛寫作“瓬”、“机”和“機”。

三、解釋成因

現今漢文佛典由於版本衆多,異文數量特别龐大,這些異文的形成或因形近、或因義近,等等,有的還帶有一定的普遍性,《磧砂藏》隨函音義往往能提供一些關於異文形成的有益線索,幫助我們探求其致誤之由。如:

例(6) 《拔陂菩薩經》:“有大慈力難可嬈,所念常深不離正行,無能計其所得所念,得聞法數依墮淚,所忌常太,一切具佛所行思願。”[T13,p00920a]

按:上文中“數依墮淚”令人費解,《大正藏》、《磧砂藏》經文皆作“數依墮淚”,又《大正藏》校勘記曰:“宫本作𢘐。”《磧砂藏》本《拔陂菩薩經》隨函音義:“數㤝,上音朔,頻數也。下正作𢘐,依豈反,泣也。”[罪四][100/30]究竟孰是孰非呢?就經文意思而言,上揭經文中,“數依墮淚”指“數次哭泣掉眼淚”,此處作“𢘐”則與經義契合;就字形而言,“𢘐”當爲“哀”的增旁俗字,因爲悲哀之情往往結之於心,故“哀”又增“忄”旁作“𢘐”。《字彙·心部》:“𢘐,同哀。”(162 頁)是其證。據此,竊以爲隨函音義可從,校作“𢘐”是。推其致誤之由,蓋由於俗書“忄”旁與“亻”旁常常相亂,如“俔”,《集韻·霰韻》或從心作悓。(162 頁)“哀”和“衣”亦形近易訛,故“依”、“㤝”皆爲“𢘐”的形近訛誤字。

又《中華字海·忄部》:“㤝,yǐ 音以。哀。見《篇海》。”(594 頁)今查《改併四聲篇海·忄部》引《龍龕》:“㤝,烏紀切,哀也。”(415 頁)即《中華字海》所本。又查《龍龕手鏡·忄部》:“㤝,烏懷反,哀也。”(56 頁)據此推知,《篇海》之“烏紀切”爲“烏懷切”之誤也,其蓋認爲“㤥”爲從心衣聲的形聲字,遂注音作“烏紀切”,《中華字海》又沿襲其誤,其實“㤥”當爲“㥩”之訛誤字,應據改。

例(7) 隋闍那崛多譯《佛本行集經》卷十七:“爾時車匿即至厩中,於槽櫪上搦取乾陟,即以純金作迦毘遮,七寶莊嚴串於馬口,牽出離槽,别繫餘橛,刮刷其背,先以柔軟輕細之物履於脊上,以金所成七寶莊嚴鞍韉而被上覆金網,如是具足被帶馬已,即牽將向太子之前。”[T03,P0731a]

按:上揭經文中“履”字,《大正藏》校勘記曰:“聖本作𩑶。”“𩑶”與“履”無論形體、讀音還是意義皆差别甚大,爲何二者會形成異文呢?《磧砂藏》隨函音義爲我們提供了有用的線索。今《磧砂藏》本《佛本行集經》卷十七隨函音義:“屜,音替。”[榮七][297/50]《磧砂藏》本對應經文亦作“先以柔軟輕細之物屜於脊上”[榮七][297/44]。又“𩑶”爲“鬀”之俗字,《龍龕手鏡·髟部》:“髰𩑶,二俗;……鬀,正。”(89頁)據此,“𩑶”當爲“屜”之音近替代字,而與“履”形成異文。那麼,此處應作“履”還是作“屜”呢?考《説文·尸部》:“履,足所依也。從尸,從彳,從夂,舟像履形。”(175頁)《説文通訓定聲·履部》:“此字本訓踐,轉注爲所以踐之具也。”(610頁)又《玉篇·履部》:“履,力几切,皮曰履,又踐也,禄也;《詩》云:‘福履將之。’”同部下:“屧,他厲切,履中薦也。屜,同上。”(56頁)又《龍龕手鏡·尸部》:“屧,或作;屟,正,他計反,鞍屟,又履中屜也。”(164頁)由此可知,“履”義爲“鞋”、“踐踏”等與經義不甚契合,而“屜”不僅表示“履中屜”,即“鞋墊”;還表示“鞍屜”,即“鞍墊”。故就上下文經義而言,“屜”在此處似乎更爲貼切。

例(8) 東晉跋陀羅共法顯譯《摩訶僧祇律》卷十一:“問言:‘何等織價?’答言:‘乃至優婆夷足縷,許與我織作直,彼即瞋恚言‘如是如是’,子賜穀物,汝識難陀優波難陀不?”[T22,p0320b]

按:上揭經文中“穀物”二字,從上下文經義來看,蓋充當“織品”的“抵價品”,且早期寫卷,如斯 2818 號《摩訶僧祇律》對應經文正作“穀物”,可證此處作“穀物”應無疑問。然《大正藏》校勘記云:“穀,宫本作㲉,宋、元、明本作亂。”“㲉”字未見字書收載,而“亂”

亦與"穀"區別甚大,二者爲何會在此與"穀"形成異文呢?對此,《磧砂藏》隨函音義爲我們提供了線索。《磧砂藏》本《摩訶僧祇律》卷十二隨函音義:"敠物,上落彖反;彖字,通貫反,未見出。"[登二][307/20]《磧砂藏》本對應經文經文正作"敠物"[登二][307/15]。從讀音而言,隨函音義云"敠"音"落彖反,彖字,通貫反"與"亂"《廣韻》音"郎段切"讀音相同,故隨函音義作者認爲"敠"應爲"亂"的同音字,溝通了"敠"與"亂"的關係,但未及"穀"字。其實,"敠"應爲與"穀"形近而產生的訛字。據此,竊以爲"敠"乃是"穀"字之訛寫,而後來的佛經刊刻者不明乎此,遂臆改作與之形近的"亂"字,從而一誤而再誤。

參考文獻

[1] 梁·顧野王撰,宋·陳彭年等重修.《大廣益會玉篇》[M].北京:中華書局,1987.

[2] 唐·玄應.《一切經音義》[M].韓國東國大學校譯經院,1994.

[3] 遼·行均.《龍龕手鏡》[M].北京:中華書局,1985.

[4] 宋·陳彭年.《宋本廣韻》[M].北京:中國書店,1982.

[5] 宋·丁度.《宋刻集韻》[M].北京:中華書局,2005.

[6] 金·韓孝彥、韓道昭.《改併五音類聚四聲篇海》[M].上海古籍出版社,2003.

[7] 明·梅膺祚.《字彙》[M].上海辭書出版社,1991.

[8] 明·宋濂撰,明·屠隆訂正.《篇海類編》[M].上海古籍出版社,2003.

[9] [日]大正新修大藏經,大正一切經刊行會 1922—1933 年版[M].臺北:新文豐出版有限公司,1996.

[10]《影印磧砂藏經》[M].上海:宋版藏經會,1936.

[11] 丁福保.《佛學大辭典》[M].北京:文物出版社,1984.

[12]《中華大藏經》[M].北京:中華書局,1984—1997.

(作者單位:中華女子學院)

日本所存八十卷《華嚴經》音義綜述

——以《新譯華嚴經音義私記》爲中心

梁曉虹

一、引言

唐僧慧苑所撰《新譯大方廣佛華嚴經音義》(以下簡稱《慧苑音義》)作爲最著名之單經音義,①很早就隨佛教東傳日本,不僅被輾轉抄寫,廣爲流傳,甚至還因奈良朝時期華嚴宗之創立,華嚴教學之興盛,一些學僧也開始編撰爲已所用之"華嚴音義"。這批資料甚爲珍貴,深受日本國語學、訓點學以及佛學界之重視,多有研究,成果不菲。

中國國内對"華嚴音義"的研究主要圍繞《慧苑音義》而展開,但近年來,也有年輕學者開始注意到"華嚴音義"在海外流傳的各種寶貴資料。如苗昱博士在其博士論文《〈華嚴音義〉研究》②中就利用日本所存《古寫本華嚴音義》研究"華嚴音義"之版本以及漢字俗字,多有新解。然蓋因受資料等因素所限制,對日本國内的研究狀況不甚了解,從而對這幾種"華嚴音義"所産生的時代背景以及與《慧苑音義》之間的關係不甚清晰,故難免得出一些不一定準確

---

① 這主要是指在各版藏經中,唯《慧苑音義》以單刻本而入藏。

② 2005 年 4 月,蘇州大學博士學位論文。

的結論。①

鑒于此況，筆者擬將日本所存幾種八十卷《華嚴經音義》加以綜合論述，並簡單介紹日本國内的研究情況，以便於日本以外學者充分利用這批珍貴資料。

本文之主要參考資料爲：① 岡田希雄《新譯華嚴經音義私記解説》（以下簡稱《解説》）；②② 小林芳規《新譯華嚴經音義私記解題》（以下簡稱《解題》）；③③ 白藤禮幸《高山寺古辭書資料第二·解説》（以下簡稱《高山寺解説》）。④ 以上三種資料不再特意注出，而引用其他文獻資料時則隨文另標出注。

二、《華嚴經》與《華嚴音義》在日本

（一）《華嚴經》與《華嚴音義》

《大方廣佛華嚴經》乃華嚴宗據以立宗之重要經典。其漢譯本有三：① 六十卷本，三十四品，稱《六十華嚴》或《舊譯華嚴經》，爲東晉佛陀跋陀羅譯；② 八十卷本，三十八品，稱《八十華嚴》或《新譯華嚴經》，唐實叉難陀譯；③ 四十卷本，稱《四十華嚴》或《貞元經》，唐乾元二年（759）至貞元十四年（798）由般若譯出，爲該經《入法界品》之别譯。其中尤以唐實叉難陀所譯八十卷本文義最爲暢達，品目也較完備，故而在漢地廣爲流傳。

---

① 如俞莉嫻《慧苑音義研究》之第二章《版本研究》第六節專門論述日本大治寫卷的内容及特點，其中提到："我們推測，大治本、金剛寺本《新華嚴經音義》是日本人在慧苑八十卷本《華嚴音義》的基礎上吸收了玄應六十卷本《華嚴音義》而作的音義，即苗昱所提古本《華嚴音義》。也就是説，刻本八十卷《慧苑音義》在前，日本寫卷大治本、金剛寺本《新華嚴經音義》在後。"文中所言"大治本、金剛寺本《新華嚴經音義》"與"八十卷本《華嚴音義》"、"六十卷本《華嚴音義》"以及"古本《華嚴音義》"之間關係不恰切。詳看後述。

② 貴重圖書影本刊行會複製本付載。昭和 14 年(1939)。

③ 《古辭書音義集成》第一册。汲古書院，昭和 63 年(1988)。

④ 白藤禮幸《高山寺古辭書資料第二·解説》；高山寺典籍文書綜合調查團編《高山寺資料叢書》第十二册。東京大學出版會，1983 年。

隨着《華嚴經》的廣傳，爲正確研讀《華嚴經》而爲其作音義者亦不乏其人。如大成華嚴宗之法藏就有《大華嚴經音義》(一卷)、《新舊華嚴經音義》(二卷)、《華嚴傳音義》、《華嚴梵語及音義》(二卷)以及《華嚴翻梵語》共五種。然皆僅存書名，不見流傳。[1] 其中有流傳至今者主要有唐道璿爲《華嚴傳》所作之《華嚴傳音義》(現有日本高山寺藏本)；玄應爲舊譯《六十華嚴》所作之音義(收入其《眾經音義》(卷一)以及慧苑爲新譯《八十華嚴》所作之音義。慧苑乃"賢首國師"法藏之門下"六哲"[2]之一，其所著《慧苑音義》影響廣遠，至今仍有多種版本留存。[3]

(二) 日本奈良朝時代的《華嚴經》與《華嚴音義》

奈良朝時期，寫經事業頗爲隆盛。從以前之一部或幾部，擴展至《一切經》。如天平六年(734)，聖武天皇敕願抄寫《一切經》；天平十二年(740)、天平十五年(743)，光明皇后兩次發願抄寫《一切經》；神護景雲二年(768)，孝謙天皇也曾發願抄寫《一切經》。作爲

① 根據水谷真成《佛典音義書目》第二《華嚴部》；載《中國語史研究》第12—41頁，三省堂，1994年7月。初發表於《大谷學報》第二十八卷第二號，第61—74頁，昭和24年(1949)3月。

② 法藏門下"從學如雲"，其中知名弟子，有宏觀、文超、智光、宗一、慧苑、慧英六人，故稱"六哲"。法藏在八十卷本《華嚴經》譯成後曾作《略疏》，但僅完成四分之一即謝世，慧苑與同門宗一分别續寫。宗一續滿二十卷，其文現已逸失；慧苑所續名爲《續華嚴經略疏刊定記》。慧苑本爲承師之遺志而作此刊定記，然因書中有與師説相左之處，故四祖清凉大師澄觀作《華嚴大疏鈔》以破斥其异轍。此後正統之華嚴宗人亦皆以其爲异系。然我們也可認爲這或許正是慧苑研究《華嚴經》，深明奧義，能突破舊説，提出自己獨到見解之處。《宋高僧傳》卷六贊其"少而秀異，蔚有茂才"。《開元釋教錄》卷九也稱其爲法藏法師之"上首門人"。慧苑對華嚴宗的一大貢獻即爲其博覽經書，考核詁訓，撰著《新譯大方廣佛華嚴經音義》二卷，"俾初學之流，不遠求師，覽無滯句，旋曉字源"。(《宋高僧傳》卷六一)

③ 參苗昱《〈華嚴音義〉版本考》。徐時儀、陳五雲、梁曉虹編《佛經音義研究——首届佛經音義研究國際學術研討會論文集》，上海古籍出版社，2006年。

華嚴宗"聖典"之《華嚴經》,自然成爲古寫經之重要内容。如《正倉院文書》就有天平十一年(739)書寫八十卷《華嚴經》之記事。又如富岡文庫舊藏有《大方廣佛華嚴經》卷第四十二,被確認爲寫於奈良朝。内題之下有"新譯",故知爲八十卷本。背面有"法隆寺一切經"黑印。而同能滿院所藏的《大方廣佛華嚴經》卷第四十三,也有"法隆寺一切經"黑印。直綫文字,頗能彰顯唐風。[①] 天平十三年(741)聖武天皇詔勅建金字經所,選用質量上乘麻紙,用紫草根染色,並選拔優秀的寫經生,於金字經所敬書佛經。其筆鋒鋭利峻拔,字體端莊渾厚。其中有紫紙金字的八十卷《大方廣佛華嚴經》,現有小林一三氏藏經卷第七十。[②] 珍藏於東大寺圖書館,因"二月堂燒經"而聞名的紺紙銀字《大方廣佛華嚴經》(二卷),也寫於金字經所。寬文七年(1667)二月十四日東大寺二月堂失火,所藏佛經多散佚民間,東大寺僅存紺紙銀字《大方廣佛華嚴經》二卷。此被認爲是奈良朝唯一現存的紺紙經。[③] 而藏於京都国立博物館之唐寫本八十卷《華嚴経》第八卷中使用了則天文字,説明此本書写年代應爲中国唐朝初期(八世紀),很早就傳到了日本。

日本現存有關《華嚴經》之音義,主要分兩大類:

(1) 從中國所傳之《華嚴音義》

這部分内容非常豐富,其中主要包括:

玄應爲六十卷舊譯《華嚴經》所撰之音義《玄應音義》早就流傳日本,六十卷《華嚴經音義》也就隨着《玄應音義》的廣傳而留下各種寫本與刻本。學界對此多有研究,不贅。

賢首大師法藏所撰之音義 法藏作爲華嚴宗的實際創始人、集大成者,對新舊《華嚴經》皆有研究。苗昱指出:法藏爲新舊譯

① 參考田中塊堂《古寫經綜鑑》,第 211—215 頁。大阪:三明社,昭和 28 年(1953)。

② 參考田中塊堂《古寫經綜鑑》,第 215 頁。大阪:三明社,昭和 28 年(1953)。

③ 參考植村和堂《日本の写経》第 19 頁。東京:理工學社,1981 年。

《華嚴》均作《音義》,該《音義》分爲兩部分,一部分是舊譯《華嚴》中之梵語,另一部分爲新譯《華嚴》之梵語華言。[①]《華嚴宗經論章疏目錄》等記錄寫有法藏或賢首大師之名的《華嚴音義》共有五種,然皆未見留存。

著者難以確認之《華嚴傳音義》 根據《東域傳燈錄》,一般認爲賢首大師法藏撰有《華嚴傳音義》,今不存。又根據《華嚴宗經論疏目錄》、《諸宗章疏錄》等,宋慧叡著有《華嚴傳音義》一卷。今亦不存。水谷真成《佛典音義書目》根據《第二十二回大藏會目錄》,記載東大寺圖書館藏有道濬(又云慧濬撰)於天平寶字四年(760)所撰《華嚴傳音義》一卷。高山寺藏道濬著《華嚴傳音義》一卷。而道濬即爲東渡扶桑傳播華嚴教義,被尊爲日本華嚴宗首傳之道璿律師。若如此,此音義當於日本撰成,留待後述。

《慧苑音義》 諸種"華嚴音義"中,最著名的自當應屬慧苑的《新譯大方廣佛華嚴經音義》。《大日本古文書》以及《奈良朝現在一切經疏目錄》等有天平十一年(739)寫《新譯花嚴經音義》二卷、勝寶五年(753)書《華嚴經音義》二卷之記載。至於入藏的《慧苑音義》,則隨着各種大藏經的刊刻而廣傳。[②] 學界已多有考探,不贅。

(2) 於日本所撰成之《華嚴音義》

流傳至今者,有以下四種:

《新華嚴經音義》,作者不詳,現存大治年間寫本。

《新譯花嚴經音義私記》,作者不詳,現存小川家藏本。

《新譯華嚴經音義》,作者喜海,現存高山寺本。

《貞元華嚴經音義》,作者不詳,現存高山寺本。

《貞元華嚴經音義》(一卷) 此乃爲四十卷《貞元華嚴經》所作之"卷音義"。摘出經文中的難字、難詞[③]共 594 條,下用反切爲其

---

① 苗昱《〈華嚴音義〉版本考》。

② 其中還應包括慧琳編撰《一切經音義》時收錄於卷 21,卷 22,卷 23 的《慧苑音義》。

③ 有一部分只能算是詞組,而非詞。

字注音,字旁附有黑色假名字音,還有用朱筆爲各字所加之聲調符號。這種形式與我們後文將要述及的《新譯華嚴經音義》(喜海本)相同。而其背面書有"安貞二年四月廿六日書寫畢、挍畢"字樣。其日期與喜海本《新譯華嚴經音義》僅差兩日。故此音義雖未記撰者之名,然學界根據體裁形式、用紙等,認爲作者蓋亦爲喜海。[①]但沼本克明指出:兩種音義所用書並不相同。而且還有音義相同,但所附音注卻有異之處。大部分注吳音,但還有若干與漢音相交叉。[②] 總之尚有不少問題留待研究解決。

儘管此音義只注音,不釋義,亦無出典,與《玄應音義》《慧苑音義》等相較,略顯簡單,但仍爲學界所矚目。

《貞元華嚴經音義》於昭和二十四年(1949)2月18日被指定爲重要文化財,收錄於《大正新修大藏經》第五十七卷。1983年東京大學出版會出版了由高山寺典籍文書綜合調查團編的《高山寺資料叢書》。《貞元華嚴經音義》影印本被收於第十二冊《高山寺古辭書資料第二》

《華嚴傳音義》(一卷) 前已述及,日本《東域傳燈目錄》以及《華嚴宗經論章疏目錄》等所記此音義,著者不一。現高山寺藏本《華嚴傳音義》被認爲寫於鐮倉初期,元祿十六年(1703)、昭和九年(1934)有過兩次修補。此音義收錄《華嚴經傳記》中詞語共360個(漢字766),對其施以音注(用反切或同音注)、義注,並加以詮釋,辨析詳密,並伴有出典,尤其多援用《漢書》、《後漢書》等史書,而且不見和訓與假名。

此音義下,寫有"沙門道璿撰"字樣。此即前所記於聖武天皇天平八年(736)携《華嚴章疏》來日初傳華嚴之道璿。儘管道璿的傳記類中,並未見記載此音義之名,然白藤理幸等根據引書以及音注,從内容上判斷,似難以否定此音義乃道璿之作。然是在日本所

---

① 白藤禮幸《高山寺解説》。

② 沼本克明《高山寺藏資料について》;《高山寺典籍文書の研究》。東京大學出版會,昭和55年(1980)。

撰，抑或其來日前已著成，尚不得而知。

《華嚴傳音義》於昭和十三年(1938)7月4日被指定爲重要文化財。其影印本被收於第十二冊《高山寺古辭書資料第二》。而東大寺圖書館藏本有《華嚴傳音義〉一卷，被認爲是高山寺本的江戶時期寫本。

喜海撰《新譯華嚴經音義》

喜海(1178—1251)，鎌倉時代中期華嚴宗僧人，號義林房。出家後入高山寺師從明惠上人，成爲明惠上人之高足。他曾與明惠一起從事華嚴教學並書寫校核注釋書《華嚴經探玄記》。根據明惠遺書，作爲高山寺久住之一人，寬喜四年(1232)被定爲高山寺学頭[①]。明恵没後，喜海亦住高山寺十無尽院。其著作有記錄明惠上人行動的《高山寺明恵上人行状》以及有關華嚴教義的《善財五十五善知識行位抄》等流傳後世。除此，還有即爲對八十卷本《華嚴經》的卷音義——《新譯華嚴經音義》。

喜海本《新譯華嚴經音義》共收錄《新譯華嚴經》中難詞1320個，其中多爲雙音節詞，也有部分單字和三字條目，付以假名、四聲、清濁及反切。此書卷末有題記："嘉祿三年(1227)丁亥六月二日酉魁，於西山梅梶之禪房，集兩三本之音義，抄寫之，偏爲自行轉讀，敢不可及外見也。"[②]此題記與音義文字同筆。其後還有別筆題記："寬喜元年(1229)八月十八日与五六輩交合再治了。""寬喜元年八月廿七日尅子點並數度假名交撿畢。"可知此音義實際並非如喜海所言"偏爲自行轉讀"[③]，而是与"五六輩"華嚴學僧共同"交合再治"，而且對聲點以及假名(字音)又進行了討論。這不僅體現了當時高山寺有關華嚴經研究事業之鼎盛，而且還傳達出當時有

① 大寺院中擔任統括學問之僧人。

② 原文無句讀，此乃筆者所添加。

③ 實際乃作者的謙遜之語。

幾種《華嚴經》音義存在之信息。[①] 嘉祿三年,明惠尚在世,五十五歲,喜海五十歲,已從明惠上人研習華嚴三十年,此音義正爲其研究成果。

儘管喜海本之《新譯華嚴經音義》基本只注音並不釋義,且無書證以及詳密辨析,但其所用反切以及假名之特色,特別是根據川瀨一馬考證,其中使用異體假名處也不少。[②] 這無論是對日語語音與日本文字還是漢語音韻之研究,皆被認作是重要的參考資料,已經引起學界矚目。

大治本《新華嚴經音義》

大治三年(1128)四月至六月,法隆寺僧人覺嚴、隆暹等人書寫玄應《一切經音義》,共二十五卷七帖。後第二、第三帖亡逸,故現存五帖十九卷,爲東京博物館所藏,被稱爲"大治本《一切經音義》"。昭和七年(1932)由山田孝雄博士翻印公刊,後又被古典研究會收於《古辭書音義集成》第七、第八册。[③] 山田博士曾指出:玄應《一切經音義》之刻本以北宋版爲最古,南宋高麗二版相匹敵,乃其次。而大治本則應位居其間。然最能呈現有唐一代之實貌者,當爲大治本。加之其他皆爲彫版刻本,大治本卻實實在在爲八百年前[④]筆寫之物,對于想瞭解其書風書體的人來説,寫本具有版本

---

① 根據白藤禮幸《高山寺解説》考證,寬喜元年(1229)至寬喜二年(1230)之東大寺寫經資料上,尚有記錄,如:"寬喜元年九月十七日於竹内之房以御堂之本/重交之畢/并難字付假字了/小比丘了弁"(《大方廣佛華嚴經》卷第三十四(新譯)卷末題記)(第一〇函 18)。又如:寬喜元年九月十九日於高山寺又校合了/又以音義付假名了 勤杲(《大方廣佛華嚴經》卷第卅五卷末題記)(第五八函 1)。又如:寬喜元年十月四日以御堂本校即了/以音義點了西谷小僧空弁(《大方廣佛華嚴經》卷第四十四卷末題記)(第一〇函 23)。由此可証,當時的高山寺《華嚴經》之研究頗爲盛行,《華嚴音義》亦非一種。

② 川瀨一馬《增訂古辭書の研究》第 374 頁。雄松堂,昭和六十一年(1986)再版。

③ 汲古書院,昭和 51 年(1976)。

④ 山田孝雄博士 1932 年言此,今日我們再提,則已近乎九百年矣。

所没有的可貴特色。[①]

大治本爲學界所矚目之另一重要特色即其卷第一之末所附《新華嚴經音義》。此乃對八十卷本《新譯華嚴經》加以訓釋之“卷音義”,學界多稱之爲“大治本《新華嚴經音義》”(以下簡稱大治本《新音義》)。玄應《一切經音義》卷一雖收錄對舊譯六十卷《華嚴經》所作之音義,然卻不載新譯八十卷《華嚴經音義》。此蓋書寫大治本之際,爲方便起見而將八十卷經音義添加於卷一之末。但此八十卷經音義或於大治本之前被添加,大治本寫者又以該《玄應音義》爲底本寫成大治本亦未可知。[②]

現存大治本《新音義》只是大治年間的一個寫本。其祖本之作者與年代皆不詳。山田孝雄在其《一切經音義刊行の顛末》中曾指出:“此《新華嚴經音義》莫非爲賢首大師於則天武皇后朝所述?賢首音義夙有所聞,然吾不知世間確有其傳本。若果爲賢首所撰,則當屬稀世珍寶。即非如此,於他處無可尋覓之際,此處得以幸存,亦當爲學界之大幸。”然其此説並無證據。岡田希雄、小林芳規等學者皆認爲此音義乃經日本人或日籍漢人之手而成者。三保忠夫在《大治本新華厳経音義の撰述と背景》一文中對“大治本《新音義》”有詳密考證,認爲其祖本之撰述年代應爲天平勝寶[③]年間,撰述者蓋爲中閒階層學僧,而且撰述者及其撰述場所亦可考慮爲是當時華嚴教學頗爲隆盛的東大寺,或者是屬於東大寺系統的寺院。

大治本《玄應音義》卷一後所附此音義始記有“新華嚴經音義”之書名(而《玄應音義》卻皆只舉經名,不言音義),其下有細注“八十卷、序字及𠀑等文者並集後紙”。“𠀑”乃則天文字之“天”字。此乃標明經序中文字與武后新字之音義,置於八十卷經文音義之末尾。故此音義實際可分爲兩部分:前爲八十卷經文所作音義;後爲則天序等所作音義。後半部分又包含:① “序字天册”以下爲則天

① 參考山田孝雄《一切經音義刊行の顛末》。
② 參考岡田希雄《解説》。
③ 天平勝宝元年(749)— 天平勝宝九年(757)。

序中部分字詞之音義。② 三十五個正字條目，其中包括十七個則天文字，十八個俗字。[①] ③ 正字條目後有“大方廣佛華嚴經”之經名，其下爲舊經與新經之品名卷數等的對比説明。④ 解釋了在品名中出現的如“十住、十行、十無盡藏、十迴向、十地、十定、十通、十忍、十身相海”等類術語。此後作爲《玄應音義》第一卷尾題的“一切經音義第一”之下還有 “注水”、“虹”、“煌煜”、“程”四個字詞的音義。岡田希雄指出：此四條爲《華嚴經》中之語不明，至少不見於《慧苑音義》。何故有此四條？爲何置於此處，難以判斷。

此音義之前半部分，亦可稱之爲正文部分，根據岡田希雄統計，共收錄字詞 307 條。[②] 這與共收錄條目約1300的《慧苑音義》相較來説，實屬篇幅短小者。其中雙音詞佔絕大多數，計 233 條，單字計 7 條，三音詞計 12 條，四音詞計 33 條，四音以上短語計 19 條。[③] 有個別詞目有卷數混錯的現象，如第五卷之音義末尾兩條“樹岐”與“庛暵”置於第六卷。而第八卷所出六條實際爲第九卷之内容。相反，第九卷之“帀”（“卍”）字應在第八卷。也有注釋中混入别的條目的現象。如“帀”字注中又混進了“慣習”詞目及釋義。[④] 但整個體裁與傳統的《玄應音義》相同，注音釋義，析字辨形，皆呈古風。而且此音義除用漢文注釋外，還保留有作爲“倭言”万葉假名的和訓十四項二十語。儘管不多，但卻體現了早期在日本所撰音義之特色。[⑤] 川瀨一馬曾經舉出其中十一例和訓，認爲

① 實際上應是 34 個正字條目，其中俗字條目 17 個。但因此音義將“鬧”之不同俗體分開立目，故總體爲 35 條。

② 筆者也曾統計過，爲 305 條。俞莉嫻統計爲 304 條。

③ 參考俞莉嫻統計。

④ 此亦蓋爲統計數字稍有差異之因。岡田希雄做過詳細調查。故本文尊其説。

⑤ 音義書在日本，起初自是傳自中國，多爲漢籍與佛典音義。其後日本人開始仿此爲範，編纂日本的音義書。其濫觴即起於用万葉假名書寫所附的漢文注文。其後又開始用片假名。隨着時代遞進，假名的比重增加，遂緻漢文注消失，只用假名標注音訓體式之產生。

其形式與被推定爲信行所撰的《大般若經音義》(中卷,石山寺藏)相似。[①] 這一點已深爲日本國語學史、古籍訓點界所矚目。

與《慧苑音義》相同,大治本《新音義》亦爲對八十卷《新譯華嚴經》所作之音義,但兩種音義不僅在詞目數量上收錄上有較大出入,而且即使條目相同,或有關聯,但音注和義注之不同之處亦甚夥。三保忠夫在對兩種音義進行考證後得出大治本《新音義》與《慧苑音義》並無關係的結論。相反,大治本《新音義》的撰者卻參考了玄應的舊經音義(即玄應爲六十卷本舊譯《華嚴經》所作的音義),而且並不僅僅拘泥於卷一的《華嚴經音義》,甚至從全二十五卷(或二十六卷)的《玄應音義》總體部分選出合適的内容並加以利用。[②] 小林芳規《解題》指出:大治本《新音義》雖爲《新譯華嚴經》之音義,但卻未見引用《慧苑音義》,應屬《玄應音義》系統。

另外還須説明的是:《新華嚴經音義》一般被認爲僅見於大治本。然隨着近年來天野山金剛寺所藏一切經的調查與研究,[③]人們在 2006 年出版的"日本古寫經善本叢刊第一輯"[④]中玄應撰《一切經音義》二十五卷中,發現金剛寺本卷一之卷末也附有《新華嚴經音義》。金剛寺本卷一首尾齊全,大治本卷一之卷首無全卷目

---

① 川瀬一馬《增訂古辭書の研究》第 42 頁。信行被認爲是奈良朝法相宗行基(668—749)之助手,法相宗著名學僧,著有多部音義,住元興寺(飛鳥寺)。其生存年代被推測蓋爲奈良朝末期至平安時代初期。(參考三保忠夫《元興寺信行撰述の音義》。東京大學國語國文學會《國語と国文學》1974 年第六號(月刊),至文堂出版)

② 三保忠夫《大治本新華嚴經音義の撰述と背景》。《南都佛教》第三三號。昭和 49 年(1974)12 月。

③ 天野山金剛寺位於大阪府河内長野市,爲真言宗御室派大本山。寺内藏有多達四千卷的寫經資料,稱"金剛寺一切經"。學界認爲其主要以自平安末期至鎌倉時代後期斷續書寫的佛經爲主體而構成。

④ 2006 年 3 月由落合俊典爲首的國際佛教學大學院大學學術フロンティア實行委員會整理出版了"日本古寫經善本叢刊第一輯"玄應撰《一切經音義》二十五卷(金剛寺一切經本、七寺一切經本、東京大學史料編纂所藏本、西方寺一切經本、京都大學文學部藏本)。

錄。經學界考證,金剛寺本的《玄應音義》可認爲屬大治本系統。且根據卷末題記,此本之書寫年代應爲嘉禎年(1236,1237)左右,晚大治本約一百餘年。故儘管從善本的角度,金剛寺本有優於大治本之處。[①] 然本述仍以大治本《新音義》爲代表。

三、《新譯華嚴經音義私記》

日本僧人爲八十卷《新譯華嚴經》所作的音義,現存三種。以上,我們已介紹了大治本與喜海本兩種。以下,我們將重點論述《新譯華嚴經音義私記》。

(一) 年代與作者

小川睦之輔氏家藏本《新譯華嚴經音義私記》[②]爲日本現存最古之寫本佛經音義。此本被認爲雖非《私記》原本,卻是現存唯一傳本,故可視之爲"孤本"。[③]

儘管此本之抄寫年代以及作者尚不能確定,然據學界考證,蓋可視其爲奈良朝(710—784)末期之寫本。其祖本作者爲日本人,然應是在慧苑《新譯華嚴經音義》(二卷,以下稱《慧苑音義》)以及《新華嚴經音義》[④](作者不詳,被認爲是經日本人或日籍漢人之手而成)的基礎上,有所補刪,並添加少許和訓而成者。因小川家藏本已是"孤本",故學界研究皆只能以此本爲據。川瀨一馬、小林芳規等通過對此書書誌的考證,以及對此書字體以及和訓形式、上代

---

① 參考箕浦尚美《玄應撰〈一切經音義〉書誌——金剛寺、七寺、東京大學史料編纂所、西方寺藏玄應撰〈一切經音義〉について》。

② 曾由貴重圖書影本刊行會複製,昭和 14 年(1939)12 月 15 日發行。後又由日本古典研究會整理收錄於《古辭書音義集成》第一冊。汲古書院,1978 年第一版,1988 年又第二次印刷。除有全書之影印外,尚有小林芳規之解題,石塚晴通之索引,使用非常方便。

③ 參考岡田希雄《解説》。

④ 即前所介紹大治本《新華嚴經音義》之祖本。

特殊假名之使用方法的研究,[①]認爲應是從天平勝寳(749年—757年)年間之後半個世紀之間,於華嚴教學盛行的東大寺或屬於其系統的寺院中撰述而成者。[②] 小林芳規在其編著《図説日本の漢字》第九章有關於日本古辭書的内容,在"作爲漢和字書材料的音義"部分就以《新譯華嚴經音義私記》爲例,並定義爲乃八世紀經日本人之手所作,奈良時代書寫(小川家藏本)。[③] 此本上卷卷首有加上的附頁,記有"永延"之緒言:

新譯大方廣佛華嚴經音義二卷　馬道手箱

右一部二卷其本見在

沙門釋慧苑,京兆人,華嚴藏法師上首門人也。勤學無惰内外兼通,華嚴一宗尤所精達。苑以新譯之經未有音義,披讀之者取決無從,遂博覽字書,撰成二卷。使尋翫之者不遠求師而曉書字義也。以此久言留于彼土,云何此土不披習歟?[④]

① 小林芳規引三保忠夫的研究以證早期撰著含有和訓之音義在東大寺。唐僧法進天平四年(754)赴日,其所撰《最勝王經音義》(佚)中就包含和訓。而法進所撰《沙彌十戒并威儀經疏》也有一例和訓。由此判定當時含有和訓的音義,應撰於法進所在之東大寺。(法進乃鑒真和尚之弟子,跟隨鑒真歷盡千難萬險赴日弘法,並助鑒真於東大寺創立戒壇院。歷任該寺律師、少僧都、大僧都等僧職,天平宝字七年(763年)就任該寺戒壇院之初代戒和尚。筆者注)川瀨一馬《增訂古辭書の研究》第41—42頁。

② 參考小林芳規《解題》。又岡田希雄曾親睹小川家藏本實物,發現卷下尾題與元祿六年(1693)僧人英秀修裱此本所記"識語"之行間(不足一寸之距)隱有"延曆十三年甲戌之春寫之了"之識語字樣,因被人擦消,故模糊不清。"延曆十三年"爲公元794年。(岡田希雄《解説》)。此亦可作爲將《私記》定爲奈良末期寫本之佐證。然小林芳規認爲識語中"甲戌"二字斜排書寫乃近世(江戶)書式。(小林芳規《解題》)

③ 小林芳規《図説日本の漢字》,大修館書店,1998年。

④ 最後一句苗昱認爲"字跡潦草,難以辨認,留待再考"。此處根據岡田希雄《解説》。最後一句下橫綫爲筆者所加。

此緒言末句之前採錄《開元釋教錄》卷九之言，而最後一句似爲永延之語。而“馬道手箱”四字與“永延”緒言字跡不同。小林芳規《解題》考證“馬道”當爲人名，而東大寺所藏奈良時代如《華嚴略疏刊定記》卷十三等寫經封面附頁也有“馬道”之名，故由此也可推測與東大寺有關。另外，岡田希雄也根據此書兩卷卷尾均有“信”之陽刻朱印而判斷其曾藏於東大寺一段時期，因東大寺所藏與《華嚴經》有關的古書上亦可見“信”之印章之故。然此印章加蓋於何時，卻難以判明。①

（二）性質與體例

1. 性質

與當時從中國所傳到日本的玄應《眾經音義》、慧琳《一切經音義》、慧苑《新譯華嚴經音義》等相同，《私記》屬“佛經音義”類書，即對八十卷本《新譯華嚴經》加以訓釋的“卷音義”。此書上卷尾題《八十卷花嚴經音義》、下卷尾題《大方廣佛花嚴經音義》，也明確標明其爲“音義”書。而上下卷外題（在後補的表紙上所貼附的白紙題簽）均有《花嚴經音義私記》書名。之所以又名之爲“私記”，根據卷下卷末竺徹定②所加跋語，乃因“注腳中往往附和訓與和名鈔，稍有異同，所以名私記也”。另外，此本于元祿六年(1693)曾由僧人英秀修裱過，英秀在卷下之卷末寫有識語：“八十經私記上下二卷依破損爲興隆之今修復軸表紙付畢。”而“私記”右側有“音義”二小字，看得出是覺出有誤後補上去的，然似亦可認爲是因書寫者爲強調“私記”而漏寫了“音義”。

以“私記”爲書名，可體現兩層意思：其一，此書並非《慧苑音

① 岡田希雄《解説》。

② 竺徹定(1814—1891)，又號松翁、古溪、杞憂道人、古經堂主等，江戶末明治初學僧，本書收藏者之一。徹定甚愛古經，所藏古經甚夥，撰述亦豐，有《古經題跋》二卷、《續古經題跋》一卷、《譯場列位》一卷、《增補蓮門經籍錄》二卷（文雄原撰，竺徹定增補）等著作。（參考岡田希雄《解説》。）

義》之單純另一“古寫本”。[1] 其二,此乃奈良時代日本學僧學習研究《慧苑音義》[2]之重要成果之一。據小林芳規考證:古代日本(至平安時代)的學問形態(學習以古典經書爲中心的漢籍,提高漢字能力)是以大學寮爲中心而展開的。讀解漢籍,有“師説”和“私記”的形式。所謂“私記”,是指在讀解漢文典籍之時,對於“師説”的個人記錄。[3] 由此,我們可以理解爲:此書是當時的日本僧人在中國所傳來音義基礎上進行加工的再創作,故和風化濃郁。

岡田希雄指出《私記》中存在很多錯誤,如此書體例詞條用大字,釋語用雙行小字,但多有大小字相混之誤。還有詞條脱落或釋語空漏,也有臨近詞條之釋語相混,以及所出詞目卷數有誤等等。諸如此類,岡田認爲其責任主要在於書者(即指小川本之抄寫者),但此書作者也有很多必須承擔的責任。其撰者似並未過多拘泥於音義體式,所採取的撰述方法有時頗爲自由,故儘管與《慧苑音義》等傳統音義相較,《私記》多有看似不統一、不甚恰當和未加整理等處存在,然正因其所呈現出的如此的多樣特性,《私記》可被看作是如實體現了當時學僧學習經典實際情況的殘存資料。[4]

《私記》被認爲主要是在《慧苑音義》與大治本《新音義》(祖本)之基礎上,又參考其他文字音韻訓詁資料撰著而成,故基本音注、釋義之體式與傳統之佛經音義,如《玄應音義》、《慧苑音義》、大治本《新音義》等相同,但小林芳規指出:《私記》中存在着獨自纔有的“註釋之文”,如用“音……(川)訓……”形式的注文:

---

① 民國時期羅振玉在日本發現此本,並經其借回中國,由墨緣堂影印出版(1940 年),題名爲《古寫本華嚴音義》。

② 儘管《慧苑音義》傳入日本的具體年代尚不能確認,然據《大日本古文書》七卷以及《奈良朝現在一切經疏目錄》等文獻記載,天平十一年(739)就有《慧苑音義》之流佈。而天平十一年(739)距慧苑撰述《新譯華嚴經音義》的唐開元十年(722)僅隔 17 年。可見《慧苑音義》寫出不久即傳入日本。

③ 參考小林芳規《解題》。

④ 參考池田証寿《新譯華嚴經音義私記の性格》。《國語國文研究》第 75 號(北海道大學國文學會),1986 年。

市肆：上又作市。市音之訓伊知肆陳也。上音四訓伊知久良，謂陳貨鬻物也。鬻。[1]（經第六十三卷）

雨滴：下音敵川水粒也。（經第十三卷）

又如部分注文中漢字順序用日語語順標記。如：

盲瞽：下公户反，无目云又云……（經第四卷）

另外，《私記》還出現“合（二合）”、“又”、“或”等用語。“合（二合）”表示其所出二字詞條爲合成詞，“合（二合）”之後表示其義。如：

平坦：合平也。（經第八卷）

圖書：上音豆訓二合文句[2]也。（經第卌六卷）

“又”字則爲《私記》先後引用大治本《新音義》和《慧苑音義》時所用連詞。而“或”亦爲兩種音義皆引時所用。

當然，此書中“和訓與和名鈔”應該是體現“私記”性質的重要内容。用万葉假名標注和訓内容，是日本人早期撰寫佛經音義的重要標誌。儘管《私記》中有一部分和訓内容來自大治本《新音義》[3]，但《私記》之和訓亦有其獨特之處。我們將於後加以論述。

總之，《私記》作爲奈良時代華嚴學僧爲《新譯華嚴經》所撰之卷音義，體現了早期日本佛經音義的特色：主要參考從中國所傳來

① 原本注文用竪雙行小字。注文中“伊知”“伊知久良”爲和訓。“謂陳貨鬻物也。鬻”一句中前一“鬻”字，小川本因竪行書寫而將其分成兩字：“粥”與“鬲”。後一“鬻”字作“[illegible]”，爲“鬻”之俗字。蓋抄寫者發現上一字誤分爲二後所加之訂正。

② 小川本中“句”字作“[illegible]”，頗爲難辨。此從小林芳規，認作“句”字。

③ 有關《私記》與大治本《新音義》的關係我們將在以下專門論述。此處略過。

的音義，或刪削，或補充，並添加和訓，且逐漸增加，和風化逐漸濃郁。現存小川本《私記》中有很多錯誤，有些是明顯的訛字、脱字、衍字，[①]可認作是書寫所致，但有些也實難以判斷。因小川家藏本乃舉世“孤本”，且爲奈良時代所寫，故無論如何，反映了當時東大寺僧人研究華嚴經典的實貌，作爲研究資料，甚爲珍貴。[②]

2. 體例内容

《私記》按照《新譯華嚴經》卷數的順序，將從經文中選出的單字、語詞、詞組、短語及經句列出，作爲詞條，再根據中國辭書的體裁對所釋漢字的形、音、義加以解説。此外，還附以與舊譯六十卷《華嚴經》文字、譯語、本文、品名等的比較，[③]并增加了最能體現日本音義特色之和訓。

《私記》之構成：卷上以則天武后經序之音義爲始，《新譯華嚴經》卷第一《世主妙嚴品第一》至卷第二十五《迴向品第二十五之三》之音義緊接其次，共 514 行。卷下乃卷第二十六《迴向品第二十五之四》至卷第八十《入法界品之二十一》之音義，共 631 行。

《私記》共收錄詞條約1700[④]，其中主要包括以下類：

單字詞條：這一部分又主要包括：單音節詞詞條與正字詞條。前者如《經序音義》中收錄了“挹、隘、爰、覃、式、繕、匪、欶、囊、筌、俄”等文言單音節詞條，還有如“譯、序、製、朕、纔、添”等一些單音常用詞。後者正字詞條堪爲《私記》之一大特色。首先集中出現於《經序音義》，共 34 條。其中有 17 條爲則天文字，另 17 條則爲俗字[⑤]。因集中收錄，又僅列正俗字形，[⑥]並不標音釋義，故藏中進將

① 岡田希雄認爲：此古抄本之筆者甚爲無學，對本文缺乏常識性的理解，好像在用機械的不注意的態度在書寫。

② 此本已於昭和六年(1931)被指定爲日本國寶。

③ 參考小林芳規《解題》。

④ 根據小林芳規統計。

⑤ 實際上我們也可將此皆歸於“俗字”，因則天文字歸根到底也屬於俗字之一類。

⑥ 有些正字實際上是當時的通用字，而並非真正的“正字”。

其歸納爲"《新譯花嚴經》所用異體字一覽"。[①] 除此,《私記》經文正文之音義中也多有正字詞條出現。《私記》作者或示其古文,或揭示俗體爲何,正字如何書寫,或闡述某字從某旁,爲某部等從字形上加以辨析。這些成爲漢字俗字研究的极好資料,爲學界所珍視。[②]

複音詞條:《私記》所收錄詞條,以雙音節以上的複音詞條居多。其中有單詞、複合詞、詞組等。小林芳規舉出"平坦"、"圖書"、"卻敵"、"聚落"、"遊行"等,并認爲這些都反映了漢語合成詞的狀態,在日本漢語史研究上也受到注目。筆者曾對《私記》複音詞條做過統計,《私記》上下兩卷,共收錄雙音節詞條約 842 個,佔其總詞條的將近 50%。其中有個別重復者,如經卷第四和第十中"祁倪"、經卷第一和第六中的"階砌"等。也有一部分並非詞而是詞組類的,如"正定"、"難辦"、"共美"、"諸有"等;還有只是爲正字而收,如經卷第六的"興興、覺學、舉與"等;甚至有只能算是破詞的,如"示已"、"爲幹"、"昔於"等,但大部分可視之爲雙音詞,或正在凝固過程中的詞組,如"慣習"、"慰安"等。可以説從一個側面體現了漢語雙音化的特色。

除雙音詞以及詞組外,《私記》也收錄了一些短語和經句作爲詞條。短語詞組,如:經卷第八之"無央數"、"一切切"、"澄涏其下"、"香水澄停"、"如𠘧字之形"等。另外,《經序音義》部分所收錄的"四念處"、"四正斷"、"四神足"等佛教名詞以及對《新譯華嚴經》中品名的説明,皆可歸於此類。值得注意的是:《私記》增加了部分《新譯華嚴經》中的經句,有的甚至可以説是長句,如:

---

① 臧中進《則天文字の研究》第 98 頁。東京:翰林書房。1995 年。

② 有關《私記》之俗字研究,可參考苗昱博士論文《〈華嚴音義〉研究》第四章《〈古寫本〉的俗字》。又筆者與陳五雲先生合作先後於韓國忠州大學《東亞文獻研究》第四、第五、第六輯連續三期刊出《〈新譯華嚴經音義私記〉俗字研究》(上)(中)(下)三篇文章,敬請參考。

此積集寶香藏香水海右旋次有香水海(經卷第九)

以上之句就是截自《新譯華嚴經》第九卷《華藏世界品第五之二》,編撰者將此作爲條目,實際是爲版本校勘的筆記。又如:

於彼常思已勝法者:古經云:思維正法不放逸。(經卷第十四)

以上之條目即截自《新譯華嚴經》第十四卷《賢首品第十二之一》中之七字長偈中一句"於彼常思已勝法"。

但有的句子卻稍有所改動,如:

五熱隨日轉牛狗鹿戒:可具百論並疎耳。(經卷第十四)

以上條目在《新譯華嚴經》第十四卷《賢首品第十二之一》本爲兩句偈語"或受五熱隨日轉,或持牛狗及鹿戒"之合併。

這些或許更能體現《私記》之特色,其收詞帶有更多的個人筆記色彩。[①]

另外,還應注意的是:《私記》中有一部分詞條只增立詞目而無釋文或釋文不完整。苗昱博士已經指出幷舉例如:"生貴天子"、"曲躬"、"阿脩羅手"、"閻浮提樹"、"侍側"、"疲倦"等四十餘條都只有詞目,而無釋文。而"與"、"不可轉法"、"門閫"等條釋文又只有開頭,並不完整。

實際上,岡田希雄也早已在其《解說》中指出此點,幷將其與其他訛誤[②]歸置一起,認爲主要是此本(小川家藏本)之書寫者學識

① 梁曉虹:《〈新譯大方廣佛華嚴經音義〉與〈新譯華嚴經音義私記〉之詞彙比較研究》。南山大学《アカデミア文学・語学編》第七九號。2006 年 1 月。

② 共列有七類,實際上有十幾種錯誤。

不夠所致。然因無祖本與其他寫本相校核,實難以判定是否一定是抄者之誤。

(三)《私記》與《慧苑音義》、大治本《新音義》之關係

前已有述,《私記》是在《慧苑音義》與大治本《新音義》(祖本)之基礎上,又參考其他文字音韻訓詁資料撰著而成的,故其基本材料來源爲《慧苑音義》與大治本《新音義》。除此,還參考了《玄應音義》、《玉篇》以及其他資料。清水史曾撰有《小川本新譯華嚴經音義私記音注攷——その資料的分析と整理(一)》一文,從《私記》音注的出典考證:《慧苑音義》佔49%;"大治本《新音義》"佔19%;《玄應音義》佔3%;《玉篇》佔9%;其他佔20%。[①] 所以,池田證壽認爲《慧苑音義》和大治本《新音義》是《私記》的中心資料,而《玄應音義》和《玉篇》等可被視爲二次性資料。[②] 以下我們對《私記》以及被認爲是其"中心資料"的《慧苑音義》、大治本《新音義》之關係加以簡單論述。有關此點,日本學者已有很多研究成果。[③] 另外,苗昱的博士論文第二章《〈華嚴音義〉的版本》第二節《古寫本〈華嚴音義〉》也多有論述。本文參考諸説,加以簡述。

1.《私記》與《慧苑音義》之關係

《慧苑音義》是《私記》最重要之參考底本,故這兩種音義之間關係最爲密切。

我們先從收録詞條數量看,《慧苑音義》約有1270條,《私記》約

---

① 《野州國文學》21號,1978年3月。

② 池田証寿《〈新譯華嚴經音義私記〉について——先行音義との關係》。《北大國語學講座二十周年記念——論緝・辭書・音義》。汲古書院,昭和63(1988)年。

③ 除岡田希雄、小林芳規等學者以外,還多有研究。如池田證壽專門有《新譯華嚴經音義私記について——先行音義との關係》,對《私記》與《慧苑音義》與大治本《新音義》之關係有較爲全面的考察。可參考。

1740條[①],比《慧苑音義》多出約近500條,然《私記》中多有錄出詞條,卻無注釋之現象。其中《慧苑音義》所見詞條,《私記》不收者有約180條。[②] 故儘管二音義詞條收錄有相當之差異,但大部分詞條爲二音義所共有。其中特别是經卷72卷至經卷80,則幾乎爲《私記》照抄《慧苑音義》,故詞條完全相同。前者只有一條"阿閦如來"爲《私記》獨自所錄詞條,但卻無注。[③]

岡田希雄《解説》還考察了二音義共同所錄詞條釋語之同異。分三種:1) 完全一致,或幾乎相同(其中含有《慧苑音義》釋語以外,《私記》著者所補之注文)者。如《經序音義》中的"造化權輿、龜龍繫象、人文、萬千八歲、同臨有截之區、七十二君、家纏五蓋、鷲巖西峙"等。此中多有《私記》著者所加之補記,如經卷15有"須臾"條,二音義釋語相同(不過《私記》有誤脱),然《私記》緊接此條後還收有"臘",并引《史記》、顧野王説《玉篇》、《禮記》等書證釋文共49字。而此條慧苑未收。實際上,"臘"本爲"須臾"釋語中字,《私記》著者順帶爲其加以詮釋。故"臘"字本應小寫爲妥,蓋爲看得清楚而寫成了大字。2) 引用書名以外,完全一致,或幾乎相同(此中亦含《私記》著者所補之注文)者。《私記》作者引用慧苑釋語時,多省略所引書名。當然,也有舉出書名者,尤其是經卷72以降,因完全照抄《慧苑音義》,故書名全錄。另外,還有一條釋語中,慧苑引多種書證材料時,《私記》作者或省略,或舉出,或整理引文,或補充資料之現象,但其中多有誤脱。3) 部分一致者(即《私記》引用部分慧苑之説解,其中當然包含作者補記)。此類大體或引注首,或採注尾,或用注中,當然也伴有作者之補記。一般説來,注文起首内

① 此從岡田希雄説。筆者也曾統計過,與此稍有差異。見拙文《〈新譯大方廣佛華嚴經音義〉與〈新譯華嚴經音義私記〉之詞彙比較研究》。又池田証壽《〈新譯華嚴經音義私記〉について——先行音義との關係》一文有準確統計,可參考。

② 此從岡田希雄説。池田証壽統計爲195條。

③ 池田証壽《〈新譯華嚴經音義私記〉について——先行音義との關係》。

容比較重要，故較長的釋語，《私記》多引注首而省略其下内容。

《私記》中還出現有“音義”、“唐音義”以及“一音義”之名。岡田希雄一一作過考察，其結論爲：用“音義”時，有慧苑引《漢書音義》加以詮釋，而《私記》略爲“音義”者，如經卷 5 之“如川騖”條。也有難以判明“音義”爲何者，如經卷 35“三界焚如苦無量”條中的兩處“音義”。還有爲慧苑所撰之《新譯大方廣佛華嚴經音義》之省，此經校核《慧苑音義》，即可明瞭。而其中多處“唐音義”就是指《慧苑音義》，例不贅。岡田希雄也根據此點認爲可判定《私記》作者爲日本人。另外“一音義”則指大治本《新音義》之祖本。留待後述。

2.《私記》與大治本《新音義》之關係

《私記》與大治本《新音義》(祖本)同爲八十卷本新譯《華嚴經》之音義，均出自日本僧人之手，又同爲奈良末期所作，而且《私記》還將大治本《新音義》作爲重要參考資料，故二音義之間關係頗爲密切，然也有很大差異。

我們也先從收錄詞條數量看，兩種音義在詞條收錄上有較大出入。大治本《新音義》除《經序音義》中的則天文字以及“十住、十地”等品名以及末尾四條外，共計 307 條，遠少於《慧苑音義》和《私記》。然這 307 條中，與《私記》所同者有 277 條。[①] 岡田希雄也考察了二音義所同錄詞條釋語之同異。分三種：1) 釋語完全不同者。如《經序音義》中的“天冊”條。《私記》此條根據《慧苑音義》稍有省略，故而不同。2) 完全一致，或幾乎相同者。如經卷第 27 的“鬢額”，二音義釋語完全相同，只是《私記》注“額”字音“雅格”，漏了“反”字。而此條不見《慧苑音義》。其中也有和訓一致之處。如經卷 28《私記》釋“寬宥心”，大治本《新音義》詞條爲“寬宥”，同用“由留須”。岡田希雄統計，大治本《新音義》中有十四條和訓内容，其中七條與《私記》相同。另外，還有部分一致之例，如經卷 5 之“鈴鐸”。總之，《私記》與大治本《新音義》之釋語完全相同，或幾乎

① 根據岡田希雄説。

一致,即使沒有那麼一致,但達到被承認兩者之間有關程度者有97例。除此,《私記》還有在一條釋語中既參考大治本《新音義》,也引用《慧苑音義》之現象。岡田希雄統計,《私記》之注文與大治本《新音義》及《慧苑音義》一致,或者部分一致者共64例。如此,加之前所述97例,約有150條左右與大治本《新音義》有關。此數字約佔大治本《新音義》詞條總數(307)之半。而從《私記》與大治本《新音義》所同錄詞條數(277)看,也已遠過半數。故《私記》作者已經在很大程度上參考了大治本《新音義》。

至於《私記》中出現的"一音義"之名,即指大治本《新音義》之祖本。然而也還存在不同情況:1)"一音義"與大治本《新音義》相同。儘管多少有異,然可認爲是與大治本《新音義》同屬一類之音義。2)"一音義"非大治本《新音義》祖本。亦可認爲是被二音義所採用之祖本。《私記》引用了此音義,而大治本《新音義》祖本亦據此音義而成。3)大治本《新音義》實際上襍抄自《私記》,並根據其他材料增補而成。三種皆爲想象之結果,難以確定,然從《私記》與大治本《新音義》釋文之引書考察,3)應該不成立。另外,岡田也根據《私記》在釋義中多稱《慧苑音義》爲"唐音義",而單稱大治本《新音義》祖本爲"一音義",認爲大治本《新音義》祖本之著者應爲日本人。

《慧苑音義》與大治本《新音義》同爲《私記》之重要來源,有時一條中又同用二音義作爲資料,情況頗爲複雜,然小林芳規在其《解題》中曾舉"所儔"一例(經卷二十)來説明《私記》與《慧苑音義》、大治本《新音義》之間的關係,現轉錄於下:

所儔 ⓐ"ㇰ直由反類也"一音義云ⓑ"又作翿字同到反蘙也依也此義當經故經文云善又用疇字直流反類也等也二人爲匹四人爲疇是也又耕治田也"ⓒ"耕音常川(訓)田反"①

① 原本用雙行小字竪寫。

(《私記》)

此條慧苑亦收,然爲三字詞條。安元本《慧苑音義》[①]作:

靡所儔 儔(儔)直日(由)反珠(叢)曰府(儔)玉篇曰儔(儔)癡(類)也。[②]

大治本《新音義》詞條與《私記》同。釋語爲:

所儔 ⓓ“又作翿字”或ⓔ“用疇字直流反類也等也文(二人)爲匹四人爲疇是也亦耕田治也”ⓕ“翿音同到到反翳也蘱也依也此義當經故經文云善”知一切摩所儔

三本加以比較,可發現《私記》之ⓐ與《慧苑音義》一致,只是略去後者之出典。而《私記》之ⓑ則與大治本《新音義》之ⓓⓕⓔ順相當。但缺大治本之“翳也”。至於《私記》之ⓒ“音……川(訓)”則不見二本。[③]

根據此條,可以認爲《私記》若同時引用《慧苑音義》與大治本《新音義》時,基本順序爲:先根據《慧苑音義》,但省略書證出典之名;接着再根據大治本《新音義》的祖本,其中的“一音義云”即與大治本《新音義》的祖本相當。另外,還有既不根據《慧苑音義》,也不根據大治本《新音義》祖本的加筆注文,如冠之以“音……訓……”、“倭言”、“倭云”等的内容。這些加筆與和訓内容,全卷隨處可見。當然,這種引用之順序並不一定,也有先取大治本《新音義》,後用

① 小林芳規指出:古寫本《新譯華嚴經音義》卷上有安元元年(1175)寫本與卷下應保二年(1162)寫本。此可視爲《私記》之參考本。

② 根據小林芳規旁注:()之旁記乃根據甲本所作的校訂。乙本“反”作“切”,他同。

③ 此前已敍述,乃《私記》獨自的注釋方式。

《慧苑音義》之例。而且只依據其中之一部音義之例亦多見。情況複雜,難以概定。

實際上,要考察這三部音義之間的關係,可從多方面進行。筆者曾對《慧苑音義》與《私記》之詞彙進行過比較研究,①發現二者在選詞立目上有較大差異,如《慧苑音義》多收外來詞,而《私記》則有多收漢語雙音複合詞並兼備單字音義之特色,這正是因其受大治本《新音義》之影響。而大治本《新音義》又是受了《玄應音義》的影響。《玄應音義》收錄詞條,以中國本土通用的古漢語詞彙爲主,由梵文音譯或意譯而產生的翻譯名詞(外來詞)爲次,②故有釋複合詞爲主,並兼備單字音義之性質。

另外,筆者也曾專門從俗字的角度,對《私記》與二音義大治本《新音義》進行過比較研究③,認爲二音義底本之撰作時間,大治本《新音義》當於前,《私記》在後。但作爲寫本,卻正好相反。故《私記》更能體現漢字古風。如《私記》中有"日曰同書",呈"唐人古意"之現象,④然此卻不見於大治本。又如《經序音義》34 個正字條目中,"真"字,大治本作"眞",《私記》作"貞",明顯未避諱字。而大治本之"蕐"與《私記》之"菙",藏中進認爲兩字皆爲"華"字欠末筆,乃避諱字,但我們認爲大治本之"菙"似並不欠末筆,只是末筆未寫到底而已。但《私記》之"蕐"倒是真正少最後一筆。而且,雖然《私記》參考了大治本《新音義》,將《經序音義》中的 34 個正字詞條一併收錄,然字形也頗有差異,特別是則天文字。另外,雖然作爲寫本,大治本《新音義》時間在後,但從整體來看,此本中因訛寫而成

① 《〈新譯大方廣佛華嚴經音義〉與〈新譯華嚴經音義私記〉之詞彙比較研究》。南山大学《アカデミア文学・語学編》第七九號。2006 年 1 月

② 陳士強《佛典精解》第 1004 頁。

③ 南山大學《アカデミア文学・語學編》第八八號,2010 年 6 月

④ 見《私記》竺徹定之跋。

的俗字較《私記》更多些。① 這可能是因輾轉抄寫所致。

四、結語

以上,我們對日本所存的幾種八十卷《新譯華嚴經音義》,特別是《私記》作了簡單綜述,其目的是想使國内的研究者對這部分資料有更多的了解,從而能更好,更準確地使用這部分資料,促使佛經音義研究的進一步深入。

本文作者梁曉虹獲得 2010 年度南山大學パッヘ研究獎勵金 Ⅰ-A-2 (Nanzan University Pache Research Subsidy Ⅰ—A—2 for the 2010 academic year),本稿爲其研究成果之一。

(作者單位:日本南山大學)

① 我們僅就二本同錄條目爲基準比較而言。實際上,因二本容量相差甚大,岡田希雄也早就指出《私記》中也有不少因錯字、訛字、脱字等訛誤現象。

《隨函録》《一切經音義》所録《經律異相》音義劄記

張春雷

《經律異相》係南朝梁代僧人寶唱輯録而成的佛學類書。此書比成于唐高宗總章元年的另一部佛學類書《法苑珠林》早一百五十年，比現存最早的著名類書《北堂書鈔》也要早近百年，爲我國留存至今最早的類書，在文獻學上價值重大。由於《經律異相》影響深遠，後世佛典多有音義注釋者，將這些音義與今《大正藏》所收《經律異相》可資校勘比對。唐慧琳《一切經音義》卷七十八、卷七十九對《經律異相》作了 611 條音義，五代後晉可洪《新集藏經音義隨函録》(下文簡稱"隨函録")卷二十三(60—263)對《經律異相》作了2099條音義。《一切經音義》和《隨函録》的成書年代都早于現存最早藏經刊刻年代。慧琳和可洪應該是以當時所見抄本《經律異相》來選取詞/字條並對其音義的，往往能部分反映最初的文獻原貌。將兩種音義所收之詞條與傳世本《經律異相》進行對比，對漢語文字史、漢語辭彙史的研究均具有極高的價值。今不揣淺陋，略陳數例，敷衍成文，以就教于方家。

1. 擇采/搜采/摭采/擭采

《經律異相》卷一："又勑新安寺釋僧豪，興皇寺釋法生等，相助檢讀。於是博綜經籍，擇采秘要。"(《大正藏》T53p1a22—24①)"擇采"，《中華大藏經》(後文簡稱"中華藏")同。(52/722a2)《大正藏》

① 本文所引佛典文獻標注格式爲"T"指《大正新修大藏經》，數字分别表示册數和頁數，a，b，c 分别表示上中下欄，英文字母後的數字爲行數。

校勘記：撑，宋、元、明、宫作“搜”。《中華藏》校勘記：撑采，資福藏、磧砂藏、普甯藏、永樂南藏、徑山藏、清藏作“搜采”。

《一切經音義》卷第七十八“摭采”：“上征亦反，撿也。經作攖，非也。”從《慧琳音義》可以看出，慧琳所見《經律異相》版本作“攖”，慧琳以爲原經作“攖”誤，故改“攖”爲“摭”。其實慧琳所見《經律異相》的版本，原經作“攖”，不誤。“攖”，常用義爲纏繞，擾亂義。如：《墨子·經上》：“攖相得也。”畢沅校注引《玉篇》：“攖，結也。”《淮南子·繆稱訓》：“勿撓勿攖，萬物將自稱。”高誘注：“攖，纓。”《莊子·庚桑楚》：“不以人物利害相攖。”陸德明釋文引《廣雅》：“攖，亂也。”“攖”亦有“取”義，如：《集韻·清韻》：“攖，拈也。”“拈”，《説文·手部》：“拈，掫也，從手，占聲。”段玉裁注：“《篇》《韻》皆云指取也。”唐獨孤授《斬蛟奪寶劍賦》：“彼挐空攖霧之狀，當一明一晦之際。”“攖”一本作“攫”。《景德傳燈錄》卷七：“屍利云：‘佛性猶如水中月，可見不可取。’因謂帝曰：‘佛性非見心見，水中月如何攖取？’”(T51p253a18—20)清王士禛《池北偶談·談異二·神女廟神鴉》：“〔予〕至 十二峯，果有鴉十餘，往來旋繞，以肉食投之，即攖去，十不失一。”“摭”，亦有“取”義。《方言》卷一：“摭，取也。陳宋之間曰摭。”《玉篇·手部》：“摭，取也，拾也。”《禮記·禮器》：“君子之于禮也，有直而行也……有順而摭也。”孔穎達疏：“摭，猶拾取也。”《文選·張衡〈西京賦〉》：“摭紫貝，搏耆龜。”薛綜注：“搏、摭皆拾取之名。”《漢語大詞典》收“摭采”條，釋爲“搜集、採用”義，引湯用彤《漢魏兩晉南北朝佛教史》第一分第五章：“據此造《太平經》時，所摭采極雜，遠及夷狄之文。”其所引書證爲孤例，且時代太晚，當改。“摭采”、“攖采”均爲選取、採用之義。

“撑”，《説文·手部》：“撑，柬選也。”《廣韻·手部》：“撑，選擇也。”“撑采”即選擇採用之義。“搜”，《説文·手部》字形作“挖”。“挖”，《説文·手部》：“挖，眾意也。一曰求也。”吳玉搢引經考《詩經·魯頌·泮水》：“挖，隸變作搜。”《正字通·手部》：“挖，今作搜。”“搜”有求取義，如：《一切經音義》卷八十《大唐内典錄》第一卷“廣搜髦彥”：上色鄒反，杜注左傳云：“挖，撿也”，《聲類》：搜，取也。

《考聲》云：索也。《說文》：從手，安聲也。安音蘇狗反，下文搜采等並同錄作搜，俗也。”（T54p823a17—19）故“擇采”“搜采”“摭采”“擇采”從詞義的角度看，四者皆可。然從上下文的語境來看，此處以“搜采”爲佳，資福藏、磧砂藏、普甯藏、永樂南藏、徑山藏、清藏等各本皆作“搜采”即爲明證。“擇”“摭”“擇”義均有“選取”義，而“搜”還有“廣泛搜集”之義，“搜采”猶“廣泛搜集並選取採用”，意義更爲洽允。且上句作“博綜經籍”與“搜采秘要”對仗工整，“博”與“搜”相對，均有廣泛之義。二者對仗使用，佛典常見，如：《廣弘明集》卷十五：“乃詔中書侍郎虞闡太子洗馬到漑後軍記室周舍，博尋經藏，搜采注說，條別派分，各以類附。日少功多，可用辨此，名曰佛記。”（T52p201b4—7）另外，“搜采”一詞典籍習見，如：《出三藏記集》卷十：“以爲文體不足，理有所遺，乃更搜采眾經，複爲三百五十偈。補其所闕，號曰雜心。”（T55p74b7—9）《漢語大詞典》收“搜采”詞條，釋爲“搜求採集”，然其所引最早書證爲《宋書·志序》：“其有漏闕，及何氏後事，備加搜采，隨就補綴焉。”書證時代略晚，當補。另外，《大詞典》失收“擇采”“擇采”詞條。

2. 輕𨅔/轉躁

《經律異相》卷一：時光音諸天，或有福盡來生，或樂觀新地，性多輕躁，以指嘗之。如是再三，轉得其味。（T53p5b1—4）

可洪《新集藏經音義隨函錄》：“輕𨅔，子告反”。“𨅔”爲“躁”之俗字。古籍中“叅”“參”“喿”俗書常相混，因爲“口”部可俗寫作“厶”，故“喿”的上部可寫成“厽”；“木”“尒”兩旁，在隸書中，兩邊對稱的撇和捺可寫作“一”，故“叅”“參”“喿”相混不別。（詳見曾良《俗字及古籍文字通例研究》“參”“喿”不別例）慧琳《一切經音義》七十八卷作“轉躁”：“下遭噪反，顧野王云：‘躁動也’，鄭注《論語》：‘不安靜也。’說文或爲趮字，從足喿聲，喿，音搔到反。”（T54p812a8）慧琳作“轉躁”，錄文有誤，當同《隨函錄》作“輕躁”是。“轉躁”不詞，“輕躁”習見，如：《一切經音義》卷七十六《無明羅刹集》“輕躁”：“遭到反，不安靜也。”（T54p803b3）等，例多不繁舉。“轉”“輕”形近而訛。徐時儀先生主編《一切經音義三種校本合刊》

此處未出注，愚以爲此處當出注，言明慧琳之誤。

3. ⿰言形咲/詽笑/形笑

《經律異相》卷一："刀兵劫者，人多貪庵，行十惡法。若行一善，衆共⿰言形笑。推以爲愚，爭共陵滅。相斆作惡，無一善人。"(T53p4b5—7)《大正藏》校勘記："⿰言形笑"，宋、元、明、宫本作"形笑"。

慧琳《一切經音義》卷第七十八《經律異相》卷一："詽笑，上顯天反，《蒼頡篇》'詽，訶也'，《廣雅》'怒也'，《説文》'爭語詽詽也，從言幵聲'，幵音牽，經作⿰言形，非也，字書無此字。"（T54p811）慧琳認爲"⿰言形"當爲"詽"之增旁訛字，而"詽"又爲"詽"之俗字。《中華字海·言部》："⿰言形，音形，義未詳。見《龍龕》。"《漢語大字典》："⿰言形，同'⿰月言'。《龍龕手鑒·言部》：'⿰言形，同⿰訓刂。'《字彙補·言部》：'⿰言形，音形。亦作⿰訓刂'。"《漢語大字典》注⿰言形，同⿰月言，不確。⿰月言是⿱夂言的俗體，《類篇·言部》："⿱夂言，或書作⿰月言。"《字彙補·言部》："⿰月言，同⿱夂言。"從《漢語大字典》所引例證來看，當爲"同'⿰訓刂'"才是。鄭賢章先生《〈龍龕手鑒〉研究》同慧琳認爲："⿰訓刂、⿰言形與詽同。"從版本異文看，我們認爲慧琳和鄭賢章所言不確，"⿰言形"當是"形"之增旁訛字。《隨函録》第二十三册《經律異相》卷一音義"⿰言形咲"："上戶經反，下音笑，正作形咲也，並悮。"可洪注"⿰言形"音戶經反，查《廣韻·青韻》"形"字正音"戶經反"。《龍龕手鑒·言部》："⿰訓刂、⿰訓刂、⿰言形，胡丁反，三同。""胡丁反"切 xíng 音。武英殿本《康熙字典》"⿰言形"引《篇海類聚》："胡丁切，音形。"而"詽"，《廣韻》有"五閑切""他前切""呼煙切"三切，均與字書所注音不相合，故認爲"⿰訓刂"、"⿰言形"與"詽"同，從語音上沒有根據。《大正藏》校勘記云：宋、元、明、宫本皆作"形笑"；磧砂藏本、金藏廣勝寺本亦作"形笑"，"形笑"猶"輕視、恥笑、看不起別人"之義，"形笑"一詞佛經習見，如：西晉竺法護譯《普曜經》卷一："所以然者，其土凶逆，舉動虛妄；志性麁獷，剛強難化；形笑輕人，自大由己，不修事業，以是之故，不應生彼。"(T03/485c) 姚秦鳩摩羅什譯《佛説華手經》卷九："汝隨意自娛，我當治國事，當恣汝財產，遊戲諸林館，何用是出家，爲人所形笑。"(T16/197b) 例多不繁舉。

"形"、"刑"常通用。李福孫《春秋左傳異文釋》卷八："漢王莽傳：儀形虞周之盛。形即刑字"《左傳·昭公十二年》"形民之力"洪亮吉詁引惠棟曰："古刑字皆作形。"《別雅》卷二："形，刑也。刑、形二字古多通用。"《管子·四稱》"形正明察"戴望校正："朱本形正作刑政。"由於"形""刑"常通用，"形笑"也可以作"刑笑"。梁僧佑撰《釋迦譜》卷一："地肥不生，更生兩枝葡萄，其味亦甘。久久食多，共相形笑。兩枝葡萄不生，更生粳米。"(T50/1b)慧琳《一切經音義》卷七十七《釋迦譜》卷一："刑笑，胥曜反，毛詩傳云：戔侮之也。顧野王云：爲所鄙恡而笑之也。古，今正字笑，喜也。從竹，犬聲。譜文作咲，俗字也。""笑"俗字作"咲""㗛""𠯗""𠴅""𠹍"，受口的影響，"形"增旁訛作"訮"。朱駿聲《説文通訓定聲》："形，字亦作彤。"故訮字亦可作"詽"。《改並五音類聚四聲篇海·言部》："訮、詽、訓，三胡丁切。"《漢語大字典》收入"訮"字，但並未指出其本字，亦未釋義，當補。故"訮"爲"形"之增旁訛字，由於"形"亦可以作"彤"，增旁訛爲"詽"，"形""刑"古通用，亦增旁作"訓"，"訮"、"詽"、"訓"三字均爲"形"的增旁俗字。

4. 崩陁砰磕/崩𡿺砰磕/峛崺碎磕

《經律異相》卷一："七日出時，大地須彌山漸漸崩壞百由旬，永無遺余，金銀銅鐵之類皆悉流鑠，消就枯竭。山皆洞然，諸寶爆裂，崩陁砰磕，煙炎振動至於梵天。"(T53p4c20—23)《大正藏》校勘記："陁砰"，宋、元、明本作"陀碎"，宮本作"山碎"。《中華藏》校勘記："崩一陁砰磕"，資福藏、磧砂藏、普甯藏、永樂南藏、徑山藏、清藏作"崩陀碎磕"。

慧琳《一切經音義》"峛崺"條："或作邐迤，同。上音裏，下音以。《考聲》云：沙丘皃也。卑且長也，委曲相接也。《古今正字》：峛崺，山脊相連也。二字並從山，形聲字也。"可洪《隨函錄》"崩𡿺"條："上布弘反，下直尒反，下又羊尒反，山崩也，落也，毀也，正作陊、陀、陁三形。《長阿含經》作崩散字也，山㞳也，非。"從《慧琳音義》可知，慧琳所見《經律異相》本作"峛崺"，而《可洪音義》，則顯示可洪所見之《經律異相》版本與今本《大正藏》同，兩者對《經律異相》音義時所用版本是不同的。綜合其他各本之異文，我們認爲此處似以可洪所見之版本作“崩㟴”較爲可靠。

“崩㟴”爲同義連文，“倒塌、崩塌”之義。“倒塌、崩塌”乃“崩”之常義，如：《詩·小雅·十月之交》：“百川沸騰，山塚崒崩。”《漢書·武帝紀》：“山陵不崩，川谷不塞。”例多不繁舉。“㟴”，不見於各類字典辭書，當爲“阤”之涉上類化增旁俗字。“阤”受上字“崩”之影響，上加“山”旁作“㟴”，此類偏旁類化俗字，俗書多見。“阤”，亦有崩塌、倒塌之義。如：《方言》卷六：“阤，壞也。”郭璞注：“謂壞落也。”《說文》：“阤，小崩也。”《新唐書·李嗣業傳》：“城一隅阤，屢築輒壞。”所以“阤崩”可同義連用，如：《國語·周語下》：“夫山，土之聚也……是故聚不阤崩，而物有所歸。”亦可作“崩阤”，清魏源《聖武記》卷十四：“沿栽糾草，用防崩阤。”《可洪音義》釋山崩也、落也、毁也，正是“阤”義。“阤”，可洪認爲其正體爲“陊”、“陀”、“陁”。可洪所言甚是，實則“陁”“陊”“陀”均爲“阤”之或體。容庚《金文編》：“也，與它爲一字。”故“阤”與“陀”同。朱駿聲《説文通訓定聲·隨部》“阤”字云：“字亦作陁，作陀”。《淮南子·繆稱訓》：“城峭者必崩，岸崝者必陀。”高誘注：“崝，峭也；陀，落也。”劉文典集解：“陀即阤字。”《集韻·紙韻》：“阤，或作陁。”《廣雅》卷一“陁、阤、陊，壞也”條，王念孫疏證：“陁與阤一字也……阤、陁、陀三字並通。……陊亦陀也。方俗語有輕重耳。《說文》：‘陊，落也。’”《洪武正韻·紙韻》：“陊，山摧，亦作阤。”《古今韻會舉要·哿韻》：“《博雅》壞也，《集韻》或作陀，亦作陊。”潘尼《火賦》：“沖風激揚，炎光奔逸，玄煙四合，云蒸霧萃，山陵爲之崩陁，川澤爲之湧沸。”

《可洪音義》所見抄本“㟴”，今《大正藏》本作“㞾”。“㞾”亦不見於各字典辭書，當爲㟴之類化字，即“陀”之類化增旁俗字，故而資福藏、磧砂藏、普甯藏、永樂南藏、徑山藏、清藏諸本皆作“陀”。

慧琳《一切經音義》：“碎磕，下坎合反，《考聲》：石相磕聲。二字正體並從石，轉注字也。《說文》云：石聲也。從石盍聲。盍音含臘反。”“磕”，《正字通·石部》：“磕，兩石相擊聲，本作磕。”《說文·石部》:"磕,石聲。"字形亦作"礚",《廣雅·釋詁四》:"礚,聲也。"《集韻·夌韻》:"磕,《説文》:'石聲。'或從蓋。"《正字通·石部》:"磕,兩石相擊聲。別作礚"。字形也作"磕",《龍龕手鏡·石部》:"礚,石聲也。"《海篇·石部》:"礚,同磕。"故"磕""礚""礚"均是"磕"之或體,石相撞所發大聲之義。"碎"與此處不通。

可洪《隨函録》:"砰礚,上普耕反,如雷聲也,亦大崩也。亦作硑、磞二形。下苦盍、苦蓋二反。慧琳《一切經音義》作"碎",當是"砰"之訛,作"砰"是。"砰礚"爲同義連文,均是大聲之義。"砰"亦有"大聲"義。《廣雅·釋詁四》:"砰,聲也。"《集韻·諍韻》:"砰,石落聲。"字形亦作"硑",《集韻·耕韻》:"砰,或作硑。""砰礚"同義連文,表聲音宏大者,典籍習見,如:《文選·張衡〈西京賦〉》:"砰礚象乎天威",張銑注:"砰礚,聲也。"《文選·潘岳〈藉田賦〉》:"鼓鞞硡隱以砰礚。"《文選·揚雄〈羽獵賦〉》:"上下砰礚,聲若雷霆。"聯繫"崩阤"之"崩塌、倒塌"義,則"砰礚"當指山倒塌時所砰礚發出的巨大聲響。"崩阤砰礚",描寫了須彌山崩塌、山體墜落、石頭相互撞擊的巨大轟鳴聲的場景。《中華藏》本作"崩一陁砰礚",衍"一",當刪。

參考文獻

[1] 姚永銘.慧琳《一切經音義》研究[M].南京:江蘇古籍出版社,2003.

[2] 鄭賢章.《新集藏經音義隨函録》研究[M].長沙:湖南師範大學出版社,2007.

[3] 任繼愈.《中華大藏經》[M].北京:中華書局,1984—1997.

[4] CBETA 電子佛典集成.《大正新修大藏經》(1—55,85),《卍新纂續藏》(1—88)[M].臺灣法鼓山,2008.

[5] 張涌泉.《漢語俗字叢考》[M].北京:中華書局,2000.

[6] 黄征.《敦煌俗字典》[M].上海:上海教育出版社,2005.

[7] 方廣錩.《中國寫本大藏經研究》[M].上海:上海古籍出版社,2006.

(作者單位:南京師範大學;南陽師範學院)

《妙法蓮華經釋文》引《國語》例讀劄

——兼及《釋文》的文獻學價值

郭萬青

關於《大正藏》中日本僧人的撰著的價值，我國學者早已有所認識。周祖謨(1914—1995)《唐五代韻書集存》附錄中輯錄的《唐代各家韻書逸文輯錄》①所依據的材料就有出自《大正藏》中的《妙法蓮華經釋文》、《淨土三部經音義集》等。其中《妙法蓮華經釋文》爲日本僧人中算所撰，根據周祖謨的記載："此書作於公元九一六年，當五代後梁末帝貞明二年。"②則此書亦當具有相當的文獻學價值。湯用彤(1893—1964)云："查過去這類的書，常稱《音義》或稱《音訓》，中算乃稱《釋文》，當係仿效陸德明之書(書中引用有經典釋文)。"③《妙法蓮華經釋文》中明確標注爲引《國語》者6處，卷中、卷下各引3處。以下根據在《釋文》中出現的先後順序順次將所引《國語》各例進行淺要分析並根據周祖謨的輯佚材料做一些推測，不揣淺陋，以就正於博雅君子。

1. 癬

息淺反，《國語》云：疥癬也。(卷中，第162頁)

按：本條出《吳語》，今傳《國語》各本云："夫齊、魯譬諸疾，疥癬也。"《華嚴經音義》卷三七引賈逵《國語》注、《希麟音義》卷六引《切

① 周祖謨：《唐五代韻書集存》，北京：中華書局1983，第963—1022頁。

② 周祖謨：《唐五代韻書集存》，北京：中華書局1983，第963頁。

③ 湯用彤：《談一點佛書的〈音義〉——讀書劄記》，見載於《湯用彤全集》第7冊，石家莊：河北人民出版社2000，第23頁。

韻》竝云:"癖,疥也。"《廣韻·獮韻》云:"癬,癬疥也。"

2.得果

郭知玄云:"事遂曰果。"《國語》云:道果也。(卷中,第162頁)

按:本條出《晉語八》,今傳《國語》各本作"若是道也果,可以教訓,何敗國之有!"《釋文》此處節引。所云郭知玄爲唐初人,見周祖謨《唐五代韻書集存》附錄。

3.悦豫

《國語》云:預豫樂也。慈恩云:预者喜逸也。(卷中,第162頁)

按:《玄應音義》"娙豫"條引《國語》云:"豫,樂也。"並引《倉頡篇》云:"預,佚也。"前爲《〈玄應音義〉引〈國語〉例辨正》一文曾爲辨正,云:"若以本條確是《國語》正文,則出《晉語四》,'豫'是卦名;若以本條爲《國語》注,《晉語二》'我教兹暇豫事君'與《晉語四》'母老子強,故曰豫'韋注並云:'豫,樂也。'根據《一切經音義》引賈不引韋之例,則此條當爲賈注,韋襲賈。然《慧琳音義》卷三'猶豫'條引賈逵注云:'豫,獸名也,形如象。'黄刊明道本《國語》'豫'字共7見,無可釋爲動物者,或賈先釋'豫'字之本義。《説文·象部》云:'豫,象之大者。'實則'大象'之'豫'和卦名及'豫樂'之'豫'並無語義上的關聯。"實際上"《一切經音義》引賈不引韋之例"的説法有些欠缺妥當,根據對徐校《玄應音義》的統計,"韋昭"共出現30次,用韋昭《國語解》3處,其中"恐國人屬耳目於我"韋昭曰:"屬,注也。"[①]出現2次,"悼公跣而出"韋昭曰:"跣,徒跣也"出現1次,其他27次所引爲韋昭《漢書音義》。則《玄應音義》"豫,樂也"亦或用韋昭《國語解》。而《釋文》引《國語》作"預豫樂也",今傳《國語》各本無"預"字。錢玄同《説文段注小箋》云:"豫,訓樂者借爲悆。豫備者借爲敘,今亦作'預'。"[②]則訓作"樂"義之"豫"不當作"預"可知。

① 這兩次引用的韋昭《國語解》後面緊接着又引用了《漢書音義》。

② 錢玄同著、劉思源等編:《錢玄同文集》第五卷,北京:中國人民大學出版社1999,第278頁。

4. 委政

慈恩云:《國語》:政役非任也。賈逵:"政猶職也。"杜預:"在君爲政。"孔安國:"政,謂法教也。"今案:君政非己任也。(妙法蓮華經釋文卷下,第 165 頁)

按:海山仙館本《玄應音義》"委政"條云:"《國語》:棄所役,非任也。賈逵曰:政,猶職也。《左傳》:爲政事庸力。杜預曰:在君爲政,在臣爲事。《論語》:道之以政。孔安國曰:政謂法教也。"《釋文》略去《玄應音義》中《左傳》原文、杜注"在臣爲事"與《論語》"道之以政",其他與《玄應音義》完全相同。然不稱玄應而云慈恩,湯用彤指出慈恩即窺基(631—682)①,"慈恩"、"玄應"文字差别較大,當非字形訛誤,如此則只有兩種可能:① 中算把"玄應"誤記作"慈恩",然上"悦豫"條引慈恩"預者,喜逸也"之説非玄應所有,檢索"漢籍全文數據庫"(第二版)所收《大正新脩大藏經》,"慈恩云"得 62 篇 838 次,僅《釋文》就出現 752 次,則《釋文》此處所云"慈恩"非是誤記;② 慈恩有相關的音義著作或者相關條目,今已亡佚,而爲中算等所採録,玄應未注出處而中算注明了出處。湯用彤云:"書中引用最多的系慈恩(窺基)。"②則我們認同第二種可能性。通過中算的這些引證,可知某些詞語訓釋的前後繼承源流。"委政"詞條,《慧琳音義》皆有之,並皆引《國語》與賈注,《玄應音義》引《國語》作"棄所役,非任政",《慧琳音義》引作"棄政非任也",徐時儀《一切經音義三種校注》作"棄政役,非任也",而此《釋文》作"政役非任也",今傳《國語》各本作"棄政而役,非其任也",從節略引用的角度上講,《玄應音義》、《慧琳音義》、徐校所引雖與今傳《國語》文字有差,但都可以算作獨立完足的一個引例,而《釋文》引文不能構成一個完足語義片段,"政役非任也"不辭,當是在轉引過程

① 湯用彤:《談一點佛書的〈音義〉——讀書劄記》,見載於《湯用彤全集》第 7 册,石家莊:河北人民出版社 2000,第 24 頁。

② 湯用彤:《談一點佛書的〈音義〉——讀書劄記》,見載於《湯用彤全集》第 7 册,石家莊:河北人民出版社 2000,第 24 頁。

中脫"棄"字。

5. 讓

人樣反,《國語》云:推贤曰讓也。(卷下,第165頁)

按:本條出《晉語四》,今傳《國語》各本作"讓,推賢也。"《釋文》約略其義言之。《書·堯典》"允恭克讓"孔疏引鄭玄云:"推賢尚功曰讓。"今傳《國語》各本爲正文訓詁,"×,×也"形式,《釋文》則變作"×曰×也"形式,又《國語·周語下》"讓於德也"韋注云:"推功曰讓。"亦"×曰×"之訓詁形式。

6. 賊

昨則反,《國語》云:姦勇也。(卷下,第169頁)

按:本條出《周語》中,今傳《國語》各本作"姦仁爲佻,姦禮爲羞,姦勇爲賊",《釋文》把《國語》正文訓詁的"×爲×"形式變作"×,×也"形式,與"癬"、"得果"條引例同。

僅從上面《妙法蓮華經釋文》所引的6例《國語》用例來看:(一)《妙法蓮華經釋文》是具有相當程度的文獻學價值的。首先,它給我們保留了漢傳文獻已經佚失了的佛經釋義傳承的脈絡,如本文第4例,假如不是《妙法蓮華經釋文》把這段釋文前面加上"慈恩"二字,我們就直接把這段釋文歸入玄應的名下,因爲在漢傳文獻中,這段釋文最早就出現在玄應《眾經音義》之中。可是中算《妙法蓮華經釋文》給出了這樣一個信息,這就給我們梳理佛經音義的脈絡提供了一個很好的線索。其次,中算《妙法蓮華經釋文》引通人、群書眾多,其中有些文獻早已經在中土失傳,賴此以見吉光片羽,根據《妙法蓮華經釋文》作古書輯佚的當屬周祖謨爲大宗,周先生根據各種材料輯錄郭知玄《切韻》225條,其中從《妙法蓮華經釋文》輯錄出的151條,占整個輯錄條目的67.11%;所輯錄的42條韓知十《切韻》中,僅自《妙法蓮華經釋文》輯錄出的有26條,占輯錄總量的62.16%;蔣魴《切韻》一共輯有64條,輯自《釋文》者16條,占輯錄總量的25%;薛峋《切韻》共輯有108條,輯自《釋文》者59條,占輯錄總量的54.63%;輯錄麻杲《切韻》129條,其中輯自《釋文》者73條,占輯錄總量的56.59%;所輯錄武玄之《韻詮》共

49 條,輯自《釋文》者 30 條,占輯錄總量的 61..22%;輯錄祝尚丘《切韻》70 條,其中輯自《釋文》者 43 條,占輯錄總量的 61.43%;輯錄孫愐《唐韻》共 741 條,輯自《釋文》者 146 條,占輯錄總量的 19.7%;輯錄孫伷《切韻》共 52 條,其中輯自《釋文》者 28 條,占輯錄總量的 53.85%;輯錄弘演寺釋氏《切韻》共 216 條,其中輯自《釋文》者 153 條,占輯錄總量的 70.83%;輯錄沙門清徹《切韻》共 53 條,其中輯自《釋文》者 34 條,占輯錄總量的 64.15%。在周祖謨所輯錄的十二種韻學材料中,《妙法蓮華經釋文》保存的佚文都占到相當高的比例,可見《妙法蓮華經釋文》在輯佚方面的重要性;此外,由於中算生當中國的唐五代時期,那一時期恰恰是中國版刻技術還並不發達的時候,書籍的流傳依靠傳抄行世,《妙法蓮華經釋文》所引群書用例可以在這方面給我們提供一些宋刻以前的群書資料,通過這些引例與今傳文獻的對照,對於有些文獻的異文、倒乙等各方面的問題,我們未必能通過《釋文》得到答案,但是總可以提供一個比較直觀的角度,這應該算作《釋文》在校勘方面的一個價值。關於這一點,我個人在拙稿《小學要籍引〈國語〉例辨正》的系列文章當中也一直嘗試着在做。(二)《釋文》在釋義的脈絡方面給我們一個很好的典範。比如本文 1、2、5、6 四個例子中,《釋文》都不是直接在引用《國語》,不過是把《國語》的正文訓詁形式變爲音義形式,這一特徵在第 5、6 的例子當中體現得尤其明顯。這就爲我們尋繹釋義的脈絡来源提供了一個很確切的信息。但是很多漢傳的小學書在釋義淵源方面做得不夠好,往往隱去釋義的出處。《釋文》的這種做法值得我們在編纂詞典的時候注意,即在每一個義項後面首先要給出該語義的最早或者比較早的出處以便於通過考察詞典所收詞語的各個義項就能讓讀者對該語詞語義的歷時的演變有一個比較清晰的脈絡。(三)其所用反切相信對音韻的研究尤其是《釋文》所用音切與漢傳韻書的音切的比較,或許會有一些可喜的發現,在這方面已經有相關文章做相關的研究,兹不贅述。

(作者單位:南京師範大學、唐山師範學院)

敦煌寫本“伯 2901”和初雕本高麗大藏經《玄應音義》的比較

[韓]李圭甲　明惠晶

一、緒論

玄應《一切經音義》是初唐時期(永徽—龍朔年間),爲了説明佛經裏疑難字的字音和字義而編寫的一本字書。流傳至今的《一切經音義》版本大致可分爲殘卷寫本和具有完整内容的板刻本。寫本包括敦煌寫本和日本唐五代古寫經的寫本,板刻本包括各種大藏經所收藏的版本。這些版本中相對來説比較早,而且保存得比較完好的是初雕本高麗大藏經中收録的《一切經音義》。①

“伯 2901”是收藏在法國的敦煌文獻中的一種,它是摘録了《玄應音義》的筆寫本。法國收藏的音義類的敦煌文獻除了“伯 2901”外,還有“伯 2271”,“伯 3025”,“伯 3429”,“伯 3734”等。這些文獻中除了“伯 2901”,其他的保存得都不是很完好。

本研究主要是把敦煌寫本“伯 2901”中收録的《一切經音義》和“初雕本高麗大藏經”中收録的《一切經音義》做個比較。對於“伯 2901”和大藏經中的《一切經音義》,1996 年張金泉和許建平在《敦煌音義彙考》中已經做了初步的比較,但是他們是以磧砂藏本《玄應音義》爲比較對象的。“伯 2901”的形式和磧砂藏本一樣,都是用單行的大字記録詞條,用雙行的小字記録注釋。從這點我們可以推測“伯 2901”和磧砂藏本的《玄應音義》同出一源。但是,磧

---

① 以下玄應的《一切經音義》都省略爲《玄應音義》。

砂藏本中沒有收錄《中陰經》和《濡首菩薩無上清淨分衛經》，而"伯2901"中卻收錄了。另外，與磧砂藏本分屬不同版本系統的高麗藏《玄應音義》中，也收錄了這兩部經書。因此，我們可以推測："伯2901"和磧砂藏本《玄應音義》應該不是來源於同一個版本，它和高麗藏本屬於同一個版本。那麼，根據這一點，我們就需要比較一下"伯 2901"和高麗藏本。這一工作，徐時儀教授已經開始做了，但是徐教授所比較的對象是再雕本高麗大藏經，它比失傳已久，最近才被發現的"初雕本高麗大藏經"[①]要晚約 250 年。本論文寫作最主要的目的只是想通過客觀的比較爲這一領域的研究提供一些有用的資料，至於比較結果具有何種意義，本論文不做具體分析。

二、"伯 2901"和"初雕本"中詞條有無的比較

根据前人的研究，我们知道"伯 2901"是從《玄應音義》中抽取出來的。因此在其他收錄了《玄應音義》全文的版本中，可以找到"伯 2901"中出現的所有詞條，但是我們在和"伯 2901"屬於同一系統的"初雕本"中卻不能全部找到。這是因爲"初雕本"保存的不太完整，很多部分已經遺漏了。現存的"伯 2901"的詞條有 325 組[②]，而"初雕本"只有 208 組，從而可以知道"初雕本"中遺漏的詞條一共有 117 組，这些词條的标题语如下：

眩惑，闇，宣，酈裂，軛，瓌異，禦，跛蹇，怡懌，監領，輨轄，焦悴，炒粳，愼儆，嘲，蜎飛，燂，嗽，刀砧，矛穳，仫仍，麈噎，陂濼，毛[illegible]，呞食，鐵（紫，窠，垂胡，斤斲，鞴囊，鑪鍋，停憩，羂縶，坑穽，掩襲，嘶，貪惏，胃脬，淚洟，滋味，有翅，開闖，力贔，韶，怵惕，評曰，操扙，駁色，作屣，俾倪，策，叕方，串脩，毫氂，羽寶，咂嗽，瘡痍，姦宄，俟，絅，燔燒，罝，剗，不革，企望，豐豆，如笮，抱卵，不眴，

① 以下"初雕本高麗大藏經"都省略爲"初雕本"。

② 説解破損的部分除外，這部分的內容一共有 7 處。

䵷，軟中，離車，爲嫉，敲仄，吹篪，泅水，[illegible]哉，酬酢，瞤動，勦勇，鉤，[illegible][illegible]，幷餍，嘆咤，轟轟，企望，隊隊，凍瘃，穴泉，歉食，[illegible]煮，浶浶，毗紐，畐塞，襤褸，銅魁，老瞎，椸架，不噎，訛，攊撕，臠臠，步摇，餬口，鋃鐺，嗚嗽，諄那，曰麫，草蒌，遍徇，蠡明，名勇，晻忽，苦棗，不媄，連[illegible]，屈無

三、標題語的字數比較

《玄應音義》的標題語大部分由兩個字組成，也有三個字或三個字以上的情況。但是有的在“伯 2901”中卻被遺漏了一個字，這種情況一共有 25 組。對於這些情況，我們一般都把它們看做是錯誤的記錄，但是由於“伯 2901”編寫的目的不是爲了完全照抄《玄應音義》，而是根據自己的所需，進行摘錄。考慮到這一點，原有的標題語中對説解沒有用的字，“伯 2901”有故意遺漏的可能性。具體情況如下（前面的是“伯 2901”的標題語，括號裏面的是“初雕本”裏的標題語）：

適（適生），蜚（螃蜚），恢（恢大），詭（詭朥），訥（不訥），臍（臍平），躓（躓礙），檐（檐邊），俟（俟用），踵（踵相），柧（四柧），白（白虹），儭（儭身），線（擲線），漉（漉諸），飢（飢饉），隄（隄塘），痼（痼疾），典刑（典刑伐），篠（櫨篠），剳（剳治），陷（陷此），擘（擘我）

四、説解的比較

（一）説解一致

比較“伯 2901”和“初雕本”的詞條的結果顯示，標題語和説解都一致的詞條有 26 組，占可以相互比較的總詞條數的 13.5％。本論文把這些詞條又分成説解和字形完全相同的“完全一致”和説解相同、字形不同的“部分一致”兩部分來進行説明。

4.1.1 完全一致

“伯 2901”和“初雕本”中相同的詞條，標題語和字形完全一致的詞條有 16 組，只占總數的 7.7%。具體相關的標題語如下：

尼坻，齭楊，誂林，懊憹，鏗然，動他，一棧，爾炎，腴業，稠穊，祭餟，腆美，鏣施，羅韇，米瀋，不惓

4.1.2 部分一致（異體字的差異）

“伯 2901”和“初雕本”中還存在着説解內容完全相同，可是內容中卻各自使用兩個不同的異體字的情況。屬於這種情況的詞條一共有 10 組，具體的標題語和相關的異體字如下（［ ］中是标題語，例文前面是“伯 2901”的例子，後面是“初雕本”的例子）：

［我曹］我曹／我曺	［三愆］三愆／三僁
［筋陡］又作䈥／又作𥳇	［毻落］經文作髦／經文作𩭤
［扠之］古文𢬿／古文搢	［侹直］古文頲／古文𩓣
［擘口］廣疋／廣雅	［捃拾］捃𠬧／捃取
［鞠頞］聚𤿎也／聚皺也	［吟哦］吾哥反／吾歌反

（二）説解的差異

通過比較，我們發現兩個版本的標題語或者説解中各有一部分被遺漏了，在內容上也有相當一部分存在着差異。其中包括“伯 2901”中有的，“初雕本”中沒有；“初雕本”中有的，“伯 2901”中卻沒有；甚至在用字方面兩者也存在着差異。下面我們分別對這些情況進行比較，在比較過程中我們發現有一些只是遺漏語助詞“也”的情況，因爲它對整體內容的解釋幾乎沒有影響，所以本論文把這種情況看作是相同的內容而不作比較。

4.2.1 “伯 2901”中收錄了，“初雕本”中沒有收錄的內容

這種情況不是很多，而且遺漏的部分一般只是一兩個字，最多也只是一兩個詞彙。另外，在［療病］一項中還存在着另外一種情

況。即"伯 2901"中作"説文説文作",而"初雕本"裏作"説文作"。對於這些情況本論文整理以後,發現具體内容大致如下(帶下劃線的部分是遺漏的部分):

痱瘤:又作𤻲同。蒲罪反。下力罪反。痱瘤,小腫。今取其義。

猜焉:古文職同。今作倸,並同。麁來反。猜疑也。

栽蘖:古文𣡌,㭊二形。今作蘖同。五割反。㭊,餘也。言木餘載生。

仇匹:古文逑同。渠牛反。謂相疋偶也。

營耨:説文又作鎒同。乃候反。除田草器。

瞢憒:上莫崩,下公内反。瞢,不明,憒,乱也。

俟 :古文竢,糇,迉,三形同。事几反。俟,猶待也。

嬈固:乃了反。下又作怘同。古護反。諸經有作嫐或作嬲,音並同。

侜張:説文,作譸同。竹流反。侜張,誑惑也。

肺腴:上又作胇同。敷穢反。下庚俱反。腴腹下肥也。經作俞腧,非。

奔馳:古文𧺆,今作奔,並同。

籠罩:羄,篧,對三形。今作罩同。陟挍反。捕魚籠。

陽燧:古文作鐆,㸂。今作燧,並同。

練摩:古文鍊,潄,練三形,今作湅同。力見反。説文,鍊,治金也。下古文劘,攠,二形同。莫羅反。謂堅柔相摩。

峻峭:又作陗,或作峭。峻阪曰陗。

悲惻:又作𢡡同。楚力反。

㓖𨢌:上音皮。下又作泲同。子礼反。廣雅,㓖剝也。𨢌漉也。謂搦出汁也。

所瀹:又作爚,鬻,汋,三形同。臾灼反。通俗文,以湯煮物曰瀹。廣雅曰,瀹,湯也。謂湯内出之。江東呼瀹爲煠。煠音,助甲反。

瘵病:説文説文作𤻲同。力照反。

掔:苦田反。與牽同。引也,挽也。

釪寶:案,字義冝作于寘。音徒見。今作于闐,國名。

噭嚾:又作䚫,謷,二同。古吊反。下又作喚,大呼爲嚾。噭,呼也。

鞋羅剾吒國:上古文作斜,斢,二同。他口反。剾,烏溝反。

4.2.2 “初雕本”中收錄了,“伯 2901”中沒有收錄的内容

“初雕本”中收錄的句子或者漢字在“伯 2901”中卻找不到,這種情況很多。具體内容如下:

4.2.2.1 省略引用文的情況

“伯 2901”的説解内容在“初雕本”中很多已經遺漏或被省略了。遺漏或被省略的部分大都是爲了説明和補充標題語而引用的其他書籍的内容。但是,正如前面所提到的,“伯 2901”並不是爲了完全轉載《玄應音義》,而是轉抄者根據自已的需要,摘錄部分的内容來説明標題語,所以在不影響對整體文脈理解的情況下,“伯 2901”對它做了很多省略。當然也有些引用文沒有被省略,而全部被轉載。被省略的情況一共出現 105 次,具體情況如下:

胃脬:普交反。蒼頡解詁,脬盛尿者也。經文作胞,補交反。胞裹也。胞,非此用。

適生:三蒼古文,商這,二形同。之尺反。適近也。始也。

淩傷:力繒反。三蒼,淩,侵淩也。字從水。下或作剔,今作易同。以豉反。說文,傷輕也。蒼頡篇,傷慢也。

匳底:今作籢同。力占反。說文,鏡籢也。謂方底者也。

茵蓐:又作鞇同。於人反。說文,車中重席也。下而欲反。三蒼,蓐,薦也。

雜糅:古文粈,鈕,二形同。女救反。說文,糅,雜飯也。今謂異色物相集曰糅也。

謙恪：古文愙同。苦各反。字林，恪，恭也。㪟也。謂謙虛㪟讓也。

垓劫：古文陔，奒二形，今作姟同。古才反。數名也。風俗通曰，十億曰兆，十兆曰經，十經曰姟。姟猶大數也。

蜎蜚：一泉反。字林，虫皃也。動也。或作蠉，古文翾同。呼泉反。飛皃也。下古書飛皆作蜚同。音甫韋反。蜚謂蜚揚也。案，漢注云，正月爵大於鳩，五色，蜚過鄭，二月後蜚過池陽，是也。

恢大：又作㱢同。苦迴反。蒼頡解詁云，恢亦大也。

須滯天：三蒼音帝，郭訓古文奇字，以爲古文逝字。漢書韋昭音，徒計反。案，中陰經作湏滯天，或作湏㿃天，亦言善見天。定障漸微，見極明徹，故名善見也。樓炭經作湏啑天，皆一也。應言湏達梨舍那，此言善觀天。啑音，丁計反。㿃音帝。依字。風俗通，姓氏亦有此姓。經文從無從足作躠，音讀作武，非也。

詭嬲：又作恑同。居毁反。説文，恑，變作也。謂變異也。詐妄也。經文從口作啘，非也。下又作嬲，三蒼音諾了反。嬲弄也。惱也。

昆弟：又作翼同。孤魂反。爾雅，昆後也。郭璞曰，謂兄後也。方俗異言耳。

猜焉：古文䐶，猜二形。今作倸，同。麁來反。案，猜亦疑也。廣雅，猜，懼也。

被弶：渠向反。字書云，施罥於道曰弶。今日獵家施弶以取禽獸者，其形似弓也。

栽檸：古文櫱檸不三形。今作蘖同。五割反。爾雅，檸，餘也。載也。言木餘載生檸也。今之字作枿。

蜫蟲：古文蚰同。古魂反。禮記，蜫蟲朱蟄。鄭玄曰，蜫，明也。明蟲者，陽而生，陰而藏者。夏小正曰，蜫，小蟲也。蜫，魂也。魂魂然小蟲動也。

綺繪：又作繢同。胡憒反。説文，有文曰綺，五采曰繪。

繪，畫也。憒音會。

芳羞：古文作膸同。私由反。雜味爲羞。方言，羞熟也，謂熟食也。周禮，膳夫掌王之膳羞。鄭玄曰，羞有滋味者也。

仇匹：古文逑同。渠牛反。爾雅，仇，疋也。相疋耦也。

不訥：古文作呐同。奴骨反。説文，訥，難𧦝也。謂遲鈍曰訥也。

關鑰：古文作鑰同。余酌反。説文，鍈，關下牡也。

饕餮：古文叨，飷二形同。他高反。下又作飻同。他結反。説文，饕，貪也。貪財曰饕，貪食曰餮。

耨耨：説文又作鎒同。乃候反。除田器也。釋名，鎒以鋤薅薅禾也。薅音，火高反。

懇切：古文誏同。口很反。通俗文，至誠曰懇。懇，堅忍也。

膺平：又作應同。於凝反。蒼頡篇云，乳上骨也。説文，膺，匈也。漢書韋昭曰，匈，四面高中央下曰膺。

原隰：又作隰同。詞立反。爾雅，下濕曰隰。隰，墊也。

躓礙：古文懥，躓二形。今作疐同。猪吏反。通俗文，事不利曰躓。限至曰礙。

都較：古文攉同。古學反。較猶粗略也。廣雅，較明也。亦比挍也。

噴灑：又作歕同。普悶反。通俗文作湓，含水潠曰湓。經文從水作濆，音扶云反。水名也。濆非此義。

荐臻：又作洊同。在見反。爾雅，荐，再也，重也。下側陳反。臻，至也。

檐邊：字書作櫚，同。以占反。謂屋梠也。説文，檐，椳也。

瞢憒：莫崩反。三蒼，瞢，不明。下公内反。憒，乱也，亦煩也。

營衛：又作營，瞥，憕，三形同。役瓊反。蒼頡篇，營，衛也，部也。

俟用：古文竢糇䇃，三形同。並事几反。爾雅，俟，待也。

嬈固：乃了反。下又作怘同。古護反。三蒼云，嬈，弄。諸經有作嬲，或作嫐，音同。嬈，摩登伽經作擾。蠱音，古護反。

哂然：字書作吲。或作吹同。式忍反。三蒼，小笑也。禮記，笑不至哂。鄭玄曰，齒本曰吲，大笑則齒本見也。

踵相：又作衝同。之勇反。説文，相迹也。亦追也。往來之皃也。

侜張：説文，作譸同。竹流反。爾雅，侜張，誑也。亦幻惑欺誑也。經文作輈，車轅也。輈非字體。春秋傳挾輈以走。

肺腴：又作脾同。敷穢反。説文，肺火藏也。下庾俱反。説文，腴腹下肥也。經文作俞，腧，二形，非也。

白虹：古文𧈫同。胡公反。説文，螮蝀虹也。俗呼美人。江東呼爲雩。釋名，虹攻也。純陽攻陰氣也。

禍酷：古文俈，嚳，焅，三形同。口篤反。説文，酷，急也。亦暴虐也。

儭身：字書，或親字同。且吝反，又叉覲反。儭至也，近也。

若僑：渠消反。説文，僑，高也。廣雅，僑，才也。字林，寄客爲寓作寓字。廣雅，羈旅寓寄也。

妷態：古文佚，又作劮同。與一反。蒼頡篇，蕩也。亦樂也。下又作儱同。他代反。意恣也。謂度人情皃也。

災禍：又作烖，灾，扻，三形同。則才反。説文，天火曰灾。

昺徹：古文昺，苪二形同。今作炳同。碧皿反。廣雅，昺，明也。徹通也。三蒼，昺，著明也。

擳線：字詁古文線。今作綫同。私賤反。所以縫紩者也。

劍刎：古文歾同。亡粉反。通俗文自刻曰刎。

風齲：又作𤘨同。丘禹反。説文，齒蠹也。釋名齲朽也。

陽燧：古文作鐆，燧二形。今作𤇼。聲類，或作燧同。辝醉反。取火者也。鐆，五石之銅精也。圓以仰日卽得火也。

怵惕:恥律反。下又作愁同。他狄反。説文,怵,恐也。惕,驚也。尚書怵惕唯厲。孔安國曰怵惕,懷懼也。亦悽愴也。

箭笴:工旱反。字林,箭,莖也。論文作竿,非也。

攘袂:而羊反。攘除也。下彌蔽反。字苑云袂,褾也。衣袖也。謂揎衣袒出臂爲攘袂也。

掐傷:枯狹反。又作剖,口洽反。通俗文,爪按曰掐。韻集作剖,入也。江南今有寶器,當作此。

中嚏:又作䶍同。丁計反。蒼頡篇,嚏,噴鼻也。詩云,願言卽嚏。箋云,汝思我心,如是我卽嚏。今俗文嚏,云人道我。此亦古遺語也。

彌彰:又作暲同。諸揚反。廣雅,彰,著也。明也。

練摩:古文鍊,溂,練三形,今作湅同。力見反。説文,鍊,治金也。下古文劘,攠,二形同。莫羅反。易云,堅柔相摩。注云,相切摩也。爾雅,石謂之摩。郭璞曰,玉石被摩,猶人修飾也。論文作磨,磑也。

以楔:又作榍同。先結反。説,揳韯也。音子林反。今江南言揳,通語也。

峻峭:又作陗,或作㟓同。且笑反。通俗文,峻阪曰峭。山陵險峻,亦謂之峭也。

悲惻:聲類作恩同。楚力反。説文,惻,痛也。謂惻然心中痛。

振給:古文辰,拒,二形同。諸胤反。小爾雅,振,救也。説文,振,舉也。

舌唌:三形同。似延反。説文,慕欲口液也。

人捦:又作鈙,襟二形。釋名作鑰同。巨金反。捦,急持也。持匈也。

捶撻:又作箠同。之蘂反。下古文㒓同。他達反。廣雅,捶撻擊也。

耽話:籀文作譮,古文作䛡,誠二形同。胡快。聲類云,話，訛言也。廣雅，話調也。謂調戲也。

誇衒：古文眩，衙二形同。胡麪，公縣二反。説文，行且賣也。

狎惡：古文甗同。胡甲反。狎，近也。廣雅，狎習也。謂近而狎之，習而行之也。

飢饉：古文作飪。又作饑同。几治反。爾雅，穀不熟爲飢，蔬不熟爲饉。案，凡草木可食者，通名蔬菜。

如篅：蒼頡篇作圌同。市緣反。圓倉也。説文，判竹圓以成穀者也。江南行此音。又上仙反。中國行此音。

隄塘：古文陒同。都奚反。下徒郎反。説文，隄防也。爾雅，隄謂之梁。李巡曰，隄，防也。障也。漢書，無隄之輿。韋昭曰，積土爲封隄也。

療病：説文作𤻲同。力照反。三蒼，療，治病也。

典刑伐：同。丁蘚反。廣雅，典主也。下胡經反。刑，罰罪也。易曰，刑法也。井爲荆法也。春秋元命苞曰，荆字従刀従井。井以飲人，人入井争水，陷於泉，以刀守之，割其情欲，人有畏愼以全身命也。故字従刀従井。

齏醬：又作韲同。子奚反。醬屬也。通俗文，淹韭曰韰。凡醯醬所和，細切爲韰，全物爲葅。江南悉爲葅，中國悉爲齏。

忤迕：又作啎，仵，二形同。吾故反。聲類，迕逆不遇也。經文作悮，非也。

戀嫪：盧報反。説文，嫪，婟也。聲類，嫪婟，戀惜不能去也。廣雅，嫪姤也。婟音，胡故反。

燒爇：今作焫同。而悦反。通俗文，燃火曰焫。焫亦燒也。

彤然：古文赨，㫰，二形同。徒宗反。説文，丹飾也。廣雅，彤赤也。

泝水：古文遡同。桑故反。三蒼，逆流而上曰泝。泝，向也，亦行也。

牢韌：又作肕同。而振反。字林，韌柔也。通俗文，物柔曰朋。

羸瘠：古文膌，㾊，膌三形同。才亦反。左傳，瘠卽甚矣。杜預曰，瘠，瘦也。

香邸：丁礼反。蒼頡篇，邸舍也。説文，屬國之舍也。經文作底，音旨，平也。底，非此義。

勇喆：古文嚞。字書作喆。今作哲同。知列反。爾雅，哲，智也。方言，齊宋之間謂知爲哲。

仇憾：古文逑同。渠牛反。下胡闇反。爾雅，仇讎匹也。怨偶曰仇。小爾雅，憾猜恨也。

軌地：古文衍，边，二形同。居美反。廣雅，軌跡也。説文，車轍也。國語，軌，法也。

財賄：古文脢同。呼罪反。通俗文，財帛曰賄。

䂎矛：字詁文銯，䂎二形，今作穳同。麁亂反。䂎，小矛也。矛或作鉾同。莫侯反。説文，矛，長二丈也。經文作鏦，𣗥二形，又作牟，並非體也。

鵶鳥：又作鷃同。烏諌反。鵶雀也。一名鳫。一名鴿鵶。纂文云，關中以鷃爲鷃爛堆是也。

晏然：烏鴈反。説文，天清也。晏亦鮮翠之皃也。經文從門作閺，非體。

虓㖃：又作唬同。呼交反。説文，虎鳴也。一曰師子也。字從虎九聲。

櫨鎟：力都反。説文，柱上枅曰櫨，謂柱端方木也。櫨斗，釋名，櫨言都盧負屋也。經文從金作鑪，非體也。下宜作磉，桑朗反。説文，磉，柱下石。卽柱礎也。經文從金作鎟，誤也。礎音楚。

兩轗：又作輚同。子孔反。方言，関西謂輪爲輚。釋名云，輚言輻，捴入轂中也。

剳治：古文鉛，鉻，二形同。力各反。通俗文，法節曰剳。經文或作芟。所巖反。刈草也。或作落，非體也。

瓴瓴：又作甄同。力頻反。通俗文，瓦破聲曰甄。説文，蹈瓦聲，躐躐也。經文作蹇蹇，誤也。

顫頑：古文膻。又作軇同。之繕反。下古文鈂疚頑三形。今作疣同。尤富反。通俗文，四支寒動謂之戰頑。蒼頡篇云，頭不正也。經文作杌，非也。

欑箭：古文儹同。徂丸反。蒼頡篇，欑，聚也。字體從木。

金扉：音非。説文，扇謂之扉。經文作闅，誤也。

飼此：囚恣反。説文，飛，糧也。廣雅，餧飛也。謂以食供設人曰，飛。經文作飴，借音耳。

陵遲：古文作夌，本作麦同。力蒸反。淮南子云，山以陵遲故能高。案，陵遲猶靡迤，陂陀也。平易不陗峻者也。

陷 ：古文錎同。陷猶墜入也。亦沒也。説文，陷高下也。

物儩：又作澌同。悉漬反。方言，鋌賜盡也。物空盡曰澌。

闐闐：又作嗔同。徒堅反。詩云，振旅闐闐。言盛皃也。亦羣行聲也。

涕泗：息利反。詩云，涕泗滂沲。傳曰，自鼻出曰泗也。自目曰涕。

梟磔：古堯反。説文，梟，不孝鳥也。冬至日捕梟磔之。磔，竹格反。張磔也。經文作掉，疑誤也。

帶鞬：又作鞬同。火見反。着腋者也。釋名云，韅也。擴經其腹下也。蒼頡解詁，韅，馬腹帶。

辭訣：古穴反。訣，別也。通俗文云，死別曰訣。

脂糂：古文餘，粸，粆，餛四形。今作糁同。桑感反。説文，以米和羹也。一曰粒也。①

4.2.2.2　省略引用文以外的內容的情況

---

① 這一部分雖然不是“省略引用書名”，但是“一曰粒也”就是緊接着“説文，以米和羹也”後面的內容，所以本論文把它看作是“省略引用文”的部分。

“伯 2901”引用文以外的説解部分被省略的也不少。有些是在對整體内容沒有影響的情況下省略一兩個字,其餘的大部分是省略了一兩個句子,還有的被省略的只剩下反切。對於這些情況出現的原因,本論文在前面已經提到過,也就是傳寫者根據自己的需要,只進行部分的摘錄。具體情況如下:

恐懅:又作遽同。渠庶反。遽,畏懼也。遽亦急也。

梗澀:歌杏反。梗,强也。澀又作濇同。所立反。謂不滑也。字從四止,四止卽不通,字意也。

廅天:烏合反。晉言有光壽天,是第二禪中初天也。亦名少光天,以光少故也。瘟波摩那,晉言無量光天,卽第二禪中第二天也。以前光明轉勝轉妙故也。諸經中有作阿波,阿波摩那天,是也。應言阿鉢羅摩那婆鉢利多婆也。

揨觸:古文敞堈揨三形同。宅庚反。堈,柱也。

口噤:古文唫同。渠飲反。閉口不開爲禁。

資穡:又作蓄同。勑六反。資,財也,貨也。蓄,積也,聚也。

和詫:字又作誃同。丑嫁反。婆和詫者,比丘名也。

四柧:古胡反。説文,柧,棱也。經文作觚,器名也。觚,非字義也。

蛕蟲:又作蛔同。胡魁反。蛕,腹中虫也。經文作蚘,尢,二形,非也。

蹎蹶:又作傎,趚二形同。丁賢反。下居月反。蹎蹶,猶頓仆,反倒也。經文作顛厥,非體也。仆音蒲北反。

奔馳:古文驞,今作奔同。補門反。奔走。

不槩:古文扢同。公礙,公内反。扢,量也。廣雅,扢,摩也。蒼頡篇,平斗斛曰槩也。

洞清:古文衕,迵,二形同。徒貢反。案,洞猶通過也。亦深邃之皃也。經文從口作哃,非也。

鹿陬:古文鄹,郰二形。今作聚同。才句反。廣雅,聚,居也。謂人所聚居村邑者也。

慷慨：正作忼愾同。口莽反。下苦代反。忼慨，大息也。亦士不得志者也。

籠罩：古文羄，箌，對三形，今作罩同。陟挍反。捕籠也。篧音捉。

鄙褻：古文絬，媟，晢，渫四形同。思列反。褻鄙陋也。褻，黷也。

埤助：或作髀同。避移反。説文，埤，増也，厚也。補也，亦助也。若。

漉諸：或作盝同。力木反。水下皃也。

白氎：古文毲同。徒頰反。毛布也。經文作縶，知立反。縶，絆也。縶非字義。

蒨草：又作蒨，茜，二形同。千見反。一名茈𦳊，一名茅蒐，可以染也。人血所生。

滑稽：古沒，胡刮二反。下古奚反。滑稽，猶俳諧也。滑，取滑利之義也。以其諧語滑利智計疾出者也。

斫發：疋葛反。芟，發也。芟音所巖反。

舓手：古文鍚，䑛二形，今作狧，又作䑛同。食尒反。以舌取食也。經文作哌，憓二形，未見所出。

頻伽：毗人反。經文作蹪，竇二形。撿無所出。

剬割：聲類作，剸同。之兖反。説文，剬，斷首。亦截也。

標牓：補朗反。謂物標記也。字從片。經文從木作榜，非也。

荼帝：徒加反。經文或作嗏，嚓，二形，並非體也。

五刻：古文剻同。苦則反。刻，削也。刻，畫也。經言刀劒等刻削之也。經文作刓，非也。

一函：胡緘反。謂以木器盛物者也。經文作臽，音陷，坑也。臽，非此義。

溺者：字體作屎。説文，小便也。字從水從尾。經文作溺，古字多假借耳。

搆牛：古候反。謂搆捋取乳也。經文作捔，古觸字，誤也。

氣劣：古文旣炁，二形同。墟旣反。氣息也。下古文埒同。力拙反。劣，弱也。經文作劣，誤也。

誦習：辭立反。謂積習數爲也。經文作謵，丑侠反。言不止也。謵，非字義。

纂修：古文纘同。子卵反。字或作纘，繼也。繼前脩者也。

開披：正字作破同。普彼反。纂文云，破折也。披猶分也。經文作擺，補買反。反手擊也。擺非此義。

罄竭：古文窒同。可定反。説文，器中空也。爾雅，罄，盡也。經文作磬，樂器名也。

麥鬻：又作鬻。古文粥。今作粥同。之六反。説文，粥糜也。

開拓：古文袥，㡯二形。今作㡯同。他各反。拓亦開也。

阿遬：籀文作遬，古文作警。今作速同。桑鹿反。人名也。

弭伏：又作侻同。亡尒反。弭，止也。弭亦安也。

4.2.2.3 省略反切的情況

《玄應音義》原來是爲了説明佛經中的疑難字的字音和字義的，因此對於疑難字中的字音，它都用反切來標注。但是"伯2901"中有相當一部分遺漏了反切。這裏包括只遺漏反切、其他部分都保留的情況，也包括其他部分都遺漏、只保留反切的情況。只遺漏反切的情況出現了8次。具體情況如下(加下划线的字是"伯2901"中省略的部分)：

好拂：敷勿反。拂拭也。除塵也。經文作髴怫二形，非也。

晴陰：又作暒，殅二形同。自盈反。聲類雨止曰晴。

地肥:扶非反。刼初地脂也。經文作臑,非體也。

盪鉢:古文盉,又作蕩同。徒朗反。盪滌洒器也。

如甛:又作餂同。徒兼反。說文,甛,美也。經文作甜,非也。

綺語:墟蟻反。不正也。經文作諦,非體也。

俱譚:徒含反。或作具譚,經中多云,瞿曇,皆是。梵言輕重也。

喟然:又作嘳同。口愧反。說文,大息也。歎聲也。

上面提到的是標題語及其注解完全一致,只遺漏反切的情況。下面還有一種情況是前面所提到的,即”初雕本”中收錄了,但是“伯 2901”中被省略的內容,省略的內容中包括了反切。具體的標題語如下:

闗鑰,謍槈,懇切,原隰,荐臻,嬈固,虹,儭,怵惕,攘袂,以楔,隄,典刑,戀嫪,牢韌,晏然,磉,剳,涕泗,梟磔,恐懅,資稸,蹎蹶,奔馳,白氎,標牓,氣劣,誦習,阿遬

4.2.3 互有差異

“伯 2901”和“初雕本”中有完全相同的部分,也有互有差異的部分。但是對於兩者存在差異的部分,雖然我們不能說它們是完全不同的部分,但是因爲它們在某些字上存在着差異,所以我們也無法說它們是完全一致的。比如在使用反切的時候它們用了不同的切語,或者使用不同的異體字來表示同一個正字等等,具體情況如下:

4.2.3.1 反切中切語不同的情況

用反切標注字音的時候,它們使用的切語不同。比如,“拳”字,“初雕本”標注爲“渠圓反”,而“伯 2901”中標注爲“渠員反”。不過雖然它們使用了兩個不同的切語,但是因爲“圓”和“員”的音是一樣的,所以它們仍然都可以看作是“拳”字的反切。但是,還

有一種情況是,同一個反切,“初雕本”和“伯 2901”各自使用了字音完全不同的切語。這種使用不同切語標注反切的具體情況如下(前面是“伯 2901”的反切,後面是“初雕本”的反切):

“禍酷”之“酷”：都篤反，口篤反
“災禍”之“災”：式才反，則才反
“拳摭”之“拳”：渠員反。渠圓反
“五刻”之“刻”：苦得反。苦則反

4.2.3.2 字形不同的情況

比較“伯 2901”和“初雕本”的原文,我們發現它們各自使用不同的字形來記録同一個字。這種情況可以分爲兩大部分來説明,一個是使用異體字的情況,一個是使用避諱字的情況。我們先看使用異體字的情況,然後再看使用避諱字的情況。具體情況如下:

(1) 異體字

在“伯 2901”和“初雕本”的原文裏,有的地方各自使用了不同的異體字,具體情況如下:(前面是“伯 2901”的例子,後面是“初雕本”的例子)

［傷］：下或作敭／下或作剔
［滯］：須滯天／須遰天
［廅］：廅天／瘟天
［禁］：口噤／口禁
［鬇］［鬡］：不茂曰䇭䈤／不茂亦曰鬇鬡
［荐］：又作洊／又作洅
［虹］：古文羾／古文扛
［岐］：又作𨙸／又作郊
［齵］：又作齵同／又作𤘽同
［噳］：又作𪘂同／又作𤘾同
［峭］：或作峭／或作𡶶

［淪］：又作煔，鬻，汋 / 又作煔，鬻，汋 … 臾勺反 / 申勺反

［漉］：或作盝同 / 或作盧同

［捡］：擽二形 / 擽二形

［瓻］：又作甈 / 又作甈

除此之外，在“我曹”、“三慾”、“筋陡”、“堙羅”、“擘口”、“捃拾”、“鞠頰”、“開拓”、“吟哦”等詞條中，包括説解在內的所有部分都一樣，區別在於它們各自使用了不同字形的異體字，這一點在前面已經做了説明，這裏就省略了。

(2) 避諱字

“伯 2901”是唐代的寫本，“初雕本”是韓國高麗時期（中國宋代）的刻本。所以我們從“初雕本”中可以看到宋初在漢字使用上的一些避諱情況。具體情況如下：

·“初雕本”中避諱的例子

① 謙恪：恪，恭也。敬也。

② 匳底：説文，鏡匳也。

上面舉的例子中“敬”是“敬”的避諱字。這是爲了後晉（936—947）高祖石氏名敬瑭的諱，少了“敬”的最後筆的。當時又避偏嫌“鏡”及“竟”①，例②就是這樣的例子。

·“伯 2901”中避諱的例子

① 抆之：古文播同 / 古文播同

② 胞罠：胞罠 / 胞罠

① 參考王彦坤編，《歷代避諱字彙典》，中州古籍出版社，1997，234頁。

上面舉的例子①中“揞”是“揢”的避諱字,例子②中“罠”是“罠”的避諱字。這是爲了避唐太宗李世民的諱[①],把“民”字寫成了“氏”字的例子。

上面提到都是爲了避諱而改變筆畫,或者是用相似的字形來代替的避諱的例子。但是,除此以外,還有用相似的字音來代替的例子。下面所舉的③,④,⑤就是這方面的例子。

在“伯 2901”中根本找不到“則“字。在“初雕本”中使用的“則”字的地方都被換成了“即”字,反切中的“則”字也被換成“式”或者“得”字。從這裏我們可以猜出,這大概是爲了避唐代“武則天”的諱[②]。如果這種猜測正確的話,那麼我們可以斷定“伯 2901”是“武則天(624—705)”之後才出現的。“伯 2901”和“初雕本”中使用“則”字的具體情況如下:(前面是“伯 2901”的例子,後面是“初雕本”的例子)

③ 哂然 : 大笑即齒本見 / 大笑則齒本見
④ 災禍 : 式才反 / 則才反
⑤ 五刻 : 苦得反 / 苦則反

由此我們可以推測“伯 2901”是在避“武則天”的諱。如果這一推測成立的話,“伯 2901”應該是在“武則天(624—705)”以後才出現的。

五、“伯 2901”的價值

上面我們全面地考察了“伯 2901”和初雕本《玄應音義》的差異點。通過這些差異點我們可以把“伯 2901”的價值分爲以下幾

① 爲了避唐太宗李世民的諱,昏、湣、泯等字中的偏旁“民”都被换成了“氏”字。參考王彦坤編,《歷代避諱字彙典》,中州古籍出版社,1997,324—325 頁。

② 也有爲了避“武則天”的“則”把“則天”寫成了“應天”的例子。參考王彦坤 編,《歷代避諱字彙典》,中州古籍出版社,1997,607 頁。

點来説明。

首先從“伯 2901”的時代來看,它比其他的版本要早很多。如果“伯 2901”中不用“則”字真的是爲了避“武則天”的諱的話,那麼可以證明的是“伯 2901”是唐代的,它裹面的《玄應音義》要比磧砂藏和高麗藏大藏經中的《玄應音義》早很多,從這一點來看,它具有很重要的意義。同時,它讓我們看到了唐代當時所使用的字形,這一點對研究唐代字形也有着重要的意義。另外,在與“初雕本”進行比較的過程中,我們發現有極少數的一部分它們在使用切語上存在着差異,甚至於不同的切語之間並不是異體字的關係,而是使用了完全不同的切語,這些爲字音的研究提供了新的線索。

當然除了這些積極作用以外,還存在着一些問題。第一,從詞條的排列方法上來看,“伯 2901”和初雕本《玄應音義》不合。根據初雕本《玄應音義》的詞條排列方法,“伯 2901”中的詞條順序应該是卷 3,卷 21,卷 4,卷 5,卷 10,卷 25,卷 24,卷 19,卷 20,卷 11,卷 13。因此無法排除“伯 2901”不是《玄應音義》的寫本,而是其他的寫本的可能。如果真是這样,它可能是《玄應音義》之前的音義書。但是對于這一點,還缺少确鑿的證據。第二,正如我們在比較的過程發現的一樣,“伯 2901”遺漏的部分太多,因此我們不可以説它完全體現了《玄應音義》的原貌。雖然”伯 2901”寫本的傳寫者並不是爲了照抄原文,而是根據自己的需要對原文進行删減,只選取自己需要的部分進行摘錄的,但是即使這樣,從現今的學術觀點來看,它與別的版本相比,遺漏的内容太多,這讓它的價值大打折扣。

參考文獻

[1] 王彦坤編.《歷代避諱字彙典》[M]. 中州古籍出版社,1997.
[2] 張金泉、許建平著.《敦煌音義彙考》[M]. 杭州大學出版社,1996.
[3] 徐時儀.《敦煌寫本玄應音義考補》[J].《敦煌研究》,2005.
[4] 徐時儀.《玄應一切經音義寫卷考》[J].《文獻》,2009(1).

(作者單位:韓國中南大學校)

《慧琳音義》所據《高僧傳》版本略考

——以《高僧傳》卷五音義爲例

定　源

前　言

《慧琳音義》集諸家音義而成，部帙浩博，内容豐富，是唐代佛經音義書的主要著作。該音義成立於道宣《大唐内典録》(644年成立)、智昇《開元釋教録》(730年成立)以及圓照《貞元新定釋教目録》(800年成立)之後①，其注釋收經情況與各種經録之"入藏録"不盡相同，結合並對照各種經録，對我們研究唐代大藏經的收經總數、組織結構以及流傳形態等方面均具有重要的學術價值②。相對於各經録資料而言，音義的顯著特色在於它除了採録各經典詞彙進行音釋或意釋等之外，其詞彙本身是直接録自各經典原文。因此，它也是我們考察唐代大藏經文本内容的寶貴資料。

有關唐代大藏經的文本情況，我們可以從上世纪初敦煌藏經

---

① 有關《慧琳音義》的成書年代，有貞元四年(788)至元和五年(810)與建中末年(783)至元和二年(807)間成立兩種説法。現普遍採用後一種説法。總之，該音義成書於九世紀初是可以肯定的。

② 有關《慧琳音義》與唐代大藏經，方廣錩先生有過研究。其結論中提到："以往，人們對《慧琳音義》的研究往往集中在諸如佛教義學、文字學、音韻學、輯佚、考史等諸多方面。但是，由於該音義是慧琳依據西明寺所存的一部現前藏經增補刪節後編寫而成，所以，它也可以成爲我們研究當時大藏經的重要資料"。參見方廣錩著《中國寫本大藏經研究》，2006 年 12 月，pp. 279—296。

洞所發現的古寫本中略知一二。可是,敦煌寫本大多爲藏外文獻,殘篇斷簡不少。從研究唐代大藏經的角度,與殘缺不全的敦煌寫本相比,東瀛日本古寺中所藏"一切經"即大藏經寫本,相對保存完整,且大多是日本奈良、平安及鎌倉時代(約八世紀至十三世紀)所抄,值得我們重視。當然,日本古寫經到底反映了多少唐代大藏經文本的原有面貌,需要我們今後進一步研究。在此,筆者以爲利用《慧琳音義》所採録的詞彙,與日本古寫經内容進行文字校勘,將不失爲一種有益的嘗試。這種工作,一則可通過音義詞彙來考察唐代大藏經的文本面貌;二則可以論證日本古寫經的學術價值。基於這種理由,本文擬以《慧琳音義》所録慧皎《高僧傳》卷五詞條爲例,對慧琳當年所據該傳的文本内容試作考述。

一、《慧琳音義》採録《高僧傳》詞條之概況

《慧琳音義》所釋佛典始於《大般若波羅蜜多經》,終於《護命放生法》,凡一百卷。其中《高僧傳》音義占兩卷,即卷八十九和卷九十。從卷八十九内題下"慧皎集傳 慧琳音"記録來看,該傳音義確爲慧琳所撰。

衆所周知,《慧琳音義》對所釋佛典若是一卷以上,一般則在詞條音義之前,明確標出卷次,這爲我們判斷唐代大藏經文本的分卷情況提供了有力資料。就本文考察的《高僧傳》而言,目前有兩種分卷情況:一是十四卷本(包括最後的目録);二是十卷本(如日本石山寺本、興聖寺本)。慧琳所採用的是十四卷本。玆就每卷所採録的詞條數量,列表如下:

卷 次	詞彙數	備 考
第一卷	25	
第二卷	27	
第三卷	31	
第四卷	35	

续表

卷 次	詞彙數	備 考
第五卷	28	
第六卷	56	最多
第七卷	33	
第八卷	37	
第九卷	33	
第十卷	40	
第十一卷	27	
第十二卷	24	
第十三卷	49	
第十四卷	11	最少

(合計:456)

依上表内容,可以得知慧琳從《高僧傳》中共採録詞條 456 個(有部分重複),卷六最多,卷十四最少。最少之原因,可能與最後一卷除了"高僧傳序"、"慧皎與王曼穎書"以及"龍光寺僧果後跋"等内容之外其它均與目録部分有關。因爲是單純的目録,所以也就無須注釋。

在慧琳所注釋的 456 個詞條中,有幾點值得注意:

(一) 同一詞條,在其它卷中重複出現時,注釋内容雖無大别,而慧琳卻分别列出。如《高僧傳》卷一中的"鋒鏑"一詞,同傳卷六音義亦有出現,前後注釋内容大同小異。

(二) 另一方面,所録詞條若其中一字已在前面出現,往往注明具釋如前。如《高僧傳》卷十三"鄮塔"一詞中的"鄮"字,由於已見於同傳卷三中之"鄮縣",所以對"鄮塔"的注釋僅作"上莫候反。前第三卷已釋"。

(三) 同一詞條,除了在《高僧傳》中出現之外,亦見於其它典籍。儘管詞彙相同,但慧琳先後所作的注釋並非一致。如《高僧傳》卷一"長跽"一詞,雖亦見於卷四十六《大智度論》以及卷五十五《長者音悦經》音義,但注釋内容互有差異①。

(四)對慧琳所採録的詞條,應該注意寫本原有的文字寫法。如《高僧傳》卷四"秉二兆"②中之"秉"字,根據音義"傳文作乘,書誤也"的説明,可以知道慧琳當時所看到的寫本是作"乘二兆"。類似例子尚有不少。

(五)雖然《慧琳音義》是逐部依卷進行注釋,有時同一詞條不免會在同一卷甚至同一傳中出現,於是造成我們難以斷定該詞條到底是相應於原文的哪個詞彙。對於這種情況,在僧傳卷五第一條"馬槊"音義中,句末慧琳言及該詞是"載在道安傳"。這種提示,實爲難得。

總之,慧琳《高僧傳》音義所採録的詞條,可以説是我們考察九世紀初葉在長安所流傳該傳文本情況的寶貴資料。然而,由於慧琳所録詞彙多達四百五十餘條,若把這些詞彙逐字與現行本《高僧傳》校勘並作判斷的話,無疑是一項巨大工作。因此,我們以下僅以該傳卷五音義爲例進行考察。

二、《高僧傳》卷五音義詞條與現行本文字之異同

此所謂現行本,泛指現存《高僧傳》的各種刊本與寫本而言。首先,有關刊本,目前我們普遍所利用的有大正藏本(《大正藏》第五十卷·史傳部),它是以高麗再雕版爲底本,對校以

---

① 對"長跽"的音義,在《慧琳音義》中分別是:"奇蟻反,《莊子》云:'擎跽,曲拳人臣之禮也'。《説文》云:'跽,長跪也,從足忌聲,或作踑'"(《慧琳音義》卷 89)。"古文踑同,奇幾、其矣二反。《説文》:'跽,長跪也。'《釋名》云:'跽,忌也。'見所敬忌,不敢自安也。"(《慧琳音義》卷 46)"奇幾反,《莊子》云:'跽謂擎跽,曲拳人臣之禮也。'《考聲》云:'跽拜,是跪也。'《説文》云:'長跪也,從足忌聲也。'"(《慧琳音義》卷 55)

② "秉二兆"一詞,在大正藏本、金剛寺本中相應文字作"秉未兆"。

宋(思溪藏本)、元(普寧寺本)、明(嘉興藏本)以及日本宮內廳本(福州開元寺本)而成。此外,還有趙城金藏本、磧砂藏本、永樂北藏本、金陵刻經處本以及海山仙館本等。一九九二年,中華書局出版的湯用彤先生校理本,即以高麗再雕版爲底本,利用上述各本以及《名僧傳抄》等資料整理而成。目前,有關各刊本間的文字異同,一可參看"湯用彤校理本",二可參考《中華大藏經》第六十一冊收"趙城金藏本"之後所附的校勘記。

其次,有關寫本,目前我們所知道的僅有日本古寫經。根據日本國際佛教學大學院大學編《日本現存八種一切經對照目録》,現存《高僧傳》古寫經至少不下八種①。其中,筆者目前掌握的有大阪金剛寺本和名古屋七寺本。前者書寫於日本長承二年(1133),現存十一卷(缺卷六、九、十四)。後者抄寫於日本安元三年(1177)②,現存十三卷(缺卷三)。根據我們初步考察,對上列各種版本,無論是從形態抑或内容大致可分爲刊本與寫本兩大系統。關於這一點亦可從本文以下探討中窺得一二。

根據上節表中所列,《慧琳音義》從《高僧傳》卷五中採録詞彙共 28 條。依文字單位計算僅五十九字。其中有七個字慧琳認爲是誤寫、俗字或通假等加以訂正的。這些字分別如下(括弧内文字是音義原文):

(一) 馬榒=馬槈(傳作槈,恐誤,非也)。

(二) 馬兜=馬兜(傳文作兜,即鎧也,非本義也)

---

① 《日本現存八種一切經對照目録》(日本・國際佛教學大學院大學學術 frontier 實行委員會,2006 年)、聖語藏本(存十三卷)、金剛寺本(存十一卷)、七寺本(存十三卷)、興聖寺本(全存)、西方寺本(存九卷)、石山寺本(存九卷)、新宮寺本(存六卷)、妙蓮寺本(存三卷)。

② 有關日本古寫經《高僧傳》的研究,牧田諦亮先生曾經發表有《石山寺本梁高僧傳と其の道安傳校異》(《支那佛教史學》第 2 卷第 2 號,1938 年 5 月,pp. 69—82)一文。文末並附有石山寺本的"道安傳"全文,内容與金剛寺本、七寺本"道安傳"相同,屬同一系統。因此《高僧傳》卷五音義中不見於刊本"釋道安傳"中的四個詞條悉見於石山寺本。

（三）籠罩＝寵罩(傳文作寵,非也)

（四）千斛＝千⿰百斗(傳從百作⿰百斗,俗字也)

（五）爲龠＝爲蘥(傳文從草作蘥,通也)

（六）一滴＝一渧(傳文從帝作渧,俗字也)

（七）毫氂＝毫釐(傳作釐,非也)

以上七個詞彙,在慧琳當年所據《高僧傳》寫本中全部寫成了後面一詞的文字,這表明慧琳所音義詞彙的确是直接抄録於寫本。在復原慧琳當年所據文本文字之後,以下,我們就以該傳卷五音義中之五十九字與現行本進行對照。需要説明的是,這裡所利用的現行本,分别是指代表刊本的趙城金藏本和大正藏本,以及代表寫本的日本金剛寺本和七寺本。四者對照結果,有如下表:

	慧琳音義	趙城金藏本	大正藏本	金剛寺本	七寺本
1	馬榻	馬榻	馬棉	馬榻	馬⿰木⿱日卞
2	馬兜	馬兜	馬篼	馬兜	馬兜
3	習鑿齒	習鑿齒	習鑿齒	習鑿齒	習鑿齒
4	籠罩	籠罩	籠罩	龍⿱穴章	籠軍
5	閬風	×	×	聞風	閬風
6	江湄	江湄	江湄	江渇	江涌
7	千⿰百斗	千斛	千斛	千解	千斛
8	爲蘥	爲蘥	爲籥	爲蘥	爲蘥
9	篆銘	篆銘	篆銘	篆銘	篆銘
10	餟哺	×	×	餟哺	餟哺
11	懍然	×	×	懍然	懍然
12	龍驤	×	×	龍驤	龍驤
13	相枕	相枕	相枕	相杭	相杭
14	姚萇	姚萇	姚萇	姚萇	婔萇
15	韡帽	靴帽	靴帽	韡⿰忄冒	靴⿰忄昌

续表

	慧琳音義	趙城金藏本	大正藏本	金剛寺本	七寺本
16	詳覈	詳覈	詳覈	詳覈	詳窮
17	東莞	東莞	東莞	東莞	東莧
18	麈尾扣案	麈尾扣案	麈尾扣案	麈尾和安未	麈尾和案
19	次駢	次駢	次駢	次駢	次駢
20	一粒	一粒	一粒	一粒	一粒
21	一渧	一渧	一渧	一渧	一渧
22	棗陽	棘陽	棘陽	棘渴	棘陽
23	汧隴	汧隴	汧隴	汧隴	汧龍
24	允輯	允輯	允輯①	兀輯	允輯
25	毫氂	毫氂	毫氂	毫氂	豪氂
26	猗蔚	猗蔚	猗蔚	猗蔚	猗蔚
27	確然	礭然	確②然	□然	礭然
28	寢瘵	寢疾	寢疾	寢瘵	寢瘵

(※表中的"×",表示在該本中沒有相同詞彙)

考察上表所列詞條,我們可以得知,在《高僧傳》卷五正傳的十五人中,慧琳僅對九人的傳記進行注釋。即第1至第16個詞條見於卷初的"釋道安傳";第17至第19個詞條見於"竺法汰傳";第20個詞條見於"釋曇翼傳";第21個詞條見於"釋曇徽傳";第22個詞條見於"釋曇戒傳";第23個詞條見於"釋道安傳"與"竺僧朗傳"(慧琳到底是録自哪個傳記,容後再述);第24與第25個詞條見於"竺法曠傳";第26個詞條見於"竺道壹傳";第27與28兩個詞條見於最後的"釋慧虔傳"。其中僅"釋道安傳"就採録了16個,占總數一半以上。

① "輯",高麗再雕本作"輯",與趙城金藏本同。

② "確",高麗再雕本作"礭",與趙城金藏本同。

以《慧琳音義》所採録的詞條，對照上列刊本與寫本中的四本原文，與音義完全一致的詞條並不多。究其原因，可能是各本在傳寫或刊刻過程中，因字體近似等而造成的差異。如第 4 個詞條“寵罩”各本均不一致，相同情況亦見於第 8 個詞條“爲薷”與“爲篇”，第 13 個詞條“相枕”與“相杭”等。另外，第 18 個詞條“麈尾扣案”中的“案”之一字，“金剛寺本”寫成“安未”二字，這顯然是由上下結構的“案”字衍誤而來。總之，僅依數個或數十個一致或差異的字體比率來斷定《慧琳音義》所據文本，無疑是危險的。在此，最值得注意的是，上表所列 28 個詞條中，“閬風”、“輟哺”、“懍然”以及“龍驤”四個詞條均不見於刊本，相反卻見於寫本。圍繞這四條詞彙的前後内容，刊本與寫本兩者之間具體有何不同？以下，我們對此進行探討。

三、慧琳所據《高僧傳》文本之考察

有關慧琳所據佛典之文本問題，考察其所採録的詞條與現行本文字之異同，是有効方法之一。上節所列《高僧傳》卷五音義中不見於刊本的“閬風”、“輟哺”、“懍然”、“龍驤”四個詞彙，考於日本古寫經均出自“釋道安傳”。以下爲了方便討論，先把這四個詞條相應部分的前後文字，與刊本對照如下（刊本以大正藏本爲例。寫本以金剛寺本爲主，並校以七寺本）：

（一）【閬風】

大正藏本	金剛寺本	七寺本
早已致書通好曰：“承應真履正，明白内融，慈訓兼照，道俗齊蔭。自大教東流四百餘年，雖蕃王居士時有奉者，而真丹宿川先行上世。道運時遷，俗未僉悟。”(T50, p. 352b)	早已致書通好曰：“天下終朝而雨六和者，彌天之雲也。弘淵源以潤八極者，四海之流也。彼高無爲，降而方物賴甚潤。此本無心，行而高下蒙其懌。況大哀降步，愍時而生。乘不疾之與，以涉無遠之路。命外身之駕，以應十方之求。豈可玉潤於一切，求結於一谷。望 闈風 而弗廻，捐此世而不度。自大教東流四百餘祀，雖蕃王居士時有奉者，而真舟宿水，先行上世。道運時遷，俗未僉悟。”	天下＝夫不 四＝四四 高＝直，方＝万， 甚＝其 懌＝澤，大＝本 與＝輿 切＝山，求＝冰， 闈＝閬 水＝川，道運時＝尊道運

(二)【輟哺】

大正藏本	金剛寺本	七寺本
初堅承石氏之亂,至是民戶殷富四方略定。東極滄海西併龜茲。南苞襄陽北盡沙漠。唯建業一隅未能抗伏。堅每與侍臣談話,未嘗不欲平一江左,以晉帝爲僕射,謝安爲侍中。(T50,p. 353a)	初堅承石氏之亂,而跨有咸陽及後呑並涼蜀,剋兼幽異。至是良户,殷富四方略定,每謂君羊臣曰:“朕統承大業乘三十載,芟夷剪穢,榮不虛發。東漸千海,西越流沙,北窮弜水,南被江漢。建業一隅,未賓王他。每思天下,未一輙臨食輟哺,今欲超百萬之丘。朕躬啓行薄代,南裳尚以晉云帝爲僕射,謝安爲侍中。”	良=民,富=實 君羊=群,乘=垂 千=于 弜=弱,他=化朕 超=起, 丘=兵,尚=當 晉云=晉

(三)【懍然】

大正藏本	金剛寺本	七寺本
會堅出東苑,命安升輦同載。僕射權翼諫曰:“臣聞天子法駕侍中陪乘,道安毁形寧可參廁。”堅勃然作色曰:“安公道德可尊。朕以天下不易。輿輦之榮,未稱其德。”(T50,p. 353a)	會堅出東菀,命安升輦同載。僕射權翼諫曰:“臣聞天子法駕侍中陪乘,道安毁形寧可參廁。”堅懍然作色曰:“安道冥會至境,德爲時尊。朕譽天下之重,末足以易之,非公輿輦之榮,乃朕之顯也。”	安=安輿 安=安公, 會至=會,譽=擧

(四)【龍驤】

大正藏本	金剛寺本	七寺本
堅不從,遣平陽公融等。精鋭二十五萬爲前鋒,堅躬率步騎六十萬到。頃晉遣征虜將軍謝石,徐州刺史謝玄拒之,堅前軍大潰於八公。(T50,p. 353b)	堅不從,遣平陽公融等。精鋭女五萬爲前鋒,堅躬率步騎六十萬到。頃晉遣征虜將軍謝右,龍驤將軍桓玄等拒之,堅前軍大潰於八公。	女=二十 頃=須 右=石,桓玄=玄

通過以上三本相應内容的對照，儘管寫本之間相互存在不少誤寫，但與刊本之差異已不是由個别文字的校勘可以解決，顯然是屬於不同系統的兩種文本。就慧琳所注釋的如上四個詞條而言，其中“閬風”、“輟哺”、“龍驤”三個詞條全然不見於刊本。“閬風”爲地名，據慧琳所釋是崐崘三山之一。七寺本作“閬風”與音義同，金剛寺本誤寫作“閩風”。“輟哺”一詞出自苻堅對群臣所言内容，爲大正藏本所無。此外，“懍然”一詞，金剛寺本、七寺本同，刊本相應文字作“勃然”。“懍然”意爲危懼貌，相同用法亦可見於劉義慶《世説新語·輕詆》中“桓公，懍然作色”。最後之“龍驤”是爲古代將軍名號之一，《慧琳音義》引“《晉書》云：‘王濬爲龍驤將軍。’”“龍驤”一詞的前後文字是記述史稱“淝水之戰”内容。據史書載，東晉遣將破苻堅於淝水者，主要是謝安、謝石、謝玄等人。對此，日本古寫經内容除了謝石之外，時任龍驤將軍的桓玄亦率兵戰敗苻堅。關於“釋道安傳”内容與史實之關係，並本文主題，兹不贅述。

其實，就“釋道安傳”内容，刊本與寫本之間的差異主要是後者比前者多出不少文字。從寫本前後文意看，刊本存在無意脱落或有意删改的可能。對本文而言，由於以上四個詞條被慧琳所採録，因此我們有理由相信慧琳當時所看到的“釋道安傳”當是日本古寫經，而不是現行的刊本。不僅“釋道安傳”如此，慧琳所據卷五之全部内容也應該是日本古寫本。這種推論，我們從以下慧琳所採録《高僧傳》卷五詞條的順序可以得到佐證。

慧琳所釋詞條直接採録於他當時所看到的文本，是無庸置疑的。既然如此，他所採録的詞條原則上也應該按照文本内容的先後順序。從《高僧傳》卷五音義詞條來看，基本上也是遵循這一原則。不過，其中“汧隴”一詞的所在位置頗值得注意。該詞爲地名，《高僧傳》卷五中出現過兩次，分别是在“釋道安傳”和“竺僧朗傳”。那麽慧琳所音義的“汧隴”，到底是採自哪個傳記？

首先，我們從“釋道安傳”原文來看，“汧隴”若採自“釋道安傳”的話，當置於“詳覈”之後。可是，依第二節表中所列順序，接在“詳覈”之後的詞條是“東莞”。該詞條在《高僧傳》卷五中僅見於“竺法汰傳”，即“竺法汰，東莞人”。依刊本傳記順序，“釋道安傳”與“竺法汰傳”之間有“釋法和傳”和“竺法朗傳”。換言之，“汧隴”一詞若採自“竺僧朗傳”，其所在位置也同樣是在“詳覈”之後。可是問題在於音義中“汧隴”一詞的位置是在“釋曇戒傳”中“棘陽”之後。爲何如此？關於這個問題，可以依日本古寫經資料得到解決。

考日本古寫經《高僧傳》卷五，與刊本相比除了內容文字存在出入之外，各傳記先後的排列順序亦有差異。茲列兩者傳記順序不同如下(正傳後括弧内是附傳人名)：

	大正藏本	金剛寺本(七寺本同)
1	釋道安(王嘉)	釋道安(王嘉)
2	釋法和	釋法和
3	※竺僧朗(支僧敦)	竺法汰(曇壹　曇貳)
4	竺法汰(曇壹　曇貳)	釋僧先(道護)
5	釋僧先(道護)	竺僧輔
6	竺僧輔	竺僧敷
7	竺僧敷	釋曇翼(僧衛)
8	釋曇翼(僧衛)	釋法遇
9	釋法遇	釋曇徽
10	釋曇徽	釋道立
11	釋道立	釋曇戒
12	釋曇戒	※竺僧朗(支僧敦)
13	竺法曠(竺道隣)	竺法曠(竺道隣)
14	竺道壹(帛道猷、道寳)	竺道壹(帛道猷、道寳、[道施])
15	釋慧虔	釋慧虔

上表中，刊本與寫本的正傳人數雖然都是十五人，但相互排列順序有所差異，其主要不同是刊本把“竺法朗傳”列在“竺法汰傳”

之前，而寫本則排於"釋曇戒傳"之後。依此順序，"汧隴"出現在"釋曇戒傳"之後顯然是與寫本一致。因此，"汧隴"一詞慧琳應該是採自"竺法朗傳"而非"釋道安傳"。依此亦可證明，我們以上對慧琳所據《高僧傳》版本爲日本古寫經系统的推論。

此外，需要附帶一提的是，在上表中，刊本與寫本除了正傳排列順序不同之外，"竺道壹傳"的附傳人數亦有出入。即前者僅附"帛道猷、道寶"二人，而後者卻多了"道施傳"。[①] 其實，在刊本《高僧傳》卷十四目録中，我們可以看到"竺道壹傳"後附有"帛道猷、道寶、道施"的三人目録。日本古寫經保存"道施傳"本文，可證刊本目録不誤。刊本與寫本之差異，由此亦可略見一斑。

結　語

考察慧琳所據佛典文本内容，有助於我們了解和掌握唐代大藏經的文本面貌。相對於佛典原文，儘管音義所採録的詞條百分不及其一，但往往可以通過有限的詞條來推定其所據文本的情況。本文考察的範圍，雖僅限於《高僧傳》卷五，但通過如上考述，我們應該可以肯定《慧琳音義》所據之《高僧傳》是日本古寫經系統，而並非目前普遍所利用的刊本内容。

據《宋高僧傳》卷五"慧琳傳"所載：《慧琳音義》編纂於長安西明寺，成書後，"貯其本於西明藏中，京邑之間，一皆宗仰"[②]。"西明藏"素來是唐代長安寺院藏經的代表，關於其内容，曾隸屬於西明寺的道宣撰有"京師西明寺録三卷"，該録可惜現已不存。據相

① 有關"道施傳"，七寺本全文作"又有釋道施者，善《大品》、《法花》、《毘曇》。又長《老》、《易》，而風儀整恪，善於舉厝，阪時人爲之語曰'東山施'，法師道體甚安恒。出林如翔鳳，出嶺似棲鸞"。金剛寺本作"有釋道施有者，善《大品》、《法華》、《毘曇》。人長《老》、《易》，而風儀整恪，善於舉厝，故時人爲之語曰'東山施'，法師道體甚安恒。出林如翔風，出嶺似棲鸞"。兩本文字稍異，可互校。

② 《大正藏》卷 50，p. 328a。

關研究認爲,道宣《大唐内典録》或是由《西明寺録》改編而成①。《慧琳音義》既然成書於西明寺,且又收入"西明藏",自然與"西明藏"之間不無關係。日本古寫經系統之《高僧傳》或是當年西明寺藏經之一②。

慧琳之後,五代可洪《新集藏經音義隨函録》(現收録《中華大藏經》第六十册)卷二十七亦有《高僧傳》音義。《隨函録》對該傳卷五共採録 105 個詞條,其中與《慧琳音義》重複的有 12 個。據考察,可洪所録詞條皆可見於刊本。有趣的是,慧琳所録僅見於寫本的"懔然",可洪採録作"勃然",與刊本相同。此外,可洪在"釋法和傳"中採録有法和出生地"熒陽"(大正藏本作"榮陽人",當屬形誤)一詞,而日本古寫經的"釋法和傳"記録他是"冀州人"③。换言之,至五代時期可洪所據之《高僧傳》,顯然是現行的刊本系統了。慧琳與可洪所據《高僧傳》文本之不同,爲我們理解該傳在流傳過程中所發生的内容演變具有重要意義。

慧琳之後可洪所據《高僧傳》是刊本系统,然而在慧琳之前唐代長安所流傳的《高僧傳》是屬哪一個系統? 對此,我們不妨再看一下道宣與智昇兩人所見到的《高僧傳》文本情況。

首先,關於道宣所見之《高僧傳》,可以從道宣所撰"慧皎傳"中略窺一二。《續高僧傳》卷六"釋慧皎傳"最後稱"後不知所終",其實這與刊本《高僧傳》卷十四末所收龍光寺僧果所記之跋尾内容不符。據跋文,慧皎於"梁末承聖二年,太歲癸酉,避侯景難,來至湓城,少時講説,甲戌年二月捨化,時年五十有八"。承聖二年爲 553

① 湯用彤先生《隋唐佛教史稿》(中華書局,1982 年 8 月,p. 100)。

② 從《靜泰録序》:"顯慶年際,西明寺成御造藏經。更令隱鍊,區格盡爾,無所間然。律師道宣又爲録序,殷因夏禮,無革前修。於三例外,附申雜藏,即法苑、法集、高僧僧史之流是也"(T55, p. 181a)一文來看,《西明寺録》中應該有著録《高僧傳》。

③ "釋法和"爲冀州人,除了日本古寫經《高僧傳》作此説之外,《出三藏記集》卷 15"釋道安傳"末附"釋法和傳"中亦作此説。此外,"釋法和傳"在内容上,大正藏本與日本古寫經還有不少出入,這是另外值得探討的問題。

年,甲戌年是承聖三年,即慧皎示寂於554年。對這段跋尾的真實性問題,前人雖有懷疑①,但在道宣撰述"釋慧皎傳"時他沒有看到這段文字是可以肯定的,否則道宣不會稱"後不知所終"。由此,道宣所見之《高僧傳》爲大正藏本等刊本系统的可能性不大。

其次,對智昇所見之《高僧傳》,《開元釋教録》卷六所收"釋慧皎傳"中有"前代所撰,多曰名僧。竊謂名之與高,如有優劣"②一文,值得注意。此文刊本《高僧傳》相應文字作"自前代所撰,多曰名僧。然名者本實之賓也"。我們知道,本文屬"高僧傳序"内容,是討論慧皎批判寶唱《名僧傳》的主要資料。然而,如上所列智昇引用文字與刊本不同,爲何會出現這種現象,這是否爲智昇擅自改動?今考日本古寫經,答案是否定的。因爲,我們在七寺本《高僧傳》卷十四所收"高僧傳序"中看到了與智昇所引完全相同的文字(金剛寺本第十四卷散逸,内容不詳)。

總之,通過以上舉例,與慧琳一樣在他之前的智昇乃至道宣,他們所依據的《高僧傳》也都有可能是日本古寫經系統。道宣、智昇、慧琳三人分别是唐代佛教義學、目録學和文字學的代表者,他們的活動區域主要是在長安。若三人所看到的《高僧傳》都是日本古寫經系統的話,我們可以進而認爲,與刊本相比日本古寫經内容可能更接近於唐代大藏經文本的原有面貌。

日本古寫經《高僧傳》與現行刊本之間的内容差異,是一個比較複雜的問題,需要今後作細緻或更深入的研究,筆者認爲甚至有必要以日本古寫經爲底本作一個新的校理本。

(作者單位:日本國際佛教學大學院大學)

① 有關此跋尾的真偽問題,紀斌著"慧皎《高僧傳》研究"第一章"《梁傳》的作者研究"中討論甚詳。上海古籍出版社,2009年3月,p. 24—29。

② 《大正藏》卷55,p. 539a。此外,在圓照《貞元新定釋教目録》卷9中亦可見"前代所撰,多曰名僧。竊謂名之與高,如有優劣"一文。但根據前後内容,此文應是抄自《開元録》卷6所收之"釋慧皎傳"。

慧琳《聖教序》《述三藏記》音義的文獻價值

趙家棟

據筆者統計，慧琳《一切經音義》[①]對佛教經論中 88 則序跋進行音義。慧琳對佛教經論序跋音義具有很高的文獻版本和文字訓詁價值，文獻版本方面主要體現在慧琳音義所據藏經的版本特點，通過音義内容的考察分析，可以考訂佛經序跋的作者和定名；文獻校勘價值方面則可以考訂取捨異文語料，有利於《全唐文》及《中國佛教經論序跋記集》的校補；文字訓詁方面體現在：音義訓釋有利於序跋的釋讀；提供訛俗字體，標示或體、古文；反映唐人寫經的用字用詞情況。我們這裏僅選取慧琳《一切經音義》卷一中對《大唐三藏聖教序》（以下簡稱《聖教序》）、《高宗皇帝在春宫述三藏記》（以下簡稱《述三藏記》）音義内容，嘗試利用其音義收詞情況，同時結合《大唐三藏聖教序碑》（以下簡稱《聖教序碑》）和相關佛經文獻材料，指出《聖教序碑》與《聖教序》及《述三藏記》的文本差異，並進一步探討慧琳音義所據藏經版本問題，揭示慧琳《聖教序》及《述三藏記》音義的文獻價值。管見陋識，還望博達方家教正。

慧琳《一切經音義》卷一第一篇音義即是“音《三藏聖教序並般若經》五十一卷”，其序音義包括兩部分：一是《聖教序》，太宗文皇帝制，共 51 條音義；二是《述三藏記》，高宗天皇大帝制，共 19 條音義。慧琳音義《聖教序》及《述三藏記》的文本物件與今本各種藏經

① 統計所據慧琳《一切經音義》版本爲徐時儀校注《一切經音義三種校本合刊》本，上海古籍出版社，2008 年版。

所載《聖教序》及《述三藏記》不同，也不同於《聖教序碑》，藏經所記《聖教序》共有 781 字，即始于“蓋聞，二儀有，顯覆載以含生”，終於“斯福遐敷，與乾坤而永大”，而慧琳《聖教序》音義有 51 條，只有“二儀”至“卉木”的 45 條見於藏經所記 781 字的《聖教序》中，其餘“珪璋”、“翰墨”、“摽瓦礫”、“謬承”、“褒贊”、“循躬”等 6 則音義則不見。其實慧琳所稱的《聖教序》包括太宗皇帝對玄奘法師表謝的手敕報書，佛典中對其史實有記錄。元念常集《佛祖歷代通載》卷十一：

> （貞觀二十二年）六月（648），帝撰《大唐三藏聖教序》成。御慶福殿百官倍位。宣法師玄奘升殿賜座。勑弘文館學士上官儀。以序對群臣宣讀。霞煥錦舒極褒揚之美。其辭曰：“蓋聞二儀有像，顯覆載以含生。……斯福遐敷。與乾坤而永大。”於是御筆親書，綴於新經之首。法師奉表，謝曰：“六爻探賾，局於生滅之場；百物正名，未涉真如之境。……忽以微生親聞梵響，踴躍歡喜如聞授記，無任感荷之極。”手勑答曰：“朕才謝珪璋，言慚博達，至於內典，尤所未聞。昨制序文深慚鄙拙，穢翰墨于金簡，標瓦礫于珠林，忽得來書，謬承褒贊，循躬省慮，彌益厚顏，善不足稱，虛勞致謝。”（T49/573b①）

又清紀蔭編纂《宗統編年》卷九：“丙午二十年（648），帝撰《大唐三藏聖教序》（書何？嘉信法也）。奘等譯經，上表以聞，帝親揮翰制序。御慶福殿，詔奘坐。百官侍，今弘文館學士上官儀宣讀序文，凡七百八十一字。奘表謝，帝復報手書。”（X86/137a）慧琳音義中不見《聖教序》的 6 則正是上文所引“手勑答曰：‘朕才謝珪璋……

① 本文所引佛典文獻皆據 CBETA 電子佛典集成《大正新修大藏經》（1—55，85）及《卍新纂續藏》（1—88），中華佛典協會及臺灣法鼓山佛院，2010 年版。文中標注格式爲“T”指《大正新修大藏經》，“X”指《卍新纂續藏經》，“/”前後的數字分別表示冊數和頁數，a，b，c 分別表示上中下欄。下同。

虚勞致謝'"中的語詞。這説明慧琳所見《聖教序》後面是附有太宗皇帝手敕報書文字。

今存《聖教序碑》有四種石刻①:

1. 褚遂良正書。永徽四年(653)建于長安(今陝西西安)慈恩寺大雁塔下,世稱"雁塔聖教"。碑分二石,序、記分刻;

2. 王行滿正書。顯慶二年(657)建于偃師(今屬河南);

3. 褚遂良正書的臨本,一説是褚氏的别寫本。序、記同刻一石,款記"龍朔三年"(663 年,時褚氏已歿五年)。建于馮翊(今陝西大荔),世稱《同州聖教》;

4. 懷仁集王羲之行書而成,又稱《懷仁集王聖教序》,唐咸亨三年(672)十二月建,行書,現藏西安碑林。

上揭這四種石刻本《聖教序碑》的碑文大致包括 7 個方面文字内容:

1. 太宗皇帝《大唐聖教序》;

2. 太宗皇帝手敕答玄奘謝表報書;

3. 高宗皇帝《述三藏聖記》;

4. 高宗皇帝手敕答玄奘謝表報書;

5. 題記:貞觀廿二年八月三日内府;

6. 玄奘譯《般若波羅密多心經》;

7. 款記:潤色者、建造者、勒石鐫字者②。

也就是説慧琳《聖教序》音義所對應文本相當於《聖教序碑》的第 1 和第 2 兩部分,其中第 1 部分《大唐聖教序》碑文爲 871 字,與藏經記載吻合,第 2 部分與藏經記錄文字也相同。慧立本、釋彦悰箋《大唐大慈恩寺三藏法師傳》卷六"起十九年春正月入西京終二十二年夏六月謝御制經序並答":"帝先許作新經序,機務繁劇,未及措意。至此法師重啟,方爲染翰。少頃而成,名《大唐三藏聖教序》,凡七百八十一字,神筆自寫,勅冠衆經之首。"(T50/256a)另

① 據清王昶輯《金石萃編》,中國書店,1985 年版。

② 今核稽到拓本圖錄本,發現有的款記形式有不同,且詳略不一。

慧琳對《述三藏記》有 19 條音義，則沒有一條在高宗皇帝手敕答玄奘謝表報書中，這可能有兩種解釋，一是慧琳所據本《述三藏記》並未附高宗皇帝手敕答玄奘謝表報書；一是慧琳覺得高宗皇帝手敕答玄奘謝表報書沒有值得音義的詞條。我們傾向於後一種解釋，高宗皇帝手敕答玄奘謝表報書的文字據《大唐大慈恩寺三藏法師傳》卷六記載爲："治素無才學，性不聰敏，内典諸文，殊未觀覽，所作論序，鄙拙尤繁。忽見來書，褒揚贊述，撫躬自省，慚悚交並，勞師等遠臻，深以爲愧。"(T50/257c)我們將這段文字切分成每個詞，在慧琳《一切經音義》中搜索，都未見音義内容，也就是說慧琳如果所本《述三藏記》未附高宗皇帝手敕答玄奘謝表報書的話，則這段文字部分語詞若在其他佛經出現他極有可能對其進行音義，這只能説明慧琳認爲這段文字沒有音義的必要。又《大唐西域記》卷一："今上昔在春闈，裁《述聖記》，凡五百七十九言。"(T51/868b)這也與今《聖教序碑》第 3 部分高宗皇帝《述三藏聖記》的文字相吻合。

另外，[①]敦煌寫本有 P. 2780 號和 P. 3127 號，皆有《聖教序》和《述三藏記》兩部分内容，雖前後兩三行有點殘缺，但還能看出沒有太宗、高宗皇帝的敕書文字。這也與藏經記載吻合。

要之，慧琳對《聖教序》及《述三藏記》音義所據的本子附有太宗、高宗對玄奘法師表謝的手敕報書文字。這與藏經的記錄有所不同，然與《聖教序碑》的前 4 部分内容相同。

再者，慧琳《聖教序》和《述三藏記》音義是冠在玄奘法師譯《大般若波羅蜜多經》音義之首。《一切經音義》卷一開篇題曰"音《三藏聖教序並般若經》五十一卷"，説明慧琳所據藏經版本就是《聖教序》和《述三藏記》(附有太宗、高宗皇帝的敕書)冠在《大般若波羅蜜多經》前的，而今存《聖教序碑》是冠在玄奘譯《般若波羅密多心經》前。宋志槃撰《佛祖統紀》卷三十九記載：

---

① 上海古籍出版社、法國國家圖書館編《法藏敦煌西域文獻》(1—27)，上海古籍出版，1995—2002 年版。

(貞觀)二十二年,上幸坊州玉華宫,召奘法師。既至,上曰:"朕在京苦熱,故就此山泉石之涼,憶見法師,故遣相屈。比日所翻何經?"奘曰:"近譯彌勒《瑜伽師地論》。"帝宣論親覽,謂侍臣曰:"佛教廣大猶瞻天瞰海莫極高深,九流典籍猶汀瀅方溟渤耳!(瀅,音瑩。汀瀅,小水也)世言三教齊致者,此妄談也。"因勅有司寫新譯經論頒賜九道總管,(時分天下爲九道)御制《大唐三藏聖教序》,以冠其首(今時石本行,其文首云"蓋聞二儀有像,顯覆載以含生"即此序也)詔皇太子撰《菩薩藏經後序》(二序具在藏經之前)。(T49/366b)

這則記録説明御制《大唐三藏聖教序》冠于玄奘新譯經論之首,並頒賜九道總管,到宋代志槃還見玄奘新譯經論版本,即"今時石本行,其文首云'蓋聞二儀有像,顯覆載以含生'即此序也"。但是這個新譯經論之首經絕不是玄奘譯《大般若波羅蜜多經》,因爲在太宗朝玄奘還沒有開始譯《大般若波羅蜜多經》,據元覺岸集《釋氏稽古略》卷三記載:

貞觀二十二年六月,帝制法師新譯經《大唐三藏聖教序》。時皇太子治覩聖序,遂撰《述聖記》。詔皇太子撰《菩薩藏經後序》,八月帝賜法師百金磨衲並寶剃刀。法師奉表謝,略曰:"忍辱之服彩合流霞,智慧之刀銛逾切玉,謹當衣以降煩惱之魔,佩以斷塵勞之網。"高宗永徽三年(652),法師于慈恩寺將建大塔奉安西取經論梵本。表奏,勅賜大內及東宫掖庭等七宫亡人衣物助師營辦。法師授以西域制度,塔成高二百尺。顯慶四年(659)十月制以玉華宫爲寺,追崇先帝詔法師居之。次年師于玉華譯《般若經》。麟德元年(664)二月,法師命弟子大乘光抄錄所譯經論凡七十五部一千三百三十五卷。(T49/814b)

玄奘于高宗顯慶五年在玉華宮開始譯《大般若波羅蜜多經》，顯然在帝制法師新譯經《大唐三藏聖教序》及皇太子治覩聖序而撰《述聖記》之後。此外，唐冥詳撰《大唐故三藏玄奘法師行狀》云："以顯慶五年正月一日，翻大般若，至龍朔三年十月二十三日終訖，凡四處十六會説總六百卷。中間又翻成《唯識論》、《辨中邊論》、《唯識二十論》、《品類足論》等。至十一月二十三日，命窺基齎表請聖上制《大般若經序》。"（T50/219a）可知玄奘在顯慶五年正月一日翻大般若，共有六百卷，即是今見藏經本《大般若波羅蜜多經》，當時玄奘也曾命窺基齎表請聖上（高宗）制《大般若經序》，不知高宗應允與否，佛經文獻記載不詳。

准此，我們可以推斷慧琳《聖教序》和《述三藏記》音義所據的佛經版本既不是太宗時勅"有司"寫玄奘法師新譯經論，頒賜九道總管的寫本（這個寫本在宋志槃撰《佛祖統紀》時有石本印行），也不是傳世今見的各種藏經刻本，而是另外一個本子，這個本子《聖教序》和《述三藏記》是冠於《大般若波羅蜜多經》之首的，並附有太宗、高宗皇帝的敕書文字。這個佛經版本極有可能是宋志槃撰《佛祖統紀》卷三十九中記載"二序具在藏經之前"的本子，然佛教文獻相關記載甚少，期待新材料的勾稽和發現作進一步詳考。

（作者單位：南京師範大學文學院）

本文爲江蘇省普通高校研究生科研創新計劃資助項目，批准編號：CX09B_080R；南京師範大學優秀博士學位論文培養計劃資助項目。

《重刊北京五大部直音會韻》初探

蕭　瑜

一、緒論

嘉興藏，又名徑山藏，共收錄佛教典籍約2195部，10332卷，是我國歷代刻本大藏經之最，尤以收錄大量的中國佛教著述而聞名于世。[①]

《重刊北京五大部直音會韻》(文中簡稱爲《五大部直音會韻》)是嘉興藏中收錄的一部佛經音義書，由楞嚴般若堂印行，其編撰者爲明代鄖陽府竹山縣聖母山淩堂寺僧久隱，卷首有嘉靖癸卯春(嘉靖二十二年，1543)提督京城九門及皇城四門、尚寶監右少監龍泉李經所作序和明萬曆乙巳夏(萬曆三十三年，1605)真實居士馮夢禎所作序。該音義歷來不太爲學界關注。

就筆者管見，日本學者水谷真成《佛典音義書目》[②]、中國學者杜信孚《明代版刻綜錄》[③]、冀淑英《自莊嚴堪善本書目》[④]、張秀明

---

① 李富華、何梅《漢文佛教大藏經研究》，宗教文化出版社，2003 年版，第 465 頁。

② 水谷真成《佛經音義書目》，《中國語史研究》，三省堂，1994 年版。

③ 杜信孚《明代版刻綜錄》(四)，廣陵古籍刻印社，1983 年排印版，第 50 頁。

④ 冀淑英《自莊嚴堪善本書目》，天津古籍出版社，1985 年版，第 64 頁。

《中國印刷史》[①]、童瑋《二十二种大藏經通檢》[②]、雲南大學圖書館《雲南大學圖書館善本書目》[③]、陽海波等《文字音韵训诂知见书目》[④]、林應麟《福建書業史——建本發展軌跡考》[⑤]、周祖賡《浙江省出版志》[⑥]以及《浙江省出版志》編纂委員會辦公室《浙江歷代版刻書目》[⑦]中已有著錄。李無未、于冬梅《日本学者的汉梵对音译音研究》[⑧]曾提及《五大部直音》,其他研究尚未發現。

有鑒于此,本文擬對《重刊北京五大部直音會韻》的文獻性質、内容與體例、與歷代音義的比較三方面進行初步研究,以發掘其在佛經音義史上的歷史地位。文中不當之處,啓請方家批評指正。

二、《重刊北京五大部直音會韻》的文獻性質

本部分主要就書名、編撰者與作序者介紹兩方面問題進行討論。至於版本情況,因筆者無法得見《文字音韻訓詁學知見書目》、《中國古籍善本書目》所錄版本,故本文只能暫時付闕。

(一)《重刊北京五大部直音會韻》解題

《重刊北京五大部直音會韻》,在嘉興藏中出現了多种異名,如

---

① 張秀明《中國印刷史》,上海人民出版社,1989 年版,第 367 頁;又浙江古籍出版社,2006 年版,第 258 頁。

② 童瑋《二十二種大藏經通檢》,中華書局,1997 年版,第 610 頁。

③ 雲南大學圖書館《雲南大學圖書館善本書目》,雲南大學,2001 年版,第 45 頁。

④ 陽海波等《文字音韻訓詁知見書目》,湖北人民出版社,2002 年版,第 549 頁。

⑤ 林應麟《福建書業史——建本發展軌蹟考》,鷺江出版社,2004 年版,第 663 頁。

⑥ 周祖賡《浙江省出版志》,浙江人民出版社,2007 年版,第 60 頁,第 154 頁。

⑦ 《浙江省出版志》編纂委員會辦公室,《浙江歷代版刻書目》,浙江人民出版社,2008 年版,第 70 頁。

⑧ 李無未、于冬梅《日本學者的漢梵對音譯音研究》,《延邊大學學報》(社會科學版),2006 年第 3 期。

《重刊五大部直音》(馮夢禎序)、《重刻京本五大部經懺直音會韻》(李經序)、《五大部直音集韻》(久隱自序)、《重刻京本五大部諸經直音》(目錄)、《重刊北京五大部直音會韻》(卷上首行、卷下首行)。台版嘉興藏採用的名稱是《北京五大部直音會韻》。該書名稱透露了一些明代佛經分類和藏經刊刻的信息,下面略作探討。

2.1.1 "五大部"

"五大部"一般意指五種大部,經錄用來指稱五部大乘經典的分類:般若部、寶積部、大集部、華嚴部、涅槃部。① 後所指内涵逐漸發生變化。明代云栖袾宏作《正訛集》,便不同意世人將《華嚴經》、《涅槃經》、《心地觀經》、《報恩經》及《金光明最勝王經》五經稱爲"五大部",而强調"五大部"爲大藏的總名。② 由《重刊北京五大部直音會韻》標題來看,《五大部直音會韻》所涵"五大部"上卷恰好是袾宏所指五部佛經,下卷則擴展到其他佛經。該音義書反映了明代時期對佛經"五大部"世俗的理解,同時又在下卷補充了編者認爲較重要及日常習誦的其他十八种佛教文獻進去。

2.1.2 "北京"

"北京"二字,反映了編者所據的藏經版本。衆所周知,明代官藏有洪武南藏③、永樂南藏和永樂北藏三种。我們推測編撰者久隱所依據的藏經極有可能是永樂北藏,同時參考永樂南藏。理由

---

① 《佛光大辭典》第三版,第 1059 頁。

② 《正訛集》"五大部"條内容如下"世人相傳誦五大部,謂是《華嚴》、《涅槃》、《心地觀》、《報恩》、《金光明》五經。此訛也。五大部者,一大藏之總名。所謂般若部、華嚴部、寶積部、大集部、涅槃部,部統所屬諸經,如六曹爲總,而統所屬諸職也。若云五部中各取其一,則般若部一經不取,何名五部。"(參考 http://www. zhibeifw. com/jingtu/handizs/08-zhengej. htm)

③ 李富華、何梅在《漢文佛教大藏經研究》中不同意吕澂先生《南藏初刻考》的觀點,他們認爲"(四川)上古寺南藏本是明惠帝朱允炆建文年間刊造的一部官版大藏經——《建文南藏》。至於明太祖朱元璋洪武年間是否也曾彫造一部官版大藏經——《洪武南藏》,因無明確的歷史記載及經本實物,所以還不能確定。"(宗教文化出版社,2003 年版,第 405 頁)

有三：

1. 久隱自序首句即"南北二京大經多有字不同也"。

2.《五大部直音會韻》卷上的《大方廣佛華嚴經》直音出現了"大方廣佛華嚴經北京直音序"、"大方廣佛華嚴經南京直音序"兩部分内容。由此看来，久隱所據《大方廣佛華嚴經》有兩個序言：其一是北藏本的序言；其二是南藏本的序言。從序言的順序來看，北藏本序言在前，這表明久隱所據的底本應爲永樂北藏本《大方廣佛華嚴經》。

3.《五大部直音會韻》卷下《三昧水懺》有《御制三昧水懺序》的直音 34 條。永樂北藏本《三昧水懺》前有永樂皇帝朱棣作於永樂十四年七月初一日的《御制水懺序》。[①]《五大部直音會韻》卷下所收 34 條《御制三昧水懺序》直音條目與朱棣所作《御制水懺序》内容相合。

綜合上面三個理由，筆者認爲《五大部直音會韻》所據的藏經版本是永樂北藏，並同時參考永樂南藏。

（二）編撰者、作序者簡介

2.2.1　編撰者久隱（？九隱）

據《五大部直音會韻》自序，編撰者久隱號嵩嶽，是明嘉靖時期（？或嘉靖以前）湖北省鄖陽府竹山縣聖母山凌堂寺的僧人。在李經的序中，久隱作九隱。

由于筆者所檢地方志僅限於據清代乾隆、同治兩代《竹山縣志》，未見聖母山凌堂寺的記載，因此編撰者的生平事跡，暫付闕如。

久隱自序后有兩首集韻詩，内容如下：

其一：

累劫修來種善根，大乘奥典實難聞。

龍聽法去明生死，蟒遇懺來早脱身。

---

① 《永樂北藏》第 153 册第 113—114 頁。

春夏四時勤禮念，秋冬八節禍不侵。

累朝天子曾恭敬，休謗如來正法輪。

其二：

蒼頡造書續後賢，孔丘不免與君傳。

五音輕重分伶俐，清濁便知不一般。

仔細搜尋休錯過，音聲調定是根源。

要知此字親端處，便去直音本上揪。

2.2.2　作序者

作序者共有二人，序一爲真實居士馮夢禎，序二爲敕提督京城九門及皇城四門、尚寶監右少監龍泉李經。這裡略作介紹。

2.2.2.1　馮夢禎

馮夢禎，秀水人，字開之。萬曆五年會試第一。官編修，與沈懋學、屠隆以文章氣節相尚。張居正奪情，夢禎詣其子嗣修力言不可，忤居正，病免。後復官。累遷南國子監祭酒，與諸生砥名節，正文體，尋中蜚語歸。家藏《快雪時晴帖》，名其堂爲"快雪堂"。著有《歷代貢舉志》、《快雪堂集》、《快雪堂漫錄》。①

據黄卓越《馮夢禎與晚明東南佛教》研究，馮夢禎在晚明時期東南佛教歷史上占有重要地位。馮夢禎拜嘉興楞嚴寺達觀真可爲师習佛，並因此層關係，積極支持嘉興藏的刊刻活動。"由於馮夢禎的名聲，許多僧侶便常委托其起草諸如序跋、碑銘、塔記等一類的文字，包括如憨山德清、達觀真可等著名高僧也會引介一些這方面的工作，這些都可看作是一种助佛性質的行爲。"②《重刻五大部直音序》末尾落款時間爲萬曆乙巳夏（1605 年）。該序在馮氏《快雪堂集》中未見收錄。由序中"今江浙禪林，毅然

---

① 臧勵龢《中國人名大辭典》，商務印書館，1980 年版，第 1225 頁。

② 黄卓越《馮夢禎與晚明東南佛教》，杭州佛學院編，《吳越佛教學術研討會論文集》，2004 年版，第 470 頁。又見於《明中後期文學思想研究》附錄一，北京大學出版社，2005 年版，第 267 頁。

成其善本，余因敬書其緒，請印諸方上德，將夫謂此亦[1]因指見月之一機云"之語推測，《五大部直音序》是馮夢禎應嘉興藏刊刻之需而特地撰寫的。

2.2.2.2　李經

序二作者署敕提督京城九門及皇城四門、尚寶監右少監龍泉李經。下面試從撰寫時代和官職兩個方面來推測李經的身份。

從《重刻京本五大部經懺直音會韻序》後所署撰寫時代來看，李經序撰於嘉靖癸卯季春，即嘉靖二十二年（公元 1543 年）。據《明史人名索引》，嘉靖時期出現過兩個李經：一是參將，一是錦衣千戶。

又從序者所署官職"尚寶監右少監"來看，據《明史・志第四十九》記載，洪武二十八年，重定内官，尚寶監是十一個内官監之一，設太監一名，正四品，左、右少監各一人，從四品。因此筆者推測序主極有可能是曾任過錦衣千戶的李經，其籍貫則很可能是浙江龍泉。

據《明史》和《明世宗實錄》，李經曾在嘉靖四年時與葉應驄一起赴廣東調查給事中陳洸縱子誣告潮陽知縣宋元翰一案。[2] 至於李經的其他信息，則因資料限制，暫付闕如。

三、《重刊北京五大部直音會韻》的内容與體例

（一）《五大部直音會韻》的内容

釋久隱在《五大部直音會韻》中爲 23 部佛教文獻作了直音和釋義。根據筆者的統計，注音條目達 7839 條之多。下表即爲筆者對《五大部經直音會韻》所收佛教文獻及其注音數量的初步統計數據：

---

① CBETA2009 版所收《嘉興藏》中誤將《重刻五大部直音序》"亦"識別爲"無"。

② 據袁林《漢籍全文檢索系統》。

卷　上	數量	卷　下	數量
華嚴經(八十一卷　序二)	2252	法華經(七卷　二十八品　序一)	466
涅槃經(四十二卷)	1640	楞嚴經(十卷　序一)	587
金光明最勝王經(十卷)	252	圓覺經(二卷　序一)	101
報恩經(七卷)	309	地藏經(三卷)	142
心地觀經(八卷　序一)	244	梁皇懺(十卷　序一)	352
		水懺(三卷　序二)	396
		諸天懺	35
		金光明經(四卷)	64
		藥師經(一卷　并序)	126
		佛頂心陀羅尼經(一卷)	39
		楞伽經(八卷)	95
		維摩經(三卷)	92
		大彌陀經(二卷　序一)	100
		孔雀明王經(三卷　序一)	244
		北藥師解結科儀(三卷)	143
		北藥師解結道場	26
		放生文	27
		三官經(一卷　序一)	107
總計 7839			

(二)《五大部直音會韻》的體例

《五大部直音會韻》的注音體例較統一,主要形式有三種,分别是直音、注調類、反切。而釋義體例則非常簡單,常以"……也"進行義訓。下面主要從注音體例的角度進行分類説明。

3.2.1　直音

直音法就是用同音字給被注字進行注音。其基本格式是"X,

音 Y,……”。此外還有“X,二音,Y(與)Z,……”、“X,三音,WYZ,……”兩種對多音字的注音格式。

3.2.1.1 “X,音 Y……”。

這類注音條目的數量在《五大部直音會韻》中最多,約有 6500 多條。下面臚列數條:

> 麤(音粗大也)。——卷上《涅槃經卷第十六》
> 踐(音賤履行也)。——卷上《心地觀經卷第三》
> 稚(音智幼小也)。——卷下《妙法蓮花經卷第一》
> 桓(音還望出譙群也)。——卷下《楞嚴經卷第一》
> 弦(音賢弓弦也)。——卷下《圓覺經卷第二》

3.2.1.2 “X,二音,Y(與)Z……也。”

“X,二音,Y(與)Z……”格式被久隱用於二音字注音。這類音注條目共有 392 條。其中“X”表示被注字,“二音”表示該字有兩种讀音,同音字“Y”、“Z”分別對應“X”的兩種不同讀音。極少數條目中“Y”、“Z”之間多了一個“與”字。例如:

> 探(二音炭貪探取之也)。——卷上《大方廣佛華嚴經北京直音序》
> 敵(二音的狄對也主也)。——卷上《大方廣佛華嚴經卷第一》
> 宴(二音演燕安也息也)。——卷上《大方廣佛華嚴經卷第十六》
> 坊(二音方房坊巷也)。——卷上《大方廣佛華嚴經卷第二十五》
> 楯(二音順旬欄檻也)。——卷上《大方廣佛華嚴經卷第三十三》
> 煙(二音因焉火氣也煙火也)。——卷上《大方廣佛華嚴經卷第七十三》

倡(二音唱昌導也引先也)。——卷上《涅槃經卷第一》

疽(二音沮蛆癰也)。——卷上《涅槃經卷第五》

坻(二音池底小渚也)。——卷上《涅槃經卷第二十三》

捷(二音接截獲也勝也)。——卷上《金光明經卷第七》

齎(二音即濟持送也遺也)。——卷上《心地觀經卷第三》

拽(二音葉意拖也引也)。——《地藏經卷第一》

披(二音鈹被分散也)。——卷下《藥師經序》

契(二音氣怯契約也闊也)。——卷下《北藥師解結科卷第二》

眄(二音勉面斜視也)。——卷下《三官經》

其中,卷下《維摩經卷第一》有一條音注"譽(音余預稱美也)",根據體例,我們判斷"音"字前面脱"二"字。此外,在卷上中出現兩次相同的"譽"字音注都不脱"二"字,也可作爲内證。例見下:

譽(二音余預稱美也)。——卷上《大方廣佛華嚴經卷第七十七》

譽(二音余預稱美也)。——卷上《涅槃經卷第二十一》

3.2.1.3 "X,三音,WYZ……。"

釋久隱用"X,三音,WYZ……"格式給三音字注音。其中"X"表示被注字,"三音"表示該字有三种讀音,同音字"W"、"Y"、"Z"分別對應"X"的三種不同讀音。這類條目不多,共計 25 條。略舉數例如下:

埤(三音皮卑鄙城上垣也)。——卷上《大方廣佛華嚴經卷第十》

匄(三音勉蓋括乞取也)。——卷上《涅槃經卷第二十四》

企(三音欺起氣望也斯冀也)。——卷上《金光明經卷第七》

幟(三音至施熾旗幟也)。——卷上《報恩經卷第七》

植(三音智十直種植也置也)。——卷下《妙法蓮華經卷第一》

3.2.2 注調類[①]

此類音注的實質仍屬直音。因該類條目有800餘條[②]之多,故而本文單列一小節。這類音注的基本格式爲"X,Y某聲……"。"X"表示被注音字,"Y"表示跟被注字"X"同聲韻而不同調的字,"某聲"表示被注字所屬正確調類(平、上、去、入)。另有極少數條目的格式略有變化,爲"X,音Y某聲……"和"X,Y某聲某聲……"。此外有一條跟上條注音相同,释久隱標以"同上"。[③]

3.2.2.1 "X,Y某聲……。"

挑(跳平聲挑撥也)。——卷上《涅槃經卷第十九》

孩(亥平聲幼稚也)。——卷上《大方廣佛華嚴經卷第十三》

坏(配平聲瓦未燒也)。——卷上《涅槃經卷第八》

鳩(救平聲鳥名也聚也)。——卷上《涅槃經卷第二十》

班(板平聲分班至也)。——卷下《三官經》

以上是平聲類,共計53條。

懦(奴上聲弱也)。——卷上《涅槃經卷第八》

---

① 僅筆者所見,至少在唐慧琳《一切經音義》,明章黼《直音篇》,李登《詳校篇海》,舊題宋濂撰、屠隆訂正《篇海類編》,梅膺祚《字彙》等书中可見這種注音方式。

② 卷上《大方廣佛華嚴經卷第七十八》有一條音注字形不清,僅能識別出"曩(? 聲? 也)。"

③ 卷下《楞嚴經卷第四》:

䫙(桑上聲身休四大如鼓任也)。

顙(同上)。

蟒(芒上聲蛇最大者也)。——卷上《報恩經卷第六》

寵(充上聲愛也)。——卷下《楞嚴經卷第一》

紹(韶上聲紹繼也)。——卷下《三昧水懺法卷第一》

恍(荒上聲恍惚也)。——卷下《三官經》

以上爲上聲類,共計 268 條。

榦(干去聲強也)。——卷上《大方廣佛華嚴經卷第一》

抗(康去聲舉也手抗也)。——卷上《報恩經卷第五》

誑(光去聲欺也詐惑也)。——卷下《妙法蓮華經卷第一》

秤(稱去聲斤兩輕重也)。——卷下《梁皇懺卷第三》

濫(藍去聲水貌汎濫也)。——卷下《佛母大孔雀明王經卷第一》

以上爲去聲類,共有 267 條。

乏(凡入聲少也)。——卷上《大方廣佛華嚴經卷第四》

泣(欽入聲出淚也)。——卷上《涅槃經卷第一》

匿(寧入聲隱也藏也)。——卷上《涅槃經卷第十九》

獵(連入聲取獸也)。——卷上《報恩經卷第六》

頞(安入聲鼻莖也)。——卷下《妙法蓮華經卷第七》

以上爲入聲類。共有 184 條。

3.2.2.2 “X,音 Y 某聲……。”全書共計 25 條。

柔(音受平聲順也由也)。——卷上《大方廣佛華嚴經卷第十九》

乖(音怪平聲離也背也)。——卷上《大方廣佛華嚴經卷第三十五》

以上是平聲類,共計 2 條。

諂(音川上聲諛也)。——卷上《大方廣佛華嚴經卷第二十一》

怏(音央上聲不服也)。——卷上《涅槃經卷第三十》

以上爲上聲類例子,全書共計 7 條。

另外,還有兩條在刊刻時遺漏了同聲、韻而不同調類的"Y"字,如下:

選(音上聲撰擇也)。——卷上《涅槃經卷第八》

洗(音上聲濯也)。——卷上《涅槃經卷第十》

去聲類的條目稍多,全書共計 14 條,例如:

健(音乾去聲自強也)。——卷上《大方廣佛華嚴經卷第十一》

戰(音占去聲恐懼也)。——卷上《涅槃經卷第六》

簸(音布去聲簸揚也)。——卷下《小金光明經卷第二》

輸(音書去聲盡也送也)。——卷下《佛母大孔雀明王經卷第一》

以上是去聲類。

役(音營入聲使令也)。——卷上《大方廣佛華嚴經卷第二十五》

轄(音閑入聲車鍵也)。——卷上《大方廣佛華嚴經卷第六十二》

以上是入聲類,全書共計 2 條。

3.2.2.3 "X,Y 某聲某聲……。"

這種格式用來注二音字。全書僅見一處。

闆(坤上聲去聲闆門阪也)。——卷上《大方廣佛華嚴經北京直音序》

3.2.3 反切

反切注音是佛經音義中常見的注音方式。在《五大部直音會韻》中,直音占主體,但也有119條使用反切注音的條目。下面略舉數例:

鋋(市連切小矛也)。——卷上《報恩經卷第五》
剖(普口切判也破也)。——卷下《楞嚴經卷第二》
鑽(子官切錐穿也)。——卷下《楞嚴經卷第八》
恨(胡艮切怨恨也)。——卷下《梁皇懺卷第五》
酸(素官切醋也)。——卷下《三昧水懺法卷第二》
囊(奴當切袋也)。——卷下《藥師經》
蹭(千鄧切蹭蹬也)。——卷下《北藥師解結科卷第一》
搜(所由切搜當也求也聚也)。——卷下《三官經》

3.2.4 直音、反切連用①

這類條目的注音方式是將直音和反切相連使用,先進行直音,因直音字較難,再注反切,以明其音。具體格式爲"X,音W,YZ切……",只見3例:

絮(音拏女六切牽引也)。——卷上《涅槃經卷第八》
臻(音煎側巾切至也聚衆也)。——卷上《大方廣佛華嚴

① 就筆者所見,至少在唐慧琳《一切經音義》,明章黼《直音篇》,李登《詳校篇海》,舊題宋濂撰、屠隆訂正《篇海類編》中可見"反切"、"直音"連用的現象。

經卷第七十三》

鴿(音慳竹咸切鳥啄物也)。——卷下《佛母大孔雀明王經卷第一》

3.2.5 其他

此外,《五大部直音會韻》中有許多音注字頭多次出現,而音注內容卻不盡相同。試舉卷上"按"、"謗"兩字爲例。

按(音案按止也)。——卷上《華嚴經卷第六十八》
按(音案止也)。——卷上《華嚴經卷第八十》
按(音暗按止也)。——卷上《金光明經卷第十》
謗(音蚌誹謗也)。——卷上《華嚴經卷第十九》
謗(邦去聲毀也惡也)。——卷上《華嚴經卷第四十六》
謗(邦去聲誹謗也)。——卷上《華嚴經卷第四十九》
謗(邦去聲誹也)。——卷上《涅槃經卷第一》
謗(邦去聲誹謗也)。——卷上《涅槃經卷第八》

筆者推想久隱在編纂《五大部直音》時可能不止參考一種字書或韻書。

此外,還有個別的條目,久隱未能找到音注,據實標出,見於卷下《放生文》"蕒(音篇韻無出)。"

綜觀全書音注體例,《五大部直音會韻》主要以直音爲主,兼用少量調類標示和極少數反切注音。把握這些音注體例,不僅有裨於明代佛經音注形式的研究,同時還有利於校勘《五大部直音會韻》中的少數訛、脫之處。

四、《五大部直音會韻》與歷代音義的關係

《五大部直音會韻》共爲 23 种佛教文獻作了直音,限於時間和精力,本文這裡只選取其中的一種直音——《金光明最勝王經直音》

(下文《金光明最勝王經》簡稱《最勝王經》),從佛經音義發展史的角度對其直音條目進行歷時對比,以觀久隱所作《五大部直音會韻》對歷代音義的繼承與創新。

(一)《金光明最勝王經》及本文所選隨函音義

《金光明最勝王經》,由唐代義淨翻譯,是金光明三譯中最後出最完備者。根據張涌泉先生的研究[①],該經至遲在唐大中八年(854)就已經出現卷末隨函音義。敦煌寫卷《最勝王經》卷末常見隨函音義。《敦煌經部文獻合集》所用校勘底卷爲英藏敦煌唐寫卷S6691,其卷名即《金光明最勝王經音義》。由此看來,《最勝王經》隨函音義的歷史是比較明晰的,故而我們選取此經作爲歷時比較對象之一。其餘隨函音義則選用《磧砂藏》本《最勝王經》隨函音義、《永樂北藏》本《最勝王經》隨函音義[②]。在將上述各時期隨函音義與《五大部直音·最勝王經直音》進行比較的同時,也把《慧琳音義》、《可洪音義》[③]作爲參考對象。

(二)《最勝王經直音》與歷代《最勝王經》音義的對比

《五大部直音會韻》中,《金光明最勝王經直音》屬上卷,共計252條音注。通過統計各時期《最勝王經》音義數量、分析其條目異同,有助於釐清《五大部直音會韻》與歷代音義的關係。

---

① 張涌泉主編,《敦煌經部文獻合集》(第十冊),中華書局,2009年版,第5324頁。

② 《永樂南藏》尚未正式出版,故《永樂南藏》本《金光明最勝王經》隨函音義的情況,只能付闕。據李富華、何梅《漢文佛教大藏經研究》的研究:"《永樂南藏》的音釋雖然是《磧砂藏》和《初刻南藏》的延續,但已發生了很大變化。不僅音釋字詞的數量大大壓縮……"(宗教文化出版社,2003年版,第426頁)

③ 因《可洪音義》流傳歷史較特殊,這裡只將其作爲參照對象,不將其納入《五大部直音》來源的具體討論範圍。關於《可洪音義》與《磧砂藏》隨函音義的關係,可參考黃曜堃先生《磧砂藏隨函音義初探》一文(見《黃耀堃語言學論文集》,鳳凰出版社,2004年版,第277—280頁)。

4.2.1 各時期《最勝王經》音義數量統計

下表是唐寫卷S6691、《可洪音義》以及《磧砂藏》本《最勝王經》隨函音義、《永樂北藏》本《最勝王經》隨函音義、《五大部直音·最勝王經直音》所收條目數量的統計結果。

時代 條數 卷次	唐寫卷S6691 112條均爲單字音注①	《慧琳音義》226條注音條目/309條單字音注	《可洪音義》229條/290條單字音注	磧藏本《最勝王經》隨函音義(不含序354條/408條單字注音)	明永樂北藏《最勝王經》隨函音義(不含序71條/101條)	嘉興藏《五大部直音》252條
1	16條	56條/73條	22條/30條	29條/37條	10條/14條	30條
2	7條	0條/0條	17條/18條	32條/36條	5條/8條	18條
3	3條	9條/12條	8條/12條	15條/18條	7條/10條	15條
4	9條	2條/4條	37條/48條	49條/53條	5條/5條	21條
5	4條	15條/21條	8條/10條	15條/18條	6條/10條	12條
6	20條	29條/33條	37條/48條	40條/42條	4條/6條	42條
7	29條	33條/48條	65條/83條	63條/74條	5條/7條	35條
8	5條	18條/24條	10條/11條	27條/29條	6條/11條	18條
9	11條	19條/31條	14條/16條	37條/42條	6條/9條	28條
10	8條	45條/63條	11條/14條	47條/60條	17條/21條	33條

① 本表所指注音條目可以是注一個字的音義,也可以是注雙音節詞的音注,還可以是注三音節外來詞的音注。而單字音注則是在統計音注條目是計算的單位。如一條雙音節詞音注,分别注了兩個字的音義,則算兩個單字音注;如一條三音節外來詞音注,分别注了三個字的音義,則算三個單字音注。

4.2.2 《最勝王經》隨函音義的歷史變遷

觀察上表,我們可以發現以下有趣的現象:

1.《慧琳音義》中的《最勝王經》音義各卷條目數量與其他隨函音義的差別比較大。這表明五代、宋、明的《最勝王經》隨函音義受《慧琳音義》的影響較小,同時也側面反映了《慧琳音義》的流傳歷史。

2. 唐寫卷 S6691《最勝王經》隨函音義只有 112 條單字音注,經時代的變遷,到五代可洪作《藏經音義隨函錄》的時候,各卷音義條目都有增加,單字音注總數已達 290 條之多。

3. 宋代《磧砂藏》本《最勝王經》隨函音義條目出現一次大幅度增加,不含序言音義的數量爲 408 條單字音注。除卷七減少了 9 條音義之外,其他各卷的音義數量都有或多或少的增加。

4. 明代在刊刻《永樂南藏》、《永樂北藏》時,對隨函音義作了大幅度的删削。以《最勝王經》爲例,《永樂北藏》不含序在内的單字音注數量從《磧砂藏》的 408 條鋭減爲 71 條。

5.《五大部直音會韻·最勝王經直音》總數爲 252 條單字音注。從音義條目數量來看,在編撰《最勝王經直音》的時候,久隱並沒有直接繼承明《永樂北藏》。

從數量統計來看,《五大部直音·最勝王經直音》跟《磧砂藏》本《最勝王經》隨函音義的音注數量比較接近。下面就這兩者之間的具體音注情況略作討論。

4.2.3 《最勝王經直音》與《磧砂藏》本《最勝王經》隨函音義對比

下表是《磧砂藏》本《最勝王經》隨函音義與《最勝王經直音》的總單字音注數量和相同單字音注數量的對比表,以《永樂北藏》隨函音義爲參照。

卷次	磧砂藏		永樂北藏		五大部直音
	總單字音注數量	與《最勝王經直音》相同的單字音注數量	總單字音注數量	與《最勝王經直音》相同的單字音注數量	《最勝王經直音》總單字音注數量
一	37	22	14	13	30

续表

卷次	磧砂藏		永樂北藏		五大部直音
	總單字音注數量	與《最勝王經直音》相同的單字音注數量	總單字音注數量	與《最勝王經直音》相同的單字音注數量	《最勝王經直音》總單字音注數量
二	36	12	8	6	18
三	18	11	5	4	15
四	53	18	6	3	21
五	8	8	10	3	12
六	42	22	6	2	42
七	74	28	7	4	35
八	29	9	11	2	18
九	42	19	9	1	28
十	60	26	21	13	33

4.2.4 《最勝王經直音》音注的來源推測

觀察上表,我們可以推測《最勝王直音》音注條目極有可能是以《磧砂藏》本《最勝王經》隨函音義的音注條目爲藍本,並經久隱增删而得,在此過程中當然也參照了《永樂南藏》和《永樂北藏》本《最勝王經》隨函音義。①

至於《最勝王直音》的音注和釋義,則跟《磧砂藏》差別非常大。其來源或可從卷下《放生文》"羮(音篇韻無出)"略窺一二。

"篇韻"連用,就筆者管見,在明代至少有以下四種涵義:

一、《四聲篇海》和《五音集韻》的合稱。例如明僧真空《篇韵贯珠集》。②

二、《改併五音類聚四聲篇海》的簡稱。如成化丁亥七年重刊《改併五音類聚四聲篇海》書首《重刊考訂五音篇韻總序》有"韓孝

① 久隱在序言中提及"南北二京大經多有字不同也",由此推測其作《五大部直音》時極有可能參照了《永樂南藏》和《永樂北藏》。

② 《四庫全書總目提要》曰:"《篇韵貫珠集》一卷(兩淮馬裕家藏本)明释真空撰。真空號清泉,萬曆中京師慈仁寺僧也。是書分爲八門,編成歌訣。一曰《五音篇首歌訣》,二曰《五音借部免疑海底金》,三曰《檢五音篇(转下页)

彥改《玉篇》歸于五音……是已，仍增減俗字於《篇韻》各母部下……”、“大隆福寺住持戒璇令本山文儒、思遠、文通輩，間取《篇韻》協心考訂……”、“《篇韻》母部卷目仍舊……”等表述。

三、章黼所編《直音篇》。舊題宋濂撰、屠隆訂正《篇海類編》所收張嘉和輯附錄《製述字學姓氏》中載有“章黻，字端父，嘉定人，著《篇韻直音》”，又附錄《字學書目》中載有“《篇韻直音》，各五卷，章黻著”。①

四、明末時期還有徐孝、張元善編《合併字學篇韻便覽》。其中，《四聲篇海》、《五音集韻》的音注大部分是反切，有少量直音，與《五大部直音會韻》的注音體例大不相同。又筆者在前文§2.2.1中曾推測，《五大部直音》久隱是明嘉靖時期(？或嘉靖以前)湖北省鄖陽府竹山縣聖母山淩堂寺的僧人。由此，我們排除了久隱參考《四聲篇海》、《五音集韻》以及明末《合併字學篇韻便覽》的可能性。而剩下的《直音篇》則很有可能是久隱音注的來源。

結合§3.2.5的情況，在全面核查之前，我們也無法排除久隱參考了當時所能見到的其他字書、韻書甚至根據時音、方音自制音注。下面是以《金光明經直音卷第一》爲抽樣的對比。

五大部直音	直音篇	新校經史海篇直音
晡(音補申時也)。	晡(音逋日加申時)。	晡(音逋申時也)。

(接上页注文②)海捷法总目》，四曰《貼五音類聚四聲篇海捷法》，五曰《訂四聲集韵卷数并韵頭總例》，六曰《貼五音四聲集韵捷法總目》，七曰《創安玉鑰匙捷徑門法歌訣》，八曰《類聚雜法歌訣》。大旨以《五音集韵》、《篇海》爲本。二書卷帙稍繁，門目亦碎，故立捷法檢尋之，無所發明考證。又俗僧不知文義，而强作韵語，讀之十九不可曉。注中語助之詞亦多誤用，其難通更甚於《篇》、《韵》也。”

① 按：在章黼《直音篇》序中也有“夫《篇》、《韻》者，文章儒士常用者也。……今於諸《篇》、《韻》等搜集四万三千餘字……”等例子。《製述字學姓氏》、《字學書目》中所載“章黻”應是“章黼”之誤。

续表

五大部直音	直音篇	新校經史海篇直音
逾(音于越也達[①]也)。	逾(音余越進也又遠也)。	逾(音俞越也遠也)。
翳(音意隱也障也)。	翳(於計切隱蔽又音衣)。	翳(音意鳥名也鳳屬也屏屏處也華盖也又长暲也)。
醫(音一是也還聲也)。	醫(音衣是也發聲也)。	醫(音衣是也發聲也)。
駛(二音史使疾也)。	駛(音使馬行疾一曰疾也)。	駛(音史疾也)。
顰(音頻顰眉蹙也)。	顰(音頻頻蹙)。	顰(音頻顰蹙憂愁也小樂之狀也《易》本作頻復厲無咎注謂頻蹙之皃)。
荼(音徒價苦荼也)。	荼(音徒苦荼又音茶)。	荼(音涂苦菜也爾雅曰價苦荼注云樹小似木葉可煮作羹飲又音茶)。
閦(音初眾也阿閦佛名也)。	閦(同上[②]佛典有阿閦)。	閦(音畜眾也出佛典)。
庾(音于大也倉也)。	庾(音雨倉庾又姓)。	庾(音与大曰倉小曰庾)。
殖(音智生也種也)。	殖(音植長種蒔也)。	殖(音植長也生也種也)。
析(音昔分也)。	析(音昔分也又音私)。	析(音昔分也)。
策(音冊教令於上下也)。	策(音拆馬箠又謀也)。	策(音冊馬箠也)。
鄙(音彼邊鄙也不慧也)。	鄙(音彼邊也陋也不慧也)。	鄙(音比周禮云又五鄼爲鄙者小國去都遠鄙陌又不慧也)。
朅(二音怯愒卻也去也舉也)。	朅(音挈去也)。	朅(音怯去也)。
蚊(音文囓人血飛虫也)。	蚊(音文齧人飛虫)。	蚊(音文囓人飛虫亦作蟁蟲)。

① 按:"達"應爲"遠"之誤。
② 按:上字爲"�昌六切眾也"。

续表

五大部直音	直音篇	新校經史海篇直音
蚋(音芮蚊蚋也)。	蚋(並同上①)。	蚋(音枘蚊蚋又音热)。
蛭(音知水蟻也)。	蛭(音質水蛭虫)。	蛭(執牃二音水蟻也)。
隥(登去聲梯也)。	隥(丁鄧切險阪)。	隥(音鄧險阪也邱也或作蹬)。
蠅(音因青蠅虫也)。	蠅(音盈蒼蠅大腹飛虫)。	蠅(音盈青蠅虫)。
鵂(音休鵂鳥也)。	鵂(音休鵂鶹鳥)。	鵂(音休鵂鶹鳥)。
鶹(音流離鳥名也)。	鶹(音留其鳥多名)。	鶹(音留鶹? 又名鶹离也)。
舶(音泊海中大船也)。	舶(音白海大船又音百)。	舶(音撥大船也)。
鷦(音焦鷦鷯鳥也)。	鷦(音焦又鷦鷯)。	鷦(音焦鷦鷯桃虫也)。
鷯(音遼鷦鷯也)。	鷯(音聊鳩鷯也)。	鷯(音遼鷦鷯小鳥在葦)。
銜(音咸口銜物也)。	銜(音咸馬銜鐵)。	銜(音咸馬銜鐵也)。
溺(音匿沒溺也)。	溺(音匿沉沒又奴弔切)。	溺(音尿小便也又音訥沒莊子大浸指天而不也)。
薜(二音閉壁當歸也)。	薜(音伯草名又音避)。	薜(音避薜荔又音拜水草名又音譬射鳥具)。
羸(音雷瘦也)。	羸(音雷瘦也)。	羸(音雷弱也病也瘦劣也)。

從上表的對比我們可以初步得出《五大部直音會韻》與《直音篇》和《新校經史海篇直音》的關係比較密切。

---

① 按：上字内容爲“蜹音芮蠛蠓廣韻蚊蚋”。

五、餘論:《五大部直音會韻》的研究價值

《五大部直音會韻》在佛經音義發展史上具有重要的研究價值。它是佛經音義發展到明代的代表性成果。它繼承了隨函音義釋義簡潔明了的優點,同時又大量採取直音法進行注音,讓讀者省卻反切之苦。與前代的佛經隨函音義相比,可謂是一個不小的進步。通過對《五大部直音會韻》的研究,我們可以爲明代佛經音義的研究添磚加瓦。

不僅如此,在漢語語音史研究方面,《五大部直音會韻》也具有重要的研究價值。《五大部直音會韻》所涵 7800 多條音注,其音系特徵是什麼,是一個很值得探討的問題。很多音注還注入聲,也是一個值得探討的問題。此外,還有許多特殊的音注,引人關注:

柔(音受平聲順也由也)。——卷上《大方廣佛華嚴經卷第十九》

上面这條直音反映了照组日母擦化的現象。

蠅(音因青蠅虫也)。——卷上《金光明經卷第一》

该條直音反映了蒸、臻兩韻影組字合流的現象。

鴆(音正食蛇蝮也)。——卷下《楞嚴經卷第八》

鴆念正音,反映了侵、清兩韻知照組字合流的現象。

此外,還有遇攝魚、虞韻字念 i 等其他語音現象。上述這些音注到底反映了前代時音、還是明代時音、抑或是編撰者的方音?都是值得進一步探討的問題。

參考文獻

[1]《明版嘉興大藏經》[M]. 臺北:新文豐出版股份有限公司,1988.

[2]《四庫全書存目叢書》[M]. 濟南:齊魯書社,1997.

[3]《影印宋磧砂藏經》[M]. 上海:上海影印宋版藏經會,1933.

[4]《永樂北藏》[M]. 北京:綫裝書局,2000.

[5]《浙江省出版志》編纂委員會辦公室《浙江歷代版刻書目》[M]. 杭州:浙江人民出版社,2008.

[6] 杜信孚.《明代版刻綜錄》(四)[M]. 揚州:廣陵古籍刻印社,1983 年。

[7] 李無未、于冬梅.《日本學者的漢梵對音譯音研究》,《延邊大學學報》(社會科學版),2006 年第 3 期。

[8] 李富華、何梅.《漢文佛教大藏經研究》[M]. 北京:宗教文化出版社,2003.

[9] 林應麟.《福建書業史——建本發展軌蹟考》[M]. 廈門:鷺江出版社,2004.

[10] 杭州佛學院.《吳越佛教學術研討會論文集》[M]. 杭州:杭州佛學院,2004.

[11] 慧怡法師主編.《佛光大辭典》[M]. 北京:北京圖書館出版社,2004.

[12] 黄耀堃.《黄耀堃語言學論文集》[M]. 南京:鳳凰出版社,2004.

[13] 黄卓越.《明中後期文學思想研究》[M]. 北京:北京大學出版社,2005.

[14] 冀淑英.《自莊嚴堪善本書目》[M]. 天津:天津古籍出版社,1985.

[15] 童瑋.《二十二種大藏經通檢》[M]. 北京:中華書局,1997.

[16] 水谷真成.《佛經音義書目》,《中國語史研究》,東京:三省堂,1994.

[17] 陽海波等.《文字音韻訓詁知見書目》[M]. 武漢:湖北人民出版社,2002.

[18] 雲南大學圖書館.《雲南大學圖書館善本書目》[M]. 昆明:雲南大學圖書館,2001.

[19] 臧勵龢.《中國人名大辭典》[M]. 北京:商務印書館,1980.

[20] 張秀明.《中國印刷史》[M]. 上海:上海人民出版社,1989. 又杭州:浙江古籍出版社,2006.

[21] 張涌泉主編.《敦煌經部文獻合集》[M]. 北京:中華書局,2009.

[22] 周祖賡.《浙江省出版志》[M]. 杭州:浙江人民出版社,2007.

[23] 中華電子佛典協會"電子佛典集成"CBETA,2010.

[24] 袁林.《漢籍全文檢索系統》第四版,2004.

(作者單位:廣西大學文學院)

本文初稿在第二届佛經音義研究國際學術研討會宣讀後,蒙日本南山大學梁曉虹教授指出文中訛誤,在此表示衷心感謝。

基金項目:教育部人文社會科學基金"唐五代漢文紀年寫卷常用字形研究"(09XJC740001)

六十卷《華嚴音義》版本初探

俞莉嫻

《新譯大方廣佛華嚴經音義》,又稱《新譯華嚴經音義》、《華嚴經音義》、《慧苑音義》,慧苑著,兩卷。該書對唐實叉難陀譯的《華嚴經》(八十卷)加以音義注釋,以區別於東晉佛陀跋陀羅舊譯《華嚴經》(六十卷),故稱新譯。本書體例仿《玄應音義》,將經文難字録出,注音訓於其下,引證古字書甚多。本文就《新譯大方廣佛華嚴經音義》(以下簡稱《華嚴音義》)版本作一考察。

一、《華嚴音義》的流傳

《華嚴經》有舊譯和新譯之别。東晉孝武帝時,廬山東林寺僧慧遠遣弟子法領等人往西土求得《華嚴經》部分經文,共三萬六千偈,安帝義熙十四年(418)由北天竺僧佛馱跋陀羅主持翻譯此經,始譯爲五十卷,又經慧嚴、慧觀和謝靈運等潤文,增爲六十卷,稱爲"六十華嚴"或"舊經"。玄應爲此經撰音義,收録於玄應《一切經音義》卷一中。唐武則天垂拱元年(685),印度僧地婆訶羅(日照)齎梵本至,法藏以之與舊經讎校,補譯脱文。武后時於闐僧實叉難陀攜梵本四萬五千偈至洛陽,詔於遍空寺内重譯《華嚴經》,聖曆二年(699)譯成,共八十卷,稱"八十華嚴"或"新經"。新經未將日照所補的舊經闕文併入,法藏對勘新舊經後,補入新經所脱,《華嚴經》至此譯成完帙。

(一)《華嚴音义》在後世的流傳

八十卷《華嚴經》流傳甚廣,爲此經作音義的除慧苑外,法藏也撰有《華嚴經音義》。[①] 據傅增湘《藏園群書經眼錄》卷十著錄，宋寶祐三年(1255)李安檜刊本每卷後附有音釋，明北藏本亦同，與《慧苑音義》不合。[②]此書自《開元錄》著錄後，以迄明南藏，皆二卷，明北藏分爲四卷。崇甯、毘盧、圓覺、資福、磧砂、趙城、高麗、普甯、洪武南藏、永樂北藏、嘉興和弘教藏等皆收錄。除釋藏本外，有清嘉慶四年臧鏞堂據南藏的二卷刻本，[③]道光間江甯陳宗彝的二卷刻本和守山閣錢熙祚所刻出自嘉興藏的四卷本，咸豐四年粵雅堂的四卷本，曹籀取臧鏞堂與《玄應音義》合刻的二卷本，[④]以及獨抱廬和拜經堂叢書的二卷本。《慧琳音義》將其收錄於卷二十一至卷二十三。

(二)《華嚴音义》在日本的流傳

山田孝雄曾經彙集聖語藏本和大治寫本所編《玄應音義》第一卷末附有《新華嚴經音義》，此是八十卷本《新譯華嚴經》的音義，後多稱爲大治本《新華嚴經音義》。撰述者參考了《玄應音義》卷一所載玄應爲六十卷本舊譯《華嚴經》所作的音義，而且還參酌採用了玄應書中其他一些相關的訓釋，也有可能是後來傳抄或覺嚴、隆暹等人書寫大治本時作有增補。[⑤] 水谷真成《佛典音義書目》第二《華嚴部》收有《新譯大方廣佛華嚴經音義私記》二卷，共三種：小川

① 據《唐大薦福寺故寺主翻經大德法藏和尚傳》載，法藏"別鈔解晉經中梵語爲一編，新經梵語華言共成音義一卷。自敘云：讀經之士實所要焉"。(50/282)水谷真成《佛典音義書目·華嚴部》著録有十一種《慧苑音義》。

② 劉春生《慧苑及華嚴經音義的幾點考證》，《貴州大學學報》1992年第2期。

③ 陳垣《中國佛教史籍概論》卷三説："臧本與藏本及諸儒本大異者，凡音譯之文，悉被刪削，僅存義之文，故諸家稱此本爲刪節本，以其變亂古書也。"

④ 陳垣《中國佛教史籍概論》，中華書局，1962年，76—77頁。

⑤ 三保忠夫《大治本新華厳経音義の撰述と背景》，《南都佛教》第33號，1974年。參小林芳規《新譯華嚴經音義私記解題》和《一切經音義解題》，汲古書院，1978年第一版，1988年第二版。

睦之助氏藏，延曆十三年(794)寫本；大正中羅振玉氏墨緣堂景印小川氏本；貴重圖書影本刊行會影印小川氏本。古典研究會將小川家藏本影印整理，收錄於《古辭書音義集成》第一卷出版。①小林芳規等學者通過考證此書的書誌、字體以及和訓形式等，認爲此書是在《慧苑音義》二卷以及大治本《新華嚴經音義》祖本基礎上加工而成，約撰於奈良時代的天平勝寳年間②或自此之後的半個世紀之間。③

(三)《華嚴音义》在美国的流傳

美國哈佛大學哈佛燕京圖書館藏有宋崇甯福州等覺禪院刻《萬壽大藏》本新譯《大方廣佛華嚴經音義》二卷。④

(四) 关于敦煌寫卷

敦煌寫卷斯5712亦爲《大方廣佛花嚴經音義》，似爲此經的難字摘錄，與《慧苑音義》相較，寫卷多注直音，慧苑注反切；寫卷多用清音，慧苑則注濁音。

二、六十卷《華嚴音義》版本初探

《華嚴音義》各本之間有着複雜的異同關係，筆者選取了幾種六十卷《華嚴音義》進行了校對和比勘，主要有：

1.《中華大藏經》第五十六册《玄應音義》卷一《新譯大方廣佛華嚴經》金藏廣勝寺本(六十卷)(簡稱六十卷金本)

2.《中華大藏經》第五十七册《玄應音義》卷一《新譯大方廣佛華嚴經》明永樂南藏本(六十卷)(簡稱六十卷永樂本)

---

① 《古辭書音義集成》，汲古書院，1978年第一版；1988年第二版。

② 天平勝宝元年爲公元749年。

③ 詳參梁曉虹《日本現存佛經音義及其史料價值》，《佛經音義研究——首屆佛經音義研究國際學術研討會論文集》，上海古籍出版社2006年。

④ 《美國哈佛大學哈佛燕京圖書館中文善本書志》，上海辭書出版社1999年，478頁。

3. 日本金剛寺寫卷《玄應音義》卷一

4. 日本七寺寫卷《玄應音義》卷一

(一) 写卷玄應《華嚴音義》六十卷日本金剛寺本與七寺本的內容、異同及特點

1. 題爲"大方廣佛華嚴經 舊五十八卷"的玄應《華嚴音義》六十卷金剛寺本(簡称六十卷金剛寺本)

該寫卷卷下不注明品名,共計收錄 32 卷,102 條釋詞。①

102 條釋詞中,雙音詞佔據了絕大多數,計 98 條,其餘 4 條中,三音詞有 3 條:摩竭提、盧舍那、伊尼延;四音詞有 1 條:摩伽羅魚。且三音詞、四音詞均爲外來詞,雙音詞中的外來詞有:華鬘、踰摩、切剎、毗嵐、八梵、錠光、福伽、摩瓷、禪頭、密迹、軻梨、由乹、達𣟄、周羅、流彌、瞿夷,計 16 條雙音外來詞,包括三音詞外來詞和四音詞外來詞,共計 20 條外來詞。

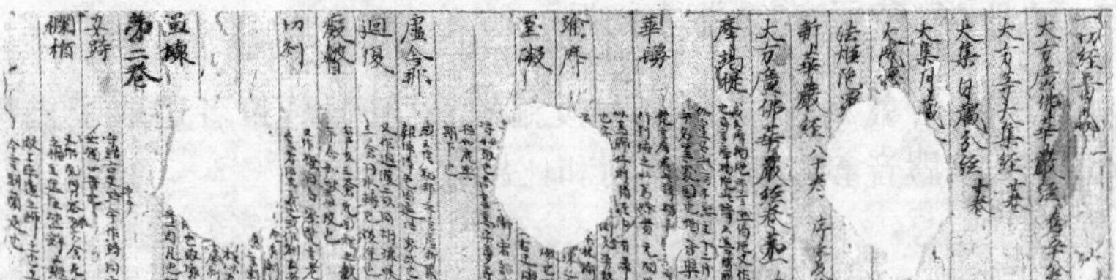

該寫卷先列出所釋詞語,再進行注釋,如下圖所示:總體感覺該寫卷較爲粗糙。首先,在題寫卷數方面,將卷一題寫爲"卷第一",而後所有卷數均題寫爲"第××卷",未統一卷數的撰寫格式,而且存在插入卷數的現象,如在"欄楯"條前插入"第三"的字樣,在"六親"上方插入"第十四卷"的字樣,是撰寫不嚴謹的表現。其次,

① 本節所舉釋詞均以楷體字列出,未能列楷體字的,均列寫卷用字。

同樣表現出規劃的不嚴謹,隨意插入條目。

2. 題爲"大方廣佛華嚴經"的玄應《華嚴音義》六十卷七寺本(簡称六十卷七寺本)

該部写卷卷下不注明品名,共計 33 卷,99 條釋詞。96 條釋詞均見於六十卷金剛寺本,較前者收釋的 102 條釋詞所缺的 3 條爲:班下、巖崿、囹圄。

99 條釋詞中,雙音詞佔據了絕大多數,計 94 條,其餘 5 條中,三音詞有 4 條:摩竭提、盧舍那、福伽羅、伊尼延;四音詞有 1 條:摩伽羅魚。且三音詞、四音詞均爲外來詞,雙音詞中的外來詞有:華鬘、踰摩、切刹、毗嵐、八梵、錠光、福伽、摩瓷、禪頭、密迹、軻梨、由乹、達槻、周羅、流彌、瞿夷,計 16 條雙音外來詞,包括三音詞外來詞和四音詞外來詞,共計 21 條外來詞。

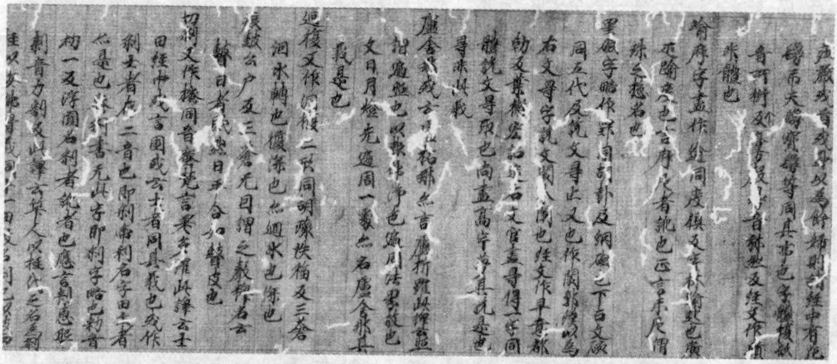

該寫卷同樣列出所釋詞語,再進行注釋,如下圖所示:總體感覺該寫卷字跡清晰俊美,排版工整有序。釋詞均頂格題寫,釋文緊接在釋詞下方,需要另起一行撰寫釋文時,往往留出一個字的空間,以區別釋詞,顯得清晰可辨。但也存在將釋文頂格撰寫,卻將釋詞當作釋文撰寫的現象。

在卷數題寫方面,統一了撰寫格式,均題寫爲"第××卷",不存在像金剛寺《玄應音義》收錄的《華嚴音義》那樣有隨意插入卷數或釋詞的現象。

(二) 刻本玄應《華嚴音義》六十卷金本與六十卷永樂本的內容、異同及特點慧苑《華嚴音義》的兩個刻本,六十卷金本與六十卷永樂本所收卷數和釋詞基本一致。兩者僅有兩條卷數不同,一是六十卷金本中的“第十六卷”,六十卷永樂本記作“第十五卷”;二是六十卷金本無“第五十卷”,六十卷永樂本有“第五十卷”。所收釋詞方面,兩者所收的釋詞完全相同,計有102條。102條釋詞中,雙音詞佔據了絕大多數,計96條,其餘6條中,三音詞有5條:摩竭提、盧舍那、福伽羅、伊尼延、流彌尼;四音詞有1條:摩伽羅魚。

(三) 玄应《華嚴音義》六十卷刻本、寫卷的比勘概況

總體上,刻本六十卷金本與六十卷永樂本均使用規範字,而寫卷六十卷金剛寺本與六十卷七寺本用字隨意性較大。

卷數方面,六十卷永樂本中的“第十五卷”,六十卷金剛寺本、六十卷七寺本、六十卷金本均爲“第十六卷”;六十卷七寺本中的“第五十卷”,六十卷金剛寺本、六十卷金本、六十卷永樂本均不存。

釋詞方面,六十卷金剛寺本與六十卷金本、六十卷永樂本收錄釋詞的總數相同,即102條;六十卷七寺本較六十卷金剛寺本、六十卷金本與六十卷永樂本少收錄了3條:班下、巖峿、囹圄。六十卷金剛寺本中的釋詞“福伽”,六十卷七寺本、六十卷金本與六十卷永樂本均記作“福伽羅”;六十卷七寺本中歸在第五十卷下的釋詞“舩舶”、“門閫”,六十卷金剛寺本、六十卷金本、六十卷永樂本均不存“第五十卷”,因而將其歸在“第五十一卷”。

從整體佈局結構來看,六十卷金剛寺本、六十卷金本與六十卷永樂本多有相同之處,體現在:

1. 三者存有收錄釋詞相同但同時不同於六十卷七寺本收錄釋詞的情況;

2. 三者均不存“第五十卷”,同時將六十卷七寺本中第五十卷下的釋詞“舩舶”、“門閫”歸在“第五十一卷”。

因而,我們初步推測六十卷金剛寺本、六十卷金本與六十卷永樂本很可能源于同一祖本,六十卷七寺本則很可能源于另一祖本。

內容上,我們選取了兩部寫卷和兩個刻本均收錄的10條釋詞,將它們的釋文進行比堪,它們是:摩竭提、仇對、驚駭、盥掌、發

趾、甲冑、貧寠、泥潦、罪釁、榜笞。

摩竭提(經卷第一)

六十卷金本:或云摩竭陁,亦言默偈陁,又作摩伽陁,皆梵音,訛轉也。正言摩揭陁,此釋云善勝國,或云无惱害国,一説云摩伽星名,此言惡主十二月也。陁者,**䖏**也。名爲不惡**䖏**國,亦名星**䖏**國也。揭音渠謁反。

六十卷永樂本:或云摩竭陀,亦言默偈陀,又作摩伽陀,皆梵音,訛轉也。正言摩揭陀,此釋云善勝國,或云无惱害国,一説云摩伽星名,此言不惡主十二月也。陀者,**处**也。名爲不惡國,亦名星國也。揭音渠謁反。

六十卷金剛寺本:或云摩竭陁,亦言默偈陁,又作摩伽陁,皆梵音,訛音轉也。正言摩揭陁,此釋云善勝國,或云无惱害国,一説云摩伽星名,此言不惡主十二月。陁者,**䖏**也。名爲不惡**䖏**国,亦名星**䖏**國也。揭音渠謂謁反。

六十卷七寺本:或去摩竭陁,亦言默偈陁,又作摩伽陁,皆梵音,訛轉也。正言摩揭陁,此釋云善勝國,或云无惱害国,一説云摩伽星名,此言不惡主十二月也。陁者,**䖏**名也。爲不惡**䖏**國,亦名星**䖏**國也。揭音渠謂謁反。

按:劃線爲四個版本相同部分。六十卷永樂本中的"陀"、"**处**"字,六十卷金剛寺本、六十卷七寺本與六十卷金本中均作"陁"和"**䖏**"。六十卷金本中的"此言惡主十二月",六十卷金剛寺本、六十卷七寺本與六十卷永樂本均作"此言不惡主十二月"。

"陁"可追溯至《楚辭·招魂》:"文異豹飾,侍陂陁些。軒輬既低,步騎羅些。"王逸注:"陁,一作陀。"洪興祖補注:"陁,音駝,不平也。""陀"也可以表示"不平貌",如:漢司馬相如《子虛賦》:"罷池陂陀,下屬江河。""陁"与"陀"的義項中皆有表示"不平"的含義,導致二者混用现象屢見不鮮。

檢《漢語大詞典》[1],僅收錄一例關於"陁" 的佛教語——陁羅

---

[1] 《漢語大詞典》(縮印本),漢語大詞典出版社,1997 年。

尼，且注釋爲“即陀羅尼”；而收錄關於“陀”的外來語有七條，即：陀羅、陀羅尼、陀羅尼門、陀羅尼衾、陀羅尼幢、陀羅經被、陀羅驃，其中陀羅尼、陀羅尼門、陀羅尼衾、陀羅尼幢、陀羅經被、陀羅驃均爲佛教語。“陀”較“陁”更廣泛地運用於佛教語的情況可見一斑。

仇對（經卷第五）

六十卷金本：渠牛反。仇，怨也，匹也。《三蒼頡篇》云：怨耦曰仇。《廣疋》：仇，惡也。

六十卷永樂本：渠牛反。仇，怨也，匹也。《三蒼》云：怨偶曰仇。《廣雅》：仇，惡也。

六十卷金剛寺本：渠牛反。仇，怨也。《三蒼》：怨耦月仇。《廣雅》：惡也。

六十卷七寺本：渠牛反。仇，怨也，匹也。《三蒼頡篇》云：怨[illegible]月仇。《廣疋》：仇，惡也。

按：劃線爲四個版本相同部分。六十卷金本、六十卷七寺本中的“三蒼頡篇”，六十卷永樂本、六十卷金剛寺本均作“三苍”。四個版本中的“耦”、“偶”、“[illegible]”形近。六十卷金本“怨耦曰仇”、六十卷永樂本“怨偶曰仇”中的“曰”在六十卷金剛寺本、六十卷七寺本中均作“月”。六十卷金本、六十卷七寺本中的“廣疋”在六十卷永樂本、六十卷金剛寺本中均作“廣雅”。

“疋”已經出現在東漢，據《説文解字》：“疋，足也。……古文㠯爲詩大雅字。”段注：雅各本作疋，誤。此謂古文叚借疋爲雅字。古音同在五部也。

驚駭（經卷第五）

六十卷金本：胡駭反。蒼頡篇：駭亦驚也。《廣疋》：駭，起也。

六十卷永樂本：胡駭反。蒼頡篇：駭亦驚也。《廣雅》：駭，起也。

六十卷金剛寺本：……[1]駭之[illegible]驚也。

六十卷七寺本：胡駭反。蒼頡篇：亦驚也。《廣疋》：駭，起也。

---

① 省略號表示文字缺失，下同。

按:劃線爲六十卷金本、六十卷永樂本與六十卷七寺本相同部分。六十卷金本與六十卷永樂本基本一致,僅"廣誼"與"廣雅"不同,六十卷金本、六十卷七寺本均作"廣誼"。

盥掌(經卷第六)

六十卷金本:公緩反。《説文》:盥,澡手也。《春秋傳》曰:奉匜沃盥。案:凡澡灑物皆曰盥。字體從手,臼水臨皿上也。臼音居六反。經文有從水作盥,非也。匜,餘支反。似勺柄中有道,所以注水也。

六十卷永樂本:公緩反。《説文》:盥,澡手也。《春秋傳》曰:奉匜沃盥。案:凡澡灑物皆曰盥。字躰從水,曰臨皿上也。曰音居六反。經文有更從水作盥,非也。匜,餘支反。似杓柄中有道,所以水注也。

六十卷金剛寺本:……澡手也。亲:凡澡灑物皆曰盥。字體從……上也。臼音居六反。經文有更從水盥,非也。

六十卷七寺本:公緩反。《説文》:盥,澡手也。《春秋傳》曰:春奉匜沃盥。案:凡澡灑物皆曰盥。字體從手,臼水臨皿上也。臼音居六反。經文有更從水作盥,非也。匜,餘支反。似句柄中有道,所以注水也。

按:劃線爲六十卷金本、六十卷永樂本與六十卷七寺本相同部分。六十卷金剛寺本文字缺失嚴重,六十卷七寺本、六十卷金本與六十卷永樂本相似度較大,此三個版本中又以六十卷金本與六十卷七寺本的相似度較大。

發趾(經卷第六)

六十卷金本:音止,《字林》:趾也。《释名》云:足一進一止,因以名焉。

六十卷永樂本:音止,《字林》:趾,足也。《释名》云:足一進一止,因以名焉。

六十卷金剛寺本:音止,《字林》:趾,足也。《釋名》云:足一進一止,因以名焉。

六十卷七寺本:音止,《字林》:趾,足也。《释名》云:足一進一止,因以名焉。

按:劃線爲四個版本相同部分。六十卷金本中的“趾也”,六十卷永樂本、六十卷金剛寺本與六十卷七寺本均作“趾,足也”,六十卷金本脱“足”。

甲胄(經卷第六)

六十卷金本:古文盄同。除救反。《廣疋》:胄,兜鍪也。中國行此音,亦言鞮鍪,江南行此音。鞮音佤,鍪,莫侯反。

六十卷永樂本:古文盄同。除救反。《廣雅》:胄,兜鍪也。中國行此音,亦言鞮鍪,江南行此音。鞮音低,鍪,莫侯反。

六十卷金剛寺本:古文盄同。除救反。《廣疋》:胄,兜鍪也。中國行此音,亦言鞮鍪,江南行此音。鞮音佤,鍪,莫侯反。

六十卷七寺本:古文盄同。除救反。《廣疋》:胄,兜鍪也。中國行此音,亦言鞮鍪,江南行此音。鞮音佤,鍪,莫侯便反。

按:劃線爲四個版本相同部分。六十卷永樂本中的“雅”和“低”,六十卷金剛寺本、六十卷七寺本與六十卷金本均作“疋”和“佤”。

貧窶(經卷第十二)

六十卷金本:瞿庚反。《蒼頡篇》:无財曰貧,无財偹礼曰窶。《詩》云:終窶且貧,傳曰窶,無礼是也。《字書》:窶,空也。貧,陋也。

六十卷永樂本:瞿庚反。《蒼頡篇》:無財曰貧,無財偹礼曰窶。《詩》傳曰:窶,無礼是也。《字書》:窶,空也。

六十卷金剛寺本:瞿庚反。《蒼頡篇》:无財曰貧,无財偹礼曰窶。《詩》傳曰:窶,无礼是也。《字書》:窶,臾也。

六十卷七寺本:瞿庚反。《蒼頡篇》:无財曰貧,无財偹礼曰窶。《詩》云:終窶且貧,侍曰窶,无礼是也。《字書》:窶,空也。貧,随也。

按:劃線爲四個版本相同部分。六十卷永樂本“無財曰貧,無財偹礼曰窶”中的兩個“無”,六十卷金剛寺本、六十卷七寺本與六十卷金本均作“无”。六十卷金本與六十卷七寺本的相似度較大,六十卷永樂本與六十卷金剛寺本的相似度較大。“空”，金剛寺本誤作“㝗”。

泥潦（經卷第二十七）

六十卷金本：郎道反。《説文》：雨水也，謂聚雨水爲洿潦也。

六十卷永樂本：良道反。《説文》：雨水也，謂聚雨水爲洿洿潦也。

六十卷金剛寺本：良道反。《説文》：雨水也，謂聚雨水爲洿……

六十卷七寺本：郎道反。《説文》：雨水也，謂聚雨水爲洿潦也。

按：劃線爲四個版本相同部分。六十卷金本與六十卷七寺本相似度較大，六十卷永樂本與六十卷七寺本相似度較大。

罪釁（經卷第四十三）

六十卷金本：義鎮反。釁，罪也。亦瑕隙也，過也。字體从分聲爨省血祭也，象祭竈也。

六十卷永樂本：義鎮反。釁，罪也。亦瑕隙也，過也。字从分聲爨省血祭也，象祭竈也。

六十卷金剛寺本：……也。亦叹隙也，過也。字……

六十卷七寺本：義鎮反。釁，罪也。亦瑕隙也，過也。字體从正分聲爨者血祭也，象祭竈也。

按：劃線爲六十卷七寺本、六十卷金本、六十卷永樂本相同部分。六十卷金剛寺本釋文缺失嚴重。

榜笞（經卷第五十五）

六十卷金本：蒲衡反。下又作抬，同。丑之反。《字書》：搒，捶也。《説文》：笞，擊也。

六十卷永樂本：蒲衡反。下丑之反。《字書》：搒，捶也。《説文》：笞，擊也。

六十卷金剛寺本：…… 反。《字書》：搒，捶也。《説文》：笞……

六十卷七寺本：蒲衡反。下又作抬，同。丒之反。《字書》：搒，捶也。《説文》：笞，擊也。

按：劃線爲六十卷金本、六十卷永樂本與六十卷七寺本相同部分。六十卷金剛寺本釋文缺失嚴重。六十卷金本與六十卷七寺本相似度較大。

三、結論

據我們比勘以上釋詞，現將結果整理如下：

1. 寫卷金剛寺本與七寺本：内容相同累計 7 處，内容不同累計 2 處，可以推測兩者相似度較大。

2. 刻本金本與永樂本：内容相同累計 0 處，内容不同累計 9 處，可以推測兩者相異度較大。

3. 寫卷與刻本：

(1) 金剛寺本與金本：内容相同累計 5 處，内容不同累計 4 處。

(2) 金剛寺本與永樂本：内容相同累計 4 處，内容不同累計 5 處。

内容上，寫卷金剛寺本與刻本金本、永樂本出入情況不相上下，可以推測刻本金本、永樂本至少在篆刻時參考了寫卷金剛寺本。

(3) 七寺本與金本：内容相同累計 9 處，内容不同累計 2 處。

(4) 七寺本與永樂本：内容相同累計 2 處，内容不同累計 7 處。

内容上，寫卷七寺本更接近與刻本金本，很可能金本在篆刻時參考了寫卷七寺本或兩者源于同一祖本；刻本永樂本與寫卷七寺本多有不同，很可能在篆刻永樂本時，所處時代已難覓七寺本，更顯七寺本的彌足珍貴。

另，寫卷金剛寺本釋文缺失較爲嚴重；刻本金本與寫卷七寺本相似度較大，如兩者均將“雅”寫作“疋”；而刻本永樂本與寫卷金剛寺本、寫卷七寺本與刻本金本的差異較大，如：刻本永樂本中的“雅”和“低”，寫卷金剛寺本、寫卷七寺本與刻本金本均作“疋”和“仾”；刻本永樂本中的“陀”字，寫卷金剛寺本、寫卷七寺本與刻本金本均作"陁"。反映了明刻本與唐寫本用字的不同,唐寫本中的俗字在宋以後已爲正字所規範。

我們推測,刻本金本與寫卷日本金剛寺、七寺《慧苑音義》很可能源於同一祖本,而刻本永樂本產生於明代,距慧苑撰寫《華嚴經音義》的年代較晚,經後人增删的可能性較大,導致其與刻本金本、寫卷金剛寺本、寫卷七寺本差異較大。

(作者單位:上海師范大學)

《一切經音義》引書探論

徐時儀

《一切經音義》是漢文大藏經中解釋佛經中難讀難解字詞的音義類訓詁學著作。玄應所撰《一切經音義》是現存最早集釋衆經的佛經音義，又名《衆經音義》，簡稱《玄應音義》，共二十五卷。慧琳所撰《一切經音義》是佛經音義的集大成之作，簡稱《慧琳音義》，共一百卷。希麟《續一切經音義》則對《慧琳音義》成書後新翻譯的佛經進行闡釋，簡稱《希麟音義》，十卷。這三部佛經音義廣泛徵引了各種古籍，保存了不少漢唐文獻的原貌，本文拟就《一切經音義》引書略作探討。

一、《一切經音義》所引古籍

《一切經音義》解釋詞語往往博採眾説，出入經史百家，上至天文，下及地理，兼涉人倫自然，包藴儒釋，内容浩博，經史子集無所不引，引用了當時所能見到的各種典籍作爲佐證。如：

旅："力舉反。《方言》：宋魯謂力曰旅。旅，田力也。郭璞曰：謂耕墾也。《詩》云'旅力方強'是也。"(《玄應音義》卷十三旅力)

引用了《方言》、郭璞注和《詩》的解釋作爲佐證。

肅："嵩育反。孔注《尚書》云：肅，敬也，嚴也。《爾雅》：肅肅，恭也。《謚法》曰：強德克義曰肅，執心果斷曰肅。《説文》：持事謹敬也。"(《慧琳音義》卷四惇肅)

引用了孔注《尚書》、《爾雅》、《謚法》和《説文》四部書的訓釋。

隱："上殷謹反。《廣雅》：隱，翳也。《謚法》曰：懷情不盡曰隱。

包咸注《論語》云：匿也。《考聲》：藏也。《説文》：隱亦蔽也。”（《慧琳音義》卷四隱蔽）

引用了《廣雅》、《謚法》、包咸注《論語》、《考聲》和《説文》五部書的訓釋。《一切經音義》大量引用具有典範性和權威性的典籍，對詞義從不同的角度來反復解釋，不僅明確了詞義，而且證明了釋義的權威性、正確性。

據統計，《玄應音義》引書凡二百五十四種，[①]按傳統的四部分類大略有：[②]

經部中十三經有《周易》韓康伯注、劉瓛注和王弼注，《尚書》范甯集解、孔安國傳、王肅注和《洪範五行傳》，《毛詩》鄭玄箋、《韓詩》、《毛詩草木鳥獸蟲魚疏》，《周禮》劉昌宗注、鄭玄注、鄭衆注，《儀禮》、《大戴禮記》、《禮記》鄭玄注，《穀梁傳》、《春秋疏》、《公羊傳》何休注和劉兆注、《左傳》杜預注和服虔注，《論語》包咸注、何晏注、孔安國注、馬融注、王肅注、鄭玄注，《孟子》，《爾雅》杜榮注、樊光注、郭璞注、李巡注、舍人注，《石經》和《春秋元命包》等。

小學類有《蒼頡篇》、《蒼頡解詁》、《埤蒼》、《廣蒼》、《三蒼》注、《三蒼解詁》、《説文》、荀楷《詁幼文字》、郭訓《古文奇字》、周成《難字》、《通俗文》、《文字集略》、《小學篇》、《訓纂》、張揖《雜字》、衛宏《詔定古文官書》、《正字》、《字詁》、《字林》、《字略》、《字書》、《字統》、《字苑》、《字指》、何承天《纂文》、揚雄《方言》、郭璞注《方言》、《爾雅》、郭璞注《爾雅》、《廣雅》、《釋名》、《小爾雅》、李登《聲類》、呂

① 《玄應音義》各本引書互有出入，此據高麗藏本統計，包括重出條。如引《詩經》一百多條，《尚書》五十多條，《周易》四十多條，《禮記》五十多條，《周禮》約一百十條，《儀禮》五條，《左傳》七十多條，《公羊傳》十七條，《穀梁傳》一條，《論語》六十多條，《孟子》五條，《史記》二十多條，《漢書》八十多條，《國語》四十多條，《莊子》約二十條，《墨子》四條，《韓非子》三條，《淮南子》四十多條，《山海經》二十三條，《楚辭》三十五條，鄭玄注一百二十多條，郭璞注二百七十多條。

② 參周法高編制《玄應一切經音義引用書索引》，中央研究院歷史語言研究所專刊之四十七《玄應一切經音義反切考》附册，1962 年版。

静《韻集》、《音隱》、《韻略》等。

史部有《史記》、《漢書》和《魏志》、《東觀漢記》、謝承《後漢書》、《周書》、《世本》、《晉陽秋》、《古史考》、蔡邕《獨斷》、《漢律》、《謚法》、《晉律》、《漢官儀》、崔寔《四民月令》、《國語》、《俗書春秋》、《趙書》、《風土記》、盛弘之《荆州記》、《臨海記》、《南海志》、《南州異物志》、《西域記》、薛珝《異物志》、《列女傳》、《外國傳》、《西域傳》、劉向《别録》等。

子部中儒家類有《家語》、《孔叢子》、《新書》和《鹽鐵論》等，道家類有《抱朴子》、《列子》、《莊子》等。兵家類有《司馬法》，法家類有《韓非子》，醫家類有《本草》和《醫方》等。

釋家類有《阿含經》、《阿闍世女經》、《阿闍世王經》、《阿術達經》、《長安品經》、《成實論》、《處胎經》、《除災横經》、《大哀經》、《大集經》、《大品經》、《大涅槃經》、《大威德經》、《道行經》、《第二雜心論》、《獨證自誓經》、《法集》、《法鏡經》、《法炬經》、《發智經》、《放光經》、《分别功德論》、《佛本行經》、《觀世音菩薩授記經》、《光讚經》、《幻士經》、《迦延》、《舊維摩經》、《孔雀經》、《六度集經》、《樓炭經》、《妙法華》、《明度經》、《摩登伽經》、《泥洹經》、《女子明度經》、《毗尼母經》、《毗婆沙》、《毗耶娑問經》、《平等覺經》、《菩薩内戒經》、《普曜經》、《日藏分經》、《如幻三昧經》、《善見律》、《十二遊經》、《十住斷結經》、《首楞嚴經》、《隨相論》、《胎藏經》、《維摩經》、《唯識論》、《文殊淨行經》、《文殊問經》、《文殊現寶藏經》、《五分律》、《無上依經》、《賢刧經》、《小品經》、《新道行經》、《移識經》、《正法華經》、《無量清淨覺》、《新歲經》、《優波離問經》、《郁伽羅越問經》、《月藏經》、《雜譬喻經》、《雜無極經》、《中阿含經》、《中本起經》、《中陰經》和《尊婆須蜜論》等。

雜家類有《白虎通》、《風俗通》、崔豹《古今注》、《廣志》、《淮南子》、《呂氏春秋》、《呂氏春秋》許慎注和高誘注、《墨子》、《尸子》和揚泉《物理論》等，術數類有《算經》、《太玄經》、《熊氏瑞應圖》和《易傳》，典故類有《博物志》和《俗典》，小説類有《穆天子傳》、《山海經》、郭璞注《山海經》、干寶《搜神記》、《宣驗記》和《異苑》等。

集部中有《楚辭》、《東京賦》、《江賦》、《上林賦》、《蜀都賦》、王延壽《魯靈光殿賦》、《子虛賦》、傅毅《七激》和應璩詩等。

又據戴明揚《編輯慧琳〈一切經音義〉引用書索引之經過一》稱，"此書之所網羅四部古籍七百餘種"。[①] 按傳統的四部分類《慧琳音義》和《希麟音義》引用書大略有：

經部中十三經有《周易》鄭康成注、韓康伯注、劉瓛注，《归藏经》薛貞注，《尚書》孔安國注、王肅注和伏勝《尚書大傳》，《毛詩序傳》、《毛詩譜》、《韓詩傳》、《韓詩外傳》、《毛詩草木鳥獸蟲魚疏》，《周禮》杜子春注、鄭玄注、鄭衆注，《儀禮》劉兆注、鄭玄注、鄭衆注，《大戴禮記》、《小戴禮記》鄭玄注、《夏小正》，《左氏傳》杜預注和賈逵注，《穀梁傳》范甯集解和劉兆注，《公羊傳》何休注和劉兆注，《春秋後語》、《春秋元命包》、《春秋運斗樞》，《論語》包咸注、何晏注、孔安國注、馬融注、王肅注、皇侃注，《家語》王肅注，《孟子》趙岐注和劉熙注，《孝經》唐玄宗注、《孝經援神契》，《爾雅》郭璞注、李巡注、孫炎注，《樂經》、石經等。

小學類有李斯《蒼頡篇》，趙高《爰歷篇》，胡毋敬《博學篇》，揚雄《训纂篇》，賈魴《滂喜篇》，史游《急就篇》，孔鮒《小爾雅》，揚雄《方言》，劉熙《釋名》，服虔《通俗文》，杜林《蒼頡訓詁》，衛宏《古文官書》，許慎《説文解字》，《文字典説》，《古文奇字》，《古今正字》，《開元文字音義》，《文字釋訓》，《文字釋要》，張揖《埤蒼》、《三蒼訓詁》、《古今字詁》和《廣雅》，郭璞《三蒼解詁》，葛洪《字苑》，荀楷《詁幼文字》，郭昭卿《字指》，李彤《字指》，陽承慶《字統》，何承天《纂文》，《群書字要》，吕忱《字林》，宋世良《字略》，《字鏡》，周成《難字》，阮孝緒《文字集略》，顧野王《玉篇》，曹憲《文字指歸》，顏師古《字樣》，李登《聲類》，呂静《韻集》，張戩《考聲》，元庭堅《韻英》，《韻譜》，《韻詮》，《韻略》，陸法言《切韻》，孫愐《唐韻》，《廣韻》，《纂韻》，《顏氏證俗音》等。

---

① 戴明揚《編輯慧琳〈一切經音義〉引用書索引之經過一》，《國學季刊》6 卷 1 期，1937 年。

史部有《史記》、宋忠《世本》、王道珪《帝紀》、《古史考》、《漢書》、《續漢書》、荀悦《漢紀》、劉珍《東觀漢記》、陳壽《魏志》、陳壽《吴志》、《晉志》、孫盛《晉陽秋》、阮孝緒《晉書》、何法盛《晉中興書》、沈約《宋書》、《國語》、《戰國策》、劉向《列女傳》、崔寔《四民月令》、郭璞注《山海經》、周處《風土記》、盛弘之《荆州記》、沈瑩《臨海志》、《曹氏郡國志》、《南海志》、《南州記》、《括地志》、《西域記》、《東宫舊事》、《謚法》、劉向《典律》等。

子部有《老子》、《管子》、《晏子春秋》、《司馬法》、《太公六韜》、《墨子》、《范子計然》、《文子》、《列子》、《莊子》、《尹文子》、《荀子》、《尸子》、《孔叢子》、《韓非子》、《呂氏春秋》、《鬼谷子》、揚子《法言》、《淮南子》、《白虎通義》、劉向《説苑》、應劭《風俗通》、王充《論衡》、蔡邕《獨斷》、崔豹《古今注》、梁昭明太子《錦帶書》、揚泉《物理論》、《黄帝金匱》、王叔和《脈經》、蘇敬注《本草》、劉洪注《黄帝九章算術》、《孫子算經》、《七曜天文經》、揚雄《太玄經》、《星經》、李淳風《乙巳占》、《博物志》、《異物志》、東方朔《神异經》、《抱朴子》、葛洪《神仙傳》、干寶《搜神記》、《穆天子傳》、劉敬叔《異苑》、諸葛穎《桂苑珠叢》等。

集部中有《楚辭》、李斯《嶧山碑》、揚雄《甘泉賦》、張衡《西京賦》、司馬相如《上林賦》、左思《蜀都賦》、潘岳《石榴賦》、《英華集》、《曹植集》、《諸葛亮集》等。

二、《一切經音義》引文的旨意

《一切經音義》的編纂宗旨在於弘揚教法，便於披讀講解佛經者正確理解和傳達經義，釋義一般採納已有的成説定論，多爲述而不作，根據自己的規範標準採取引經據典的方式來解釋詞語，引文着重提供音、形、義的佐證，旨在解疑釋惑，增擴學者的識見，博征詳析中藴涵著刻意取捨甄别，兼有辨正闡析。如：

淤：《字林》：淤，澱滓也。今謂水中泥爲淤是也。（《玄應音義》卷二淤泥）

資：《説文》：資，貨也。資，財也。經文作貲，子斯反。《説文》：

小罰以財,自贖曰貲。《通俗文》:平財賄曰貲。案貲亦與資義同也。(《玄應音義》卷三資財)

叵:上坡麽反。《古今正字》云:叵,不可也。《説文》:反可也。左書可字。(《慧琳音義》卷八十八叵測)

《一切經音義》的釋義往往一義引用數證。如:

除饉:"舊經中或作除士、除女,或言熏士、熏女,今言比丘、比丘尼是也。《分别功德論》云:世人饑饉於色欲,比丘除此愛饉之饑想,故名除饉。又案梵言比丘,此云乞士,即與除饉義同。又康僧會注《法鏡經》云:凡夫貪染六塵,猶餓夫夢飯,不知厭足。聖人斷去貪染,除六情饑,故號出家者爲除饉也。"(《玄應音義》卷三)

引用了《分别功德論》和康僧會注《法鏡經》來解釋。

缺減:"上犬悦反。《蒼頡篇》云:缺,虧也。《説文》:器破也,从缶,从决省声也。下咸黯反、坪咸反。《字典》曰:自耗欠下曰減。《集訓》云:減,耗也。從水,咸聲也。"(《慧琳音義》卷五)

引用了《蒼頡篇》、《説文》、《字典》、《集訓》來解釋。又如:

聰敏:"上倉公反,韓《詩》云:聰,明也。《考聲》云:耳聽明審也。《説文》云:聽察也。從耳悤聲。下眉殞反。《考聲》云:聰悟也。孔注《尚書》云:敏,明達於事也。杜注《左傳》云:敏,達也,又云審也。《聲類》云:敏,敬也。《説文》云:敏,疾也,從攴從每,每亦聲也。"(《慧琳音義》卷五)

引用了韓《詩》、《考聲》、《説文》、孔注《尚書》、杜注《左傳》、《聲類》來解釋。

《一切經音義》中往往大量引用古代典籍,力求言而有征,除了如前所述旨在解字釋詞外,也有一些意在取證的引例。如:

古文氓,同。麥耕反。萌芽也。《廣雅》:萌,始也。案萌,冥昧皃也,言衆庶無知也。《漢書》"氓氓群黎"是也。(《玄應音義》卷一群萌)

毅:牛既反。又《尚書》云:殺敵爲果,致果爲毅。毅亦有決也。(《玄應音義》卷十一勇毅)

激：公的反。《楚辭》：或清激事無所通。王逸曰：激，感也。（《玄應音義》卷十二激切）

彷徉：《字林》音房，又蒲光、余章反。《廣雅》：彷徉，徙倚也。《楚辭》"聊彷徉以逍遙"是也。案彷徉猶徘徊也。（《玄應音義》卷十四彷徉）

憺怕：徒濫反，下匹白反。《説文》：憺，安也。謂憺然安樂也。憺亦恬靜也。怕，靜也，無爲也。《子虛賦》云：怕兮無爲，憺兮自持也。（《玄應音義》卷二十四）

垣牆：《尚書》曰"無敢逾垣牆"是也。（《慧琳音義》卷四）

愧：《説文》：愧亦慚也。《禮記》曰：君子不以其所能者而病於人，不以人之所不能者而愧於人。（《慧琳音義》卷四有愧生慚）

戚：《論語》云：小人長戚戚。（《慧琳音義》卷五愁戚）

忻：《司馬法》曰：善者善之，忻人之善。（《慧琳音義》卷五忻樂）

戲：《史記》云：天子無戲言也。（《慧琳音義》卷三十二嬉戲）

《一切經音義》引用的一般都是當時通行的名家典籍，引例提供了運用漢語語言的範例，既有佐證釋義的作用，又有語言運用的示範作用。

三、《一切經音義》引文特點

1. 多引字書和注疏

《一切經音義》旨在弘揚教法，爲研讀佛經者閱讀和研究佛經解疑釋難，收釋佛經中難讀難解字詞的音義廣引經史子集爲據，而尤以小學類字書和注疏爲主。如據我們統計，《玄應音義》引用《爾雅》八百九十多條，《三蒼》三百五十多條，《蒼頡篇》四百多條，《埤蒼》一百六十多條，《方言》三百多條，《説文》二千二百七十多條，《通俗文》五百二十多條，《小爾雅》九十多條，《釋名》約三百條，《廣雅》一千二百多條，《聲類》二百二十多條，《字林》四百七十多條，《字略》三十多條，《字書》二百多條，《字詁》三十多條，《字苑》五十多條,《韻集》五十九條,《字統》三條,《纂文》四十多條等[①];《慧琳音義》引用《爾雅》二千二百六十多條,《蒼頡篇》一千四百多條,《方言》近千條,《説文》一萬四千多條,《通俗文》約五百條,《玉篇》約二千條,《釋名》三百七十多條,《廣雅》三千多條,《字林》四百九十多條,《字統》一百二十四條,呂靜《韻集》和《韻集》五十多條,《古今正字》一千六百多條,《字統》一百多條,《文字典说》七百多條,《韻英》五百七十多條,《考聲切韻》四千一百多條,《韻詮》三百零八條;《希麟音義》引用《爾雅》四百六十七條,《方言》四十八條,《説文》一千一百三十二條,《通俗文》八條,《玉篇》一百七十一條,《釋名》七十九條,《廣雅》九十八條,《字林》五百零五條,《字統》十四條,《切韻》五百三十一條,《韻英》六十五條,《考聲切韻》三百四十四條,《韻詮》十七條,《廣韻》十三條。

《一切經音義》的有些釋文可能承前代字書和注疏,也有一些可能引自當時習用的字書。如《玄應音義》卷一釋《大方廣佛華嚴經》第五卷孤煢:"古文惸、傑二形,同。渠營反。無父曰孤,無子曰獨,無兄弟曰煢。煢,單也。煢煢,無所依也。字從卂,從營省聲。卂音雖閏反。"釋文中"無父"句見《釋名·釋親屬》,"無子"句與《釋名·釋親屬》"老而無子曰獨"相近,"無兄弟"句與《玉篇·卂部》"煢,無兄弟也"相近,"煢,單也"見《玉篇·卂部》,"字從卂,從營省聲"與《説文·卂部》釋"煢"云"从卂,營省聲"相似。

又如《玄應音義》卷二釋《大般涅槃經》第二十三卷餧飤:"石經今作食,同。囚恣反。《聲類》:飤,哺也。《説文》:飤,糧也。從人仰食也。謂以食供設與人也,故字從食從人意也。經文作飼,俗字也。"檢原本《玉篇》釋"飤"載:"野王案:此謂以食供設與人也。"卷七釋《正法華經》第二卷縶紲:"又作馽,同。知立反。下又作緤,同。息列反。縶,絆也,拘執也。紲,馬韁也,所以縶制畜牲者皆曰

① 此統計數字包括重出條,以見玄應引用的頻率。拙著《玄應眾經音義研究》統計《方言》和《釋名》時,誤將校勘時所記今傳本的《方言》和《釋名》一併計入,謹此補正。

紲。紲，繫也。”檢原本《玉篇》釋“紲”載：“野王案：所以繫制畜生者皆曰紲。”卷八釋《無量清淨平等覺經》下卷事譊：“女交反。譊譊，讙呼也。《廣雅》：譊，鳴也。《説文》：譊譊，恚訟聲也。”“譊譊，讙呼也。”《慧琳音義》卷十六轉録爲“顧野王云：譊譊，猶讙呼也。”檢原本《玉篇》釋“譊”載：“野王案：譊譊，猶讙呼也。”卷九釋《大智度論》第七十七卷餌食：“如志反。《蒼頡篇》：餌，食也。案：凡所食之物皆曰餌。”又卷二十三釋《掌珍論》上卷餌能：“如志反。《蒼頡篇》：餌，食也。案：凡所食之物曰餌。”檢原本《玉篇》釋“餌”載：“野王案：凡所食之物也。”小島憲之《關於原本系〈玉篇〉——兼顧空海的表現》一文認爲在中國《玉篇》曾經作爲“蔭的小學書”很平常地被使用。①《一切經音義》的有些釋文有可能出自《玉篇》或當時習用的其它字書。②

2. 引書名稱不一

《一切經音義》引同一書的書名或篇名多不統一，有時冠有作者的名或字，也有僅有作者名。如引用《説文》有時題爲“許慎云”。③ 又如《毛詩傳》又作《詩傳》、《毛傳》，《春秋左氏傳》又作《春

① 《神田喜一郎博士追悼中國學論集》，二玄社，1986年版，117頁。古屋昭弘《王仁昫〈切韻〉所見原本系〈玉篇〉的反切》（《中國文學研究》第5期，1979年）、《關於王仁昫〈切韻〉新加部分體現的引用書名等》（《中國文學研究》第9期，1983年）和《王仁昫〈切韻〉與顧野王〈玉篇〉》（《東洋學報》第65卷第3—4號）文中指出王仁昫增訂《切韻》時幾乎在沒有列舉書名的情況下隨意引用《玉篇》。太田齋《玄應音義中玉篇的使用》認爲“當時在中國作爲旁徵博引的小學書恐怕沒有勝過（原本系）的《玉篇》的”，“《玄應音義》雖然沒有出現《玉篇》的書名，但音義都與《玉篇》相當一致”，王仁昫增訂《切韻》在幾乎沒有列舉《玉篇》書名的情況下隨意引用，“説明在中國《玉篇》也有可能被當作非正式的字書被使用，可以説《玄應音義》反映了早於王仁昫的階段存在的同樣狀況”。（《東洋學報》第80卷第3號，1998）

② 太田齋根據《玄應音義》與《玉篇》釋文反切的相同之處，認爲《玄應音義》可能引用《玉篇》而省略了書名。《玄應音義中玉篇的使用》，《東洋學報》第八十卷第三號，1998；《玄應音義與玉篇反切的一致》，《開篇》Vol. 17。

③ 如慧琳釋“螟蛉”引“許慎云：‘細腰蜂也。’”（卷四十一）

秋傳》、《左氏傳》、《左傳》，陸機《毛詩草木鳥獸魚蟲疏》又或作《詩草木疏》、《毛詩草木疏》、《毛詩蟲魚疏》、《毛詩鳥獸蟲魚疏》、陸機《毛詩蟲魚疏》、陸機《毛詩鳥獸蟲魚疏》，《爾雅》有作郭璞音義《釋言》注、《爾雅音義》、郭璞《爾雅音義》、《爾雅》孫炎、《爾雅》孫炎音義，《淮南子》又作《淮南》、《淮南子》許叔重注、許慎注《淮南子》、許叔重注《淮南子》，王逸注《楚辭》又作《楚辭》、《楚辭離騷》、《楚辭注》、王逸，《風俗通》又作《風俗記》、《風土記》，《玉篇》又作顧野王、《玉篇》顧氏等。①

《一切經音義》引書有時也用省稱。如《玄應音義》卷十釋《攝大乘論》第一卷"披閲"引《小雅》云："閲，具也。"又《慧琳音義》卷四釋《大般若波羅蜜多經》第三百九十九卷"赧然"引《小雅》："面愧曰赧。"卷十釋《勝天王般若經》經後序"智昕"引《小雅》云："昕，明也。"卷四十六釋《大智度論》第二十一卷"俞多"引《小雅》："俞、兹、强，益也。"②諸例中《小雅》當爲《小爾雅》。又如《慧琳音義》卷四十五釋《菩薩五法懺悔經》"枯槁"引《老經》云："其死也枯槁也。"又卷九十七釋《廣弘明集》第一卷"橐籥"引御注《老經》云："橐，猶鞴也。籥，笛也。"两例中《老經》即《老子道德經》。③

3. 節引和意引

《一切經音義》引書的内容往往引一部分或引用大意。如《玄應音義》卷二、卷二十二、卷二十三釋"蠲除"引《方言》："南楚疾愈謂之蠲。"卷六釋"蠲除"引《方言》："南楚疾愈者謂之蠲。"卷二和卷十四釋"除愈"、卷三釋"得愈"、卷二十一釋"病瘉"、卷二十四釋"難

① 《一切經音義》引同一書的書名和作者名在傳抄刻印中往往改用通假記音字。如《字苑》作《字菀》，《楚辭》作《楚詞》，《埤蒼》作《琕蒼》，《抱朴子》作《抱璞子》，《韻詮》作《韻銓》或《韻筌》；"竺法護"作"竹法護"，"包咸"作"苞咸"等。

② 《玄應音義》卷九釋此詞引作《小爾雅》。

③ 《一切經音義》在傳抄刻印中也有不少訛誤。如彭喜雙《慧琳一切經音義引〈爾雅〉鄭玄注質疑》(《汉语史学报》第八辑)一文指出《慧琳音義》引《爾雅》鄭玄注中有十七條"鄭注"當爲"郭注"。

愈”引《方言》:“差,愈也。”卷六釋“除愈”、卷八和卷十七釋“病瘉”引《方言》:“差、閒,愈也。”卷二十三釋“未愈”引《方言》:“愈,差也。”檢今傳本《方言》卷三:“南楚病[①]愈者謂之差,或謂之間,或謂之知。知,通語也。或謂之慧,或謂之憭,或謂之瘳,或謂之蠲,或謂之除。”玄應有時節引,有時意引。

又如《玄應音義》卷一釋“帆挽”引《釋名》云:“船隨風張幔曰帆。”卷十釋“明帆”引《釋名》:“隨風張幔曰帆。”卷十一釋“大帆”引《釋名》:“船隨風張幔曰颿。颿,汎也,便風疾汎汎然也。”卷十九釋“帆者”引《釋名》:“船隨風張幔曰帆,汎也,使風疾汎汎然也。”《慧琳音義》卷三十一釋“帆飛”引《釋名》云:“帆,船幔也。”卷八十一釋“帆柁”引《釋名》云:“帆謂船幔也。”檢今傳本《釋名·釋船》第二十五:“帆,泛也,隨風張幔曰帆,使舟疾泛泛然也。”[②]據今傳本和玄應所引,慧琳是意引。

再如《玄應音義》卷十四釋“床米”引《吕氏春秋》曰:“飯之美者有陽山之穄。”今傳本《吕氏春秋·本味》:“飯之美者玄山之禾,不周之粟,阳山之穄,南海之秬。”玄應所釋是節引。《慧琳音義》卷四釋“垣牆”引《尚書》曰:“無敢逾垣牆。”《尚書·費誓》:“無敢寇攘,踰垣牆。”卷八十九釋“歐噦”引《禮記》:“子侍父不敢噦、噫、嚏、欬。”今傳本《禮記·内則》:“在父母舅姑之所,有命之,應‘唯’,敬對,進退、周旋慎齊。升降、出入、揖遊不敢噦、噫、嚏、咳、欠、伸、跛、倚、睇視,不敢唾、洟。”慧琳所釋是節引。

玄應和慧琳有時在意引時還以己意進行解釋。如《玄應音義》卷一釋“池沼”引《説文》:“沼,池也。”卷二十二釋“池沼”、卷二十三釋“溪沼”引《説文》:“沼,小池也。”卷二十五釋“池沼”引《説文》:

① 周祖謨《校箋》:“病,原本《玉篇》除字下引作疾。《玄應音義》卷二、卷六、卷二十二、卷二十三引《方言》云‘南楚疾愈謂之蠲’,字并作疾。《御覽》卷七百三十八引本書亦然,是古本作疾,不作病也。”

② 畢沅《疏證》據《一切經音義》改作:“隨風張幔曰帆。帆,泛也,使舟疾泛泛然也。”

"沼,池也。小池也。"《慧琳音義》卷十八釋"池沼"引《説文》云:"沼即池之異名也。"檢今傳本《説文》:"沼,池水。從水召聲。"段玉裁改爲:"沼,池也。從水召聲。"注云:"《召南》傳曰'沼,池也',張揖《廣雅》同。按《衆經音義》兩引作'小池也'。"據玄應引《説文》"沼,池也",《慧琳音義》卷二十一轉錄慧苑釋《大方廣佛花嚴經》第十四卷"池沼"之"沼"引《説文》曰:"沼,池也",又檢徐鍇《説文解字繫傳》亦爲:"沼,池也。從水召聲。"可知今傳大徐本《説文》似衍"水"字。玄應所引"小池"似是以己意解釋"沼"與"池"之異同,指出"沼"是"小池",慧琳所釋亦爲以己意解釋"沼"與"池"之異同。①

4. 以注为正文

《一切經音義》引書有時標注者名而不標作者,如《慧琳音義》卷九十九釋《廣弘明集》第二十六卷"蝍蛆"引"許叔重《淮南子》云",又同卷釋"是瘦"引"郭璞《山海經》云"等。

《一切經音義》引書往往以注为正文。如《玄應音義》卷三釋"梨檅"引《方言》:"色似凍梨也。"卷六釋"梨黮"引《方言》:"面色似凍梨也。"檢今傳本《方言》卷一:"眉,梨,耋,鮐,老也。東齊曰眉,燕代之北鄙曰梨,宋衛兖豫之内曰耋,秦晋之郊,陳兖之會曰耇鮐。"郭璞注云:"言面色似凍梨。"玄應所引蓋以郭璞注爲《方言》之文。② 卷二釋"步屈"、卷十八釋"蚇蠖"引《方言》:"尺蠖又名步

① 沈濤《説文古本考》云:"《一切經音義》卷二十五引'沼,池,小池也',上'池'字當是衍文。卷二十三引'沼,小池也',蓋古本如是,今本'小池'二字誤倒,淺人又改'小'爲'水',並奪'也'字耳。音義他卷及《華嚴經》卷十四音義引'沼,池也',是古本亦有無'小'字者,《毛詩·采蘩》、《正月》、《靈台》三傳皆云'沼,池也'。"

② 《方言》所説"梨"爲燕代之北鄙謂"老"之方音,郭注不確。王引之《經義述聞·通説上》指出:"黎老者,耆老也。古字黎與耆通,《尚書》'西伯戡黎',《大傳》黎作耆(見《釋文》)是其例也。""耆"、"老"同義,"'耆'的上古音爲gri-,故"耆"能與"黎"通假。古書"耆老"又作"黎老"、"犁老"、"梨老",可能由複輔音聲母分化而爲:gri-(耆)〉ri-〉li(梨)。眉,梨,耋,鮐,皆漢時各地謂"老"之方音。

屈。”檢今傳本《方言》卷十一：“蠀螬謂之蚇蠖。”郭璞注：“又呼步屈。”玄應所引爲郭璞注《方言》之文。卷六釋“句逗”引《方言》：“逗，住也。”檢今傳本《方言》卷七：“傺，眙，逗也。南楚謂之傺，西秦謂之眙。逗，其通語也。”郭璞注：“謂逗即今住字也。”玄應所引爲郭注《方言》之文。

《一切經音義》引書有時也合引正文与注。如《玄應音義》卷十六釋“搔摸”引《方言》：“鉤取也。”檢今傳本《方言》卷十三：“撈，取也。”郭璞注：“謂鉤撈也，音料。”玄應所釋爲合郭璞注而引。又如《玄應音義》卷十三釋“餼施”引《方言》：“餼，熟之也。”[①]卷十九釋“珍羞”引《方言》：“羞，熟也。”郭璞曰：“羞謂熟食也。”卷二十二釋“珍羞”引《方言》：“羞，熟食也。”檢今傳本《方言》卷七：“胹，飪，亨，爛，糦，酋，酷，熟也。自關而西秦晉之郊曰胹，徐揚之間曰飪，嵩嶽以南陳潁之間曰亨。自河以北趙魏之間火熟曰爛，氣熟曰糦，久熟曰酋，穀熟曰酷。熟，其通語也。”又卷十二：“羞，厲，熟也。”“餼，餯，飽也。”郭璞注：“熟食爲羞。”餼，本義爲饋客芻米。錢繹《箋疏》：“餼即氣之或體字。”“食飽謂之餼。”玄應所釋似爲合引《方言》卷七、卷十二之釋和郭璞注。[②] 再如《慧琳音義》卷九十四釋“轀輬”引《史記》云：“秦始皇居轀輬車中。制如車，有窗牖，閉即溫，開則涼，其形廣大，以羽飾之。”檢今傳本《史記·李斯列傳》“置始皇居轀輬車中”，《集解》孟康曰：“如衣車，有窗牖，閉之則溫，開之則涼，故名之‘轀輬車’也。”如淳曰：“轀輬車，其形廣大，有羽飾也。”慧琳所釋似爲合引《李斯列傳》和孟康及如淳的注。

5. 憑記憶而引

《一切經音義》引同一書的內容往往用詞不一，似是憑記憶而引。如《玄應音義》卷一、卷四釋“狡猾”引《方言》：“凡小兒多詐或

① 《慧琳音義》卷五十七釋《五百弟子自説本起經》轉録爲：“《方言》：‘餼而熟也。’”麗藏和金藏本無。

② 抑或流傳過程中傳抄之誤，故慧琳轉録卷十三餼施條時爲“餼而熟也”，“而”或爲“胹”之誤，麗藏和金藏本則刪去。

謂之狡猾。"卷三、卷十一釋"狡戲"引《方言》:"凡小兒多詐而獪謂之狡猾也。"卷十一釋"姦狡"引《方言》:"凡小兒多詐而獪或謂之猾。"[①]卷十二釋"狡猾"引《方言》:"凡小兒多詐惑謂之猾。"[②]卷十九釋"狡猾"引《方言》:"凡小兒多詐惑謂之狡猾。"卷二十二釋"凶猾"引《方言》:"凡小兒多詐或謂之猾。"檢今傳本《方言》卷十:"凡小兒多詐而獪謂之央亡,或謂之𡅅尿,或謂之姡。姡,娗也,或謂之猾,皆通語也。"玄應數引《方言》而用詞不一,似是憑記憶而引。又如《慧琳音義》卷三十一、卷八十四、卷九十五計三引《説文》:"枹,擊鼓柄也。"卷二十九引作"枹,擊鼓椎也。"卷九十四引作"枹,擊鼓槌也。"卷一百引作"擊鼓杖柄也。"檢今傳本《説文》作:"枹,擊鼓杖也。""柄"、"椎"、"槌"和"杖"義近,慧琳數引而用詞不一,似亦憑記憶而引。再如《慧琳音義》卷五十八釋"啞啞"引《易》云:"笑語啞啞。"今傳本《周易·震》:"笑言啞啞。"慧琳引文以"語"代"言"。卷五十七釋"畜牲"引杜注《左傳》曰:"改牛名曰牲。"今傳本《左傳·僖公三十一年》:"牛卜日曰牲。"杜預注:"既得吉日,則牛改名曰牲。"慧琳引文將"牛改名"意引作"改牛名"。

由于憑記憶而引,偶而也有引文和所标书名不合。如《玄應音義》卷二十釋"扈從"引《方言》:"廣也。"此爲玄應釋《佛所行讚經》第一卷之文,[③]《慧琳音義》卷七十四轉録爲:"胡古反。扈,廣大也,亦使養馬也。"檢今本《方言》無釋"扈"之文,考《爾雅·釋山》:"卑而大,扈。"郭璞注:"扈,廣貌。"玄應所釋似意引郭璞注《爾雅》之文爲《方言》之文。

《一切經音義》釋義有時也綜合引用數書。如《玄應音義》卷一釋《大方廣佛華嚴經》第五卷孤煢:"古文惸、傑二形,同。渠營反。無父曰孤,無子曰獨,無兄弟曰煢。煢,單也。煢煢,無所依也。字

① 麗藏、縮刷藏本此條脱引《方言》文,據磧砂藏、永樂南藏本補。

② 惑,原作"或",據慧琳轉録改。此條麗藏本脱引《方言》文。

③ 麗藏本無,金藏本闕,此據磧砂藏、永樂南藏和海山仙館叢書、宛委别藏本。

從卂,從營省聲。卂音雖閏反。"釋文中"無父曰孤,無子曰獨,無兄弟曰煢"綜合引用了《釋名·釋親屬》"無父曰孤"、"老而無子曰獨"和《玉篇·卂部》"煢,無兄弟也"。

四、《一切經音義》引文的價值

1. 存失傳古籍的概貌

《一切經音義》引書中有很多今已失傳。如李斯的《蒼頡篇》、服虔的《通俗文》、張揖的《埤蒼》與《古今字詁》、李登的《聲類》、葛洪的《字苑》、呂靜的《韻集》、呂忱的《字林》、何承天的《纂文》、阮孝緒的《文字集略》、陽承慶的《字統》、顏之推的《證俗音》、元庭堅的《韻英》、張戩的《考聲切韻》[①],以及佚名的《字書》、《字典》等。如《慧琳音義》卷一釋"嫉慳"之"慳"引《字典》云:"貪也。"卷五、卷七和卷十一釋"缺減"之"減"引《字典》曰:"自耗欠下曰減。"檢《慧琳音義》共引《字典》九條,根據慧琳所引,可知早在《康熙字典》以前,"字典"一詞已出現。又如武玄之的《韻詮》是一部今已失傳的唐代新興韻書,近人汪黎慶曾據《慧琳音義》和《希麟音義》輯得佚文二百七十二條,收入《小學叢殘四種》;龍璋亦曾據此二書輯得二百七十六條,收入《小學蒐佚》。今檢《慧琳音義》引用《韻詮》三百零八條,《希麟音義》引用十七條,又據慧琳和希麟的引文與諸家所輯逐一勘校,檢得汪黎慶《小學叢殘》漏錄"檏"、"窺"、"嵐"、"慮"、"愆"、"窪"、"韉"七條,龍璋《小學蒐佚》漏錄"靃靡"、"抗"、"絓"和"嵐"四條,[②]汪黎慶和龍璋皆未收錄的有"敞"、"徹"、"嵐"等數條。除序、例、韻頭外,去諸家所輯之重後共輯得佚文三百二十五條。這三百二十五條

---

① 《考聲切韻》是唐張戩所撰,簡稱《考聲》。周廣榮《梵語悉曇章在中國的傳播與影響》誤以爲"慧琳還撰有《考聲》十卷,書久佚,内容不可考"。宗教文化出版社 2004 年版 190 頁。陳士強《大藏經總目提要·文史藏》二誤標爲"《考聲》、《切韻》",上海古籍出版社 2008 年版 254 頁。

② 汪黎慶和龍璋两家所輯皆有脱誤之處,其異同處可供互補。

佚文雖已非《韻詮》原本，但吉光片羽亦彌足珍貴。

《一切經音義》引書中有一些甚至連史志目錄都未著錄，如《古今正字》、《人倫龜鏡》、《字鏡》、《韻譜》、《文字典説》等。《一切經音義》所引古書的注釋也有一些今已不傳，如漢包咸的《論語》注、鄭眾的《考工記》注、許慎的《淮南子》注、賈逵的《國語》注、司馬彪的《莊子》注等。據統計，《慧琳音義》引用儒家經典的經文四千三百六十八條，引傳、注、音義等六千一百三十八條，共一萬零五百零六條，其中有兩千零八條引文不見於今傳本，有可能是佚文。[①] 從《一切經音義》的引文可略窺一些古籍的概貌，其中有些古注也往往能爲標點詮釋今傳本中有歧義的詞句提供佐證。

2. 存早期傳本的概貌

《一切經音義》引書所據多爲唐以前的版本，大量引文與今本頗多殊異，可據以校補有關古籍。如《慧琳音义》卷十五釋“吟嘯”引鄭箋云：“蹙舌吹而出聲。”《詩·江有汜》：“其嘯也歌。”鄭箋云：“嘯，蹙口而出聲。”慧琳所引可能是意引，也可能所據是唐時傳本。又如《玄應音義》引用《史記》計有三十餘條，《慧琳音義》引用《史記》有一百五十多條，其中轉録《玄應音義》所引有十六條。據我們逐一與今傳本《史記》比勘，基本上與今傳本相同，也有一些引文與今傳本略有不同。如《慧琳音義》卷三十九釋“明諜”引《史記》：“豈効此嗇夫諜諜利口辯給哉。”檢今傳本《史記》卷一百零二《張釋之馮唐列傳》爲“豈斆此嗇夫諜諜利口捷給哉”。[②] 慧琳所引“辯給”可能是據唐時口語而改，也可能所據是唐時傳本，反映了早期傳本的概貌。

從《一切經音義》引書中還可略窺一些古籍早期傳本的概貌。如《玄應音義》卷五釋“訾量”和卷二十釋“不訾”引《説文》：“思稱

① 楊思範《慧琳音義引儒家經典研究》(蘇州大學博士論文，2008 年)

② 《原本玉篇殘卷》釋“諜”引《史記》此文作“豈郊(效)此嗇夫諜諜利口便給哉”(羅振玉本)和“豈效此嗇夫諜諜利口徢(捷)給哉”(黎庶昌本)，中華書局 1985 年版 34 和 234 頁。

意也。”[①]卷七釋“訾計”引《説文》:“訾,量也,思也。”卷十二釋“不訾”[②]和卷十八釋“訾哉”引《説文》:“訾,思也。”卷十三釋“不訾”引《説文》:“思稱意曰訾。訾,思也。”《慧琳音義》卷八十釋“難訾”引《説文》:“思不稱意也。”檢今傳大徐本《説文》:“訾,不思稱意也。從言此聲。《詩》曰:翕翕訿訿。”段玉裁改爲:“訾訾,不思稱意也。從言此聲。《詩》曰:翕翕訿訿。”注云:“《釋訓》云:翕翕訿訿,莫供職也。《毛傳》云:潝潝然患其上,訿訿然不思稱其上。不思稱其上者,謂不思報稱其上之恩也。《大雅》傳云:訿訿,窳不供事也。二傳辭異義同。意者,意内言外之意。按《禮記·少儀》注:訾,思也。凡二見,此别一義。”沈濤《説文古本考》云:“蓋古本無‘不’字,《國語·齊語》、《列子·説符》注皆云:‘訾,量也。’《禮記·少儀》注云‘訾,思也。’正與許合。‘思也’上當有‘一曰’二字。又案《詩·小旻》傳曰:‘訿訿然思不稱其上。’今本蓋據此而改。然曰‘不思稱意’則語不詞矣。”據玄應和慧琳所引,其時所見傳本有“思稱意也”與“思不稱意也”之别,而“訾,量也,思也”義則爲段注所説的“别一義”。

又如《慧琳音義》卷三釋《大般若經》第三百三十七卷中“捶打”的“打”字云:“《説文》闕也。”而卷八釋該經第五百六十六卷中“撾打”的“打”字時又引“《説文》:‘從手丁聲也。’”卷十六釋《大方廣三戒經》卷中“撾打”的“打”字時引《説文》云:“擊也,棓也,從手丁聲。”卷九十三釋《續高僧傳》第十二卷中“打刹”的“打”字時引《説文》云:“打,撞也。”慧琳釋“打”字數引《説文》,而引文都不盡相同,可能是他憑記憶所及隨手引用而以他書所釋誤爲《説文》所釋,[③]

① 卷二十《佛醫經》不訾條據磧砂藏本,《慧琳音義》卷七十五轉録同,麗藏本無此條。

② 此引文據磧砂藏本,《慧琳音義》卷七十五轉録同,麗藏本無此引文。

③ 如慧琳釋《大寶積經》第十六卷“打治”云:“打,吴音爲頂,今不取。《集訓》音德冷反。《廣雅》:‘打,擊也。’《埤蒼》:‘棓也。’白降反。《古今正字》云從手從丁聲也。”其所引《埤蒼》釋“打”爲“棓也”,《古今正字》爲“從手從丁聲也”。丁福保《正續一切經音義提要》指出慧琳釋《大方廣三戒經》卷中“撾打”的“打”字所引《説文》云“擊、棓”二義,“出《廣雅》,非《説文》也”。

也可能唐時流傳的《説文》已載有"打"字,慧琳在釋不同佛經時使用了不同版本的《説文》。據宋初徐鉉《進説文表》稱其奉詔校定《説文》,曾"集書正副本及群臣家藏者備加詳考",可證慧琳其時亦尚存有《説文》的不同版本,有可能引用了不止一種版本的《説文》。如《慧琳音義》卷十一、卷十五、卷五十三引《説文》:"欄,檻也。"今傳本《説文》無"欄"字,或其時已有在原本《説文》基礎上有所增補的傳本。

再如《玄應音義》卷二十二釋"髖臚"引《釋名》云:"腹前曰臚也。"《慧琳音義》卷十六釋"臚脹"引《釋名》云:"腹前曰臚。"檢今傳本無,畢沅《釋名補遺·釋爵位》引韋昭"釋爵位"據《藝文類聚》四十九卷《職官》五引有:"腹前肥者曰臚,此主王侯及蕃國言以京師爲心體,王侯外國爲腹臚以養之也。"據玄應、慧琳和《藝文類聚》所引,今傳本脱漏此條。又《慧琳音義》卷三十四釋"錯謬"引《釋名》云:"謬,差也。"檢今傳本無,考《慧琳音義》卷七釋"迷謬"引"劉熙曰:謬,差也。"又卷八十一釋"訛謬"引"劉熙云:差也。"又考《原本玉篇》釋"謬"亦云:"劉熙曰:謬,差也。"據慧琳和《原本玉篇》所引,《釋名》原本可能有此條。

3. 校注古籍的佐證

《一切經音義》引書多存早期傳本原貌,可供今天注釋古籍時借鑒。如《慧琳音義》卷五十五釋"撥拔"引《周易》云:"拔茅連茹。"檢今傳本《周易·否·初六》:"拔茅茹。"[①]帛本爲"犮茅茹",《周易》此句的下文是"以其匯",歷來所解謂拔茅連類而及茹,所以才能"以其匯",據慧琳所引,可能唐傳本《周易》有作"拔茅連茹",今本似脱"連"字。

又如《玄應音義》卷七釋"烏殟"之"殟"引《説文》:"暴無知也。"檢今傳大徐本《説文》釋"殰"云:"胎敗也。"釋"殟"亦云:"胎敗也。"段玉裁注指出應爲"殟,暴無知也。"認爲"各本作胎敗也,誤同'殰'

---

① 阮元校刻《十三經注疏》,中華書局版 29 頁上欄。

解。"[①]考《玄應音義》卷十二釋《生經》第二卷中"殟殙"、卷十三釋《比丘聽施經》中"殟殟"引《説文》皆作"暴無知也",可證段注所改是,玄應所見《説文》尚不誤。王筠《説文解字句讀》云:"殟,蓋爲中痰、中惡,卒然昏不知人也。""殟"爲"卒然昏絕"義,[②]如王逸《九思·逢尤》:"悒殟絕兮咶復蘇。"原注:"憤忿晻絕,徐乃蘇也。"又如玄應所引《生經》原文爲:"初始死時,出在冢間。父母兄弟妻子皆共逐之,親厚知識,亦復如是。啼哭愁憂,悲哀呼嗟,椎胸殟憫。"文中殟憫形容傷痛悲憫欲絕之狀。烏殟,雙聲,亦與殟義同。章炳麟《新方言·釋言》:"今通謂暴厥無知爲殟死,音如暈。《聲類》:'烏殟,欲死也。'今人猶云烏頭暈矣。"檢玄應所釋"烏殟"出自《正法華經》第二卷,原文爲:"無量群萌,烏殟灰蘆。"文中"烏殟"正意謂"卒然昏不知人"。[③]

再如《玄應音義》卷十八釋"鐵杷"引《方言》:"杷謂之渠挐。"郭璞曰:"有齒曰杷,無齒曰朳。"檢今傳本《方言》卷五:"杷,宋魏之間謂之渠挐。"郭璞注:"無齒爲朳。"據玄應所引,今本郭注似可補"有齒曰杷。"

值得一提的是《一切經音義》寫本和刻本等各本引同一書的詞語與今傳本有時也有不同。如北涼曇覺、威德等八位僧人編譯的《賢愚經》,磧砂藏、麗藏、永樂南藏本等今傳本皆爲十三卷,玄應所

---

① 段玉裁注:"玄應書卷八、卷十三、十四皆引《説文》'殟,暴無知也'。《聲類》:'烏殟,欲死也'。今據正。《廣韻》云:'病也',又云'心悶',其意正合。蓋上下文皆説死之類,此亦謂暴死者。烏殟,雙聲。玄應'殟,于門切'"。段注所引《玄應音義》似爲二十六卷本。

② 殟,從歺,昷聲。《説文》:"昷,仁也。從皿以食囚也。官溥説。""熅,昷也。"黄侃手批《説文解字》指出:"囚皿者,使其氣不渫。"意謂器皿覆蓋得嚴密,使内中熱氣不消散。昷,由此引申而有"溫暖"義,後寫作"溫"。"殟"亦可視爲形聲兼會意字,其"暴無知"義即"突然窒息昏迷"義,與"氣不渫"義相應,亦即《廣韻》所説"病也,心悶"。

③ 《漢語大詞典》釋此詞亦爲"暈厥"義,然無書證,可補以《正法華經》例。

録則爲十六卷，轉録亦同，[1]所收釋的一些詞語如“圖苗”等也不見於今本藏經中。考《開元釋教録》第六卷載：“《賢愚經》十三卷（或十五卷或十六卷或十七卷，亦云《賢愚因緣經》，見道慧《宋齊録》及《僧祐録》）。”《貞元新定釋教録》第九卷亦載：“《賢愚經》十三卷（或十五卷或十六卷或十七卷）。”並指明“右一部一十三卷，其本見在”，也就是説圓照撰《貞元新定釋教録》時見到的《賢愚經》爲十三卷本，與今各藏本卷數一致。據《玄應音義》所載，玄應在爲《賢愚經》作音義之時，顯然依據的當爲十六卷本《賢愚經》，考察玄應《賢愚經》音義所收詞語與今傳本《賢愚經》的異同，將有助於《賢愚經》這部佛經傳承流變的研究。又如日本七寺、興聖寺、西方寺和松尾社所藏寫本一切經中都收有《馬鳴菩薩傳》，但全文除了“馬鳴”這一人名外，内容與刻本一切經都完全不同，考《玄應音義》卷二十收釋《馬鳴菩薩傳》中“綰達”一詞，《慧琳音義》卷七十六收釋《馬鳴菩薩傳》中“銘其”、“綰達”、“卓犖”、“燭幽夜”四詞，這五個詞亦不見於今傳本而與日本藏寫本一切經相同，由此可證隋唐入藏的《馬鳴菩薩傳》與今傳本不同，而日本所存的寫本一切經並非完全從刻本轉抄。因而比勘《一切經音義》各本引同一書的異文，也可據以探討同一書早期傳本和今傳本的異同，考察流傳中具體内容傳承變化的綫索。[2]

4. 考古今漢語的演變

《一切經音義》引書在某種程度上反映了早期傳本的原貌，往往存古字、古音和古義，或多或少爲我們考探漢語的古今演變提供了一些綫索。如據我們逐詞比勘考察，希麟所引方言並不都是出自揚雄的《方言》，其中有一些引文不見於今傳本，可能是揚雄《方言》的佚文，也可能是引自其他文獻或漢以後的人所著《方言》，還

---

① 日本石山寺、七寺和金剛寺所存寫卷爲十七卷本。詳參福井利吉郎《東大寺賢愚經の研究》，《福井利吉郎美術史論集》上，中央公論美術出版，1998年。

② 參拙著《玄應和慧琳一切經音義研究》，上海人民出版社 2009 年版。

有一些可能是當時的方俗口語。又如希麟引方言所載鐵古作鐵，剌俗作刺，槩又作橜，鍫又作鍬等反映了漢字的古今演變和宋遼時漢字的使用狀況；摸摖，摩挲，灘等存當時的方俗口語，“箄謂之箪，箪謂之筏”則不僅反映了江南方言和秦晉通語的不同，而且從中可見輕重唇音的分化等。①

又如《慧琳音义》卷十三釋“兔腹”引《說文》：“肚也。從肉复聲也。”《慧琳音義》卷六十一釋“腹肋”引《說文》：“腹，肚也。”檢今傳大徐本《說文》：“腹，厚也。從肉复聲。”段注：“《釋詁》、《毛傳》皆云：‘腹，厚也’，則是引伸之意，謂凡厚者皆可偁腹。”檢《說文》未收“肚”，“肚”爲後出字，《玉篇》：“肚，腹肚。”慧琳所據《說文》可能已有增改，也可能是慧琳認爲《說文》所釋爲引申義而據其本義改。

再如《一切經音義》所引《說文》有而今傳本無的木部字有“棒、柁、杒、棑、樺、楞、椿”等，其中有一些可能是後起字。如《玄應音義》卷十六釋“大棒”引《說文》：“棒，大杖也。”《慧琳音義》卷十四釋“棒打”引《說文》：“擊也。從木也。”據晉人崔豹《古今注・輿服》載：“漢朝執金吾。金吾亦棒也。”“棒”爲“棓”的俗字，今傳本《說文》有“棓”無“棒”。考《集韻・講韻》載：“棓，《說文》：‘棁也。’亦從奉。”“棒”爲後起字，似爲玄應和慧琳僅憑記憶而誤認爲《說文》原有此字，抑或確引自其時在原本《說文》基礎上有所增補的傳本。有一些則可能是《說文》的佚字。如《慧琳音義》卷八十四釋“椿菌”引《說文》：“從木，春聲。”檢今傳本無，然考《莊子・逍遙遊》載：“上古有大椿者，以八千歲爲春，八千歲爲秋。”可知許慎撰《說文》時已有“椿”字，《說文》或原有此字而今傳本脫佚，可據《慧琳音義》所引補。

五、結語

科學史常有一種看似令人費解實則又蘊含必然的情況，即每當

---

① 參拙文《希麟續一切經音義引方言考》，《國學研究》第二十二卷，2008年。

人們向未來尋求科學發展之路時卻總要追溯傳統的發展歷程。科學的過去常常孕育了科學的未來。表面上看,文化的傳承是一種對昨天的回顧,而實質上文化的傳承就是對未來的一種把握,未來的發展在很大程度上取決於對文獻典籍的發掘、闡釋和光大。前人留下的文獻典籍是我們的寶貴財富,《一切經音義》也是我國傳統古典文獻中一座值得深入發掘的知識寶庫。漢語的文獻語料有同時資料和後時資料之分,現傳存的語料大部分是後時資料,後時資料很有可能經過後人的改動,成爲語言研究的障礙,[①]而《一切經音義》去古未遠,摭拾廣博,包孕宏富,徵引了經史子集數百種古籍,且多有出自别本的異文,在某種程度上可以説是先秦傳承至唐宋古籍的淵藪,所存語料遠在一般的宋元精槧之上。因而我們可就《一切經音義》引書逐一進行輯錄,考校其與今傳本的異同,匯編成《一切經音義引經部考》、《一切經音義引子部考》、《一切經音義引史部考》和《一切經音義引集部考》,以供整理考證今存古籍時借鑒。

(作者單位:上海師范大學)

本文爲國家社會科學基金項目(08BYY044);上海市教委 085 工程項目“宋代文獻整理與研究”;上海師範大學重點學科建設項目。

① 太田辰夫《中國語歷史文法·跋》説:“中國的資料幾乎大部分是後時資料,它們特别成爲語言研究的障礙。”蔣紹愚、徐昌華譯,北京大學出版社 1987 年初版,2003 年修訂版。

宋世良《字略》考論
——以《一切經音義》引文爲中心

潘牧天

《字略》是魏晉時期的一部字書，惜已亡佚。據《一切經音義》（玄應《衆經音義》、慧琳《一切經音義》[①]）所引佚文可知，此書以訓釋單音詞爲主，收字範圍大約與顧野王《玉篇》相當。[②] 本文録出《一切經音義》中所有《字略》佚文，擬就其作者、體例、學術價值等略作考述。

一、《一切經音義》所引《字略》作者考辨

關於《字略》的作者，學界有四種説法，姚永銘認爲《字略》是《文字集略》的簡稱，作者爲阮孝緒[③]；曹建國、張玖青[④]認爲《字略》

---

① 本文所據版本爲徐時儀點校《〈一切經音義〉三種校本合刊》，上海古籍出版社 2008 年版。以下簡稱徐校本。以下凡所引文後皆在括號中注出引文出處，如（慧琳卷六十九《阿毗達磨大毗婆沙論》第一百三十卷 1719，嗟惋）表示此《字略》佚文出自《慧琳音義》卷六十九釋《阿毗達磨大毗婆沙論》第一百三十卷“嗟惋”條，1719 爲徐校本頁碼。若直接在括號中標明數字，則代表在徐校本中的頁碼，如（25）表示第 25 頁。下同。

② 關於《字略》的文本研究，前人未做過系統考證，惟于亭《玄應〈一切經音義〉研究》作了簡要的羅列。

③ 姚永銘《慧琳〈一切經音義〉研究》，江蘇古籍出版社 2004 年版，第 184 頁。

④ 曹建國、張玖青《李商隱〈字略〉真僞考辨》，《文學遺産》2004 年第 3 期。

作者是唐文學家李商隱；徐剛《古文源流考》提到了郭知玄《字略》[①]；于亭認爲是北齊宋世良[②]。我們認爲《一切經音義》所引用的《字略》應是北齊宋世良所撰。

曹建國、張玖青認爲《字略》爲唐文學家李商隱所著，所據爲《古文四聲韻》和《汗簡》等書的輯録、當時的時代背景、李商隱的生活背景和學術架構。[③] 而玄應生活時期早於李商隱，可見《一切經音義》所引《字略》作者並非李商隱。

徐剛《古文源流考》中提到郭忠恕《汗簡》採"鉨、鈒"二字，云出"郭知玄字略"。鄭珍《汗簡箋正》云："按郭氏此書當即采朱箋三百字中之文。"認爲此《字略》即郭知玄輯《切韻》朱箋而成。陸法言著《切韻》，長孫納言於儀鳳二年注之，後郭知玄等人遞有增加。考玄應卒年約在龍朔年間[④]，《玄應音義》的成書年代應早於郭知玄《字略》年代。徐剛也認爲"郭知玄字略"是否就是"朱箋"，尚難確證。由此可見，《一切經音義》所引《字略》亦非郭知玄《字略》。

姚永銘認爲《字略》是《文字集略》的簡稱，將《慧琳音義》引《文字集略》與《字略》的佚文作了比勘，發現了許多相同處。[⑤] 細勘佚文，我們發現《文字集略》與《字略》的釋文并不完全相同，如：

---

① 徐剛《古文源流考》，北京大學出版社 2008 年版，第 164 頁。

② 于亭《玄應〈一切經音義〉研究》，中國社會科學出版社 2009 年版，第 184 頁。

③ 徐剛在《古文源流考》中也提到了李商隱《字略》，所據文獻亦爲《古文四聲韻》和《汗簡》。見該書第 156 頁。

④ 徐時儀《玄應與慧琳〈一切經音義〉研究》，上海人民出版社 2009 年版，第 35 頁。

⑤ 且申明慧琳引用古籍好用簡稱，而後以陸德明《經典釋文》中"阮孝緒《字略》"加以佐證。其所説的古人簡稱《文字集略》爲《字略》的情況確實存在，如《説文通訓定聲》釋"罣"："阮孝緒《字略》：罣，網礙也。"也將《文字集略》省稱爲"阮孝緒《字略》"。

	《字略》	《文字集略》
惋	惋，嘆，驚異也。	惋，驚異(怛)(愓)歎恨也。①
港	港，水分流也。	港，水別流也。②
瞼	眼外皮也。	目外皮也。③
鈿	鈿，金花也。	金鈿，婦人首飾也。(金花也。)④

宋世良爲北魏西河介休人，歷仕北魏、東魏、北齊。于亭認爲："此書不見於著録，惟《北史·宋世良傳》曰：'世良強學，好屬文，撰《字略》五篇、《宋氏別録》十卷。'"考《北齊書·宋世良傳》："宋世良，字元友，廣平人……世良強學，好屬文，撰《字略》五篇、《宋氏別録》十卷。"《冊府元龜》卷六百八："北齊宋世良，強學，好屬文，撰《字略》五篇，位至東郡太守。"《清史稿·藝文一》也提到"後魏宋世良《字略》一卷"。《皇朝續文獻通考》卷二百七十一提到"阮孝绪《文字集略》一卷，宋世良《字略》一卷"，可見二書應爲不同。

又考磧砂藏本《玄應音義》卷十四釋《四分律》第四十卷"甈鍸"

① 《慧琳音義》引《文字集略》："驚異也。"(慧琳卷六十九《阿毗達磨大毗婆沙論》第一百三十卷 1719，嗟惋)"惋，歎恨也。"(卷七十六《撰集三藏經及雜藏經》1855，悲惋)"惋，驚異歎恨也。"(卷八十《開元釋教録》第三卷 1920，惋慨)"惋，驚怛歎恨也。"(卷八十一《三寶感通傳》下卷 1935，惋恨)"惋謂驚愓惋嘆也。"(卷九十一《續高僧傳》第五卷 2079，嗟惋)考慮慧琳意引、節引等因素，佚文當作"惋，驚異(怛、愓)歎恨也"較恰當。

② 《慧琳音義》引《文字集略》："港，水別流也。"(慧琳卷五十七《陰持入經》下卷 1511，溝港)

③ 《慧琳音義》引《文字集略》："目外皮也。"(卷三十一《密嚴經》第二卷 1056，慢瞼；卷三十三《無上依經》下卷 1098，眼瞼；卷四十《如意輪陀羅尼經》1192，瞼上；卷六十三《根本説一切有部百一羯磨》第八卷 1631，瞼翻)

④ 《慧琳音義》引《文字集略》云："金鈿，婦人首飾也。"(卷十七《大乘顯識經》上卷 794，間鈿)又曰："鈿謂金花也。"(慧琳卷二十二《花嚴經》卷第二十六 879，周匝填飾)"鈿，金花也。"(卷二十二《花嚴經》卷第三十九 883，鈿厠其間)三處引文有異，恐爲慧琳意引所致。

條曰："近世梁時處士阮孝緒作《文字集略》有'醍醐'二字，此書甚淺俗，音體并無所據也。"（307[①]）且《玄應音義》中僅僅引用《文字集略》2 次。《慧琳音義》所引《字略》幾乎都是轉抄《玄應音義》而來，《希麟音義》一例都沒有引用，《字略》一書極可能在慧琳編撰音義時已佚。另外，《慧琳音義》又大量引用《文字集略》[②]，《希麟音義》也引用了 8 條，可見阮孝緒《文字集略》在宋遼時代仍存世。

二、玄應與慧琳《一切經音義》引《字略》佚文

于亭《玄應〈一切經音義〉研究》列出了《字略》佚文，[③]未録"罣"、"茀"、"訣"，並將"痱、瘤"、"殭、鞕"4 詞合爲"痱瘤"、"殭鞕"。

经我们逐条查檢《一切經音義》與《字略》相關的條目，輯得《玄應音義》引《字略》佚文 35 條，《慧琳音義》引《字略》佚文 35 條[④]，共訓釋了 19 個單音詞。

1. 罣（罫）

《字略》作罫，網礙也。（玄應卷一《大方廣佛華嚴經》第一卷 7，罣礙；慧琳卷二十 846 轉録。）

《字略》作罫。（玄應卷二十三《攝大乘論》第一卷 477，罣礙[⑤]；慧琳卷五十 1383 轉録）

《字略》曰[⑥]：罣謂網礙也。[⑦]（慧琳卷二十一轉録《慧苑音義》，《花嚴經》第四卷 860，罣礙。）

---

① 此爲徐校本中的頁碼，下同。

② 姚永銘《慧琳〈一切經音義〉研究》："清馬國翰《玉函山房輯佚書》輯得 51 條。據《慧琳音義》尚可補輯 142 條。"見該書第 262 頁。

③ 于亭《玄應〈一切經音義〉研究》，中國社會科學出版社 2009 年版，第 143 頁。

④ 其中 34 條轉録《玄應音義》，并有 1 條轉録《慧苑音義》。

⑤ 此條徐校本作："字古作罫"，據磧砂藏與慧琳轉録改作"《字略》作罫"。

⑥ 以下"《字略》曰（云）"三字略。

⑦ 此處可見《字略》應作："罫，網礙也。""網礙也"並非玄應所加注。

2. 惋

惋,嘆,(驚異也)。[①](玄應卷三《放光般若經》第三卷 62,不惋;慧琳卷九 650 轉録。玄應卷十一《增一阿含經》第二十二卷 232,愁惋;慧琳卷五十二 1421 轉録。玄應卷四《大灌頂經》第十卷 86,惋恨。玄應卷七《四童子經》上卷 161,惋歎;慧琳卷二十四 920 轉録[②]。)

惋,歎,(驚異也)[③]。(玄應卷十七《出曜論》第二卷 369,傷惋;慧琳卷七十四 1813 轉録。[④] 玄應卷十九《佛本行集經》第十卷 395,悲惋;慧琳卷五十六 1493 轉録。[⑤])

3. 港

港,水分流也。(玄應卷三《明度無極經》第一卷 70,溝港[⑥];慧琳卷十 671 轉録。)

水分流也。(玄應卷五《除恐災横經》123,溝巷[⑦];慧琳卷三十四 1113 轉録。玄應卷八《維摩詰經》下卷 168,溝港;慧琳卷二十八 1005 轉録。)

4. 瞼

眼外皮也。(玄應卷四《月燈三昧經》第九卷 88 動瞼;慧琳卷三十二 1070 轉録。玄應卷五《成具光明定意經》117;慧琳卷三十四 1111 轉録。)

謂目外皮也。(玄應卷十四《四分律》第五十一卷 310,眼瞼;

---

① 于亭、姚永銘標點作"惋嘆,驚異也。"以"惋歎"爲詞目。

② 《慧琳音義》此條詞目爲"惋嘆",徐校本標點作"惋嘆,驚異也。"當改。且《慧琳音義》卷二十四釋《四童子經》上卷題作"慧琳撰",據察,慧琳共釋此經詞四條,除"惋歎"外其餘三條皆在轉録《玄應音義》基礎上改動過。

③ "驚異也"或爲玄應所注。

④ 徐校本作"《字略》云:惋歎驚異也。"無標點,應加標點。

⑤ 《慧琳音義》"歎"作"喚"。"喚"應爲"嘆"之形近而誤。

⑥ 徐校本《玄應音義》此句作"《字略》云:港水分流也。"無標點,應加標點。

⑦ 巷,磧砂藏作"港"。

慧琳卷五十九 1566 轉録。玄應卷二十四《阿毗達磨俱舍論》第三卷 488,慧琳卷七十 1736 轉録。)

謂眼外皮也。[①](玄應卷十七《俱舍論》第二卷 364,眼瞼;慧琳卷七十 1729 轉録。玄應卷十九《佛本行集經》第十卷 395,交瞼;慧琳卷五十六 1493 轉録。)

5. **犃**

牛名也。(玄應卷五《文殊問經》下卷 116,犃牛;慧琳卷四十四 1274 轉録[②]。玄應卷十六《普見律》第七卷 341,犃牛;慧琳卷六十五 1662 轉録。玄應卷十八《立世阿毗曇論》第五卷 385,犃牛;慧琳卷七十三 1793 轉録。)

6. 騙(騗)

躍上馬也。(玄應卷七《度世經》第六卷 159,騙象;慧琳卷二十四第六卷 919 轉録[③]。玄應卷十九《佛本行集經》第十一卷 369,騗馬;慧琳卷五十六 1494 轉録[④])

7. 弗

以籤貫肉臠也。(玄應卷九《大智度論》第十八卷 193,鐵弗[⑤];慧琳卷四十六 1308 轉録[⑥])

---

① 《玄應音義》卷二十釋《付法藏轉》第五卷"眼瞼"條曰:"居儼反。謂眼外皮也。"(慧琳卷七十五 1834 轉録,"居儼反"作"君儼反",當爲形近而誤。)與其他幾處玄應所釋"眼瞼"釋文比較,僅略"《字略》曰"三字,其餘皆同("瞼"有居儉、居儼二切)。玄應引書時常省略所引書名,直接採用引文,故推測此條極可能亦爲引《字略》。

② 《慧琳音義》作"《字略》云:異牛名"。與玄應異,疑爲誤録。

③ 《慧琳音義》:"《文字集略》:躍上馬也。"(慧琳卷二十四《度世經》第六卷 919,騙象)此爲慧琳轉録《玄應音義》錯抄書名所致,當改作"《字略》:躍上馬也"。

④ 《慧琳音義》作"《字略》云:謂躍上馬也"。多一"謂"字。疑爲轉抄時誤增。

⑤ 《玄應音義》此條高麗藏無,據磧砂藏補。

⑥ 《慧琳音義》作"《字略》云:以籤貫肉齊也"。臠,肉塊。"齊"當爲"臠"之形訛。

8. 訣

訣,絶也。(玄應卷九《大智度論》第二十四卷 195,辭訣;慧琳卷四十六 1310 轉録。玄應卷二十《六度集經》第二卷 414,訣辭;慧琳卷三十三 1086 轉録)

9. 洋(煬)

《字略》作煬(釋金也)[①]。(玄應卷十六《大愛道比丘尼經》上卷 349,洋銅;慧琳卷六十五 1654 轉録。玄應卷二十四《阿毗達磨俱舍論》第十卷 491,洋銅;慧琳卷七十 1739 轉録)

10. 堋

射的也。(玄應卷十八《四諦論》第二卷 388,射堋;慧琳卷七十三 1801 轉録)

11. 名

相詺目也。(玄應卷十九《佛本行集經》第十三卷 397,名於;慧琳卷五十六 1495 轉録)

12. 鈿

鈿,金花也。(玄應卷二十二《瑜伽師地論》第四卷 449,綺鈿;慧琳卷四十八 1345 轉録)

13. 帥

將帥也。(玄應卷二十二《瑜伽師地論》第二十三卷 454,俱帥;慧琳卷四十八 1350 轉録)

14. 皺

皺,皮細起也。[②](玄應卷二十二《瑜伽師地論》第八十四卷 463,黄皺;慧琳卷四十八 1359 轉録)

15. 痱

① "釋金也"或爲玄應所注。

② 《慧琳音義》作:"《字韻略》云:皺,皮細起也。"《字韻略》當爲《字略》之誤。

16. 瘤

痱、瘤,小腫也。[①]（玄應卷二十五《阿毗達磨順正理論》第十六卷 502,痱瘤;慧琳卷七十一 1755 轉録）

17. 殭

18. 鞕

死不朽曰殭,物堅曰鞕。（玄應卷二十五《阿毗達磨順正理論》第三十一卷 505,殭鞕;慧琳卷七十一 1759 轉録[②]）

19. 刎

斷首曰刎。（玄應卷二十五《阿毗達磨順正理論》第六十八卷 510,自刎;慧琳卷七十一 1764 轉録）

三、《字略》的體例

據引文所釋 19 詞,可知《字略》是一部訓釋單音詞的字書,收詞範圍廣泛。《字略》僅釋義,不注音聲、字形,訓釋格式主要爲兩種:

（1）被釋詞,（謂）釋詞也。如:罣、惋、港、瞼、榛、騙、弗、訣、堋、名、鈿、帥、皺、痱、瘤。

（2）釋詞曰被釋詞。如:殭、鞕、刎。

《字略》的訓釋方式主要爲義訓,但一些詞採用了互訓的方式,如:

訣,絶也。

按:《説文》:"訣,訣别也。"《玉篇·言部》:"訣,死别也。"《通俗文》:"與死者别謂之訣。"（玄應卷九《大智度論》第二十四卷 195,辭訣）又云:"死别曰訣。"（玄應卷十三《賴吒和羅經》287,辭訣）《慧

---

① 徐校本、于著皆將"痱瘤"作爲詞目。《字略》是解釋單音詞的字書,先人皆以"小腫"釋"痱、瘤"。《廣韻·賄韻》:"痱,痱瘤。"《集韻·微韻》:"痱,小腫。"《集韻·賄韻》:"瘤,小腫。"此似爲二詞合釋,標點當作"痱、瘤,小腫也。"

② 《慧琳音義》作:"《字略》云:不朽曰殭,物堅曰鞕也。"

琳音義》:“《韻略》云:訣,言别也,與人死别也,即臨終永訣者也。”(慧琳卷九十二《續高僧傳》第六卷 2082,臨訣)綜合上述釋文,可見“訣”所表的“别”往往是人臨終前,不能再相見的情況,《字略》以“絶”訓之,把握住了其主要義素。《古詩源·上邪》:“山無棱,江水爲竭,冬雷震震,夏雨雪,天地合,乃敢與君絶。”可見“絶”之死别之義,與“訣”同。

惋:嘆。

按:《玉篇·心部》:“惋,驚歎也。”《廣韻·换部》:“惋,驚歎也。”《慧琳音義》引《桂苑珠叢》云:“驚歎而藏於心也。”(慧琳卷十《新譯仁王經序》675,惋撫)又引《考聲》曰:“歎惋,恨也。”(慧琳卷六十九《阿毗達磨大毗婆沙論》第一百三十卷 1719,嗟惋)

由於詞義的靈活性和模糊性不利於思想表達,也不利於明確理解,有很多互訓詞往往逐漸結合成同義複合詞。複合詞的義素互相補充和制約,意義便比較穩定和明顯。[①] “訣”與“絶”構成複合詞“訣絶”,如《玉臺新詠·皚如山上雪》:“聞君有兩意,故來相訣絶。”“惋”與“嘆”構成複合詞“惋歎”,如曹操《善哉行》:“守窮者貧賤,惋歎淚如雨。”又構成“歎惋”,如陶淵明《桃花源記》:“此人一一爲具言,所聞皆歎惋。”

四、《字略》的學術價值

《字略》對於單音詞的訓釋闡明了前人古注,又簡明直觀地訓釋了部份新詞,對後世韻書、字書(如《廣韻》、《集韻》等)編撰有一定影響。《字略》釋詞又可與當時字書(大部份從佛經音義中輯出)互相參證。

1. 闡明古字

趙克勤指出,傳統訓詁學著作《爾雅》與《説文》,也就是最早的詞書;而另一個組成部分是古書的注疏。[②] 然而隨着時代遠去,許

① 許威漢《訓詁學導論》,北京大學出版社 2003 年版,第 118 頁。

② 趙克勤《古代漢語詞彙學》,商務印書館 1994 年版,第 309 頁。

多古注又已不堪會解,故魏晉南北朝時期出現了大量字書,其中最爲聞名者如《玉篇》,亦只是留下了殘本數卷。其餘如《字書》、《考聲》、《字苑》、《文字集略》等皆已亡佚。《字略》對一些古字的解釋與前代注解多有不同,更加明確、通俗,如:

港:水分流也。

按:《説文》:"水派也。"《玉篇·水部》:"港,水派也。"

《考聲》云:"水派流而不通也。"(慧琳卷五十七《陰持入經》下卷1512,溝港)

瞼:眼外皮也。

按:《説文》:"目上下瞼也。"《玉篇·目部》:"瞼,眼瞼也。"

"眼"與"目"通。《慧琳音義》卷七十二《阿毗達磨顯宗論》第四卷釋"眼瞼"曰:"《桂苑珠叢》云:瞼,目邊皮也。《文字典説》云:瞼,目外皮也。《考聲》云:瞼,眼瞼也。"(1770)又引《字書》曰:"目上下皮也。"(卷九十四《續高僧傳》第十七卷2105,瞼下)

堋:射的也。

按:此"堋"之本義爲喪葬時下棺于土中。《説文·土部》:"喪葬下土也。"段玉裁注曰:"謂葬時下棺於壙中也。"《玉篇·土部》:"下棺也。"後引申爲土堆。《玄應音義》釋"堋"曰:"亦即射垛(垜)也。"(玄應卷十八《四諦論》第二卷388,射堋)《玄應音義》釋"土垜":"《字林》:小堆也。吴人謂積土爲垜,字體從𨸏。"(玄應音義卷十五《十誦律》第四十七卷323)《廣韻·戈韻》:"垜,垜堆。"

古人最初射箭或以土堆爲准,故"堋"引申爲射箭的靶子。《集韻·隥韻》:"堋,射埻也。"《玄應音義》卷一釋《法炬陁羅尼經》第二卷"埻的"條曰:"《通俗文》:射堋曰埻。埻中木曰的。"(25)《説文·土部》:"埻,射臬也。"《廣雅·釋言》:"埻,的也。埻的,射的也。"《玄應音義》:"埻,射侯者也。以熊虎之皮飾其側方,制之以爲埻。經文作準,同。"(玄應卷十二《那先比丘經》上卷261,兩埻)

2. 訓釋新詞

《字略》收録了一部分漢魏以後産生的新詞,不見於《説文》、《爾雅》,甚至《方言》、《釋名》等都未有收録,如:

丳:以籤貫肉爨也。

按:《玉篇·亖部》:"丳,籀文。"[①]《字苑》:"初眼反。今之炙肉丳也。"(玄應卷十九《佛本行集經》第十八卷 398,如丳;慧琳卷五十六 1496 轉録)又《字苑》:"以戩(籤)貫肉炙之曰丳。"(玄應卷二十二《瑜伽師地論》第四卷 448,鐵丳;慧琳卷四十八 1344 轉録)《廣韻·產韻》:"炙肉丳也。""丳"爲"鏟"之俗字。《慧琳音義》卷七十八釋"鐵鏟"曰:"經中有作丳,俗字也。"卷五十一釋《成唯識寶生論》第三卷"鐵鏟"條曰:"《考聲》:'或作丳。'《博雅》云:'炙肉鐵也。'"(1397)《玄應音義》:"論文作鏟。鏟,削也[②]。"(玄應卷九《大智度論》第十八卷 193,鐵丳。)察《齊民要術·炙法》:"以竹丳丳之,相去二寸下丳。"此處"竹丳"之"丳"爲名詞,後一"丳"字已引申爲動詞。

皴,皮細起也。

按:《玉篇·皮部》:"皴,皵也。皵,皴皵也。木皮甲錯也。今作棤。"《埤蒼》:"皴,皵也。"(玄應卷二十《無明羅刹經》上卷 425,皴剥[③];慧琳卷三十三《佛説大乘造像功德經》下卷 1085,皴躍;希麟卷一《大乘理趣六波羅米多經》第三卷 2214,皴劈)"皵"之本義爲樹木之皮甲錯,引申爲人的皮膚如木皮狀。《説文新附·皮部》:"皴,皮細起也。"《集韻·藥韻》:"皵,皮皴。"《廣韻·昔韻》:"皵,皮細起。"《集韻·鐸韻》:"皵,皵也。"又《慧琳音義》:"皴,皮細裂坼也。"(慧琳卷二十六《大般涅槃經》第十二卷 949,皴)卷六十一釋"皴皮":"肉上皮起如樹皮曰皴。"(慧琳卷六十一《苾芻尼律》卷第十三 1599,皴皮)

殭、䩕:死不朽曰殭,物堅曰䩕。

---

① 雖《玉篇》言其爲"籀文",然檢先秦兩漢文獻,並未發現"丳"字,故此處列入新詞。

② "鏟,削也。"磧砂藏作"今作剗。剗,削之也。"

③ 《玄應音義》原文作:"《埤蒼》:皮皴散也。又樹皮甲錯粗厚亦曰皴散。"恐爲意引《埤蒼》。

按:《玉篇·歺部》:"殭,死不朽也。"《經典釋文·爾雅音義下》:"《字書》云:'死而不朽。'或作僵。又作橿。"《説文·人部》:"僵,偃也。"朱駿聲注曰:"僵,字亦作殭。"段玉裁注曰:"今人語言乃謂不動不歾爲僵。"又案《廣韻·漾韻》釋"彊"曰:"屍勁硬也。"《集韻·漾韻》:"彊,死不朽也。"殭、僵、彊同。

"鞕"同"硬"。《廣雅·釋詁一》:"鞕,堅也。"《玉篇·革部》:"鞕,堅也,亦作硬。"《玄應音義》引《字書》:"鞕,牢也。"《玄應音義》卷一釋《大方等大集經》第二十一卷"确瘦"條引《通俗文》曰:"物堅硬謂之确。"(16)"硬",磧砂藏作"鞕"。《敦煌俗字典》:"敦研 365《大般涅槃經》卷第十五:'烦瑙堅𩊱,亦復如是。'按:《大正藏》作'硬',是,又作'鞕'。"可見,"鞕"爲"硬"之俗字。《慧琳音義》卷十一釋《大寶積經》第九卷"堅鞕":"《考聲》:堅也。或作硬,俗用字也。"(698)

3.《一切經音義》引《字略》的語言學價值

《一切經音義》引用《字略》時,指出了音義所釋字在《字略》中的異體字,爲後世文字學、詞彙學研究提供了依據。如:

罣:《字略》作罫,網礙也。

按:《玉篇·网部》:"罣,罣礙也。"《希麟音義》引《字書》:"罣亦礙也,謂羂礙也。"又曰:"又作罫、絓二形。"(希麟卷第二《新大方廣佛花嚴經》第六卷 2225,罣礙)"罣"又通"挂"。朱駿聲《説文通訓定聲》:"挂,《廣雅·釋詁三》:'挂,止也。'《釋文》:'掛礙也,字亦作罫。'阮孝緒《字略》:'罣,綱礙也。字亦作罣、作罜。'"可見,罣、罫、罣、罜、挂、絓等字互通。

洋(煬):《字略》作煬,釋金也。

按:《玄應音義》卷十六釋《大愛道比丘尼經》上卷"洋銅"條曰:"謂煮之消爛洋洋然也。《三蒼》:'洋,大水皃也。'"(349)《慧琳音義》卷四十一釋《六波羅蜜多經》第三卷"洋銅"條曰:"洋洋,水流皃也。"(1215)李維琦在《佛經釋詞》中明確指出"其釋'洋'字,非是"。古人訓釋"洋"字時,取固態物體(如金屬、石塊等)銷鎔爲液體後的"洋洋然"的形態,故以"洋"表"熔(溶)化"義,如《釋名·釋飲食》:

“餳，洋也。煑米消爛洋洋然也。”

《漢語大詞典》釋“洋”曰：“用同‘烊’。熔化、溶化。”徐時儀《玄應〈衆經音義〉研究》釋“洋”字曰：“洋，即烊，亦即鎔。”并指出：“‘烊’字在‘銷鎔’義上與‘煬’同義，爲後出俗語詞，故佛經中借‘洋’字以記其音。”①這是比較中肯的説法。“煬”之本義爲烘烤、向火取暖。《説文》：“煬，炙燥也。”《玉篇·火部》：“煬，炙也，對火也，熱也。”後引申爲鎔化金屬。《廣韻》：“釋金也。”《集韻·陽韻》：“煬，爍金也。或作烊。”而“烊”字則在佛經文獻中僅見“烊銅”用例，表鎔化後的銅汁，如《佛説佛名經》卷二：“吞噉鐵丸，烊銅灌口。”玄應引《字略》釋“洋”爲“釋金也”，確也。

由上可見，宋世良《字略》是南北朝時一部有價值的字書，收詞範圍大約與《玉篇》相當，可能參考了《玉篇》、《文字集略》、《字書》等訓詁學著作。《字略》一書惜佚，僅爲《一切經音義》所獨載，雖僅能窺得一隅，亦彌足珍貴。正如徐時儀所言，玄應和慧琳所釋音義即使是一些單詞只義，也有如斷璣碎璧，無一不是古澤斑斕的早期訓詁語料，在古籍整理研究方面具有不可忽視的重要學術價值。本文所揭示者僅爲現所能見的《字略》佚文，若有幸《字略》全本能昭見，必能爲學界添一圭璧！

參考文獻

[1] 徐時儀.《一切經音義》三種校本合刊[M].上海：上海古籍出版社，2008.

[2] 徐時儀.玄應與慧琳《一切經音義》研究[M].上海：上海人民出版社，2009.

① 徐時儀《玄應〈衆經音義〉研究》，中華書局2006年版，第440頁。又蔣禮鴻指出：“鎔化金屬的‘烊’字唐人都寫作‘洋’，或寫作‘煬’，‘烊’雖是正字，恐怕還是比照‘洋’字而造的後起字。”《敦煌變文字義通釋》，上海古籍出版社1997年增補定本，第104頁。李維琦指出：“‘鎔銅’亦即‘洋銅’，‘洋’爲‘鎔’之音轉.鎔，義爲銷鎔、音爲洋者，字書通作煬、烊。”《佛經釋詞》，嶽麓書社1993年版，第251頁。

[3] 徐時儀. 玄應《衆經音義》研究[M]. 北京：中華書局，2006.

[4] 姚永銘. 慧琳《一切經音義》研究[M]. 南京：江蘇古籍出版社，2003.

[5] 于亭. 玄應《一切經音義》研究[M]. 北京：中國社會科學出版社，2009.

[6] 蔣禮鴻. 敦煌變文字義通釋[M]. 上海：上海古籍出版社，1997.

[7] 李維琦. 佛經釋詞[M]. 湖南：嶽麓書社，1993.

[8] 許威漢. 訓詁學導論[M]. 北京：北京大學出版社，2003.

[9] 趙克勤. 古代漢語詞彙學[M]. 北京：商務印書館，1994.

[10] 黃征. 敦煌俗字典[M]. 上海：上海教育出版社，2005.

[11] 徐剛. 古文源流考[M]. 北京：北京大學出版社，2008.

[12] 曹建國、張玖青. 李商隱《字略》真偽考辨[J].《文學遺產》2004 年第 3 期.

（作者單位：上海師範大學）

《一切經音義》引《字指》考

廖宏艷

本文以《慧琳音義》、《玄應音義》、《希麟音義》所引《字指》，與《小學鉤沉》任大椿輯龍璋光緒甲申重刊本、《小學蒐逸》龍璋輯本、《黄氏逸書考》黄奭輯本、馬國翰《玉函山房輯佚書》這幾個輯本进行比勘。希望能爲《字指》的整理工作提供一個參考。

一、《字指》簡介

晉代李彤著。據《隋書·經籍志》記載，共兩卷。《唐書·經籍志》已不著録此書。現存有馬國翰輯本、黄奭輯本、任大椿輯本和龍璋輯本等。馬國翰娜嬛館本《玉函山房輯佚書》(下簡稱"馬輯本")字跡難辨，約收録20條佚文；黄奭輯《黄氏逸書考·漢學堂經解》(下簡稱"黄輯本")中録有10條；任大椿輯龍璋光緒甲申重刊本《小學鉤沉》(下簡稱"任輯本")第十三卷收録《字指》一書，共計11條；龍璋輯《小學蒐逸》(下簡稱"龍輯本")中所收《字指》一書存佚文30條。從佚文體例看，《字指》所釋包括單字和雙音詞。而幾種輯本中，基本每個條目後都有相應的出處，而"馬輯本"中還有反切的標注。這些條目中有不少是對於同一詞目的釋義，因而條目和詞目的數量並不統一，例如對於詞目"蕉"的釋義，出現了4個不同的條目。因"馬輯本"字跡模糊，故就其可辨析的部分進行分析。

二、《一切經音義》引《字指》佚文與四種輯本比勘

據沈兼士等人編寫的《正續一切經音義附索引兩種》中"一切

經音義引用書索引”的統計,《字指》出現在《慧琳》條目中的次數爲30次,其中《慧琳》部分所引條目轉引自《玄應》和《慧苑》,《玄應》引《字指》3次,《慧苑》引用《字指》2次,《希麟》引用《字指》3次。

1.《字指》云:糞,屎也。(《慧琳》卷二**屎尿**)

按:“任輯本”、“黄輯本”、“馬輯本”均無;“龍輯本”引自《慧琳》。

2.《字指》云:蕉生交趾,葉如席,煮可紡績爲布,汁可以漚麻也。葉廣二三尺,長七八尺。(《慧琳》卷四**芭蕉**)《字指》云:子可食,葉如席可以爲布也。(《慧琳》卷六**芭蕉**)《字指》云:生交趾,葉如席,煮可紡績爲布,汁可漚麻。(《慧琳》第三十一卷**芭蕉**)《字指》云:生交阯郡,葉如席,煮可以紡績爲布,汁可以漚麻也。(《慧琳》第七十六卷**芭蕉**)

按:“任輯本”、“黄輯本”、“馬輯本”均沒有收錄此條;“龍輯本”與《慧琳》卷四芭蕉條同。

3.《字指》云:澡,盥也,洗也。(《慧琳》卷十**嘗澡**)

按:“任輯本”、“黄輯本”、“馬輯本”均沒有收錄“澡”這一詞條;“龍輯本”引《慧琳》。

4.《字指》云:仡嶷,山峰皃也。(《慧琳》卷十四**嶷然**)

按:“任輯本”、“黄輯本”、“馬輯本”均沒有收錄;“龍輯本”引《慧琳》。

5.《字指》:謦欬,通咽喉氣也。欬,嗽聲。(《慧琳》卷十四**謦欬**)

按:“任輯本”、“黄輯本”、“馬輯本”均沒有收錄“謦欬”這一詞條;“龍輯本”與《慧琳》同。

6.《字指》曰:嶷崱,山峰。自今謂十地依佛智,如十山依十一地,雖峰峙各殊而所依是一也。(《慧苑》卷二十二**嶷然住**)(見《慧琳》第二十二卷新譯大方廣佛花嚴經音義卷中)《字指》曰:崱嶷,山峰皃也。(《慧苑》卷二十二**嶷然高出**)(見《慧琳》第二十二卷新譯大方廣佛花嚴經音義卷中)《字指》曰:嶷崱,山峯皃也。(《希麟》新大方廣佛花嚴經卷第十二**嶷然**)

按:"龍輯本"收"嶷崱"、"崱嶷"兩個詞目,釋義同;"任輯本"和"黃輯本"作"崱嶷"。"馬輯本"無收。

7.《字指》曰:映,不明也。(《惠苑》第二十三卷**泉流縈映**)(見《慧琳》第二十二卷新譯大方廣佛花嚴經音義卷下)《字指》:映謂不明皃也。(《慧琳》卷九十八**映蔚**)

按:"任輯本"作:"映,半明也。""黃輯本"此條從"任輯本"。"龍輯本"與《慧琳》所釋同,均为"不明"義。

8.《字指》:取香皆當預斫,久乃香出。銘曰:檻之爲木,其樹甚大。欲取其香,必彌年載。(《慧琳》卷第三十九**木檻**)

按:"任輯本"、"黃輯本"、"馬輯本"均無;"龍輯本"與《慧琳》同。

9.《字指》云:穀,取牛羊乳也。(《慧琳》卷第五十三**榖捋**)

按:"任輯本"、"黃輯本"、"馬輯本"均無;"龍輯本"與《慧琳》同。

10.《字指》曰:嶌嶷,上峯皃也。(《慧琳》卷第八十八嶷爾)《字指》云:

嶌嶷,山高皃也。(《慧琳》卷第五十三**嶷然**)

按:"任輯本"、"黃輯本"、"馬輯本"均無;"龍輯本"作:"嶌嶷,山高貌也(慧琳起世因本經)。"

11.《字指》云:礣砎,雷大聲也。(《玄應》卷第十五**砎砎**、《慧琳》卷第五十八**砎砎**)

按:四種輯本的釋義與《玄應》、《慧琳》同。

12.《字指》云:鷓鴣鳥,其鳴自呼,飛徂南不北,形如雌雉也。(《玄應》卷第十六鷓鴣、《慧琳》第六十五卷**鷓鴣**)

按:"龍輯本"作"鷓鴣,其鳴飛自呼,但南不北,形如雌雉";"任輯本"作"鷓鴣,其鳴自呼,飛但南不北,形如雌雉(善見律二)";"任輯本"和"黃輯本"、"馬輯本"三者條目內容同,筆者認爲"鷓鴣"條,應以這三個輯本的內容爲准。"龍輯本"此條中"其鳴飛自呼"似應作"其鳴自呼";而"但南不北"應作"飛但南不北"。

13.《字指》云:南方取之,因其生子,漸下其巢,須可取之,皆

取其羽也。(《玄應》卷第十六**翡翠**)

按:四個輯本的内容一致,作"翡翠,南方取之,因其生子,漸下其巢,頂可取之,皆取其羽也"。與《玄應》的差異在於,"頂可取之"與"須可取之"。"頂"與"須",字形上相似,容易在傳抄中弄混。據《異物志》記載:"翡翠作巢在高樹之顛,去地七八丈,夷人稍稍下之,令去地七八尺,待其子欲成,然後取之。"《玄應》和輯本中均有"漸下其巢"一句,"漸"在句中表"逐漸,漸漸"義,與《異物志》中"夷人稍稍下之"文意相對,而"須"有"等待"義,與"待其子"文意相符,因而,應以《玄應》"漸下其巢,須可取之"爲正。

14.《字指》云:椰子,南方果木名也。出交阯廣州,其名曰椰,木十丈,葉在其末,實如巨瓠,療飢止渴。(《慧琳》卷第八十一**椰子**)

按:"任輯本"、"黄輯本"、"馬輯本"均無;"龍輯本"與《慧琳》同。

15.《字指》云:如瀋流也。形聲字也。(《慧琳》卷第八十一**風駛**)

按:"任輯本"、"黄輯本"、"馬輯本"均無;"龍本"所引與《慧琳》同。

16.《字指》云:大聲。(《慧琳》卷第八十三**訇磕**)

按:四種輯本的釋義與《慧琳》同。"龍輯本"與"馬輯本"寫作"磕"。

17.《字指》:貙貙人出公牛氏,能爲虎。(《慧琳》卷第九十九**貙虎**)

按:"任輯本"、"黄輯本"、"馬輯本"均無;"龍輯本"與《慧琳》同。

18.《字指》:嵰嶮,不平也。(《慧琳》卷第九十九**嶮峭**)

按:"任輯本"、"黄輯本"、"馬輯本"均無;"龍輯本"與《慧琳》同。

19.《字指》云:屼,秃山皃也。(《慧琳》卷第九十九**嶢屼**)

按:四個輯本均收有"**兀**"條,内容一致,作"**兀**,秃山也";"屼"

條見於“龍輯本”和“任輯本”,“龍輯本”引自《慧琳》;“任輯本”作“岏,禿山也(吳都賦注)”。

20.《字指》云:爚,電光皃也。(《慧琳》卷第九十九光爚)

按:四種輯本釋義與《慧琳》相同。

21.《字指》:岃嵷,卑而長也。(《慧琳》卷第九十九岃嵷)

按:“任輯本”、“黄輯本”、“馬輯本”均無;“龍輯本”與“慧琳”同。

22.《字指》云:莔類。(《希麟》卷九梗樹)

按:“龍輯本”與《希麟》同;“任輯本”、“黄輯本”、“馬輯本”三者爲“梗,木似豫章。”

三、《一切經音義》沒有而清人輯本收録的《字指》佚文

1. 欶:驢鳴也。見於卷子本《玉篇》。(“龍輯本”)

按:《龍龕手鑑·欠部》,“欶,驢啼也”。

2. 浽溦:小雨也。見於卷子本《玉篇》。(“龍輯本”)

按:《广韵·平脂》:“浽,浽微,小雨。”

四、結語

因郷嬛館本《玉函山房輯佚書》中所收録的《字指》一書,原文字跡模糊,難以辨識,故在確定所收詞目的字形時,存在疑問。另《中國叢書總録》中所列的《字指》一書,《小學鉤沉》中所録《字指》尚有翠琅玕叢書本、芋園叢書本等版本,而黄奭所輯《字指》尚有《漢學堂叢書·經解小學類》本,可資補證。受本人目力所限而未能涉及這些版本,故有待學者加以研究。從所比勘的幾種輯本情況來看,《一切經音義》所引用的《字指》佚文與後世所傳佚文差異不大,可相互借鑒。

(作者單位:上海師范大學)

玄應《衆經音義》各本引《字林》考

郎晶晶

晉呂忱所作《字林》是魏晉南北朝時期一部重要的字書，後人稱其“承《説文》之緒，開《玉篇》之先”。[①]《字林》問世後，經魏晉南北朝至唐而極盛，在唐時幾于《説文》齊名，被視爲當時語言文字的典範。

《字林》已亡佚，現以任大椿《字林考逸》輯本最爲翔實。任氏輯本從晉後大量文獻中輯得其所引《字林》成《考逸》一書，爲我們大致瞭解《字林》的早期面貌提供了極大的幫助。然因部分文獻早已散佚或是現存版本的單一，我們往往無法判斷任氏輯本的正誤。因此對玄應《衆經音義》所引《字林》進行梳理、分析，並將之與《字林考逸》所輯内容進行對比，具有重要意義。

玄應《衆經音義》版本較多且互有交叉，因此其各本所引《字林》在收詞、釋義上也多有差異。筆者選取麗藏本[②]、磧本[③]以及與磧本相差較大的大治本[④]作爲研究對象。根據統計，三個版本所引《字林》條目數分别爲 462 條、477 條、452 條，其中完全相同者共 396 條。本文主要就這三個版本所引《字林》不同之處進行論述，期以對《字林》之整理與研究有所裨益。

---

① 任大椿《字林考逸・序》，江蘇廣陵古籍刻印社 1987 年影印版。

② 高麗藏本，文中簡稱麗藏本。

③ 磧砂藏本，文中簡稱磧本。

④ 山田孝雄據聖語藏本和大治寫本匯編本，文中簡稱大治本。

一、磧、麗藏、大治各本條目不同者

（一）大治本有，麗藏本、磧本無者

1. **婆啉**　力南反。依字林，聑也，譙也。（卷第一《大威德陁羅尼經》大治本）

婆啉　力南反。依字，**啉**，聑也，譙也。（麗藏本、磧本）

按：此條任氏輯本無。檢玄應《衆經音義》之體例有："**薩皤**　蒲何、補何二反。依字，皤，白也。"[①]"**訕若**　所姦反。依字，訕，謗也。"[②]或："**他恀**　音是，又時移反。依字，《爾雅》：恀、怙，恃也。"[③]"**遮嗟那**　勅轄反。國名也。依字《韻集》云咀嗟，語不正也。"[④]又慧琳《一切經音義》"婆啉"條亦同麗藏本、磧本。如果該條體例與第二、三種相同，那麼應作："依字，《字林》，聑也，譙也。"由此我們大致可以確定此條應是由於大治本爲手鈔本，在傳抄過程中誤將"啉"寫作"林"，故此條並非引用自《字林》。

2. **行蘊**　梵言塞建陀，此翻名蘊。由積聚義説名爲蘊。**《字林》：蘊，積也。**《廣雅》：蘊，聚也。《左傳》：蘊藻。杜預曰：蘊，聚也。蓄藏諸色，故言。色蘊受想等四義亦如是。舊經論中或言五衆。又云五聚，頗亦近是，仍未捴名，若翻陰者……[⑤]（卷第二十二《瑜伽師地論》卷一　大治本）

按：今《字林考逸·卷二·艸部》無"蘊"，有"薀，積也"，輯自《對法論》卷一。然檢玄應《衆經音義》[⑥]卷二十三《對法論》卷一作："**辯蘊**　於粉反。梵言塞建陀，此翻名蘊。有爲之法，由積聚義説名爲蘊。字林：蘊，積也。廣雅：蘊，聚也。聚音才句反。左

① 玄應《衆經音義》卷第八《虚空藏菩薩經》，麗藏本。

② 玄應《衆經音義》卷第十四《四分律》卷三十二，麗藏本。

③ 玄應《衆經音義》卷第一《大集日藏分經》卷九，麗藏本。

④ 玄應《衆經音義》卷第一《大集月藏分經》卷十，麗藏本。

⑤ 大治本此條最後部分模糊不清，因不影響《字林》釋義，故此簡略。

⑥ 麗藏本。

縳[①]:藴藻。杜預曰:藴,聚也。蓄藏諸色,故言。色藴受想等四義亦如之。舊經論中或言五衆。又云五聚,頗亦近是,仍未總名。舊翻陰者,失之久矣。"慧琳《一切經音義》"辯藴"條亦同,均作"藴"而無"薀"。檢歷代辭書,雖"薀"也有"積也"之義,但此處應爲任大椿之誤。"行藴"條玄應麗藏本、磧本、慧琳大正藏本均無,可能爲傳抄中所漏。[②]

(二) 大治本無,麗藏本、磧本有者

1. **懟恨** 古文譵,**字林同**。丈(大)[③]淚反。(卷第二《大般涅槃經》卷十一 麗藏本、磧本)

懟恨 古文譵,字同。大淚反。(大治本)

懟 大淚反。/**怨也**。[④](《字林考逸》卷六)

2. **慴伏** **字林:慴,服也**。(卷第九《大智度論》卷三十三 麗藏本、磧本)[⑤]

慴伏 **完林:慴,服也**。(大治本)

慴 服也。(《字林考逸》卷六)

3. **陰頹** **字林作瘄**,重疾也。(卷第十《佛阿毗曇》下卷 麗藏本、磧本)

陰頹 **家林作瘄**,重疾也。(大治本)

瘄 重疾也。(《字林考逸》卷五)

按:以上3條任氏輯本皆有收錄。第1條脱"林"字;第2條誤

① 縳 磧本作"傳"。

② 上田正先生《〈玄應音義〉諸本論考》一文論及《玄應音義》諸本的關係時認爲,玄應諸本在傳寫過程中,不僅有誤寫誤脱,還有後人的改訂或增補。而徐時儀先生在《玄應〈衆經音義〉研究》中比勘各本後認爲,慧琳轉録所據之本與原本接近,大治本可能傳抄于宋刻本修訂前的唐寫本,磧本和麗藏本所據之本皆已爲後人的修訂本。故此條磧本、麗藏本、慧琳大正藏本均無,亦有可能爲大治本所加。

③ 磧本"丈"作"大"。

④ "怨也"輯自《文選·長笛賦》注、《文選·歎逝賦》注。

⑤ 此條釋義問題將在下文"釋義不同者"部分作具體論述。

作"字"爲"完";第 3 條誤作"字"爲"家",此皆因大治本爲手抄本之故。又第 1 條"懟"之反切,大治本、磧本作"大淚反",麗藏本作"丈淚反",慧琳麗藏本此條作"直淚反",任氏與大治本、磧本同。檢《康熙字典》:"《廣韻》、《集韻》、《韻會》、《正韻》太'直類切',音墜……又《集韻》'徒對切',音隊。"可見"大淚反"、"丈淚反"、"直淚反"於音韻上皆可。而從字形來看,"大"、"丈"字形相近,尤其在草寫時極爲相似,故"大"、"丈"之別應爲傳抄之誤,而慧琳的"直淚反"應爲其自行改之。

4. **欬逆** **字林:欬,瘶也。**經文多作咳,胡來反。咳謂嬰兒也。咳非今用。(卷第二《大般涅槃經》卷十二 麗藏本、磧本)

欬逆 又咳謂嬰兒也。咳非今用。(大治本)

欬 **瘶也**。(《字林考逸》卷五)

5. **隈處** 於回反。説文:一㞢反。水曲隩也。隈,隱蔽之處也。又作㡨,烏輩反。**字林:㡨,翳也。**(卷第十四《四分律》卷二十九 麗藏本、磧本)

隈處 於回反。説文:一㞢反。反水曲澳也。隈,隱蔽之處也。又作㡨,烏蜚反。**㡨,翳也**。(大治本)

㡨 **翳也**。(《字林考逸》卷五)

按:以上 2 條任氏輯本皆有收錄,且(相對部分)完全相同,慧琳大正藏本亦同,故應爲大治本傳鈔時所漏。

6. **持毴** 而容反。**字林:毴,罽也。**(卷第十五《僧祇律》卷二十八 麗藏本、磧本)

毴 **而容反。**①/**罽也。**(《字林考逸》卷五)

7. 毛**㲣** 布莽反。**字林:罽方文者曰㲣。**謂毛布也。律文作𣮈,非體也。(卷第十五《五分律》卷二十 麗藏本、磧本)

---

① "而容反。"輯自玄應《衆經音義》卷第十四《四分律》卷四十一"結毴字林:而容反。毛罽也。律文作緝,字書亦罽字,音而用反。鞍毳飾也"。《僧祇律》卷二十八雖亦有,然未言明引自《字林》。

氈　罽之方文者曰氈。[1] /**罽之方文者也。**[2]（《字林考逸》卷五）

按：以上2條任氏輯本皆有收錄，慧琳大正藏本亦有此2條，而大治本2條條目均失，應爲大治本傳抄時所漏。

8. **絜裹**　古文作㓞，同。古纈反。絜，束也，繫也。**字林：**[**麻**][3]一耑也。（卷第十六《善見律》卷一　麗藏本、磧本）

絜裹　古文作㓞，同。古纈反。絜，束也，繫也。（大治本）

潔　麻一耑也。（《字林考逸》卷六）

按：此條應該也是由於大治本傳抄時所漏，然任氏輯本有"潔"無"絜"，慧琳《一切經音義》亦作"絜"。檢《説文解字》："絜，麻一耑也。"《龍龕手鏡》："絜，正。音結。絜，麻端爲也。""潔，音結。清也，靜也。"《原本廣韻》："潔，一清也。經典用絜。"可見，"絜"有"麻一耑"義，而"潔"多爲"清潔"義。就釋義及《字林》對《説文解字》的傳承性而言，《字林》應收"絜"而非"潔"，此處應爲任大椿之誤。

（三）磧本有，麗藏本、大治本無者

1. **嬈固**　乃了反。下又作怘，同。古護反。三蒼云：嬈，弄也。謂煩擾戲弄也。諸經有作嫐，或作嬲，音同。嬈，摩登伽經作擾蠱，厭蠱也。**字林：蠱音古護反。**（卷第四《十住斷結經》卷三　磧本）

嬈固　乃了反。下又作怘，同。古護反。三蒼云：嬈，弄也。諸經有作嫐，或作嬲，音同。嬈，摩登伽經作擾蠱，**音古護反。**（麗藏本、大治本）

---

① 此部分任氏亦説輯自《五分律》卷二十。麗藏本、磧本無"之"字，任大椿此處可能因爲其不影響釋義而未作説明。

② "罽之方文者也。"輯自玄應《衆經音義》卷第十九《四分律》卷二十"毛氈布莽反。謂毛布也。通俗文：邪文曰氈。字林：罽之方文者也"。

③ 麻、麗無，據磧補。此釋義之不同將在下文"釋義不同者"中作詳細論述。

蠱　音古護反。/音故。[①]**/音固。**[②]（《字林考逸》卷八）

2. **泥淖**　奴孝反。蒼頡篇云：深埿也。字林云：濡甚曰淖。亦溺也，濕也。（卷第十二《長阿含經》卷十八　磧本）

泥淖　奴孝反。蒼頡篇云：深埿也。亦溺也，濕也。（麗藏本、大治本）

淖　濡甚也。[③]**/濡甚曰淖。/丈卓反。**[④]

3. **摩抆**　古文揞，同。亡粉反。又**字林云：抆，拭也。**（卷第十四《四分律》卷十一　磧本）

摩抆　古文揞，同。亡粉反。**抆，拭也。**（麗藏本、大治本）

抆　拭也。（《字林考逸》卷七）

按：以上3條任氏輯本皆有收録。與磧本不同的是麗藏本、大治本凡有"字林"前後之字均有脱漏。第2、3條，慧琳大正藏本作"**泥淖**　奴孝反。蒼頡篇云：深也。亦溺也，濕也。""**摩抆**　古文揞，同。亡粉反。**抆，拭也。**律文或作捫。捫，摸也。"亦與麗藏本、大治本相同或基本相同。上田正先生《〈玄應音義〉諸本論考》一文論及《玄應音義》諸本的關係時認爲，玄應諸本在傳寫過程中，不僅有誤寫誤脱，還有後人的改訂或增補。而徐時儀先生在《玄應〈衆經音義〉研究》中比勘各本後認爲，慧琳轉録所據之本與原本接近，大治本可能傳抄于宋刻本修訂前的唐寫本，磧本和麗藏本所據之本皆已爲後人的修訂本。故此三條很可能是磧本所加，而任氏輯本與磧本完全相同，可能即輯自磧本或與之相同的本子，故《字林考逸》得以輯得此3條。

---

① 輯自玄應《衆經音義》卷七《文殊師利現寶藏經》中卷："嬲固 又作嬲，諸經作嬈，同。奴了反。嬲，擾戲弄也。嬲，惱也。摩登伽經作擾蠱，謂厭蠱也。經中有作顧，非體也。蠱音古。字林音故。"麗藏本。

② 輯自玄應《衆經音義》卷十五《五分律》卷一："厭蠱 于冉反，下字林音固。説文：厭，合也。蒼頡篇：伏合人心曰厭蠱。周禮：庶氏掌除毒蠱。注云：毒蠱蟲物，病害人者也。謂蠱行毒也。律文作固，非也。"麗藏本。

③ 輯自《經典釋文·爾雅·釋言》。

④ 輯自《經典釋文·莊子·逍遥遊》。

4. **選得** 先兗、先絹二反。**字林:選,簡擇。**(卷第九《大智度論》卷二 磧本)

選 簡擇也。(《字林考逸》卷二)

5. **涓流** 古玄反。**字林:水小流涓涓然也。**(卷第十二《達磨多羅禪經》上卷 磧本)

涓 工元反。①/**水小流也。**②/**水小流涓涓然也。**(《字林考逸》卷六)

6. **窰師** 羊招反。**字林:燒瓦竈也。**(卷第十五《十誦律》卷九 磧本)

窰 燒瓦灶③**也。**(《字林考逸》卷五)

按:以上 3 條任氏輯本皆有收錄,且與磧本完全相同。慧琳大正藏本亦收此 3 條,而大治本、麗藏本 2 條條目均失,似爲麗藏本、大治本傳抄時所漏。④

7. **快樂** 苦壞反。經文作噲。**字林:噲,咽也。……字林:快,喜也。**(卷第十三《新歲經》 磧本)

噲樂 字林:快,喜也。(麗藏本、大治本)

噲 咽也。(《字林考逸》卷二)

快 一也。(《字林考逸》卷六)

按:慧琳大正藏本作"**噲樂** 苦壞反。經文作噲。字林:噲,咽也。蒼頡篇此亦快字也。字林:快,喜云之。"大致與磧本同。麗藏本、大治本較磧本脱"經文作噲。字林:噲,咽也。"而從這段文字可知此條字頭應爲"快"而非"噲",此應爲麗藏本、大治本之誤。又"快"任氏輯本釋義爲"一也",而磧本、麗藏本、大治本均作"喜也"。

---

① 輯自《經典釋文·爾雅·釋水》。

② 輯自玄應《眾經音義》卷第十一《正法念經》卷三十二:"涓流 古玄反。字林:水小流也。"麗藏本。

③ "灶"爲"竈"之簡體。

④ 如上文按語所言,此 2 條雖慧琳大正藏本、磧本皆收,大治本、麗藏本失收的可能較大,但亦有可能是磧本所增。

檢歷代辭書有:《玉篇》:"快,苦夬切。可也,喜也。"《説文解字》:"喜也。從心夬聲。"並無"一"義。而"一"之繁體"壹"與"喜"十分相似,故筆者認爲此應爲任氏之誤。

8. **嚼食** 自略反。廣雅:嚼茹也。**字林:咀也。**咀,才與反。亦即噍嚼也。(卷第十六《毗尼母律》卷九 磧本)

嚼食 自略反。廣雅:嚼茹也。**字書:咀也。**亦即噍嚼也。(麗藏本、大治本)

嚼 咀也。(《字林考逸》卷二)

按:此條任氏輯本有收,且與磧本相同。而麗藏本、大治本"字林"作"字書",慧琳大正藏本亦同。檢玄應《衆經音義》亦多有引自《字書》者,如:"**麨麩** 丘語反。《字書》:麥甘粥也。《蒼頡篇》:煮麥也。"[①]"**椷篋** 胡緘、古咸二反。《説文》:椷,篋也。《廣雅》:篋謂之椷。《字書》:木篋也。"[②]故雖任氏本輯此條爲《字林》,但因《字書》已不存[③],已無法瞭解《字書》有無收錄"嚼",故此存疑。

9. **稽留** 古兮反。**字林:稽,留也。稽,止也。**(卷第九《大智度論》卷十八 磧本)

10. **噤戰** **字林古文唫,**同。渠飲反。楚辭:噤閉而不言。王逸曰:閉口不開爲噤也。(卷第九《大智度論》卷十八 磧本)

噤戰 **古文唫,**同。渠飲反。閉口不開爲噤也。(麗藏本、大治本)

按:以上2條前者麗藏本、大治本整條目未收;後者脱"字林"。慧琳大正藏本前者與磧本同,後者爲"**噤戰** 古文唫,同。渠飲反。楚辭:噤閉而不言。王逸曰:閉口不開爲噤"。大致與麗藏本、大治本同。如上文所言,前條雖有較大可能爲麗藏、大治本失收,亦有可能爲磧本所增。而後者極有可能爲磧本所增,而非麗藏、大治

---

① 玄應《衆經音義》卷第十三《樓炭經》卷四,麗藏本。

② 玄應《衆經音義》卷第十三《阿那律八念經》,麗藏本。

③ 由於各詞典史均未提及有《字書》一書,故不知古時是否確有此書。此亦有可能是泛指字書。

本、慧琳本所漏。此2條任氏輯本及各補本均未收錄。

（四）磧本、大治本有，麗本無者

1. **搏截　字林：剸截之剸，作剸，音杜丸反。**（卷第九《大智度論》卷十八　磧本）

搏截　字林作揣，初委、都果二反，量也，度也。揣非義旨。（大治本）

剸　杜丸反。/裁也。[①]**/截也。**[②]（《字林考逸》卷三）

按：任氏輯本收"剸"而無"揣"。然任氏輯本無"剸截之剸，作剸"，檢任氏所輯《字林》條目，並無此種體例表達方式，故筆者認爲此處應是玄應語。慧琳大正藏本與磧本同。而大治本應脱"剸截之剸，作剸，音杜丸反。論文作"等字，故在釋義上與磧本有所不同。麗藏本無"搏截"條，應爲傳抄時所漏。

2. **聻聒**　蒼頡篇：擾耳孔也。**字林云：讙語也。**（卷第十二《長阿含經》卷三　磧本）

聻聒　蒼頡篇：擾耳孔也。**字林：讙語也。**（大治本）

聻聒　蒼頡篇：擾耳孔也。**讙語也。**（麗藏本）

按：此條任氏漏收，今李增傑補本輯入，與磧本同，可見其所用玄應《衆經音義》爲磧本或與磧本相同者，而不知麗藏本實無"字林"二字。慧琳大正藏本與麗藏本同。如上文第三部分第3條按語所言，此條雖有較大可能爲麗藏本所漏，但亦有可能爲磧本所增。

（五）麗藏本、大治本有，磧本無者

沃野　於梏反。**字林云：溉灌名沃。沃，澆也，濕也，亦美也。**（卷第十三《般泥洹經》 麗藏本）

沃野　於梏反。**字林云：溉灌名沃。沃，澆也，濕也，亦美。**（大治本）

沃野　於梏反。**廣雅云：**沃，濕也，美也，亦柔也。溉灌曰沃

① 輯自《文選·長笛賦》注。

② 輯自《文選·聖主得賢臣頌賦》注。

也。（磧本）

按：此條任氏漏收，今李增傑補本據慧琳《一切經音義》卷第五十二《大般涅槃經》卷："**沃野** 烏梏反。《字林》云：溉灌名沃。沃，澆也。《廣雅》：濕也，亦美也。"補，可見李氏並未見麗藏本、大治本。從各本所引"沃野"條看，麗藏本、大治本基本相同，僅差一字，較磧本脱"廣雅云：沃"；磧本較麗藏本、大治本脱"字林云：溉灌名沃。沃，澆也"。而從慧琳所引"沃野"條看，《字林》確收"沃"，且釋義與麗藏本、大治本前半部分完全相同，而其所引《廣雅》釋義又與兩本後半部分相同。綜上所述，三本之"沃野"條應爲"**沃野** 於梏反。《字林》云：溉灌名沃。沃，澆也。《廣雅》云：沃，濕也，亦美也"。

二、磧、麗藏、大治各本釋義不同者

1. **良祐** 力張反。良，善也，亦賢也。下胡救反。**字林：祐，助也。**（卷第一《大方等大集經一》卷四 麗藏本）

良祐 力張反。良，善也，亦賢也。下胡救反。**祐者，助也。**天之所助也。（磧本）

良祐 力張反。良，善也，亦賢也。下胡救反。**祐者，助也。**（大治本）

祐 **祐者，助也。**（《字林考逸》卷二）

按：此條麗藏本、大治本與任氏輯本大致相同，然磧本有"天之所助也"。任氏輯本此條下雖亦説《大方等大集經一》卷四下有"天之所助也"，但任大椿最終未將其列入《字林》釋義。檢歷代辭書《説文解字》、《玉篇》等"祐"均有"助"義，無"天之所助"義，僅《龍龕手鏡》有"祐音又，福也。神助也。"雖然"神助也"與"天之所助也"在意義上十分相近，但就此條來看，"天之所助也"更像是玄應對"祐"字之義"助也"的補充，玄應《眾經音義》亦多有此例："**謫罰** 都革反。通俗文：罰罪曰謫。字林：謫，罪過也，責也。説文：罪之小者曰罰。罰亦折伏也。"[1]"**儕類** 士皆反。字林：儕，等也。儕

① 玄應《眾經音義》卷一《大集月藏分經》卷七，麗藏本。

猶輩類也。左傳:‘晉鄭同儕’是也。”[1]“罰亦折伏也”似爲《説文解字》之釋義;“儕猶輩類也”似爲《字林》之釋義,然此二者均爲玄應之説。因此“天之所助也”也應爲玄應之言。

2. **蚺虵**　而塩反。**字林:大蛇也。可食,大二圍,長二丈餘。**異物志云:蚺蛇食灰吞鹿出鹿,與巴蛇同。(卷第十六《善見律》卷六　麗藏本、磧本)

蚺虵　而塩反。**字林:大蛇也。可食,大圍,長二丈餘。**異物志云:蚺蛇食灰吞鹿出鹿,與巴蛇同。(大治本)

蚺　**大蛇也。可食,大二圍,長二丈餘。**(《字林考逸》卷八)

3. **貊貘**　又作貊,同。莫白反。**字林:似熊,黄黑,出蜀。一曰白豹。**(卷第十九《佛本行集經》卷二十六　麗藏本、磧本)

貊貘　又作貊,同。莫白反。**字林:似熊,黄,出蜀。一曰白豹。**(大治本)

貘　**似熊而白,黄,出蜀郡。一曰白豹。**[2]**/似熊,黄黑,出蜀。一曰白豹也。/似熊而白,出蜀郡。**[3](《字林考逸》卷五)

按:以上2條從上下文及任氏輯本來看,應爲大治本脱字,前者脱“二”,後者脱“黑”。

4. **戶闟**　**字林:書僮笘也。**(卷第二《大般涅槃經》卷四十　麗藏本)

戶闟　**字林:僮笘也。**(大治本)

戶闟　**字林:書僮笘也。**(磧本)

籥　**書僮笘也。**(《字林考逸》卷三)

按:檢《説文解字》:“籥,書僮竹笘也。從竹龠聲。”又《康熙字典》:“苦,《集韻》、《韻會》丛孔五切,音苦。又《集韻》:果五切,音古。”“笘,《唐韻》:失廉切。《集韻》:詩廉切。丛音苫。又《集韻》:七甘切。又《集韻》、《類篇》丛處占切,音襜。又《廣韻》:丁協切。

① 玄應《眾經音義》卷一《法炬陁羅尼經》卷十七,麗藏本。
② 輯自《經典釋文·爾雅·釋獸》。
③ 輯自《六書故》,任氏言《六書故》引“貘”作“貊”。

《集説》:託協切。㓼音帖。又《集韻》:的協切。音𧝓。"可見此條音"赤占反"的應是"笘"而非"笞"。此條應爲麗藏本形近而誤,而大治本此應脱"書"。

5. **眩惑　字林:眩,亂也。漢書:黎軒條支國善眩。**案眩亦幻也。軒音居言反。(卷第一《大方廣佛華嚴經》卷三十三　麗藏本、磧本)

眩惑　字林:眩脩支國善眩亂也。漢書:黎軒之幻也。軒音君言反(大治本)

眩　亂也。/惑也。①(《字林考逸》卷三)

按:大治本"條支國善眩"誤寫入前文《字林》釋義,此應爲大治本傳抄之誤。②

6. **鬵䰝　字林:甑,炊器也。鬵,大釜也。一曰甗,大上小下若甑也。**(卷第十《般若燈論》卷二　麗藏本)

鬵䰝　字林:甑,炊器也。鬵,大釜也。一曰鼎,大上小下若甑也。(磧本)

鬵䰝　聲類作甑,又作䰝,籀文作鬵,同。子孕反,下籀文作**鬵**,同。才心反。**字林:甑,炊器也。鬵,大釜也。一曰鼎,大上小下若甑也。**(大治本)

甑　炊器也。(《字林考逸》卷七)

鬵　大釜也。一曰鼎,大上小下若甑也。(《字林考逸》卷三)

按:檢《説文解字》:"鬵,大釜也。一曰鼎,大上小下若甑曰鬵。從鬲兓聲。讀若岑。"從釋義來看,此條呂忱《字林》應完全承襲《説文解字》,此應爲麗藏本、大治本形近而誤。

7. **猩猩**　所京反。**字林:能言鳥也。形如豕,頭如黃鷄。**(卷第四《華手經》卷八　麗藏本、大治本)

猩猩　所京反。**字林:能言鳥也。形如豕,頭如黃鷄。出交阯**

---

① 此條輯自玄應《眾經音義》卷第二十二《瑜伽師地論》卷十五"目眩古文迿,同。胡遍、胡𪇰二反。字林:眩,亂也。惑也。三蒼:視不明也"。

② 此處就《字林》釋義作論述,與《字林》釋義無關者此處不作論述。

封溪,聲如小兒啼也。(磧本)

8. **猩猩** 所京反。**字林:能言獸也。知人名也。形如豕,頭如黃雞。今交阯封溪有之,聲如小兒啼。**(卷第十一《中阿含經》卷十三 麗藏本)

猩猩 所京反。**字林:能言鳥也。知人名也。形如豕,頭如黃雞。今交阯封溪有之,聲如小兒啼。字從犬星聲也。**(磧本)

猩猩 所京反。**字林:能言鳥也。知人名。形如豕,頭如黃雞。今交阯封溪有之,聲如小兒啼。**(大治本)

9. **狌狌** 又作猩,同。所京反。**字林:能言鳥也。**(卷第十五《十誦律》卷一 麗藏本、大治本)

狌狌 又作猩,同。所京反。**字林:能言獸也。**(磧本)

猩猩 能言鳥也。形如豕,頭如黃鷄。出交趾封溪,聲如小兒啼也。/能言鳥也。知人名也。形如豕,頭如黃鷄。今交趾封溪有之,聲如小兒啼,字從犬星也。/能言獸也。(《字林考逸》卷六)

按:從上述幾條來看,"狌狌"與"猩猩"釋義相同。檢歷代辭書,《龍龕手鏡》:"狌或作猩。"《玉篇》、《廣韻》、《類篇》等"狌"皆同"猩",《說文解字》收"猩"未收"狌",《字林考逸》亦僅收"猩"。"狌"、"猩"二字音義皆同,是爲異體字。從第9條看,《字林》應是二字兼收,任大椿於"猩猩"條下出按語,言有作"狌狌"者,然筆者認爲似將"狌狌"作字頭收錄再出按語更妥。

從以上3條釋義來看,7、8條麗藏本與大治本基本相同,較磧本脫"聲如小兒啼也"、"字從犬星也";9條麗藏本與大治本相同,磧本"鳥"作"獸"。檢《爾雅·釋獸》:"猩小而好啼。"注:"山海經曰:'人面豕身能言語。'今交趾封谿縣出猩猩,狀如貛㹠,聲似小兒啼。"疏:"《禮記》云:'猩猩,能言不離禽獸是也。'"《說文解字》:"猩猩,犬吠聲。從犬星聲。"從《爾雅》與《說文解字》的釋義來看"猩猩能言禽獸",故"能言鳥也"或"能言獸也"於釋義上皆可;"聲如小兒啼也"、"字從犬星也"的釋義《字林》之前也都已經出現,此應爲麗藏本、大治本之脫漏。從任大椿的所輯此條來看,顯然其採用了磧本或與磧本相同的本子。

10. **梟鴞** 古堯反。土梟也。下爲驕反。**字林:鸋鴂也。形似鳩而青,出白於山,即惡聲鳥也。**(卷第十九《佛本行集經》卷二十七 麗藏本)

梟鴞 古堯反。土梟也。下爲驕反。**字林:鸋鴂也。形似鴞而青白,出於山,即惡聲鳥也。**(磧本)

梟鴞 古堯反。土梟也。下爲驕反。**字林:鸋鴂也。似鳩而青,出白於山,即惡聲鳥也。**(大治本)

鸋 鴂鴞也。(《字林考逸》卷三)

按:麗藏本、大治本、磧本基本相同,從上下文來看,磧本"形似鴞"應爲"形似鳩"之誤;大治本"出白於山"應爲"出白"互乙所致。"鴞"任氏輯本及各補本均未收,任大椿僅收"鸋",輯自《文選·陳孔璋〈檄吳將校部曲文〉》注。檢《爾雅·釋鳥》:"鴟鴞鸋鴂。"注:"鴟類。"可見,鴞、鸋、鴂爲一類鳥,從《字林》"鸋"之釋義來看,呂忱也應是收"鴞"、"鴂"二字的。宋《埤雅》對"鴞"有比較具體的描寫:"鴞大如斑鳩,緑色。所鳴其民有禍。《證俗》云:'鴞,禍鳥也。'今謂之晝烏蓋聲之誤也。《草木疏》曰:'惡聲之鳥也。'"陸佃的描述與《字林》的釋義是十分相似的。此條應爲任大椿漏收。

11. **絢藻** 呼麵反。**字林:文成曰絢。絢亦文章之皃也。藻,水草之有文者也。**(卷第二十二《瑜伽師地論》卷六十七 麗藏本、磧本)

絢藻 呼麵反。**字林:文成曰絢。絢亦文章之皃也。藻,水草之也有文者也。**[①](大治本)

絢 文成曰絢。(《字林考逸》卷三)

按:此條"絢"之義各本皆同,然"藻"之義任氏輯本無。李增傑補本輯自慧琳《一切經音義》卷四十八:"**絢藻** 呼麵反。《字林》:文成曰絢。絢亦文章之皃也。藻,水草之有文章者也。"然玄應《眾經音義》麗藏本、磧本、大治本亦有此條,雖大治本與麗藏本、磧本

① 大治本後有"接也,下?訶反亞次也。"因字跡模糊,"下"後字辨別不清。從内容上來看,此部分與上文全無關係,應是由於大治本手鈔之誤。

略有不同，但就《字林》釋義而言皆同。此條應爲任大椿漏收。[1]

12. **帷幔** �反，下莫旦反。**字林：在旁曰帷。**（卷第三《明度無極經》卷四 麗藏本、大治本）

帷幔 筠龜反，下莫旦反。**字林：在旁曰帷。**在上曰幕。説文：幔，幕也。（磧本）

帷 在旁曰帷。（《字林考逸》卷五）

幕 在上曰幕。（《字林考逸》卷五）

13. **彷徉** **字林音房。下余章反。**廣雅：彷徉，徙倚也。案彷徉猶俳佪也。（卷第十四《四分律》卷十五 麗藏本、大治本）

彷徉 **字林音房。又蒲光、余章反。**廣雅：彷徉，徙倚也。案彷徉猶俳佪也。（磧本）

彷徉 **音房。又蒲光、余章反。**（《字林考逸》卷二）

按：以上 2 條麗藏本與大治本相同，較磧本 12 條脱"在上曰幕。説文：幔，幕也"；13 條脱"又蒲光"。磧本與任氏基本完全相同，可見任氏應採用磧本或與磧本相同的本子。檢《説文解字》："幕，帷在上曰幕。""幔，幕也。從巾曼聲。"《玉篇》："彷，薄光切。"《類篇》："彷，敷方切。害也。又符方切。又蒲光切。"與磧本釋義相同，此應爲麗藏、大治本之誤。

14. **安措** 且故反。**字林：措，置也。施也。**論文作厝，且各反。説文：厝，厲石也。（卷第九《大智度論》卷十四 麗藏本、大治本）

安措 且故反。**字林：措，置也。**禮記：君子明於禮樂，舉而措之而已。鄭玄曰：措猶施也。論文作厝，且各反。説文：厝，厲石

[1] "藻"之釋義雖亦可能是玄應所釋，但從《衆經音義》整體釋義來看，玄應多在引經據典之後加上自己的按語或用"謂"、"猶"等詞區別。如："儕類 士皆反。字林：儕，等也。儕猶輩類也。左傳：'晉鄭同儕'是也。""乳哺 蒲路反。字林：哺，咀食也。謂口中嚼食也。""資財 子夷反。説文：資，貨也。資，財也。經文作貲，子斯反。説文：小罰以財，自贖曰貲。通俗文：平財賄曰貲。案貲亦與資義同也。"（麗藏本）等。故此條筆者同意李增傑之觀點，"藻"之釋義應引自《字林》。

也。摩也。詩云：他山之石，可以爲厝。厝非論旨。（磧本）

措　置也。（《字林考逸》卷七）

15. **大辟**　古文𨐨、㵨二形，同。脾尺反。**字林：辟，法也。除也。字從尸辛。**尸辛者，制其罪，口用法也。論文作邪僻字，非也。（卷第九《大智度論》卷三十　麗藏本、大治本）

大辟　古文𨐨、㵨二形，同。脾尺反。**字林：辟，法也。**韓詩：或辟四方。辟，除也。字從尸辛。尸辛者，制其罪，口用法也。論文作邪僻字，非也。（磧本）

辟　法也。（《字林考逸》卷五）

按：以上2條麗藏本與大治本完全相同，較磧本因各脫"禮記：君子明於禮樂，舉而措之而已。鄭玄曰：措猶"、"韓詩：或辟四方。辟"而顯得磧本於《字林》之釋義有所脫漏。慧琳大正藏本亦有《禮記》、《韓詩》文。檢《禮記注疏》"子張問政子曰：'師乎前吾語女乎？'君子明於禮樂，舉而錯之而已。（鄭玄）注言：'禮樂足以爲政也。錯猶施行也。'"故此似應爲麗藏、大治本之脫漏。15條因《韓詩》已經亡佚，我們已無法確定《韓詩》中是否有"或辟四方"，但就該條之上下文來看，此似應爲麗藏、大治本之脫漏所致。①

16. **白墠**　**字林音善。即白土也，亦名堊。**案吳普本草云"白堊，一名白墡"是也。（卷第十四《四分律》卷五十二　麗藏本、大治本）

白墠　字林音善。墠，土名也。即白土也，亦名堊。案吳普《本草》云"白堊，一名白墡"是也。（磧本）

墡　音善。土名也。即白土也，亦名堊。（《字林考逸》卷八）

按：此條麗藏本與大治本相同，較磧本脫"墠，土名也"。任氏收"墡"，按語言此"墠"應作"墡"，兩字通用。檢歷代辭書"墠"並無"土名，白土"義，《説文解字》"墠"義爲"野土"，今《大字典》"墠"除"野土"義外，另有"祭祀的場所"、"古代的一種祭名"義，亦無"土

---

① 如上文所言，此2條，雖因慧琳本與磧本同而有較大可能爲麗藏、大治本脫漏，但亦有可能爲磧本所增。

名、白土”義。而檢歷代辭書有:《龍龕手鏡》:“墡音善,白土也。”《六書故》:“墡,白埴土也。”又玄應《衆經音義》卷第十七《阿毗曇毗婆沙論》卷七“**白墡** 字體作墠。《字林》:音善,土名也。即白土也,亦名堊。案:吳普《本草》云白‘堊一名白墠’是也”。可見呂忱至玄應時“墠”、“墡”二字應爲通用。從玄應所引《字林》“墡”、“墠”釋義來看,呂忱應是兩字皆收的,故任氏輯本如兩字皆輯,再加按語似更妥。

17. **不拆** 恥挌反。**字林:拆,裂也。亦分也。**律文作卓,非體也。(卷第十五《僧祇律》卷二十八 麗藏本、磧本)

不拆 恥挌反。**字林:拆,裂也。**律文作卓,非體也。(大治本)

拆 恥挌反。/裂也。亦分也。(《字林考逸》卷八)

按:此條麗藏本、磧本完全相同,大治本無“亦分也”。檢王逸《楚辭章句》:“精越裂而衰耄。(注)越,去也。裂,分也。”《淮南子·覽冥訓》:“四極廢,九州裂。”高誘注:“裂,分也。”可見,“裂”確有“分”義,此應爲大治本傳抄過程中所脫。

三、磧、麗藏、大治各本音注不同者

1. **鴛鴦** **字林:於袁反。下烏廊反。**梵言斫迦羅婆迦。(卷第二《大般涅槃經》卷一 麗藏本、大治本)

鴛鴦 **字林:於袁、烏良反。**梵言斫迦羅婆迦。(磧本)

鴛鴦 **字林:於袁、烏良反。**(《字林考逸》卷三)

2. **咄善** **字林:丁兀反。**説文:咄,相謂也。字書:咄,叱也。(卷第二《大般涅槃經》卷九 麗藏本、磧本)

咄善 **字林:丁乞反。**説文:咄,相謂也。字書:咄,叱也。(大治本)

咄善 **字林:丁兀反。/相謂也。**[①]**/相呵也。**[②](《字林考逸》

---

① 輯自玄應《衆經音義》卷第十四《四分律》卷二:“咄男 丁兀反。字林:咄,相謂也。字書:咄,叱也。”麗藏本。

② 任氏輯本言此條輯自《阿毗達摩俱舍論》卷七音義,然檢玄(转下页)

卷二)

3. **拍毱** 古文䶜,今作鞠。**字林:巨六反**。郭璞注三蒼云:毛丸可蹋戲者曰鞠。蹋鞠,兵勢也,所以陳武士簡才力也。劉向別録曰:蹵鞠也。新書二十五篇傳云黄帝所作,云或起戰國時託云黄帝也。(卷第二《大般涅槃經》卷十一 麗藏本、大治本)

拍毱 古文䶜,今作鞠。**字林:居六反**。郭璞注三蒼云:毛丸可蹋戲者曰鞠。蹋鞠,兵勢也,所以陳武士簡才力也。劉向別録曰:蹵鞠也。新書二十五篇傳云黄帝所作,云或起戰國時託云黄帝也。(磧本)

毱 **居六反**。(《字林考逸》卷五)

4. **診病** **字林:諸刃反。診,視也**。聲類:診,驗也。謂看脈候也。(卷第九《大智度論》卷五十五 麗藏本、磧本)

診病 **字林:除丑反。診,視也**。聲類:診,驗也。謂看脈候也。(大治本)

診 **止忍反。視也**。(《字林考逸》卷二)

5. **吒迦** **字林:丁格反,又竹格反。山名也**。此無會釋,所以仍立本名。(卷第二十二《瑜伽師地論》卷一 麗藏本)[3]

吒迦 **字林:丁各反,又竹格反。山名也**。此無會釋,所以仍立本名。(磧本、大治本)

迦 **丁各反,又竹格反。山名也**。(《字林考逸》卷二)

按:以上 5 條任氏輯本皆有收錄,僅在反切部分有所不同。在這些不同的反切中,大多是因爲採用了音同音近而字形不同,或形近錯訛的反切上字或下字,這對字本身的讀音並無多大影響,應是由於傳抄過程中人爲誤寫或有意而改之。而除了第 4 條外,任氏輯本與磧本完全相同,我們大致可以認爲任氏輯《字林》時採用的是磧本或與之相同的本子。

(接上页注文②)應《眾經音義》、慧琳《一切經音義》、希琳《續一切經音義》均無。不知任大椿輯自何處,存疑。

① 麗藏本爲 1 卷,大治本爲第 2 卷,此按麗藏本。

四、磧、麗藏、大治各本因字形或排版不同者

（一）因字形而不同者

1. **蛆螫** 知列反，下式亦反。**字林：蛆，螫也。**説文：螫，蟲毒也。又音呼各反，山東行此音也。（卷第十《大莊嚴經論》卷十一）

蛆 螫也。（《字林考逸》卷八）

按：磧本與大治本一致，麗藏本與任本相同，"蛆"作"蛆"。檢歷代辭書：《玉篇》："蛆，子魚切。蝍蛆也。又且絮、且餘二切。蠅蛆也，亦作膸。"《龍龕手鏡》："蛆，七餘反。蛆蟲也。"《六書故》："蛆，七餘切。蠅之類卵，臭腐糞穢中，爲蟲耎耎化爲蠅。"顯然此"蛆"並無"螫也"之義。又《玉篇》："蛆，蠚也。"《春秋左氏傳 · 僖公二十二年》："蠭蠆有毒。"孔穎達疏："毒蟲也。《方言》云：'燕趙謂蠭爲蠓蝓。'《通俗文》云：'蠆長尾謂之蠍，蠍毒傷人曰蛆。張列反。字或作蜇。'""蛆"有"螫也"之義。又玄應《衆經音義》[①]卷第十九《佛本行集經》卷四十六："蛆蠚 知列反，下火各反。字林：皆蟲行毒也。通俗文：毒傷人曰蛆。經文作蜇，非體也。"麗藏本亦作"蛆"，然其釋義中所引《通俗文》之釋義確與"蛆"字相同。綜上所述，麗藏本與任本之"蛆"皆應爲"蛆"之誤。

2. **摘花** 都革反。蒼頡篇：以指摘取也。律文作擿，**字林：他狄反。擿，除也。**又呈亦反。投擿也。並非此義。（卷第十四《四分律》卷五）

摘 他狄反。除也。（《字林考逸》卷七）

按：麗本與磧本一致，大治本"擿"作"摘"，任本收"摘"作字頭。檢歷代辭書：《玉篇》："擿，雉戟切。投也。"《類篇》："擿，湯革切。又治革切。投也。又陟革切。取也。""摘，他歷切。又陟革切。取也。"《六書故》："摘，陟革切。掐取也。""擿，直隻、治革二切。投也。"可見，"摘"義較單一，僅"取"義；"擿"多爲"投"義，但也有"取"義。而兩字在音"zhai"時通用，《集韻》："摘擿，陟革切。取也。或

① 麗藏本。

從適。"雖然二字都沒有明確寫有"除"義的,但"摘(擿)除"、"摘(擿)取"之義是十分相近的。從該條上下文來看,前有"律文作擿",故下文引《字林》應作"擿",而下文有"投"義的也應爲"擿"而非"摘",故此處應爲大治本形近而誤。而任大椿將"摘"作爲字頭也似不妥,此處《字林》所收應爲"擿"字。

3. **水獺** 他曷、他轄二反。説文:形如小犬,水居食魚者也。律文作狚,丁曷反。**字林:獦狚,獸名也。似狼,赤首**。狚非字體。獦音古曷反。(卷第十四《四分律》卷二)

獦狚,獸名也。似狼,赤眉。(《字林考逸》卷六)

按:磧本與大治本一致,麗藏本"獦"作"獵"。任本"首"作"眉"。檢歷代辭書,《幹祿字書》:"獦獵,上通下正。"將"獦"作爲通用字,"獵"作爲正字。然《玉篇》:"獦,古曷切。獦狚,獸名。""獵,力涉切。犬取獸也。"《六書故》:"獵,力涉切。以犬從禽也。"《重修廣韻》:"獦狚,獸名。"可見二字雖可通用,但意義上仍有區别,尤其是與"狚"連用時組成的是一種動物的專有名稱,故此處應爲麗藏本之誤。又《類篇》:"狚,黨旱切。獸名。猲狚,獸名,巨狼也。又當割切。山有獸如狼,赤首鼠目,名曰獦狚。"可見"獦狚"是一種形似狼而體形更大,赤色頭的一種野獸,且磧本、麗藏本、大治本均作"赤首",此應爲任大椿之誤。

4. **浩晧** **字林:工早反。撓也。亦水大也**。下胡老反。日出光也。(卷第七《阿差末經》卷一)

浩 **工早反。遶也。亦水大也**。(《字林考逸》卷六)

按:麗藏本與大治本一致,磧本"撓"作"澆",任本"撓"作"遶"。《字林》收"撓",玄應《眾經音義》[1]卷第十四《四分律》卷三十三:"**撓令** 火刀反。字林:撓,擾也。漢書'留犁撓酒'是也。"亦收"遶"《集韻》:"遶,《字林》:'圍也。'"顯然兩者於"浩"之義均不符。《字林》未收"澆",檢歷代文獻,"澆"有 1."急流迴旋貌"[2]義,漢劉

① 麗藏本。

② 《大詞典》,下同。

向《九歎·離世》:"波澧澧而揚澆兮,順長瀨之濁流。"王逸注:"澆……湍也;一曰水回波。"2. "指湍流揚起波浪"義,《文選·張衡〈南都賦〉》:"汰瀺灂兮船容裔,陽侯澆兮掩鳧鷖。"李善注引《楚辭》王逸注:"回波爲澆。"與"浩"之義最爲接近,故筆者認爲此處應爲"澆也",麗藏本、大治本應爲形近而誤,"遶"疑爲任大椿之誤。

5. 孿併 所患反。廣雅:孿子,兩也。通俗文:連子曰孿。**字林:雙生也**。蒼頡篇:一生兩子也。併音蒲茗反。爾雅:並,併也。亦俱也。言若二身根,即二人連併,此不可也。(卷第十七《阿毗曇毗婆沙論》卷八[①])

孿 **雙生也**。(《字林考逸》卷八)

按:磧本、大治本與任本一致,麗本"孿"作"孿"。《説文解字》作"孿":"一乳兩子也。從子䜌聲。"任大椿按語云:"《説文》作'孿',《字林》作'孿'。《廣雅》作'孿',與《字林》同。"檢《説文解字》作"孿","一乳兩子也。從子䜌聲。"又《四庫全書》本《廣雅》有"孿"而無"孿"。"孿"、"孿"二字形近義通,然就此條而言,玄應所釋應爲"孿併",而非"孿併"。

6. **咄哉** 都杌反。**字林:咄,相呵也**。字書:咄,叱也。叱音齒逸反。(卷第二十四《阿毗達磨俱舍論》卷七)

咄 丁兀反。[②]/**相謂也**。[③]/**相呵也**。(《字林考逸》卷二)

按:磧本與任本一致,輯自《阿毗達磨俱舍論》卷七。麗藏本"呵"作"訶",大治本"呵"作"謂"。檢《玉篇》:"咄,丁骨切。叱也。"《原本廣韻》:"咄,當沒切。呵也。"《説文解字》:"咄,相謂也。"可見"咄""相謂"、"相呵"二義皆有,而麗藏本"訶"應爲"呵"字之誤。任大椿所用之本應是磧本或與之相同的本子,故輯有"相呵也"。雖

① 麗藏本此屬第八卷,大治本無,此處採用麗藏本。

② 輯自玄應《眾經音義》卷第二《大般涅槃經》卷九:"咄善 字林:丁兀反。説文:咄,相謂也。字書:咄,叱也。"麗藏本。

③ 輯自玄應《眾經音義》卷第十四《四分律》卷二:"咄男 丁兀反。字林:咄,相謂也。字書:咄,叱也。"麗藏本。

然大治本作"相謂也"於釋義上沒有錯誤,但從磧本的"呵"到麗藏本的"訶",我們大致可以推測玄應原本此處應是作"呵"的。

7. **𠜂身** 烏官反。**字林:𠜂,削也。**削音一玄反。削,挑也。(卷第二《大般涅槃經》卷三十三)

𠜂 削也。(《字林考逸》卷三)

按:大治本"削"作"能",麗藏本、磧本與任氏輯本同。因大治本下文亦作"削音一玄反",可見此應爲大治本因"削"、"能"二字形近而誤。

8. **鼬等** 弋周、由救二反。**字林"似鼠,赤黃而大者"是也。**(卷第十一《正法念經》卷十六)

鼬等 **如鼠,赤黃而文。**①/**似鼠,赤黃而文。**(《字林考逸》卷六)

按:磧本"大"作"攵";大治本作"文",與任本同。《廣韻·入屋》:"攴,擊也。凡從攴者作攵。"故磧本之"攵"應爲其形似"文"而誤。檢《説文解字》:"鼬,如鼠,赤黃而大。食鼠者。從鼠由聲。"任大椿輯《經典釋文·爾雅·釋獸》作"赤黃而文",《四庫全書》本《爾雅注疏》亦作"《字林》云:'如鼠,赤黃而文。'"然《康熙字典》曰:"鼬,《爾雅·釋獸》注:'鼬似鼦,赤黃色大。'"可見"文"、"大"二字古已混淆。從《字林》對《説文解字》之傳承性來看,似應作"大"。且就釋義內容而言,此應是指鼬象鼠,但形體比鼠大之義。綜合來看,筆者認爲按麗藏本作"大"較妥。

9. **火燂** 音遭。**字林:燂,燒木焦也。**經文作燂,他念反。(卷第十一《雜阿含經》卷十)

燂 **燒木雧也。**(《字林考逸》卷六)

按:大治本"焦"作"集",麗藏本與磧本同,任本作"雧"。檢《説文解字》:"雧,火所傷也。"《正字通》:"焦,《説文》重文省作雧。"《幹祿字書》亦將"焦"作爲正字。從釋義內容而言,作"焦"或"雧"於釋義都無影響,麗藏本與磧本採用正字"焦",任本採用"雧"。而大治

---

① 輯自《經典釋文·爾雅·釋獸》。

本之"集"應爲其形近而誤。

10. **嫈暝**　**字林:乙莖、茫莖反。心態也,亦細視也。**經文作嚶暗,未見所出。(卷第十六《大愛道比丘尼經》卷下)

嫈　**字林:乙莖、茫莖反。心態也,亦細視也。**(《字林考逸》卷七)

11. **蝮蛸**　扶福反,下夷六反。**字林:蝮蛸,蟬皮也。猶蛣蜣變爲蟬也。**廣雅:蝮蛸,蛻也。蛻音他外、始鋭二反,謂蛇蛻皮也。經文作輹育,非體也。(卷第十三《見正經》)

蝮蛸　**蟬皮也。猶蛣蜣變爲蟬也。**(《字林考逸》卷八)

按:以上2條麗藏本、磧本與任本一致。前者大治本"態"作"能";後者大治本"蝮"作"蝪","蛸"作"蝮"。這兩條從上下文内容上即可判斷大治本應爲形近而誤。

12. **駁色**　補角反。**字林:斑駁,色不純也。**通俗文:黄白雜謂之駁犖。論文從交作駮,獸名,踞牙食虎豹者也。(卷第十七《阿毗曇毗婆沙論》卷九)

駁　**馬色不純也。方卓反。**[①]/**斑駁,色不純也。**(《字林考逸》卷六)

按:麗藏本、大治本與任本基本一致,僅大治本字頭無"色",此應爲大治本傳抄之漏。磧本"駁"作"駮"。從上下文來看,此條下文有"論文從交作駮",可見上文應作"駁"而非"駮",此應爲磧本形近而誤。

13. **堅勁**　居盛反。**字林:勁,強也。字從力。**(卷第二十二《瑜伽師地論》卷二十五)

勁　**強也。字從力。/強也。字從力巠聲。**[②](《字林考逸》卷八)

按:磧本、大治本與任本一致,麗藏本"勁"作"頸"。任氏輯本

---

① 輯自《經典釋文·爾雅·釋畜》。

② 輯自玄應《衆經音義》卷第十九《佛本行集經》卷七:"勁勇 居盛反。字林:勁,強也。字從力巠聲。巠音古定反。"麗藏本。

無"頸",且從下文釋義即可知此應爲"強勁"之"勁",麗藏本應是形近而誤。

14. **梗躍** 加杏反。梗,強也。**字林:山榆。一名梗,有刺如棘也。**(卷第二十一《大菩薩藏經》卷十七)

梗躍 山榆。一名梗,有刺如棘也。(《字林考逸》卷四)

按:磧本、大治本與任本一致,麗藏本"梗"作"挭"。任氏輯本無"挭",且從下文釋義可知此處應是指一種帶刺的植物,而麗藏本此條字頭亦作"梗",更證明了此處應作"梗"而非"挭",麗藏本應是形近而誤。

15. **彗星 蘇醉反。字林:囚芮反。**釋名云:彗星,星光稍稍似彗也。爾雅:彗星,欃搶。孫炎曰:妖星也。四曰彗。郭璞曰:亦謂之孛。釋名云:言其孛孛然似掃彗也。欃音叉銜反。槍叉行反。(卷第二《大般涅槃經》卷八)

彗 囚芮反。(《字林考逸》卷二)

按:磧本、麗藏本與任本一致,大治本"囚"作"回"。檢《原本廣韻》:"彗,帚也。一曰妖星。又音嵗,又囚芮切。""囚"、"回"二字字形相近,此應爲大治本形近而誤。

16. **鎗銚** 餘招反。溫器也。律文有作鐎,子消反。聲類:溫器也。有柄,即刀斗也。説文:鐎,鐎斗也。**字林云:容一斗,似銚無緣也。**(卷第十五《僧祇律》卷十七)

鐎 容一斗,似銚無緣也。(《字林考逸》卷八)

按:磧本、大治本與任本一致。麗藏本"似"作"以"。從麗藏本來看,因爲此處印刷模糊,"似"字之偏旁"亻"更像是由於刻印而丢失,而非本就作"以",而從上下文之釋義來看此處作"似"應是無疑的。

(二) 因排版而不同者

1. **驚悸** 古文痵,同。其季反。**字林:心動也。**説文:氣不定也。(卷第四《大灌頂經》卷五 麗藏本、磧本)

驚悸 古文痵,同。其季反。**字林:心動也。文説氣不定也。**(大治本)

2. **跟劈** 古文鎃、脈二形。**字林:匹狄反,破也。關中行此音。**説文音隱披厄反。江南通行二音。(卷第十四《四分律》卷十四 麗藏本、磧本)

跟劈 古文鎃、脈二形。**字林:匹狄反,關中破也。行此音。**説文音隱披厄反。江南通行二音。(大治本)

3. **芬馥** 敷雲反,下扶福反。方言:芬,和也。謂芬香和調也。**字林:馥,香氣也。**(卷第二十四《阿毗達磨俱舍論》卷十一 麗藏本、磧本)

芬馥 敷雲反,下扶福反。方言:芬,和也。謂芬香和調也。**字林:馥,氣香也。**(大治本)

按:以上3條皆因大治本文字互乙而誤。第1條"説文"互乙;第2條"破也關中"互乙;第3條"香氣"互乙。

4. **封緘** 古咸反。**字林:束篋也。廣雅:緘,索也,亦閉也。**(卷第十一《雜阿含經》卷二十五 麗藏本、磧本)

封緘 古咸反。**字林:來索也。篋也。廣雅:緘亦閉也。**(大治本)

按:大治本"索也"誤入《字林》之釋義;"來"、"束"字形相近,草寫時更爲接近,此皆因大治本爲手鈔本之故。

5. **毛氀** **字林:力於反。粗罽也。**通俗文:毛布曰氀。又所俱反。毹,氀也。音瞿。(卷第十四《四分律》卷十五 麗藏本、磧本)

毛氀 **字林:力於反。罔剡也。**通俗文:毛布曰氀。又所俱反。毹,氀也。音瞿。(大治本)

按:大治本"粗"作"麁","罽"作"罔剡"。"麁"爲粗之俗體。"罔剡"爲"罽"字之拆分。

五、結語

通過玄應《衆經音義》大治本、麗藏本、磧本的比較,我們發現各本差距較大。從具體條目看,大治本有,麗藏本、磧本無者共4條,如:"啉"、"藴";大治本無,麗藏本、磧本有者共16條,如:"懾"、

“㡾”、“潔”；磧本有，麗藏本、大治本無者共 24 條，如：“扙”、“涓”、“怏”；磧本、大治本有，麗本無者共 2 條，如：“剸”、“聒”；麗藏本、大治本有，磧本無者共 1 條：“沃”。具體分析來看，造成各本條目、釋義、注音差異的原因主要有三：1. “字”、“林”二字的脱漏或與前後文互乙。2. “字林”二字脱漏或與其前後文一起脱漏。3. 整條條目脱漏。

從各本所引《字林》條目的數量來看，以大治本最少；各本釋義的不同也多因與大治本不同；注音之不同更是皆因大治本，這與大治本爲手鈔本是不無關係的，如：“懟”、“㢋”、“慴”等字都是由於大治本或脱“林”或將“字”誤作“家”、“完”而與麗藏本、磧本有所不同。通過玄應各本與任大椿《字林考逸》的比較，我們也確實發現了任氏輯本之誤，如：“猲狚”、“蛆”、“絢”、“沃”、“怏”、“絜”等字，或釋義漏收；或條目漏收；或因字形相近而誤收。

而在對各本不同尤其是上述與任本不同條目進行分析後，我們大致可以得出這樣的結論：1. 麗藏本、大治本，磧本分屬兩個系統。2. 任大椿《字林考逸》所用玄應《眾經音義》應爲磧本或磧本系統的本子。3. 麗藏本、大治本與磧本之不同既有傳抄中的脱漏，也可能有後人的增補。大治本雖在條目上與麗藏本有所差異，但在 10 條中大多因爲“字”、“林”二字的漏誤或與前後文互乙所致，就整體來看應屬麗藏系統。磧本在條目上多於麗藏本，且在條目、釋義不同時多與麗藏本、大治本相對，應與前兩者不屬於同一系統。從對條目、釋義不同的分析中，我們可以清楚地看到，凡任本與麗藏本、大治本、磧本有不同者時，任本多與磧本相同或相近而與麗藏本、大治本不同，如：“選”、“涓”、“窨”、“蠱”、“淖”等。正因爲如此凡磧本與麗藏本、大治本相較有誤漏收者，任氏輯本也多有錯誤。

從歷史角度來看，玄應《眾經音義》遠早于任大椿《字林考逸》，其所引《字林》也必然更接近《字林》成書時的原貌。朱慶之先生《佛教混合漢語初論》一文曾説：“如果與儒家傳世典籍相比，漢譯佛典語料在許多方面都是‘含混不清’的。例如年代和譯人，古代經錄許多的錯誤今天仍在沿用；佛典的不同版本之間存在的大量異文也沒有得到認真的研究。這意味着迄今爲止對佛典的語言學利用基本上沒有建立在必要的文獻學研究基礎之上。這是相當危險的，必須引起高度的重視。”[①]與朱先生所説相似，《字林》的語言學和辭書學研究迄今爲止也未能建立在扎實的文獻學研究基礎之上。《玄應音義》在傳寫中頗多魯魚亥豕，[②]其各本所引《字林》之間存在的大量異文在任大椿《字林考逸》等已有輯佚成果中皆未見充分利用參校，而這些異文往往反映了《字林》傳本的早期原貌，即使是片言隻字也是研究《字林》彌足珍貴的佐證。正因爲如此，對《字林》等亡佚書的研究除了要依賴現有的輯本，更要借助于現存時代更早的文獻資料。通過對這些文獻資料中的零星記載與現存輯本的相互考辨，從而才能更好地對這些亡佚文獻進行研究整理。

（作者單位：上海辭書出版社）

① 朱慶之《佛教混合漢語初論》，《語言學論叢》第二十四輯，商務印書館 2001 年。

② 李慈銘《越縵堂讀書記》説此書“自宋以來，入之佛藏，無人過問，梵流傳刻，輾轉譌誤”。

張戩《考聲》考

許啟峰

《考聲》是唐代張戩所撰的一部韻書，今已失傳，佚文僅存於一些典籍的徵引之中。清代王仁俊《玉函山房輯佚書續編三種》據《大藏音義》輯録《考聲》佚文 71 條。[①] 民國龍璋《小學蒐佚》據慧琳《一切經音義》(下簡稱《慧琳音義》)和希麟《續一切經音義》(下簡稱《希麟音義》)輯録《考聲》佚文2400條。[②] 今檢《慧琳音義》引

---

① 據宋贊寧撰《宋高僧傳》(中華書局，1987 年，第 108—109 頁)卷第五《唐京師西明寺慧琳傳》："釋慧琳，姓裴氏，疏勒國人也。……撰成《大藏音義》一百卷。"可知，慧琳所撰的《一切經音義》又稱《大藏音義》。清王仁俊輯《玉函山房輯佚書續編三種》，上海古籍出版社，1989 年，第 103—105 頁。

② 龍璋《小學蒐佚》所輯録的《考聲》佚文有些條目重出，此僅作粗略統計。《小學蒐佚》又有 4 條輯自《龍龕手鑑》；又有一些條目輯自玄應《一切經音義》，如《小學蒐佚·考聲卷一》："蟲，有足曰蟲。(玄應《阿閦佛國經上音義》)按：玄應《一切經音義》無引《考聲》者，此條係慧琳增益而未別出也，今照原書仍係之玄應，後同。"據龍璋的外孫周懷霜爲《小學蒐佚》所加按語可知，這些條目不是玄應《一切經音義》原本所引《考聲》，實爲慧琳在轉録玄應《一切經音義》時所補入的，因此，玄應《一切經音義》未引用《考聲》。又有 1 條輯自慧苑《大方廣佛華嚴經音義》，亦是慧琳在轉録慧苑《大方廣佛華嚴經音義》時補入的。龍璋《小學蒐佚》，又稱《甓勤齋遺書》民國攸縣龍氏鉛印本，民國十八年(1929 年)刊刻。

《考聲》2277條,[①]《希麟音義》引《考聲》306 條,去二書所引重復條目後,共輯得佚文2381條。這些佚文已非《考聲》原貌,然吉光片羽,亦彌足珍貴,對考察《考聲》的概貌和體例有極爲重要的文獻價值。

對於《考聲》,前修時賢如王國維和徐時儀兩位先生都曾有過研究,然尚未論及《考聲》的概貌和體例。[②] 本文擬在兩位先生研究成果的基礎上,嘗試從《考聲》的概貌和體例的角度進行考察,並簡要論述《考聲》的學術價值。

一、《考聲》的概貌

1.《考聲》的著者和卷數

唐代景審在《〈一切經音義〉序》中說:"近有元庭堅《韻英》及張戩《考聲切韻》,今之所音,取則於此。"《慧琳音義》在引用《考聲》時有 7 條作"張戩《考聲》",希麟在《〈續一切經音義〉序》中亦説"張戩《考聲》",由此可知,《考聲》爲張戩所撰。檢《舊唐書·張文瓘傳》所附其兄《文琮傳》:"子戩官至江州刺史,撰《喪儀纂要》七卷,行于時。戩弟錫,則天時爲鳳閣侍郎,同鳳閣鸞台平章事。……中宗時,累遷工部尚書,兼修國史。"又《新唐書·宰相世系表》載:"戩,江州刺史。""錫,相武后,遛王。"可知張戩是武后、中宗時人。

關於《考聲》的卷數,安然和周廣榮都誤以爲慧琳撰有《考聲》

---

① 其中有 10 條《考聲切韻》,《考聲切韻》即《考聲》的全稱。徐時儀《佛經音義研究通論》(鳳凰出版社 2009 年版,第 358 頁):"《慧琳音義》引《考聲切韻》多用來釋義,往往簡稱爲《考聲》。"本文所據《考聲》佚文均出自臺灣大通書局 1988 年影印高麗藏本《正續一切經音義》。

② 參看王國維《天寶〈韻英〉、陳廷堅〈韻英〉、張戩〈考聲切韻〉、武玄之〈韻銓〉分部考》,《觀堂集林》(上)卷第八第 23—27 頁,載《民國叢書》第四編第 92 冊,上海:上海書店,1993 年。下文再引用時,爲了行文的簡潔,均省作《韻英考》,亦不出注。徐時儀《慧琳音義研究》第 146—147 頁;徐時儀《佛經音義研究通論》第 358—361 頁;徐時儀《玄應和慧琳〈一切經音義〉研究》第 585—587 頁。

十卷，[1]不可信。龍璋把輯録的《考聲》佚文分爲五卷，與一般的韻書，如《切韻》《唐韻》《廣韻》等分卷相類，亦不可信。[2] 據目前所見文獻，我們尚無法知道《考聲》的卷數，姑存疑待考。

2.《考聲》的收詞和內容

《考聲》主要收録單音詞，有些是漢代以後、魏晉隋唐時期的新詞，如：《慧琳音義》卷九十八釋"拗舉"條引《考聲》："拗，拉也。"檢《説文》未收，而見于徐鉉《説文新附》："拗，手拉也。"又如：

① 髀：股也。（慧卷 1《大般若波羅蜜多經》第 1 卷/12 兩髀）[3]

② 瘂：口不能言也。（慧卷 4《大般若波羅蜜多經》第 401 卷/76 瘂者）

③ 暎：暉也，隱也。（慧卷 41《六波羅蜜多經》第 2 卷/871 交暎）

除了收録大量的單音詞之外，《考聲》亦收録複音詞，據我們統計有 158 條，[4]既有單純詞，又有合成詞。單純詞又分爲疊音詞和連綿詞，其中的疊音詞，如：

① 憒憒：憂悶也。（慧卷 55《佛説堅意經》/1195 憒憒）

② 恰恰：用心皃也。（慧卷 86《辯正論》第 8 卷/1870 恰到）

③ 搰搰：用力不已也。（慧卷 100《念佛三昧寶王論》下卷/

① 徐時儀等《佛經音義研究通論》第 358 頁注③。

② 《切韻》《唐韻》《廣韻》都按照平上去入四聲分爲五卷（平聲分兩卷，上聲、去聲、入聲各一卷）。龍璋把輯録的《考聲》佚文亦按照平上去入四聲而分爲五卷（平聲分兩卷，上聲、去聲、入聲各一卷）。《考聲》屬於韻書類，在分卷上可與一般韻書相類，然所據佚文終不是《考聲》的原貌，又後代韻書如宋代《集韻》分十卷，可知，韻書分卷還是可以不同的，故龍氏分爲五卷不可信，因此，我們不採納龍氏的五卷説。

③ 括號內爲所引《考聲》佚文的出處。如："慧卷 1《大般若波羅蜜多經》第 1 卷/12 兩髀"即表示此條《考聲》佚文出自《慧琳音義》卷第一《大般若波羅蜜多經》第一卷"兩髀"，"/12"表示此條在全書中的頁碼爲第 12 頁。所引《考聲》佚文均標注頁碼，以便檢核，下文同。

④ 以《漢語大詞典》爲參照，這 158 條複音詞《漢語大詞典》均有收録。

2108 揞揞)

所收的連綿詞又可分爲兩類:一類是雙聲連綿詞,另一類是疊韻連綿詞,如:

① 猶豫:不定之辭。(慧卷 3《大般若波羅蜜多經》第 311 卷/45 猶豫)

② 匍匐:手據地伏地也。(慧卷 15《大寶積經》第 107 卷/293 匍匐)

③ 慷慨:志氣不平也。亦傷歎也。(慧卷 55《五母子經》/1190 慷慨)

④ 猖狂:不倫理也。(慧卷 3《大般若波羅蜜多經》第 332 卷/53 狂賊)

⑤ 蹀躞:小步皃也。(慧卷 24《方廣大莊嚴經序品》第 9 卷/504 蹀躞)

⑥ 慞惶:怖懼皃也。(慧卷 99《廣弘明集》第 25 卷/2075 慞惶)

所收的合成詞,如:

① 欻然:暴猝皃也。(慧卷 28《無量義經》/604 欻然)。

② 呻吟:痛苦聲。(慧卷 79《經律異相》第 31 卷/1716 呻吟)

③ 火艦:謂戰船也。(慧卷 89《高僧傳》第 3 卷/1911 火艦)

《考聲》還收録了一些百科詞,如:

① 鷖:鳳類也。青黑色水鳥也。(慧卷 4《大般若波羅蜜多經》第 398 卷/71 鳧鷖)

② 黿:水蟲也。即螻蟈也。(慧卷 31《大乘密嚴經》第 2 卷/667 黿黿)

③ 蠶:吐絲蟲名也。(慧卷 14《大寶積經》第 83 卷/281 蠶繭)

④ 碼碯:似玉有黑文。亦云斑玉也。(慧卷 78《經律異相》第 11 卷/1700 碼碯)

⑤ 駏驉:似騾而小,面短而折。(慧卷 78《經律異相》第 21 卷/1710 駏驉)

⑥ 白鷳:鳥名也。似雉,白色,有細黑文,頰赤,頂有青毛如

絲[①],腹下烏。(慧卷 99《廣弘明集》第 29 卷/2081 白鷳皛)

亦收録了一些方言詞,如:

① 祆:胡謂神爲天。今關中人謂天神爲祆也。(慧卷 37《牟梨曼陀羅咒經》/793 祆神)

② 妐:今關中呼夫之父曰妐。(慧卷 55《玉耶女經》/1188 姑妐)

③ 紋:吳越謂小綾爲紋也。(慧卷 86《辯正論》第 8 卷/1870 紋繒)

此外,《考聲》還收録了一些虛詞,如:

① 哉:語之助聲。(慧卷 3《大般若波羅蜜多經》第 335 卷/54 惜哉)

② 但:語辭也。(慧卷 5《大般若波羅蜜多經》第 449 卷/92 爲但)

③ 夫:語端之詞。(希卷 4《大乘本生心地觀經序》/26 噫夫)

二、《考聲》的體例

王國維先生在《韻英考》一文中認爲:"唐人韻書皆祖陸法言,雖部目有增損,次序有移易,要皆以法言爲本。"可推知張戩《考聲》當是一部承陸法言《切韻》之後而出的韻書。據佚文可知《考聲》釋詞大致包括注音、析形和釋義三大部分。

1. 注音

見存《考聲》佚文有注音的條目僅 7 條,注音方式有直音和反切兩種,[②]如:

① 拽:音延屑反。(慧卷 31《新翻密嚴經》第 1 卷/670 牽拽)

② 蠱:《考聲》又音野。(慧卷 54《摩鄧女經》/1184 蠱道)

③ 蚑:音竒。(慧卷 77《釋迦譜序》第 4 卷/1675 蚑行)

④ 洟:以脂反。(慧卷 13《大寶積經》第 37 卷/244 洟唾)

---

① "絲",獅谷白蓮社本《正續一切經音義》作"絣"。上海古籍出版社據獅谷白蓮社本影印,1986 年。

② 對於《考聲》注音的具體分析,我們將在"《考聲》的學術價值"部分裏討論。

⑤ 遫:潄奏反。(慧卷 75《惟日雜難經》/1636 㥶遫蜜)

⑥ 獫:廉贍反。(慧卷 80《大唐内典録》第 5 卷/1736 玁狁)

⑦ 艫:吕除反。船尾。(慧卷 81《大唐西域求法高僧傳》下卷/1776 舟艫)

2. 析形

《考聲》據六書來分析字形,如形聲、會意、象形,有時還指出某字的不同寫法,如:

① 懱:輕傷也。從心蔑聲。(慧卷 14《大寶積經》第 59 卷/271 淩懱)

② 游:隨水流皃。從水從遊省聲。(慧卷 15《大寶積經》第 97 卷/288 游泳)

③ 啄:齧也。鳥食啄物。從口豕。(慧卷 79《經律異相》第 32 卷/1717 啄食)

④ 堊:塗也。從亞從土。(慧卷 82《西域記》第 2 卷/1785 赭堊)

⑤ 巂:巂字從中,象其冠。(慧卷 13《大寶積經》第 46 卷/254 而攜)

⑥ 串:從心作慣,亦習也。(慧卷 47《顯揚聖教論頌》/1015 串習)

⑦ 鞕:又從石作硬。(慧卷 94《續高僧傳》第 27 卷/1995 皮鞕)

⑧ 埵:從土作埵,小山也。(慧卷 89《高僧傳》第 4 卷/1914 雩埵)

⑨ 旰:從竿作晔。(慧卷 80《大唐内典録》第 5 卷/1736 日旰)

⑩ 捍:作扞,蔽也,禦也。(慧卷 7《大般若波羅蜜多經》第 550 卷/130 勇捍)

⑪ 躧:作屣,履屬,不攝跟者也。亦從革作韃。(慧卷 92《續高僧傳》第 9 卷/1959 脱躧)

有時亦指出某字的正體、異體。如:

① 鉾:正作矛。矛,戈類也,象形字。(慧卷 19《大集大虚空藏經》第 4 卷/379 鉾矟)

② 柟:正作栴。樹初生苗也。(慧卷 81《三寶感通傳》中卷/1761 爲柟)

③ 瑩:正作鎣,與瑩同。(慧卷 85《辯正論》第 4 卷/1855 司徒瑩)

④ 脉：正作衇，亦俗脈。（慧卷 32《佛説諸法勇王經》/703 筋脉）

⑤ 韡：正體作屧。（慧卷 14《大寶積經》第 62 卷/272 韡悁）

⑥ 皷：正體鼓字。（慧卷 33《佛説老女人經》/718 枹打皷）

⑦ 咽：亦從壹作噎。（慧卷 93《續高僧傳》第 15 卷/1976 嗚咽）

⑧ 癡：或從心作懝也。（慧卷 32《菩薩修行經》/693 騃癡）

⑨ 爬：或作把。（慧卷 54《佛説兜調經》/1169 爬地）

⑩ 燧：或從車作轞。（慧卷 33《佛説老母女六英經》/718 從燧）

⑪ 嘲：從言作謿。（慧卷 80《開元釋教録》第 4 卷/1742 嘲之）

3. 釋義

《考聲》不僅解釋詞的本義，更多的是解釋詞的引申義，有時亦解釋詞的假借義。解釋本義的，如：

① 賄：財也。（慧卷 14《大寶積經》第 82 卷/281 財賄）

② 蹋：踐也。（慧卷 15《大寶積經》第 95 卷/286 足踏）

③ 酖：愛酒不已也。（慧卷 30《大樹緊那羅王所問經》第 4 卷/640 酖醉）

釋引申義的，如：

① 橈：曲也。從木堯聲。（慧卷 12《大寶積經》第 35 卷/238 无橈）

② 熙：和也，亦火明也。（慧卷 85《辯正論》第 4 卷/1855 馮熙）

③ 凜：敬懼也，心晤也。（慧卷 93《續高僧傳》第 14 卷/1973 凜懷）

釋假借義的，如：

① 齊：分段也。（慧卷 2《大般若波羅蜜多經》第 172 卷/38 齊何）

② 中：當也，著也。（慧卷 4《大般若波羅蜜多經》第 398 卷/73 中毒）

③ 樂：喜暢甚也。（慧卷 8《大般若波羅蜜多經》第 578 卷/149 大樂）

亦有分釋多義詞的多個義項的，如：

① 循：述也，善也，順也。（慧卷 5《大般若波羅蜜多經》第 414 卷/80 循身觀）

② 躁:急性也,動也,擾也,疾走也。(慧卷16《大方廣三戒經》下卷/314 輕躁)

③ 祛:開也,却也,除也,裁也。(慧卷87《甄正論》上卷/1877 坐祛)

有時往往連類而及,解釋一個詞而涉及相關的一些詞,如:

① 廟:凡宫前曰廟,後曰寢。(慧卷55《佛說五苦章句經》/1191 寺廟)

② 鑊:有足曰鼎,無足曰鑊。(慧卷64《迦葉禁戒經》/1409 鑊湯)

③ 埜:郊外曰牧,牧外曰埜。(慧卷95《弘明集》第3卷/2013 之埜)

三、《考聲》的淵源

趙克勤先生在《古代漢語詞彙學》中提到:"傳統訓詁學與古代詞書的關係是十分密切的。傳統訓詁學專著《爾雅》和《説文》,也就是最早的詞書,在我國詞書發展史上佔據着重要地位。""我國的字詞典是在訓詁學研究的基礎上發展起來的,也是訓詁學研究成果的集中反映。""訓詁學的另一個組成部分是古書的注疏。古書注疏的内容相當廣泛,有字詞的詮釋、文義的串講、名物的考證以及典章制度的介紹等等。對於字詞典影響最大的是字詞的釋義。可以説,古書的注疏是後世字詞典釋義的一個重要依據。"①通過對《考聲》所收單音詞的考察,我們發現大部分單音詞的釋義與前代的辭書和注疏相同,辭書如《爾雅》、《説文》、《方言》、《釋名》、《廣雅》等,注疏如毛傳、顔師古《〈漢書〉注》、杜預《〈左傳〉注》等。由此可知,《考聲》的釋義一方面繼承了前代辭書的釋義内容,另一方面又借鑒了前代學者的訓詁學成果。下面略舉若干例加以説明。

1. 借鑒《爾雅》的,如:

① 鴻:代也。(慧卷4《大般若波羅蜜多經》第398卷/71 鴻鴈)

---

① 趙克勤《古代漢語詞彙學》,北京:商務印書館,1994年,第309、311頁。

按:《爾雅·釋詁》:“鴻、昏、於、顯、間,代也。”

② 希:罕也。(慧卷 8《大般若波羅蜜多經》第 577 卷/149 希冀)

按:《爾雅·釋詁》:“希、寡、鮮,罕也。”

③ 柬:擇也。(慧卷 100《安樂集》上卷/2103 簌柬)

按:《爾雅·釋詁》:“流、差、柬,擇也。”

2. 借鑒《方言》的,如:

① 淹:漬也,敗也。(慧卷 14《大寶積經》第 70 卷/276 雨淹)

按:《方言》卷十三:“漫、淹,敗也。溼敝爲漫,水敝爲淹。”

② 紕:理也。飾也。繒帛踈薄也。(慧卷 51《唯識二十論後序》/1093 紕荃)

按:《方言》卷六:“紕、繹、督、雉,理也。秦晉之間曰紕。凡物曰督之,絲曰繹之。”

③ 梗:直也,猛也,强也。(慧卷 91《續高僧傳》第 5 卷/1949 梗正)

按:《方言》卷二:“撊、梗、爽,猛也。晉魏之間曰撊,韓趙之間曰梗,齊晉曰爽。”

3. 借鑒《説文》的,如:

① 涕:泣也。(慧卷 2《大般若波羅蜜多經》第 53 卷/27 涕唾)

② 憐:哀也。(慧卷 3《大般若波羅蜜多經》第 349 卷/58 憐愍)

③ 怙:恃也。(慧卷 5《大般若波羅蜜多經》第 457 卷/96 依怙)

按:檢《説文》,《考聲》的釋義與《説文》的釋義相同。

4. 借鑒《廣雅》的,如:

① 很:恨也。(慧卷 19《大集賢護菩薩經》第 2 卷/386 很弊)

按:《廣雅·釋詁》卷四上:“很,恨也。”

② 疲:極也,嬾也。(慧卷 13《大寶積經》第 40 卷/248 疲倦)

按:《廣雅·釋詁》卷一上:“疲,極也。”又《廣雅·釋詁》卷二下:“疲,嬾也。”

③ 展:申也,直也,舒也。(慧卷 36《蘇婆呼經》下卷/774 或展)

按:《廣雅·釋詁》卷三上:“展,直也。”又《廣雅·釋詁》卷四上:“展,舒也。”

5. 借鑒毛傳的,如:

① 脊:理也。(慧卷2《大般若波羅蜜多經》第53卷/29脊骨)

按:《詩·小雅·正月》:"維號斯言,有倫有脊。"毛傳:"脊,理也。"

② 静:安也,息也。(慧卷12《大寶積經》第36卷/243静慮)

按:《詩·邶風·柏舟》:"静言思之,寤辟有摽。"毛傳:"静,安也。"

③ 憚:勞也。(慧卷57《佛説分别經》/1246不憚)

按:《詩·小雅·大東》:"契契寤歎,哀我憚人。"毛傳:"憚,勞也。"

6. 借鑒顔師古《〈漢書〉注》的,如:

① 豁:開也。(慧卷13《大寶積經》第48卷/258豁然)

按:《漢書·揚雄傳上》:"灑沈菑於豁瀆兮,播九河於東瀕。"顔師古注:"豁,開也。"

② 絮:綿也。(慧卷75《法觀經》/1641赤絮)

按:《漢書·文帝紀》:"其九十已上,又賜帛,人二疋,絮三斤。"顔師古注:"絮,綿也。"

③ 橐:無底袋也。(慧卷11《大寶積經》第3卷/216橐囊)

④ 囊:袋有底曰囊。(慧卷85《辯正論》第1卷/1845囊裝)

按:《漢書·王吉傳》:"及遷徙去處,所載不過囊衣,不畜積餘財。"顔師古注:"一囊之衣也。有底曰囊,無底曰橐。"

7. 借鑒其它的辭書和注疏,如:

① 腸:暢也。通暢氣。(慧卷78《經律異相》第4卷/1694膞腸)

按:《釋名》卷二:"腸,暢也,通暢胃氣去滓穢也。"

② 拓:開也。(慧卷35《一字頂輪王經》第4卷/760拓外)

按:《小爾雅·廣詁》:"拓、斥、啓、闢,開也。"

③ 仞:度深曰仞。(慧卷11《大寶積經》第10卷/222諸仞)

按:《左傳·昭公三十二年》:"度厚薄,仞溝洫。"杜預注:"度深曰仞。"

④ 扞:蔽也,禦也,並同用也。(慧卷7《大般若波羅蜜多經》第

550 卷/130 勇捍）

按:《吕氏春秋·恃君》:“凡人之性,爪牙不足以自守衛,肌膚不足以扞寒暑。”高誘注:“扞,禦也。”《左傳·成公二十年》:“此公侯之所以扞城其民也。”杜預注:“扞,蔽也。”孔穎達疏:“扞者,扞禦寇難,故爲蔽也。”

⑤ 啄:齧也。鳥食啄物。從口豥。(慧卷 79《經律異相》第 32 卷/1717 啄食)

按:《楚辭·招魂》:“虎豹九關,啄害下人些。”王逸注:“啄,齧也。”

⑥ 幟:記也。(慧卷 72《阿毗達磨顯宗論》第 6 卷/1560 幖幟)

按:《後漢書·虞詡傳》:“又潛遣貧人能縫者,傭作賊衣,以采綖縫其裾爲幟。有出市里者,吏輒禽之。”李賢注:“幟,記也。”

⑦ 遭:逢也,横及也。(慧卷 6《大般若波羅蜜多經》第 506 卷/110 備遭)

按:《禮記·曲禮上》:“遭先生於道,趨而進,正立拱手。”孔穎達疏:“遭,逢也。”《後漢書·儒林傳下·張玄》:“今日相遭,真解矇矣!”李賢注:“遭,逢也。”

除了大量地借鑒前代辭書和注疏的釋義之外,《考聲》釋義時更加注重描寫性,釋義具體而又生動。如:

① 拌:留止也。以此與彼相和攪曰拌。(慧卷 16《大方廣三戒經》下卷/314 沫拌)

② 鈸:形如小疊子,背上有鼻,以二口相擊爲聲,以和衆樂也。(慧卷 17《大乘顯識經》上卷/336 銅鈸)

③ 顴:面上頰骨也,眼下耳前是也。(慧卷 20《寶星經》第 4 卷/399 權下)

四、《考聲》的學術價值

《考聲》雖已失傳,然從見存佚文中亦可管窺《考聲》在語言研究和辭書研究等方面的學術價值。下面擬就這兩個方面略作論述。

1. 語言研究

我們將從語音和詞彙兩個方面來討論《考聲》在語言研究方面的學術價值。

(1) 語音方面。

景審《〈一切經音義〉序》:"近有元庭堅《韻英》及張戩《考聲切韻》,今之所音,取則於此。"這在《慧琳音義》中確有反映,如《慧琳音義》卷四《大般若波羅蜜多經》第三百五十卷所釋"浮泡"條:"上輔無反。……吳音薄謀反,今不取。"王國維先生在《韻英考》中認爲"《韻英》反切以當時秦音爲據,與陸韻之據南北朝舊音者不同","是故陸韻者,六朝之音也。《韻英》與《考聲切韻》者,唐音也。六朝舊音多存于江左,故唐人謂之吳音,而以關中之音爲秦音,故由唐人言之,則陸韻者,吳音也,《韻英》一派,秦音也。厥後陸韻行而《韻英》一派微"。慧琳在秦音與吳音不同的地方多有辨析,往往取秦音而捨吳音。據黄淬伯先生在《慧琳一切經音義反切攷》中的考證可知,尤、侯韻脣音字讀同虞、模韻脣音字,這是關中音的一個特點。《慧琳音義》中仍有尤、虞分別的音切,黄氏認爲是"俱謬襲《切韻》,乃慧琳之疏失,不足據也"。[①] 例如:《慧琳音義》卷一《大唐三藏聖教序》所釋"覆載"條:"上敷務反。見《韻英》,秦音也。諸字書音爲敷救反。吳楚之音也。""敷務反"的中古音地位爲虞韻去聲,是秦音;"敷救反"的中古音地位爲尤韻去聲,是吳音。慧琳以"敷務反"爲首音,取秦音而捨吳音,與景審所説的取音原則是一致的。

《韻英》爲秦音,而《考聲》的語音面貌則不太清楚,從景審《〈一切經音義〉序》中我們大致得知《考聲》和《韻英》爲一系,大概亦爲秦音,王國維先生也持同樣的見解。然而,傳世文獻中多引用《考聲》的義訓,引用其注音僅 7 條,材料甚少,難窺全豹。不過,見存的 7 條注音仍包含了豐富的信息,例如其中的 2 條:

① 蚑:音奇。(慧卷 77《釋迦譜序》第 4 卷/1675 蚑行)

---

① 黄淬伯《慧琳一切經音義反切攷》,北京:中華書局,2010 年,第 205 頁。

② 獫:廉瞻反。(慧卷 80《大唐内典録》第 5 卷/1736 玁狁)

按:首先我們來分析第①條,北齊顔之推《顔氏家訓·音辭篇》記載:“岐山當音爲奇,江南皆呼爲神祇之祇。江陵陷沒,此音被於關中,不知二者何所承案。以吾淺學,未之前聞也。”[①]這段話反映了江南重紐有别而關中重紐三四等無别。《考聲》所收的“蚑”有“音奇”的記載。“蚑”在《廣韻》中爲“巨支切”,屬重紐四等。“奇”在《廣韻》中爲“渠羈切”,屬重紐三等。《考聲》對“蚑”的注音反映了重紐三四等不分,正與《顔氏家訓》所記載的關中音的情況相一致。再來分析第②條,“獫”是鹽韻重紐三等字,重紐三等按照中古的反切行爲一般是用喉牙唇音字做反切下字,《考聲》“獫,廉瞻反”卻用舌齒音做反切下字,從反切行爲來看,重紐三四等的區别已不存在。若顔氏的記載可信,則《考聲》的注音反映了關中音。由於見存《考聲》的注音文獻材料極少,難以作全面深入的分析,更無法得出信實的結論,在此略作考察,希望日後有更多的文獻材料出現。[②]

(2) 詞彙方面。

見存《考聲》的注音甚少,因此,《考聲》在語言研究上的價值主要體現在詞彙方面。《考聲》的有些釋義反映了魏晉南北朝隋唐時期詞語發展演變出的新義。下舉“駛”爲例來説明:

① 駛:馬行疾也。(慧卷 14《大寶積經》第 64 卷/274 貪駛、慧卷 56《本事經》第 2 卷/1233 駛流、慧卷 80《開元釋教録》第 5 卷/1744 流駛、慧卷 66《阿毗達磨法蘊足論》第 3 卷/1449 能駛)

② 馬行疾也,速也。(慧卷 51《成唯識論》第 3 卷/1098 駛流)

---

① 王利器《顔氏家訓集解》(增補本),北京:中華書局,1993 年,第 545 頁。

② “《考聲》語音方面”的分析承友人畢謙琦指教,特此深表謝意。

③ 亦馬行疾也。又速也。(慧卷75《坐禪三昧經》下卷/1635駛流)

④ 行疾也。(慧卷11《大寶積經》第5卷/217駛流)

⑤ 竹(行)[1]疾也,速也。(慧卷18《十輪經》第5卷/367駛流)

⑥ 速也。(慧卷19《大方廣十輪經》第1卷/374駛流、慧卷24《大悲經梵天品》第4卷/499駛哉)

按:《考聲》佚文關於"駛"的釋義共10條,歸納下來共有2個義項:"①馬行疾也。②行疾也,速也。"從字形來看,義項①"馬行疾也"爲本義,而義項②"行疾也,速也"爲引申義。魏晉南北朝隋唐時期,由本義"馬疾行也"逐漸引申出"行疾也,速也"義。如晉陶淵明《和湖西曹示顧賊曹》詩云:"蕤賓五月中,清朝起南颸。不駛亦不遲,飄飄吹我衣。""駛"與"遲"對文,意義相對,則"駛"有"迅疾"義。"駛"的"迅疾"義在佛經中用例頗多,如《中本起經》:"其水深駛,佛以神力斷水令住。"又如《六度集經》:"吾渴尤甚,爾駛取水來。"[2]唐王維《贈從弟司庫員外絿》:"欲緩攜手期,流年一何駛。"《考聲》記録了"駛"在魏晉南北朝隋唐時期的發展演變情況。

除了依據《考聲》所釋來研究詞語的新義之外,我們還可以依據《考聲》爲注釋古籍提供佐證。如:

① 齷齜:狗鬭皃也,齒不齊皃也。(慧卷14《大寶積經》第88卷/282嗺喋嘷吠)

② 齷齜:開口切齒也。(慧卷53《起世因本經》第3卷/1149齷齜)

③ 齹齷:狗鬭,齒不齊之皃也。(慧卷76《讚觀世音菩薩頌經》/1658齹齷)

---

① "竹",據文意,似爲"行"之形近而誤。

② 徐時儀《慧琳音義研究》第136頁。

按:蔣禮鴻先生在《敦煌變文字義通釋》釋"崖柴、啀喍、齷齚"條下指出:"《大目乾連冥間救母變文》:'長蛇皎皎三曾黑,大鳥崖柴兩翅青。'(頁731)玄應《一切經音義》卷十二,起世經第三卷音義:'啀喍,五佳反,下助佳反,犬見齒啀啀然也。''崖柴'就是'啀喍',在犬是露出牙齒,在鳥就是張開嘴巴了。""然則'崖柴'的'柴'本字當爲齜,與'啀'字同義連文,都是開口露齒的意思。"[①]郭在貽先生在《唐代俗語詞雜釋》中釋"嘊喍"時除引用《玄應音義》外,還引用《集韻》上平聲十三佳韻:"喍嘊,犬鬥貌。"徐時儀先生亦說:"'睚眦'條下云:'案,經義睚眦,張口露齒瞋怒作嚙人之狀也。'"[②]所釋極爲精辟,我們還可以據《考聲》佚文加以補充。在補充《考聲》的釋義後,"崖柴"的釋義更加明確清楚,同時亦可補充詞形"齷齜""齹齷(按:似當爲"齷齹"的逆序詞,下同)",即"崖柴"共有如下形式:"啀喍、齷齚、崖齜、嘊喍、睚眦、齷齜、齹齷"。

此外,《考聲》在詞彙方面的研究價值還體現在語源學研究方面。例如:

① 箭:竹名也。似篠音狄而小,大葉可以爲矢音始,因名矢爲箭。(慧卷6《大般若波羅蜜多經》第517卷/117箭筈)

② 筇:竹名也。因山得名,在蜀也。(慧卷24《方廣大莊嚴經序品》第7卷/503筇竹)

按:例①揭示了後世稱"矢"爲"箭"的原因。《説文》卷五:"箭,矢也。"段玉裁注:"箭,矢竹也。各本無竹,依《藝文類聚》補。矢竹者,可以爲矢之竹也。《周禮》及《釋地》注皆曰:'箭,篠也。'《方言》:'箭,自關而東謂之矢,江淮之間謂之鍭,關西曰箭。'郭云:'箭

① 蔣禮鴻《敦煌變文字義通釋》(增補定本),上海古籍出版社,1997年10月新3版,第306頁。

② 徐時儀《慧琳音義研究》第137頁。

者,竹名,因以爲號。'按:今天下語言皆謂矢爲箭。"[①]可見,稱"矢"爲"箭"由來已久,而《考聲》的釋義正好爲我們揭示"名矢爲箭"的語源提供了佐證。例②則揭示了"笰"是"因山"而"得名"。由此兩例可知,《考聲》的釋義可以幫助我們考察語源,揭示事物的得名之由。

2. 辭書研究

韻書是辭書史研究的重要內容。景審在《〈一切經音義〉序》中雖説《韻英》和《考聲》爲慧琳注音所據,但是慧琳注語引用《考聲》的字義很多,而引用它的注音卻極少,可以確定爲《考聲》的注音僅7條,正如上文所論,根據這7條注音難以對《考聲》的音系作出判斷,因此,對於《考聲》是一部怎樣的韻書,尚無法深入地展開研究。

雖然無法研究《考聲》的音系,但是《考聲》的字義卻可爲今天辭書的編纂提供一定的借鑒。如上文我們指出的"紋、妐、袄"等方言詞,《漢語方言大詞典》就採用了《考聲》的佚文來解釋詞義,可參,此不贅。[②] 又如,據我們調查,《漢語大詞典》亦有3處引用了《考聲》的釋義,即"旒蘇""輒軻""驝駝"等條目,此亦不贅。[③] 再如《漢語大字典》(下簡稱《大字典》)亦有多處借鑒《考聲》的釋義,剌舉3例如下:

①【艙】①兩船並連。唐慧琳《一切經音義》卷九十九引《考聲》:"艙,兩船併也。"(《大字典》縮印本第1278頁)

②【遽】②有所持而走。唐慧琳《一切經音義》卷七十五:"《考聲》云:'有所持而走曰遽'。"(《大字典》縮印本第1459頁)

③【颸】⑩清風。唐慧琳《一切經音義》卷七十三:"颸,

① 段玉裁《説文解字注》,上海:上海古籍出版社,1988年第2版,第189頁。

② 許寶華,宮田一郎主編《漢語方言大詞典》,中華書局,1999年,第3052、3015、3724頁。

③ 參見《漢語大詞典》第6冊1613頁、第9冊1298頁、第12冊915頁。

《考聲》:'清風也。'"(《大字典》縮印本第 1866 頁)

按:上面 3 例,《大字典》所引用的《考聲》佚文均爲孤證,可見《考聲》的重要性,若捨弃《考聲》佚文的書證,《大字典》的義項將缺失。

此外,我們還可以借助《考聲》的釋義來補訂《大字典》的不足。如可以依據《考聲》的釋義來提前《大字典》的書證,摘舉 3 例,略作論述如下:

①【拌】(二) bàn①攪和。宋葉隆禮《契丹國志·歲時雜記·重九》:"出兔肝切生,以鹿舌醬拌食之。"元賈仲名《蕭淑蘭》第四折:"甘蔗汁酥油餹拌。"《水滸全傳》第四十三回:"今晚煮了三二十斤肉,將十數瓶酒,把肉大塊切了,卻將些蒙汗藥拌在裏面。"(《大字典》縮印本第 780 頁)

按:《慧琳音義》卷第十六"沫拌"條下引《考聲》:"拌,留止也。以此與彼相和攪曰拌。從手半聲。"又卷第四十"拌之"條下引《考聲》:"拌,攪也。"《大字典》首引書證爲宋代的《契丹國志》,若採用《考聲》可以將書證提前至唐代。

②【絞】(三) jiào。黑黄色的繒。《集韻·效韻》:"絞,繒黑黄色。"(《大字典》縮印本第 1416 頁)

按:《慧琳音義》卷第三十二"絞飾"條下引《考聲》:"絞謂繒黑黄間色也。"《大字典》引宋代的《集韻》作爲孤證,亦晚於唐代的《考聲》。

③【轍】②道路。《六書故·工事三》:"轍,有軌出者也,故轍亦謂之軌。"宋胡銓《好事近》:"欲駕巾車歸去,有豺狼當轍。"(《大字典》縮印本第 1482 頁)

按:《慧琳音義》卷第六十四"二轍"條下引《考聲》:"車跡也,道也,通也。從車徹省聲。"《大字典》首引書證爲南宋的《六書故》,亦晚於《考聲》,若採用《考聲》可以將書證提前至唐代。

綜上所述,《考聲》今雖不傳,然通過見存佚文,可以管窺《考聲》的概貌和體例,亦能揭示《考聲》在學術上的研究價值。雖限於學識和時間的原因尚未深入展開論述,幸方家賜教。

參考文獻

[1] 唐慧琳、遼希麟.《正續一切經音義》[M]. 臺灣:大通書局影印高麗藏本,1988.

[2] 徐時儀.《慧琳音義研究》[M]. 上海:上海社會科學院出版社,1997.

[3] 徐時儀等.《佛經音義研究通論》[M]. 南京:鳳凰出版社,2009.

[4] 徐時儀.《玄應和慧琳〈一切經音義〉研究》[M]. 上海:上海人民出版社,2009.

[5] 姚永銘.《慧琳〈一切經音義〉研究》[M]. 南京:江蘇古籍出版社,2003.

[6] 漢許慎撰、宋徐鉉校訂.《説文解字》[M]. 北京:中華書局,1963.

[7] 清王念孫.《廣雅疏證》[M]. 北京:中華書局,2004 年第 2 版.

[8] 清郝懿行.《爾雅義疏》[M]. 上海:上海古籍出版社,1982.

[9] 周祖謨.《方言校箋》[M]. 北京:中華書局,1993.

(作者單位:復旦大學)

玄應、慧琳、希麟音義引《孟子》考

沈葉露

《一切經音義》廣泛徵引各類"外典",對各類經史典籍的校勘、輯佚價值巨大。今就玄應、慧琳、希麟三家音義所引《孟子》與今傳本《孟子》①進行比對考察,冀希對《孟子》及《一切經音義》的整理與研究有所裨益。

據筆者統計,《玄應音義》引《孟子》6 處,中引後世注文 3 處,引正文 3 處;《慧琳音義》引《孟子》凡 53 處,其中 24 處引用劉熙等注家注文,29 處引《孟子》原文;《希麟音義》引《孟子》僅 1 處,是爲正文。其異同主要有三種情況:音義徵引完全相同者、音義意引者以及文字略有脱衍出入者。茲詳列分析如下:

一、音義與通行本《孟子》完全相同者

以表格的形式出示如下:

原　句	《一切經音義》出處	今傳通行本《孟子》出處
1. 無惻隱之心,非人也。	《慧琳音義》卷三一釋《大灌頂經》第十一卷懇惻	《孟子·公孫丑章句上》:"無惻隱之心,非人也。"

① 本文以中華書局據原世界書局阮元刻本影印並與清江西書局重修阮本及點石齋石印本核對的《十三經注疏》本、焦循《十三經清人注疏·孟子正義》、楊伯峻 1960 年版《孟子譯注》爲今傳本代表進行比對校勘。

续表

原　句	《一切經音義》出處	今傳通行本《孟子》出處
2. 分人以財謂之惠。	《玄應音義》卷一釋《大方廣佛華嚴經》第十二卷惠施、卷二二釋《瑜伽師地論大唐新譯》第十七卷所惠；《慧琳音義》卷二十釋《華嚴經》第十二卷惠施、卷四八釋《瑜伽師地論》第十七卷所惠	《孟子·滕文公章句上》："分人以財謂之惠。"
3. 其進鋭者，其退速。	《慧琳音義》卷四一釋《六波羅蜜多經》卷第七勇鋭	《孟子·尽心章句上》："其進鋭者，其退速。"
4. 地有肥磽	《慧琳音義》卷六二釋《根本毗奈耶雜事律》第三七卷磽确、卷七一釋《阿毗達磨顯宗論》第二三卷磽确	《孟子·告子章句上》："雖有不同，則地有肥磽，雨露之養、人事之不齊也。"
5. 毁瓦畫墁	《慧琳音義》卷一百釋《肇論》下卷劃然	《孟子·滕文公章句下》："有人於此，毁瓦畫墁，其志將以求食也，則子食之乎？"
6. 不慊於心	《慧琳音義》卷一百釋《比丘尼傳》第一卷慊至	《孟子·公孙丑章句上》："行有不慊於心，則餒矣。"

二、慧琳所引與今傳本《孟子》僅有字形異寫之出入者

1. 孟子云：舉疾首摵頞而相告。（《慧琳音義》卷十五釋《大寶積經》第一〇九卷蹙頞）

孟子：舉疾首蹙頞而相告也。（《慧琳音義》卷七五釋《佛説内身觀章句經》第一卷頞頗）

孟子云：舉疾首蹴頞而相告也。（《慧琳音義》卷九十七，《廣弘明集》卷第四）

按：今傳本《孟子·梁惠王章句下》："舉疾首蹙頞而相告。"

《慧琳音義》二引，一作"蹙"，與今本《孟子》同。一引作"蹴"。《别雅》卷五："蹴賨，蹙頞也。馮君《閣道碑》：'蹴賨，《字原》云：即蹙

頞字。'"可見"蹴"即"蹙"字,上下結構以左右書之,是爲同字異寫。

慧琳還有一引作"摵",二字音近。"摵",《方言》"音縮"。"蹙",《玉篇》:"子陸切。"《龍龕手鑑》:"蹙,正子六反。"

2. 孟子曰:爲叢驅雀者,鸇也。爲湯武驅人者,桀紂也。食雀者,鷹鷂之類也。(《慧琳音義》卷三五釋《佛頂最勝陀羅尼經》序鸇雀)

按:《孟子·離婁章句上》:"故爲淵敺魚者,獺(獺)也;爲叢敺爵者,鸇也;爲湯武敺民者,桀與紂也。"慧琳引文與今通行本有驅/敺、人/民、雀/爵之别。《説文》:"驅,驅馬也。敺,古文驅。"段玉裁注云:"攴者,小擊也。今之扑字。鞭、箠、策所以施於馬而驅之也。故古文從攴。引申爲凡駕馭追逐之偁。《孟子》:'爲淵敺魚,爲叢敺爵,爲湯武敺民。'皆用古文。其實皆可作'驅'。與殳部之'毆'義别。"又《别雅》卷一:"敺民,驅民也。《漢書·食貨志》:'敺民而歸之農',師古曰:'敺亦驅字。'《廣韻》:'敺,古文驅。'又《漢書》鼂錯:'傅敺畧畜産義',亦同驅。"《玉篇》卷十八:"敺,丘俱切。擊也。"可見"敺"爲"驅"之古文,因其從表"擊"之"攴"而使杖策走馬之訓更得以落實。從"馬"之"驅"作爲後起常用字是以其具體驅馳的對象命名造字的,該字行而古字"敺"遂少人問津。

慧琳引文與《孟子》通行本所别之二爲"雀"與"爵"。《玉篇》卷二十四:"雀,子畧切,依人小鳥也。又鵞黄爲楚雀,即摶黍也。"又《九經字樣》:"爵,音雀,禮器也。取其鳴節足,所以戒荒淫之飲。"《集韻》卷十:"雀(雀鳥):《説文》:'依人小鳥也。'或从鳥。通作爵。"《增修互註禮部韻略》卷五:"雀,即約切,鳥名。象其形,爲酌器。取其能飛而不溺於酒,因以寓儆戒焉。大夫以上與燕享,然後賜爵以章有德。故因謂命秩爲爵。又黑多赤少之色曰爵,象爵頭色。亦作雀。"可見雀/爵二字本通。蓋"爵"本象雀鳥之形,因尚其飛而不溺酒之德,故以之命爲酌器,並另造從"隹"之"雀"表鳥之本義。後又因"賜爵以章有德"之風而"謂命秩爲爵",引申有官爵、位爵義。古音精清心同源,亦可證雀/爵本音同義通也。是故《古音駢字續編》卷二釋"爵羅"爲"雀羅",卷五釋"孔爵"作"孔雀"也。而因後世同源的雀/爵分以表義(後起之“雀”表本義而本字“爵”表引申義),故至唐代音義慧琳意引《孟子》時以後起專指鳥雀之“雀”替代象形之本字“爵”。

差别之三:“爲湯武毆民者”,慧琳引作“爲湯武驅人者”,以“人”換“民”,是爲避唐王李世民之諱。

3. 孟子云:視弃天下如弃弊躧。(《慧琳音義》卷八十釋《開元釋教録》第十三卷脱躧)

《慧琳音義》:孟子云:視棄天下如棄弊躧。(《一切經音義》卷九十二《續高僧傳》第九卷)

按:《孟子·尽心章句上》:“舜視棄天下猶棄敝蹝也。”據《説文》,弃爲棄之古文。段注云隸變後之“棄”字中間部分有似世界的“世”字,唐人避李世民諱,故“開成石經及凡碑板皆作弃”,以至“近人乃謂經典多用古文矣”。然而慧琳二引《孟子》該句,一用“弃”而一用“棄”,或可作其時非碑板文字二字皆用之證。

“敝”與“弊”、“躧”與“蹝”,同。

4. 孟子云:𢎿之教人射,必志於彀。(《慧琳音義》卷九五釋《弘明集》第二卷彀中)

按:《孟子·告子章句上》:“羿之教人射,必志于彀;學者亦必志于彀。”二本之别爲“𢎿”與“羿”字。段氏注《説文》:“𢎿與羿古蓋同字。”云“羿”爲“羿”之諱。

三、慧琳所引與今傳本《孟子》僅有介詞、副詞、連詞之出入而爲意引者

以表格列出如下:

《音義》引文	今傳通行本《孟子》原文	二本差别處
1. 孟子曰“不規矩不能方圓”是也。(《慧琳音義》卷六、卷七釋《大般若波羅蜜多經》第五〇九卷規模)	《孟子·離婁章句上》:“不以規矩,不能成方圓。”	慧琳凡二引,皆省去介詞“以”和動詞“成”。

续表

《音義》引文	今傳通行本《孟子》原文	二本差别處
2. 孟子曰：若無惻隱之心者，非人也。（《慧琳音義》卷十八釋《十輪經》第六卷悲惻）	《孟子·公孫丑章句上》："無惻隱之心，非人也。"	慧琳凡二引，一與傳本完全一致（第一部分已列述），一意引，加條件副詞"若"。
3. 孟子曰：攘臂而下車。（《玄應音義》卷十三釋《自愛經》攘衣、《慧琳音義》卷二三釋《新譯大方廣佛花嚴經音義》第六六卷攘臂瞋目、《希麟音義》卷二釋《新大方廣佛花嚴經》第十二卷攘臂）	《孟子·尽心章句下》："馮婦攘臂下車"。	三引都多一"而"字，或爲玄應首引而後皆從之。
4. 孟子曰：沛然德教，溢于四海。（《慧琳音義》卷四十釋《師子莊嚴王菩薩請問經》沛然）	《孟子·離婁章句上》："孟子曰：'故沛然德教溢乎四海。'"	二者爲介詞"于"與"乎"的差别。
5. 孟子云：病乎夏畦。（《慧琳音義》卷七二釋《阿毗達磨顯宗論》第二九卷畦稻）	孟子·滕文公章句下》："曾子曰：'脅肩諂笑，病於夏畦。'"	同義介詞"乎"與"於"之别。

四、慧琳换用同義動詞而作意引者

1. 孟子曰：天油然興雲，沛然下雨，則苗浡然而長也。（《慧琳音義》卷二三釋《新譯大方廣佛花嚴經音義》第七二卷油雲被八方）

按：《孟子·梁惠王章句上》："天油然作雲，沛然下雨，則苗浡然興之矣。"《説文》："作，起也。"又《玉篇》卷六："興，虚凝切，盛也，起也。"二字皆可訓"起"，故有"興作"之謂，如《大戴禮記》卷五："善否治亂所興作也。""興"訓爲起、盛，引申而有生長意，故慧琳之以"興"代"作"，以"長"换"興"，是爲意引。

2. 孟子曰：字而不愛，家畜之；愛而不敬，獸畜之。（《慧琳音義》卷六四釋《彌沙塞羯磨本》畜衆）

按:《孟子·尽心章句上》:“孟子曰:‘食而弗愛,豕交之也;愛而不敬,獸畜之也。’”字者孳也。《説文》:“字,乳也。”是爲“從子在宀下,子亦聲”的會意兼形聲字。其所會之意即爲在家中哺育子女,故段注云其“引申之爲撫字”。可見强調長輩之對小輩的哺育、撫育。又食者飼也,段玉裁注《説文》云:“引申之人用供口腹亦謂之食”,雖亦是給之食以養之,但並不突出長輩之於小輩的撫養。“不”與“弗”皆表否定義,同義换用。“畜”與“交”,《説文解字》:“交,交脛也。”段注謂引申假借作凡兩者相合義。《玉篇》卷二十一:“交,古肴切。共也,更也,合也,道也。”也是作了交互、交合、交往義的解釋。又,《玉篇》卷二:“畜,許六切。養也,容也。”可見“畜”之於“交”,更突出飼養、撫養義。故上半句《孟子》作“食而弗愛,豕交之也”,可能重在指向友朋間的交往,而慧琳所意引的“字而不愛,豕畜之”則或更傾向於指長輩對小輩的撫養,以與後句“愛而不敬,獸畜之”相對。

五、慧琳對原文作截取意引者

1. 孟子云:舜自耕稼、陶、漁是也。(《慧琳音義》卷九五釋《弘明集》第一卷陶鑄)

按:《孟子·公孫丑章句上》:“大舜有大焉,善與人同,捨己從人,樂取於人以爲善。自耕稼、陶、漁以至爲帝,無非取於人者。”慧琳意引不誤。

2. 孟子曰:其色睟然,見於面,不言而喻也。(《慧琳音義》卷九八釋《釋正集》第十一卷愈睟)

孟子云:其生色睟然。(《慧琳音義》卷一百釋《念佛三昧寶王論》中卷朝睟)

按:《孟子·尽心章句上》:“君子所性,仁義禮智根於心,其生色也睟然,見於面,盎於背,施於四體,四體不言而喻。”慧琳第一引雖於原文有脱,但爲意引則無誤。

六、慧琳引文略有脱衍者

1. 孟子云:孔子德之流,速於置郵而傳命也。(《慧琳音義》卷八四釋《集古今佛道論衡》第四卷郵傳)

按:《孟子·公孫丑章句上》:"孔子曰:'德之流行,速於置郵而傳命。'"據《周易經傳集解》、《周易蒙引》等書,皆作"德之流行",慧琳所引疑脱一"行"字。

2. 孟子曰:其色色赧赧然也。(《慧琳音義》卷八四釋《利涉論衡》第一卷赧然)

按:《孟子·滕文公章句下》:"子路曰:'未同而言,觀其色赧赧然,非由之所知也。'"《慧琳音義》衍"色"字。

3. 孟子云:惡用是鶂者爲哉也。(《慧琳音義》卷九七釋《廣弘明集》第十二卷鶂響)

按:《孟子·滕文公章句下》:"惡用是鶃鶃者爲哉?"鶂,《説文》作"鶃",釋作"鳥也。"段注解爲"水鳥也",言字形"今皆左兒右鳥"。《玉篇》釋爲善高飛之水鳥。《五經文字》、《類篇》、《廣韻》、《集韻》等釋同。而"鶃鶃"則似特指鵝及其叫聲。如《七經孟子考文補遺》卷一百九十二:"鶃鶃,鵝聲。"《孟子注疏》卷六:"鶃鶃,鵝鳴聲。"《孟子音義》卷上:"鶃鶃,鵞也。"《孟子纂疏》:"鶃鶃,鵝聲也。"又《四書蒙引》卷二:"雞鳴喈喈,鵞曰鶃鶃。"故此處亦當二字疊用以指鵝(鳴),並與前文之"有饋其兄生鵝者"相承。慧琳所引或脱一字,或其有意單用以求簡。

(作者單位:上海師范大學)

《慧琳音義》引《莊子》考

楊思範

《慧琳音義》引《莊子》及注疏凡 219 條。其中引《莊子》正文 146 條,注文 73 條。注文中有郭象注 6 條,司馬彪注 64 條,《莊子》疏 1 條,孟氏注 1 條,許慎注 1 條。其中不少引文或爲今本所無,或與今本有異。下文比勘其所引《莊子》與今傳本《莊子》的異同,從校勘與輯佚方面考察《慧琳音義》引《莊子》之價值。

校勘價值

慧琳《一切經音義》又稱《大藏音義》[①],簡稱《慧琳音義》,成書于唐元和三年(公元 808)以前[②]。《慧琳音義》引用《莊子》所據本爲中唐或中唐以前版本,其《莊子》引文保存了那個時代的版本特點。今傳本《莊子》在流傳過程中,有些內容已非原貌。因此《慧琳音義》所引《莊子》及注文具有重要的校勘價值,兹舉如下:

1.《莊子》云:"筌者,所以取魚,得魚而忘筌。"(58/卷 41/206/下欄"真筌"[③])《莊子》曰:"得魚忘筌也。"(59/卷 90/167/上欄"忘筌")《莊子》云:"得魚忘筌,得兔忘蹄。"(59/卷 97/280/下欄"筌

---

① 宋贊寧等撰《宋高僧傳》卷五,《中華大藏經》第 62 册,第 45 頁,下欄。

② 徐時儀著《慧琳音義研究》,上海:上海社會科學出版社 1997 年版。第 11 頁。

③ 58/卷 41/206/下欄"真筌"表示爲《中華大藏經》第 58 册,《慧琳音義》第 41 卷,第 206 頁下欄。下同。

蹄”)

按:慧琳引作“筌”,刊本[1]作“荃”。《莊子·外物》:“荃者所以在魚,得魚而忘筌。”成玄英疏:“筌,魚笱也,以竹爲之,故字從竹,亦有從草者。是“筌”與“荃”同。

2.《莊子》云:“瘭疽疥瘫。”司馬彪曰:“浮熱爲瘭,不通爲瘫。”(57/卷5/483/下欄“如瘫”)《莊子》云:“瘭疽疥癰。”司馬彪云:“浮熱爲瘭,不通爲癰。”(58/卷41/225/上欄“癰瘡”)

按:慧琳引《莊子》作“瘫”或作“癰”,刊本作“癕。”《龍龕手鑒·疒部》:“瘫,俗;癰,正。”《字彙·疒部》:“癕同癰。”

又慧琳引《莊子》作“瘭”,刊本作“漂”。《集韻·笑韻》:“瘭,通作漂。”又《集韻·宵韻》:“瘭,或作漂。”《釋文》:“漂,本亦作瘭。”

3.《莊子》云:“哈然似喪其偶。”(59/卷88/138/下欄“哈焉”)

按:慧琳引《莊子》作“偶”,刊本作“耦”,敦煌本《莊子》伯二四九五殘卷作“偶”,與慧琳引同。《釋文》:“耦本亦作偶。”《集韻·厚韻》:“偶,通作耦。”《文選·陸機〈文賦〉》:“徒悅目而偶俗。”李善注:“耦,與偶古字通。”

4.《莊子》云:“有大樹,人謂之樗。大枝擁腫而不中繩墨,小枝拳曲,而不中規矩。”(59/卷84/80/上欄“樗棘”)

按:慧琳引《莊子》作“樗”,刊本“樗”。“樗”同“樗”。《説文·木部》“樗”欄段玉裁注:“各本‘樗’與‘樗’二篆互譌。今正。”[2]

5.《莊子》云:“覆柸水於坳塘之上,則芥謂之舟也。”(58/卷49/411/下欄“泛芥舟”)

按:慧琳引《莊子》作“柸”,刊本作“杯”。《字彙·木部》:“柸,古杯字。”是慧琳所引保存了《莊子》古本之貌。

6.《莊子》云:“前有銜橜之飾。”(58/卷68/831/下欄“於橛”)

---

① 清郭慶藩撰,王孝魚點校《莊子集釋》,北京:中華書局,1961,1997重印。

② 漢許慎撰,清段玉裁注《説文解字注》,上海:上海古籍出版社1981年版,第241頁。

按:慧琳引《莊子》作“橜”,刊本作“橛”。《集韻·月韻》:“橜,或書作橛。”

7.《莊子》:“南溟,天池也。”(58/卷48/387/上欄“法溟”)

《莊子》云:“溟,天池也。”(58/卷67/804/下欄“巨溟”)

按:慧琳引《莊子》作“溟”,刊本作“冥”。《釋文》:“冥,本亦作溟。”是慧琳所引與《釋文》一本同。朱駿聲《説文通訓定聲·鼎部》:“溟,假借爲冥。”①

8.《莊子》云:“附贅懸肬。”(57/卷20/797/上欄“小疣”)

按:慧琳引《莊子》作“肬”,刊本作“疣”。《集韻·尤韻》:“肬,或作疣、默。”。《説文》有“肬”,無疣字。“肬”、“疣”古今字。是慧琳所引“肬”字爲《莊子》古本之貌。

又慧琳引《莊子》作“懸”,刊本作“縣”。“縣”、“懸”古今字。《漢書·高帝紀下》卷一下:“縣隔千里。”顔師古注:“縣,此本古之懸字耳,後人轉用爲州縣字,乃更加心以別之。”

9.《莊子》云:“以筐盛菌也。”(58/卷55/536/下欄“菌尿”)《莊子》云:“以筐盛屎也。”(58/卷68/828/上欄“屎屄”)

按:慧琳引《莊子》作“屎”,或作“菌”。《釋文》:“矢或作屎,同。”《莊子·知北遊》:“在屎溺。”《釋文》:“屎,本或作矢。”《玉篇·艸部》:“菌,亦作矢,俗爲屎。”

10. 司馬彪注《莊子》云:“踳雜,不同也。”(59/卷96/264/上欄“踳淪”)

按:慧琳引司馬彪注作“踳”,則司馬彪所見本正文爲“踳”字。刊本作“舛”。《説文·舛部》:“踳,揚雄説,舛從足,春。”是“踳”與“舛”同。郭慶藩《莊子集釋》云“舛,當作踳”,然郭説無例證,此條可補郭説。

又慧琳引《莊子》作“雜”,刊本作“駁”。刊本引成玄英疏:“駁,雜揉也。”是雜即駁之意。蓋慧琳意引也。

① 清朱駿聲撰《説文通訓定聲》,《續修四庫全書》(經部)第221册,第322頁,上海:上海古籍出版社。

11.《莊子》:“晞意道言,謂之諂。”(57/卷 11/609/下欄“諛諂”)《莊子》云:“晞意道言,謂之諂。”(57/卷 16/724/上欄“諛讇”)《莊子》:“希意道言,謂之諂。”(57/卷 19/781/下欄“諛諂”)《莊子》云:“希意道言,謂之讇。”(57/卷 24/899/下欄“讇語”)《莊子》云:“希意道言,謂之諂。”(58/卷 31/20/上欄“諛諂”)《莊子》云:“晞意道言,謂之諂也”。(58/卷 63/730/下欄“讇言”)

按:慧琳引《莊子》作“晞”或作“希”,刊本作“希”。《方言》“希、鑠,摩也。”錢繹箋疏:“晞與希通。”[①]朱駿聲《説文通訓定聲·履部》:“希,叚借爲晞。”[②]

又慧琳引《莊子》作“讇”或作“諂”。刊本作“諂”。《漢書·五行志中之下》:“不知誰主爲佞讇之計。”顔師古注:“讇,古諂字也。”

12.《莊子》云:“鴟鴟嗜鼠。”(58/卷 77/1030/下欄“鴟鳥”)《莊子》:“鴟嗜鼠鳥也。”(58/卷 79/1058/上欄“鴟鵂”)

按:慧琳引《莊子》作“嗜”,刊本作“耆”。《釋文》作:“耆,字或作嗜。”《集韻·至韻》:“嗜,亦作耆。”《説文·口部》“耆”下段玉裁注:“經傳多假耆爲嗜。”[③]

13.《莊子》云:“蚊寅噆膚也。”(58/卷 69/842/下欄“唼食”)《莊子》:“故蚊蝱噆膚。”(58/卷 74/948/上欄“蠅噆”)

按:慧琳引《莊子》作“寅”,或作“蝱”。刊本作“虻”。《釋文》:“虻,字亦作蝱。”《玉篇·䖵部》:“蝱,俗作寅。”《正字通》:“蝱,俗蝱字。”

輯佚價值

《經典釋文·序錄》云:“《漢書·藝文志》載《莊子》五十二篇,

① 清朱駿聲撰《説文通訓定聲》,《續修四庫全書》(經部)193 册,第 636 頁,上海:上海古籍出版社。

② 清朱駿聲撰《説文通訓定聲》,《續修四庫全書》(經部)第 221 册,第 70 頁,上海:上海古籍出版社。

③ 漢許慎撰,清段玉裁注《説文解字注》,上海:上海古籍出版社 1981 年版,第 398 頁。

即司馬彪孟氏所注是也。”[①]後郭象改刪《莊子》成三十三卷,遂成定本。這可以在敦煌藏經洞發現的《莊子》殘卷找到佐證。敦煌《莊子》殘卷伯二四九五首題爲“《莊子》三袟合卅三卷郭子玄注”,正合《經典釋文·序錄》所云“郭象注莊子三十三卷”[②]。據日藏高山寺本《莊子·天下篇》郭象注後語云:“若《閼弈》、《意修》之首,《卮言》、《遊凫》、《子胥》之篇,凡諸巧雜,若此之類,十分有三。或牽之令近,或迂之令誕,或似《山海經》,或似占夢書,或出《淮南》,或辯形名,而參之高韻,龍虵並禦,且辭氣鄙背,竟無深奥,而徒難知以困後蒙。今沉滯失流,豈所求《莊子》之意哉?故皆略而不存。今唯裁取其長達致全乎大體者爲卅三篇焉。”[③]後語中提到的《閼弈》、《意修》,《卮言》、《遊凫》、《子胥》諸篇因郭象注改刪而佚。慧琳去古未遠,尚可見到《莊子》一些古本,今考慧琳所引《莊子》,可以管窺《莊子》一些佚文玆舉如下:

(一) 提供了《莊子》之佚正文

1.《莊子》:“虺二首。”(58/卷 46/335/下欄“虵虺”)

2.《莊子》:“水潦之溉於田也。”(58/卷 66/792/上欄“溉灌”)

3.《莊子》云:“水潦之所灌於田也。”(58/卷 78/1042/上欄“溉灌”)

4.《莊子》云:“猨之於木若�蠓於蛇也。”(58/卷 66/798/下欄“蠓蚋”)

5.《莊子》云:“猿之於木若蠛蠓於地也。”(58/卷 69/841/下欄“蠛蠓”)

6.《莊子》云:“猿與狙交。”(59/卷 85/90/下欄“亡狙”)

7.《莊子》云:“善浮者不溺。”(59/卷 89/163/下欄“拯溺”)

8.《莊子》云:“以水爲舟,則稱衛舟太白。”(59/卷 89/154/上

① 北周陸德明撰《經典釋文》,北京:中華書局 1983 年影印版,第 17 頁。

② 北周陸德明撰《經典釋文》,北京:中華書局 1983 年影印版,第 17 頁。

③ 日本高山寺藏《莊子》古鈔本七卷,見嚴靈峰輯《無求備齋老列莊三子集成補編》第 54 冊,臺北,成文出版社有限公司,1982 年。

欄“五舶”）

（二）提供了《莊子》之佚注文

成書于魏晉時期的司馬彪注《莊子》,《舊唐書·經籍志》載司馬彪注《莊子》二十一卷[①],唐後不見史書記載。可見唐後馬彪注《莊子》已佚。今《司馬彪莊子注》零星片語存于陸德明《經典釋文·莊子釋文》中,其餘多不可見。清孫馮翼輯有《司馬彪莊子注》,後茆泮林在孫馮翼基礎上成《司馬彪莊子注考逸補正》（收入其所輯的《十種古逸書》）。王叔岷《司馬彪莊子注考逸補正》[②],對茆書多有補正,其所補司馬彪注,近三分之一取自《慧琳音義》。今考慧琳所引司馬彪《莊子》注,凡有67條。兹舉不見《經典釋文》所載的幾例:

1. 司馬彪注《莊子》:“奮,武貌也。”（57/卷5/494/下欄“奮迅”）

2. 司馬彪注《莊子》云:“海中大船曰舶。”（58/卷61/678/上欄“破舶”）

3. 司馬彪注《莊子》云:“煨,煑也。”（59/卷86/109/下欄“息煨”）

4. 司馬彪注《莊子》:“馴,從也。”（59/卷88/146/下欄“馴巨”）

5. 司馬彪注《莊子》云:“元本摽末。”（59/卷89/158/上欄“摽揭”）

6. 司馬彪注《莊子》云:“踳雜,不同也。”（59/卷96/264/上欄“踳淪”）

除了司馬彪注以外,慧琳所引《莊子》注文還有一些佚注:

7.《莊子》:“傭於人者。”孟氏:“傭役力也,受直曰傭。”（57/卷

① 後晉劉昫等撰《舊唐書》第6冊,第2029頁,北京:中華書局1975年版。

② 見《歷史語言研究所集刊》第16本,第111—126頁。今筆者比勘,第113頁“大塊謂天也”,應引自《慧琳音義》第96卷,王先生誤作第95卷。又第115頁“襲,入也。”王先生只列了《慧琳音義》卷61,其實《慧琳音義》第10卷“襲予”也引用司馬彪注“襲,入也”。又第112頁王先生作“朝菌,大芝”,其中大,應爲“天”,檢麗藏本、獅谷白蓮社翻刻本皆作“天”。

27/978/上欄“傭賃”)

按:此孟氏,當爲《經典釋文·序録》所云“孟氏注十八卷五十二篇(不詳何人)[①]”,然《經典釋文》通篇未引孟氏注,此條可補《經典釋文》無引孟氏注之不足。《隋書·經籍志》載“孟氏注《莊子》十八卷,録一卷,亡”[②]。可知元朗寫《經典釋文》時,此書已佚。慧琳此條所引,爲我們瞭解孟氏注提供了一條珍貴的材料。

8. 許叔重注《莊子》云:“圖,笆也。”(57/卷 14/666/上欄“與篅”)

按:許叔重《莊子》注今已佚,《經典釋文》引許叔重注《莊子》凡6條,此條未見所引。

9.《莊子疏》云:“毛之秀者曰毫。”(57/卷 27/963/下欄“放眉間白毫”)

按:《經典釋文·序録》所載,漢魏時期不見《莊子疏》一書,據《舊唐書·經籍志》載,以《莊子疏》爲題名的有三種,一種成玄英撰《莊子疏》十卷,一種是王穆撰《莊子疏》,一種是不題名撰寫者《莊子疏》七卷[③]。今檢《莊子集釋》所載成玄英疏,不見此文。另外慧琳引文,一般題撰寫者人名,因此此條所引可能是“不題名撰寫者《莊子疏》”内容。今賴慧琳所引,彌足珍貴。

(作者單位:浙江交通職業技術學院)

① 北周陸德明撰《經典釋文》,北京:中華書局 1983 年影印版,第 17 頁。

② 唐魏徵等撰《隋書》,北京:中華書局 1973 版第 1001 頁。

③ 後晉劉昫等撰《舊唐書》第 6 册,北京:中華書局 1975 年版第 2029 頁。

《一切經音義》三種引《史記》古注材料來源蠡測

蘇　芃

玄應、慧琳的《一切經音義》以及希麟的《續一切經音義》不僅是"披讀校訂佛藏經典的音義典籍",更是"中古小學著作的總結性彙編"。[①] 這三種《音義》中大量引用傳世典籍,以《史記》爲例,共計 200 條,其中涉及《史記》古注 30 多處,本文嘗試通過梳理這些《史記》古注材料,進而探討推断其來源,以期對《音義》的編纂研究能有所裨益。

一、《玄應音義》引《史記》古注材料

《玄應音義》引《史記》材料共 39 處,其中 8 處涉及《史記》古注,列表如下:

	《玄應音義》引《史記》古注	中華書局本《史記》	案　語
(1) 我曹	《史記》:十餘曹循之。如淳曰:曹,輩也。(《玄應音義》卷第三,第 62 頁,此處爲徐時儀先生校注《一切經音義三種校本合刊》的相關頁碼,下同)	《袁盎鼂錯列傳》:然後刺君者十餘曹,備之。《集解》如淳曰:"曹,輩也。"(第 2745 頁,此爲中華書局點校本[②]頁碼,下同)	

① 徐時儀《一切經音義三種校本合刊》,上海古籍出版社,2008 年,《緒論》第 1 頁。

② 司馬遷《史記》,中華書局,1982 年 11 月第 2 版,2003 年 7 月印刷。

续表

	《玄應音義》引《史記》古注	中華書局本《史記》	案　語
(2) 我曹	《史記》:十餘曹循。如淳曰:"曹,輩也。"(《玄應音義》卷第八,第 180 頁)	《袁盎鼂錯列傳》:然後刺君者十餘曹,備之。《集解》如淳曰:"曹,輩也。"(第 2745 頁)	
(3) 汝曹	《史記》:十餘曹循之。如淳曰:曹,輩也。(《玄應音義》卷九,第 186 頁)	《袁盎鼂錯列傳》:然後刺君者十餘曹,備之。《集解》如淳曰:"曹,輩也。"(第 2745 頁)	
(4) 酒鑪	《史記》:文君當鑪。韋昭曰:酒肆也。以土爲墮,邊高似鑪也。(《玄應音義》卷第十一,第 229 頁)	《司馬相如列傳》:而令文君當鑪。《集解》韋昭曰:"鑪,酒肆也。以土爲墮,邊高似鑪。"(第 3001 頁)	
(5) 汝曹	[《史記》:十餘曹循之。如淳曰:]曹,輩也,群也。(《玄應音義》卷第十四,第 296 頁)	《袁盎鼂錯列傳》:然後刺君者十餘曹,備之。《集解》如淳曰:"曹,輩也。"(第 2745 頁)	
(6) 一襲	《史記》:賜衣一襲。《音義》曰:衣褌複具爲一襲。(《玄應音義》卷第十八,第 390 頁)	《趙世家》:賜相國衣二襲。《集解》單複具爲一襲。(第 1798 頁) 又,《劉敬叔孫通列傳》:迺賜叔孫通帛二十匹,衣一襲。《索隱》案:《國語》謂之"一稱",賈逵案《禮記》"袍必有表不單,衣必有裳,謂之一稱"。杜預云"衣單複具云稱也"。(第 2721 頁)	此處古注引文不見於今本《史記》,疑出自《劉敬叔孫通列傳》《集解》徵引的《漢書音義》,可能《集解》《索隱》合刻後,因與《索隱》有重複被刪。
(7) 屩屐	《史記》:躡屩擔簦。徐廣曰:屩,草扉也。扉音扶謂反。扉,屨也,粗履也。簦音都恒反,笠有柄者也。(《玄應音義》卷第十九,第 395 頁)	《平原君虞卿列傳》:躡蹻檐簦説趙孝成王。《集解》徐廣曰:"蹻,草履也。簦,長柄笠,音登。笠有柄者謂之簦。"(第 2371 頁)	此處《玄應音義》引文與今本《史記》不同,疑因《史記》傳本正文用字不同而致異。

续表

	《玄應音義》引《史記》古注	中華書局本《史記》	案　語
(8) 汝曹	《史記》:十餘曹循之。如淳曰:曹,輩也。(《玄應音義》卷第二十五,第502頁)	《袁盎鼂錯列傳》:然後刺君者十餘曹,備之。《集解》如淳曰:"曹,輩也。"(第2745頁)	

以上材料,其中關於"曹"字釋義出現5處,幾乎全同,這處釋義在今存的原本《玉篇》殘卷曰部"曹"字下亦有出現:

似勞反。《毛詩》:乃造其曹。《傳》曰:曹,群也。《國語》:民所以曹好。《賈逵》曰:曹,猶共也。《史記》:十餘曹循之。如淳曰:曹,輩也。又曰:分曹循行郡國。服虔曰:分曹職案行也。《説文》:獄之兩曹治事者也。《廣雅》:曹,所也。①

《玄應音義》(3)"汝曹"條引《史記》及古注後又引:"《詩》云:乃告其曹。《傳》曰:曹,羣也。"這和原本《玉篇》引文以及引文格式也是一致的。下文《慧琳音義》(2)"我㬪"條引文亦作:《毛詩傳》云:曹,群也。如淳注《史記》云:輩也。連引書次序和原本《玉篇》都一致。

又,原本《玉篇》"十餘曹循之"的"循"字形作"𠌥",當是"備(偹)"字形訛。從《史記》上下文來看,此處文字講刺客提醒袁盎作必要之防備警戒,如若作"循",即當是察看之義,而"循"作此義爲時甚晚,《漢書·爰盎傳》亦作"備",此處當是"備"字。而《玄應音義》5處引文皆作"循",疑是承襲同一訛誤,而這個訛誤極有可能就是《玉篇》。

二、《慧琳音義》引《史記》古注材料

《慧琳音義》引《史記》153條,其中直接涉及古注材料23處,列表如下:

---

① 《續修四庫全書》第228册,上海古籍出版社,2002年,第299頁。

	《慧琳音義》引《史記》古注	中華書局本《史記》	案語
(1) 抑挫	如淳注《史記》:抑,屈也。(《慧琳音義》卷第八,第634頁)	《劉敬叔孫通列傳》:諸侍坐殿上皆伏抑首。《集解》如淳曰:"抑,屈。"①(第2724頁)	
(2) 我曺	如淳注《史記》云:輩也。(《慧琳音義》卷第九,第649頁)	《袁盎鼂錯列傳》:然後刺君者十餘曹,備之。《集解》如淳曰:"曹,輩也。"(第2745頁)	
(3) 疇昔	如淳注《史記》云:家業世世相傳曰疇。(《慧琳音義》卷十二,第707頁)	《曆書》:故疇人子弟分散。《集解》如淳曰:"家業世世相傳爲疇。"(第1259頁)	
(4) 鈍根	如淳注《史記》云:頑鈍猶無廉隅也。(《慧琳音義》卷十三,第720頁)	《陳丞相世家》:士之頑鈍。《集解》如淳曰:"猶無廉隅。"(第2055頁)	
(5) 㤳鈍	如淳注《史記》云:鈍猶頑印無廉隅也。(《慧琳音義》卷十七,第793頁)	《陳丞相世家》:士之頑鈍。《集解》如淳曰:"猶無廉隅。"(第2055頁)	
(6) 從廣	孟康注《史記》曰:南北爲從,東西爲横。(《慧琳音義》卷二十一,第864頁)	《周本紀》:與諸侯約從。《集解》孟康曰:"南北爲從,東西爲横。"(第169頁)	
(7) 金鉅	徐廣注《史記》曰:大堅鐵鉔(鉅)②。(《慧琳音義》卷三十四,第1102頁)	《禮書》:宛之鉅鐵施。《集解》徐廣曰:"大剛曰鉅。"(第1165頁)	
(8) 鞵屩	徐廣注《史記》云:草扉也。(《慧琳音義》卷三十五,第1124頁)	《平原君虞卿列傳》:躡蹻檐簦説趙孝成王。《集解》徐廣曰:"蹻,草履也。簦,長柄笠,音登。笠有柄者謂之簦。"(第2371頁)	

① 中華本"抑屈"二字之間未點斷。

② 原注:鉔,《獅》作"鉅"。

续表

	《慧琳音義》引《史記》古注	中華書局本《史記》	案　語
(9) 檥方	如淳注《史記》云：南方人謂整船向岸曰檥。孟康注云：附也。船著岸也。(《慧琳音義》卷五十一，第1395頁)	《項羽本紀》烏江亭長檥船待。《集解》徐廣曰："檥音儀。一音俄。"駰案：應劭曰"檥，正也"。孟康曰"檥音蟻，附也，附船著岸也"。如淳曰"南方人謂整船向岸曰檥"。(第336頁)	
(10) 臮令	徐廣注《史記》云：洎，肉汁也。(《慧琳音義》卷五十一，第1395頁)	《孝武本紀》：水而洎之。《集解》徐廣曰："洎音居器反，肉汁也。"(第470頁)	
(11) 酒鑪	《史記》：文君當鑪。韋昭曰：酒肆也，以土爲墮，邊高似鑪。(《慧琳音義》卷五十二，第1417頁)	《司馬相如列傳》：而令文君當鑪。《集解》韋昭曰："鑪，酒肆也。以土爲墮，邊高似鑪。"(第3001頁)	
(12) 汝曹	《史記》：十餘曹循之。如淳曰：曹，輩也。(《慧琳音義》卷七十一，第1755頁)	《袁盎鼂錯列傳》：然後刺君者十餘曹，備之。《集解》如淳曰："曹，輩也。"(第2745頁)	
(13) 一襲	《史記》：賜衣一襲。《音義》曰：衣襌複具爲一襲。(《慧琳音義》卷七十三，第1801頁)	《趙世家》：賜相國衣二襲。《集解》單複具爲一襲。(第1798頁) 又，《劉敬叔孫通列傳》：迺賜叔孫通帛二十匹，衣一襲。《索隱》案：《國語》謂之"一稱"，賈逵案《禮記》"袍必有表不單，衣必有裳，謂之一稱"。杜預云"衣單複具云稱也"。(第2721頁)	此處古注引文不見於今本《史記》，疑出自《劉敬叔孫通列傳》《集解》徵引的《漢書音義》，可能《集解》《索隱》合刻後，因與《索隱》有重複被删。

续表

	《慧琳音義》引《史記》古注	中華書局本《史記》	案語
(14) 頑鈍	如淳注《史記》:頑鈍,猶無廉愧①也。(《慧琳音義》卷七十八,第1895頁)	《陳丞相世家》:士之頑鈍。《集解》如淳曰:"猶無廉隅。"(第2055頁)	
(15) 輼輬	《史記》云:輼輬,卧車也。因秦始皇死不發喪,遂以爲載柩車也。孟康注曰:輼輬,舊衣車也。有窗牖,閉則温,開則涼。(《慧琳音義》卷八十一,第1934頁)	《李斯列傳》:宦者輒從輼輬車中可諸奏事。《集解》文穎曰:"輼輬車如今喪轜車也。"孟康曰:"如衣車,有窗牖,閉之則温,開之則涼,故名之'輼輬車'也。"如淳曰:"輼輬車,其形廣大,有羽飾也。"(第2548頁)	
(16) 禊飲	《史記》云:武帝禊霸上。徐廣曰:三月上巳日祓除不祥謂之禊。(《慧琳音義》卷八十五,第2003頁)	《外戚世家》:武帝祓霸上還。《集解》徐廣曰:"三月上巳,臨水祓除謂之禊。"(第1979頁)	
(17) 檐簦	《史記音義》曰:笠有柄曰簦。(《慧琳音義》卷八十六,第2013頁)	《平原君虞卿列傳》:躡蹻檐簦説趙孝成王。《集解》徐廣曰:"蹻,草履也。簦,長柄笠,音登。笠有柄者謂之簦。"(第2371頁)	
(18) 孱然	韋昭注《史記》云:孱,仁謹皃也。(《慧琳音義》卷八十六,第2014頁)	《張耳陳餘列傳》:乃怒曰:"吾王孱王也!"《集解》韋昭曰:"仁謹貌。"(第2583頁)	
(19) 偓躖	應劭注《史記》云:偓逪,急促之皃也。(《慧琳音義》卷九十二,第2090頁)	《酈生陸賈列傳》:酈生聞其將皆握齱。《集解》應劭曰:"握齱,急促之貌。"(第2692頁)	

① "愧"當是"隅"字形訛。

续表

	《慧琳音義》引《史記》古注	中華書局本《史記》	案語
(20) 皭法師	《史記》徐廣注云：白浮皃。（《慧琳音義》卷九十三，第2098頁）	《屈原賈生列傳》：皭然泥而不滓者也。《集解》徐廣曰："皭，疏淨之貌。"（第2483頁）	《音義》引文與《史記集解》略有不同，疑《音義》"浮"是"淨"字之誤。廣益本《玉篇》："皭，淨貌也。色皭皭白也。"可爲證。
(21) 檐簦	《史記音義》曰：簦，《考聲》織竹爲蓋也。（《慧琳音義》卷九十八，第2159頁）	《平原君虞卿列傳》：躡蹻檐簦說趙孝成王。《集解》徐廣曰："蹻，草履也。簦，長柄笠，音登。笠有柄者謂之簦。"（第2371頁）	此處《音義》引文有脫訛，《考聲》以下非《史記音義》文字。(17)"檐簦"條(《慧琳音義》卷八十六，第2013頁)《史記音義》引文前亦有《考聲》之文，可爲證。
(22) 孱然	韋昭注《史記》云：孱，仁謹皃。（《慧琳音義》卷九十八，第2159頁）	《張耳陳餘列傳》：乃怒曰："吾王孱王也！"《集解》韋昭曰："仁謹貌。"（第2583頁）	

续表

	《慧琳音義》引《史記》古注	中華書局本《史記》	案語
(23) 跕屣	張晏注《史記》云:跕,屣也。(《慧琳音義》卷九十九,第2173頁)	《貨殖列傳》:跕屣。《集解》張晏曰:"跕,屣也。"(第3264頁)	

以上引文材料中,有6處是重合的,實際徵引《史記》古注材料只有17處,這17處的引文格式不全相同,共有2種類型:

一種是先引《史記》,再引古注,這和原本《玉篇》、《玄應音義》引古注的格式是一致的。

還有一種是"古注作者姓名+注+《史記》",然後直接列出古注內容,這應該是前一種類型的簡省。

《慧琳音義》引《史記》古注幾乎全見於裴駰的《史記集解》,文字上也基本一致。

另外,《慧琳音義》引《史記》正文的153條材料裏,還有一些不見於《史記》,其實是《史記》古注誤入《史記》正文,例如:

轀輬《史記》云:秦始皇居轀輬車中。制如車,有窗牖,閉即温,開則凉,其形廣大,以羽飾之。(《慧琳音義》卷第九十四,第2115頁)

這處材料前半"秦始皇居轀輬車中"出自《李斯列傳》"置始皇居轀輬車中",後半出自《李斯列傳》的《集解》引文:孟康曰:"如衣車,有窗牖,閉之則温,開之則凉,故名之'轀輬車'也。"如淳曰:"轀輬車,其形廣大,有羽飾也。"(第2548頁)

還有以《史記》古注誤作他書的:

屩履《史記》躡屩擔簦。《廣雅》曰:屩,草屝也。屝音扶謂反。屝,屨也,粗履也。簦音都恒反,笠有柄者也。(《慧琳音義》卷第五十六,第1492頁)

此處"《廣雅》"當是"徐廣"之誤,《史記·平原君虞卿列傳》:躡蹻檐簦説趙孝成王。《集解》徐廣曰:"蹻,草履也。簦,長柄笠,音登。笠有柄者謂之簦。"(第2371頁)這段文字在《玄應音義》、《慧琳音義》中多次被徵引。

三、《希麟音義》引《史記》古注材料

《希麟音義》引《史記》材料共 18 處，其中没有直接引用古注的，但是有 3 處材料實際出自《史記》古注：

魁膾《史記》云：牡夫也。（《希麟音義》卷第一，第 2216 頁）

魁膾《史記》云：壯夫也。（《希麟音義》卷第四，第 2253—2254 頁）

魁膾《史記》云：壯大也。（《希麟音義》卷第六，第 2282—2283 頁）

這處材料不見於今本《史記》正文，而《留侯世家》"余以爲其人計魁梧奇偉"《集解》引應劭曰："魁梧，丘虛壯大之意。"（第 2049 頁），恐怕《希麟音義》引文正來源於此。而"牡"、"夫"皆是"壯"、"大"形訛。

另外，《希麟音義》中還有一處引其他史書亦稱《史記》的材料：

苻姚《史記》云：健本洛陽臨渭人，因其家池中蒲生有異，遂以蒲爲姓。後孫背上草付字卻爲苻氏。（《希麟音義》卷第十，第 2336 頁）

此處文字不會是指司馬遷所撰《史記》，因爲其內容敘述的是前秦景明皇帝苻健，《晉書》有所記載，但與該段文字又不全同。

四、原本《玉篇》引《史記》古注與裴駰《史記集解》的關係

現存的原本《玉篇》殘卷裏徵引涉及《史記》的材料共有 73 條，見諸 66 個字頭之下，其中字頭"康"下的書證是《爾雅》郭璞注轉引《史記》，其他 72 條材料皆是對《史記》的直接徵引。這 73 條徵引《史記》的內容又可以分作兩種情形：一種是徵引《史記》原文和相關的先唐古注材料作爲書證，共 27 條；一種是只徵引《史記》原文當作書證的，共 46 條。徵引《史記》古注的 27 條，涉及如淳、徐廣、蘇林、服虔、李斐等諸家言説，分列於 26 個字頭之下。通過與裴駰《史記集解》逐一比對研究，我們發現這 27 條先唐古注直接引自《史記集解》。[①]

---

① 拙文《原本〈玉篇〉引〈史記〉及相關古注材料考論》，待刊。

五、《音義》三種引《史記》古注與《玉篇》、《史記集解》的關係蠡測

综合以上四個方面，對《一切經音義》三種引《史記》古注的來源問題可以作出如下歸納和梳理。

第一，《音義》三種《史記》古注引文幾乎全部見諸裴駰的《史記集解》。

第二，《玄應音義》"我曹"、"汝曹"條和原本《玉篇》曰部"曹"字釋義的重合，連訛字都相同，《玄應音義》與原本《玉篇》引《史記》及古注材料格式具有一致性。

第三，《慧琳音義》"我曹"、"汝曹"、"一襲"等條目和《玄應音義》引文幾乎全同，但比《玄應音義》簡明。

第四，《慧琳音義》"明諜"條引《史記》與原本《玉篇》"諜"字書證相同，而與傳世本《史記》不同。《慧琳音義》中有一條材料：

明諜　《史記》云：豈效此嗇夫諜諜利口辯給哉！

中華書局點校本《史記·張釋之馮唐列傳》："豈斅此嗇夫諜諜利口捷給哉！"（第2752頁）而原本《玉篇》"諜"字條下書證："《史記》：'豈効[1]此嗇夫諜諜利口便給哉！'"

"辯"、"便"在《史記》中時常互爲異文出現：如《五帝本紀》"便程東作"，司馬貞《索隱》引《尚書大傳》作"辯秩東作"；《五帝本紀》"便章百姓"，《索隱》引今文《尚書》作"辯章"；《孔子世家》"辯辯言"，《索隱》引《論語》作"便便言"。可見，《慧琳音義》此條引文可能抄自《玉篇》。

第五，《慧琳音義》中存在避梁諱現象。根據筆者研究，《玉篇》殘卷現存7卷，其中書證材料涉及"綱"改"維"、"剛"改"堅"的嚴格改字現象，而且"卷第廿七"之下的糸部完整無缺，收字頭392個，其間與《説文解字》字序對應的"統"、"綱"二字未收，據此推斷産生這一系列現象的根源是因爲避梁諱（"統"避蕭統，"綱"、"剛"避蕭

---

① 原卷字形作"郊"，原本《玉篇》中"阝"和"力"常相混同，可知此處"郊"是"効"字俗寫。

綱)而致,由此判斷原本《玉篇》殘卷的底本時代可以上溯到南朝梁代。[①] 而《慧琳音義》徵引《史記》古注的材料對這種避諱改字現象有所承襲。

金鉅　　徐廣注《史記》曰:大堅鐵鉟(鉅)[②]。(《慧琳音義》卷三十四,第 1102 頁)

《史記·禮書》:宛之鉅鐵施。《集解》徐廣曰:"大剛曰鉅。"(第 1165 頁)《説文·金部》:"鉅,大剛也。"鐵,即"鐵"字,《集韻·屑韻》:"鐵,古作鐵。"任廣《書敘指南》卷二十《雜備稱用》:"大剛鉄曰鉅鉄。"(清惜陰軒叢書本)"鉄"同"鐵"。

這裡徐廣注"大剛",《慧琳音義》作"大堅",聯繫《玉篇》殘卷多處引書避"蕭綱"嫌名諱改"剛"爲"堅",《慧琳音義》和《玉篇》應是同一種避諱改字現象,從這點推斷,《慧琳音義》的《史記》古注有些應是抄自《玉篇》,這個《玉篇》可能是原本《玉篇》的傳本,也可能是唐代的傳本,但是其中避梁諱的改字一定未作回改。

最後,可以得出結論如下:

從時代上看,《玄應音義》與顧野王《玉篇》時代非常接近,其中引《史記》古注極有可能直接節引自原本《玉篇》,慧琳、希麟《音義》中引《史記》古注的材料的來源可能有三:原本《玉篇》傳本,唐代《玉篇》傳本、《玄應音義》,而《玉篇》中《史記》古注的來源正是裴駰的《史記集解》。這幾者之間的關係圖解如下:

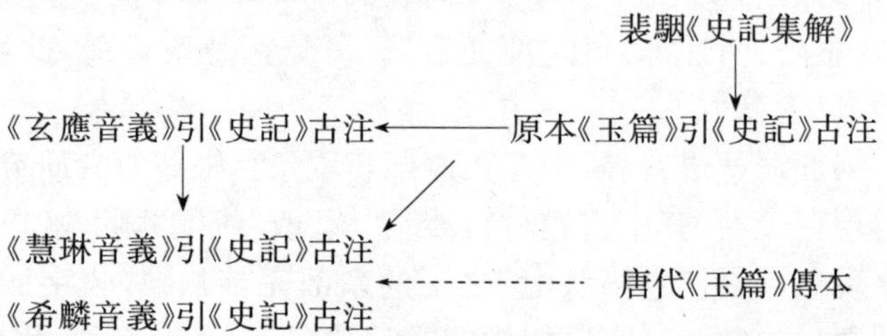

(注:圖中實線代表具有推理依據的傳承關係,虛線代表蠡測的關係。)

① 參見拙文《原本〈玉篇〉避諱字"統"、"綱"發微》,《辭書研究》待刊。

② 原注:鉟,《獅》作"鉅"。

通過梳理《一切經音義》三種引《史記》古注的材料,大致可以推演出它們與原本《玉篇》引裴駰《史記集解》的傳承關係,據此也可窺測《一切經音義》對原本《玉篇》的承襲。本文僅是抛磚引玉,關於《一切經音義》引古書古注與原本《玉篇》的引書材料將來學界同仁可以展開更加深入全面地比對研究,相信二者之關係會更加清晰地呈現出來。

(作者單位:南京師范大學)

《一切經音義》引《風俗通義》二例札記

楊 豔

《風俗通義》①乃東漢應劭所作,《隋書·經籍志》載爲三十卷,後世闕佚,所存者不及三分之一,經後世輯佚拾補而漸成。上世紀七八十年代王利器、吳樹平在前人基礎上分别對《風俗通義》進行整理和校勘,所著《風俗通義校釋》、《風俗通義校注》,成爲目前最通行的兩個版本。

據吳樹平《風俗通義校釋序》:"《風俗通義》問世以後,在南朝梁和李唐兩代,並沒有散佚,梁庚仲容《子鈔》摘錄頗多,唐馬總《意林》引徵略備。當宋太宗太平興國年間李昉等人奉命編輯《太平御覽》時,也曾大量抄錄各篇文字,説明宋朝初年本書尚還完整。"②

因《風俗通義》在唐代尚未失傳,故各佛經音義在解字釋義的過程中,常引以爲佐證。後世又據佛經音義以輯《風俗通義》,然魯魚亥豕,文獻在傳抄的過程中不免發生流變,所引内容或不相同。現以《一切經音義》所引《風俗通義》與《風俗通義校釋》、《風俗通義校注》相比照,對其異文進行分析,冀爲《風俗通義》及《一切經音義》的進一步研究提供參考。

---

① 《風俗通義》,又稱《風俗通》,除所引原文外,本文皆作《風俗通義》。又,《風俗通義校注》簡稱《校注》,《風俗通義校釋》簡稱爲《校釋》。

② 吳樹平《風俗通義校釋》,天津人民出版社,1980年,第5頁。

一

玄應《一切經音義》卷十引《風俗通義》釋“善府”曰:“府,聚也。公卿牧守文書財賄之所聚也。”①慧琳《一切經音義》卷四十六同。

然《風俗通義校注》與《風俗通義校釋》所引與之各有不同,《校注》曰:

> 府,聚也,公卿牧守府,道德之所藏;府,私府,賦賄之所聚也。(《左傳・隱公七年》疏、《原本玉篇・廣部》、《意林》、《廣韻・九麌》、《一切經音義》九、四十六、《通鑑・注漢紀》七)器案:“賦賄”,《左傳疏》作“財貨”,此從《原本玉篇》。(576)②

《校釋》則曰:

> 府,聚也,公卿牧守府道德之所聚也。藏府、私府,財貨之所聚也。寺,司也。庭有法度,令官所止,皆曰寺。(《左傳・隱公七年》孔穎達疏。按:公卿牧守府,“府”字衍,《通鑑》卷一五、《廣韻》卷三麌第九均無“府”字。“財貨”,《玉篇・廣部》引作“賦賄”。《眾經音義》卷一〇引此釋“府”云:“公卿牧守文書財賄所聚也。”)(405)

現據《校注》、《校釋》引文出處爲綫索,對此則異文源流分析如下:

《校注》所引來自黎本《玉篇》殘卷,《玉篇・廣部》曰:“風俗通

① 文中所引玄應、慧琳《一切經音義》内容皆引自上海古籍出版社 2008 年出版徐師時儀《一切经音义三种校本合刊》。

② 爲方便行文,所引中華書局 1981 年出版王利器著《風俗通義校注》,及天津人民出版社 1980 年出版吳樹平著《風俗通義校釋》皆隨文附頁碼。

府聚也公卿牧守府道德之所藏府私府賦賄之所聚也。"[1]又,《漢書·梁孝王劉武傳》:"(孝王)及死,藏府餘黄金尚四十萬餘斤。"又《漢書·路温舒傳》:"上善其言,遷廣陽私府長。"顔師古注曰:"藏錢之府,天子曰少府,諸侯曰私府。"即"藏府"、"私府"皆指"藏錢之所"。由此可知,《校注》斷句有誤,當作"府,聚也。公卿牧守府,道德之所。藏府、私府,賦賄之所聚也"。意指"公卿牧守所居之府,乃道德聚集之所。藏府、私府,乃賦賄聚集之所",以此説明"府,聚也"是指"府"爲聚集之處。且從上下文對舉角度來看,"道德之所"後或脱"聚也"二字。

《校釋》所引來自孔穎達疏《春秋左傳正義·隱公七年》"發幣於公卿",其文曰:

> 朝於天子,獻國之所有,亦發陳財幣於公卿之府寺,如今者如晉時,諸州年終遣會計之吏獻物於天子,因令以物詣公府卿寺。然自漢以來,三公所居謂之府,九卿所居謂之寺。《風俗通》曰:"府,聚也,公卿牧守府,道德之所聚也。藏府,私府財貨之所聚也。"[2]

阮元下按語曰:"公卿牧守府。按,當作'公卿牧守曰府',各本

---

① 《玉篇》(殘卷),《續修四庫全書》第228册,上海古籍出版社據中國科學院圖書館藏日本昭和八年京都東方文化學院編東方文化叢書本影印,2002年,第479頁。1985年中華書局據黎本影印出版的《玉篇零卷》(第三册)第185頁、1985年中華書局據黎本與羅本匯集影印出版《原本玉篇殘卷》第445頁皆與《續修四庫全書》本同。且《續修四庫全書》本稱其中除"卷九言部六字、卷十九水部泠字起至潦字止,據中華書局影印黎庶昌本配補",而"廣"部在卷二十七,故知其所影印"府"條内容來自日本東方文化叢書本。而此部分内容日本東方文化叢書本與黎本完全相符。又,"牧守",《續修四庫全書》本、《玉篇零卷》、《原本玉篇殘卷》本皆作"牧字",當爲"牧守"之誤。

② 阮元《十三經注疏》,中華書局,1980年,第1732頁。

少'曰'字。"[①]孫詒讓則不同意阮元的意見，據《孫詒讓遺書·春秋正義·校勘記》："'曰'字不當增。"[②]孫詒讓不曾説明原因，或其據他本以爲不當增，或以爲若作"公卿牧守曰府"，此句易被誤解爲"公卿牧守可以'府'代稱"而不當增。

玄應、慧琳引作"府，聚也。公卿牧守文書財賄之所聚也"，意指"府爲公卿、牧守、文書、財賄聚集之所"。不僅表述不同，且以"文書"替换"道德"。那麽"府"與"道德"有没有關係呢？據《尚書·周書》：

> 周公曰："嗚呼！休兹，知恤鮮哉！古之人迪惟有夏，乃有室大競，籲俊，尊上帝，迪知忱恂於九德之行，乃敢告教厥后曰：拜手稽首，后矣。曰：宅乃事，宅乃牧，宅乃準，兹惟后矣。"

《尚書正義·周書》解曰：

> 宅訓居也。居汝事須得賢人，六卿各掌其事者也；居汝牧，九州之伯，主養民亦須得賢人養其民也；居汝準，士官，主理刑法，亦須賢人，平其獄也。六卿掌內州，牧掌外，內外之官及平法三事，皆得其人，則此惟爲君矣。言君官失職則不成爲君也。[③]

由此可知，內外官員（即"公卿牧守"）都必須是有道德的賢人，故居"公卿牧守"之府必爲道德賢人聚集之地。"道德"與"府"的關係蓋源於此。疑玄應、慧琳不明其義而據《説文》改"道德"作"文書"。[④]

---

① 阮元《十三經注疏》，中華書局，1980年，第1738頁。

② 孫詒讓《孫詒讓遺書》，齊魯書社，1983年，第592頁。

③ 阮元《十三經注疏》，中華書局，1980年，第230頁。

④ 《説文》："府，文書藏也。"

《廣韻》釋“府”亦引《風俗通義》,曰:“府,官府。《説文》:‘府,文書藏也。’《風俗通》:‘府,聚也。公卿牧守道德之所聚也。’又舍也。”蓋因宋代所存《風俗通義》本,此條内容有缺,故《廣韻》所引有脱文。《集韻》則不言其所引來自《風俗通義》,曰:“府,《説文》:‘文書藏也。’一曰:‘聚也,公卿牧守稱府,道德之所聚;帑藏稱府,財物之所聚。’”疑其所謂“一曰”是孔穎達疏的改述。

綜上所述,孔穎達所引當最接近《風俗通義》原貌;玄應、慧琳引作恐因不明“道德”所指而改;因宋代《風俗通義》此處有缺失,《廣韻》所引有脱文,而《集韻》則據孔穎達疏所引而改述。

二

慧琳《一切經音義》卷二十三引《風俗通義》釋“仗”曰:“兵仗,仗,除亮反。《風俗通》曰:‘仗者,刀戟之總名也。’”卷二十一有兩引,雖引文内容大致相同,却分别稱其所引來自《風俗記》、《風土記》:“器仗,《風俗記》曰:‘仗者,刀戟之總名。’”又:“鎧仗,《風土記》曰:‘仗謂刀戟之總名也。’”

《校注》及《校釋》亦提及同條引文出處不一致的問題。《校注》所引來自《慧苑音義·下》:“仗者,刀戟之總名也。”並下按語曰:“慧苑《音義》中兩引俱作《風俗記》,此從卷下所引,卷下亦兩引也。”(615)而《校釋》引自《華嚴經音義》卷四:“仗者,刀戟之總名者也。”亦下按語曰:“又見慧琳《一切經音義》卷二三,無‘者’字。但是《華嚴經音義》卷一、《一切經音義卷》二一並引作‘風俗記曰’,《一切經音義》卷二一又引作‘風土記曰’。”(408)

華林甫《論兩漢時期中國地名學的奠基》稱,應劭著有《漢書集解》、《地理風俗記》、《十三州記》、《漢官儀》、《風俗通義》等。[①] 但據《後漢書·應劭傳》:“又删定律令爲《漢儀》。……時始遷都於

① 華林甫《論兩漢時期中國地名學的奠基》,《中國史研究》,1996年第2期。

許，舊章堙没，書記罕存。劭既然嘆息，乃綴集所聞，著《漢官禮儀故事》。……父奉爲司隸時，並下諸官府郡國，各上前人像贊，劭乃連綴其名，錄爲《狀人紀》。又論當時時事，著《中漢輯序》。撰《風俗通》，以辯物類名號，釋時俗嫌疑。……又集解《漢書》，皆傳於時。"《應劭傳》對應劭所著記載頗詳，但不曾提及《十三州記》和《地理風俗記》。而魏晉時期酈道元《水經注》有多處稱引應劭著《地理風俗記》，且清王謨所輯清嘉慶刻本《地理風俗記》亦稱爲應劭所著。故疑因應劭著作豐富，《後漢書》所載有限。如《後漢書》："《五行傳》説及其占應，《漢書·五行志》錄之詳矣。故泰山太守應劭、給事中董巴、散騎常侍譙周並撰建武以來災異，今合而論之，以續《前志》云。"即，應劭還著有《五行傳》，但《應邵傳》中却不曾提及。《地理風俗記》缺載亦未嘗没有可能。如此，則有可能因《地理風俗記》、《風俗通義》皆爲應劭所著而出現相混的現象。

又據《風俗通義》應劭自序，著該書的目的是"辨風正俗"。而魏晋南北朝时期"風土"亦可指"風俗"，如《後漢書》卷七十六："先是含洭、湞陽、曲江三縣，越之故地，武帝平之，內屬桂陽。民居深山，濱溪谷，習其風土，不出田租。"且晉周處著《風土記》一書，書中所記多爲各地風俗。"風土"與"風俗"同義明也。

因應劭著有《風俗通義》和《地理風俗記》兩書；"風土"亦可指"風俗"；《風俗通義》歷代多稱《風俗通》。在以上三個因素的共同影響下，《風俗通義》誤作《風俗記》或《風土記》皆有可能。①

又，玄應《一切經音義》卷三另有一處稱其所引來自《風土記》："負笈，奇急反。《風土記》雲：'笈謂學士所以負書箱，如冠箱而卑者也。'"慧琳《一切經音義》卷十所引同。《校注》引《御覽》卷七一一曰："笈，學士所以負書箱，如冠籍箱也。"注曰："錢大昕曰：'題云

① 關於應劭的著作，後世多有疑惑，《水經注》中另引有《十三州志》一書，然各卷所注作者各異，時爲應劭，時爲王義仲，有時亦稱爲闞駰所著，致後世疑問叢生。

"風俗記"。'"(616)《校釋》亦引《御覽》卷七一一同條,下按語曰:"御覽引作'風俗記云','記'乃'通'之誤。"(400)《御覽》可從《校釋》而改。

(作者單位:上海師範大學)

《一切經音義》引《風俗通》考[①]

甘小明

玄應《一切經音義》原名《大唐眾經音義》,《開元釋教録》卷五著録此書,改名《一切經音義》(以下簡稱《玄應音義》),成書于初唐,引《風俗通》9條;慧琳《一切經音義》(又稱《大藏音義》或《慧琳音義》)成書于中唐,引《風俗通》25條;希麟《續一切經音義》專爲續《慧琳音義》而作,亦稱《希麟音義》,約成書于遼聖宗統和五年(987)[②](即北宋太宗雍熙四年),引《風俗通》7條。三者成書時代有先後,作者里籍有别[③],所引《風俗通》引文不盡相同,下文比勘三者引文之間及其與今人王利器《風俗通義校注》(以下簡稱王本)的異同,冀有裨於《風俗通義》的進一步整理與研究。

(一) 與王本完全相同的有"仗、畦、都",文字上稍有增減的有"班、墟、垓(姟)"。

仗

《風俗通》曰:仗者,刀戟之總名也。(《慧琳音義》卷二十三兵仗)

---

① 本文的工作文本分别爲:徐時儀 2008《一切經音義三種校本合刊》,上海古籍出版社。王利器 1981《風俗通義校注》,中華書局。

② 徐時儀 梁曉虹 陳五雲 2009《佛經音義研究通論》,鳳凰出版社,第51頁。

③ 玄應爲中原人(今河南省),慧林爲西域疏勒國(今新疆喀什)人,希麟为遼燕京崇仁寺沙门。

按：王本引文與原文同。(615 頁)王據《慧苑音義》輯。[①]

畦

《風俗通》云：秦孝公以二百四十步爲畝，五十畝爲畦。(《慧琳音義》卷七十七稻畦)

按：王本引文與原文同。(582 頁)王據《慧琳音義》輯佚。

都

《風俗通》曰：天子治居之城曰都，舊都曰邑也。(《慧琳音義》卷二十二王京都、人王都邑)

按：王本引文與原文同。(578 頁)王據《慧苑音義》輯佚。

班

《風俗通》云：楚令尹鬪班之後也。《希麟音義》卷十班彪)

按：王本作“班氏，楚令尹鬥班之後。”(514 頁)引文增“也”字。

墟

《風俗通》：墟，虚也。(《慧琳音義》卷十三村墟)

《風俗通》云：墟，虗也。(《慧琳音義》卷五十三丘墟)

按：虗，虚的俗寫。虗，《字彙·虍部》：“虗，俗虚字。”《後汉书·班固传上》：“機不虗掎，弦不再控，矢無單殺，中必叠雙。”虚，《説文·丘部》：“大丘也。崐崘丘謂之崐崘虚。古者，九夫爲井，四井爲邑，四邑爲丘，丘謂之虚。從丘，虍聲。”《爾雅·釋詁上》：“壑，虚也。”郝懿行義疏：“虚，今作墟。古無墟字，皆以虚爲墟也，後人虚旁加土以別於空虚，因而經典亦多改虚爲墟。”王本作“墟者，虚也。”(471 頁)慧琳所引無“者”字。

垓(姟)

《風俗通》曰：十億曰兆，十兆曰經，十經曰姟。(《玄應音義》卷三垓劫、卷五億垓、卷六億姟，《慧琳音義》卷九垓刧、卷二十七億姟)

《風俗通》曰：十億曰兆，十兆曰京，十京曰姟。《慧琳音義》卷

---

① 《正續一切經音義》上海古籍出版社 1986 年版，第四册“一切經音義引用書索引”中無此條，可据補。

十六億姟、卷三十垓佛土)

按:王本作"十億謂之兆,十兆謂之經,十經謂之垓。"(581頁)《一切經音義》"謂之"引作"曰"。"垓、姟",蔣禮鴻《敦煌變文字義通釋》"姟"條云:唐人李籍《九章算術音義》:"黄帝爲法,數有十等……謂億、兆、京、垓、秭、壤、溝、澗、正、載也。"《玄應音義》卷六《妙法蓮華經》第三卷音義:億姟,古文[illegible]、[illegible]二形,今作姟字,古才反,數名也。……《廣韻》以"姟"爲八極和垓下字,和"姟"爲數名分開,(《慧琳音義》卷十七如幻三昧經上卷音義也説:"經從土,誤用也。")實則數名本來没有專字,所以《玄應音義》共列三個形體,"垓"也自然可以作數名用。[①] 從以上的分析可知,"垓、姟"作爲數名,意義上没有區分,在當時可以混用,因而在《慧琳音義》引《風俗通》同一内容時出現上列兩種字形。

京(經)古數名,初作"經",《國語·楚語下》:"百姓、千品、萬官、億醜,非民經入畡數以奉之。"從二人引文來看,唐代"經、京"可以通用。後作"京",元李冶《敬齋古今黈》卷一:"今算術大數曰億、兆、經、垓。邵堯夫皇極數於億、兆之後即繼之爲京。求之音義,經正爲京耳。"

(二)引文實際爲書傳或他書的文字,大多爲作者根據引用需要改寫而非直接引用原文。

簫

《風俗通》云:舜作簫以像鳳翼也。(《希麟音義》卷二簫瑟)

按:王本作"《尚書》:'舜作,簫韶九成,鳳皇來儀。'其形參差,像鳳之翼,十管,長一尺。"(311頁)引文與原文文字有較大出入。

里

《風俗通》云:里,止也,謂五十家共止也。(《希麟音義》卷一廛裏)

《風俗通》云:里,止也。謂五十家共止爲里也。(《希麟音義》

---

① 蔣禮鴻《敦煌變文字義通釋》,上海古籍出版社1997年版,第114頁。

卷三廛裏）

按：王本作《春秋國語》："五家爲軌，十軌爲裏。"《續漢書·百官志五》注："里者，止也，里有司，司五十家，共居止，春秋通其所也。"（493 頁）可知希麟所引是注疏。

臘

《風俗通》曰：夏曰嘉平，殷曰清祀，周曰大蠟。（《玄應音義》卷十四百臘）

《風俗通》曰：漢曰臘，獵也。獵取禽獸祭先祖也。此歲終祭神之名也。（《慧琳音義》卷五十九百臘）

按：王本作"《禮傳》：'夏曰嘉平，殷曰清祀，周曰大蠟，漢改爲臘。'臘者，獵也，言田獵取禽獸，以祭祀其先祖也。"（379 頁）玄應引文轉録《禮傳》，即《禮記》文字。慧琳引文相對完整但文字上有出入。

獄

《風俗通》云：三王爲獄。夏曰夏台，殷曰羑裏，周曰囹圄。（《慧琳音義》卷六地獄，《希麟音義》卷二地獄）

按：王本作"《周禮》：'三王始作獄。'夏曰夏台，言不害人，若遊觀之台，桀拘湯是也。殷曰羑裏，言不害人，若於閭裏，紂拘文王是也。周曰囹圄，囹、令，圄、舉也，言令人幽閉思愆，改惡爲善，因原之也。"（585 頁）慧琳此處引文簡化並有所改動。"三王始作獄"改成"三王爲獄"，實爲《風俗通義》轉引自《周禮》。"作、爲"歷時同義。

（三）引用時文字因形近致誤的有詞條"寺"、"府"；同源字的有詞條"城郭"；俗字的有詞條"鞞挍"；同義替換的有詞條"阡、笛"。

寺

《風俗通》曰：寺，司也。廷之有法度者也。諸侯所止皆曰寺。（《玄應音義》卷十四寺廟）

《風俗通》曰：寺，司也。匡之有法度者也。今諸侯所止皆曰寺也。（《慧琳音義》卷二十三盜塔寺物）

《風俗通》曰：寺，司也，廷之有法度者也。諸侯所止皆曰寺廟。

(《慧琳音義》卷五十九寺廟)

按:王本作"寺,司也,廷之有法度者也,諸官府所止曰寺。"(576 頁)

寺,《説文解字》:"廷也。有法度者也。"應劭與許慎爲同時代人,因而慧琳所引"匡"似有誤。《一切經音義》中"匚"與"辶"常互换。[①] "廷"在傳抄的過程中發生訛變,近似"匡"字形,類似的有"**迊匝**,上俗下正。"[②]引文與原文中"諸侯"與"諸官府"爲歷時同義詞。在玄應時代,諸侯指朝廷官員,詞義有所改變。

府

《風俗通》:府,聚也。公卿牧守文書財賄之所聚也。(《玄應音義》卷九善府)

《風俗通》:府,聚也。公卿收守文書財賄之所聚也。(《慧琳音義》卷四十六善府)

按:王本作"府,聚也,公卿牧守府,道德之所藏;府,私府,賦賄之所聚也。"(576 頁)牧守,州郡的長官。州官稱牧,郡官稱守,而"收守"不辭,乃形近致訛。玄應、慧琳引文均無"府,道德之所藏;府,私府"等字,且改"賦賄"爲"財賄",可知"賦、財"同義。《周禮·天官·大府》:"凡邦之賦用"孫詒讓正義:"賦,皆謂財用之總名。"

城郭

《風俗通》曰:城之爲言盛,郭之爲言廓,謂寬廓盛受者也。(《慧琳音義》卷二十一)

按:王本作"城之爲言宬,郭之爲言廓,謂寬廓宬受也。"(578 頁)

按:慧琳引文增"者"字。原文的"宬"在引文中被换做"盛"。"宬"亦作"宬":盛;容納。《説文·宀部》:"宬,屋所容受也。"段玉裁注:"宬之言盛也。""盛"在先秦時就有"以器裝物"的意思,如

① 王華權《〈一切經音義〉(麗藏本)刻本用字研究》,上海師範大學碩士論文 2008 年版,第 87 頁。

② 顏元孫《干祿字書》,中華書局 1985 年版,第 26 頁。

《詩·召南·采蘋》:"于以盛之,維筐及筥。"表示宫室的容納用"窚",俗亦作"宬","穴旁字俗亦寫作宀旁,如'窟'俗或作'𡨍'"[①]"盛"、"窚(宬)"都是會意字,"盛"表示用器皿容納,"窚(宬)"表示用宫室容納。二者爲同源詞。

讎挍

《風俗通》云:二人對挍爲讎挍。(《慧琳音義》卷七十七讎挍)

按:王本作"《劉向别錄》:'讎校,一人讀書,校其上下,得謬誤爲校;一人持本,一人讀書,若怨家相對爲讎。'"(495 頁)引文較原文簡潔,"讎校"引爲"讎挍","挍"爲"校"的俗體,俗書木旁"扌"旁形近混用,"機"字俗作"㧻"。[②]

阡

《風俗通》曰:南北曰阡,東西爲陌。(《玄應音義》卷十九阡陌、《慧琳音義》卷五十六阡陌)

按:王本作"南北曰阡,東西曰陌。"(579 頁)在玄應時代,曰、爲同義,"爲"從"以……爲"發展而來。

笛

《風俗通》云:笛,笛者,滌也。滌邪穢,納雅正也。(《慧琳音義》卷二十六笛)

《風俗通》云:笛,滌也。言滌邪穢,納雅正也。《希麟音義》卷二箏笛)

《風俗通》云:笛,滌也。言滌去邪穢,納正氣也。(《希麟音義》卷四箏笛)

按:王本作"《樂記》:……笛者,滌也,所以蕩滌邪穢,納之於雅正也……"(304 頁)可知此轉引自《樂記》。《慧琳音義》卷二十六笛中"笛,笛者,滌也。"第一個"笛"爲衍文。《希麟音義》卷二、卷四箏笛條所引爲意引。

---

① 見敦煌寫本北圖字 18 號《五台山讚》,張涌泉《漢語俗字研究》(增訂本),商務印書館 2010 年版,第 51 頁。

② 張涌泉《漢語俗字研究》(增訂本),商務印書館 2010 年版,第 53 頁。

（四）引文所據版本不同

錙銖

《風俗通》曰：銖六則錘，二錘則錙，二錙則兩也。（《玄應音義》卷二十錙銖）

《風俗通》曰：銖六則錘。錘，暉也。二錘則錙。錙，熾也。二錙則兩者也。（《慧琳音義》卷七十五錙銖）

《風俗通義》云：銖六則錘，二錘則錙，二錙則兩。（《慧琳音義》卷一百錙銖）

按：王本作"銖六則錘，錘，暉也；二錘則錙，錙，熾也，二錙則兩也。"(583頁)《玄應音義》卷二十錙銖所引磧砂藏本爲"銖六則錘，錘，暉也。二錘則錙，錙，熾也。二錙則兩也"，與《慧琳音義》卷七十五錙銖所引同，可知慧琳所引與磧砂藏本《玄應音義》所據本相同，"者"爲慧琳所加。《慧琳音義》卷一百錙銖引用時稱《風俗通義》。

采女

《風俗通》曰：六宫采女凡數千人，天子遣掖庭承相率於鄉中閲視童女，年十三以上，二十以下，長壯皎潔有法相者，因載入宫，故謂之采女也。（《慧琳音義》卷二十一夫人采女）

按：王本作"六宫采女凡數千人。按采者，擇也，天子以歲八月，遣中大夫與掖庭丞相工，率於洛陽鄉中閲視童女，年十三以上，二十以下，長壯皎潔有法相者，因載入後宫，故謂之采女也"。(600頁)"承"當作"丞"。"天子遣掖庭承相率於鄉中閲視童女"，檢《後漢書》爲"遣中大夫與掖庭丞及相工於洛陽鄉中閲視良家童女"。

（五）引文句讀不同

長者

《風俗通》曰：春秋之末，鄭有賢人，著書一篇，號鄭長者，謂年長德艾，事長於人，以之爲長者也。（《慧琳音義》卷二十三長者）

按：王本作"春秋之末，鄭有賢人者著書一篇，號鄭長者，謂年長德艾，事長於人，以之爲長者也。"(619頁)

須𩂯天

𩂯音帝。依字,《風俗通》姓氏亦有此姓。(《玄應音義》卷三須𩂯天、《慧琳音義》卷九須𩂯天)

按:王本有"𩂯氏"。(542 頁)

蟠桃

干寶《搜神記》及《風俗通義》並引《黄帝書》云:上古之時有二神人,一名荼與,二名欝壘(又一名欝律),度朔山,山上有大桃樹。二人依樹而住,於樹東北有大穴,眾鬼皆出入此穴。荼與欝壘主統領,簡擇萬鬼,鬼有妄禍人者則縛以葦索,執以飴虎。(《慧琳音義》卷十一蟠桃)

按:王本作"《黄帝書》:'上古之時,有荼與郁壘昆弟二人,性能執鬼,度朔山上立桃樹下,簡閱百鬼,無道理,妄爲人禍害,荼與鬱壘縛以葦索,執以食虎。'"(367 頁)

(作者單位:上海師範大學)

《一切經音義》引《抱朴子》考

劉　靜

《抱朴子》是東晉葛洪(283—363)撰著的中國道教史上一部頗具影響力的著作,有《内篇》與《外篇》之分。《抱朴子内篇》版本衆多,有清平津館叢書刻本、明正統道藏本、明魯藩承訓書院本、吉藩崇德書院本、舊寫本(即孫星衍、繼昌所稱舊寫本)、慎懋官本、盧舜治本、清柏筠堂本、四庫全書文溯閣本、王謨漢魏叢書本和崇文局本等十一種。其中清平津館本以其校勘和刻印精良爲後代的學術研究提供了良好的基礎和依據。王明的《抱朴子内篇校釋》①應該説是目前唯一一部校勘和注釋兼顧的校釋書籍,其主要依據爲平津館影印本。本文就佛經音義②所引《抱朴子》③與中華書局王明本(下簡稱王明本)《抱朴子》之異同略作考探。

經過統計《玄應音義》、《慧琳音義》、《希麟音義》三部音義共引用《抱朴子》17 條。其中《玄應》2 條,《慧琳》12 條,《希麟》3 條。茲分析如下:

① 1980 年中華書局出版了王明先生的校釋本,1985 年再版,並在原來的基礎上進行增補,較第一版更趨完善。該書參考了衆多的版本和相關資料,既有校勘,又有注釋,應該説是目前最好的一個本子。

② 本文佛經音義選取《大唐衆經音義》(亦稱《玄應一切經音義》)、《慧琳一切經音義》和《希麟一切經音義》,均採用徐時儀校注《一切經音義三種校本合刊》,上海古籍出版社,2008 年 12 月。

③ 經檢索發現佛經音義引《抱朴子》均選自《抱朴子内篇》。

一、佛經音義所引與王明本内容大致相同的條目

1. 彌猴八百歲化爲玃，玃壽千歲。（《玄應》卷九釋《大智度論》伽玃）彌猴八百歲化爲玃，壽千歲。（《慧琳》卷四十六《大智度論》卷十八伽玃）

按：王明本作"獼猴壽八百歲變爲猨，猨壽五百歲變爲玃。玃壽千歲。"四庫本爲"獼猴壽八百歳變爲猿，壽五百歲變爲玃。玃千歳，蟾蜍壽三千歳，麒麟壽二千歲。"

《一切經音義》所引此條内容有殘缺，恐爲意引或節引。另《玄應》、《慧琳》在其所引"古今注"中有云"猨五百歲化爲玃也。"

2. 蛇類甚多，唯蚖蛇中人最急，可以刀割其所螫處肉，弃於地，肉自沸似火炙，須臾焦盡，人得活矣，不割必死。（《慧琳》卷四十一釋《大乘理趣六波羅蜜多經》**蚖蛇**、卷四十七《遺教論》**黑蚖**、卷五十七《佛説罵意經》**蛇蚖**）蛇類甚多，唯蚖蛇中人最急。以刀割其所螫處肉，棄於地，肉自沸似火炙，須臾焦盡，人方得活也。（《希麟》《大乘理趣六波羅蜜多經》卷第一**蚖蛇**）

按：王明本作"蛇種雖多，唯有蝮蛇及青金蛇中人爲至急，不治之，一日則煞人。人不曉治之方術者，而爲此二蛇所中，即以刀割所傷瘡肉以投地，其肉沸如火炙，須臾焦盡，而人得活。"

二、佛經音義所引與王明本内容相異的條目

1. 火浣布凡有二(三)種，木皮與花及以獸毛。（《慧琳》卷十五釋《大寶積經》火浣布）

按：四庫本作"謂天下無切玉之刀，火浣之布，及著典論，嘗據言此事。"王明本作"魏文帝窮覽洽聞，自呼於物無所不經，謂天下無切玉之刀，火浣之布，及著典論，嘗據言此事。"①謹案：《山海經》、《括地志》、《十洲記》、《神異經》、《博物志》、《抱朴子》等皆説：

① 參王明撰《抱朴子内篇校釋》"火浣布"校釋。中華書局影印平津館叢書本沒有對"火浣布"的解釋。

南方炎洲有火林山，生不焚之木。其山晝夜大火常然，猛風不盛，暴雨不滅。其木皮花皆堪爲布，而皮布粗，花布細。又有火浣獸，其形似鼠，可重百斤，毛長三四寸，色白細如絲，常居火中，焵赤如火，時時出外，夷人以水逐而沃之，得水即死，取其毛績以爲布，彼夷人皆衣。其衣經有垢汗，若以灰水洗終日，仍舊不能浄，若置於火中燒之，與火同赤。經二食須出而振之，塵去潔白如新，因名火浣。

2. 李淳風注《稽聖賦》引《抱朴子》云：今得道者及有妙術之人亦能入火不燒，入水不濡。且俱爲人倫，而其異如矣。此王生安知日中之烏、月中之蟾兔而不如人間之術士有能入水入火者，與常烏、凡兔之不同乎？又云：業感在星天之上，日月之中，其形雖同，彼必神明之類，不可以人理凡情之所挍測者矣。(《慧琳》卷五十一釋《因明入正理論》**懷兔非月**)

按：王明本作"服五雲之法，或以桂葱水玉化之以爲水，或以露於鐵器中，以元水熬之爲水，或以硝石合於筒中埋之爲水，或以蜜搜爲酪，或以秋露漬之百日，韋囊挻以爲粉，或以無巓草樗血合餌之，服之一年，則百病除(平津館影印本此處注爲'藏本作愈')，三年久服(平津館影印本此處注爲'藏本無此二字')，老公反成童子，五年不闕，可(平津館影印本此處注爲'藏本此三字作則')役使鬼神，入火不燒，入水不濡，踐棘而(平津館影印本此處注爲'藏本無')不傷膚(平津館影印本此處注爲'藏本無')，與仙人相見"。

3. 凹，陷也。凸，起也。(《慧琳》卷五十六釋《佛本行集經》**凹凸**)

按：《慧琳》中引用《抱朴子》可能为注釋語。四庫本和王明本均爲"銅自分爲兩段，有凸起者牡銅也，有凹陷者牝銅也"。

三、佛經音義中注明为引《抱朴子》，但王明本没有的條目

1. 母龍曰蛟，龍子曰虯。其狀魚身如蛇，尾皮有珠。(《玄應》卷五釋《般舟三昧經》蛟龍)。母龍曰蛟，龍子曰虯。龍，其狀似魚，其身如鼉，尾皮有珠。(《慧琳》卷十九《般舟三昧經》中卷蛟龍)

按：《經籍籑詁》據《一切經音義》引此句。此外《說文通訓定

聲》和《翻譯名義集》中亦均有引用。今本《抱朴子》無。

2. 鸖鳴九皐,聲聞于天。(《慧琳》卷四《大般若蜜波羅多經》白鸖)

《希麟》轉錄《慧琳》略有不同。《希麟》所列詞條分别爲"白鶴[①]""鶴唳",但引文部分相同。

按:《慧琳》《希麟》均引作"《抱朴子》曰:鶴鳴九皋,聲聞於天。"但是平津館影印本中沒有此句。另外《詩本音》、《韓詩外傳》和唐李善注《文選》都指出這句話選自《詩經》。我們分析這句話出自《詩經》,可能是佛經音義誤引。

3. 上古帝王有巢氏也。是時禽狩玆多,人民巢居以避群害,故號有巢氏。(《慧琳》卷十一《大寶積經序及經》第一帙十卷巢燧)

上古質朴,茹毛飲血,生噉蟲魚及諸果實,多有腹疾之患,是故聖人鑽燧求火,變生作熟,因名爲燧人氏也。(《慧琳》卷十一《大寶積經序及經》第一帙十卷巢燧)

按:今本《抱朴子》無。

(作者單位:上海師范大學)

---

① 《慧琳》《希麟》中兩個詞條分别寫爲"白鸖"與"白鶴",《説文解字》:"鶴鳴九皐,聲聞於天。從鳥,隺聲。下各切。""隺,高至也。從隹上欲出冂。《易》曰:'夫乾隺然。'胡沃切。"《慧琳》引《説文》爲"《説文》:從鳥,靃(何各反)聲也。《説文》又解靃字,從冂(癸營反)從隹。隹,鳥也。"

《一切經音義》引《東觀漢記》考

戴含悦

《東觀漢記》是一部紀傳體斷代史書，記載了東漢光武帝到靈帝的歷史。在《後漢書》問世之前，《東觀漢記》與《史記》、《漢書》並稱“三史”。隨着《後漢書》的問世，《東觀漢記》便漸漸失去了原來的重要性，到了宋代已经基本亡佚。現存的《東觀漢記》共有兩個輯本，一爲清康熙時姚之駰所輯，另一便是現在通行的《四庫全書》根據《永樂大典》重編的輯本。但是，余嘉錫先生指出，四庫本《東觀漢記》是並非完全出自《永樂大典》，而是以姚之駰本爲底本，并參考《永樂大典》及其他各種類書所編撰的。[①] 本文採用的《東觀漢記》是《古今叢書集成》中收錄的《東觀漢記》叢書本，即四庫聚珍本。

《玄應音義》、《慧琳音義》、《希麟音義》三种音義都是唐宋時的音義，較之通行本《東觀漢記》的出版年代更加接近成书年代，是以對《東觀漢記》中的文字應當可以有所補充、糾謬[②]。據筆者統計，《玄應音義》收錄《東觀漢記》詞條 7 條，《慧琳音義》收錄 16 條，《希麟音義》收錄 2 條。所引詞句與今本《東觀漢記》有同有異，因此大致作如下分類敍述：

1.《東觀漢記》及諸史、賈逵注《國語》並作財，随作無定體。(《玄應音義》卷十七、《慧琳音義》卷七十釋釋《俱舍論》**纔出**)《東觀

---

① 余嘉錫，《四庫提要辨証》。

② 朱桂昌，《東觀漢記考證》“《東觀漢記》唐時已缺，至宋更無完本”。

漢記》諸史書及賈逵注《國語》並爲財字。(《慧琳音義》卷六釋《大般若波羅蜜多經》卷**纔出**)裁,僅也,劣也,不久也。鄭玄注《禮記》、《周禮》作裁,《東觀漢記》及諸史、賈逵注《國語》並作裁。(《玄應音義》卷二釋《大般涅槃經》裁有)《東觀漢記》云:僅也,不久也。(《慧琳音義》卷三十三釋《太子墓魄經》**纔有**、《希麟音義》卷六釋《觀自在菩薩説普賢陀羅尼經》**纔聞**)《東觀漢記》云:能也。(《慧琳音義》卷三十二釋《藥師琉璃功德經》**纔入**)《東觀漢記》:纔,僅能也。(《慧琳音義》卷八十八釋《集沙門不拜俗議》**纔高**)

按:今本《東觀漢記》中未見"纔"字,據體例恐爲"纔"字的注文。

2.《東觀漢記》:因水作排。(《玄應音義》卷十一、《慧琳音義》卷五十六釋《正法念經》**排筒**)《東觀漢記》:因水爲排。(《玄應音義》卷十四、《慧琳音義》卷五十九釋《四分律》第五十二卷**橐囊**)《東觀漢記》作排。(《玄應音義》卷一、《慧琳音義》卷四十二釋《大威德陁羅尼經》**韛囊**、《慧琳音義》卷七十一釋《阿毗達磨順正理論》**橐囊**)

按:今本《東觀漢記》卷十五杜詩傳作:"省愛民役,造作水排,鑄爲農器。"

《兩漢博聞》①卷十水排:"杜詩爲南陽太守,造作水排,鑄爲農器,百姓便之,注云,排,蒲拜反,冶鑄者爲排,以吹炭,令激水以鼓之,排當作橐,古字通用也,《杜詩傳》二十一。"

《後漢書集解》②卷二十一《杜詩傳》:"造作水排,鑄爲農器。章怀太子注:排音蒲拜反,冶鑄者爲排以吹炭,今激水以鼓之也。排當作橐,古字通用也。王先謙注:官本考證云橐字,諸本皆誤作槖字,從宋本改。"

3.《東觀漢記》云"此蓋我子息"是也。(《玄應音義》卷二十五、《慧琳音義》卷七十一釋《阿毗達磨順正理論》子息)

---

① (宋)楊侃,《兩漢博聞》,《叢書集成初編》,史地類。

② (清)王先謙,《後漢書集解》,廣陵書社。

按：今本《東觀漢記》無。但是在《名義考》與《藝林備考》中都記載《東觀漢記》"此蓋我子息"句，如：

《名義考》[①]卷五，阿翁姑章賤息子姓："《東觀漢紀》此蓋我子息，是子稱息。"

《藝林備考》[②]稱號篇，卷三，戚屬類："《東觀漢記》此蓋我子息，是子稱息。"

4.《東觀漢記》：時天大雨，上騎持繖蓋。(《慧琳音義》卷三十四釋《佛説内藏百寶經》**繖蓋**)《東觀漢記》云：時天大雨，上騎持繖蓋從百餘騎。(《慧琳音義》卷三十七釋《陀羅尼集》**繖蓋**)《東觀漢書(紀)》云：天雨天，上騎持繖蓋從百餘騎。(《慧琳音義》卷九十三《續高僧傳》**繖蓋**)。

按：以上三句各有所不同，但都提到了"繖蓋"，且文意相通。今本《東觀漢記》中無"繖蓋"詞，也無與"繖"或者"傘"相關的記載。

5.《東觀漢記》云：園陵樹孼，皆諳其數也。(《慧琳音義》卷七十二釋《阿毗達磨顯宗論》**不諳**)《東觀漢記》云：皆諳具(其)數。(《慧琳音義》卷八十九釋《高僧傳》**諳究**)

按：四庫本《東觀漢記》作：其園陵樹蘖，皆諳其數。

6.《東觀漢記》有人姓樊名梵，取其義矣。(《玄應音義》卷十四釋《四分律》**梵行**)

按：今本《東觀漢記》卷十一，樊梵傳。樊梵，[案]梵，鯈第三子。樊梵字文高，爲尚書郎，每當直事，常晨駐馬待漏，雖在閒署，冠劍不解于身，每齋祠，恐失時，乃張燈俯伏，爲郎二十三歲，未嘗被奏，三署服其慎也。

7.《東觀漢記》云：光武中元元年，醴泉出京師，飲之痼疾皆愈。(《希麟音義》卷四釋《大乘本生心地觀經》**醴泉**)

按：今本《東觀漢記》：是時，醴泉出于京師，郡國飲醴泉者，痼疾皆愈。

---

① (明)周祈，《名義攷》，《四庫全書·子部·雜家類》。

② (清)沈自南，《藝林備攷》，《四庫全書·子部·雜家類》。

8.《東觀漢記》云：惰嬾者，獨不見勞。（《慧琳音義》卷十九釋《無言童子經》**嬾惰**）

按：今本《東觀漢記》卷十四王丹傳："每歲農時，載酒肴，便於田頭大樹下飲食勸勉之，因留其餘酒肴而去。"

《後漢書集解》列傳第十七王丹傳："每歲農時，載酒肴于田間，候勤者而勞之。其惰孏者，恥不致丹，皆兼功自厲。'孏'與'嬾'同，音力亶反"

北魏《齊民要術序》①："其惰嬾者，獨不見勞，各自恥不能致丹。"

今本《東觀漢記》無"嬾惰"句，但是在查找其他資料后可以發現，"嬾惰"應當見於后漢王丹的傳記中。

參考文獻

[1] 劉珍等.《東觀漢記》，《叢書集成初編》[M]. 北京：商務印書館.

[2] 纪昀等.《四庫全書》.

[3]（唐）釋慧琳、（遼）釋希麟.《正續一切經音義》[M]. 上海：上海古籍出版社，1986.

[4]（清）紀昀.《四庫全書總目提要》[M]. 石家莊：河北人民出版社，2000.

[5]《中國古籍善本書目》[M]. 上海：上海古籍出版社，1989.

[6]（清）王先謙.《後漢書集解》[M]. 揚州：廣陵書社，2006.

[7]（北魏）賈思勰.《齊民要術》[M]. 北京：中華書局，2009.

[8] 曹之.《東觀漢記编撰攷》[J].《圖書館論壇》，1998(6).

[9] 朱桂昌.《東觀漢記攷證》[J].《史學史研究》，1985(4).

[10] 吳金華.《〈東觀漢記校注〉拾遺——古籍整理研究叢槀之一》[J].《文教資料》1994(1).

（作者單位：上海師範大學）

① （北魏）賈思勰，《齊民要術》，中華書局。

玄應《一切經音義》引《淮南子》考

駱　娟

《淮南子》，又名《鴻烈》、《淮南鴻烈》，王充在《論衡》中稱之爲《淮南書》。據東漢高誘《淮南子·叙目》，此書本來"號曰《鴻烈》。鴻，大也；烈，明也。以爲大明道之言也。"後劉向對這部書進行"校定撰具"加上"淮南"二字，名曰《淮南鴻烈》。《隋書·經籍誌》始稱《淮南子》①。玄應《一切經音義》②是現存最早的佛經音義著作，引用了四百五十多種文獻，在文獻修訂和佚文輯軼上具有重大價值。《一切經音義》引"淮南子"計十七條，與今本《淮南子》完全相同的有一條，畧異而大同的有十條，相異的有六條。通過《一切經音義》引《淮南子》異同的比較，冀爲今本《淮南子》提供佚文輯佚依據或修訂參攷。

壹　完全相同

1. 淮南子云：山以陵遲故能高。（卷十三《佛滅度後金棺葬送經③》陵遲）

---

① 今傳本主要有劉向本、許慎和高誘注本、北宋版本、《道藏》本和明清時期的版本。本文除注明外，皆據許慎和高誘注本。

② 今傳本主要爲磧砂藏、趙城金藏、麗藏本和庄炘、錢坫等校刻本，各本及慧琳《一切經音義》所轉錄部分皆略有不同，大致分爲磧砂藏和麗藏本兩个系列。本文除注明外，皆據麗藏本。

③ 另見《慧琳音義》五十七卷。

按:見《淮南子》卷二十《傣族訓》。

貳 署異

2. 淮南子:含哺而興。(卷一《大集日藏分經》乳哺)

按:淮南子卷二《俶真訓》爲:"此之時,萬民猖狂,不知東西,含哺而游,鼓腹而熙,交被天和,食于地德。"

3. 淮南子曰:智出百人謂之豪。(卷六《妙法蓮華經》豪貴)

淮南子云:智出百人謂之豪,十人謂之傑。(卷九《大智度論》①豪傑)

淮南子云:智出萬人曰英,千人曰俊。(卷二十三《對法論》英俊)

淮南子云:智出萬人爲英,千人爲傑。(卷二十三《王法正理論》②英傑)

按:与《淮南子》稍有不同,《淮南子》卷二十《泰族訓》:"故智萬人者謂之英,千人者謂之俊,百人者謂之豪,十人者謂之傑。"

4. 淮南子云:詮言者,所以譬類人事與相解喻也。(卷二十三《攝大乘論》所詮)

按:与今本《淮南子》稍有不同,見卷二十一《要略訓》:"詮言者,所以譬類人事之指,解喻治亂之體也。"

5. 淮南子云:潰小皰而發痤疽作皰。(卷九《大智度論》五皰)

淮南子作皰,同。(卷十四《四分律》③皰沸)

按:"皰"同"皰",大致相同。《淮南子》卷十七《説林訓》:"治鼠穴而壞里閭,潰小皰而發痤疽,若珠之有纇,玉之有瑕,置之而全,去之而虧。"

6. 淮南子云:"窺面於槃即圓,於杯即橢"是也。(卷十一《中阿含經》説橢)

---

① 另見卷九《大智度論》,卷十四《四分律》。

② 《慧琳音義》轉錄於第四十七卷。

③ 又見同卷《四分律》十三卷。

按:字形上稍有不同。淮南子卷十一《齊俗訓》:"闚面於盤水則員,於杯則隨。"

7. 淮南子云:群生莫不喁喁然仰其德也。(卷十二《普曜經》喁喁)

按:字形稍有不同,意義相同。《淮南子》卷二《俶真訓》中的引文爲:是故聖人呼吸陰陽之氣,羣生莫不顒顒然,仰其德以和順。"顒顒"同"喁喁",都是"仰望期待貌"。

8. 淮南子云:伏鶏搏狸。(卷十二《興起行經》伏鶏)

按:稍有不同。《淮南子》卷十七《説林訓》:"乳狗之噬虎也,伏雞之搏狸也。"

9. 淮南子云:日行至于悲谷也。(卷十四《四分律》晡時)

淮南子云:日行至于悲谷爲晡時。(卷十八《鞞婆沙阿毗曇論》下晡)

按:基本相同。今本淮南子卷三《天文訓》爲:"至于悲谷,是謂餔時。"

10. 淮南子:受教一言清神泠。(卷十四《四分律》泠而)

按:幾乎無異。"受教一言,精神曉泠"出自《淮南子》卷十九《脩務訓》。

11. 淮南子曰:激軫之音。(卷十七《舍利弗阿毗曇論》西軫)

按:与《淮南子》幾乎無異。《淮南子》卷一《原道訓》引文爲:"耳聽滔朗奇麗激抮之音,揚鄭、衛之浩樂,結激楚之遺風,射沼濵之高鳥,逐苑囿之走獸。"

叁 相異

12. 淮南子云"獸窮則攫"是也。(卷一《大方廣佛華嚴經》劚裂;卷四《大方便報恩經》爪攫;卷十一《正法念經》攫啄)

按:淮南子無此句。《淮南子》卷十五《兵畧訓》中有"夫飛鳥之摯也俛其首,猛獸之攫也匿其爪,虎豹不外其爪而噬不見齒"句。其他文獻有出現"獸窮則攫"條。如:

鳥窮則啄,獸窮則攫,陰窮則與,陽戰此必然之道也。(《周易

集説》卷二十）

夫鳥窮則搏，獸窮則攫，馬窮則逸，人窮則詐。（《論語全解》卷四）

與“獸窮則攫”非常相近的詞語有“獸窮則齧”。《韓詩外傳》卷二：“獸窮則齧，鳥窮則啄，人窮則詐。自古及今，窮其下能不危者，未之有也。”清魏源《聖武記》卷七：“獸窮則齧，於是奸苗倡言逐客民，復故地，而羣寨争殺百户響應矣。”兩例“獸窮則齧”都是指野獸陷於絶境必然進行搏噬反扑。也比喻人陷入困窘之境，便會竭力反擊。

13. 淮南子云：古人糟粕。（卷三《小品般若經》糟粕）

按：《淮南子》無。糟粕，酒滓。喻指粗恶食物或事物的粗劣無用者。《淮南子》雖無，其他文獻資料中有“糟粕”的有關記載。如漢劉向《新序·雜事二》：“凶年飢歲，士糟粕不厭，而君之犬馬有餘穀粟。”又如《韓詩外傳》卷五：“此真先聖王之糟粕耳，非美者也。”再如《敦煌變文集新書》卷七：“古人糟粕，今乃流传。”還有《説孚》卷十五上：“大凡玩古人糟粕，須是字字究竟句句勘破，方是讀書又要熟讀。”清戴名世《〈己卯墨卷〉序》：“得其精華而去其糟粕，舉筆爲文，灑灑自遠。”

14. 淮南子云：“天有四維”是也。（卷三《金剛般若經》方維；四維；諸維）

按：《淮南子》無。《淮南子》都是用“四時”，共出現四次，分别爲：

天有四時、五行、九解。（卷七《精神訓》）

天有四時，以成一歲，因而四之四四十六，故十六兩而爲一斤。（卷三《天文訓》）

天有四時，以製十二月，人亦有四肢，以使十二节。（卷三《天文訓》）

天有四時，人有四用。（卷十《繆稱訓》）

上述四例“四時”是四季的意思。其首例見《易·恒》：“四時變化而能久成。”又如《禮記·孔子閑居》：“天有四時，春秋冬夏。”前蜀韋莊《晚春》詩:"萬物不如酒,四時唯愛春。"再如宋陸游《老學庵筆記》卷二:"靖康初,京師織帛及婦人首飾衣服,皆備四時。"

四維,舊時指禮、義、廉、耻爲治國之四綱。如《管子·牧民》:"何謂四維?一曰禮,二曰義,三曰廉,四曰恥。"《鶡冠子·道端》:"與天與地,建立四維,以輔國政。"後來用來指东南、西南、东北、西北四隅。《晉書·地理志上》:"天有四維,地有四瀆。"又泛指四方。唐歐陽詹《早秋登慈恩寺塔》詩:"寶塔過千仞,登臨盡四維。"宋蘇轍《祭亡兄端明文》:"兄敏我愚,賴以有聞;寒暑相從,逮壯而分……如鴻風飛,流落四維。"明宋濂《重刻護法論題辭》:"被髮狂奔,不辨四維。"也指四方邊境。《南齊書·褚淵傳》:"世惟多難,事屬雕弊,四維恇擾,邊氓未安。"宋范仲淹《明堂赋》:"懼四維之有艱,尚瘖痍而百辛。"

其他文獻有"天有四维"的用法,例如:

天有七星,地有七表;天有四維,地有四瀆。(《晉書》卷一四)

天有四维,地有四維,故有日月相傳推。(《太平經合校》卷一百十二)

天有四維,地有四瀆;天有九部八紀,地有九州八柱。(《古微書》卷三十二)

天有四維,地有四瀆;天有九部八紀,地有九州八柱。(《説郛》卷五下)

15. 鐵翮　淮南子云:飛鳥鐵翼。(卷第四《摩訶摩耶》[①]鐵翮)

按:淮南子無。《淮南子》卷十《繆稱訓》中有關飛鳥羽翼的句子摘錄如:"鷹翔川,魚鼈沉,飛鳥揚,必遠害也。"又卷十五《兵略訓》:"告之以政,申之以令,使之若虎豹之有爪牙,飛鳥之有六翮,莫不爲用。"

16. 淮南子:揵載粟米而至。(卷十一《中阿含經》[②]負揵)

---

① 慧琳轉録於第三十四卷。

② 另見《一切經音義》卷十六《戒消灾經》:"主人欣然,入園見物奇異,負揵歸舍,辭謝受恩。"

按:《淮南子》無。負揵,背負肩挑。《一切經音義》共出現兩處。另檢其他文獻,沒有更多文獻用例。疑《一切經音義》獨創。

17. 淮南子云"左顊右倪"是也。(卷八《月光童子經》[①]俾倪;卷一《優婆塞戒經》顊面)

按:淮南子無。俾倪,又寫作"睥睨"。最早是指城上短墻。《墨子・備城門》:"俾倪廣三尺,高二尺五寸。"《左傳・宣公十二年》"守陴者皆哭" 晉杜預注:"陴,城上俾倪。"孔穎達疏:"陴,城上小牆。俾兒者,看視之名……陴堞、俾倪、短牆、短垣、女牆,皆一物也。"引申爲斜目側視。《史記・魏公子列傳》:" 侯生下見其客朱亥,俾倪,故久立與其客言。"《淮南子》卷十九《脩務訓》:"今夫毛嬙、西施,天下之美人,若使之銜腐鼠,蒙猬皮,衣豹裘,帶死蛇,則布衣韋帶之人過者莫不左右睥睨而掩鼻。"此處的"左右睥睨"是左右斜視的意思。《玄應音義》引《淮南子》爲"左顊右倪",這估計與語言應用的口語性和靈活性有關,類似的表達模式在歷代文獻中都有用例。如明歸有光《潘用中墓志銘》:"責逋滿門,左支右吾,恬不爲驚,事以辦飭。""左支右吾"有各方面窮于應付的含義。又如唐王勃《三國論》:"以先主之寬仁得衆,張飛關羽萬人之敵,諸葛孔明管樂之儔,左提右挈,以取天下,庶幾有濟矣。" "左提右挈"是相互扶持、左右輔佐的意思。再如汉焦贛《易林・随之屯》:"左輔右弼,金玉滿櫃。""左輔右弼"其實就是左右輔弼的意思。

综上,《一切經音義》引《淮南子》或完全相同或字形、表達稍異或與原文完全不同,冀通過以上簡短整理,有助于兩部古籍甚至更多古籍的整理。

(作者單位:上海師範大學)

① 《慧琳音義》轉録於卷三十三。

《一切經音義》引《獨斷》考

鍾 芸

《獨斷》，東漢蔡邕所作，原書已亡佚，現存《獨斷》善本主要有明弘治十六年劉遜刊本兩卷，明萬曆程榮刻《漢魏叢書》本（四庫底本）兩卷，明萬曆何允中刻《廣漢魏叢書》本一卷（清盧文昭校并跋、清丁丙跋）；另《百川學海》、《四庫叢書》、《叢書集成》、《四部叢刊》等大型叢書都有收編。其書内容主要雜記漢世制度、禮文、車服及諸帝世次，而兼及前代禮樂。自傳世以來，被《後漢書》、《文選》、《初學記》、《藝文類聚》、《太平御覽》等廣爲徵引。

《獨斷》成書後曾傳到日本，[①]至宋代時已殘缺不全，故後世稱此書多"顛錯"、"訛舛"。如王應麟《玉海》謂"是書間有顛錯"，[②]他還認爲書中涉及的某些内容可能非蔡氏本文，而是後人竄亂，如漢獻帝之謚；陳振孫謂是書"舒、臺二郡皆有刻本。向在莆田嘗錄李氏本，大略與二本同，而上、下卷前後錯互，因並存之"[③]；盧文弨評價《獨斷》"偽舛甚不易讀"。

本文擬通過對《一切經音義》引用《獨斷》條目内容與今本[④]逐

---

① （日）藤原佐世《日本國見在書目錄》"《獨斷》一，今案蔡邕撰"。古逸叢書本。

② （宋）王應麟《玉海》，文淵閣四庫全書本，第944冊，378頁。

③ （宋）陳振孫《直齋書錄解題》，上海古籍出版社，1987年版，第182頁。

④ 本文所用《獨斷》爲叢書集成初編本，此本據盧文弨抱經堂點校本排印。

條比勘，以比較兩者的異同。冀爲《獨斷》及《一切經音義》的整理與研究提供參考。

通過檢索，共輯得《一切經音義》所引《獨斷》條目 19 條，其中《玄應音義》3 條，《慧琳音義》15 條，《希麟音義》1 條，去重，共計 7 條。茲分析如下：

1．天子璽以玉，古者尊卑共之。自秦以來唯天子獨稱也。（《慧琳音義》卷第二十釋《寶星經》**璽印**）天子之璽，以玉爲之，古者尊卑通用。自秦以來，唯天子得其稱璽也。（《慧琳音義》卷第二十二釋《新譯大方廣佛花嚴經音義》**印璽**）天子之璽，以玉螭虎劍，古者尊卑共之。（《慧琳音義》卷第二十三釋《新譯大方廣佛花嚴經音義》**圖書印璽**）天子之璽，以玉蠕虎劍，古者諸侯共之。（《希麟音義》卷第三釋《新譯十地經》**印璽**）

按：今本《獨斷》卷上："璽者，印也。印者，信也。古者尊卑共之。月令曰：'固封璽。'春秋左氏傳曰：'魯襄公在楚，季武子使公冶問璽書，追而與之，此諸侯大夫印稱璽也。'衛宏曰：'秦以前，名（民）皆以金玉爲印，龍虎紐，唯其所好。然則秦以來，天子獨以印稱璽，又獨以玉，羣臣莫敢用也。'天子璽，以玉螭虎紐。"此段文字中，盧文弨點校本將原置於"印者，信也"之後的"天子璽，以玉螭虎紐"一句移於文末，并案：不當閒廁在此，且其文詳，當別爲一條，今補於後。

《一切經音義》所引諸條，恐源于《獨斷》中"天子璽，以玉螭虎紐"。及"古者尊卑共之"。後世文獻亦引《獨斷》此條內容，如宋代裴駰集解《史記·卷六》："長信侯毐作亂而覺，矯王御璽及太后璽以發縣卒及衛卒……"引蔡邕曰："……璽者，印信也。天子璽，白玉螭虎紐。古者尊卑共之。"與《一切經音義》近同。

另，《説文》："鈕，印鼻也。"《廣雅》："鈕，謂之鼻。"王念孫疏證："紐與鈕通。"上述《獨斷》、《史記》所作"紐"均爲"鈕"的假借字。高麗本《一切經音義》中"紐"作"劍"，蓋爲形近而誤。碑刻中"劍"或作"釼"形，在傳抄刊刻中其右部件"刄"與"丑"形相近而混同。

2．凡衣服加於身，飲食入於口，妃妾接於寢，皆曰御。御之所親愛則曰幸也。[①]（《玄應音義》卷第九釋《大智度論》**服御**；《慧琳音義》卷第四十六釋《大智度論》**服御**）天子凡衣服加於身，飲食入於口，妃妾接以寢，皆曰御。御之所親愛則曰幸也。（《玄應音義》卷第二十三釋《新譯大方廣佛花嚴經音義》**嬪御有十億**）御之所愛親，親者曰幸。（《慧琳音義》卷第十七釋《如幻三昧經》**僥倖**）

按：今本《獨斷》卷上："凡衣服加於身，飲食入於口，妃妾接於寢，皆曰御。親愛者，皆曰幸。"

宋代裴駰集解《史記·卷六》："長信侯毐作亂而覺，矯王御璽及太后璽以發縣卒及衛卒……"引蔡邕曰："凡衣服加於身，飲食入於口，妃妾接於寢，皆曰御。御之親愛者曰幸。"[②]

《一切經音義》引文與今《獨斷》近同。

3．冊，簡也。（《慧琳音義》卷第八十六釋《辯正論》**史冊**）冊者，簡也。不滿百文，不書於冊。其制，長二尺，短者半之。其次一長一短，兩編，下上篆書，起年月。凡命諸侯、三公薨及以罪免悉以冊書。（《慧琳音義》卷第八十七釋《甄正論》**簡冊**）

按：今本《獨斷》卷上："策者，簡也。《禮》曰：不滿百文，不書於策。其制，長二尺，短者半之。其次一長一短，兩編，下附篆書，起年月日。稱'皇帝曰'，以命諸侯王三公。其諸侯王三公之薨于位者，亦以策書誄謚其行而賜之，如諸侯之策。三公以罪免，亦賜策，文體如上策而隸書，以尺一木兩行，唯此爲異者也。"

《太平御覽》卷第五百九十三"策"一條亦引《獨斷》此句："策者，簡也。禮云：不備百文，不書於策。其制，長二尺，短者半之。其次一長一短，兩編。下篆書，起年月日。以命諸侯、三公，薨及以罪免悉以策書。"[③]與《一切經音義》所引《獨斷》幾乎相同，而今本《獨斷》文句詳於兩者，恐爲當時不同傳本。

另，今本《獨斷》"下附篆書"句，《一切經音義》引作"下上篆

---

① 《慧琳音義》"幸"作"㚔"，脫句尾"也"字。

② （漢）司馬遷撰，（宋）裴駰集解《史記》，中華書局，1959 年版，228 頁。

③ （宋）李昉《太平御覽》，中華書局，1960 年版，第 2671 頁。

書”,《太平御覽》引作“下篆書”,恐誤,據文意似當作“下附”。

4. 天子出,車駕謂之鹵薄也。(《慧琳音義》卷第七十五釋《阿育王譬喻經》**鹵蒪**)天子大駕出,陳樐簿。(《玄應音義》卷第十一釋《中阿含經》**鹵簿**,卷第十五釋《十誦律》**鹵薄**;《慧琳音義》卷第五十八釋《十誦律》**鹵簿**;《慧琳音義》卷第五十二釋《中阿含經》**鹵樐**)

按:《六書故·卷七》:“鹵,郎古切,鹹澤也,古用爲盾櫓之鹵。”[①]《玉海·卷八十》:“唐人謂鹵,櫓也,甲楯之别名。”[②]《重修玉篇·卷十二》:“櫓,力覩切,城上守禦望樓,《説文》曰大盾也。樐,力古切,彭排也,亦同上。”[③]“鹵簿”,又或作“樐簿”、“鹵薄”。段注:“天子出行鹵簿,鹵,大楯也。以大楯領一部人,故曰鹵簿。”“鹵簿”是古代帝王出行時扈從的儀仗隊,根據出行目的,儀式有差别,分爲大駕、小駕、法駕。

今本《獨斷》卷下:“天子出,車駕次第,謂之鹵簿。”唐李善亦在《六臣注文選·第一卷》“於是乘鑾輿,備法駕,帥羣臣,披飛廉,入苑門”注中引蔡邕《獨斷》曰:“天子至尊,不敢渫瀆言之,故託於乘輿也。又曰:天子出,車駕次第,謂之鹵簿。”[④]慧琳音義卷七十五所引與之大體相同。

另,《一切經音義》中多條引作“天子大駕出,陳樐簿”。今本《獨斷》無此條。據行文,此句似非解釋語,與《獨斷》體例有異。同時,檢歷代文獻,亦多引作“陳鹵簿”。如:《南齊書·卷五十七》:“城西有祠天壇,立四十九木人,長丈許,白幘、練裙、馬尾被,立壇上,常以四月四日殺牛馬祭祀,盛陳鹵簿,邊壇奔馳奏伎爲樂。”[⑤]

---

① (宋)戴侗《六書故》,文淵閣四庫全書本,第226册,125頁。

② (宋)王應麟《玉海》,文淵閣四庫全書本,第945册,228頁。

③ (梁)顧野王撰,(唐)孫強增補,(宋)陳彭年重修《重修玉篇》,文淵閣四庫全書本,第224册,111頁。

④ (梁)蕭統輯,(唐)李善等注《六臣注文選》,四部叢刊初編,第20頁。

⑤ (梁)蕭子顯《南齊書》,中華書局,1972年版,第985頁。

《北史·卷七十一》:“大業二年,帝初入東都,盛陳鹵簿,暕爲軍導。”①因此,《一切經音義》中此條是否源于“獨斷”,還是後人羼入,還有待更多資料加以證明。

5．纛者,以犛牛尾爲之,大如斗,在最左騑頭上也。(《慧琳音義》卷第二十六釋《大般涅盤經》**毛纛**)纛者,以旄牛尾爲之。(《慧琳音義》卷第八十三釋《大唐三藏玄奘法師本傳》**䂦纛**)黄屋左纛。(《慧琳音義》卷第三十五釋《菩提埸所説一字頂輪王經》**旗纛**)

按:今本《獨斷》卷下:“黄屋者,蓋以黄爲裹也。左纛者,以犛牛尾爲之,大如斗,在最後左騑馬駿上。”

“纛”,《爾雅·釋言》:“翳也。”郭璞注:“舞者所以自蔽翳。”《史記項羽本紀》:“紀信乘黄屋車,傅左纛。”

此内容後世諸文獻中多有引用,但亦有些許差别。如:《廣韻》:“纛,左纛,以犛牛尾爲之,大如斗,繫于左騑馬軛上。”《集韻》:“纛,左纛也,以犛牛尾爲之,在左騑馬首。”《五禮通考·卷六》:“纛,左排馬頭上髦也。”②慧琳音義所引恐撰寫者需要加以節引或意引。

6．幘者,卑賤執事,下冠者之所服也。有緑幘、赤幘。執事者,貴賤皆服之。文者長耳,武者短耳,稱其冠也。(《慧琳音義》卷第七十七釋《釋迦譜》**冠幘**)

按:今本《獨斷》卷下:“幘者,古之卑賤執事,不冠者之所服也。”《漢官儀》中亦有相同記載:“幘者,古之卑贱执事不冠者之所服也。”“幘”,《説文》:“髪有巾曰幘。”具有“卑賤”義。《集韻》:“幘,古賤服。”文中“不冠者”恐指未到成人年齡而未加冠者。此内容後世文獻注疏均有引用。如:李賢注《後漢書·輿服志下》“皆冠幘而服婦人衣”引《漢官儀》曰:“幘者,古之卑賤不冠者之所服也。”劉昭注補《後漢書·志第三十》“幘者,賾也。”引《獨斷》曰:“幘,古者卑賤執事不冠者之所服也。”

---

① (唐)李延壽《北史》,中華書局,1974年版,第2499頁。

② (清)秦蕙田《五禮通考》,文淵閣四庫全書本,第135冊,247頁。

《獨斷》中"不冠"的"不"在《一切經音義》中作"下"字，恐爲"不"的殘破字。

另，今本《獨斷》卷下還有文字曰："孝武帝幸館陶公主家，召見董偃，偃傅青褠緑幘。主贊曰：'主家庖人臣偃，昧死再拜謁。'上爲之起，乃賜衣冠引上殿。董仲舒，武帝時人，其《止雨書》曰：'執事者皆赤幘，知皆不冠者之所服也。'元帝額有壯髮，不欲使人見，始進幘服之。羣臣皆隨焉。然尚無巾，如今半幘而已。王莽無髮乃施巾，故語曰：'王莽秃，幘施屋。'冠進賢者宜長耳，冠惠文者宜短耳，各隨所宜。"《晉書·卷二十五》中也有漢元帝、王莽記載："幘者，古賤人不冠者之服也。漢元帝額有壯髮，始引幘服之。王莽頂秃，又加其屋也。"[①]劉昭注補《後漢書·志第三十》引《獨斷》亦載："元帝額有壯髮，不欲使人見，始進幘服之。羣臣皆隨焉。然尚無巾，故言：'王莽秃，幘施屋。'冠進賢者宜長耳，冠惠文者宜短耳，各隨其宜。"[②]

《一切經音義》較今本《獨斷》文句簡略，不見武帝、王莽等相關的歷史典故。

7．騣，項上毛也。（《慧琳音義》卷第四十一釋《六波羅蜜多經》**騣毼**）

騣，馬上毛也。（《希麟音義》釋《大乘理趣六波羅蜜多經》**騣毼**）

按：今本《獨斷》無。

（作者單位：上海師範大學）

---

① （唐）房玄齡《晉書》，中華書局，1974年版第770頁。

② （晉）司馬彪撰，（梁）劉昭補注《後漢書》，中華書局，1965年版，第3671頁。

《慧琳音義》引《呂氏春秋》考

馬　雯

《呂氏春秋》一書，漢高誘作注。自成書以來，經過兩千多年的輾轉流傳，有元、明舊刊本十四種。現存最早的版本是元至正嘉興路儒學刊本，簡稱元本。明代以後有十餘種版本，上海涵芬樓藏明宋邦義本版本珍稀，雕工精細。① 清代以來，系統校理此書或擇要訓釋者不下百餘家。清人畢沅據高注作經訓堂原刻畢校本《呂氏春秋新校正》影響較大，今人陳奇猷的《呂氏春秋校釋》是迄今爲止最完善的注釋本，注釋廣泛羅列多家，彙集前人舊説 120 條。王利器《呂氏春秋注疏》，王範之《呂氏春秋選注》，許維遹《呂氏春秋集釋》皆博采眾家之長，提出見解，有很大影響。

筆者通過檢索，在《慧琳音義》中共發現引用《呂氏春秋》有二十三條，經過對比，引文與今本相同的共有六條②，與今本相異的共有十條，今本無的(佚文)有兩條，另外有慧琳注釋語五條。本文以今通行校本陳奇猷的《呂氏春秋校釋》爲底本，兼參《呂氏春秋》的各種版本，就其所引與今通行校本相異之處略作對比，冀有裨於《呂氏春秋》的整理和研究。

---

① 李森虎《珍古明宋邦義本〈呂氏春秋〉收藏紀》。《當代圖書館》，2009 年 12 月第 4 期。

② 卷八十《大唐内典録》卷五“淩轢”、卷八十四《集古今佛道論衡》卷四“陵轢”、卷九十三《續高僧傳》卷十三“轢”、卷九十八“馹馬”、卷三十二《藥師瑠璃光如來本願功德經》“醫藥”、卷九十八“大撓”。

一、正文引文部分

1．月望則蚌蛤實，月晦則蚌蛤虚。（卷十四釋《大寶積經》**蚌蛤**）月望則蚌蛤實，月晦則蚌蛤虚也。（卷六十二釋《根本毗奈耶雜事律》**蚌蛤**）月望則蚌蛤實，月晦則蚌蛤虧。（卷六十六釋《阿毘達磨法蘊足論》**蛤**）

按：今本卷九：德也者，萬民之宰也。月也者，群陰之本也。月望則蚌蛤實，群陰盈；月晦則蚌蛤虚，群陰虧。夫月形乎天，而群陰化乎淵；聖人形德乎己，而四荒咸飭乎仁。

《慧琳音義》所引三條互有差異，且引文與今本"月望則蚌蛤實，群陰盈；月晦則蚌蛤虚，群陰虧"也有差異。《慧琳音義》所引恐慧琳根據需要加以節引或意引。

2．"礠石能召鐵"是也。（卷三十一釋《大乘密嚴經》**礠石**）

按：今本卷九：慈石召鐵，或引之也。高誘注："石，铁之母也。以有慈石，故能引其子。石之不慈者，亦不能引也。"

3．蚩尤作五兵，矛長丈二，建於兵車。（卷五十一《入大乘論》**矛矟**）

按：今本卷七：蚩尤作兵。蚩尤非作兵也，利其械矣。未有蚩尤之時，民固剥林木以戰矣，勝者爲長。长則猶不足治之，故立君。君又不足以治之，故立天子。天子之立也出於君，君之立也出於長，長之立也出於爭。爭鬥之所自來者久矣，不可禁，不可止，故古之賢王有義兵而無有偃兵。

《慧琳音義》引文中有"五"字，今本無"五"字。

4．熛，焚宫燒積也。（卷五十七釋《佛説處處經》**熛起**）"突泄一熛，焚宫燒"是也。（卷五十九釋《四分律》**飈火**）

按：今本卷二十五：突洩一煙，而焚宫燒積；

引文皆作"熛"，而今本作"煙"。畢本認爲"熛"舊本訛作"煙"，改正爲"熛"。蔣維喬等曰："元本、張本'熛'，畢校本謂舊本皆訛作'煙'，疏矣。查李本、許本、姜本、汪本、朱本、日刊本作'熼'，形之誤也。"陳本："畢改是，今從之。王引之亦將各本'煙'皆改作

'熛',有是有非,其改此文'煙'爲'熛'則甚確。"《一切經音義》引文作"熛",亦可爲《呂氏春秋》提供佐證。

5. 飯之美者有陽山之穄。(卷五十九釋《四分律》**米**)

按:今本卷十四:飯之美者:玄山之禾,不周之粟,陽山之穄,南海之秬。水之美者:三危之露,崑崙之井,沮江之丘,名曰搖水;曰山之水;高泉之山,其上有涌泉焉,冀州之原。

《慧琳音義》引文恐爲慧琳根據需要截取。此内容后世諸文獻中亦有引用,如《太平御覽》卷八百四十二(百穀部):"飯之美者,陽山之穄。"①

6. 爲曦爲盲。(卷七十五釋《道地經》卷一**曦戾**)

按:今本卷三:鬱處頭則爲腫爲風,處耳則爲挶爲聾,處目則爲曦爲盲,處鼻則爲鼽爲窒,處腹則爲張爲府,處足則爲痿爲蹷。

檢現存各家衆本有"爲眵爲盲"和"爲曦爲盲"兩種。《説文·目部》:"眵,目傷眥也。"《釋名》:"目傷眥赤曰曦,曦,末也。創在目兩末也。"《呂氏春秋校釋》中指出:"畢本中將'眵'改爲'曦',畢改是,今從之"。②《一切經音義》引文與今本同。

7. 北方有獸,其名蟨,前足似兔,趁則頓,走則顛。然則蛩蛩、驉虚亦宜鼠後而兔前,前高不得甘草,故須蟨食之。(卷九十六《弘明集》卷九**蛩驉**)

按:今本卷十五:北方有獸,名曰蹶,鼠前而兎後,趨則跲,走則顛,常爲蛩蛩、距虚取甘草以與之。蹶有患害也,蛩蛩、距虚必負而走。

(1)《説文》:"蟨,鼠也。"陳奇猷在《呂氏春秋校釋》中指出:"《説苑·復恩篇》作'蟨',《爾雅》注同,《淮南·道應訓》作'蹷'。"《一切經音義》引作"蟨",恐爲本字。

(2)引文作"頓",今本作"跲"。《説文解字》:"跲,躓也。"《詩·豳風·狼跋》:"狼跋其胡,載疐其尾。"《毛傳》:"老狼有胡,進

① (宋)李昉《太平御覽》。中華書局,1960年版。

② 陳奇猷《呂氏春秋校釋》。學林出版社,1984年版。

則躐其胡,退則跆其尾。”意爲“牽絆”。《説文·頁部》:“頓,下首也。”本義爲以首叩地。后又有“頓僕、跌倒”的引申義項。《資治通鑒·梁武帝天監十二年》:“約懼,不覺上起,猶坐如初;及還,未至牀而憑空,頓於戶下,因病。”胡三省注:“踣而首先至地爲頓。”“牽絆”與“頓僕、跌倒”二者意義相近“因牽絆而撲倒”,意義相通。因而,“頓”與“跆”二者在詞義上有相通之處。

(3)《一切經音義》引作“鼠後而兔前”,與今本“鼠前而兎後”,相異。檢唐李善注《文選》卷三十四:“鼠後而兔前”,與《一切經音義》同。

二、注語部分

1. 鷄卵經時即毈也。(卷六十三釋《根本説一切有部律攝》**毈壞**)

按:今本卷六:國有游蛇西東,馬牛乃言,犬彘乃連,有狼入於國,有人自天降,市有舞鴟,國有行飛,馬有生角,雄雞五足,有豕生而彌,雞卵多假,有社遷處,有豕生狗。

畢校本《吕氏春秋新校正》改“假”爲“毈”,認爲:“《説文》:‘毈,卵不孚也。從(卵)段聲。’舊本作‘假’,訛,今改正。”陳奇猷認爲畢校得其義,“此‘假’當本是‘叚’字,後人又以‘叚’、‘假’同而寫作‘假’也。”《慧琳音義》所引恐爲訓釋語。

2. 角猶試也。(卷四十《阿唎多羅陀羅尼阿魯力品》**角**)角,試也。(卷八十四《古今譯經圖記》卷一**角試**)

按:檢今本無與引文相同的語句,但今本“天子乃命將率講武,肄射御、角力”,高誘注:“肄,習也。角猶試。”慧琳所引爲高誘注文。

3. 高誘注《吕氏春秋》云:祛,猶舉也。(卷九十三《正誣論》卷三**祛之**)

按:檢今本共有如下三處“祛”字,且意義分别爲“舉”和“袖”:

卷二十:次非攘臂祛衣拔寶劍曰:“此江中之腐肉朽骨也。棄劍以全己,余奚愛焉!”

卷二十:特會朝雨袪步堂下,謂其侍者曰:"我何若?"

卷二十三:子胥兩袪高蹶而出於廷,曰:"嗟乎! 吴朝必生荆棘矣。"

第一處今本顯示無高誘注。第二處高注:"袪步,舉衣而步也。"第三處高注:"兩手舉衣而行。"袪,《説文》"袪,衣袪也。从衣,去聲。"《廣韻·魚韻》:"袪,袖也。"本義爲"衣袖",引申義有"撩起,舉起"之義。東漢許慎也曾爲《吕氏春秋》作注,但今已失傳。引文説明爲高注,但與今本兩處高注皆不同,故疑爲慧琳注語。

4. 彗,祆星也。(卷九十《高僧傳》卷九**彗孛**)

按:今本卷六:其星有熒惑,有彗星,有天棓,有天欃,有天竹,有天英,有天干,有賊星,有斗星,有賔星,其氣有上不屬天,下不屬地。

引文"祆星也"恐爲慧琳訓釋語,非所引《吕氏春秋》經文。

三、佚文部分

1. 高誘注《吕氏春秋》云:態度情皃也。(卷五十七卷《陰持入經》下卷**若干態**)

按:檢各家版本皆無此句内容,似爲佚文。

2. 萬世猶一瞬者。(卷三十三《佛説大乘造像功德經》上卷**瞬頃**)

按:檢各家版本皆無此句。

(作者單位:上海師範大學)

反切繫聯之資訊化研究

——以慧琳《一切經音義》爲例

釋惠敏[1]、陳晏瑨[1]、葉博榮[2]、鄧名敦[3]、陳鈺瀅[4]、蔡淑慧[4]

一、前言

今天的語言,我們雖然可以使用現代科技產品來進行記錄,但最後仍要形之於文字來作説解,因此,語言的研究,都是要以文字作爲基礎的。語言是有立即消失性的,如果我們沒有記錄下來,便無法得知當時的語言狀況,現在我們使用科技產品來記錄語言,可以得到很大的方便,但從前的人並沒有那麼先進的科技,只能將聽到的、看到的用文字寫下來,這才讓現在的人有材料能夠研究那個時期的語言狀況。

就語音記錄來説,中國雖然在很早就有意識地標注音讀,但傳統的標音方法如"譬況"、"讀若"、"直音"等方法都在注音上碰到了困難,許多字音都無法理想地標出,實在需要一套全新的方法來標注字的音讀。董同龢即云:

> 有意的利用兩個字來拼注另一個字的音,據現在所知,是導源於東漢而盛行於六朝以後的。那時,正當佛經傳入中國,一般文士受印度拼音文字的影響,知道了分析字音的門徑,於是逐漸利用反切來代替不能精確又有時而窮的直音。①

---

① 董同龢:《漢語音韻學》(臺北:文史哲出版社,2003 年),頁 77。爲省注解繁複,以下凡引錄各文,均僅於首次徵引完整注解,以後均直接加注頁碼於後。

足見中國本有的注音方式僅在探索之階段,而遇到無法準確注音之瓶頸時,恰逢佛經傳入中國,啟迪了文人以模仿拼音文字的方式來創造一種新的注音方法,這種用兩字注另一字音的方法,就是反切。

中古時期的反切被大量運用在各類音書之中,除了對於當時的人在識音上有很大的方便外,更重要的,對於後世的音韻學者而言,反切是了解當時語音狀況的重要材料。要真正了解反切其中的系統,便需要透過一套科學的方法將所有的反切加以整理,清代的陳澧便是第一位提出繫聯條例來整理韻書反切的學者,基本、分析、補充等方法,雖然有不足之處,但已奠定了多年來整理反切的一套基本方法。

然而,即使是同樣的一套方法,交由不同的學者來處理相同的資料,往往呈現了不同的結果,歷來針對《廣韻》音系之探討頗多,聲類上如張暄三十三類、羅常培二十八類、高本漢四十七類、曾運乾五十一類等,莫衷一是。如以《廣韻》此種具代表性之音學材料,其音系即有如此多的探討餘地,其他音學材料之音系研究相信亦不能專主一說。

反切的繫聯操作,過去皆在紙面上進行,在繫聯工作中,將反切轉錄之過程則難免有誤,後人研究若非將龐大的反切數量再重新加以繫聯、研究,實在難以檢驗其中真誤,又縱有新結果的產生,或又難以避免誤寫誤脫之情事,可說是相當費時而須謹慎進行之工作。

因此,若能爲所欲研究音書中的反切建置一個資料庫,並以資訊系統程式來找出各反切之間的關係,則能爲音韻學者節省許多判斷的時間,並減少許多人爲可能的錯誤。是以本文之發想即由上述問題出發,嘗試以慧琳《一切經音義》爲底本,運用資訊化的方式來處理反切的繫聯問題,透過關連式資料庫(Relational Data Base, RDB)及資料礦掘(Data Mining)技術,除了能快速檢索書中的反切、詞條數目以及相關的釋義,並能提供各條反切中之同用、互用、遞用之關係,提供研究者全面的材料。

二、傳統繫聯方法操作之局限

歸納聲類、韻類的繫聯條例自陳澧開創以來，一直沿用至今，衆家音韻學者莫不遵循此法來考訂某一時代、某部音書的音韻系統。如此廣泛的運用與受到重視，甚至可説繫聯條例是歸納音韻系統的基礎工作。傳統操作繫聯方法，一般運用卡紙、紙筆表格計數，或是藉助文件編輯工具如 word、excel 記錄反切資料，再以人工方式繫聯之。但這種傳統繫聯方法的操作，在呈現研究成果上有許多的歧異與疏漏，導致諸家討論紛紜，難有定論。且一本稍具規模的音書、字書，反切資料動輒上萬筆，若以傳統方式處理如此龐大的反切資料，不但費時，更難以避免誤寫脱漏的可能性。此外，若要重新檢驗、審視某家的繫聯成果，更是難以鉅細靡遺的觀察。而正由於傳統繫聯成果的難以檢驗，使得繫聯成果雖再三推陳出新，但依舊只是在衆説紛紜中，更添一筆而已。因此，本節試從兩本代表性的學術著作，實際説明傳統繫聯方法操作的局限性。

（一）以《慧琳音義》研究爲例——黄淬伯《慧琳一切經音義反切考》

近代學者黄淬伯首先就慧琳《一切經音義》進行系統性的考察，他説：

> 陳氏（陳澧）據此（指繫聯條例）原則，取《廣韻》切語繫聯上字以定聲類，繫聯下字以定韻類。本編據慧琳注經之音，考求《韻英》之端緒，一遵陳氏遺規。[①]

黄淬伯按照陳澧的繫聯條例考察《慧琳音義》，得到六十七聲類，同時也依考察的結果與《切韻》的四十七聲類進行比較[②]，從中觀察到許多古今音變的端緒。由此可見，陳澧的繫聯條例，在現今

① 黄淬伯：《慧琳一切經音義反切考》，《中央研究院歷史語言研究所專刊之六》（中央研究院歷史語言研究所，1931 年），卷 1，頁 6。

② 此四十七聲類，乃爲黄氏考察《切韻》的結果。詳見黄淬伯：《慧琳一切經音義反切考》，卷 2，頁 32。

音韻學者的考察工作上，仍是十分重要的工具。然而，《慧琳音義》共有一百卷，收錄的反切約有一萬多筆，如此卷帙浩繁的資料，若以人工卡紙的方式進行繫聯，必定曠日廢時，且統計起來也有諸多不便。黃淬伯《慧琳反切考》一稿始於 1926 年，研究間雖雜有人事等瑣碎事務，但仍筆耕不輟，歷時四載有餘，直至 1930 年方才完稿。

(二)《慧琳反切考》一書的缺誤與日本學者的糾正

黃氏的大作可説是《慧琳音義》相關研究的代表作，也是佛經語言學中的重要著作，但單以人力處理如此繁瑣的資料，終不免掛萬漏一，是以日本學者上田正《慧琳反切總覽》一書，指出黃氏在研究《慧琳音義》中有誤寫誤脱的缺失[①]，例如黃氏《慧琳反切考》在唇齒音方類的"豐"字，只錄有敷風、覆風兩切，對照上田正《慧琳反切總覽》所錄以及慧琳《一切經音義》原書，黃氏確實少錄了芳風反一筆反切資料。除此缺錄之外，上田氏更在《慧琳反切總覽》附後的論文進一步地細述黃氏的缺陷：

1. 被切字を脱するもの8 字〔被切字脱落者 8 字〕(①鞞必移反七四 6，②皮被碑反七五 19，③埤婢彌反十六 36，九六 5，④毘髀夷反八五 16，⑤貔鼻紕反八九 30[②]，⑥縻美皮反五八 39，⑦蘼靡悲反九八 6，⑧㵟尾肥反六七 4，𢼸尾非反二 30)[③]。

2. 被切字を誤寫するもの1 字〔被切字誤寫者 1 字〕(①蘗靡悲反九八 6は蘼字誤寫〔"蘗"字是"蘼"字的誤寫〕)。

---

① 詳見上田正:《慧琳反切總覽・自序》,《慧琳反切總覽》(日本:汲古書院,1987 年)。

② 此條反切上田氏原文脱落被切字"貔"字,此處補充後呈現,於此説明。

③ 上田正原文所舉之實例並無加注序號,爲求驗證其説之方便,本文於此增加序號,下同。

3. 反切を脱するの8條〔脫落反切者 8 條〕(①疲被陂反十六 19,②裨毗移反六五 28,③糜媚悲反十六 12,④糜美爲反六二 37[①],⑤彌寐卑反五四 39,⑥腓符非反七二 25,⑦七五 28,⑧微無非反五八 8)。

4. 反切出現數を誤るもの5條〔誤算反切出現數者 5 條〕(①糜美悲反五→十一,②糜美悲反五→二,③蜚匪微反一→二,④腓扶非反一→三,⑤微尾非反二→三)→の下が正しいのであ〔"→"之下爲正確之數字〕。

5. 所屬韻を誤るもの3條〔誤判所屬韻者 3 條〕(①椑必迷反七六 25 支脂之微韻→齊韻[②],②犤皮彼反九九 25 平聲→上聲,③紕匹弭反八三 36 平聲→上聲)3條とも黃氏は?を附けているが,反切下字に從って改めるべきである。前二條は集韻に例あり,後一條の下字弭には上聲例が他に8條ある〔此 3 條黃氏附加"?",但是應依從反切下字更改之。前 2 條於《集韻》中有例子,對於後一條的下字"弭",上聲例證有其他 8 條〕。[③]

由上述的論述中,不難發現其中有許多是人工抄寫、比對時,所產生難以避免的誤漏,雖然相較萬餘筆的反切資料而言,黃氏的這些缺陷僅是微小疏失,對整體系統並無太大影響。但學術研究講求資料的精準與確實,倘若某幾筆誤寫、誤脫的反切是極具關鍵性的,就有可能在聲類、韻類的考察結果上產生迥然不同的情形,而導致花費數載的研究心血毀於一旦。因此,對於如此龐雜的反切資料,我們應可藉助資訊化的處理過程,降低誤寫誤脫的機率,並縮短花費在繫聯反切的時間,提高研究的品質。

---

① 上田正原文脫落被切字"糜"字,此處補充後呈現,於此說明。

② 上田正原文脫落"支脂之微韻",此處補充後呈現,於此說明。案:椑字黃淬伯入其羈類字,對照《切韻》系統,此類字分入《切韻》"支脂之微"等韻,然"椑,必迷反",下字"迷"卻應入黃氏稽類字,此類字對照《切韻》應入齊韻。

③ 上田正:《慧琳反切總覽》,頁 243。

(三) 以近代學位論文爲例——楊素姿《大廣益會玉篇》

除了一般性的學術論作之外,凡是學位論文以字書、韻書爲研究對象的論文題材,幾無可避免的將“繫聯”作爲最基本的論述章節,再透過“繫聯”後的結果針對聲類、韻類進行詳細的探討,説明其中分合的情形,以及分析語音現象、擬定音值等。我們以楊素姿《大廣益會玉篇音系研究》(The study of Rhymes in the U-Pian)爲例[①],全文共分五個章節,其中就有兩章在專門討論聲類與韻類的繫聯與構擬音值,而結論的部分才表述出《大廣益會玉篇》所呈現的語音現象與研究價值。楊素姿首先説明了《大廣益會玉篇》所含切語的豐富性與研究價值,指出《大廣益會玉篇》是在承繼顧野王《玉篇》的基礎上,再加以擴展與更動,是以所收切語多達兩萬餘筆,這對於研究唐代中古音而言,無疑是一項重要的語音資料。

(四) 書面呈現繫聯成果的盲點與疑義

《大廣益會玉篇》兩萬餘筆的反切資料,所呈現在書面上的形式,除了只能片面性的得知研究者由繫聯方法中所得出的結果,並無法回頭檢驗資料的正確性與完整性,也難以明確説明某個聲類、韻類的繫聯關係中,實際用了哪些反切,其中的關係又爲何。我們試摘舉其中對於“方類”的討論來觀察:

(1) 方(幫)類

△補 150 卑吉　布 122 本故　卑 47 補支　彼 39 補靡　博 28 布各　北 16 布墨

碑 15 彼皮　鄙 14 補美　悲 12 筆眉　百 10 補格　筆 8 碑密　兵 6 彼榮

裨 5 補移　卜 4 布鹿　本 3 補袞　秘 3 悲翼　伯 3 博陌　譜 3 布魯

邊 3 補眠　波 3 博何　冰 1 卑膺　柏 1 補白　班 1 布還　逼

① 楊素姿:《大廣益會玉篇音系研究》(高雄:中山大學中國文學系研究所博士論文,2002 年)。該研究共有五章,第一章緒論、第二章音節表、第三章聲類討論、第四章韻類討論、第五章結論。

1 碑棘

碧 1 彼戟　賓 1 卑民　并 1 卑盈　保 1 補道

△必 50 俾吉　俾 25 必弭　畢 8 俾謐　比 5 必以　匕 1 必以

△方 151 甫芒　甫 119 方禹　府 19 方禹　夫 4 甫俱　非 4 方違　分 3 甫賁

風 2 甫融　匪 3 甫尾　弗 2 甫勿　市 1 甫勿

【繫聯説明】

"補"系二十八字與"必"系五字,彼此不相繫聯。觀上述二系聲母所以不得繫聯之故,乃在於畢字之音切,畢字若如《名義》作卑蜜切,《廣韻》作卑吉切,就不形成繫聯上的困難了。所幸今本《玉篇》有"一字重切"的情形,可兹互證,如⿰亻畢,"本作⿺走畢",二字的反切分別作卑吉、比朵,可知卑、比二字爲一類;"與貶同",二字的反切分別作悲檢、俾檢,可知悲、俾二字爲一類,則"補""必"二系實爲一類。

"方"系諸字切語亦不與"補""必"二系繫聯,然"跰",補孟切,今本《玉篇》或作"⿺走并",方孟切,可知補、方二字聲當同類。則"補""必""方"三系實爲一類。①

從楊氏的説明中,可以知道依照基本繫聯條例,大致可以分爲"補""必""方"三系,然由於"必"系、"方"系之字往往同用、互用,以致無法與他系繫聯,遂藉由又音的資料,將三系繫聯之。楊氏舉證的又音資料十分明確,但統計的資料只是紙本上片面描述的成果,實則這三系之中所含的反切數、以及各反切之間的繫聯關係爲何?從文中都是難以觀察的。因此,可以合理懷疑的是:是否僅有文中所舉例的"⿰亻畢、⿺走畢、跰、⿺走并"諸字的"一字重切"將不能繫聯的三系繫聯之?抑或有其他字的"一字重切"也能呈現相同的繫聯成果?又或者其他未提及的"一字重切"實與他系、他類發生接觸呢?兩萬餘筆的反切資料,在人工繫聯的處理之下,是否能真實且全面的呈現出研究成果,實難遽下定論。且研究成果往往隨着新資料的發

① 楊素姿:《大廣益會玉篇音系研究》,頁 220、221。

現,又有所增益刪動,那麼勢必又得從頭繫聯這龐大的反切資料。這些可能的缺陷,都是在人工操作繫聯上,令人容易產生疑慮的。同樣的,若再有以《大廣益會玉篇》爲研究對象的研究者,或質疑其中聲類、韻類分合結果者,似乎都必須要將這兩萬餘筆的反切親以人工繫聯的方式,重新操作與檢驗。然而每一次的研究過程,除了費時在大量的繫聯之外,縱有新的結果產生後,或又難以避免誤寫誤脱的情形。緣是,建立資訊化的繫聯過程,較能排除以上人工操作時會產生的種種缺陷,也能將數萬筆的反切資料隨着新材料的更動增删,而立時呈現繫聯後的新成果,無論在時間、精確度、透明化、完整性與相關應用等方面,都能對研究工作有實質上的提升與幫助。

三、資訊技術針對慧琳《一切經音義》反切繫聯之操作

運用計算機程式及資料庫等資訊技術,對於慧琳《一切經音義》反切繫聯之操作,主要分爲三個步驟:(一)音韻資料標記,(二)反切音釋資料庫建置,(三)音韻繫聯工具開發,詳如圖 1。

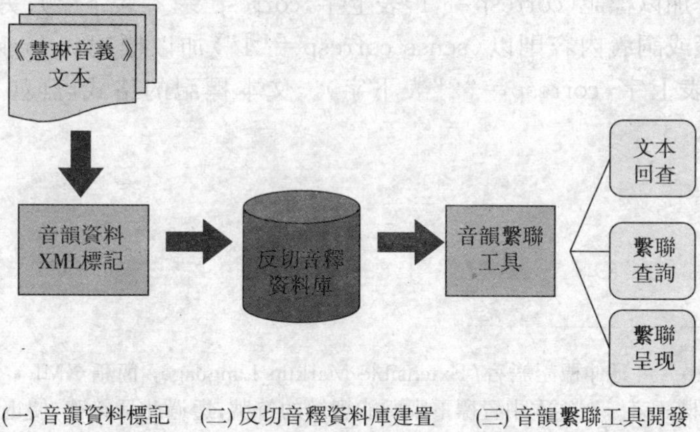

圖 1　《慧琳音義》之資訊化處理步驟

其中,(一) 音韻資料標記部份,係將《慧琳音義》原始文本,以 XML (Extensible Markup Language)①語法及 TEI21② 標準進行標記。而(二) 反切音釋資料庫建置的部份,則將已完成標記的《慧琳音義》之 XML 檔案,以計算機程式語言進行處理,將《慧琳音義》音韻資料之被切字、反切上字、反切下字等,分別抽取出來,並建置成音釋資料庫,供作爲下一步驟之使用。(三) 音韻關聯工具,主要在找出反切音釋資料之"同用"、"互用"、"遞用"關係,再製作成"音韻繫聯工具"(含文本回查、繫聯查詢及繫聯呈現),交由聲韻研究學者,進行聲類、韻類分合統整並針對特殊的繫聯現象進行判斷。各步驟分別詳述如後。

1. 音韻資料處理

在音韻資料標記部份,係將《慧琳音義》原始文本,以 XML (Extensible Markup Language) 語法與 TEI 標準進行標記。以《慧琳音義》中的"覆載"爲例,先將詞條、出處及頁數,以〈entryFree xml:id="T54n2128_p0312a17"〉〈form〉標記(id="T54n2128_p0312a17",係表出自大正藏第 54 册,經號 2128,第 312 頁 a 欄,第 17 行);再將文本中音韻內容,以〈pron corresp="1"〉加以標記(corresp="1"表上字,corresp="2"表下字);另外,字義或詞義內容則以〈sense corresp="1"〉加以標記(corresp="1"表上字,corresp="2"表下字)。文本標記的格式,詳如表 1 所示:

---

① 可延伸標記語言(Extensible Markup Language, 簡稱 XML),爲一種置標語言。在文本中置標電腦所能理解的符號,透過此種符號,使電腦有能力辨認及處理已包含標記的各種文本。

② 參考 TEI (Text Encoding Initiative) 所編定的 "Guidelines for Electronic Text Encoding and Interchange"。

表 1　《慧琳音義》之 XML/TEI 標記範例

〈entryFree　xml：id ＝ “T54n2128 _ p0312a17”〉 〈form〉覆載〈/form〉(上 〈pron corresp＝“1”〉敷務反見韻英秦音也〈/pron〉 〈pron corresp＝“1”〉諸字書音爲敷救反吳楚之音也〈/pron〉 〈sense corresp＝“1”〉賈逵注國語云覆也蔭也説文從而復聲也西音呀賈反從?? 音覓上下覆之會意字也〈/sense〉下 〈pron corresp＝“2”〉哉愛反〈/pron〉 〈sense corresp＝“2”〉孔安國注尚書云載成也〈/sense〉 〈sense〉禮記曰天無私覆地無私載〈/sense〉 〈sense corresp＝“2”〉説文載乘也從車[水/戈]音哉從戈才聲也經作載隸書略也才古文才字非水〈/sense〉)。〈/entryFree〉	原文： 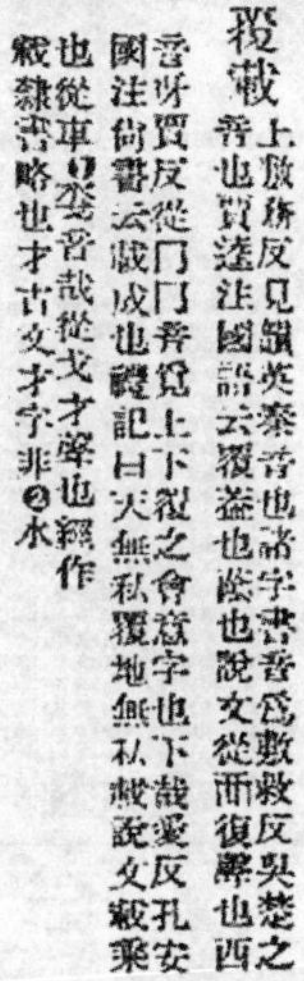 覆載上敷務反見韻英秦音也諸字書音爲敷救反吳楚之音也賈逵注國語云覆蓋也蔭也說文從而復聲也西音呀賈反從冂冂音覓上下覆之會意字也下哉愛反孔安國注尚書云載成也禮記曰天無私覆地無私載說文載乘也從車𢦏音哉從戈才聲也經作載隸書略也才古文才字非②水

將以上的 XML 檔案，抽取出其中的反切音釋資料，即可成爲“反切音釋資料庫”的資料內容。

2. 反切音釋資料庫建置

有關“反切音釋資料庫”建置的步驟，則將已完成標記的《慧琳音義》之 XML 檔案，以計算機程式語言(本文採用 python 程式語言①)進行處理，將《慧琳音義》音韻資料之被切字、反切上字、反切下字等，分別抽取出來，並建置成音釋資料庫，並開發“反切音釋資料庫”查詢介面，以方便使用者查詢相關的反切音釋資料。例如“覆”的音釋資料——“敷務反”，再分別抽取出被切字——“覆”、反切上字——“敷”、反切下字——“務”；“載”的音釋資料——“哉愛反”，亦分別抽取出被切字——“載”、反切上字——“哉”、反切下字——“愛”，並儲存於資料庫中。爲了方便使用者查詢及運用“反切音釋資料庫”，查詢介面的開發，也提供使用者選擇被切字、反切

① Python 是一種物件導向、直譯式電腦程式語言，爲一功能強大而完整的通用型語言。

上字、反切下字的個別查詢功能，其介面詳如圖 2。

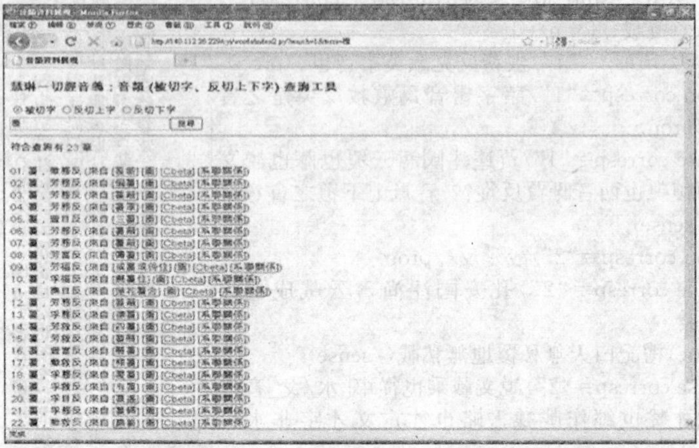

圖 2　“反切音釋資料庫”查詢介面

3. 音韻關聯工具

音韻關聯工具，主要功能在找出反切音釋資料之“同用”、“互用”、“遞用”關係，並呈現爲網頁介面。本文透過計算機程式工具（python 程式語言），將音韻資料庫中的音釋資料，如被切字、反切上字、反切下字等，進行統計及整理，再找出反切音釋之“同用”、“互用”、“遞用”關係，再交由聲韻研究學者進行人工判讀。其音韻繫聯關係之資訊化模型，詳如圖 3 所示。

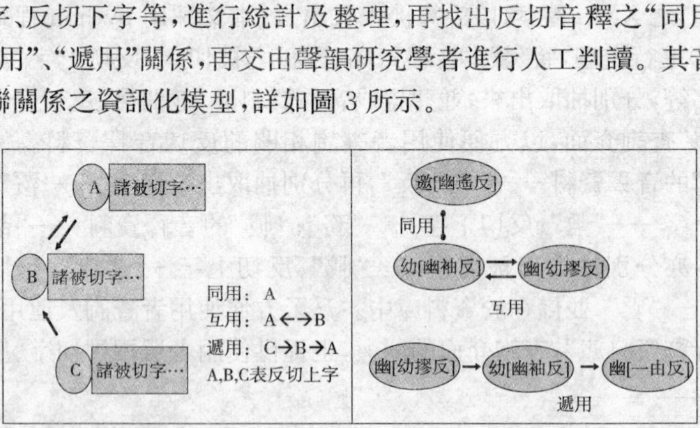

圖 3　音韻繫聯關係資訊化模型

本文之音韻關聯工具，係以反切上字爲查詢之主要對象，並且統計及呈現出所有的遞用關係、互用關係、同用關係。以《慧琳音義》爲例，全部共有2457個反切上字：1717個字具有遞用關係（包含485個互用關係），740個字只具有同用關係。使用者可以選擇每個反切上字，查看詳細的音韻關係；或是在搜尋框中，輸入要搜尋的反切上字，查看詳細的音韻關係。檢索之結果，即將與該上字有關之遞用關係、互用關係、同用關係一併呈現，提供音韻學者詳細的反切資料（包含反切上字與下字）。有關本文所開發之音韻關聯工具，其查詢及呈現網頁介面，詳如圖 4 及圖 5 所示：

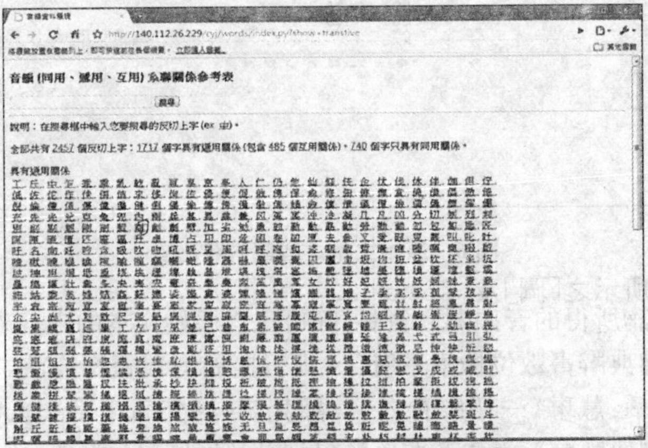

圖 4　音韻關聯工具之查詢介面

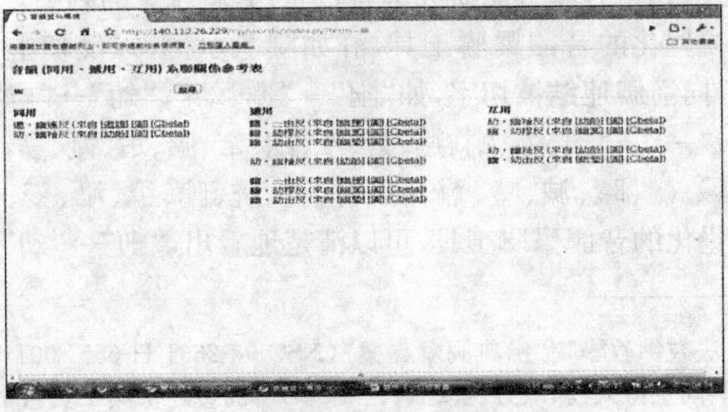

圖 5　音韻關聯工具之呈現介面

查詢所得的音韻關聯資料,亦可比對原始文本的內容,包括CBETA 電子佛典網站所提供的原文,及大正藏原文電子圖檔,詳

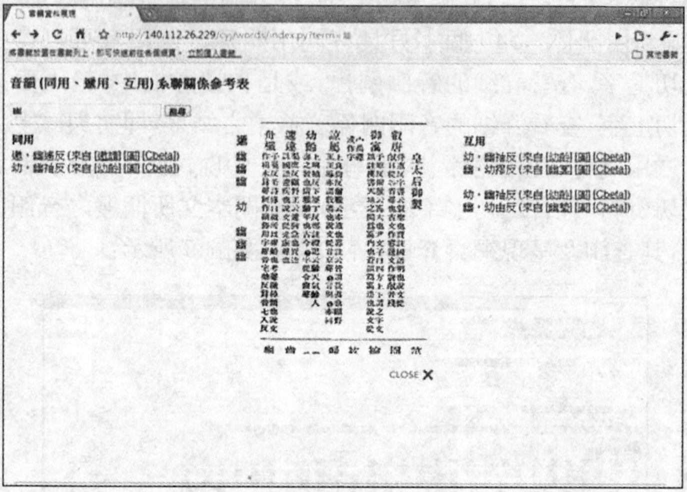

圖 6　原始文本之音韻內容比對

如圖 6 所示之[圖]及[Cbeta]:

查詢所得的音韻關聯資料,除可比對原始文本的內容外,亦可連結"佛典辭書數位檢索系統"①,進行擴展音義資料查詢,查詢的範圍包括:慧琳《一切經音義》、《翻梵語》、《梵語千字文》、李維琦《佛經詞語匯釋》、漢語音韻資源(目前以《廣韻》爲主)等。

此外,爲了方便聲韻研究學者,進行繫聯現象的判斷。本研究亦開發視覺化的音韻繫聯工具,詳如圖 7 示例,以反切上字爲單元,以有向箭號連結被切字,如"幽"→"邀、幼";"幼"→"幽";"邀"→"窈";"一"→"幽、絻、蜎、燕、縈、泓、姻、宊、膃、远、氤、宴、絻、傴、洿、恚、黟、鷈、噎、滅、噎、鷖、菸、翳、湮、豌、隝、縕、泓、縈、鞃"等。由此視覺化的音韻繫聯工具,可以清楚地看出,"幽"↔"幼"具有互

① 法鼓佛教學院"佛典詞彙專案"(NSC 98-2631-H-655 -001 主持人:杜正民 共同主持人:郭敏芳、黃乾綱、竺家寧)所開發之佛典工具書數位檢索系統。

用的繫聯關係,而"幼"→"幽"→"邀"、"幽"→"邀"→"窈"、"一"→"幽"→"幼"等,具有遞用的繫聯關係。研究學者可運用此視覺化的工具,進行聲類、韻類分合統整,並針對特殊的繫聯現象進行判斷。

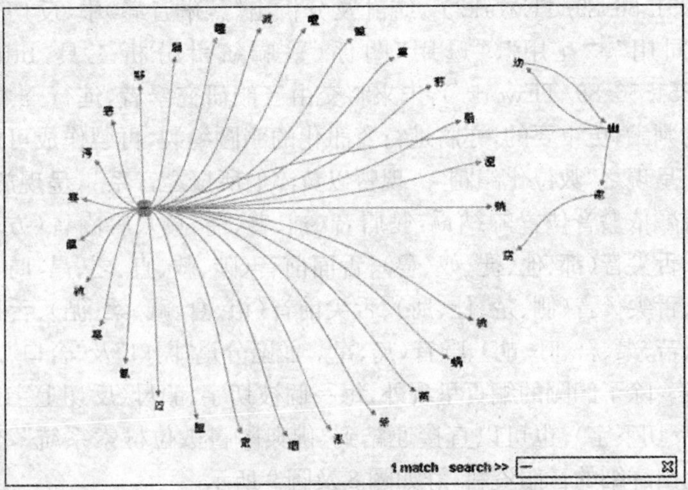

圖 7　音韻繫聯之視覺化工具

四、結語

本文由陳澧對《廣韻》所提出之繫聯條例談起,其方法爲諸家學者所接受,然各家以相同之方法繫聯反切,卻有不同之結果,並從而論及《切韻》系韻書外之音書未必有如此多的學者投入其反切之研究,則若對中古時期如此重要之音韻材料——《廣韻》之討論即有如此多不同之結果,則各音書之研究結果則未必能專主一說。

由黄淬伯（1931）起始對於慧琳《一切經音義》反切的研究,仍免不了在人爲上對反切抄錄的脱誤,因而上田正（1987）便對其多所批評,直指其錯誤之處。本文以慧琳《一切經音義》所收之反切做爲研究對象,以資訊化的分析處理方式,呈現出《慧琳音義》反切中的音韻關係,透過網頁的呈現,學者能同時對應《慧琳音義》

大正藏原文電子圖檔與 CBETA 電子佛典網站來檢視、對照其內容,希冀能爲音韻學者提供一完整而方便運用之介面,節省紙面繫聯上時間之耗費與可能的人爲錯誤。

本文運用計算機語言程式及"古漢語音韻資料庫"(http://60.251.56.89/TEwork/),統計及分析出《慧琳音義》中,反切音釋之"同用"、"互用"、"遞用"關係(繫聯統計分析工具,http://60.251.56.89/TEwork/),未來將交由音韻研究學者,進行聲類、韻類的判讀,更重要的,亦將進行資訊化的韻圖繪製,再製作成可於網頁上呈現之"數位化韻圖"。現暫以黃淬伯所擬之音系①,呈現於後。其聲類依發音位置歸納爲:雙唇音(補、普、蒲、莫)、唇齒音(方、扶、武)、舌尖音(都、他、徒、奴、魯)、舌面前音(陟、勑、直、之、昌、時、式、而)、舌尖後音(側、楚、仕、所)、舌尖前音(祖、倉、藏、桑、循)、舌根音(古、苦、渠、吾、呼、胡)、喉音(烏、韋),並區分爲"開口"及"合口"二種韻表。除了韻圖的網頁呈現外,每一個被切字、韻母(反切上字)、聲類(反切下字),也可以直接連結到"佛典辭書數位檢索系統",分別查詢出詳細的音韻資料,詳如圖 8 及圖 9 所示。

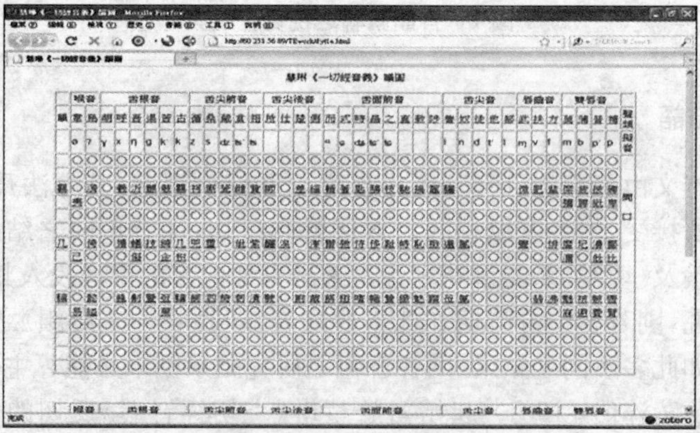

圖 8 數位化韻圖呈現範例(開口部份)

---

① 聲類、韻類之類別、名目依黃淬伯:《慧琳一切經音義反切攷》,擬音則依黃淬伯:《唐代關中方言音系》(南京:江蘇古籍出版社,1998 年)。

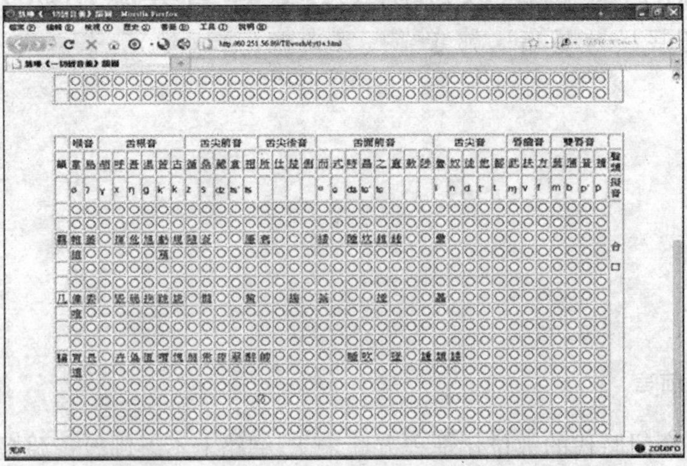

圖 9　數位化韻圖呈現範例(合口部份)

由於韻圖所呈現的,實際上是一張張的反切表,讀者對於其語音系統便能一目瞭然,在研究上也能帶來許多便利。因此,若能在反切繫聯的結果確立後,進一步呈現數位化之韻圖,則對於《慧琳音義》音系之了解能更爲完整。

(作者單位:[1] 法鼓佛教學院、[2]"中央大學"中國文學研究所、[3]東吳大學中國文學研究所、[4] 文化大學中國文學研究所)

佛經音義資源數位化工具之建置與應用研究

杜正民[1]、陳晏瑨[1]、鄭寶蓮[1]、釋法源(唐國銘)[2]、李家名[2]

一、前言

資訊時代的數位化進程方興未艾,網路上不乏佛教資源提供,梵巴藏等佛教字辭典查找等,但幾乎沒有針對藏經原典中的工具辭書與資源文獻等進行數位化工作,並提供資源與資料庫供學者使用。尤其佛典中的音韻資料,如玄應《一切經音義》、希麟《一切經音義》、可洪《一切經音義》等,在傳統上是漢語音義研究的重要資料。因此本研究擬以佛典詞書爲目標,建立數位資料庫、開發應用檢索系統,希望能提昇並整合佛典語言詞彙的研究資源,加強佛教數位工具資源服務功能。

"佛典詞彙文獻資源"是古德們爲輔助外來語言翻譯佛教文獻——經律論三藏之閱讀與流傳弘化下所完成的著作。是故建立"佛典詞彙文獻資源"典藏之數位化,是有其必要性與重要性。而詞彙的研究是邁向知識架構建立的必經之路,除深化傳統佛典工具書的價值,提供廣大佛經讀者閱讀佛典一部便捷快速的線上工具資源,同時亦能無遠弗界地推廣佛經文獻的閱讀與研究使用。

工具書自古以來一直扮演着知識傳承"入門"與"橋樑"的角色,它將人類的知識做統合、歸類整理,提供查找、檢索和按圖索驥的資訊功能,更是反映當代科學技術與學術研究的成果。而"佛典詞彙文獻資源",因文獻內容本身跨文化、多語言與歷時發展性等特質,編輯方式本身亦異於其他傳統書籍,因此更具有特殊價值。

當今隨着資訊科技的進步及不同傳播介面與載體的轉變,佛典詞彙文獻資源的編輯也應採用新的方法與技術,以順應時代傳播方式的轉變,保留原典藏文獻的特質,改進原有典藏品的有限性與局限性,透過數位化載體提昇典藏文獻之方便性,帶來新的研究契機與新的研究論題。

二、研究目的

本研究的目的,在豐富佛教數位工具資源。希望藉此可開展新時代的服務,諸如結合現在多語言佛教字辭典工具書,整合各種佛教工具資源數位化資料庫,應用新技術連結數位化文獻與時空架構,建立一個能支援佛學研究學者進行佛學典籍研究及教學的重要平台,進而深化典藏内容服務與應用。

因此,本研究以建置文獻後設資料庫,應用資訊工具來整理及結合相關數位文獻,及建立無償開放使用的學術工具資源與平台爲主要目標。建立方便工具使用平台,可減少編纂者的工作,使專家學者的精力能更專注在最重要的内容處理上。另外,藉由資訊技術大量的儲存分析功能,我們還能更進一步地依不同的主題,結合相關的網路工具,將傳統的内容做更多樣的分類及服務,使用者在相同的資料中,能獲得多面向複合價值的資訊。

更具體來説,即是建立音譯詞"佛經音譯詞資料庫"平台與佛典詞彙"佛經詞彙斷代資料庫"平台。完成此大型文獻後設資料庫、結合相關數位文獻應用技術、建立學術工具資源與平台,並實現"整合性佛教工具資源資料庫"。

三、文獻探討

源自印度之佛典在中國歷時約一千年翻譯事業,藉由中印語言文字轉換工程,逐步建立完整的漢譯經律論三藏,並加入漢地高僧的三藏注釋與撰述文獻,此即是漢文"大藏經"的主體架構與内容。"大藏經"不只透過翻譯轉換在量上超出漢地傳統著作,在内容上漢譯佛典文體本身的語言文字亦有别於本土的傳統典籍的書面語，形成漢譯佛典"散詩兼行、華梵交錯與文白結合"語言風格的龐大語料庫。如此數量巨大語料爲漢語學者與佛教學者提供極其珍貴的深入探勘語言、宗教、歷史文化等研究資源寶藏，特別在近幾年以來佛典文獻的語言研究展現空前熱絡與生氣。[①]

（一）佛典文獻詞彙研究

近年來，學者利用佛典文獻語料進行漢語詞彙構詞各項相關研究已有相當豐碩成果，不乏學術期刊論文發表與綜合型研究專書出版。其中進行詞匯、語法及文體之全面性整合型佛典詞彙研究專書有：朱慶之《佛典與中古漢語詞彙研究》[②]、梁曉虹《佛教詞語的構造與漢語詞匯的發展》[③]、顏洽茂《佛教語言闡釋——中古佛經詞匯研究》[④]與李維琦《佛經釋詞》[⑤]等四本著作出版。

《佛典與中古漢語詞彙研究》作者在通讀中古全部佛典後，對漢譯佛典語料從微觀到宏觀，由共時到歷時全面性系統的研究。傳達中古漢語詞匯的重要意義，一方面也着手發掘漢譯佛典語彙對中古漢語詞匯發展的深遠影響。

《佛教詞語的構造與漢語詞匯的發展》此書將佛教詞彙分成音譯詞、合璧詞、音譯詞、佛化漢詞和佛教成詞等五種語意結構進行考察。作者特別着重從文化語言學的觀點檢視佛教詞語的構成，着手分析佛經譯詞如何融入到漢語的語言文化中。

《佛教語言闡釋——中古佛經詞匯研究》透過共時描寫與歷時

---

① 如"漢文佛典語言學國際學術研討會"迄 2009 年爲止已成功舉辦了四届，又第二届"佛經音義研究國際學術研討會"定於 2010 年 9 月 18—20 日，將由上海師範大學主辦。因此代表佛典語言材料與音義詞彙之研究已引起兩岸學者重視與研究風潮。

② 朱慶之《佛典與中古漢語詞彙研究》，台北市：文津，1992。

③ 梁曉虹《佛教詞語的構造與漢語詞匯的發展》，北京：北京語言學院，1994。

④ 顏洽茂《佛教語言闡釋——中古佛經詞匯研究》，杭州：杭州大學出版社，1997 年。

⑤ 李維琦《佛經釋詞》，長沙：岳麓書社，1993。

分析的方法，描寫佛典譯經詞彙的構詞與構義之形式，並從語法與文體來討論特殊的詞彙現象。包括語詞的割裂與省縮、語詞的增擴與添加、口語詞的充斥與外語詞的大量引進等中古佛經語彙特徵現象分析。並詳細討論中古佛經語彙對本土漢語的影響評估等。

《佛經釋詞》作者以東漢至隋代中古漢語期間五十六部佛經的二百八十萬字爲語料，解釋一百四十九個常見卻“非雅詁舊義所能賅”的佛經詞語。這批訓釋詞語能做爲現有詞典漏收的詞語，並能補充已有詞典的解釋內容。作者藉由索引系統進行地毯式全面地對佛典詞語進行滴水不漏的分析方式，已連續出版相關佛經釋詞專書。[①]

佛經詞彙結構、語法、釋義等之研究已有相當成果，如何利用數位電子佛典藏經閣，運用現代化研究工具，建立完整龐大佛典詞彙語料庫，以開啟新的研究契機與新的研究論題，超越人工檢索所限範圍，是爲本研究進行佛經詞彙工具文獻數位化主要目標。是以本研究應用抽詞研究技術以中華電子佛典協會製作的電子版大正新修大藏經爲資源，總字數達一億五千多萬字，內容龐雜。佛典經文雖爲古文，但在文句表達上較之中國傳統史書，其用字遣詞更貼近民間用語。加上以傳播爲目的跨時代的大量翻譯工作，更留下許多中文辭彙演變上的證據。這些諸多漢語歷史發展上的特性，遠超過中文當代文獻統計抽詞工作所討論的範圍及語料內容。因此我們以漢語佛典語料庫爲範圍，應用抽詞研究技術，希望能逐一增加對此資源的掌握及了解能力，進而豐富佛典詞彙研究內涵與進一步提供“數量語言學”或“統計語言學”及“風格統計學”統計與分析之基礎，而能超越現有佛典文獻詞彙研究之有限性。

---

① 作者又於 1999 年出版《佛經續釋詞》，考釋了將近二百個詞語，新詞有一百個左右。於 2004 年亦出版《佛經詞語匯釋》，長沙：湖南師範大學出版社。

(二) 佛典音義典籍研究

佛經語言研究另一趨勢是"佛典音義"文獻的研究逐漸受到重視,研究範圍涵蓋各種層面包括文字、聲韻、訓詁、字義、詞彙、版本校勘等。[①] 其中從各個面向通論性介紹音義文獻特色之專著有姚永銘《慧琳一切經音義研究》[②],徐時儀、梁曉虹、陳五雲合著的《佛經音義研究通論》、《佛經音義概論》、《佛經音義與漢語詞彙研究》專書等,[③]以及徐時儀《玄應和慧琳一切經音義研究》[④]二部音義比較研究。另外徐時儀《一切經音義三種校本合刊》[⑤]是第一部進行音義版本校勘的專書,但只是羅列不同版本用字,未進行正確用字校正。韓小荊《可洪音義研究——以文字爲中心》[⑥],如可洪音義著書以辨析、校正佛典中的錯別字、訛俗字的目的,此書最大貢獻是以《高麗藏》爲底本,建立可洪音義"異體字表"。

本研究立基於文獻標記數位化之優勢,擷取 XML 標記檔案,可建立"音義音韻資料庫"、"音義所引書證資料庫"、"音義缺字資料庫"、"音義譯音詞彙資料庫"、"音義方言音資料庫"等類型資料庫,提供學者研究文字、聲韻、訓詁、字義、詞彙、版本校勘等數位資源,達成數位時代的佛學工具書與整合服務之目的。研究團隊開創超越歷史性的數位佛典音義工具:佛學音義詞典、音韻反切查詢、音韻繫聯查詢、音韻繫聯呈現、佛經數位韻圖等線上服務功能。

---

① 竺家寧《佛經語言研究綜述——音義的研究》,《佛教圖書館館刊》第四十七期、四十八期。竺教授把海峽兩岸研究佛經音義之學的相關學術期刊與論著做了結集分類,詳細介紹與評述。

② 姚永銘《慧琳一切經音義研究》,南京:江蘇古籍,2003。

③ 徐時儀、梁曉虹、陳五雲《佛經音義研究通論》,南京市:鳳凰,2009。
徐時儀、梁曉虹、陳五雲《佛經音義概論》,台北縣:大千,2003。
徐時儀、梁曉虹、陳五雲《佛經音義與漢語詞彙研究》,北京:商務,2005。

④ 徐時儀《玄应和慧琳一切經音義研究》,上海,上海人民,2009。

⑤ 徐時儀《一切經音義三種校本合刊》,上海:上海古籍,2008。

⑥ 韩小荆《可洪音義研究 : 以文字爲中心》,成都市:巴蜀書社,2009。

四、研究方法及步驟

(一) 佛典詞書文獻標記作業

誠如敦煌學大師潘重規名言:“目錄是門徑,文字是基礎。”本研究掌握佛典文獻入口門徑,完成佛典目錄數位化資料庫後,建立佛教語言文字工具資源的數位化。衆所週知佛教工具資源相當豐富,“一切經音義”、“梵語千字文”、“翻梵語”等文獻,即是了解佛教“語文、文字”意義,深入研究佛典豐富内涵的基礎,即爲佛教語言文字研究資源的大寶庫。是故本研究以 CBETA 大正藏中,慧琳、玄應、希麟、可洪等四本《一切經音義》佛典詞彙音義工具書,加以《梵語千字文》、《翻梵語》等底本,進行圖檔掃描、人工輸入、校對程續等基礎文本數位化工作後,才再接續進行 XML/ TEI 標記。

XML 是一個允許使用者自訂標記的語言,佛教經典是否能有一套共同的標準標記,以利將來的資訊交換 CBETA 採用國際標準 TEI (Text Encoding and Interchange),TEI 是針對電子文獻所制定的標準標記組(tag set),透過使用國際標準標記,使產出的電子佛典更便於國際間分享。

因此爲符合國際標準 TEI,本研究從未標記前的純文本數位化,到依不同文獻内容特性確定文本架構,選定標記之後,開始進行標記。玄應《一切經音義》、希麟《一切經音義》、可洪《一切經音義》的標記架構亦全然不同。如下文所示,文本經過數位化標記後,因加上標記的標簽内容擴增數倍以上。本文便以玄應、希麟、可洪三部《一切經音義》做說明:

1. 玄應《一切經音義》

音義詞數位化標記標籤,大部份的詞皆有“音”與“義”,各以〈pron〉與〈sense〉標籤標出,引用古籍字書書目以〈cit〉、〈bibl〉及〈quote〉標籤標記。

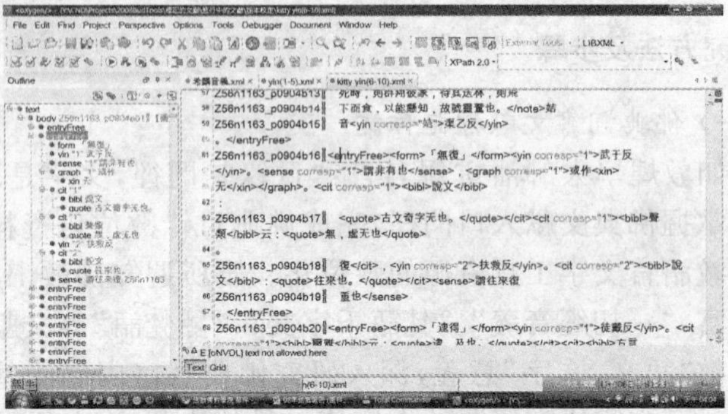

圖 1　玄應標記内容與標記架構對照

2. 希麟《一切經音義》

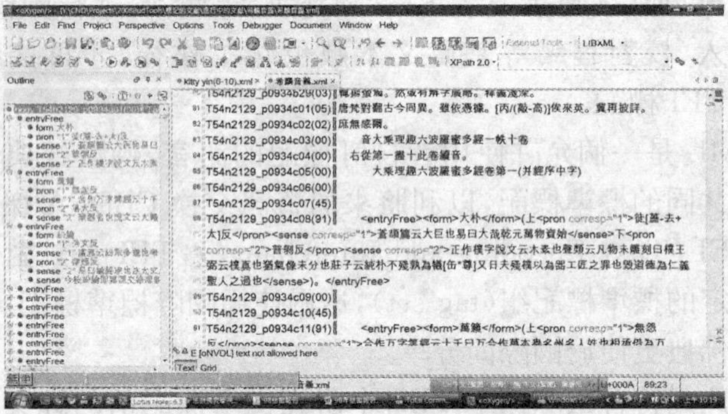

圖 2　希麟標記内容與標記架構對照

3. 可洪《一切經音義》

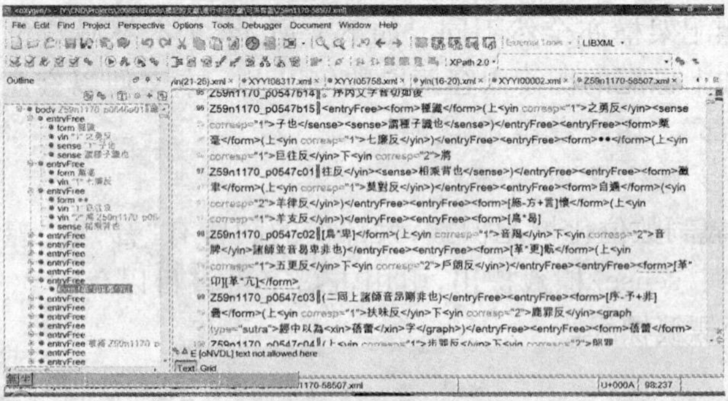

圖 3　可洪標記内容與標記架構對照

4. 內容標記作業手冊

佛經翻譯自外來文獻,使用的語言有別於一般傳統學術用語,因此有《一切經音義》等佛教詞典文獻的產生,目的在幫助廣大信徒閱讀與掌握佛經內容。本研究依佛典音義中解釋詞彙的特性,以標記方式標示出每個字詞的詞目、注音、釋義、書證、正形、案語五種架構。能使讀者在使用"佛典辭書數位檢索系統"時,更能輕易掌握每個字詞在形音義部分之內涵。一般音義詞彙主要架構:詞目、注音、釋義、書證、正形、案語,因此訂定內容標記作業手冊。

➢ 每一筆詞彙最外層以〈entryFree〉〈/ entryFree 〉標

➢ "詞目",詞彙本身以

- 意譯詞〈form〉〈/form〉
- 音譯詞〈form type="yin"〉〈/form〉

  音譯詞不同漢語對音〈pron〉〈/pron〉

  正應梵音"正音、應云、正言"〈pron type="sanskrit"〉〈/pron〉

➢ "注音",

- 指第一個單字注音〈yin coressp="1"〉〈/yin〉
- 指第二個單字注音〈yin coressp="2"〉〈/yin〉
- 方言音〈yin dialect="" corresp="中國"〉齏〈/yin〉,江南悉言〈yin dialect="" corresp="江南"〉菹〈/yin〉
- 直音字,將"音"包進去。如:趾〈yin coressp="1"〉音止〈/yin〉
- 反切字,將"反"包進去。如:洿音〈yin corresp="2"〉一胡反〈/yin〉

➢ "釋義"

- 指全詞的意義〈sense〉〈/sense〉
- 指第一個單字意義〈sense corresp="1"〉〈/sense〉
- 指第二個單字意義〈sense corresp="2"〉〈/sense〉

➢ "書證"

- 指全詞的書證〈cit〉〈bibl〉〈/bibl〉〈/cit〉

- 指第一個單字的書證〈cit corresp＝“1”〉〈bibl〉〈/bibl〉〈/cit〉
- 指第二個單字的書證〈〈cit corresp＝“2”〉〈bibl〉〈/bibl〉〈/cit〉
- 若書證名只有“注云”爲前一書證之“注”，則加屬性標出注書名

  例：〈cit corresp＝“2”〉〈bibl〉尚書〈/bibl〉：殉于貨色。〈/cit〉
  〈cit corresp＝“2”〉〈bibl type＝“尚書”〉注〈/bibl〉云：殉，求也。亦營也。〈/cit〉

➢ “正形”

- 指全詞的書證〈graph〉〈/graph〉
- 指第一個單字的其他字形〈graph corresp＝“1”〉〈/graph〉
- 指第二個單字的其他字形〈graph corresp＝“2”〉〈/graph〉
- 音義作者特別指出原經文中，用字不對或是近字

  〈graph type＝“sutra” corresp＝“1”〉〈/graph〉
  〈graph type＝“sutra” corresp＝“2”〉〈/graph〉
  如：〈graph type＝“sutra” corresp＝“1”〉經文有從手作撩，或從木作橑，二形並非今用也。〈/graph〉
- 〈graph〉內用字皆以〈xin〉標記

  如：〈graph corresp＝“2”〉古文〈xin〉齵〈/xin〉，同。〈/graph〉
  又如：〈graph type＝“sutra” corresp＝“2”〉經文作〈xin〉嘶〈/xin〉，悲聲也。嘶，噎也。嘶非此義。〈/graph〉
  √“正形”引書證解字形時可用〈graph〉〈bibl〉〈/bibl〉〈/graph〉

➢ “案語”音義作者陳述己見

〈note〉案…〈/note〉

➢ 抄本經文用字有誤

〈graph type＝“sutra” corresp＝“1”〉經文從虫作〈xin〉蛄〈/xin〉，音〈yin corresp＝“蛄”〉古胡反〈/yin〉。螻蛄，螻蛄也。蛄非此義。〈/graph〉

➢ 缺字

- 以<g p="238"/>代表缺字符號,p 表示徐本頁碼。待專人處理。

➢ 校勘記

如:<emend n="3">〔三〕</emend>

➢ <form>詞彙外之注音標記

如:鞮音<yin corresp="鞮">低</yin>。鍪,<yin corresp="鍪">莫侯反</yin>。

◆ 大串咒語、根本字,先不處理。

如:<entryFree><form type="remark">"比聲二十五字"</form>

◆ 解釋<cit>內的文句<sense>標,若第一個<bibl>的屬性質爲<sense corresp="bibl1">

如:<cit corresp="1"><bibl>賈逵</bibl>曰:霸猶把也。</cit><sense corresp="bibl2">言把持諸侯之權也。諸侯把王事臣道也。</sense>

(二) 建立佛數資料庫系統

佛典辭書資料庫系統的建立發想,來自於 Google Dictionary 的概念,希望能將《一切經音義》等已標記的文獻資料(XML),建立一套佛典辭書線上字典系統,提供給所有佛學研究者來使用。系統的建立過程方法及網頁介面的呈現,設計構想源於參考 Google 字典網頁的編排,字詞資料庫目前已收錄:慧琳、玄應、希麟等《一切經音義》文獻、翻梵語、梵語千字文、李維琦《佛經詞語彙釋》。除此之外,我們將查詢的字詞結果,提供網路超連結(Hyperlink)至常用的研究統計資料及其他相關資源,目前提供的資料有:佛典辭彙人、時、地等邊界資訊,佛典語用檢索排序、跨語辭彙對照資料庫、古漢語音韻資料庫。

佛典辭書數位檢索系統的建立,主要分爲四個步驟:(一) 擷取已標記文獻檔(XML)的內容、(二) 詞條內容彙編入資料庫、(三) 詞條擷取 CBETA 行號及擷取文本圖檔、(四)佛典辭書數位檢索系統入口網站的建立。佛典辭書數位檢索系統的建立模型與流程圖如下所示：

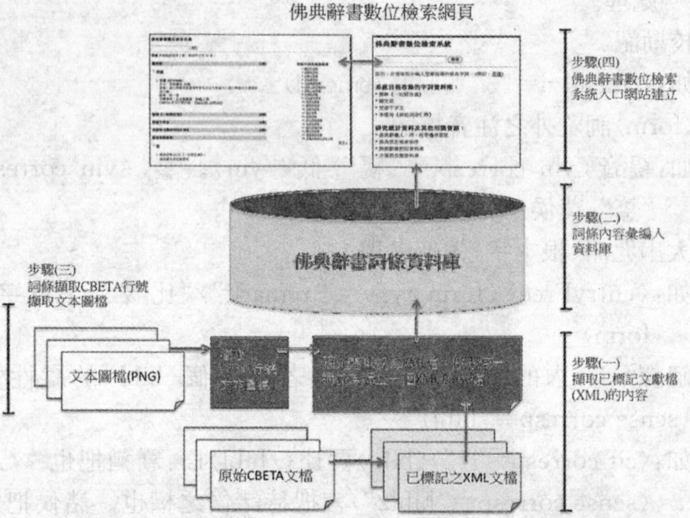

圖 4　佛典辭書數位檢索系統建立模型與流程圖

其中，步驟(一)擷取已標記文獻檔(XML)的內容，是將已經標記的原始 CBETA 文檔，藉由 Python 程式語言及相關 XML Parser 函式庫，把所需要的特定標記內容，例如：〈entryFree〉〈/entryFree〉〈form〉〈/form〉... 等諸如此類的內文擷取出來。除了搭配 XML Parser 函式庫之外，另外使用 Python 正規表示式 Regular Expression 函式庫，將其他 XML Parser 擷取不到的資料，透過 Text Proccess 的方式來精確地擷取 XML 標記內文，並且把每一個〈entryFree〉的詞條內容，獨立儲存爲一個 XML 檔案，並上傳至聯合目錄網站。而這樣一個獨立的 XML 檔案，也方便於第二步驟中，把詞條的內容轉換成資料庫語言（SQL Language），並依照詞條的屬性編列欄位後，整批匯入資料庫。

步驟(二)詞條內容彙編入資料庫的過程裡，主要的擷取資料爲步驟(一)所產生的獨立詞條 XML 檔案，應用 Python 程式語言以及 Python PostgreSQL 函式庫，將 XML 處理成資料庫語言

(SQL Language)之後,整批匯入於資料庫(PostgreSQL Database)。

完成步驟(二)後,此系統主要的資料來源已經處理完成,接着爲了使辭書檢索系統的資料更爲完備,因此我們在系統中提供查詢資料的驗證參考來源:1. 原文 CBETA 行號資訊,並連結至 CBETA 電子佛典網站瀏覽原始全文。2. 原始文本大正藏的截圖檔案。此驗證參考資料來源的進行,在步驟(三)詞條擷取 CBETA 行號及擷取文本圖檔。這裡應用 Python 正規表示式 Regular Expression 函式庫,透過 Text Proccess 的方式擷取出每一個詞條的 CBETA 行號原始出處,搭配 Python 影像處理函式庫 PIL(Python Imaging Library)進行影像資料處理,把 CBETA 行號的資料對應到原始文檔圖檔,把詞條所在的欄位範圍擷取詞條的截圖,提供給查詢者有文本圖檔的驗證參考來源。

最後的步驟(四)佛典辭書數位檢索系統入口網站建立,則是建立一個網頁系統,將步驟(二)建立的佛典辭書資料庫的詞條內容,以及步驟(三)擷取的 CBETA 行號及原始文本圖檔的資料,展現在一個統一介面的入口網站。這部份使用的技術爲 Python+Apache+mod_python 的網頁撰寫,搭配 Django(Python Web Framework)的設計概念來撰寫入口網頁,其中應用 Java Scripts 程式語言以及 Jquery 的 facebox 函式庫,將擷取的文本原始圖檔,使用動態的方式顯示在查詢網頁上。入口網站所查詢的詞條內容,則是應用 Python PostgreSQL 函式庫,把查詢的資料從 PostgreSQL 資料庫擷取後,轉換成網頁的形式來呈現。

另外,佛典音韻查詢系統以"一切經音義"爲總綱,兼收其各項可能相關的語言材料,進而運用資訊技術,彙整而成一完整的資料庫,以求提供學者從事"音義聲韻"研究之便利。以電腦資訊的處理方式來製作《一切經音義》之韻圖。由資訊化的處理過程,所能呈現的不僅是一張張的語音表,更能透過關連式資料庫(Relational Data Base, RDB)及資料礦掘(Data Mining)技術,快速檢索書中的反切、詞條數目以及相關的釋義,提供研究者全面的材料。

音韻資料的數位化分析處理的方式，通常可分爲已知音韻關係及未知音韻關係二部份，透過計算機程式工具，將音韻資料庫中的音釋資料，如被切字、反切上字、反切下字等，進行"搜尋(Query)"及"統計(Statistics)"。對於已知音韻關係可以驗證(Verify)其指定關係，而對於未知音韻關係，則可找出其規則(Rule)或趨勢(Trend)。本研究採用這種數位化分析處理的模型，運用計算機統計及分析出《慧琳音義》中，反切音釋之"同用"、"互用"、"遞用"關係，再交由聲韻研究學者，進行人工"繫聯"與韻圖繪製。最後，再製作成可於網頁上呈現之"數位化韻圖"。

五、數位詞彙檢索系統

爲建立完整"佛學詞彙研究資源"工具網站服務功能，本研究除完成"佛典傳統詞彙工具書"典藏數位，更進一步以數位文本爲基礎，開發"佛典辭書數位檢索系統"及"佛典音韻查詢系統"。以下分別介紹"佛典辭書數位檢索系統"與"佛典音韻查詢系統"線上服務。

（一）佛典辭書數位檢索系統

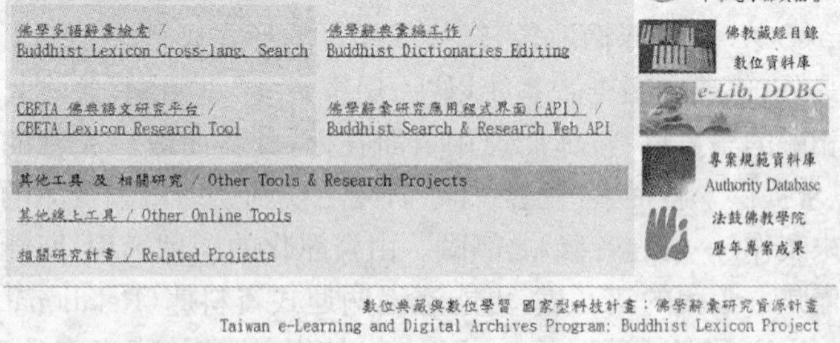

圖5　專案入口網頁

"佛典辭書數位檢索系統"入口網站(http://140.112.26.229/cyj/index.py)是架構在 Apache Web Server 之上,使用的網頁程式語言爲 Python,並搭配 apache_python 模組 mod_python。網頁後端資料庫爲 PostgreSQL,使用 Python PyGreSQL 函式庫做爲資料的動態連結。網站結構的設計,是以 Python Web Framework Django 的設計概念來撰寫入口網頁,其特點在於網頁的程式區塊是模組化的呈現,方便日後網頁的修改維護。另外,網頁截圖檔特效的部份,是應用 Java Scripts 以及 Jquery 的 facebox 函式庫,將查詢的詞條內容所擷取的文本圖檔,使用動態的方式顯示在查詢網頁上。檢索系統入口網站所呈現的所有資料,來源爲擷取已標記文獻檔(XML)的內容、詞條內容彙編入資料庫、詞條擷取 CBETA 行號及擷取文本圖檔依序所產生的內容,此佛典辭書數位檢索系統入口網站的建立過程是將這些資料串接起來,並透過線上網頁呈現的方式,提供詞條檢索查詢介面,讓查詢結果可立即動態的呈現。檢索系統入口網頁下圖所示:

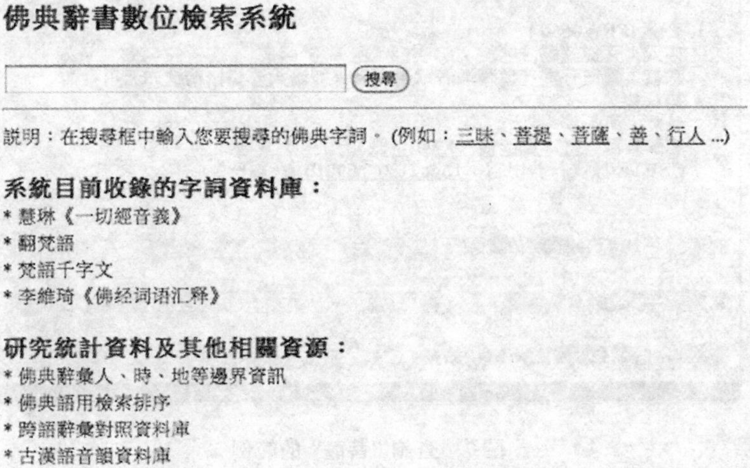

圖 6　檢索系統入口網頁

在搜尋欄位中,可輸入欲搜尋的詞條名稱,例如:"菩薩"。輸入完成後,網頁後端程式會將查詢的字串,送回至步驟(二)中已經匯入完成的 PostgreSQL 資料庫,查詢是否有符合的詞條。若有查詢到符合的詞條時,資料庫會回傳符合的"詞條 ID 名稱",以此例(查詢字串 "菩薩"),資料庫完全符合菩薩的查詢結果有一筆,於是資料庫回傳該筆詞條的 ID(FFW0666)至網頁程式。網頁程式根據此 ID(FFW0666)連結到 表 2. 中 ID 爲 FFW0666 的 XML 原始檔,並將特定所需的資料內容,動態擷取並顯示在網頁上。查詢的範例如下圖 7 所示:

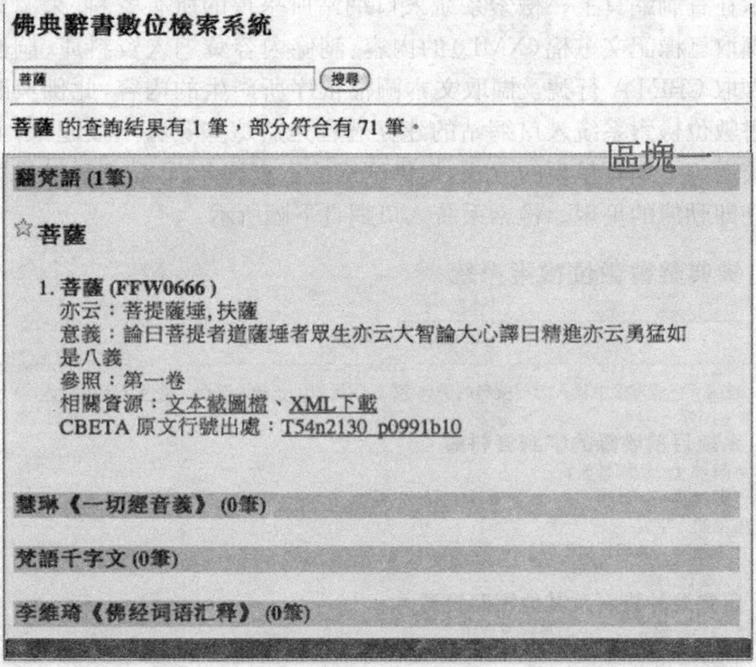

圖 7　查詢"菩薩"的範例

首先,第一個區塊的資料呈現,資料庫把 ID 爲 FFW0666 回傳至網頁程式,此時網頁程式會連結到 ID 爲 FFW0666 的 XML 文檔,動態即時的將詞條相關的內容呈現在網頁上。可點選的連結有三個：1. 文本截圖檔。2. XML 下載。3. CBETA 原始行號。文本截圖檔的內容是詞條的截圖，擷取 CBETA 行號及擷取文本圖檔。

點選 XML 下載，即可下載已標記 XML 原始檔案（擷取已標記文獻檔（XML）的內容）。點選 CBETA 原始行號時，網頁會透過網路超連結（Hyperlink）的方式，將行號連結到 CBETA 電子佛典網站所提供的原文出處內容。

以下是此例（查詢“菩薩”）後，各個連結點選的結果，如圖 8 爲文本截圖檔的呈現，應用 Java Scripts 及 Jquery facebox 函式庫，將擷取的文本圖檔，使用動態的方式顯示在查詢網頁上。圖 9 爲 XML 下載的呈現、圖 10 爲 CBETA 電子佛典網站呈現的內容。

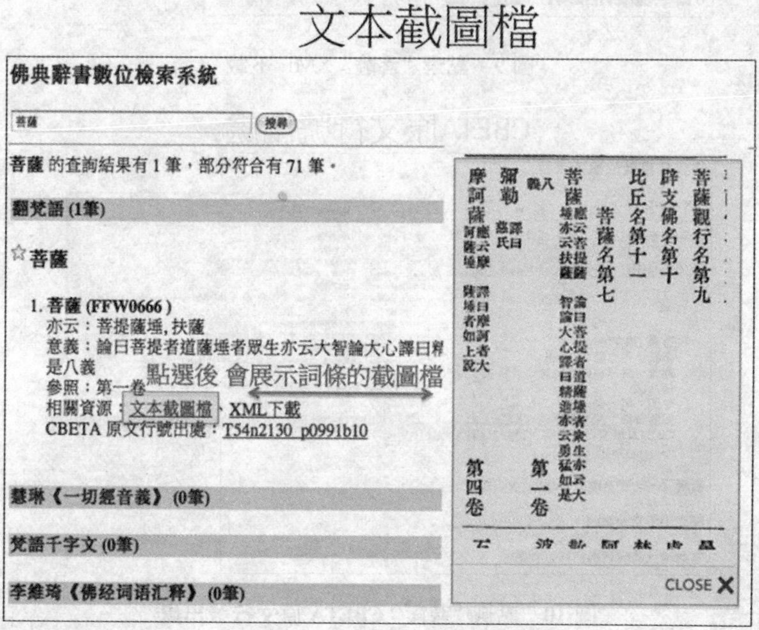

圖 8　點選“菩薩”文本截圖檔

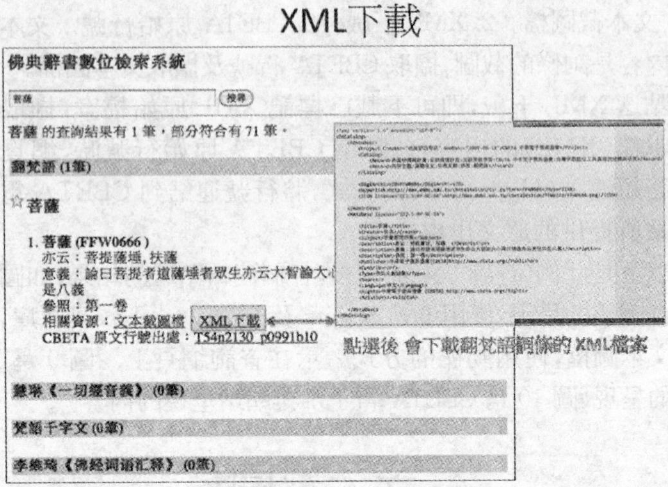

圖 9　點選“菩薩”XML 下載

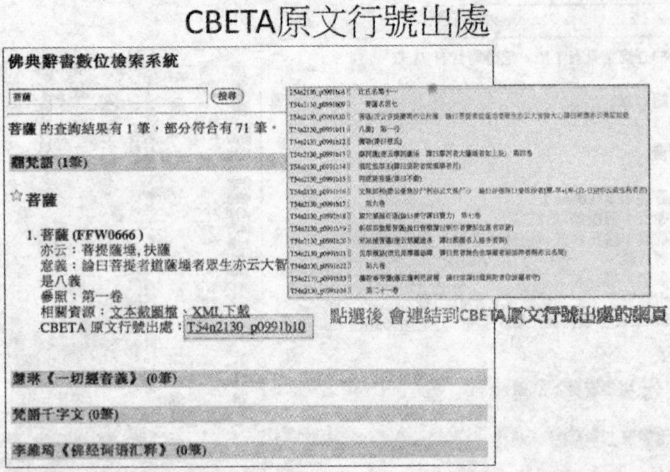

圖 10　點選“菩薩”CBETA 原文行號出處

除此之外，我們將查詢的字詞結果(例如：“菩薩”)，提供網路超連結(Hyperlink)至常用的研究統計資料及其他相關資源，區塊二即是將資料連結至古漢語音韻資料庫後，動態呈現的查詢結果

(如圖 11 所示);區塊三爲常用的研究統計資料及其他相關資源。(如圖 12 所示):

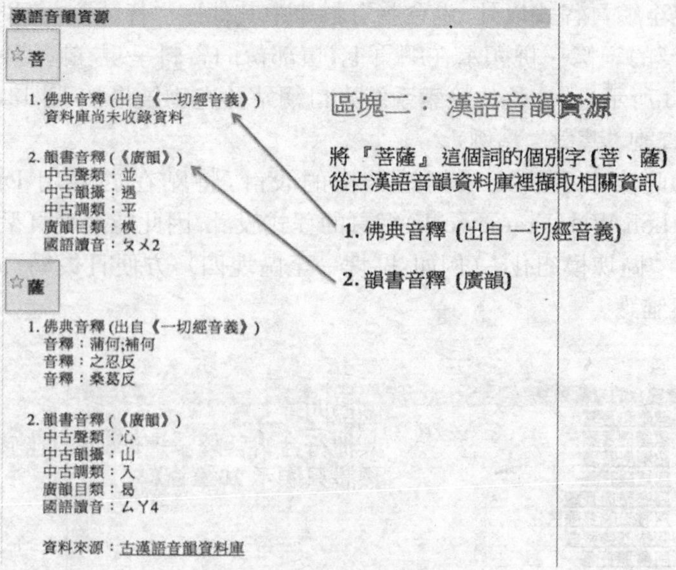

圖 11　查詢“菩薩”的漢語音韻資源顯示畫面 (區塊二)

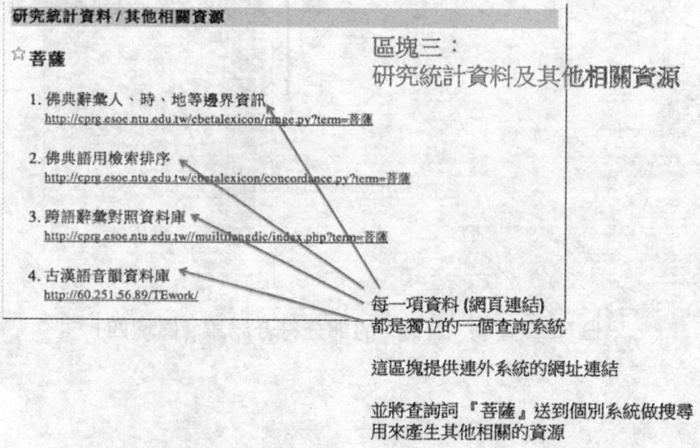

圖 12　查詢“菩薩”的其他資源呈現 (區塊三)

在此例(查詢字串“菩薩”),資料庫完全符合“菩薩”的查詢結果有一筆,資料庫除了回傳該筆詞條的ID(FFW0666)及XML內容至網頁程式以外,也會將資料庫中其他跟“菩薩”一詞“部分符合”的詞條一併顯示在網頁上,這部份的資料呈現在區塊四(如圖13所示)。完整的檢索系統入口網站及查詢結果如 圖14所示(以查詢“菩薩”爲例)。

此檢索系統入口網站結構的設計,特點在於應用Django(Python Web Framework)網頁的程式設計,因此能讓網頁呈現的內容“區塊模組化”(例如:區塊一至區塊四),方便日後網頁的修改與維護。

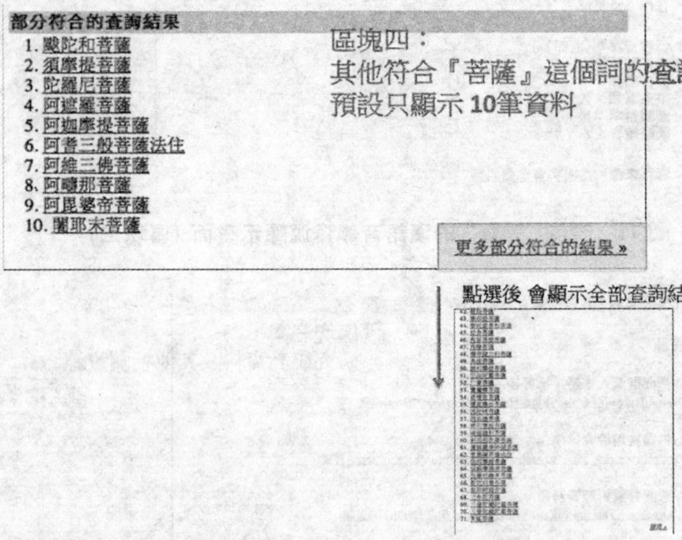

圖13 查詢“菩薩”的部分符合結果(區塊四)

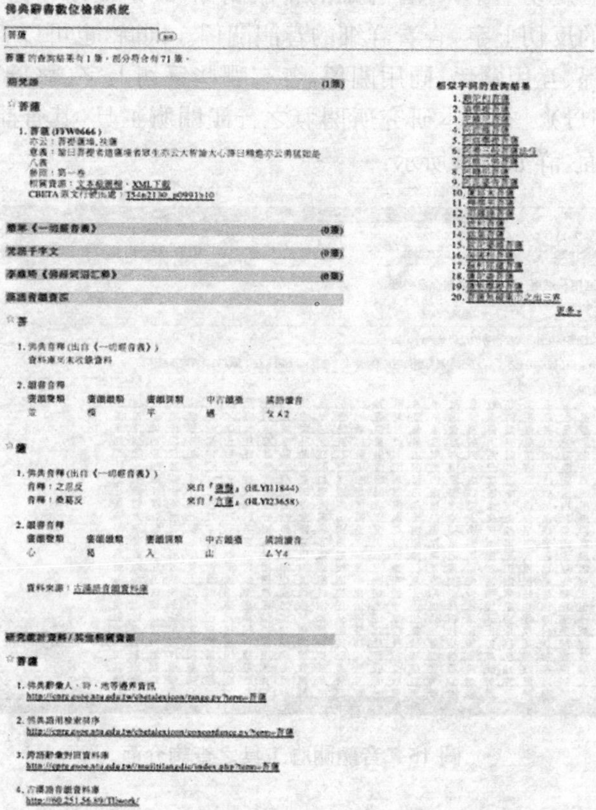

圖 14 檢索系統入口網站（以查詢“菩薩”爲例）

（二）佛典音韻查詢系統

音韻關聯工具，主要功能在找出反切音釋資料之“同用”、“互用”、“遞用”關係，並呈現爲網頁介面。音韻關聯工具可以統計及呈現出所有的反切上字；另外，亦可統計及呈現出所有的遞用關係、互用關係、同用關係。以《慧琳音義》爲例，標記整理至目前爲止的統計結果，共有 2457 個反切上字：1718 個字具有遞用關係（包含 485 個互用關係）。739 個字只具有同用關係。使用者可以選擇每個反切上字,查看詳細的音韻關係;或是在搜尋框中,輸入要搜尋的反切上字,查看詳細的音韻關係。同時,也可以直接查詢遞用關係、互用關係、同用關係,各有哪些反切上字(聲母)及反切下字(韻母)。有關本研究所開發之音韻關聯工具,其查詢及呈現網頁介面,詳如下圖所示:

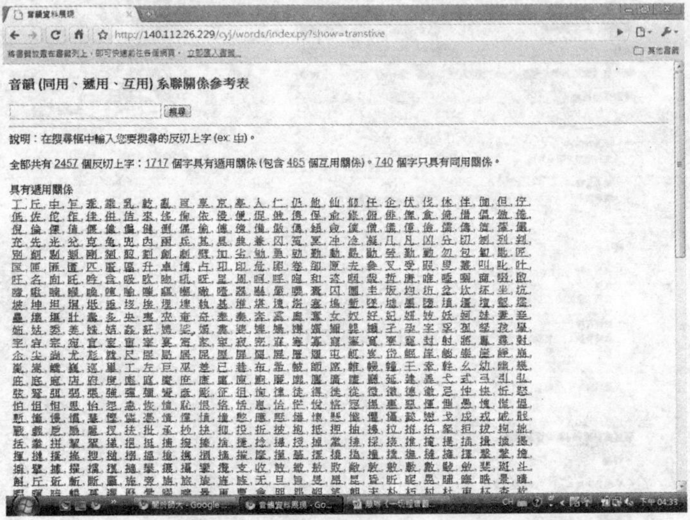

圖 15　音韻關聯工具之查詢介面

本研究旨在進行佛典一切經音義數位化,建立佛典詞彙資料庫,希望透過文本内容標記 XML/ TEI 之數位化,能彈性地應用 Markup 標籤,因此數位化後之文本能具體地保留以上所述佛典音義文獻之時代特色。本專案採用標記 XML/ TEI 之數位化文本能提供漢語學者與佛教學者,作爲漢語音韻研究與佛典詞彙語義發展等研究不可或缺之數位資料庫。

六、成果檢討與展望

(一) 累積龐大詞彙資料庫

本研究最大貢獻,便是累積龐大詞彙資料庫。現後完成了慧琳、玄應、希麟與可洪《一切經音義》四部佛典音義文獻標記，以及《唐梵文字》、《唐梵兩語雙對集》等佛典漢梵對音字書，另外還有《翻梵語》、《梵語千字文》、《佛經詞語彙釋》數位化文獻等詞彙資料庫。透過本研究的服務網站，使用者可以利用"佛典辭書數位檢索"與原始圖檔對照來進行相關研究。未來，本研究將在已建立佛典詞彙資料庫基礎上，更進一步建立"佛經音譯詞資料庫"與"佛經詞彙斷代資料庫"等工具。

（二）龐大資料庫的應用問題

數位資料庫的正確性和涵蓋性，是學者是否會信賴，並以此做爲研究工具、甚至是引用來源的最重要關鍵。傳統數位資料庫的版本控管，以及和文本的對照連結並不受重視。本研究所進行的數位典藏資料，利用 XML 標記數位檔案，再配合原始文獻的掃描圖檔，可以輕易地進行數位資料的檢查，以及原始文獻的對照，對系統來説，強化了以研究爲目的的使用性。我們一方面也請音韻學者來進行標記的校對，以期在底層資料的提供上，能讓使用者更加信賴系統的正確度。

但在古典文獻研究上不可避免的版本問題，本研究的資源就有不足之處。例如雖然本研究資料庫已提供四個版本的一切經音義，但是許多學者仍有習慣用高麗藏版本，或是其他音韻資源做爲研究的依據。在這方面，本系統提供的統計數據，就未能全部照顧到及結果。但我們仍計畫以提供高麗藏掃描圖檔對照的方式，來彌補系統只有 CBETA 大正藏數位資源的缺憾。

另一方面，XML TEI 標記在面對中文古典文獻時，仍有其運用上的限制。畢竟中文古文的複雜度高，而且本研究所面對的是較爲特殊的音韻類工具書。因此未來在"符合 TEI 標記標準"和"有利於數位典藏標記作業流程及維護"上，技術人員還有許多可以學習及加強的地方。

（三）工作展望

有別於紙型辭典的形式，本研究建立的音義文獻資料庫，以新的形式與數位發展爲主軸，加以資料集合的角度，重新呈現中古漢語切分音的關係及變化。有別於傳統音韻研究資料整理方式,用此音韻數位資料庫,結合圖形呈現,可協助漢語學者重新檢視傳統音韻文獻資料,更有機會進一步跳脱傳統音韻研究的框架,找出人工處理上的盲點和缺漏。以此資料庫爲基礎,本研究亦邀約國際漢語學者參與測試,並針對國内大專院校和語言學者的漢語研究進行推廣,亦可藉此提昇與擴展資料庫以及網頁檢索功能等服務。

接下來將繼續進行的漢、藏、英語跨詞典數位資料庫,與美國維吉尼亞大學合作,將其藏英數位詞典與藏漢詞典結合,將解決傳統藏語詞典數位資源較缺乏的問題。對於藏文研究的學者來説,將是重要的跨語工具書。

本研究成果的另一個特色是,在成果中即包含了以典藏資源爲基礎的研究與應用。除了本年度的中文抽詞研究外,以音韻資料庫爲基礎,正在進行與傳統音韻研究文獻的對照工作。未來將從集合的角度,利用 social network 的工具,整理所有切分音的關連,並建立圖像應用工具。再者,本研究將利用佛典咒語資源的整理,進行跨語(梵、漢)對照的研究。咒語在佛典中是以音譯的方式存在,這種用中文字當作拼音單元的資料,佛典咒語可算是數量最大的研究資源。此資源可結合音韻資料,成爲中古漢語對發音推論研究上重要的參考資料。

此外,國際間對法鼓佛教學院數位化工作的肯定,也激励了對本研究所建構服務功能的提升,因此"數位典藏暨服務功能提升"這個方向的規畫,相信可讓佛學數位典藏的質與量更上一層樓,得以提升國際間佛學研究的工具與資源。

(作者單位:[1]法鼓佛教學院,[2]台灣大學工程科學及海洋工程學系)

略論“佛經音義”的一些問題

譚世寶

當今學者對佛經音義的研究已經取得很多成果，筆者雖然曾對漢唐時期的佛教史、晉唐間的佛教經典目錄以及悉曇學與漢字音學的關係等問題都有所研究論述，[①]但是對佛經音義則有關注而未有論及。今幸獲邀參加“第二届佛經音義研究國際學術研討會”，匆促撰就此文，對“佛經音義”的一些問題作簡略的探討，以就教於方家。

一、“佛經音義”的所謂“佛經”及其語詞的來源分析

筆者在二十多年前研究漢唐時期的佛教史、晉唐間的佛教經典目錄時，已經認識到佛教“大藏經”的“經”，不能解作譯自印度的經、律、論三藏中之“修多羅”(經)藏，而是指包括用漢文譯自印度經、律、論三藏在内乃至中國人用漢文所撰寫而被收入佛教書庫的一切佛教經史論著。故曾對有關誤説作過批評。[②] 現仍有必要在此基礎上，先對似乎人人皆能見詞明義，無需解釋，而實際上容易導致誤解的“佛經音義”的所謂“佛經”作一解釋。因爲以現存“佛

---

① 譚世寶:《漢唐佛史探真》(據本人 1987 年的山東大學歷史學博士學位論文增補而成)中山大學出版社，廣州:1991 年。《悉曇學與漢字音學新論》，中華書局，北京:2009 年。

② 參見譚世寶:《〈佛教大藏經史(8—10 世紀)〉讀後》，載饒宗頤編:《九州學刊》(敦煌學專號)，香港:1992 年。

經音義"的典型代表唐慧琳的《一切經音義》爲例，可知其所謂"一切經"，實際只是中國寺院所藏漢文"大藏經"的異稱之一。其實際所指的書籍，除了傳統的漢譯印度的經、律、論三藏之外，還包括中國佛教人士撰述的佛教經史文字論著。例如，《一切經音義》卷第七十七至第一百所注音義之"經"皆爲中國佛教人士用漢語言文字撰述的佛教經史文字論著，其中卷第七十七目錄如下：

音《釋迦譜》十卷
《釋迦略譜》二卷(舊目一卷)
《釋迦方志》二卷
《釋氏系錄》一卷
《大周經目》十五卷
已上五集錄三十一卷同此卷音。

顯而易見，中國佛教人士用漢語言文字撰述的佛教經史文字論著的音義注釋，固然是以漢語字詞注釋漢語字詞爲主。即使是其他梵、胡、漢佛教人士合作用漢語言文字譯述源出於印度經、律、論三藏之經文，因爲經過漢語的翻譯和漢字的記載，也是漢語詞多於源出於印度的外來詞。這就決定了漢文的"佛經音義"實際上是用漢字注釋來源於漢語言文字的字詞的音義爲主。正如有專家學者作統計指出：

……《玄應音義》第一卷共收 383 個詞目，其中外來詞 117 個，約占 31%。《慧琳音義》第一卷共收 245 個詞目，外來詞 32 個，約占 13%。《希麟音義》第一卷共收詞目 162 個，其中外來詞 26 個，約占 16%。《可洪音義》釋《放光般若經》三十卷共收錄 298 個詞目，其中外來詞約 45 個，約占 15%。

如果我們從整體來考察，這種特色也極爲醒目。因爲《慧琳音義》實際是將《玄應音義》以及《慧苑音義》等收羅其中，所以我們從《慧琳音義》可以看出其概貌。《慧琳音義》收錄外來

> 詞在古代辭書中可以說是首屈一指。據統計,《慧琳音義》收錄外來詞約三千二百條,約占全書收錄詞條總數的 12%。其中除玄應一千多條,慧苑一百多條,雲公一百多條,窺基一百多條以外,慧琳自己撰有一千七百多條,約占慧琳所撰詞條總數的 8%。……①

因此,綜合從《玄應音義》到《慧琳音義》等書所收錄注釋詞條的音義情況來看,外來詞實際只占詞條總數的 12%,故本土詞應占總數的 88%。所以,對於與此統計矛盾的所謂"佛經音義多收錄外來詞"之結論,②筆者不敢苟同。

二、"佛經音義"的所謂"梵音"、"梵語"之詞

"佛經音義"的所謂"梵音"、"梵語"之詞,其實大都是用漢字記錄的不準確"梵語"的對音詞,可以說是"洋涇浜"的"梵音"、"梵語"。加上在現存的"佛經音義"中皆只寫了用漢字記錄的一些"洋涇浜"的"梵音"、"梵語"之詞,並沒有附上"梵語"的原文對照,而目前大多數有關研究論著,也都只用轉寫爲羅馬字母的所謂"梵文"來與漢字記錄的一些"洋涇浜"的"梵音"、"梵語"之詞來作對照研究分析。對於當今流行的諸如此類的梵文研究之弊病,筆者曾作過一些批評指出:

> 最爲嚴重而又相當流行的錯誤,是由於國際學壇上有相當多學者既把悉曇(siddhāṃ或 siddhamātṛkā)文字即廣義的梵字包括中上古時期的婆羅迷(Bramīa)、笈多(Gupta)等系統的字母文字,與其中今天狹義的梵文字——產生在八世紀的天城體(Devanagarī)字母文字混爲一談,往往在研究中把

① 見梁曉虹、徐時儀、陳五雲:《佛經音義與漢語詞彙研究》第 81—82 頁,商務印書館,北京:2005 年。

② 見同上書第 82—83 頁。

> 中國和日本的佛典中的古悉曇文字,都還原爲同一的天城體梵字,乃至衹研究已被今人轉寫爲表音素的羅馬字母的梵文,其結果是一些所謂研究悉曇或其它梵文字的論著,通篇衹有轉寫爲羅馬字母的梵文,而不見一個悉曇或其它梵文字。這種不夠科學準確的方式,與一些中國古人將悉曇或其它梵文字轉寫爲漢字而稱之爲"梵語",並以此來研習古梵文相同。這也與一些日本人將悉曇或其漢字的對音轉寫爲日文假名,一些西洋人將悉曇或其漢字轉寫爲羅馬字母的拼音文字來研習悉曇相同,還與現在一些中國人用洋涇浜英語的漢字對音來研習英語相同。由此必然產生一個副作用,這就是嚴重障礙了人們對悉曇文字的結構性質的正確認識——筆者所見有關印度文字(包括悉曇字及天城體字等)及中國音韻學的論著及和工具書、教科書等,大多數都把悉曇等印度文字誤解爲由分別表輔(C)、元(V)音素的字母文字。……[1]

所以對"佛經音義"的所謂"梵音"、"梵語"原文究竟爲哪一種"梵語"文字,成爲值得探討的問題。

筆者認爲,"梵字悉曇字母是在漢代就開始隨同印度僧人入華傳譯佛經而進入中國,至隋唐時期一直'相承翻傳'。因此,以梵字悉曇字母爲核心的外來佛典的標準語言文字,及其傳播的入門學習的基本理論和方法,在當年既是漢人閱讀理解梵語佛典的工具指南,也是漢人翻譯梵語佛典的工具指南和經驗成果的總結。在今天,更是學者研究有關當年梵漢翻譯的各種問題不可缺少的工具指南。"[2]就以現存"佛經音義"的典型代表唐慧琳所使用的"梵文"來看,就是漢唐時期梵漢翻譯的標準文字——悉曇字母文字。

---

① 參考同上譚世寶:《悉曇學與漢字音學新論》第 10 頁、212—215 頁。

② 參考譚世寶:《悉曇𑖭𑖰𑖟𑖿𑖠𑖯𑖽(siddhāṃ)學入華傳播與浮屠、佛、敦煌等詞來源新探》,載《慶賀饒宗頤先生 95 華誕敦煌學國際學術研討會論文集》,2010 年 8 月 8—11 日,敦煌。

正如唐"試太常寺奉禮郎景審"所撰《一切經音義序》説：

……大矣哉，覺皇之爲教也。若乃書之貝葉，編諸海藏。結集由飲光之心，文義宣慶喜之口，流傳此土七百餘年。至於文字或難，偏傍有誤，書籍之所不載，聲韻之所未聞。或俗體無憑，或梵言存本。不有音義，誠難究諸。欲使坐得明師，立聞精誼。就學無勞於負笈，請益詎假於摳衣。所以一十二音宣於《涅槃》奥典，四十二字載乎《花嚴》真經（十二音是翻梵字之聲勢也，舊云十四音誤也。又有三十四字名爲字母，每字以十二音翻之，遂成四百八字，共相乘轉成一十八章，名曰悉談。如《新涅槃經音義》中廣明矣）。故曰無離文字解脱也。

上文的"悉談"，其漢文的標準的寫法爲"悉曇去聲"，是古印度佛教化文字學名稱："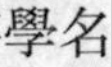（拉丁文正確轉寫應爲 siddhāṃ）"的標準漢文對音轉寫，通常簡稱"悉曇"而省略了"去聲"的拼音法的標注意譯爲成就、成就吉祥。晉唐時期的漢譯佛教諸經論，常以悉曇（章）作爲佛教化的字母表及綴字拼音方法的圖表及論著的敬稱。故悉曇既可轉爲總稱有關印度聲字，亦可進一步轉爲總稱世間一切聲字之學。① 慧琳以中天竺的標準梵文評論前人所用不標準的龜茲國梵文説：

……阿察囉，唐云文字，義釋云無異流轉。或云無盡，以名句文身善能演説諸佛秘密，萬法差別。義理無窮，故言無盡。或云常住，言常住者梵字獨得其稱，諸國文字不同此例。何者？如東夷、南蠻、西戎、北狄及諸胡國所有文字，並是小聖睿才，隨方語言演説文字。後遇劫盡三災起時，悉皆磨滅，不得常存。唯有此梵文，隨梵天王上下，前劫後劫，皆用一梵天王所説。設經百劫，亦不差別，故云常住。總有五十字，從初

① 參考同上譚世寶：《悉曇學與漢字音學新論》第1頁、108—109頁。

有一十二字,是翻字聲勢。次有三十四字,名爲字母。别有四字,名爲助聲。稱呼梵字,亦五音倫次:喉、齶、齗、齒、脣吻等聲,則迦、左、縿、鞞、跛五聲之下,又各有五音。……皆從深向淺。亦如此國五音:宫、商、角、徵、羽。五音之内又以五行相參,辯之以清濁,察之以輕重。以陰陽二氣揀之,萬類差别,悉能知矣。故《易》曰:“觀乎天文,以察時變。觀乎人文,以化成天下。”即其義也。經言十四音者,是譯經主曇無讖法師依龜兹國文字,取捨不同,用字差别也。若依中天竺國音旨,其實不爾。今乃演説列之如右。智者審詳。①

至於慧琳本人對當時梵文的標準悉曇字母文字的運用,仍然可以從現存署作“上都大興善寺沙門慧琳依諸大乘經集”的《建立曼荼羅及揀擇地法》,看見載有如下四段標準悉曇字母文字的真言:

1.《香水真言》:

(na) (maḥ) (sa) (ma) (nta) (bu) (ddhā) (naṃ) (a) (pra) (ti) (sa) (rme) (ga) (ga) (na) (sa) (me) (sa) (ma) (ntā) (nu) (ga) (te) (pra) (kya) (ti) (vi) (śū) (ddhe) (dha) (rma) (dhā) (tu) (vi) (śū) (dha) (ni) (svā) (hā)

2.《地天真言》:

(na) (maḥ) (sa) (ma) (nta) (bu) (ddhā) (nāṃ) (pṛ) (thi) (vyai) (svā) (hā)

3.《慈護真言》:

(oṃ) (bu) (ddha) (mai) (tri) (va) (jra) (ra)

唵 沒 馱 每(引) 怛哩(二合) 縛 日羅(二合) 羅

(kṣa) (hūṃ) (svā) (hā)

乞灑(二合) 憾 娑婆 訶

---

① 《大正藏》第 54 冊《一切經音義》卷第二十五。

4.《不動尊真言》:

(na)(maḥ)(sa)(ma)(nta)(va)(jra)(ṇaṃ)(ca)(ṇḍa)(ma)(hā)(ro)(ṣa)(ṇa)(spha)(ṭ)(ya)(hūṃ)(tra)(ṭ)(hāṃ)(tra)(ṭ)①

三、所謂“釋氏有音無字”説分析

今人論“佛經音義”時有引清人莊炘、黄子高所謂“西域有音聲而無文字”、“釋氏有音無字”之説,②甚至用以證明印度西域的文字“屬於表音文字”與“屬於表意文字”的漢字有不同的特點。筆者認爲,這兩説其實都是對中國相當流行的各種語言的“有音無字”之説誤解錯用。

首先,必須明確,所謂印度西域的文字“屬於表音文字”,漢字“屬於表意文字”的説法是不夠準確科學的舊説。因爲任何文字都必然具有字音、字形、字義這三個基本的要素。所不同之處只在於有的文字之字形所表之音的分析度較爲精細,而漢字所之字形所表之音的分析度較爲粗大。至於清人,是根本不可能有印度西域的文字“屬於表音文字”,漢字“屬於表意文字”這種現代人才有的觀念。

其實,宋以來的中國音韻學文獻,存在各種語言的“有音無字”之説,本來都是指漢語以及其他國家民族語言或文字的一些語音無法用漢字記錄的情況。例如,傳爲宋司馬光撰《切韻指掌圖》的董南一《原序》説:“無字則點窠以足之,謂之寄聲。韻闕則引鄰以寓之,謂之寄韻。案圖以索二百六韻之字,惟有音無字者,猶且聲隨口出。而況有音有字者乎?”③這裡的“有音無字者”,是指漢語

① 《大正藏》第18冊《建立曼荼羅及揀擇地法》。

② 同上梁曉虹、徐時儀、陳五雲:《佛經音義與漢語詞彙研究》第13—14頁。

③ 見《四庫全書》本《切韻指掌圖》。

方言的某些音沒有合適的漢字可以把它們記錄在韻圖中。並非説整個漢語是沒有文字的語言。清黄生撰《字詁·無字之音》説:"方言有有音無字者"。又指出譯語的"無字之音"説:"蓋譯語本無正字,故古人借字以寄音。不然何不徑以康居、丘慈、克寒譯其語乎?凡言讀如某字濁音者,本字皆無濁音,此所謂'無字之音'也。能熟辨字母之清濁,即得之矣。"這裡的"無字之音"的譯語,也是就漢語本身沒有合適的文字準確記錄某些異國或異族之音,並非説這些異國或異族都沒有文字。又乾隆皇帝《御制〈同文韻統〉序》説:"粤自切韻字母之學,興於西域,流傳中土,遂轉梵爲華。而中華之字,不特與西域音韻攸殊,即用切韻之法,比類呼之音亦不備。於是有反切,有轉注,甚至有音無字,則爲之空圈。"和碩莊親王臣允祿等有關《同文韻統》的奏文説:"其有有音無字者照釋典本身切例將所切二字並書合爲一字。"這些都是説漢文沒有合適的字記錄印度西域的語言文字的譯音,並非説印度西域沒有文字,或指其文字"屬於表音文字"。顯而易見,前述清人所謂"西域有音聲而無文字"、"釋氏有音無字"之説,其實是對古代音韻學流行的各種語言的"有音無字"之説誤解錯用。

(作者單位:澳門理工學院)

論莊炘等對《玄應音義》的研究

吴繼剛

本文就清代學者莊炘等四人注釋《玄應音義》的成就及其不足展開研究。據筆者統計,作注以莊炘爲主,孫星衍、錢坫、洪亮吉等人爲輔,共釋 943 詞,其中莊炘 574 次,孫星衍 217 次,錢坫 124 次,洪亮吉 54 次。莊炘等人在《玄應音義》被釋詞條的正文之後加上各自的按語,分别以“炘曰”、“炘按”、“星衍曰”、“星衍謂”、“坫曰”、“洪亮吉曰”、“洪亮吉云”、“亮吉曰”等標誌語與正文隔開。其注釋主要是爲雙音節合成詞及少部分梵語音譯外來詞證形、注音、釋義、舉例、考辨等。具體表現爲指出古文、異體字、通假字及字形出處;補充解釋詞義,包括玄應釋語中的詞語意義;補充書證;校正玄應在字義、出處等方面的訛誤;指出異文;存疑等。

我們把莊炘等人的研究分成不同的類型討論,每種類型僅舉兩到三例加以闡釋。

一、指出古文、異體字、通假字等字形出處

考字形是莊炘等人所注的主要工作。

汝曹　又作曺,同。自勞反。《史記》:“十餘曹修之。”如淳曰:“曹,輩也。”亮吉曰:“曹,《説文》本作曺,隸變爲曹也。”(卷二十五)

按:“曹”,甲骨文作孪,金文作,小篆作,隸定作“曺”。“曺”正是“曹”的古文字。洪亮吉之注有據。

廣樹　籀文作尌,同。時注反。《廣雅》:“樹,立也。”凡置立皆曰樹。樹亦種殖也。星衍曰:“籀文作尌之尌,當作尌,見《説文》。”

(卷二十五)

按:孫星衍之言是也。《説文》"樹"的籀文作尌,隸定後作"尌"。羅振玉《增訂殷虚書契考釋》:"尌、尌、尌、尌,樹與尌當是一字。樹之本義爲樹立,蓋植木爲樹。引申之,則凡樹他物使直立皆謂之樹。石鼓文尌字从又,以手植之也。此从力,樹物使直立,必用力,與又同意。許書凡含樹立之誼者,若尌若侸若豎,其字皆爲樹之後起字。古文从木之字或省从屮,於是查乃變而爲尌。既譌查爲壴,而又譌又爲寸,遂於壴旁增木,於是樹之本誼不可知矣。""尌"是"尌"的部件讹混字。因"尌"表意不顯,加"木"以表意,就是"樹"。

批椀 又作𢱧,同。蒲結反。《廣雅》:"𢱧,轉也。"《左傳》:"𢱧而殺之。杜預曰:手𢱧之也。"經文作抳,蒲必反。抳,推也。抳非此用。炘曰:"𢱧,《説文》作𢱧,反手擊也。《左傳》'批而殺之'作'批'。作𢱧者俗字也。"(卷十九)

按:莊炘之言不妥。大徐本《説文》作"𢱧"。"𢱧"與"𢱧",僅是部件上的差别:"人"改爲"乂"。

《左傳》最早見"批"字:"十二年秋宋萬弑閔公於蒙澤,遇仇牧於門,批而殺之。遇大宰督於東宫之西,又殺之。"但《説文》未收"批"字,《集韻》最早收録,《集韻》:"𢱧,《説文》:'手擊也。'或作批。"由此可見,在"手擊也"意義上,"𢱧"和"批"是非全同異體關係,前者是當時的正字,後者爲異體字。後來,"批"行而"𢱧"廢。而且,"批"還有其他意義。莊炘認爲"作𢱧者俗字也",不妥。

從出土材料看,《敦煌汉簡》886:"庚卯卒□□□批葦、葦、葦、葦⍁。"可見,以現有材料看,敦煌漢簡最早見此字,可惜圖片不清了。

詎有 渠據反。又,詎猶何也,未也,謂未知之詞也。炘曰:"《説文》無詎字,《史記》借渠爲之。"(卷二)

按:莊炘指出,《説文》未收"詎"字,《史記》中以"渠"爲"詎"的通假字。如:"使我居中國,何渠不若漢?"(《史記·酈生陸賈列傳》)《荀子》見"詎"字。《王制》:"夫威彊未足以殆鄰敵也,名聲未足以縣天下也,則是國未能獨立也,豈詎得免夫累乎!"《説文新附》

收有"詎",謂"詎,猶豈也。从言,巨聲。其吕切"。(《説文·言部》)這是沿用上古的通假字。

另外,甲金文獻和簡帛文獻中亦未見"詎"字。

二、補充解釋詞義

莊炘所注補充解釋詞義,包括解釋一切經正文和玄應釋語中的詞語意義。

懿乎 於冀反。《爾雅》:"懿,美也。"字從壹,恣省聲。論文作聲,訛誤久矣。星衍曰:"《説文》:'懿,專文而美也。'篆文作懿,故云從恣省聲也。"(卷十八)

按:"論文作聲"之"聲"當爲"瞖"①。"專文"之"文"當作"久"。

孫星衍引《説文》補充了"懿"的釋義。訓釋詞"美"是一個多義詞。"懿"訓"美"是專久而美。于省吾《雙劍誃古文雜誌·釋懿》:"金文懿字,毛伯班毀作〓,沈子它毀作〓,穆父鼎作〓,此均時期較早者。稍晚則字皆增心:㠱中壺作〓,單伯鐘作〓,禾毀作〓、〓。唐蘭謂内大子白壺'壺'作〓,以證懿字本从壺从欠作歖。(《導論》下六二)按唐説是也。《説文》:'懿,嫥久而美也。从壹从恣省聲。'段玉裁注謂當作从心从欠,壹亦聲。均不可據。懿字初文从壺从欠,本爲會意字。《説文》:'欠,張口气悟也。象气从人上出之形。'按许説未盡然。古文欠字但象人之張口形,壺以貯酒,是'歖'字本義,象人張口就飲於壺側,而歖美之義自見。自小篆譌'壺'爲'壹'。許以爲恣省聲,段改爲壹亦聲,易會意爲形聲,殊誤。蓋古文本義之湮久矣,不獨懿字然也。"這説明,《説文》對"懿"的字形分析已誤,孫星衍亦誤。

稱權 渠員反。《廣雅》:"稱錘謂之攉。"攉,重也。知輕重也。字從手。炘曰:"《説文》:'權,黄華木。从木,雚聲。一曰反常。'是稱錘之權即用從木之權。此云從手,大謬。"(卷二十五)

---

① 徐時儀《一切經音義三種校本合刊》,第386頁,上海古籍出版社,2008年。

按:莊炘認爲"權"之本義爲"黄華木","稱錘"之"權"用的是引申義,補充解釋了"權"。此説是。又,莊炘"此云從手,大謬",是不知俗字木與才混。玄應"字從手"没有説明原因。"知輕重也"與"從手"之間是否有聯繫也没有説。故釋詞含糊。莊氏之注也不免武斷。

異體字中有一種類型,即部件訛混而爲異體字。這種情況在簡帛文獻、漢魏六朝碑刻文獻、敦煌寫卷中很常見。部首訛混者還有"艹"與"⺮","彳"與"亻","礻"與"衤","疒"、"广"與"厂"等。如"木"與"手"的訛混,"權",在簡帛里,張家山漢簡(漢初)作"權",張家山漢簡《引書四六》作"權"。在漢魏六朝碑刻文獻中,東漢中平三年(186)《張遷碑》作"權",魏正始四年(507)《元緒墓誌》作"權",北魏正光五年(524)《元昭墓誌》作"權",北周大象二年(580)《元壽安妃盧蘭墓誌》作"權"。在敦煌文獻里,S. 6825V 想爾注《老子道經》作"權",S. 2703《廬山遠公話》作"權",S. 6557《南陽和尚問答雜徵義》作"權"。而且,一般説來,"木"作"扌"的多,"扌"作"木"的多,這反映了漢字部件簡化的趨勢。

梨黮 案:《方言》:"面色似涷梨也。"經文有作黧,力兮反。《字林》:"黑黄也。"《通俗文》:"斑黑曰黧黮。"《説文》土感反。一音勑感反。桑葚之色黑也。今用於斬反者,借音耳。葚音甚。星衍曰:"古無黧字,只作黎字,或借梨爲之是也。"(卷六)

按:"黧",《韓非子·外儲説左上》:"手足胼胝,面色黧黑,勞有功者也。"《楚辭·王褒〈九懷《蓄英》〉》:"葯藴兮黧,思君兮無聊。"洪興祖補注:"黧,黑黄。"漢劉向《九嘆·逢紛》:"顔黴黧以沮敗兮,精越裂而衰耄。"《資治通鑒·晉穆帝升平元年》:"(姚襄)所乘駿馬曰黧眉騧。" 胡三省注:"黑而黄色曰黧。"《説文》未收黧字。《大廣益會玉篇》:"黧,力兮切。黑也。亦作黎。"遍查甲骨文、金文和戰國以前的簡帛文獻,未見"黧"字,戰國以前確無該字。

"黎"、"梨"、"黧"同源。三字皆爲來母脂部,雙聲兼疊韻。《廣雅·釋器》:"黎,黑也。"《書·堯典》:"黎民於變時雍。"蔡《傳》:"黎,黑也,民首皆黑,故曰黎民。"《釋名·釋長幼》:"九十曰鮐背,或曰凍梨，皮有斑點如凍梨色也。"凍梨亦黑色也。[①] 如此，孫星衍之言是也。但他未點明三者是同源字關係。"黧"爲後造的分化字。

三、補充例證

闔衆 胡臘反。《説文》:"闔，合也。"炘曰:"《説文》:'闔，門扇也。一曰閉也。'此云合也，非古訓。《禮・月令》:'仲春之月，乃修闔扇。'《爾雅・釋宫》'闔謂之扉'，是皆門扇之義。又《易・繫辭》:'闔户謂之坤。'《左傳》云:'吾儕之人，皆有闔盧，以避燥溼寒暑。'是又有閉義也。闔之訓合，未知所本。"(卷十一)

按:莊炘補充了三個例句，第一句取自《禮・月令》，"闔"爲"門扇"之義;第二三兩句分别取自《易・繫辭》和《左傳》，"闔"皆爲"閉"之義。

玄應所見的《説文》與大徐本不同。大徐本《説文》:"闔，門扇也。一曰閉也。从門，盍聲。"徐時儀先生校注的《一切經音義三種校本合刊》正作"闔，閇也"。"閇"，《干禄字書》:"閇閉，上俗下正。"《大廣益會玉篇》:"同'閉'，俗。"《龍龕手鏡・門部》"閇，通。閉正，博計反。扃閉户也。五。"漢魏六朝碑刻中，"閉"作"閇"亦多。漢中平三年(186)《張遷碑》作"閇"，北魏正始元年(504)《元龍墓誌》作"閇"，北魏永安二年(529)《王翊墓誌》作"閇"，東魏武定五年(547)《堯荣妻趙胡仁墓誌》作"閇"，北齊天保九年(558)《劉洪徽墓誌蓋及妻高阿難墓誌》作"閇"等。莊謂"此云合也，非古訓"，其實不然，閉與合義同。

莊炘等人所見的版本可能已經和古本有出入。

臏頭 脾身反。經也。經文作蹟，誤。炘曰:"《史記・秦本紀》:'王與孟説舉鼎，絶臏。'《正義》:'臏，脛骨也。'此云經也，經字當是脛之誤。"(卷二十)

按:莊炘不僅爲"臏"找到了一個例證，而且還指出，"經也"當

---

① 《王力古漢語字典》，第500頁，中華書局，2000年。

爲“脛也”之誤,是也。作爲“脛骨”義的最早例證當爲莊炘所舉。他例尚有晋潘岳《西征賦》:“筑聲厲而高奮,狙潛鉛以脱臏。”又,形旁“肉”和“足”意義互通,“臏”、“蹪”爲異體。筆者查閲了張顯成老師的《簡帛文字編》,未見“蹪”。“蹪”恐是魏晉南北朝時期産生的俗字。

四、校正字義訛誤

駁色 補交反。《字林》:“斑駁,色不純也。”《通俗文》:“黄白雜謂之駁犖。”論文從交作駮,獸名,鋸牙食虎豹者也。炘曰:“駁雜之駁與駁馬之駁本係一字,論文不誤,此强爲分别,非也。從交作駮者俗筆小訛。”(卷十七)

按:莊炘之言恐非。

《説文·馬部》:“駁,馬色不純。从馬,爻聲。”《説文·馬部》:“駮,獸如馬,倨牙,食虎豹。从馬,交聲。”“駁”、“駮”二字意義不同。清朱珔《説文叚借義證·馬部》:“駁、駮聲同,形猶近;故駮可爲駁之叚借。”①這説明“駁”、“駮”二字可以通假使用。“駁”與“駮”的中古音一致:同屬入聲、覺韻、幫母。上古韻部一致,皆屬藥部。例如,《漢書·梅福傳》:“一色成體謂之醇,白黑雜合謂之駮。”《文選·張衡〈西京賦〉》:“天子乃駕彫軫,六駿駮。”李善注引薛綜曰:“駮,白馬而黑畫,爲文如虎者。”“駁”、“駮”二字讀音相同,形體相近而通假。

筆者曾試圖證明,在碑刻文獻中找到證據,證明“爻”可以異寫爲“交”,可是,“爻”的異寫形體爲“文”、“夕”、“攴”、“与”等②,不作“交”。我們衹能説,中古時期“駁”可以寫作“駮”,是上古通假字用法的遺留:

東漢建和二年(148)《石門頌》:“有司議馼,君遂執争。”北齊

① 清朱珔《説文叚借義證》,黄山書社,1997年。

② 何山《魏晉南北朝碑刻文字構件研究》,第239頁,西南大學博士學位論文,2009年。

武平三年(572)《徐之才墓誌》:“屬陳聖陵遲,當塗駮雜,黄車受命,紫盖程符。”

如此,則玄應意在證明“駮”通“駁”,是也。莊炘之言非。

拙訥 古文吶,同。奴骨反。訥,遲鈍也。《説文》:“訥,難也。”炘曰:“《説文》云‘訥,言難也’,此脱‘言’字。”(卷十)

按:莊炘之言是也。考大徐本《説文》,正作“言難也”。玄應所見的《説文》雖未經李陽冰的竄改,許慎當不會以一個“難”字來釋“訥”的。

五、指出異文

齗 牛斤反。《説文》:“齒肉也。”坫曰:“今本《説文》作‘齒根也’。又《蒼頡篇》云齒根也。《玉篇》無齸、腭二字。齒部有齶,云齗也,應即此。”(卷一)

按:可以據此校正大徐本《説文》,因爲《玄應音義》在李陽冰之前,未遭篡改,可以看到更接近原貌的《説文》。徐時儀先生利用《玄應音義》研究《説文》[①]是有道理的。

趠茀 丑校、他吊二反。《上林賦》:“趠稀閒。”郭璞曰:“懸擲也。”《説文》:“遠也。”炘曰:“今本《漢書·上林賦》作‘掉希閒’,亦脱郭注。”(卷五)

按:考之以《漢書·司馬相如傳》,正作“隃絶梁,騰殊榛,捷垂條,掉希間,牢落陸離,爛漫遠遷”。“閒”作“間”,亦脱郭注。莊炘之言是也。

六、分析字形

水滴 此猶滴字耳,音都歷反。《通俗文》:“霝滴謂之㶟。”滴,丁計反。炘曰:“霝,舊作靈,非。”(卷二)

按:莊炘分析釋語中的字形。“霝”,甲骨文作、、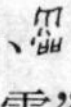、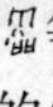等字形,爲象形字,表示天上落雨之意。小篆作靈、,記録“霝”的假借

① 徐時儀《唐寫本〈説文〉管窺》,黔南民族師範學院學報 2002 年 1 期。

義“神靈”、“魂靈”等。從記録本義的角度來看，莊炘之言是也。

如霰 又作霓，同。先見反。《詩》云：“先集惟霰。”《傳》曰：“暴雪也。”亮吉曰：“《説文》：‘霰，稷雪也。或從見從霓。’此又云作霓者誤字。”（卷十九）

按：“從霓”當爲“作霓”。

“霓”爲“霰”更换聲旁的異體字，“霓”又是“霓”的形訛字：“見”訛變成“皃”，由原來的形聲字變得無理據。從規範化的角度看，“霓”是訛字。

“此又云作霓者誤字”體現了洪亮吉以《説文》爲正統的文字學觀念。

七、區分字詞

一般説來，古漢語一字一詞是對應的，照理想不會産生字詞關係的攪擾。但事實上字詞不對應又是大量存在的。其中同形字的出現，字詞對應的關係被打破，於是部分字詞關係攪擾起來。這時候，有必要區分字詞關係。

甲胄 除救反。《説文》：“胄，兜鍪也。字從月，由聲。”星衍曰：“甲胄字從目，音冒；其從肉者胄子也。”（卷二）

按：從“胄”的楷書字形上看，表示“頭盔”的“胄”和表示“後代”的“胄”是同形字的關係，原本是不同的字。表“頭盔”的“胄”，甲骨文作，小篆作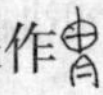，表示头盔戴在頭上之形；表“後代”的“胄”，小篆作。後來，由於隸變，和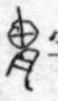字形相混。於是“胄”這個字符記録了兩個音義不同詞語。對於這種現象，孫星衍予以區分，反映出清人對字詞關係的深入理解。

啚度 案：《詔定古文官書》：“圖、啚二形，同。”達胡反。下徒各反。《廣雅》：“啚，反也。議也。計也。度量也。”炘曰：“《説文》：‘啚，嗇也。’《唐韻》：‘方美切。圖，甘畫難也。’《唐韻》：‘同都切。’《集韻》：‘啚與鄙通。’《爾雅》：‘圖，謀也。啚，嗇也。’啚與圖謀之圖相異遠甚。《古文官書》謬誤不足憑也。”（卷二十五）

按：莊炘"《古文官書》謬誤不足憑也"的觀點不免偏頗。

"圖"，作"啚"。"圖"與"啚"原本是不同的字。《説文·㐭部》："啚，嗇也。从口、㐭。㐭，受也。""嗇"是"鄙吝"、"吝嗇"之義。"啚"又是邊鄙之"鄙"的初文。《説文·囗部》："圖，畫計難也。从囗，从啚。啚，難意也。"許慎對"啚"和"圖"的形體分析是正確的，但把本義解釋錯了。楊樹達《積微居小學述林·釋圖》："余依形求義，圖當訓地圖。从囗者，許君於'冋'下云'囗象國邑'是也。""从啚者，余往歲撰《釋啚篇》，定啚爲鄙之初字。《禮記·月令》曰：'四鄙入保。'鄭注云：'鄙，界上邑。'物具國邑，又有邊鄙，非圖而何哉？"①"㐭"同"廩"，甲骨文、、、、象禾穗堆積在野外之形。可知"啚"是邊鄙的"鄙"的初文，指鄉下或邊遠地區。《集韻·旨韻》："啚，通作鄙。"引伸爲"鄙吝"。可見，"啚"和"圖"本是音義都不同的兩個詞，但後來混而不分了。這樣"啚"既是"圖"的異體，又是"鄙"的異體，成爲同形字。

"啚"作"圖"的異體，在漢魏六朝碑刻中有各種變體。如魏正始三年(506)《寇臻墓誌》："遂以照被啚記，勒銘淥堂云。"魏永平元年(508)《元繼妃石婉墓誌》："何啚不幸，奄然息世。"北魏太和二十年(496)《姚伯多兄弟造像碑》："隱起形啚，焕若真容，現於今世。"北魏延昌二年(513)《元演墓誌》："雖姫旦之翼周啚，良何之贊漢籙。"北魏熙平二年(517)《張宜墓誌》："故銘宣遺芳，永啚泉石。"北魏孝昌元年(525)《元誘墓誌》："良規密謀，遥相知和，忠啚不遂，欻貽濫酷。"北齊河清三年(564)《狄湛墓誌》："昔竇融歸款，名載於漢啚，黄權送誠，譽傳於魏史。"北齊河清元年(562)《庫狄廻洛墓誌銘》："偉哉盛烈，綽矣維啚。""啚"的每個形體都小有變化。

"圖"、"啚"異體，後世承用，並且專表"圖"之義。玄奘《大唐西域記》卷八："我隋文破析，詳共優劣，然後啚行。"

"邊鄙"義的"啚"在六朝碑刻中已經不見用例，而改用加形字"鄙"。可以視爲漢字系統内部調整，同形字分流，以追求字詞對

① 楊樹達《積微居小學述林》，中國科學院出版，1954年。

應、科學準確的書面文獻表達效果。①

莊炘試圖區分"啚"字與它所記録的詞語"圖"和"鄙"的關係,卻終未能實現。衹是武斷地說"謬誤不足憑",而没有說清楚内部關係。

八、解釋外來詞

玄應所釋的外來詞有來自西域和來自印度梵語的音譯外來詞,主要是後者。

佛塔 他盍反。或云塔婆,或作偷婆,此云方墳,亦言廟,一義也。經文從革作鞈,公市反。橐也,亦防捍也。鞈非此義。星衍曰:"《説文》無塔字,經借鞜爲之,是也。塔字當由後人造作,玄應反以鞜爲非,謬矣。"(卷五)

按:"塔"是梵語 stūpa,音譯爲"偷婆"、"兜婆"、"塔婆"、"藪斗波"、"蘇偷婆"、"窣堵坡"、"窣堵波"②等,後節譯爲"塔",意譯爲"方墳",是葬佛教徒骨殖的地方。"偷婆"等是 stūpa 的音譯詞的全譯形式,"塔"則是節譯形式。玄應《一切經音義》卷六"寶塔"條:"按:塔字諸書所無,唯葛洪《字苑》云:塔,佛堂也。音他合反。"《玉篇》:他盍切。字書塔物聲。《説文》云:西域浮屠也。《説文新附》收此字。

從玄應的釋語"鞈非此義"裏可以看出,他知道"鞜"是記録音爲[t'A]、義爲"橐也"的詞的本字,記録 stūpa 這個詞是借"鞈"來記録其音義的。後來,又造出一個"塔"字,這樣,"鞜"和"塔"就各司其職,實現了字詞對應。

孫星衍認爲"玄應反以鞜爲非,謬矣",其實,玄應是對的,孫氏

---

① "啚"字的考辨參考了導師毛遠明先生《漢魏六朝碑刻異體字研究》129—130 頁,中華書局,待刊。

② 以上名字來自玄應《一切經音義》卷六"寶塔"條、卷六"塔廟"條、卷六"塔寺"條、卷十"偷婆"條、卷十二"兜婆"條、卷十六"塔婆"條和卷二十一"窣堵波"條。

誤矣。孫氏對音譯外來詞的認識不足,忽略了文字記録音譯詞的歷史選擇過程。於此,莊炘的認識就更到位:"古無塔字,始實借鞳爲之,後造塔字耳。"(卷六"寶塔"條)

華鬘 梵言俱蘇摩,此譯云華;摩羅,此譯云鬘,音蠻。案:西國結鬘師多用蘇摩那華行列結之,以爲條貫,無問男女貴賤,皆此莊嚴,或首或身,以爲飾好。則諸經中有"華鬘"、"市天鬘"、"寶鬘"等同其事也。字體從髟,音所銜反,㬅聲。㬅音彌然反。經文作鬘,非體也。坫曰:"據《説文》應用鬗字,亦可通於鬘也。鬘,非古字,故辨之。"(卷一)

按:《説文·髟部》:"鬗,髮長也。""鬘",《集韻》始收此字:"鬘,髮美貌。"梵語 sumanā 譯音也是"鬘",瓔珞之類的裝飾物。這是借字記外來詞的音和義,選擇哪一個字是約定俗成的。錢坫認爲"據《説文》應用鬗字,亦可通於鬘也",誤矣。

儴佉 爾羊反。又霜、傷二音。梵言餉佉或言霜佉,此譯云貝也,亦云珂,異名耳。星衍曰:"《玉篇》,佉,去茄切。神名也。"(卷二)

按:"儴佉"是梵語詞 Sankha 的音譯外來詞,"貝"或"珂"之意。孫星衍專釋祇起記音作用的"佉"字,没有認識到記録音譯外來詞的漢字這時已無實義。

九、特例——混合式:有兩個以上按語

在《玄應音義》裏,有兩個人加按語的詞語共二十餘條,分别是"罣礙"、"迴復"、"癡瞖"、"聾聵"、"八梵"、"僅半"、"錠光"、"妖豔"、"摩㝹"、"巖崿"(以上卷一),"當斷"、"拍毱"、"頷骨"、"聰叡"(以上卷二),"牢敞"(以上卷三),"財賄"、"鼻嵦"(以上卷四),"鞭靬"(卷五),"婆稚"、"推排"、"爆聲"(以上卷六),"擺木"(卷十九),"謇吃"(卷二十一),"津液"(卷二十五)"。除"謇吃"爲三人合注外,均爲二人合注。

迴復 又作洄、澓二形,同,户瓌、扶福反。《三蒼》:"洄,水轉也。澓,深也。"炘曰:"《三蒼》者,《蒼頡》、《滂喜》、《訓纂》也。《蒼

頡》,李斯作;《訓纂》,揚雄作;《滂喜》,賈魴作也。坫曰:澓字《説文》所無。漢宣帝時,有東海澓中翁人姓也。《玉篇》、《廣韻》皆讀通伏,云澓流也。依義應即與復同。”(卷一)

按:該條有莊炘和錢坫二人的按語。莊炘指出《三蒼》篇名及作者,並没有對字詞作具體解釋。錢坫則指出“澓”的來歷。究其實,玄應、莊炘、錢坫均未解決問題。“洄”、“迴”均是“回”的同源分化字,故可以在“回轉”這個引申義上通用;“復”又受到“洄”同旁類化作用,加上“氵”而成“澓”。是典型的類化俗字。而這一類化俗字和“東海澓中翁人姓”恰好爲同一字形,是偶合的同形字。錢坫未能審察異體字和同形字,没有理清這些字的源流和實際用法,而强爲之説解,這就使字詞關係攪擾起來,未免穿鑿。

謇吃 居展反。下居乞反。《通俗文》:“言不通利謂之謇吃。”古文作蹇、騫二形,非是。又作刋,同。居展反。《方言》:“謇亦吃也。楚人語。”下古文饮,同。居乞反。氣重言也。星衍曰:“古文作蹇,(之)蹇當作蹇。《易》‘王臣謇謇’,古本作蹇也。此反云非是,誤字矣。書無蹇字。”亮吉曰:“又作刋,未详。《玉篇》有刋字,音七見切。解曰切也,從刀從千,與刋字異然,亦與蹇字義不合,不知何字之誤耳。”坫曰:“吃,《説文》本作饮,㕭也。一曰口不便言。作吃者,乃借用字。”(卷二十一)

按:文中加括號的“之”當爲衍文,否則文意不通。

先看孫星衍之説。《爾雅·釋樂》:“徒鼓磬謂之蹇。”《玉篇·卩部》:“蹇,難也。”《説文》:“騫,馬腹縶也。从馬,寒省聲。”徐鍇《繫傳》作“馬腹熱”。《説文·足部》:“蹇,跛也。从足,寒省聲。”《玉篇·言部》:“謇,吃也。”鑒於此,《王力古漢語字典》在“蹇”字條的最後[同源字]:蹇,謇。行动不便利爲“蹇”,言语不便利爲“謇”。兩字同音,意義相通,實爲一詞的分化。王力先生之言甚是。如此,“蹇”與“謇”因同源而换用,非古今字關係;“謇”與“蹇”在“難”義上通用,爲非全同異體字;“謇”與“騫”爲通假字。二者意義無涉,僅是讀音相近:“謇”爲見紐、獮韻,“騫”爲溪紐、仙韻,就聲母上看,見、溪二紐的發音部位相同:同是舌根音,從發音方法上看,同是塞音，衹是送氣與否上的不同；就韻母上看，獮、仙二韻同屬山攝，韵母爲[iɛn]。“謇”、“騫”爲雙聲疊韻關係。

再看洪亮吉之説。洪氏認爲，“又作刊，未详”，“不知何字之誤耳”。從讀音和意義上看，二字所記録的詞本義和引申義均不同，既不是非全同異體字，更不是全同異體字關係。“刊”是“謇”的通假字。“刊”，溪紐、寒韻，“謇”，見紐、獮韻。就聲母上看，見、溪二紐的發音部位相同：同是舌根音，從發音方法上看，同是塞音，衹是送氣與否上的不同；就韻母上看，寒[ɑn]、獮[iɛn]二韻韻母相近，二字讀音相近。

再看錢坫之説。《説文·欠部》：“钦，㱃也。從欠，气聲。一曰口不便言。”段玉裁注：“‘覬’下曰‘钦，幸也’。钦與覬音義皆同。今字作‘冀’，古音不同……（口不便言）此謂語‘吃’同也。《口部》曰：‘吃，言蹇難也。’”可知，“钦”爲“冀”的古字，希望之意。同時還是口吃之意，這時它的異體字是“吃”。錢氏認爲是“借用字”，誤矣。

由上可知，有兩個以上按語的，三人各自從不同的角度作出疏解，音形義幾乎無所不包，實際是綜合研究的方法。

十、存疑

鉞斧　古文戉，同。禹發反。《説文》：“戉，大斧也。一云鉞鐄也，音横，大釤也。”炘曰：“《説文》以鉞爲詩鑾聲，鉞字此所云云未詳也。”（卷二）

按：“戉”，甲骨文作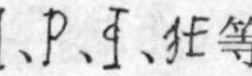等，象斧鉞之形。《説文》是也。“鉞”是“戉”的後起字。至於《詩經》“鑾聲鉞鉞”，段玉裁注：“以戉聲之字狀鸞聲，尤殊不類。……疑古《毛詩·泮水》本作‘鉞鉞’，後乃變爲‘鐬’字。《説文》‘鉞’篆譌‘鉞’。”是也。莊炘等人作注，成書於乾隆五十一年，[①]段玉裁《説文解字注》“發軔於乾隆丙申（四

① 見莊炘《唐一切經音義序》。

十一年,1776),落成於嘉慶丁卯(十二年,1807)”[①]。段玉裁與莊氏等人幾乎同時著作,而莊炘等人之書先成,未能得見《説文解字注》。但莊炘等人“於其所不知,蓋闕如也”的實事求是的科學精神,繼承了孔子以來“知之爲知之不知爲不知”的治學態度,這是非常值得我們學習的。

猜疑 古文瞮(睵)、猑二形,今作倸,同。麤来反。猜亦疑也。《廣雅》:“猜,懼也。”炘曰:“《説文》:‘倩,恨賊也。’《玉篇》:‘疑也。’‘睵’,《廣雅》‘瞭視也’,《廣韻》‘睽也’。‘猑’,《廣雅》‘不安貌’。‘睵’、‘猑’皆非此用,此云古文,未詳。‘倸’,《玉篇》‘恨也’,‘今作’亦所未解。”(卷十三)

按:“瞮”當作“睵”,“倩”當作“猜”。

莊炘的按語裏保留了兩個疑點:一是“‘睵’、‘猑’皆非此用,此云古文,未詳”;一是“‘倸’,《玉篇》‘恨也’,‘今作’亦所未解”。我們的看法是:“睵”、“猑”、“倸”都是“猜”的异体字。

“睵”,zai。① 視。《集韻·咍韻》:“睵,《博雅》:視也。”② 兩目不能集中視綫同視一物。《玉篇·目部》:“睵,睽也。”《正字通·目部》:“睵,睽也,目不相視。”

“猑”,xǐ,① 犬名。《篇海類編·鳥獸類·犬部》:“猑,《玉篇》:‘猑,犬名。’”按:宋本《玉篇》無“犬名”二字。② 同“葸”。害怕,畏縮。《廣韻·止韻》:“葸,不安皃。”《篇海類編·鳥獸類·犬部》:“猑,與‘葸’同。”

“倸”,(一) cǎi,《説文·心部》:“倸,姦也。”(二) cāi,《集韻·咍韻》:“猜,《説文》‘恨賊也’。或作倸。”

如此説來,“睵”、“猑”、“倸”分别都是同形字。“睵”,既記録意義爲“視”的詞,讀 zāi;又記録意義爲“疑”的那個詞,讀 cāi。不僅更换了形旁,“犭”作“目”,而且更换了聲旁,“青”作“哉”。“猑”,既記録意義爲“犬名”的詞,讀 xǐ;又記録意義爲“疑”的那個詞,讀 cāi。僅僅改變了聲旁,“青”作“思”。“倸”,既記録意義爲“姦”的

① 見段玉裁《説文解字注·説文后序注》,上海古籍出版社,1981 年。

詞，讀 cǎi；又記録意義爲“疑”的那個詞，讀 cāi。同“睵”一樣，既改變了形旁，又改變了聲旁。

玄應法師認爲“睵”、“猜”是古文，誤矣，二者和“倸”一樣，都是産生於六朝期間的異體字。就我們涉獵所限，在漢以前的字書和文獻裏尚未見。唐時玄應法師所釋的《燈指因緣經》(玄應《一切經音義》卷十三)爲唐之前的舊譯經，説明這些字六朝階段已經産生。

莊炘等人研究玄應《一切經音義》的價值主要有：指出了部分異體字的出處，分析其發展源流，承認部分俗字的合法性，爲漢字學、漢字史的研究提供了重要的參考；搜集了與《玄應音義》直接相關的部分反切，爲研究漢語音韻學提供材料；對於利用和研究《玄應音義》以及《説文》、《玉篇》等古代字書具有重要的參考價值。

但是其不足之處仍很明顯：大批異體字的來源没有清理；部分字詞關係認識模糊，彼此攪擾；采用傳統注疏隨文注釋的方式，材料比較零散；對音譯外來詞的認識不够等。這些，都爲我們進一步研究玄應《一切經音義》留下了空間。

參考文獻

[1] 裘錫圭.《文字學概要》[M]. 北京：商務印書館，1988.

[2] 張涌泉.《漢語俗字研究》(增訂本)[M]. 北京：商務印書館，2010.

[3] 徐時儀.《玄應〈衆經音義〉研究》[M]. 北京：中華書局，2005.

[4] 梁顧野王.《玉篇》[M]. 北京：中華書局，1985.

[5] 遼釋行均.《龍龕手鏡》[M]. 北京：中華書局，1985.

[6] 黄徵.《敦煌俗字典》[M]. 上海：上海教育出版社，2005.

[7] 唐唐玄度.《新加九經字樣》[M]. 北京：中華書局，1985. 北京新一版.

[8] 唐顔元孫.《干禄字書》，《四庫全書》224 册[M]. 臺北：臺灣商務印書館 1986 年.

[9] 蔣紹愚.《古漢語詞彙綱要》[M]. 北京：商務印書館，2005.

(作者單位：西南大學，西華師範大學)

元代官府文書中的蒙語借詞

［俄］I. T. Zograph 著　徐文堪譯

［譯者按］本文譯自聖彼德堡出版的國際性學術刊物《東方寫本》（*Manuscripta Orientalia*）第 8 卷第 2 期（2002 年 6 月）第 29—35 頁，原文爲英文。

作者 I. T. Zograph 是俄國漢學家，主要研究中古漢語，著有《中古漢語：其形成與發展趨勢》①，《蒙漢語言干擾：元代中國的官方語言》（1984 年），《中古漢語：結構類型學描述》（2005 年），《對使用表意文字系統的孤立語進行歷史研究的方法》（2008 年）等。

本文是從語言學特别是語言接觸角度對元代"白話碑"（應稱"直譯體碑文"或"硬譯體碑文"）所作的研究。考慮到我國學術界對這類材料進行研究的主要是歷史學者，而語言學者關注較少，所以全文譯出，供參考。但有兩點應予以説明：（一）作者的看法只是他的"一家之言"，譯者感到其中有的觀點不夠準確和全面，對蔡美彪先生所著《元代白話碑集録》一書的評價亦可商榷；（二）本文沒有吸收中國、日本近年來的相關新的研究成果，如已故蒙古學大家亦鄰真（林沉，1931—1999）先生、蒙元史研究前輩方齡貴先生和日本青年學者船田善之博士、中國青年學者祖生利博士等的論著均未引用參考②。

---

① 王海芬先生曾將此書序言譯出，題爲《中古漢語研究概況》，發表在《國外語言學》1980 年第 6 期，第 18—24 頁。

② 請參閱祖生利、船田善之《元代白話碑文的體例初探》，《中國史研究》2006 年第 3 期。

佛經音義對於研究漢語外來詞和有關中外文化交流的詞語很有意義。如慧琳《一切經音義》對“祆”字予以收錄並加以明確解釋。該書卷三十六“祆祠”條:“顯堅切。本無此字,胡人謂神明曰‘天’,語轉呼天爲‘祆’。前賢隨音書出此字,從示從天以別之。”同書卷三十七“祆神”條:“顯堅反。《考聲》云:胡謂神爲‘天’,今關中人謂天神爲‘祆’也。”眾所周知,“祆教”或“火祆教”是瑣羅亞斯德教傳入中國後的名稱,“胡天神”或“胡天”即瑣羅亞斯德教所奉之神。爲了推進這些方面的研究,爰以本譯文參加第二屆佛經音義研究國際學術研討會,請與會的各位專家指教。

誠如船田善之博士所指出:“硬譯文體碑文(白話碑)經過沙畹(Chavannes)、馮承鈞的收集,蔡美彪的集成。而後近幾年,祖生利增補了新發現部分完成了博士論文(《元代白話碑文研究》)。在此之後還有新發現、新公佈的,有必要進行大幅的增補。硬譯文體碑文的重新整理、校訂不僅對蒙古帝國史、元代史研究,對蒙古學、石刻學、史學、語言學來説也是極其重要的課題。同時,就像許多學者的研究進行得很扎實一樣,有待對包括已知的部分進行徹底的個別研究。”①

至於元代白話的性質,已有人提出其內部應該區分不同的層次,蒙古人和漢人使用的語言分屬“母語干擾”和“借用”兩種不同的類型,而社會因素在語言接觸中佔有重要的地位,這與本文的觀點可以相互參照,見陳丹丹《從〈元典章〉和〈經世大典〉的異同看元白話的性質》。②

[譯文]研究蒙元時代漢語文獻的學者經常強調那時的書面語白話受到蒙古語的強烈影響,在他們看來,閱讀和理解元代文獻的巨大困難正應歸因於此。有些漢學家認爲包括許多行政和技術術語的外來語的漢語譯寫(時常因訛誤而無從辨識)不僅僅見於元代

① 《蒙元時期硬譯公牘文體的格式化》,載李治安主編《元史論叢》第十一輯,天津古籍出版社,2009年,第367頁。

② 載《歷史語言學研究》第三輯,北京:商務印書館,2010年,167—175頁。

官方文書,亦見於這一時期的戲劇和小說。他們也認爲搜集和研究這些辭彙資料是相當有趣的,因爲第一,可以從中追溯白話中的所謂“不純”的成分;第二,可以評估這些因素在今天使用的漢語中起的作用①。要回答這些問題,需要利用兩類元代文獻:一類是來自蒙語的漢語翻譯,另一類是原來就用漢語寫的作品。

本研究以蔡美彪於 1955 年出版的碑銘彙集②爲基礎。其中只有少數已經公開刊佈,大多數碑都是首次發表。這些碑銘大多系譯自蒙古語的官方文書。書中收錄的是中國原來的石碑的拓本的複製。其中有的拓本直接來自尚存的原碑,但保存完好的石碑數量甚少,所以其餘的只能在各圖書館或藏書室看到它們的拓片。從語言學角度來看,這些文書的價值首先在於語言接觸方面的研究,雖然對於語言學探究而言,還可以涉及更爲廣闊的領域。

漢語中的蒙古語借詞問題直接與兩種結構不同的語言間的相互影響這個較寬泛的問題相聯繫。蒙漢語言之間的相互影響往往並不是兩種語言日常口頭接觸的自然過程,而是由中國的蒙古統治者的語言政策引起的。蒙古統治者的語言成爲國中主要的官方語言,而蒙古官員通常要在翻譯人員的幫助下與當地居民相溝通,但漢語並不是他們的母語。

這種語言干擾過程在元朝(1280—1368)官府内部發展起來,但只限於一個較窄的層面,即官方文書方面,换句話說,因爲把蒙古語文書譯爲漢語而產生了一種語言風格(在其他使用領域,只能看到蒙古語的影響)。這種漢語“蒙古化”的過程大抵是強制性的,而並非由某種機緣促成,而且很大程度上只影響到書面活動,這些活動完全處於蒙古統治者控制之下。然而,這一事實並不意味着

---

① I de Rachewiltz(羅依果),“Some remarks on the language problem in Yuan China”, *Journal of the Oriental Society of Australia*, 5(1967), Nos. 1—2, p. 80.

② 蔡美彪,《元代白話碑集錄》(北京,1955 年)。

學者們對這種現象的研究興趣減少,相反,人們對此進行探索的願望更爲強烈,因爲這種漢語的"蒙古語化",乃是統治者建立起一個"社會等級制"並把他們的語言影響強加於處在從屬地位的當地居民的極好的例證。還有一點也很重要,那就是元代官府的大量文書得以倖存下來,從而提供了一個廣泛的研究領域①。

同樣風格的語言亦見於蒙古宮廷對寺廟宮觀的承諾和授權,此外還有一些其他的石刻銘文。這些碑銘在許多佛教和道教聖地被刻在石頭上,中國語言學家予以搜集,蔡美彪把這些古文書學資料匯總後於 1955 年出版刊行(參看上頁脚注②)。對這些碑銘至今尚未進行徹底的語言學研究,雖然早在十九世紀中葉就已引起歷史學家和古文書學家的關注。所有對這些文書的研究都指出這些文書的語言是非常怪異而不容易懂的。有些學者將之歸因爲翻譯者的漫不經心②。但是這種看法遭到反駁,因爲從一方面看,文書語言的風格顯示出這並非抄手或翻譯者個人所爲——此類資料在這整個時期廣泛傳播;另一方面,對標準漢語的背離並非混亂無序,而是有嚴格規則的。嚴格地説,文書的語言可以視爲有其自身

① 大部分文書都已刊佈,參看《大元聖政國朝典章》(或稱《元典章》)和《通制條格》。也請參看 P. Ratchnevsky, *Un code de Yuan* (Paris, 1937—1985), i—v. 此書包含《元史·刑法志》的翻譯,正文的注釋裹也有一些來自《元典章》的文書的譯文。對《元典章》的語言已有學者進行討論,如:安部健夫,《讀元典章劄記三則》,《石濱先生古稀紀念東洋學論叢》第一部分(大阪,1958 年)第 1—17 頁;吉川幸次郎和田中謙二,《元典章的文體》,載《校定本元典章刑部》附錄,岩村忍、田中謙二主編(京都,1964 年)。此書還包括兩篇以前已經刊行的文章:吉川幸次郎,《元典章所見漢文吏牘的文體》,《東洋學報》,24(1954 年),第 367—396 頁;田中謙二,《元典章中蒙文直譯體的文章》,《東洋史研究》,19/4(1961 年),第 483—501 頁。

② 例如羅依果(上引文,p. 68—69)説:"這些文書的大多數白話譯文是惡劣的,很清楚是不通而倉促草率的譯者的馬虎作品。漢譯文只是照蒙文字面直譯,甚至連蒙古語的詞序都保留着。這個事實説明這種翻譯幾乎可以肯定是口授的。然而,到十三世紀末,這種語言在一定程度上用刻板的套語程式化了,對其獨特性的討論首見於沙畹發表在《通報》上的一系列高妙論文。"

規範的一種語言變體,書寫得規範而有特徵的套語不可能出於某位特定翻譯者或抄手的個人“創造”。

如果從語言干擾的觀點進行考察,可以對元代文書的特點作出解釋。對此,我的書《蒙漢語言干擾①》正是爲此而作。對於研究蒙—漢語言干擾的語法問題,蔡美彪所搜集的碑銘資料的語言已經打下了一個扎實的基礎。他提供的資料是有代表性和同質

① I. T. Zograph, *Mongol'sko-kitaĭskaia interferentsiia* (*iazyk mongol'skoĭ kantseliarii v Kitae*)(蒙—漢語言干擾:元代中國的官方語言)(莫斯科,1984)。這是第一本可供所有研究語言接觸的專家使用的專著。此書的目標首先是對1280—1368年由元代官府文書呈現出來的漢語狀況作出描述。第二,説明語言干擾怎樣導致這樣一種語言變體的產生。在敘論中,對有關“語言接觸”的一般理論作了考察。然後,對元代中國的語言狀況和蒙古統治者的語言政策作了簡要分析,進而説明原始資料的特點,並概述了蒙—漢語言相互作用的結果。書中對無形態語言像漢語的特徵在吸收外來成分時會產生什麼影響,特别予以關注。最後,給出了一個語法綱要,其中對“虛詞”和語法結構作了系統描述,特别强調應該考慮所謂“非正規”(從標準中世漢語的角度看)的用法,這對於正確閲讀元代文本是必須的。作爲樣本,書中也重新刊佈了蔡美彪原已發表的九件文書,包括轉寫、俄譯、注釋和辭彙:

(1) 1276年安西王忙哥剌(忽必烈第三子)頒給陝西韓城縣禹王廟(神禹廟)的令旨,蔡美彪書第23號(第25頁);(2) 1280年忽必烈頒給河北蔚州(今蔚縣)靈仙縣飛泉觀的聖旨,蔡美彪書第27號(第29頁);(3) 1311年元仁宗愛育黎拔力八達頒給雲南大理縣崇聖寺的聖旨,蔡美彪書第59號(第61頁);(4) 1314年愛育黎拔力八達頒給陝西周至縣大重陽萬壽宫的聖旨,蔡美彪書第64號(第66頁);(5) 1314年愛育黎拔力八達頒給河南安陽縣善應村善應儲祥宫(及其管理者陳道明)的聖旨,蔡美彪書第65號(第67頁);(6) 1321年元順宗答剌麻八剌(忽必烈之孫)寡妻頒給河北易州(今易縣)由王進善、張元志、宋道春、王道吉所管的龍興觀、洪元宫、煙霞觀、玉泉觀四道眾的懿旨,蔡美彪書第75號(第78頁);(7) 1324年泰定帝也孫鐵木兒頒給山東泰安縣太山東嶽廟(及其管理者張德璘)的聖旨,蔡美彪書第76號(第79頁);(8) 1314年愛育黎拔力八達頒給河北元氏縣開化寺(以堅吉祥和詮吉祥爲首)的聖旨,蔡美彪書第63號(第65頁)。(9) 1326年也孫鐵木耳頒給河南許州天寶宫(以管理者王清貴爲首)的聖旨,蔡美彪書第72號(第80頁)。

的，而且全書只有一卷，所以便於使用①。然而，蔡美彪的書也有嚴重缺陷，比如存在許多錯訛和印刷之誤②。爲了恰當地刻劃出辭彙干擾的情況，我在工作中也使用了其他資料；爲了説明元代漢語中的蒙語影響，我的研究主要以保羅·拉切聶夫斯基在其著作的索引中提供的資料爲基礎③。

---

① 我們僅僅使用了蔡美彪書中譯自蒙古語的文書。原書中也有原文即爲漢語的文書，但是用另一種語體寫的，我們沒有吸收。請參閱下文注②入矢義高的評論。

② 入矢義高對蔡美彪書有詳細評論，發表在《東洋學報》，26（1956年）。按入矢義高的説法，蔡美彪的書包含很多弱點，有時甚至超過其優點。作爲一部以爲學術研究提供資料爲目的的文書彙編，本書不幸是不夠充分的。爲了糾正蔡美彪的失誤，入矢義高主要使用了下列著作：金石錄、地方誌、馮承鈞的《元代白話碑》（民國二十二年商務印書館刊），還有 R. Bonaparte, *Documents de l'époque mongole des XIII et XIV siècles* (Paris, 1895); Ed. Chavannes, "Inscriptions et pièces de chancellerie chinoises de l'époque mongole", *T'oung Pao*, 5(1904); 6(1905); 9(1908)。他提出的要點是：(1) 不是每一篇都説明原石是否仍然存在，使用的主要文字是什麼，作者使用的本子在何處可以找到；(2) 至少有 30 塊包含有口語成分的碑在蔡美彪的書中失檢；(3) 爲了使標題統一，蔡美彪有意作了一些改動；(4) 在使用馮承鈞已經引用的碑文時，蔡美彪沒有檢視原文，因而重複了馮承鈞的一些錯誤；(5) 不清楚爲什麼蔡美彪在其書中收錄了 20 和 29 號文言碑，如果他認爲這種風格的碑文亦應注意，則應該把其他現存的文言碑也收入進去；(6) 書中有許多印刷之誤和純粹的失誤，如斷句不當，索引中遺漏了一些詞語，等等。

獨立于入矢義高，我們也在 *Mongol'sko-Kitaĭskia interferentsiia* 書中指出了蔡美彪書的錯誤，請參看例如第 23 頁注 11，80 頁注 13 等。收入本書中的文書已經與沙畹刊佈的相應文書作了比較（只有最後兩件例外，因爲在任何出版物裏都沒有找到），通過與內容相似的其他文書的比較，我們也揭示了一些錯誤。所有發現的錯誤和誤讀都在本書的俄文翻譯的注釋中予以指出。但入矢義高所作的是對蔡美彪書的總的評論，沒有直接涉及我們之書的目的，我們是以語言干擾問題爲中心進行論述的。

③ 拉切聶夫斯基，上引書，iii（巴黎，1977），索引是由拉切聶夫斯基和奥班（Françoise Aubin）編制的。

可利用的用方體字書寫的蒙文文書(文書原文)也用於此類研究,不過其數量較少。將其與漢文文書進行比較使我們得以闡明用於那個時代的翻譯原則,觀察到漢文譯文在多大程度上接近於蒙文原文。但更加重要的是,這種比較有助於解釋語言干擾的真正機制①。

元代官方文書的語言顯示出蒙古語的強烈影響。就像上文已經提及,值得注意的是語言干擾跡象不僅見於辭彙層面(辭彙通常容易受到外部的影響),而且也見於語法層面。蒙古語對漢語的影響最常見的是詞序,漢語碑銘包括元代皇帝的詔令,通常使用蒙古語的句法。對這類最典型的特徵,我們可以列舉如下:

1) 賓語置於謂語之前的位置(無論謂語動詞使用何種形式),而且不需要任何的構形成分或尾碼。唯一例外是如果間接賓語表示人,這個人或者是被給予某種事物(受件人),或是某種事物從某處移去(給予者)。在這些情況下,位於動詞之前的間接賓語可以使用一個前置詞"根底(的)"。

2) 與標準漢語的詞序相反,在表示實存性的短語裏,動詞"有"並不放在名詞性主語之前,而是置於其之後。

3) 在表示一個人或一件事物位置的"方位"結構中,説明其位置依賴於動詞"有"、"屬"、"住"的説明。

4) 在有些情況下,具有定語功能的人稱代詞不是放在確定的詞之前,而是置於其之後。

---

① 與蒙文原件的這種比較成爲可能,應該感謝 A. M. Pozdneev 的出版物,請參看他的 *Lektsii po istorii mongol'skoĭ literatury*(《蒙古文學史講義》),1—2 部分(聖彼德堡,1896—1897);也請參閱 N. N. Poppe 的 *Kvadratnaia pis'mennost'*(《方體字》)(莫斯科—列寧格勒,1941)。這兩本書都包含文書的俄譯。我們從前一本書裏採用了兩篇(我們書的第 4 和第 6 號,參看注 5),從後一本書裏採用了四篇(我們書的第 1、4、5、6 號)。我們也查看了 M. Levicky 的書,他刊佈了一些方體字碑銘。參看 M. Levicky, *La langue mongole des transcriptions chinoises de XIV-e siècle. Le Houa-yi yi-yi de 1389* (Wroclaw, 1949)。

由於蒙古語在漢人社會裏具有政治聲望,辭彙方面的干預是相當大的。在這一時期的漢文文書裏,我們發現了借用的三種主要類型:一、直接的辭彙借用(借詞),二、仿造詞,三、語意借用①。第一種類型佔有支配地位。在直接的辭彙借入過程中,一個詞的意義和聲音都被模仿。借詞的發音偏離了原詞的語音形式,這種情況並不罕見,這是因爲一個人説話無法習慣於用一種他不懂的語言來發音,只好按照其母語的發音來重複這個詞。有時一個借詞經歷適應過程後發音變化得很厲害,以至於操借出語言的人都不能辨認出這個詞來自自己的母語②。

借詞也須適應漢語語法,特别是採用了複數語尾"每"和後置

① 有些學者傾向于認爲借用的詞語並不是完全意義上的詞,實際上它們是與一種外來語言和文化接觸的結果,參閲 E. Haugen, *The Norwegian Language in America* (Philadelphia 1953), ii, 第 15 章("借用的過程"), pp. 383—411。

② 説外語的人往往喜歡經常替換其母語中與外語類似的讀音,所以外語詞裏的音素及其連續體的發音含有變化。下面我們給出一些漢語外來詞語中的專有名詞和其他辭彙的例子,這些詞在中文文獻裏有不同的寫法和讀法:

Ögödei:窩闊台,又作月古歹,月古台,月哥台,月可台,月闊歹,月闊台;

Öl J̌eitu:完者禿,又作完者都,完者篤,完澤禿,完澤篤;

Gegen:格堅,又作傑堅 ,潔堅,絜堅,呰堅;

dašman"穆斯林傳教士":達矢蠻,又作大石馬,達實蜜,達識蠻,答失蠻;

bayatur"英雄","武士","勇敢":把都兒,又作把阿禿兒,拔突,巴圖魯,霸都魯;

bičeči"書記","抄寫員","文書":必闍赤,又作閟者赤,筆且齊,必徹徹;

J̌aryuči"斷事官","法官":紮魯忽赤,又作紮魯火赤,劄魯火赤,紮魯花赤,撒魯火赤;

daruyači"鎮守官","監督官":達魯花赤,也作達魯合臣,答剌火赤,答剌花赤;

kelimeči"譯員","譯人":怯裏馬赤,也作乞裏覓赤,克埒莫爾齊;

qorči"弓箭手":火魯赤,也作豁兒赤,火兒赤,火而赤,貨魯赤。

這些詞語在元代的讀音可依那時的韻書進行構擬。用國際音標轉寫的語音構擬請參考趙蔭棠的書《中原音韻研究》(上海,1956 年)。那時的讀音與現代漢字的讀音略有不同。

詞"跟底(的)"。此外,也存在混合構詞法,即其中一個詞素屬於漢語,而其餘詞素來自蒙語。例如,與"奥魯"(＝a'urug,老小營)一起的,有"奥魯官"、"奥魯萬戶府"等。

從蒙古語借用的辭彙的語義,可以從下面列舉的例證中予以推斷(我們在這裏引用了來自拉切聶夫斯基的幾乎所有蒙語借詞,這些詞可以在上面提及的他的《索引》中找到)①:

andaxi 按打奚(按答奚)←——*aldagi* (*andagi*)"犯過";

aolu 奥魯←——*a'urug*"老小營";

balahachi 八剌哈赤←——*balaγ či*"司閽者";

bicheche 必徹徹←——*bi čē či*"文書","書記","抄寫員";

bielige 別裏哥←——*belge*"標誌","記號";

bolanxi 孛蘭奚←——*bularγu*"走離","闌遺";

dalunhuachi 達魯花赤←——*daruγa či*"鎮守官","監督官";

dashiman 答失蠻←——*dašman*"穆斯林教士";

hahan 哈罕←——*qaγan*"大汗","帝王";

huoerchi 火兒赤←——*qor či*"弓箭手";

kuoduanchi 闊端赤←——*kötöl či*"護衛陪同者"(陪伴官方使者的僕人);

molunchi 莫倫赤←——*morin či*"典車馬者";

qielimachi 怯裏馬赤←——*kelime či*"譯人";

qiexie 怯薛←——*kešig*"宿衛親軍";

qiexiedai (*qiexietai*)怯薛歹(怯薛台)←——*kešigtei*("宿衛親軍的一名士兵");

qiexiedan 怯薛丹←——*kešigten*"宿衛親軍的士兵們";

---

① 這裏以及下面給出的蒙語轉寫的形式依據我們在研究中使用的資料。關於轉寫,我們與拉切聶夫斯基的做法一致,即沒有將所有轉寫方式予以統一,因爲這不是本研究的目的。在確定蒙古語詞原來的意義時,我們依據 F. D. Lessing 編的《蒙美詞典》(Berckley-Los-Angeles, 1960)。

saoli 掃裹←——*sa'uri*"坐處","坐位","住處";

suerma 速兒麼(*suoluma* 唆魯麼)←——*surma*(*sorma*, *sörme*)"葡萄酒","果酒";

tanmachi 探馬赤←——*tama či*(*tamma či*)"從遊牧部族徵募來的非正規軍";

tuotuohesun 脫脫禾孫←——*toqtoγasun*(*totγosun*)"受任管理官方信使的驛官";

wulachi 兀剌赤←——*ula či*[*n*]"驛站典車馬者";

xibaochi 昔寶赤←——*šibao či*"管獵鷹者";

yeke 也可←——*yeke*"大";

yeke qiexie 也可怯薛←——*yeke kešig*"宿衛親軍四怯薛之首";

yeke zhaluhuchi 也可紮魯忽赤←——*yeke ǰarγu či*"大斷事官";

yelikewen 也裹可溫←——*erke'ün*"基督徒"(元代稱基督教徒之名,主要指景教徒);

yunduchi 云都赤←——*üldü či*"制刀劍者","掌刀劍者";

zhalichi 紮裹赤←——*ǰarliq či*"爲天子書寫聖旨的人";

zhaluhuchi 紮魯忽赤←——*ǰarγu či*"法官","斷事官";

zhan 站←——*ǰam*"驛站";

zhanche 站車←——*ǰamce*"驛站的車輛";

zhanchi 站赤←——*ǰam či*"乘驛之人";

zhanchi guan 站赤官←——"管驛站之官";

zhan guan 站官←——"管驛站之官";

zhanhu 站戶←——"爲驛站服役的民戶";

zhier 枝兒←——*ǰi'ür*"翼","側邊","邊";

zhier toumu 枝兒頭目←——"某部分的首領(?)"①

---

① 在這些辭彙(以及仿造詞,見下文)中,有些是混合結構。U. Weinreich 認爲混合複合詞是相互影響中的複合詞匯單位的特殊情況(转下页)

創制一個仿造詞語意味着外語複合詞或派生詞的結構和意義都要在目的語言中再現,所有的詞素都在這種語言中被取代。轉而説到其類型,可以分成三類:

1）嚴格意義上的仿造詞,即準確地按源語言的模式,對詞裏的每一個元素逐個進行複製。

2）借用翻譯。在這些例子裏,對源語言模式裏的複雜單位,在複製過程中只給予總的激勵。

3）借用創造。用這種方法,只是在"接收"語言中產生一個業已存在的對應詞,而不是從"語言給予者"的文化層面上給出某種創新的名稱[①]。

在拉切聶夫斯基的《索引》裏,仿造詞的數量要少於直接的譯詞,但下面列出的詞表可以成爲令人信服的證據,説明這種方法使官方文書的辭彙更加豐富,這種方法的使用絕非偶然。然而,這裏給出的大多數詞並不是嚴格意義上的仿造詞,而屬上面提及的借用翻譯和借用創造。此外,被拉切聶夫斯基標爲仿造詞的有些詞語(他使用的名稱是"traduction",以與"transcription"相區別,後者指直接的譯詞)甚至在元代之前的文獻裏也能遇到,例如"聖旨"一詞就見於一部宋代話本集[②]。但是這類詞在元代又被重新鑄造,以表達某種特殊的意思,這就引發了關於其來源的爭論。

有關語法和辭彙方面的仿譯詞,我們可以列舉如下:

(接上页注文①)(參閱他的 *Language in Contact*, The Hague, 1962;我們使用的是該書的俄譯本 *Iazykovye kontakty*, Kiew, 1979, p. 89)。有些借用詞語,可以追溯到其他語言(特别是伊朗語或突厥語來源的詞),這些詞出現在漢語中是通過蒙古語的,但我們並未標明。參閱 G. D. Sanzheev 的一段論述:"至於滿語裏的突厥語成分,它們出現在該語言中是通過蒙古語的,而其蒙語形式,則被視爲蒙古語本身就具有的。"("Manchzhuro- Mongol'skie iazykovye paralleli"《滿蒙語言平行現象》,載於 *Izvestiia Akademii nauk SSSR. Otdelenie gumanitarnykh nauk*, *vols. 8—9*, (1930), p. 601)。

① Weinreich,上引書;俄譯本,Kiev, 1979, p. 88.

② 《京本通俗小説》(上海,1954年),第87頁,第91頁。

baijian sahua 拜見撒花"給予一件禮物"(撒花＝*sauqa*，意爲"禮物","贈品")；

baijianwui 拜見物＝*a'ul J̌arin*；

bazao 撥糟＝*surma*；

changsheng Tian qili-l 長生天氣力裏＝*mongke tengri-yin kücün-dur*；

chengzi-li guanren 城子裏官人＝*balaqadun daruqa*；

cishe 次舍＝*sa'uri*；

duanshiguan 斷事官＝*J̌argu či*；

fuma 駙馬＝古典蒙語 *körgen*；現代蒙語 *tabunan[g]*；

keilian 科斂＝*qub čiri*；

lanyi 闌遺＝*bularγu*；

lu 路＝*čölge*；

madao 麼道＝*ge'e J̌u* [1]；

paitou 牌頭(*paizitou* 牌子頭)＝*arabad-un noyan*；

qieliankou 怯憐口＝*ger'ün ke'üt*；

qinjuan 親眷＝*ursatun*，古典蒙語 *uruq satun*；

shangtou 上頭＝*tula*；

shengshou 生受＝*J̌obalang*；

shengzhi 聖旨＝*J̌arliγ*；

tili 體例＝*yosu[n]*；

toumu 頭目＝*ötögüs*；

ye-zhe 也者＝*-aya/-eye*；

yi tili 依體例＝*yosu'ar*；

you lai 有來＝*bülü'e-bü* 的過去時；

zhangyinguan 掌印官＝*daruya či*。

所謂語意借用，就是一個詞在某種外語影響下，因其與相接觸的語言中的某詞語義和發音類似，從而獲得了某些新義。如果一

① 拉切聶夫斯基給出的形式是 kemen(《索引》,p. 87)。

個能説兩種語言的人從語義上把其母語裏的某個詞跟第二種語言裏的某詞等同,那麼他可能進而把兩者的句法位置予以等同,雖然在借入的語言裏這種用法以前並不存在。用在文書裏的有語義借用特點的字如“別”、“有”,以及介詞“裏”,它用在聖旨的引入套語裏,此外還有些其他特徵①。

至於這裏涉及的原始漢語文獻,我們現在所談的僅僅是關於辭彙干擾的問題,這就把研究的範圍縮減到文本中借詞的特點和總量上。從這一視角來看,元代的漢語文獻比較而言具有同質性,不過也有一些例外。作爲例證,我們可以提到威萊(A. Waley)發現的漢—蒙混合文本。特別有趣的是從選集《詞林摘豔》裏找到的一些 14 世紀的漢蒙語夾雜的曲文。正如威萊所指出,由於其中存在大量蒙語成分,很難抓住這類作品裏短語的結構和理解它們的意義②。

---

① 漢語對蒙古語的反向影響的問題也值得關注。我們僅僅對四塊漢蒙文碑的內容近似、篇幅極短的碑文作比較,揭示出以下十四個漢語辭彙和表達方式:

Bav γu̯o hen ĵin γuŋ gev tay šhi←—葆和顯真弘教大師;

c'an←—倉;*dèm*←—店;*gey dèn k'u*←—解典庫;*gu̯en*←—觀;*gün gon*←—宮觀;*heu̯en*←—下院;*hu̯a*←—筏;*ĵin zin*←—真人;*senšhin*←—先生(道士);*tidė m*←—提點;*γon t'ay γiv*←—皇太后;*am m ė v*←—庵廟;*iĵi*←—懿旨;

這個表清楚地顯示出蒙古人未從漢語中借入辭彙。主要原因在於蒙古語中缺乏大量指稱對蒙古人來説是外來而陌生的事物或觀念的辭彙。恰如來自蒙語的借詞在漢語文書要有所改變那樣,漢語詞進入蒙古語必須獲得接受方的形態特徵(例如:表示複數的尾碼-ud,表示與格—方位格的-da 和 dur,等等)。而且蒙漢語言干擾顯示出的既不是説這兩種語言的人在文化上的相互吸引,也不是出於其他因素的統一協調。更甚於此的是,蒙語詞匯看來不十分適應這種語言接觸的需求。

② 參看 A. Waley,“Chinese-Mongol hybrid songs”, *Bulletin of the School of Oriental and African Studies*, XX (1957).

幾乎同時代的戲劇作品呈現出來的是一種截然不同的景象：其中包含的蒙古語因素並不這樣多。根據我們對《元人雜劇選》[1]一書(該書超過 500 頁)的分析,以及從蔡美彪的論文《元代雜劇中的若干譯詞》[2]獲得的資料,來自蒙語的詞語數量不足一打,如“把都兒”(＝baγatur),英雄,武士,勇敢;“撒敦”(＝sadun),亲戚,朋友;“哈喇”(＝ala-),杀,杀害;“虎剌孩”(＝xulaγai),强盗,贼;“米罕”(＝mixa-[n]),肉;“撒因”(＝sain),好;“铁里温”(＝tolugai)头,首;“兀剌赤”(＝ulā či[n]),典車馬者,驛夫[3]。還有後置詞“裏”,如“暗地裏”、“倒處裏”、“自小裏”等等。上述這些以及其他一些蒙古語詞出現在文本裏是很正常的,但是它們起的作用並不重要。威萊對此作出了解釋,他認爲漢學專家們所使用的元代戲劇的本子時間相對比較晚,當爲明代刻本,其時語言裏的蒙古語因素不使用已經有日。那時候漢人已經不能夠理解其意思,因此蒙古語譯詞被對應的漢語詞語所替代。我們很難同意這一看法。現在要把某些戲劇的明代版本與元版比較已經可能,比較的結果表明它們在辭彙方面是相近的(順便提一下,這樣的比較使我們提出明本和元本實際上只是在元代並存的異本)。漢族劇作家對於蒙語影響的這樣一種否定的態度,比較滿意的解釋是人們所說的“語言專利權”(language loyalty),這是一種在深刻的外來影響威脅下產生的現象。作爲對語言干擾的一種反應,這種“專利權”轉而成爲對母語純正形式的堅持,並使之成爲一種符號或“共同事業”。

對上面提到的一般情況的例外是很罕見的。作爲一個例證,我們可以看看關漢卿劇作的下面幾行[4]：

---

① 《元人雜劇選》(北京,1959 年)。

② 蔡美彪,《元代雜劇中的若干譯語》,刊于《中國語文》1957 年第 1 期。

③ 在選擇蒙語原詞時,我們多據中國注釋者的説法。但傅海波(H. Franke)在私人通信中認爲“哈喇”源于蒙語 *qaγala*(節縮形式 *qāla*),意爲“打破”,“劈開”,而不是來自 *ala*“殺”;“鐵裏溫”來自蒙語 *teri'un*“頭”,而非來自 *toluγai*“頭”。

④ 《關漢卿戲曲集》(北京,1958 年),第 251 頁。

米罕整斤吞，抹鄰不會騎。弩門並速門，弓箭怎的射。撒因答剌孫，見了搶著喫，喝的莎塔八，跌倒就是睡。若說我姓名，家將不能記。一對忽剌孩，都是狗養的。（《哭存孝》第一折）

在這短短一段話裏使用了八個蒙古語詞語：米罕（＝*mix-a*[*n*]）"肉"；抹鄰（＝*mori*[*n*]）"馬"；弩門（＝*numu*[*n*]）"弓"；速門（＝*sumu*[*n*]）"箭"；撒因（＝*sain*）"好"；答剌孫（＝*darasu*[*n*]）"酒"；莎塔八（＝*soγtaba*）（過去時，來自 *sogta-*）"醉"；忽剌孩（＝*xulaγai*）"強盜"，"賊"。

這個例外看來只是故作滑稽的模仿，或試圖表示言語的特殊風格，而不是將外來詞正規地運用在漢語中。

所以，我們談到的漢語受到蒙古語的深刻影響只限於直接譯自蒙語的文書。在原創的漢語文獻裏，至少就其大部分而言，蒙語影響即使存在，也較前一類文獻遠遠要小。至於威萊所研究的"混合"作品的作者，看來是在履行某種社會任務，這使他們的語言顯得有點不自然和具有人爲性。

這種產生於元代的官方語言的變體隨着朝代的更替就不再使用了，我們稱之爲蒙—漢語言干擾的現象已被證明是短命的。

（譯者單位：漢語大詞典出版社）

孜孜以求　雙玉合璧

——評《玄應和慧琳〈一切經音義〉研究》

董志翹

一

記得在五六年前，我曾在一篇談漢文佛典語言研究與訓詁的文章中説過："在漢魏以來俗語詞研究中，以往可以直接利用的故訓材料並不太多，一是因爲歷來俗語不登大雅之堂，歷代以經學爲正統的文人很少爲俗語詞作訓釋；二是有許多俗語詞當時活躍在人們的口頭，當時人理解上沒有太大的難度，所以也不必作注釋。像服虔的《通俗文》之類，實爲罕見。不過，有關俗語詞的訓釋材料也並非完全沒有，比較集中的材料就是佛典的音義，如唐釋玄應、慧琳的《一切經音義》，慧苑的《華嚴經音義》、遼釋希麟的《續一切經音義》等。佛經音義著作在訓詁學上的價值是顯而易見的，但是，過去由於研究不夠，尚未發揮它們應有的作用，有時甚至產生誤解，這在一些著名專家身上也難倖免。"①

這裏我們可以舉一個典型的例子，湯用彤先生是我國著名佛教史專家，是一位"熔鑄今古，會通中西"的大師。但湯先生在論及《大正藏》第56卷日本僧人中算的《妙法蓮華經釋文》時云：

"中算的《法華經釋文》，採錄中國古書甚多，但是未經調

---

① 董志翹《漢文佛教文獻語言研究與訓詁學》，刊於四川大學《漢語史研究集刊》第八輯，巴蜀書社2005年。

查研究，我們還不清楚到底有多少有用的新材料。自然，要知道一書是否有用，必須用它。而要用它的時候，對於像中算這樣的書，應當查核其中的材料，這樣才可以發現問題，知道相關的情況。

現在姑且抄中算《釋文》下列一條爲例，以見此書中所包含的問題。

‘政使　上之盛反。《劄記》云，～者正也。清澈云，令也。或本作正。鄭玄云，正者政也，定也。聖德太子云，～～猶假令也。又蓋也。今案所出未詳。’

此條在《方便品》開頭的地方。我們取窺基《法花音訓》(慧琳《一切經音義》卷二十七)檢查一下，並沒有‘政’或‘政使’字樣，並且，我們查了一下《法華經》的原文(《藏要本》卷一，頁九、二面二行)，文曰：

‘正使滿十方’

可見中算所用的經文‘正’字實際是寫的一個別字——‘政’。而且窺基的經，本來就是‘正’字。‘正’字較常見，所以窺基無此條。‘政’字經中少見，所以中算書中有這個‘難字’。而且據中算所引清澈(《宋高僧傳·明律篇》卷十六中有傳。但未説到他有《法華經》的著作)云‘令也’是解釋‘使’字，並云‘或本作正’，可見中算也知道此字有兩個寫法。照這樣説來，中算此書，不但現在印本已知有錯字，而且就是他引的書，甚至《法華經》本文也有別字。聖德太子是日本推進佛教最有力的人。他在西元 607 年曾遣小妹使隋，他著有《法華經疏》。其‘政使’爲‘假令’，爲‘蓋’，實不可解。所以，我們認爲此書是可能供給我們一些資料，但必須注意其錯誤。”①

其實，“政使”(字或作“正使”)，作爲同義並列複音連詞，用在

① 湯用彤《談一點佛書的〈音義〉》，《湯用彤選集》，天津人民出版社 1995 年。

複句的前一分句，表示讓步，下句表示結果或推論，相當於“即使”、“縱使”的用法，漢譯佛典及中土佛教著述中多見。字作“政使”者，如：

三國吳支謙譯《大明度經》：“佛言釋：‘是輩人或當過劇難之中，終不恐，無能害者。善士當誦惟斯定，政使死至，若怨在中欲共害者，如佛所語，終不横死，若兵刃向者不中其身。’”(T8/483c)

西晉竺法護譯《持心梵天所問經》：“然後於末世，若手執此經，政使億國土，令滿其中火，則當往詣彼，求還聞斯典。”(T15/32b)

梁僧祐《出三藏記集》：“又言：‘政使水濁，佛有大神力，能令大海濁水清淨。汝何以不與？’”(T55/2a)

字作“正使”者，如：

吳康僧會譯《六度集經》：“眾祐又曰：‘群生處世，正使天帝仙聖巧黠之智，不睹斯經，不獲四棄之定者，猶爲愚矇也。’”(T3/39a)

西晉帛法祖譯《佛般泥洹經》：“正使千乘車聲，不如雷聲。”(T1/168b)

後秦佛陀耶舍共竺佛念譯《長阿含經》：“眾人見已，皆言：‘狂人！糞除臭處，正使天晴，尚不應戴，況於雨中戴之而行？’”(T1/46a)

梁慧皎《高僧傳》：“澄告弟子法雅曰：‘正使聖人復出，不愈此病，況此等乎？’”(T50/383b)

魏晉以降中土文獻中亦比比皆是。如：

正使死，何所懼？況不必死邪？(《三國志·少帝紀》注引《漢晉春秋》)

正使非其建白，亦任奉行之責矣。(《文獻通考·卷十四，征榷考一》)

“正”作表讓步連詞，漢代已見。《漢書·王莽傳》：“嚴尤奏言：‘人犯法，不從起，正有它心，宜令州郡且尉安之。’”顏師古注：“假令有噁心，亦當且尉安。”劉淇《助詞辨略》云：“假令猶縱使也。正得爲即，故亦得爲縱。今云即使如何，是縱令如何也。”因“使”亦有

"縱使"義,故"政使(正使)"爲同義複詞,此乃魏晉後始見。而中算(約生於十世紀初)的《法華經釋文》是目前見到最早準確解釋"政使(正使)"一詞的訓詁資料,可見音義類著作的訓詁學價值。

對於佛經音義的價值,是有一個逐步認識的過程的,最先是發現了它們在字書、辭書編纂、音韻學、文字學研究、輯佚等方面的價值,而對在漢語俗語詞訓詁方面的價值的明晰認識,卻是二十世紀五六十年代以後,蔣禮鴻先生的《敦煌變文字義通釋》當是導乎先路,書中運用了不少佛經音義資料,前後引用《玄應音義》、《慧琳音義》達 64 次之多。嗣後,佛經音義材料逐漸受到訓詁學界的重視,如王雲路、方一新《中古漢語詞語例釋》收釋漢魏兩晉南北朝隋詞語 500 餘條,引用《慧琳音義》55 次,《玄應音義》8 次。江藍生《魏晉南北朝小説詞語匯釋》,黄征、張湧泉《敦煌變文校注》等都大量借鑒、利用了佛典《音義》的訓釋成果。不過,談到真正對佛經音義進行系統整理,對佛經音義進行綜合研究,卻肇始於九十年代以後。而在這一浩大的工程中,上海師範大學古籍研究所徐時儀教授稱得上名副其實的主將。前者有《〈一切經音義〉三種校本合刊》,該書是作者二十多年從事佛經音義版本研究、校勘考證實踐的結晶。此整理考斠本,稱得上古籍整理和研究中精品,是佛經音義研究目前最爲可靠的整理本。後者有《慧琳音義研究》、《玄應〈眾經音義〉研究》、《佛經音義研究通論》等。現在,徐時儀教授又出版了《玄應和慧琳〈一切經音義〉研究》,該專著是作者在早期《慧琳音義研究》和《玄應〈眾經音義〉研究》的基礎上的深入和拓展,滲透了比較的因素。作者採用文獻學與語言學研究相結合的方法,在對玄應和慧琳《一切經音義》所音義語詞充分比勘考察的基礎上,分析玄應和慧琳《一切經音義》的傳承關係和異同,並運用現代語言學的觀點從文字學、音韻學、訓詁學與古籍整理研究的聯繫着手進行佛經詞語的考釋和漢語史研究,辨析俗字和訛字,考證俗詞方音,考探中古一些方俗口語詞和外來詞形音義的演變過程,尤其是一些常用詞詞義的演變線索,是迄今第一部比勘研究玄應《一切經音義》和慧琳《一切經音義》這兩部佛經音義的專著,在考證玄應和慧琳所載俗字、反切、方俗詞語和所引《通俗文》、《字統》、《韻詮》和《方言》、《玉篇》等小學類古籍方面皆有所獲，填補了漢語史研究中的一些空白[①]。

《玄應和慧琳〈一切經音義〉研究》除"前言"、"結語"外，共有十章，大致包括三個大的方面：1. 文本研究，包括玄應和慧琳《一切經音義》編纂時代背景分析，作者生平、成書時代及版本源流考論，探討玄應和慧琳《一切經音義》的性質和編纂宗旨，介紹編纂體例和特色；2. 比較研究，分析玄應和慧琳《一切經音義》傳承關係，考訂二者具體音切的異同，肯定《慧琳音義》的後出轉精的價值。3. 專題研究，主要涉及《一切經音義》與佛經、語言學、古籍整理、辭書學、文化史諸方面的研究，揭示其在語言研究、古籍整理研究、辭書學研究和文化史研究等方面的學術價值。

二

徐時儀教授的《玄應和慧琳〈一切經音義〉研究》博大精深，優點很多。舉其要者，有以下幾點：

（一）本書的研究是建立在夯實的文本研究基礎之上。作者以高麗藏本爲底本，以磧砂藏、金藏、麗藏、敦煌和吐魯番寫卷及日本藏聖語藏本、石山寺本、金剛寺本、七寺本、西方寺本、東京大學和京都大學所藏寫卷及大治本等爲參校本，對《一切經音義》進行系統的校勘整理，寫出幾十篇高品質的學術論文，爲撰成《玄應和慧琳〈一切經音義〉研究》打下了堅實的基礎。我們從事文獻語言研究，是對文本語料最直接的研究。語料的真實、可靠、準確是語言研究的前提，特別是專書研究，沒有對版本考原和作者生平考論，就從事所謂的專題研究是存在研究風險的。該書作者的研究是在較爲全面整理玄應和慧琳《一切經音義》音義的前提下進行的，其對《一切經音義》版本源流和作者生平的精到考訂，保證了縱深研究的可行性以及形成結論的可靠性。如書中對玄應《一切經

① 參見《玄應和慧琳〈一切經音義〉研究》一書扉頁內容提要。

音義》的具體成書年代的考證，作者依據譯成於顯慶元年七月二十七日《大毗婆沙論》卷一後所記“大慈恩寺沙門玄應正字”、《東域傳燈目録》卷上所載“玄應撰有《大慧度音義》三卷（慧度是梵語般若波羅蜜多的漢譯，《大慧度音義》即《大般若經音義》，此經共六百卷，始譯於顯慶五年，至龍朔三年譯完）”，以及五代後晉沙門可洪撰《新集藏經音義隨函録》（以下簡稱《隨函録》）卷一釋《大般若經》第五十五卷“翱翔”條“應和尚音義曰飛而不動曰翔也”，從而對《玄應音義》的成書年代有較爲明確的考訂①。

（二）研究視野廣闊，角度多維而層次結構合理，内容全面而深入。作者選取佛學、語言學、文獻學、辭書學以及文化史等作爲研究觀照視野，來探討《一切經音義》的文獻材料價值。如在“第七章《一切經音義》與語言學研究”中，作者分析了《一切經音義》在文字學、音韻學和詞彙學研究上的價值。其中“《一切經音義》與文字學研究”一節，探討《一切經音義》與漢字字形演變時談到玄應和慧琳從佛經中收録的異體字的文字學價值時舉“涎唾”例論述到：

> 如上述“涎唾”中的“涎”字，《説文》收録“㳄”、“㵪”、“𣵽”三個，《玉篇》收録“㳄”、“涎”、“㵪”、“𣵽”四個，《集韻》收録“㳄”、“佽”、“涎”、“𣵽”、“𣾴”、“㵫”六個，《龍龕手鑒》收録“𣳔”、“湺”、“㵫”、“涎”、“㳄”五個，《玄應音義》收録“涎”、“㳄”、“唌”、“𣾴”、“漚”五個，《慧琳音義》收録“㳄”、“涎”、“唌”、“杴”、“𣾴”、“㵪”、“𣵽”、“保”、“膒（漚）”九個。檢《漢語大字典》收録了“涎”、“㵪”、“㵫”、“𣳔”、“泹”、“㳄”、“𣾴”、“𣵽”、“漱”、“唌”、“㳄”、“漚”，未收録“杴”、“保”，且釋“㳄”僅釋其“具㳄”山名義，未釋其唾液口水義；釋“漚”只引《龍龕手鑒》和《字彙補》的注音而未作釋義；似未明“㳄”、“漚”也是“涎“的異體字而當作不同的詞②。

① 參見《玄應和慧琳〈一切經音義〉研究》，第 33—35 頁。

② 參見《玄應和慧琳〈一切經音義〉研究》，第 269 頁。

作者將主要字書關於"涎"的異體俗字收羅殆盡，並標明各種文獻的具體收字情況，簡直是"涎"異體俗字譜。並引用劉復《編纂〈中國大字典〉計畫概要》一文論述："自六朝以迄唐宋，'別體'滋多。其見於碑版者尚不甚離奇，見於敦煌寫本者幾至漫不可識。匯而列之，即使無裨於世俗，要自有益於學人。""有益於學人"當指其學術價值而言，《一切經音義》收錄諸多異體字形的價值也在於此。

此外，關於《一切經音義》所釋異體字的認知理據分析，作者認爲：人的認知規律不僅決定了異體字的產生方式，同時也限定了異體字的變易程度和範圍。從異構與異寫的角度看，異體字主要由換位、換旁、增旁、類化、省筆、增筆、連筆草化和形體相近的誤筆等方式形成①。並就每種形成方式舉出《一切經音義》所釋大量的異體字來分析，探討其產生理據，指出異體字是研究作爲認知工具的漢字古今演變內在規律的豐富寶藏，《一切經音義》所釋的異體字無疑是其重要寶藏之一。我們從認知視野來研究探討《一切經音義》所釋的異體字，並結合相關文獻和工具書，揭示異體字產生及流變原因，將有益於學界對漢語載體符號的認識、漢字發展演變規律的總結和漢字發展趨勢走向的把握預測。這些都反映了作者在研究中的深入思考，是力求取得更高的理論認識的嘗試。

（三）比較是本書的最大特色，《一切經音義》與語言研究是本書最大價值，《一切經音義》與文化史研究是該研究的拓展。鑒於《慧琳音義》和《玄應音義》的傳承關係，《慧琳音義》錄用了《玄應音義》的部分，但又不是全盤照搬照抄，而是有所選錄和刪補，此部分定有比較的必要，不但要指出彼此的異同，體現出彼此校勘的價值，還要分析其原因，給出合理的解釋說明。即使慧琳撰述的部分，在訓釋體例，反切注音方面也有比較的必要。作者對二者的比較是深入而全面的，其關於慧琳對玄應所釋音切的改訂，主要分析

① 參見《玄應和慧琳〈一切經音義〉研究》，第 347 頁。

探討了聲母異切，包括輕唇與重唇、舌頭和舌上、精組與莊組、娘日二母、匣云二母、曉匣二母、船禪二母、影以二母等異切分析；韻母分析包括止攝各韻的合流、流攝尤韻與遇攝虞韻異切、仙韻重紐三等與元韻、真韻重紐三等與文韻、止攝支脂與蟹攝齊韻的合流，探討“濁上歸去”的語音現象，並在肯定《玄應音義》的價值同時從“標明六書”、“發明互見”、“注明語源”三個方面説明《慧琳音義》後出轉精的特點。

佛經音義編纂主要目的是爲疏通佛門信徒讀經時可能遇到疑難字詞，以便於他們準確地瞭解其音義。佛經音義一般都廣引文字、聲韻、訓詁之書，注釋訓解常能援引外書群籍，文獻材料豐富，保存了大量的文字、音韻、訓詁資料。又鑒於佛經音義對象的佛典文獻在漢語史研究中，特别是在中古漢語研究中的文獻語料價值，玄應和慧琳《一切經音義》爲我們的漢語研究乃至梵語、巴厘語的研究提供重要資料，因此，基於玄應和慧琳《一切經音義》的語言研究必然成爲該書的最大價值。如在辭彙研究方面，作者根據玄應和慧琳《一切經音義》中有關“覺”的訓釋記載對“睡覺”的語義演變以及凝固成複合詞的過程進行了探討[①]；利用“邪忤”的訓釋對俗語詞“野狐”、“野雩”、“夜狐”、“夜壺”、“夜胡”、“麻胡”、“媽虎”、“馬虎”等進行了詞義來源的考訂及詞族繫聯[②]；又結合玄應和慧琳《一切經音義》關於 Namas 和 Vandana，巴厘語 Namo 的不同音譯文字的説解，探討了外來詞“南無”、“蔺忙”、“南謨”、“那莫”、“和南”、“婆南”、“煩淡”、“槃淡”的詞義和音節特點[③]。

佛經語言的研究總是滲透在佛教思想和相關文化研究之中，《一切經音義》中的語詞訓釋廣泛涉及了當時的農業生產、社會生活和制度、中外交往、禮儀習俗、醫藥等諸多方面的辭彙。如作者

① 參見《玄應和慧琳〈一切經音義〉研究》，第 386—391 頁。
② 參見《玄應和慧琳〈一切經音義〉研究》，第 414—421 頁。
③ 參見《玄應和慧琳〈一切經音義〉研究》，第 433—435 頁。

探討“胡跪”作爲禮儀詞文化内涵[①]；又如從中外交流史的視角探討“嘍囉”和“魯流盧樓”、“囉囉哩哩”等詞的語源和詞義演變理據文化[②]。從《一切經音義》有關“甘蔗”的訓釋來探討隨着中西文化的交流中土制糖技術的發展和改進[③]。

三

當然，出於吹毛求疵視角，《玄應和慧琳〈一切經音義〉研究》一書也還有白璧微瑕之處：

（一）在文獻整理收集上未能利用五代可洪《隨函錄》中玄應《一切經音義》音義内容來校勘，實爲遺憾。《隨函錄》第二十五冊“聖賢集音義第七之五”，此冊共有四帙，千字文編號爲“納陛弁轉”，其中包括《玄應音義》二十五卷音義 4200 多條，《慧苑音義》兩卷音義 440 條。其影印本見《中華大藏經》第六十冊。考察可洪選擇語詞和音義訓釋的内容將對我們認識和研究《玄應音義》的版本特點和卷次情況有很大的幫助。如《隨函錄》對《玄應音義》卷一共音義 85 條(另有《玄應音義·序》音義 17 條)，這 85 條中有 76 條見於傳世藏經《玄應音義》，有的在文字形式上存在異體訛變，具有較高的校勘價值，而有 9 條不見傳世藏經《玄應音義》，説明可洪所據的本子與今天見到的本子不同，可能今見的本子是經過整理刪節的本子。另外，可洪在“第六卷”下云“《川音》以此爲第八卷”、“第十七卷”下云“《川音》以此爲第十四卷”、“第廿二卷”下云“《川音》以此爲第廿三卷”、“第廿三卷”下云“《川音》以此爲第十八卷”，據此可推定《川音》的撰者所據的《玄應音義》的卷次與可洪所據版本卷次不同。可洪所據版本與今見藏經《玄應音義》當爲一個系統，《川音》的撰者所據的《玄應音義》版本爲另一系統，此本可能早已亡佚。

---

① 參見《玄應和慧琳〈一切經音義〉研究》，第 619—620 頁。

② 參見《玄應和慧琳〈一切經音義〉研究》，第 633—646 頁。

③ 參見《玄應和慧琳〈一切經音義〉研究》，第 626—629 頁。

（二）一些論述還有值得商榷之處。如作者在論述“鄔波斯迦、近善女……阿姨”條中，指出佛教中女性僧侶又稱“比丘尼”，也可稱爲“阿姨”，甚是。然在所舉敦煌變文《佛説阿彌陀經講經文（二）》：“更有諸都統，毗尼、法師、三藏、法律、僧政、寺主、禪師、頭陀、尼眾、阿姨師等，不及一一稱名，並乃戒珠朗耀，法水澄清，作人天師，爲國中實。”此例爲敦煌寫卷S.6551號，同卷前文也有相近表述：“諸寺毗尼、法律、僧政、法師、律師、諸僧眾、尼眾、阿姨師，總願龍花三會，同登解脱之床；賢劫數中，早證無爲之果。”一例[①]欠妥。其中“阿姨師”並非比丘尼的異稱。如果“阿姨師”也是比丘尼的異稱，前舉《講經文》中已有“尼眾”，兩者就明顯重複了。再者兩例列舉出家人的幾種稱號皆由尊而卑，“阿姨師”在“尼眾”後，則其地位當低於比丘尼。符合這兩個條件的只有沙彌、沙彌尼之屬了。關於“阿姨師”具體所指，郜同麟認爲佛經中有“阿夷恬”一詞，大概與此有關。《翻譯名義集·釋氏眾名篇》第十三：“阿夷恬，此云新學，亦云新發意。”（T54/1075a）晉竺法護《文殊師利佛土嚴淨經》卷上：“其阿夷恬新學菩薩，聞是教訓，將無恐怖乎？”（T11/896a）可知“阿夷恬”爲新出家者。指出S.6551卷中的“阿姨師”當即此“阿夷恬”的異稱，指新發意學佛的沙彌、沙彌尼之類[②]。

又如，作者探討《一切經音義》所釋佛經用字所舉第41例“剛（⿰革宂、⿰革冗）”，引述李維琦先生的説法，認爲佛經中“⿰革宂”、“⿰革冗”爲“剛”字俗書[③]也頗值得懷疑。其實“⿰革宂”、“⿰革冗”是“⿰革亢”的俗寫[④]，文獻中每見作爲成字構件“亢”訛變作“宂”或“冗”。“⿰革亢”即是“亢”字，因與“鞕”連用而類化作“⿰革亢”，《廣雅·釋詁二》：“亢，強也。”《玉篇·

① 參見《玄應和慧琳〈一切經音義〉研究》，第452頁。

② 郜同麟《敦煌文獻釋詞與辭彙溯源》[J].《敦煌研究》，2010年第2期。

③ 參見《玄應和慧琳〈一切經音義〉研究》，第291頁。

④ 成化丁亥重刊本《改併五音類聚四聲篇海·革部》：“⿰革几，胡浪、苦庚二切。”又⿰革宂⿰革冗“，二胡浪、苦庚切。”《龍龕手鑒·革部》：“⿰革几、⿰革宂、⿰革冗，三俗。胡浪、苦庚反。”

弓部》:“彊,堅也。強,同上。”“鞕骯”乃同義連文。

此外,還存在文字排印錯誤。如:“似誤改‘抵’爲‘抵’”①,第一個“抵”當爲“牴”字;“正作‘伛’”②之“伛”當爲“鬹”字;“《無常經講經文》”③當爲“《解座文匯抄》”,《敦煌變文集》定名不確,當據《敦煌變文校注》和《敦煌變文新書》改定。

孜孜以求廿多載,雙玉合璧擬金剛。可以這樣説,徐時儀教授二十多年來傾注其幾乎全部的心血,投入佛經音義研究。其對佛經音義研究之全面、深入,以及取得卓越成就,學界矚目。如果將其早期的《慧琳音義研究》和《玄應眾經音義研究》喻爲雙玉,那這部《玄應和慧琳〈一切經音義〉研究》則爲雙玉合璧之作,是一部“擬金剛”的作品。該研究將會對宗教、哲學、語言、文學、藝術、中外交往史等社會文化研究產生重要影響。

參考文獻

[1] 徐時儀.《〈一切經音義〉三種校本合刊》[M]. 上海:上海古籍出版社,2008.

[2] 徐時儀.《慧琳音義研究》[M]. 上海:上海社會科學院出版社,1997.

[3] 徐時儀.《玄應〈眾經音義〉研究》[M]. 北京:中華書局,2005.

[4] 徐時儀 梁曉虹 陳五雲.《佛經音義研究通論》[M]. 南京:鳳凰出版社,2009.

[5] 徐時儀.《玄應和慧琳〈一切經音義〉研究》[M]. 上海:上海人民出版社,2009.

[6] 劉復.《編纂〈中國大字典〉計畫概要》[J]. 辭書研究,1979(1).

[7] 任繼愈.《中華大藏經》(第 60 冊)[M]. 北京:中華書局,1993.

(作者單位:南京師範大學)

① 參見《玄應和慧琳〈一切經音義〉研究》,第 100 頁。

② 參見《玄應和慧琳〈一切經音義〉研究》,第 281 頁。

③ 參見《玄應和慧琳〈一切經音義〉研究》,第 397 頁。

從儒典的"音義"説到佛典的《一切經音義》

——兼論《一切經音義三種校本合刊》

虞萬里

一、"音義"著作的起源與内涵

自從語言文字形成時空之隔,就有必要作説明與注解。西周時期國學中怎樣教育國子肄習《詩》《書》,現已藐不可徵。春秋之時,王官失守,私人講學興起。如果説曾子每日三省的"傳不習乎"之"傳"還是指老師的傳授,那麼《墨子·尚賢中》《兼愛中》所提及的"傳曰",顯然是先秦《尚書》一種佚失的古注。在師弟子口口相傳,没有課本的時代,字詞音義並不顯得重要。隨着簡牘普及、文獻流播廣遠之後,文字的時空之隔日益嚴重,書面的訓詁便應用而生,《毛詩故訓傳》即是一種訓詁與傳兼用的注釋體。戰國至西漢之際,特標"訓詁"的著作很少,一般將不多的字詞詮釋包含在"傳""説""解"諸體之中。西漢中期,章句之學興起,經師對儒家經典從章到句以及於字詞,都進行條分縷析的詮解。各師法、家法之間爲了爭勝,又從而文飾其詞其説,導致經典注釋之繁瑣。隨着西漢王莽和東漢章帝二度下令減省章句,遂使章句之學逐漸衰退,代之而起的是東漢的"注"體。

注之名目雖異於傳與章句,而其内涵卻包容甚廣,兼有先秦以來傳、説、解及章句等各種注釋之形式。詮釋字義固然是"注"的主體,標舉讀音也是其重要之方面。只是當時反切尚未産生,標音都用讀若、譬況或直音。今所見東漢杜林之《周禮注》即用讀若、譬況之法標示字音。及鄭玄注《三禮》,沿襲杜林、鄭興、鄭衆、馬融、盧植等方法,故"注"之名目也不改。與此同時,應劭及鄭玄弟子孫叔然等發明反切,使標音方法有了新的突破。一時爲顯示標音方法之新,將其揭之於書名,故出現"音義"一名。如應劭《漢書音義》、韋昭《漢書音義》,稍後有徐廣《史記音義》、臣瓚《漢書集解音義》。《隋志》孫炎有《爾雅注》七卷,《爾雅音》二卷,[①]顔之推《家訓》説"孫叔言創《爾雅》音義,是漢末人獨知反語,至於魏世,此事大行",[②]是孫炎《爾雅注》當初即使不以"音"命名,而確有以反切標音之實。兩晉之際,李軌"通經術,尤長音訓",著有《周易》《周禮》《公羊》《左傳》《古文尚書》《毛詩》《儀禮》《禮記》八種儒家經典之"音"。同時之徐邈,亦博涉多聞,"雖口不傳章句,然開釋文義,標明指趣,撰正《五經音訓》"[③],《隋志》《釋文》所見邈撰有《春秋左傳音》《周易音》《禮記音》等八種。

應劭標舉新名,故稱《音義》,顧名思義,既標讀音,兼釋字義。孫炎沿襲舊目,但從顔之推所説和《隋志》所録,不僅兼顧音義,且亦用反切新法。李、徐兩人,獨標某"音",但從本傳所稱"尤長音訓"和"開釋文義"而言,其書恐亦兼顧釋義。由此而下至南朝,作"音"之風不僅遍及儒家經典及小學書,更蔓延到史部、子部和集部。如阮孝緒有《正史削繁音義》、延篤有《戰國策音義》《史記音義》,司馬彪、郭象各有《莊子音》,陳國武有《司馬相如賦音》、諸詮之有《百賦音》。

各種音、音義、音訓、音解等著作之接踵面世,首先與標音方法之突破和反切之産生有很大關係;其次也與紙張普及、學問傳授形式轉變,即由漢代經學師弟子口口相傳之傳授形式轉而爲手持書卷刻苦自勵的讀書、研究形式普及有關。紙張輕便,書籍抄寫易

① 陸德明《釋文敘錄》則作"《爾雅》孫炎注三卷,音一卷"。《唐志》作六卷,皆分合不同。

② 王利器,《顔氏家訓集解》[M],北京:中華書局,1993:529

③ 房玄齡等,《晉書》卷九十一,第八冊,[M]北京:中華書局,1974:2356

得，使得一批學子不必都像漢代一樣裹糧師從，問學數年，而完全可以憑藉自己焚膏繼晷的精神獲得學問。但這種自學形式滋生出一種亟待解決的問題，就是典籍中的難字音義必須在學習過程中隨時識讀理解，否則無法繼續深入。這種需求憑藉著反切標音工具產生了大量的音義著作。有一種標音示義形式可以爲自習風氣作一注釋，那就是"音隱"和"隱義"。

"隱義"和"音隱"都是南朝時興起的一種注釋形式。《梁書·何胤傳》云："注《易》，又解《禮記》，於卷背書之，謂爲隱義。"[①]將所要注釋的字音、字義寫於該經典之背面，於古籍無所徵。但《隋志》"梁有《毛詩背隱義》二卷"，似與何傳所載相吻。敦煌所出有 S. 10《毛詩傳箋殘卷》，存《邶風·燕燕》至《靜女》計九十一行，其卷背有音注，字體與卷面書寫如出一手；又 P. 2669《毛詩詁訓傳鄭氏箋》之卷背也有音注文字，皆與卷面相對。[②] 將此實物與《何胤傳》所記校核，可知這種背面爲正面經文或傳箋作解釋的注釋形式確實在六朝時實際流行過。以此檢視《隋志》中的《説文音隱》四卷、《禮記音義隱》一卷一種，七卷一種，《一切經音義》卷二七之《字林音隱》，《史記集解》之《史記音隱》，似乎都是類似的音義書。它既不破壞正面經文的連貫性，又能在無師可問的窘況下及時解決疑問，退而論之，即使老師講學備課，也有需要參證稽考之處。這與當時官學、私學之外有更多士子讀書求學的獨立性有關。

能作音釋義的固然是學問淵博之人。在印刷興起之前的鈔本時代，流傳不便，要鈔録到最新的學術成果並不容易，而且在崇古心理驅使下，有人專門將漢代經師傳注中的音或義摘抄單行，如孔安國《尚書音》，鄭玄《毛詩音》《三禮音》，王肅《三禮音》，服虔《春秋左氏音》等。孔爲《尚書》作傳，鄭玄爲《毛詩》作箋，爲《三禮》作注，王肅也有《三禮注》，服虔有《春秋左氏傳注》，都没有專門作音，以

---

① 唐姚思廉.《梁書》卷五十一，[M]北京：中華書局，1973：735

② 參見張涌泉，許建平.《敦煌經部文獻合集》第二冊，[M]中華書局，2008：626

上這些專著都是南北朝時摘抄經師傳注中的音義匯集而成。陸德明所著三十卷《經典釋文》匯集了漢魏六朝二百數十家音義著作,反映出當時音義書之繁盛,其中有許多就是後人摘抄匯集之書。《隋志》所載六朝新作和摘抄漢晉經師舊注而成的音義已遍及四部,反映了由傳、説、解和章句等體式過渡到注以後,因反切的產生而興起新一輪的注釋以儒家經典爲中心而逐漸向史、子、集諸部拓展衍變的全過程。

二、三部《一切經音義》作者、成書年代與流傳

佛教西來,先由安世高等於漢末桓靈之際在洛陽譯經三十餘部。高"善衆國音",兼通華語,其譯經"或以口解,或以文傳",但未聞有注。同時安玄《注經録序》云"爲集異注一卷",他和嚴浮調合譯《法鏡經》,三國康僧會爲之注,這是今知佛典的早期經注。嚴浮調又因安玄之《沙彌十慧》未聞深説,乃作《沙彌十慧章句》。注與章句都襲用東漢注解名稱,揣其體式也應相近。時音義體式雖已萌芽,佛典文獻目録尚未有所反映。早期佛典之注、講解和疏釋,多偏重於經義内容,此與漢晉之人想急切瞭解印度佛學教義有關。道安《陰持入經序》説:"遂與析槃暢礙,造兹注解。世不值佛,又處邊國,音殊俗異,規矩不同。"[①]知"音殊俗異",是否爲之作音,無法得知。因析疑而注解,似乎仍是東漢注釋體。之後佛經注疏迅速發展,亦不聞有音義之著。據《大唐内典録》卷五載,北齊沙門道慧著有《一切經音》,"不顯名目,但明字類。及至臨機,搜訪多惑"。[②]《開元釋教録》卷八評論説此書"依字直反,曾無追顧,致失教義,寔迷匡俗"。[③] 佛典音義出現於六世紀中期,離陸德明匯集二百數十家音義書著成《經典釋文》之年代已經不遠,當時各種音義書已經

① 道安.《陰持入經序》,許明輯:《中國佛教經論序跋記集》第一冊,上海:上海辭書出版社,2002:31

② 小野玄妙等.《大正藏》55 冊,日本:大正一切經刊行會,1934:283

③ 小野玄妙等.《大正藏》55 冊,日本:大正一切經刊行會,1934:562

遍及四部,故就時代而言,佛典之音義書顯然受到儒家經典音義及各種音義書之影響。道慧之著雖已佚,就《内典録》《釋教録》對它的評論看,似乎未能盡善。佛典有梵語、巴利語等,與漢語的語言系統完全不同,兩者之間對譯,不僅在辭彙、語法上有諸多不同,更牽涉到觀念、思想、文化等大背景的差異,所以要想正確反映經義,必然會有意譯、音譯乃至意譯兼音譯等多種形式。如果僅是"依字直反",則"致失教義"就不可避免。故就内容品質而言,《一切經音》僅模仿吸取中土音義書的形式,尚未充分考慮、兼顧不同語言間之翻譯所帶來的種種需要解決、解釋的問題。這也就爲一百年後産生玄應《音義》預設一種需求。

唐至宋初先後有三種佛典音義産生,即玄應《一切經音義》二十五卷,慧琳《一切經音義》一百卷,希麟《續一切經音義》十卷。

玄應生平雖見於《大慈恩寺三藏法師傳》卷六和《續高僧傳》卷三十有附傳,但寥寥數語,生卒年皆不詳。唯所能知者,他是玄奘之弟子,精于字學,是一名不可多得的字學大德。貞觀十九年五月由其師玄奘甄拔,與玄賾、智證、辯機、玄模等共同在長安弘福寺翻經院參與譯經,擔任正字工作。《一切經音義》的成書年代,許多學者都曾予以探討,而大多流於一般性推測。日本山田孝雄認爲書成於貞觀之末(649),神田喜一郎認爲龍朔元年至三年(661～663),[①]我國學者周祖謨定於永徽末年(655),[②]陳士強謂約在永徽六年(655)至龍朔三年(663),[③]本書(《一切經音義三種校本合刊》)整理者徐時儀認爲成書年代和玄應卒年密切相關,而其卒年各家推測也不一致。[④] 周法高推論"大概在龍朔元年(661)夏,至

① 神田喜一郎.《緇流的二大小學家》[J],日本:《支那學》第七卷第一號,1933.

② 周祖謨.《校讀玄應一切經音義後記》[J],《問學集》上冊,北京:中華書局,1966:192

③ 陳士强.《佛典精解》[M],上海:上海古籍出版社,1992:1000

④ 徐時儀.《一切經音義三種校本合刊緒論》[M],上海:上海古籍出版社,2008:14

晚龍朔二三年間示寂",[①]陳垣則謂當在麟德元年(664)以前,[②]周祖謨推測"不卒於永徽末,即卒于顯慶初(656)"。徐時儀更從玄應《音義》所載佛經音義和貞觀前後他在弘福寺譯場中譯出佛經的時間上去比勘推測,如《音義》卷二十一中的《説無垢稱經》《分別緣起經》和《稱讚淨土經》譯成于永徽元年(650),《大乘起信論》譯成於永徽二年(651);《音義》卷二十四中的《阿毗達摩俱舍論》和卷二十五的《阿毗達摩順正理論》譯成於永徽五年(654)。故其成書年代上限不會早於永徽五年。再從當時譯出佛經後的落款具名上考察,譯成于顯慶元年(656)七月的《大毗婆沙論》卷一後有"大慈恩寺沙門玄應正字",此時玄應固在世。《東城傳燈目録》卷上載玄應有《大慧度經音義》三卷,《大慧度經》即《大般若經》,此經共有六百卷,據《大正藏》收入的《大般若經》卷三百四十八之後所記龍朔元年(661)譯場列爲中譯經沒有玄應之名,而玄應師兄弟道宣在麟德元年(664)著成的《大唐内典録》卷十已著録玄應的《音義》,所以徐時儀推測玄應的卒年"只能是在龍朔年間(661～663),玄應音義的成書年代亦不會晚於此時"。這種考證較之前人有很大的推進,已接近玄應真實的卒年和成書時間。筆者試就在這些材料基礎上再作進一步推論。

玄應既由玄奘甄拔出任譯經時的正字工作,在斟酌校正之餘,爲新譯出的經做音義是情理中事。《大唐内典録》卷五指出道慧《一切經音》之缺失後説:"應憤斯事,遂作此音。徵核本據,務存實録。"或許就是在正文字求確義時參考道慧之書,深感"搜訪多惑"及"依字直反","致失教義",所以才發憤重撰。對玄應而言,最爲便捷省時的重撰方法,就是在爲新譯出佛經校正文字的同時直接稽核群書將音義做好。前舉《説無垢稱經》《分別緣起經》等六部經譯出的時間和在玄應《音義》中之卷次,證明玄應當時就是用這種

---

① 周法高.《玄應反切考》[J],《歷史語言研究所集刊》第 20 本,1948:361

② 陳垣.《中國佛教史籍概論》[M],北京:中華書局,1962:56

方法撰著《音義》的。道宣又説“恨敘綴才了,未及覆疏。遂從物故”,知其初稿寫就,未及修訂而歿。玄應齎志以歿,使《音義》成爲未完的初稿。從常理推測,工作中遽而謝世,除成稿未能修飾外,一般應有未完成的殘稿。前引《東域傳燈目録》卷上載有玄應所撰《大慧度經音義》(即《大般若經》)三卷,而該經原有六百卷,似非三卷音義篇幅所能包容解釋,故當爲遺留的殘稿。① 自先秦兩漢直至唐宋,亦即從竹簡、絹帛、寫卷至版刻,同時代、同一批人乃至同一人,其分卷分篇的字數在常情下都不會相差很大。今檢玄應和慧琳《音義》每卷篇幅亦大致相等。慧琳《音義》用卷一至卷八整八卷篇幅來爲《大般若經》六百卷作音義,可證玄應所撰三卷確是未完的殘稿。即此殘稿,似有可能對玄應圓寂之年月作出更深入細緻推測。

《大般若經》六百卷之翻譯,始自顯慶五年(660),完稿于龍朔三年(663),雖不知具體之月份,前後大致經歷四年。據《大般若經》卷三百四十八後所記龍朔元年十月譯場銜名已無玄應之名一事,可推知玄應之殁即在此經譯至一半前後。檢核慧琳《大般若經音義》,其第三卷正好到《大般若波羅蜜多經》卷三百四十九,如果《玄應音義》每卷篇幅與慧琳大致相近,所選取之詞目也不至相差太大的話,則《東域傳燈目録》所載玄應《大慧度經音義》三卷殘本,其所作音義當亦在三百五十卷左右,這與《大般若經》卷三百四十八之後無玄應銜名,適相照應。譯經有難易快慢,若平均推算,六百卷經四年不到譯完,每年約在一百五十卷以上。以此知該經譯至三百多卷時,當已在龍朔二年(662)之時。立足于這樣的思維,

① 關於《大般若經音義》之殘稿,日本學者多所探討。近讀陳五雲、梁曉紅《石山寺本大般若經音義(中卷)俗字研究》(載《中國語言學集刊》第三卷第一期,第 45～77 頁),獲悉更多日本研究情況。筆者認爲,即使該卷爲日人信行所書,亦完全可能是其擇要節抄本。玄應爲玄奘譯經時的正字,邊譯邊作音義,其留有《大般若經音義》殘稿是可以相信的。而該經譯出之後,連同《音義》未完稿隨遣唐使東渡也在情理之中。而日本僧人廣泛傳抄,遂有築島裕所見二十餘種之多。

筆者推測,玄應很可能在龍朔二年夏季前後示寂。此時《大慧度經音義》僅至三百餘卷,未完稿無法收入《音義》,導致慧琳重撰。

玄應《音義》在唐代就廣爲傳抄。宋代開寶藏以下,歷代藏經除龍藏、頻伽藏、大正藏未收録外,十五種藏經均予收入。清以來從藏經中録出重刻以及翻刻者也有六七種。徐時儀搜集各種今存敦煌乃至日本的寫本、刻本和翻刻本甚多。寫本有原式照抄者,但更多的是節録或摘字節録,徐氏並有解説,可參閲。推究玄應《音義》所以流傳如此之廣,與其"周涉古今,括究儒釋",體式完善,卷帙適中,且與玄奘譯經相聯繫,又是較早的佛經音義有很大關係。而所以有那麼多節本和選録本,則與版刻僅停留在日曆、佛像階段尚未盛行而佛經卻已廣爲傳播的時代相適應。當時信徒欲解決誦讀之難而又苦於抄録,故多選擇相關的音義、辭彙予以抄録,而捨棄無關或暫時不用的某些音義。這些寫本雖是節録或摘抄,存在不少錯訛,但卻是唐代的《音義》面貌,參資校勘,很有價值。

一百五十年之後,慧琳所撰《一切經音義》一百卷面世。

慧琳,俗姓裴,西域疏勒國人。其生卒年與生平亦少確切記載。稍有涉及者,一是唐景審《一切經音義序》,一是宋贊寧《宋高僧傳》卷五,二者所記有差異,今之學者對其差異也從違不一。《宋高僧傳》卷五明言"琳以元和十五年(820)庚子卒於所住,春秋八十四矣",[①]由此上推,當生於開元二十五年(737)。景審序僅説他"元和十二年二月三十日絕筆於西明寺焉"。[②] 二者所記相差三年。方廣錩以爲景審於慧琳"曾執弟子禮請益",故其"記敘的可靠性毋庸懷疑",而贊寧"不但年代要遲一百多年,本人也没有見到過慧琳《音義》,他的記敘,只能是傳聞異詞"。[③] 姚永銘據贊寧説而

① 宋贊寧.《宋高僧傳》卷五[M],中華書局,1987:108

② 載慧琳《一切經音義》前。《一切經音義三種校本合刊緒論》[M],上海:上海古籍出版社,2008:519

③ 方廣錩.《慧琳音義與唐代大藏經》[J],《藏外佛教文獻》第八輯,宗教文化出版社,2003:405—406

未說明理由。徐時儀認爲《宋高僧傳》"所本多是碑文,每於傳末恒言某某爲立碑或塔銘。他在慧琳傳末雖未注所據出處,但傳內對其生卒年言之鑿鑿,當亦有所本"。[①] 方、徐二人都以爲景審是慧琳弟子,而景審序有"元和二祀方就"一語,故徐時儀懷疑"元和十二年二月三十日絕筆"一語中"十"爲傳抄者所加的衍文。這裏有幾點需要辨證:

一、方、徐認景審爲慧琳弟子,是因爲景審序有"師二十餘載"和"審以頗好文字,擇善從之。許爲不請之師,自愧未成之器。因啟其卷,乃告厥成"諸語。前者爲"法師"之簡稱,無需置辯。"不請之師"也是套用佛教語。佛家有"不請之友"和"不請之法"二詞,前者指"未請而自來親近之友,以此比喻佛、菩薩之救度衆生,非因衆生之祈請,乃以大慈悲心感應而親往,賜予衆生以善法;對衆生而言,即爲不請之友"。後者即"不請亦說之法",指"佛雖未受衆生之央請,亦隨衆生之根機而主動說示利益之法門"。[②] 由此而來理解"不請之師",主意相同。《無量義經·德行品》:"無量大悲救苦衆生,是諸衆生真善知識,是諸衆生大良福田,是諸衆生不請之師,是諸衆生安隱樂處。"《妙法蓮華經玄義》卷第六上講得更透徹,"無問自說經者,聖人說法皆待請問,然亦爲衆生作不請之師,故無問自說。又佛法難知,人無能問,若不自說,衆則不知,爲說不說,又復不知爲說何法,故無問自說,乃所以彰所說甚深唯證,是以寄無問自說以彰所顯也。……佛爲不請之師。不請之師不待問自說也。"景審所以尊慧琳爲"不請之師",是指慧琳不待景審及衆生之問而自爲一切經作音義。這樣理解,"許爲"就是景審許慧琳如菩薩、法師一樣爲一切閱讀佛經者主動傳度金針。景審自稱"頗好文字",是因爲他是當時有名的書法家,所書泥金正書《黃庭經》名聞遐邇。但畢竟不是專攻文字訓詁者,所以謙以"自愧未成之器"。只能啟

① 徐時儀.《一切經音義三種校本合刊緒論》[M],上海:上海古籍出版社,2008:17

② 參見《佛光大辭典》第一冊,北京:書目文獻出版社:996—997

其卷而告其成。

二、"不請之師"既非景審受業之稱,則景審作序之時慧琳不必在世。絕筆本有數解,但此處仍當由死前所寫的最後文字引伸爲死的婉稱,與《宋高僧傳》"迄元和五載,方得絕筆"之義不同。無端懷疑"十"爲衍文,證據不足。

三、贊寧《宋高僧傳》多引塔銘等佐證,確是事實,但於慧琳傳不引,正證明慧琳無塔銘或至少贊寧没有看到。聯繫玄應、慧琳、希麟三位法師,皆是字學功深的學問僧,但都不是一方名僧,故生平資料均少記載。贊寧既未見《音義》一書,故述其生平及成書年代多半是得之傳聞,不若景審所述爲真切。

元和十二年(817)歲在丁酉,慧琳示寂於西明寺。《佛祖統紀》卷四十一載元和二年三月"河中府沙門慧琳撰《一切經音義》一百三卷,詣闕進上,敕入大藏,賜紫衣縑幣茶藥"。[①]《册府元龜·帝王部·崇釋氏》則作元和"三年三月辛亥",相差一年,容有一誤。據此知《音義》一書於慧琳生前録副進上,故憲宗賜賚甚厚。景審序作於元和十二年之後,具體時間不明。慧琳師不空三藏,故初隸大興善寺,是否不空於大曆九年(774)圓寂之後,他離開大興善寺,雖無記載,但據景審之序,晚年必駐錫西明寺。景審序説"建中末創制",很可能在此之前不久轉入西明寺,潛心於《音義》之撰著。之所以這樣推測,是道宣爲西明寺上座後,曾請玄奘居此寺,禮敬有加。此對該寺譯佛經撰音義之傳統,頗有影響。元和二年成稿之後,録副進上,稿藏於寺。贊寧所謂"貯其本于西明藏中",是説將此稿儲藏在西明寺的藏經一起。釋玄暢於慧琳示寂後不久來主寺,"乃尋其遺逸,藴而藏諸,焚之以栴檀,飾之以綺繡,光前絕後,駭目驚心",[②]則似是單獨取出,專門供奉。顧齊之于開成五年(840)入寺懇請暢公求觀,得蒙惠示,因爲之序。贊寧説"大中五年

① 小野玄妙等.《大正藏》55 冊,日本:大正一切經刊行會,1934:380

② 徐時儀.《一切經音義三種校本合刊緒論》[M],上海:上海古籍出版社,2008:518

有奏請入藏流行”，似元和初進上之時，是有詔敕入藏而未果，還是入藏之後遭武宗會昌佛難而毁，難以確知，但倡此議者一定知藏經中無慧琳《音義》。根據序傳，慧琳《音義》至少有兩部，如果入藏，自然更多。但贊寧説“周顯德中遣使齎金，入浙中求慧琳《經音義》，時無此本，故有闕如”，又後晉漢中沙門可洪進《大藏經音義》四百八十卷，洪可能未見《慧琳音》故重撰《音義》；後周行瑫“慨其郭移《音義》疏略，慧琳《音義》不傳，遂述《大藏經音疏》五百許卷”。贊寧所記載的允文、慧則、智慧、貞晦、從隱、法圓等於晚唐、五代時期在各地各自閲覽藏經，知經亂之後各地藏經即或殘缺尚未毁盡。而宋初以朝廷之力搜集、編纂的《開寶藏》收玄應《音義》竟不收慧琳《音義》，顯然當時至少益州的藏經中無此書。陳垣推測：“廣明元年(880)黃巢入長安，《慧琳音》存京師者亡，後唐清泰三年(936)，《慧琳音》存燕京者隨燕雲十六州入契丹。”《慧琳音》以怎樣的途徑傳入契丹容可進一步探索，但最後在契丹被刊刻則無疑義。

遼聖宗統和五年前後，《遼藏》的最初稿本或雕版 505 帙已經完成。此藏是詮曉在《開元録》基礎上，增補《續録》内容而成。後經興宗(1031～1054)時代的校正增補，至道宗咸雍四年(1068)以前完成 579 帙全藏，[①]這是《遼藏》卷裝第一版。據學者研究，《遼藏》以希麟《音義》(晉帙)和慧琳《音義》(楚至滅共十帙)墊底。[②]是否表明《慧琳音》是咸雍初年之刻本？綜合佛藏以大小乘經、律、論而殿以僧傳、史乘、音義的千字文排列和興宗、道宗的增補等因素，《希麟音》即使在統和以後不久即完成，也必須到各書帙號排定以後才可刊刻，《慧琳音》也是如此。兩書之刊刻入藏也與《遼藏》

---

① 此據李富華.何梅所説。李、何兩位定爲咸雍四年，是根據《金石萃編》卷一五三《暘臺山清水院創造藏經記》“咸雍四年三月，舍錢三十萬，葺諸僧舍；又五十萬，募同志印大藏經凡五百七十九帙，創内外藏而龕措之”一語。五十萬錢絕不可能刊刻藏經，碑文説“印”，即是辦置紙墨，鳩工印刷。由此知咸雍四年經版早已刊成，此與下文所説在清寧八年賜高麗大藏經相應。

② 有關《遼藏》發現與刊刻參見李富華，何梅.《漢文佛教大藏經研究》[M]，北京：宗教文化出版社，2003：127—160

傳入高麗時間有關。《遼藏》之傳入高麗,據載有兩次。一次在遼道宗清寧八年(1062),《遼史・高麗傳》載:清甯八年"來貢,十二月以佛經一藏賜徽";一次在咸雍八年(1072),《道宗紀三》載咸雍八年(1072)十二月庚寅"賜高麗佛經一藏"。李富華、何梅認爲前者所賜爲大字卷裝本,後者所賜爲小字册裝本,而高麗據以復刻的是大字卷裝本。故其入藏刊刻之年代絕對早于清寧八年。

高麗藏曾先後刻過三次,第一次完成于顯宗二十年(1029)以前,此時未得《遼藏》,齎金入浙中求《慧琳音》亦無着,所以不會有其書。第二次是文宗末宣宗時代,即義天回國後的1089年,此時距得《遼藏》已十多年,完全有可能收入《慧琳音》和《希麟音》。第三次由李奎報、守其在高宗朝所雕,完成於1251年。今所見二書後有年月尾題,都是歲在丁未的高宗三十四年(1247),時在南宋理宗淳祐七年。

一百六十年之後,希麟繼《慧琳音》之後爲新出藏經作音義,著成《續一切經音義》十卷。

希麟之生卒年及行歷、僧臘均無考,只知是遼聖宗時燕京崇仁寺沙門,也是一位深通佛學和聲韻訓詁的高僧。聖宗統和年間,希麟在崇仁寺佐助無礙大師詮明編刊遼藏。《遼藏》是在《開元録》基礎上增補續編,其續增的內容"從《大乘理趣六波羅密多經》,盡《開元釋教録》,總二百六十六卷",因係續增,其音義爲《慧琳音》中所無,故希麟秉承詮明之旨意,爲作《音義》。[①]《續音義》刊入《遼藏》自無疑義,因《遼藏》由最初505帙經數十年的增補而最終成爲579帙的規模,故《續音義》什麼時候刊刻入藏,尚須更多的資料來證實。

玄應、慧琳、希麟《音義》,前後各相距一百五六十年,正好跨越唐代三百多年的歷史。三部《音義》互相紹承增補,如慧琳《音義》將玄應《音義》二十五卷散入自己的書中,又復進行必要的增補。

---

① 參見虞萬里.《黑城文書遼希麟音義殘葉考釋與復原》[J],《吳其昱先生八秩華誕敦煌學特刊》,臺灣:文津出版社,2000:179—193

希麟則對《開元録》以外的慧琳未予音釋的藏經作音義，此皆顯而易見。如果更從三部《音義》内部解讀，還可以看出文獻目録記載以外的佛典音義起源、發展和延續、發揚之軌跡。

玄應《阿彌陀經》上卷引"舊音義"云云，《阿彌陀經》係三國吳支謙譯，之後重譯、注解者頗多。《普門品經》亦引"舊音義"之説，《普門品經》晉竺法護、訶支都有譯本，大同小異，但不見有注解。玄應所引"舊音義"，當是唐以前學問僧所作。如果玄應所引是其書原名，則可推知從道安而後，高僧在中土四部書音義的影響下，開始爲佛經作音義，這些音義很可能早於道慧的《一切經音》。

慧琳在鳩摩羅什所譯《仁王般若經》中也引及"舊音義"，應該也是六朝高僧所著，可與玄應所引互證。而他在爲唐菩提流志集釋的《大寶積經》作音義时屢屢引及"舊音義"，顯然是集釋中的音義。又在《大般涅盤經音義序》中説："復覽諸家音義，梗概相傳，梵語未譯於方言，字體仍含於真僞。"又説："音義依雲公所制，唯陀羅尼及論梵字疎遠不切者，慧琳今再依梵本翻譯爲正。"[①]則《大般涅盤經》不唯雲公有音義，還有其他未傳姓名者的音義。

希麟在唐不空所譯《大寶廣博樓閣善住秘密陀羅尼經》卷上、義淨所譯《根本説一切有部毗奈耶出家事》《根本説一切有部毗奈耶皮革事》卷上中都引"舊音義"之説，這些音義原始面貌以及作者、書名現都不詳。

三家所引舊音義，表明六朝隋唐某些佛經已經有單獨的音義，其原始面貌如何，難以言説，而敦煌所出諸多佛經音義殘卷中透露出一些信息。敦煌殘卷中大多數所擬的"難字""難字音"或"音義"都不加卷名或書名。如擬爲《大般若波羅密多經難字音》的北八四三一殘卷卷首作"大般若第一帙"，以下也僅標第幾帙，並將所需標識的難字列出。擬爲《妙法蓮花經難字音》的伯三四〇六殘卷卷首也標爲"妙法蓮花經·序品第一"，以下順次將難字列出，直音和反

---

① 徐時儀.《一切經音義三種校本合刊》[M]中冊，上海：上海古籍出版社，2008：928

切用小字注於下。明確標出卷名的有,伯二一七二、斯三三六六《大般涅槃經音》、斯六六九一《金光明最勝經音》等少數幾號。這些八世紀或九世紀所抄殘卷,都是最接近於原始經卷的音義,有的直接附在經文的後面,預示了較早的佛經音義幾種形式。分析這些殘卷,有的僅有難字,無音無義,有的標直音,有的標切語,釋義尤其是引經據典的釋義極少,呈現出一種草率與淺薄。它只能供誦經或粗略領會經義者之用,而非專門研究之著。敦煌寫卷如此,六朝的佛典音義不可能超過這種水準。推想道慧的《一切經音》或僅是鳩集當時各經的難字、直音,所以遭到批評,而引起玄應發奮爲衆經做音義之宏願。可惜天年不永,僅二十五卷而止,遂有雲公、窺基、慧苑、慧琳、可周、行瑫、可洪、郭迻、希麟、處觀以及更多不知名的高僧相繼專注于此,終使佛典音義得以超過經録所載而與後世藏經卷帙基本同步。音義與藏經卷帙趨同,爲宋以後的佛藏樹立了一個標杆,促使後人對新譯佛經或舊經入藏都有意地爲之作"音義",收入嘉興藏的《法苑珠林》各卷後之"音釋"便是一例。

三、佛典《音義》的内容與價值

慧琳《音義》大致依照圓照的《貞元入藏録》編排,亦略有調整增補。全書所音注的佛經計有一千三百部,五千七百餘卷,共收詞目三萬一千多條,約一百二三十萬字。其中玄應所撰三百多部經音義詞目七千多條,慧苑《華嚴經音義》詞目一千二百多條,雲公《大般涅槃經音義》詞目九百多條,窺基《妙法蓮華經音義》詞目五百多條,都是慧琳轉録、删補,經加工而收入的。① 凡所轉録,都在各卷經目下標注原作者姓名,以示不掠人美。

《音義》之内容包羅萬象,本非尺幅短紙所能全面展示。這裏僅就音義書中最爲常用的形式例舉一二,以表揭其基本内容,並與經史音義書稍作比較,以見音義類著作的發展。

---

① 資料均見徐時儀所統計,見《一切經音義三種校本合刊緒論》[M],下有關資料亦同,不一一指出。

一、立目。獨立於原著之外的音義類書,必須摘録原文字詞,以作爲釋義之鵠的。《經典釋文》如此,三部佛典《音義》也是如此。《音義》的立目除音譯詞之外,也有片語與典故,但極大多數爲雙音節詞。即使僅解釋其中一個字,立目也多爲詞或片語。據徐時儀統計,玄應《音義》收釋 9430 個語詞,除 840 個音譯詞和個別破詞及三字詞條外,幾乎全是雙音節詞或片語。更值得提出的是,這些雙音節詞中沿用至今而爲《現代漢語詞典》收録的有 668 個。這説明玄應、慧琳、希麟在選詞立目時,已充分考慮辭彙的凝固性。相對于陸德明《釋文》,其立目選擇單字或複詞極爲隨意,没有標準。即使用雙音節詞立目,也不考慮辭彙的結構,如釋"引"而立"而引",釋"緜"而立"緜其"。《釋文》僅是將立目作爲音釋的定點,不管摘取的音節成詞與不成詞,而《音義》則已從辭彙角度着眼,反映出撰著者的詞彙學觀念。

二、一般釋義。釋文部份一般是先標"音"後釋"義",以副"音義"之實。即先爲所需解釋的字用反切或直音標音,有時兼標聲調。而後則大多採用已有成説亦即引經據典,證成其義,甚至不惜一引再引,以求信實。如慧琳《音義》卷七六"刊定"條云:"渴安反。杜注《左傳》云:'刊,除也。'鄭注《禮記》云:'削也。'《廣雅》云:'定也。'《説文》:'從刀,干聲。'"先用兩條經注來描述"刊"的削、除之義。古代文字書於簡牘,有誤則削除之,而後可定稿,故引《廣雅》云"定也",削而定之,猶今人説"刊定"。最後引《説文》解析"刊"字的構形。凡所列詞目之字形有正俗訛變,則或用字韻書予以校正,或用案語加以説明。如慧琳《音義》卷十五"窻隙"條云:"俗字也。正作牕。字書云:'助户明也。音楚江反。'《説文》:'在牆曰牖,在屋曰囱。象形,古字也。'今隸書通作窓。又云:'通孔也。'《考聲》云:'今屋兩端窗也。'下鄉逆反。從白上下小。經從巢作隟,非也。"先指出字之正俗,而後引字韻書解形釋義。最後指出下字在《大寶積經》中作"隟"形之非。這是《音義》最爲常見的釋義方式,它與隋唐之際典型的儒典音義《經典釋文》體式相近,但大多數條目的引證較《釋文》更豐富。

三、特殊釋文。三部《音義》還有許多條目的解釋極爲詳細，有的幾乎自成一段完整的論證。如《慧琳音》卷三八"嵐颲"條云："上音藍。此嵐字諸字書並無。本北地山名，即嵐州出木處是也。亦北蕃語也。後魏孝昌於此地置岢嵐鎮城。岢音可。城西有山，多猛風，因名此山爲嵐山，書出此嵐字。後周因岢嵐鎮城遂改置爲嵐州，在太原西北。《韻詮》云：'嵐，山風也。'下音列。《聲類》云：'風之猛利，名爲颲風。'《説文》云：'颲颲，風雨暴疾貌也。從風列聲。'颲音鄰一反，從利也。"標音釋義，又將嵐州之得名及沿革作出完整的描述。這種形式，已經非儒典音義所能包容。它承襲了史部音義的形式。《音義》引用《史記音義》、應劭注《漢書》、《漢書音義》、蕭該《音義》、《漢書集注》等不下數百條，史書音義多爲歷史地名、事件等作詳盡詮釋。從中可以看出三部《音義》與史部音義之關係。

四、意譯、音譯外來詞。由於佛經的内容，決定了《音義》必須收録、解釋意譯和音義的外來詞。三部《音義》所收這方面的辭彙數量極多。撰著者在解釋梵語時，運用了多種方法，如慧琳釋"般若波羅蜜多"一詞説："般，音鉢。本梵音云鉢囉，二合。囉，取羅字上聲兼轉舌即是也。其二合者，兩字各取半音，合爲一聲。古云般者，訛略也。若，而者反。正梵音枳娘二合。枳音雞以反，娘取上聲，二字合爲一聲。古云若者，略也。波，正梵音應云播，波個反，引聲。羅，正梵音應云囉，准上，取羅上聲轉舌呼之。蜜多，正云弭多，弭音迷以反。具足應言摩賀(引)鉢囉(二合)枳娘(二合)播(引)囉(轉舌)弭多。梵云摩賀(唐言大)鉢囉(二合)枳娘(二合)，唐言慧，亦云智慧。或云正了知。義淨作此解。播(引)囉弭多，唐言彼岸到。今回文云到彼岸。"將一個音譯詞的梵文原音、發聲原理、譯音正訛、漢語意義及其反切都準確揭示，完整表述，使人了無疑滯。他雖然校正訛俗，指出正音，但從廣播教義，普施佛法着眼，並不生硬地要求改正訛俗，順從正音，因爲事實上也做不到。所以接着説："如上所説，雖是本正梵語，略音已行，難爲改正。般若波羅蜜多久傳於世，愚智共聞。今之所論爲造經音解其文字及釋梵語不可不具説也，但欲廣其學者知見耳，實非改易經文。已下諸經中有正梵語及論文字是非，皆同此例，取捨今古，任隨本志。”本着嚴謹的學術態度，充分理解世俗的情理，以這種方式著書，可謂兩全其美。意譯、音譯詞是經史音義中絕少有的，注家在解釋時大多只作爲漢字而爲之注音，很少從對音角度詮釋。如師古注《漢書·西域傳》“龜兹”云：“龜音丘，兹音慈。”又《史記·大宛列傳》“身毒國”裴駰集解：“徐廣曰：身或作齕，又作訖。《索隱》：身音乾，毒音篤。孟康云：卽天竺也。所謂浮圖胡也。”張守節正義用719字解釋其國地域人情風俗之種種，卻絕無對“身毒”一詞譯音的考索。所以佛典音義在收録解釋外來詞方面，遠遠超出經史音義之範圍。據徐時儀統計，《玄應音》有一千多條，《慧琳音》有三千二百多條（包括玄應、慧苑、雲公、窺基共一千三四百條），其搜羅之宏富，解釋之詳盡，爲漢語辭彙中豐富的外來詞研究奠定了基礎。

《音義》既解釋單字，也解釋複詞，兼有字典和詞典的效用；既解釋語詞又解釋專科詞，是具有百科詞典的性質；既解釋漢語詞亦解釋外來詞，更兼具外來詞詞典的功能。三部《音義》字數約近二百萬，所釋單字複詞三萬多條，超過唐宋所有音義書和字韻書，在中國字典、詞典和韻書發展史上有着不容忽視的地位。

三部佛典《音義》的學術價值是多方面的。立足於佛典的性質而言，它是校訂佛學典籍的重要依據；立足於音義的性質而言，它全方位地反映出中古漢語的靜態概貌和由上古到中古發展演變的脈絡，反映出由章句、注解到音義、義疏時代我國學者在文字、音韻、訓詁、辭彙各領域的綜合研究能力。從文獻學的視角而言，也是最爲人所注重的是，三部《音義》之釋義大多是引古籍爲證，故保存了隋唐以前大量文獻。隋代牛弘曾上書極言春秋之後圖書有五厄，即始皇焚書，王莽燔宮，董卓遣都，石勒陷洛，蕭繹毀書。時至唐代，先秦兩漢六朝之書所餘無幾。玄應、慧琳、希麟相繼援引他們所能見到的四部文獻，在版刻印刷未發明以前，確是難能可貴。明代胡應麟繼牛弘之後歷數大業、天寶、廣明、靖康、紹定之兵燹禍亂爲書之又五厄。明清以還，隋唐以前之書已希若星鳳，致使四庫館臣有“隋以前遺文秘笈，迄今十九不存”之歎。嘉慶間，任大椿纂輯《小學鉤沉》，已注意輯録《玄應音》中隋唐以前字韻書。及光緒初年，楊守敬從日本訪得《慧琳音義》攜歸，陶方琦最先補輯《蒼頡篇》和《字林》，前者於光緒十二年刊梓。同時顧震福繼任大椿輯《小學鉤沈續編》，即大量采輯《慧琳音義》，刊於光緒十八年。一時采輯之風熾盛。民國初年，龍璋見清人搜輯《慧琳音》《希麟音》等既多遺漏，又復互異，乃發奮從三部《音義》及《和名類聚抄》等書遍輯唐以前小學書及漢晉經注計七十六種，成《小學蒐佚》。至此，國人雖知慧琳、希麟《音義》爲“小學之淵藪，藝林之鴻寶”，尚未知其確切引録多少種古籍。1923 年，北京大學研究院編輯正續《音義》引書索引，共得七百五十餘種，其中相當一部分爲不傳之佚籍。可以這樣説，由於正續《一切經音義》的回傳，使我們看到了衆多漢唐小學書的鳳毛麟爪，加深了對隋唐以前經史注解、音義、字韻書的認識。即此而言，三部《音義》之價值已不言而喻。

佚書的價值固大，而存世古籍的校勘意義也非同一般。如此數量龐大的由唐人引録的古文獻，在千年之後，對相應古書進行勘同校異，其收效無疑會出人意表。自《慧琳音》《希麟音》傳回中國以後，田潛首先取以校勘《説文》，作《一切經音義引〈説文〉箋》，王仁俊作《希麟音義引〈説文〉考》，之後王少樵亦作《玄應書引〈説文〉校異》五卷、《慧琳書引〈説文〉校異》十二卷。初期的佛典《音義》校勘，多集中在《説文》，這是《説文》在傳統小學中的地位所決定的。田氏校箋，體例謹嚴，但僅比勘相異之點，略其所同，終使人無法瞭解二部《音義》引《説文》的全貌。這種勘同校異工作在二部《音義》傳入時熱鬧一陣之後，歸於沉寂。近二十年，隨着對三部《音義》研究的重視，而校核其與傳世文獻異同的工作也重新開始，其中尤以徐時儀爲中堅。徐時儀曾對三部《音義》中所引的《方言》《廣韻》《切韻》《玉篇》等都做過踏實細緻的比勘工作，取得了不小的成績。但是，相比玄應、慧琳、希麟《音義》所引七百多種古籍而言，實在太微乎其微，更加繁重的校核比勘工作，將有待于學者努力。

四、《一切經音義三種校本合刊》之得失

《慧琳音》和《希麟音》刊入《契丹藏》，傳到高麗收入《高麗藏》。日本在足利幕府時代的應永二十九年(1422)，亦即明永樂末年先後從朝鮮得到數部《高麗藏》，分藏在幾個寺中，後因蠹蝕漫漶，日僧忍澂于元文二年(1737，乾隆二年)翻刻于獅谷白蓮社。光緒初楊守敬在日訪得慧琳、希麟《音義》之後，攜歸數部。明治十三年至十八年(1880～1885)日本弘教書院以《高麗藏》爲底本排印《弘教藏》，收入二部《音義》，宣統元年(1909)至民國二年(1913)頻伽精舍以弘教藏本爲底本，校以獅谷白蓮社本，用鉛字排印。大正藏、中華大藏經又皆據《麗藏》排印或影印。故此書現今雖有六部，因經排印、校勘，亦互有異同。

至於玄應《音義》，其成書之後即有傳抄本，今敦煌殘卷、日本正倉院都藏有寫本。刊入《開寶藏》之後，爲歷代藏經所收。

三部《音義》有寫本、藏刻本、校刻本、排印本、影印本等，歧異錯舛，不一而足。近百年來印刷術飛速發展，佛典整理也在大規模地進行，但因《音義》本身特點，需要對佛學及文字、音韻、訓詁均有一定造詣的學者方能勝任，且必須有堅忍不拔之精神的學者方敢肩任，所以現代意義上的校勘整理本一直付之闕如。近日收到出版社惠贈的《一切經音義三種校本合刊》三巨冊，誠可謂煌煌巨著，而領銜整理者卻是老友徐時儀教授。呂新吾説過“任難任之事，要有力而無氣”，而時儀兄正是這樣一個堅毅踏實的學者。他關注、研究佛經音義已二十多年，所做碩、博士學位論文也是《慧琳和他的〈一切經音義〉》和《玄應〈衆經音義〉研究》，前後出訪港臺和日本等地，專事搜羅各種佛經音義資料，積累甚多。三種《音義》校本由他來主持並協同其六位高足共同完成，既最爲合適，也極其自然。全書分爲二部分，第一部份爲《緒論》，第二部份才是玄應、慧琳、希麟三部《音義》的本文和校勘。

第一部份《緒論》，更確切地説是徐時儀的又一部專著。全文二十餘萬字，是近數十年來古籍整理所撰寫前言中的一個創舉，也

是整理這部龐大而複雜的專書所作的必要説明,更是後人利用這部專書的一個必不可少的導論。細讀這篇專論,可以體會到它是作者提取其碩博士論文中的精華,並結合新材料進一步深入研究、提升後的結論性文字,代表了當今國内外佛經音義研究的最新最高水準。

全文分爲六個章節,第一章談《一切經音義》編纂的時代背景。將佛教在中國的傳播和佛典的翻譯作概要的介紹,着重論述儒佛的交流和《音義》的淵源。第二章對玄應、慧琳、希麟三人的生平做詳盡的勾稽和考證。佛門中對開山宗師和大德等多有弟子、信徒、方志、寺志紀其行歷,而像玄應、慧琳、希麟這樣的學問高僧,反而記載頗少。所以要知人論世,推其著書年代及生卒交友,必須闡微燭幽,多方參稽,方能有所弋獲。作者幾乎網羅了所有有關三位高僧的資料,詳盡地考證了他們的生卒年、行歷及著書年代,最大限度地給讀者一個完整的印象。當然,他的結論並非没有進一步推敲的空間。如他考定玄應之卒年應該在"龍朔年間(661~663)",而筆者根據玄應所遺留的《大般若經音義》殘卷、慧琳《音義》的篇幅以及藏經銜名等綜合參稽,進而推測玄應很可能在龍朔二年(662)夏季前後示寂。學界一般認爲爲《慧琳音》作序的景審是慧琳之學生,作者也襲取了這種説法。但據筆者分析,這可能是誤讀"許爲不請之師"的佛教語所致,而景審實非其學生。忽略這些小節不計,作者將三部《音義》的不同印跡,即入藏本、刻本、影印本一一考其源流,特别是對玄應《音義》在敦煌、日本的鈔本作了詳盡的追蹤與描述,後文又圖示寫、刻本的傳承途徑。集中展示、評述那麼多的寫卷和抄件,是音義研究史上前所未有的工作。

第三章討論《一切經音義》的内容與體例,對其編纂宗旨和性質,收詞原則和編排方法作了提綱挈領的概述,特别對立目、注音、釋義的形式作了窮盡式的示例。第四章專論《一切經音義》的特色。作者從六個方面來闡述三部《音義》的特點。其中"重視規範,兼顧從俗"和"雙字立目,收録複詞"、"注明通假,標明正字"都是立足于傳統字韻書或音義書較多地重視規範,忽略時俗,注重單字,輕視複詞這一點而闡發其特色。其"功能衆多,一書多用"一節從三部《音義》的專科百科辭典、外來語辭典、雙語詞典等角度闡述其特點。第五章論其價值。佛典《音義》對佛學研究之價值固無庸置疑,而它對文字、音韻、詞彙學諸方面的語言學價值和古籍輯佚、考校也有着不可估量的潛在價值,對探討我國古代辭書編纂理論和辭書史的研究也決不可忽略。從這些具體微觀的準確描述和信手拈來的大量舉例論證中,讓讀者體悟到,這絕不是走馬觀花,淺嘗輒止的人信口開河所能道,它是作者長期浸潤原著,悉心梳理,深入研究的結果。如果熟悉作者的研究歷程,可以看出,這是擷取他二本專著和五十餘篇論文的精華,經提煉、升華而流出的心得,也是潛心研究二十餘年的最終最新的結論。所可商榷者,是其中的某些小節安排,還可以調整的更合理一些。

第六章談三部《音義》的校勘,這是作者積二十年之功,整理、比勘、爬疏後的結晶。即以玄應《音義》爲例,該書不僅是三種《音義》中寫本、版本系統最爲複雜的一種,其中異同、衍奪甚至人爲的增删即使置於版本複雜的古籍中,也是一個很有特殊性的典型。首先關於《玄應音》到底收入多少部佛經,各家之説有 443 部、454 部、456 部、440 部、425 部之不同,而經作者悉心比勘,梳理出以《麗藏》《金藏》爲首和以《磧砂藏》《永樂南藏》爲首兩個不同的系統,前者收釋 458 部,後者 440 部,兩種系統互補,共釋佛經 465 部。其次是《玄應音》收釋語詞數量問題。作者統計所得共收語詞爲 9430 條,除重所得爲 7960 條,但就不同版本的系統而論,《磧砂藏》本有而《麗藏》本無的語詞有 214 條,《麗藏》本有而《磧砂藏》本無的語詞有 212 條。再次,各系統的引用書證也有詳略不同。就慧琳《音義》而言,他確實轉録了玄應《音義》所釋三百多部佛經音義。一般研究者有這種模糊的認識,便以爲舉慧琳《音義》就可包含玄應《音義》,更有甚者,將一百卷本著作權歸之玄應。作者指出:慧琳《音義》轉録玄應《音義》只是部份而非全部,收録的部份也非全盤照録,而是有增删改易。較爲顯著的例子是,龍璋《小學蒐佚》輯録玄應《音義》中有《韻詮》一書,不知玄應撰《音義》時,武玄之的《韻詮》尚未產生,這裏所引,都是慧琳轉録時所增。慧琳和玄應《音義》各本之異同,既有後人不斷增訂所成,也有原本在傳抄過程中删節或漏略所致。以上這種複雜多變的事實,出乎一般古籍流傳的常情,絕非耳食、轉抄者所能道。

第二部份亦即本書原文與校記。原文均以《麗藏》爲底本。《慧琳音》《希麟音》參校日本獅谷白蓮社本、頻伽精舍本和大正藏本。《玄應音》因爲寫本、版本衆多,又爲慧琳轉録改易,故凡《麗藏》本闕訛之處,據《積砂藏》《趙城金藏》等刻本、敦煌吐魯番寫卷和日藏寫本校補;慧琳轉録於某卷,也分别標明。校記置於每卷之後。三部《音義》共一百三十五卷,實際字數近二百萬字,引書七百多種,加之前面所説玄應《音義》之複雜版本和慧琳、玄應《音義》包容與異同的狀況,校勘工作極爲繁複。據統計,單就校記字數即有三十多萬,其所花精力之大可以想見。

原文以《麗藏》爲底本,由於玄應《音義》的《麗藏》本和《磧砂藏》本互有詳略異同,故條目或文字凡《麗藏》所無而爲《磧砂藏》所有的文字,全部於校記中補出,如卷十二“奔走”條校記云:“此條《麗》無,據《磧》補。”又“咳笑”條:“古文孩,同。胡來反。《説文》:咳,小兒笑也。《禮記》‘子生三月,父執子之手,咳而名之’是也。”校記:“‘《禮記》子生三月,父執子之手,咳而名之是也’,《麗》無,據《磧》補。”凡玄應《音義》所有而爲慧琳轉録所無的條目,也在校記中標明。如卷七《正法華經》第二卷“噉食”條校記云:“《慧》無此條。”玄應所據經録與慧琳所據序次有所不同,故玄應在某卷爲某經所作音釋,慧琳因序次不同而調至别卷,校記於此皆注明:某某經,慧琳轉録於某某卷。由此可以看出,整理者在整理過程中儘量將三部《音義》特殊之點與版本複雜之處表揭明白,使讀者在閲讀、利用時既省時又明瞭。因爲限於底本不誤不出校的體例,所以《麗藏》系統有而《磧砂》系統無的條目和文字,校記無法顯示,使人還不能全盤掌握各系統的全貌,這不能不説是一個小小的遺憾。

一百多卷上萬條校記,是整理者核對各種寫本、藏本、刻本數萬次的碩果。校者恪守不輕改原文的原則,一般都在校記中表達自己的傾向性意見。如卷八九《高僧傳》卷二"五舶"條云:"《莊子》云:以水爲舟則稱衛舟、太白。"校記云:"水,據文意當作'木'。"文不見於《莊子》,故只能以文義推之,不敢臆改,故在校記中説明。而有文獻原文可按覆的,儘量在校記中將古籍原文寫出以示其誤。大量的校記都是以此種形式出之。也有根據全書前後互出文字以訂正誤者,如慧琳《一切經音義》卷第二十一《新譯大方廣佛花嚴經音義卷中》下有"塵相如故"條云:"案《字林隱文》作塵。今有從兩上者,不是字也。"六朝隋唐不見《字林隱文》書名,但本書卷二七"窊曲"條曾引"字林音隱",故校記以爲可能是"字林音隱"之誤。

《音義》之傳抄,多是一般僧人或民間抄胥,點畫之間,形似之字,錯舛訛變,在所難免,加之古代傳本各異、文義皆通的情況比比皆是,所以可出校而未校的往往而有。如卷八一"函杖"條云:"上音含。含容也。謂講問宜拑樹容文足以指畫也。或謂杖也。"①初讀釋文,不知所云。但"函杖"就是"函丈",所謂"函丈",就是講學時師生之間須有一丈的距離,即容丈,所以釋文中"容文"之"文"是"丈"字之誤。校核《禮記·曲禮上》:"若非飲食之客,則布席,席間函丈。"鄭玄注:"謂講問之客也。函,猶容也,講問宜相對容丈,足以指畫也。"讀鄭注,又知"拑樹"爲"相對"之訛誤。唐代俗寫,"扌"與"木"多混而不分,繁體"樹"脱去"木"旁,又與繁體"對"相近,既脱又訛,遂致無法讀通。《麗藏》《獅谷》及《大正藏》等皆同,又知其誤在《麗藏》甚至《遼藏》或唐抄本。作者做過大量專書的比勘工作,有專文《一切經音義所引〈説文〉考探》等,其在《緒論》中頗多引證,如"慧琳《音義》卷八十三釋《大唐三藏玄奘法師本傳第十卷》'千楨'之'楨':《説文》:'堅木也。從木貞聲也。'今傳大徐本《説文》:'剛木也。從木貞聲。上郡有楨林縣。''堅'與'剛'義近。慧琳所引《説文》似爲憑記憶所及而引,抑或依據別本而引。"但在《慧琳音》卷八十三"千楨"下未出校。同理卷四十"柯葉"條引《説文》

① 徐時儀.《一切經音義三種校本合刊》[M]下冊,上海:上海古籍出版社,2008:1946

作"樹枝也。從木,可聲",《緒論》謂與大徐本"斧柄也"不同,而正文中也未出校。其實這些成果如能在校記中反映,既不没作者的功夫,也使讀者受益。當然,篇幅如此之大,涉及面又如此之廣,應對乏術,顧此失彼,也都是情有可原的。①

三部《音義》都是經過傳抄而後刻版,且由敦煌寫卷和《龍龕手鑑》等可知,唐代的佛經寫卷中俗字極多,爲這種俗字極多的寫卷佛經釋義標音,其訛俗之字也必滿紙連篇,歧出不一。從學術角度看,存真可供俗字研究;從印刷規範而論,統一更利於查閱應用。作者經過反覆思考,確定一種兼顧的方法,即正文用規範字體排印,在書前將寫本、刻本中所有涉及到的俗字異體做一個詳盡的對照表,計收八百多對正、異、俗體字,使需要查考或研究異體、俗字的學者也可以從中獲得豐富的信息。

(作者單位:上海社會科學院歷史研究所)

① 校注者藉編撰索引的機會又根據凡例對《玄應音義》與慧琳轉録《玄應音義》的部分用字作了統一,對印刷中訛誤和誤點失校等錯訛作了一些勘誤和校補。正如該書後記所説,"儘管點校此書本是一件吃力不討好的工作,但套用佛教的説法,這也是一種功德,且確也是可見功力之作,與當今時下一些急功近利趕時髦的泡沫之作不啻有天壤之别"。《一切經音義三種校本合刊》在異體字和俗訛字的統一處理等方面皆尚處於篳路藍縷的探索階段,可以説是古籍數字化的又一個嘗試,有機會修訂時當更爲完善。

第二届佛經音義研究國際學術研討會提交論文目録

序號	作　者	論文標題
1	畢謙琦、王艷紅	希麟《續一切經音義》重紐研究
2	陳淑芬	《慧琳音譯》中的《藥師經》詞彙探究
3	陳五雲	現象與本質 ——由佛經音義文字看俗文字學
4	陈源源	《妙法蓮華經釋文》與俗字研究
5	戴含悦	《一切經音義》引《東觀漢記》考
6	定　源	《慧琳音義》所據《高僧傳》版本略考 ——以《高僧傳》卷五音義爲例
7	董志翹	孜孜以求 雙玉合璧 ——評《玄應和慧琳〈一切經音義〉研究》
8	杜正民、陳晏瑨 鄭寶蓮、釋法源 李家名	佛經音義資源數位化工具之建置與應用研究
9	甘小明	《一切經音義》引《風俗通》考
10	郭萬青	《妙法蓮華經釋文》引《國語》例讀劄 ——兼及《釋文》的文獻學價值
11	金愛英	敦煌本玄應《一切經音義》一考 ——以孟本爲中心
12	郎晶晶	玄應《衆經音義》各本引《字林》考
13	李圭甲、明惠晶	敦煌寫本“伯 2901”和初雕本高麗大藏 經《玄應音義》的比較

续表

序號	作　者	論文標題
14	李智瑛、闵智嫄	《續一切經音義》音係研究
15	廖宏艷	《一切經音義》引《字指》考
16	林光明	入聲韻尾的漢梵對音研究 ——以兩種地藏菩薩陀羅尼爲例
17	梁曉虹	日本所存八十卷《華嚴經》音義綜述 ——以《新譯華嚴經音義私記》爲中心
18	劉　静	《一切經音義》引《抱樸子》考
19	駱　娟	玄應《衆經音義》引《淮南子》考
20	馬　雯	《慧琳音義》引《吕氏春秋》考
21	毛遠明	《玄應音義》中"非"類字研究
22	苗　昱	日寫本《新譯華嚴經音義私記》註音研究
23	潘牧天	宋世良《字略》考論 ——以《一切經音義》引文爲中心
24	潘悟雲	梵漢對音與音韻學研究
25	沈葉露	玄應、慧琳、希麟音義引《孟子》考
26	施向東	梵漢對音與"藉詞音係學"的一些問題
27	史佩信	中古漢語疑問副詞"頗"的來源
28	釋惠敏、陳晏瑨 葉博榮、鄧名敦 陳鈺瀅、蔡淑慧	反切係聯之資訊化研究 ——以慧琳《一切經音義》爲例
29	蘇　芃	《一切經音義》三種引《史記》古注材料來源蠡測
30	譚　翠	《磧砂藏》隨函音義與漢文佛典整理
31	譚世寶	略論"佛經音義"的一些問題
32	唐永寶、林　源	《字統》概述
33	王弘治	《法苑珠林》所附音義之性質

续表

序號	作　者	論文標題
34	王華權	高麗藏刻本《一切經音義》俗用字類型論略
35	魏現軍	利用大型字書考證《龍龕手鏡》未識俗字舉隅
36	吳繼剛	論莊炘等對《玄應音義》的研究
37	吳爲民	佛經音譯詞單音節縮略現象研究
38	蕭　旭	唐五代佛經音義書同源詞例考
39	肖　瑜	《重刊北京五大部直音會韻》初探
40	徐時儀	《一切經音義》此書探論
41	I. T. Zograph 著、徐文堪譯	元代官府文書中的蒙語借詞
42	許建平	杏雨書屋藏玄應《一切經音義》殘卷校釋
43	許啓峰	張戩《考聲》考
44	許威漢	佛經傳入對漢語漢字的兩大影響 ——第二屆佛經音義研究國際學術研討會致辭
45	楊思範	《慧琳音義》引《莊子》考
46	楊　艷	《一切經音義》引《風俗通義》二例札記
47	俞莉嫻	六十卷《華嚴音義》版本初探
48	虞萬里	從儒典的“音義”説到佛典的《一切經音義》 ——兼論《一切經音義三種校本合刊》
49	張春雷	《隨函録》《一切經音義》所録《經律異相》音義劄記
50	張　鉉、曹小雲	佛經音義避諱現象分析
51	趙家棟	慧琳《聖教序》《述三藏記》音義的文獻價值
52	曾　良	佛經音義對歷時語義探討的利用
53	鄭蓮實	玄應《一切經音義》的“非體”
54	鍾　蕓	《一切經音義》引《獨斷》考
55	周阿根	《大唐西域記》之漢語詞彙史價值試論

編後記

佛經音義作爲解釋佛經中字詞音義的訓詁學著作，它的問世不僅促進了佛經的闡釋和研究，更爲宗教、哲學、語言、文學、藝術、中外交往史等方面的研究提供了豐富的佐證。從某種意義上説，它是入藏佛經的縮影，是先秦至唐宋古籍的淵藪，是活語言的化石，更是我國傳統古典文獻中一座值得深入發掘的寶藏。近年來佛經音義的研究已成爲國際漢學研究中一個新的熱點，越來越多的學者潛心于這一文獻寶藏的發掘，並取得了豐碩的成果。2005 年 9 月 20 日至 22 日我們已主辦了首届佛經音義研究國際學術研討會，出版了會議論文集《佛經音義研究——首届佛經音義研究國際學術研討會論文集》。[1] 今年 9 月 18 日至 20 日我們又主辦了第二届佛經音義研究國際學術研討會，來自中國大陸、臺灣地区、澳門地区以及韓國、日本的八十多位代表出席了會議，共聚一堂，就佛經音義的版本、校勘、文字、音韻、辭彙等諸方面的研究進行了認真的討論和交流，内容涉及佛經音義研究的各個研究領域，展示了學界在佛經音義研究方面的最新成果，促進了佛經音義研究的進一步深入。

本次會議由我們倡議發起，由上海師範大學主辦，得到上海市重點學科漢語言文字學、中國傳統思想研究所、語言文學博士後流動站、中國古典文獻學博士點、上海市教委 085 工程項目、上海師

---

① 徐時儀等編《佛經音義研究——首届佛經音義研究國際學術研討會論文集》，上海古籍出版社 2006 年版。

範大學重點學科項目和人文與傳播學院古籍研究所的經費支持。

許威漢先生在大會报告的致辭作爲本書的"代前言"。梁曉虹先生受大會委託作了總結,指出本届會議不僅參加者增多,年輕學者增多,而且所發表之論文從内容至形式皆特色明顯,會議開得非常成功。會後我們即聯繫安排會議論文集的出版,得到上海市重點學科建設項目資助。本論文集除個別先生因已發表或另有它用外,收入了提交這次會議的所有論文,旨在爲與會代表提供發表的園地,各抒己見,着重探索,以利推動進一步的學術交流。

此書得以順利問世得到鳳凰出版社王華寶先生的大力促成和精心审稿,博士生王華權协助作了大量的稿件编排校改和聯络作者等具體工作,值本書出版之際,謹在此表示我們最衷心的謝意和敬意。

編　者

二〇一〇年十二月八日